PUBLIÉ SOUS LA DIRECTION
DE LA
SECTION HISTORIQUE DE L'ÉTAT-MAJOR DE L'ARMÉE

LA

CAMPAGNE DE 1805

EN ALLEMAGNE

PAR

P.-C. ALOMBERT
CONTRÔLEUR DE L'ADMINISTRATION
DE L'ARMÉE

J. COLIN
CAPITAINE D'ARTILLERIE A LA SECTION HISTORIQUE
DE L'ÉTAT-MAJOR DE L'ARMÉE

TOME DEUXIÈME

PARIS
LIBRAIRIE MILITAIRE R. CHAPELOT et Cⁱᵉ
IMPRIMEURS-ÉDITEURS
30, Rue et Passage Dauphine, 30

1902
Tous droits réservés.

LA

CAMPAGNE DE 1805

EN ALLEMAGNE

PARIS. — IMPRIMERIE R. CHAPELOT ET Cⁱᵉ, RUE CHRISTINE, 2.

PUBLIÉ SOUS LA DIRECTION
DE LA
SECTION HISTORIQUE DE L'ÉTAT-MAJOR DE L'ARMÉE

LA
CAMPAGNE DE 1805
EN ALLEMAGNE

PAR

P. C. ALOMBERT | J. COLIN
CONTRÔLEUR DE L'ADMINISTRATION | CAPITAINE D'ARTILLERIE A LA SECTION HISTORIQUE
DE L'ARMÉE | DE L'ÉTAT-MAJOR DE L'ARMÉE

TOME DEUXIÈME

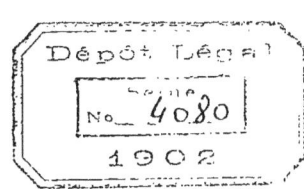

PARIS
LIBRAIRIE MILITAIRE R. CHAPELOT et Ce
IMPRIMEURS-ÉDITEURS
30, Rue et Passage Dauphine, 30

1902

Tous droits réservés.

PRÉFACE

Ce deuxième volume conduit les opérations jusqu'au passage du Danube. Il reproduit tout ce qui subsiste des renseignements reçus par l'Empereur. On jugera ainsi de la proportion d'erreurs et de vérités qu'ils comprenaient, et du travail auquel Napoléon et son état-major se sont livrés pour éliminer les unes et combiner les autres. L'intérêt d'une pareille étude nous a empêchés de supprimer aucune pièce dans cette première partie du volume. Il en est de même pour la seconde partie, où l'on trouvera les détails de la marche et de l'administration de la Grande Armée.

M. le comte Gudin et M. le prince de la Moskowa ont bien voulu nous communiquer leurs archives avec la plus entière libéralité, et nous leur en exprimons ici notre vive reconnaissance. Les papiers du maréchal Ney et du général Gudin, joints à ceux de Davout, de Soult, de Belliard, de Salligny, de

Vandamme, de Compans, d'Éblé, nous font connaître le fonctionnement des services dans les corps d'armée. Chacun pourra étudier ces nombreux documents à son point de vue personnel, et y trouvera l'occasion de travaux dont la variété peut être infinie. Aussi n'avons-nous pas remplacé les pièces originales par une analyse plus ou moins succincte, qui, faite forcément d'après une idée préconçue, ne se serait pas prêtée à toutes les études dont les documents sont susceptibles.

Certains trouveront encore superflue cette abondance de textes, n'intéressant pas directement la conduite des opérations; mais ceux qui ne dédaignent pas de savoir comment Napoléon et ses maréchaux entendaient le service de la cavalerie, de l'artillerie, des états-majors, etc., puiseront dans notre recueil les éléments nécessaires à leurs études, sans avoir à dépouiller par eux-mêmes toutes les archives de la période napoléonienne. La plus grande partie des pièces citées se trouve aux Archives de la Guerre: nous ne leur avons attribué aucun signe spécial. Nous avons indiqué le classement des quelques documents copiés aux Archives Nationales; ceux qui proviennent des Archives de l'Artillerie sont désignés par les initiales (A. A.), les papiers de M. le comte Gudin par (A. G.), et ceux de M. le prince de la Moskowa par (A. M.). Pour plus de brièveté, nous avons désigné sous la rubrique : Journal de la division Friant, les *Documents topographiques, statistiques et militaires sur les pays et positions occupés par le 3ᵉ corps de la Grande Armée et particulièrement par la 2ᵉ division, en Allemagne et en Pologne, pendant les années 1805, 1806 et 1807*, rédigés par le capitaine du génie Ménissier, et conservés au Dépôt des Fortifications.

CONCORDANCE

DES CALENDRIERS RÉPUBLICAIN ET GRÉGORIEN

1er complémentaire an XIII	18 septembre 1805.
2e	19 —
3e	20 —
4e	21 —
5e	22 —
1er vendémiaire an XIV	23 —
2	24 —
3	25 —
4	26 —
5	27 —
6	28 —
7	29 —
8	30 —
9	1er octobre 1805.
10	2 —
11	3 —
12	4 —
13	5 —
14	6 —

TROISIÈME PARTIE

DU RHIN AU DANUBE

INTRODUCTION

I

Le mouvement de la Grande Armée vers le Rhin a commencé le 26 août par le départ des dragons et de la division Nansouty. Le gros de l'armée a achevé de franchir le fleuve dans les premiers jours d'octobre, c'est-à-dire plus d'un mois après et, jusqu'à la fin de la guerre, de nouveaux détachements ont continué à entrer en Allemagne.

La troupe, logée pendant les marches à l'intérieur, n'a guère souffert de ce mouvement prolongé, et l'état sanitaire ne deviendra mauvais qu'après le passage du Rhin (1). Les chevaux, au contraire, souffrant des mauvais chemins, de la pluie, du manque de fourrages, subissent une déperdition notable, surtout au 2ᵉ corps. On avait pris toutes les précautions compatibles avec un départ aussi précipité, mais elles ne pouvaient suffire à assurer la subsistance des hommes et des chevaux dans tous les gîtes. Les généraux commandant les divisions territoriales et les départements, leurs commissaires ordonnateurs, les préfets, le munitionnaire général des

---

(1) Observations médicales faites pendant le cours de la campagne de l'an XIV par un chirurgien du 34ᵉ régiment d'infanterie (division Gazan).

fourrages, le régisseur général des subsistances avaient reçu les avis nécessaires, mais très peu de temps avant l'arrivée des colonnes. Celles-ci étaient devancées par des officiers de l'état-major général (1) et des états-majors divisionnaires, et par les commissaires des guerres des diverses divisions ; mais, si l'on pouvait préparer les logements, on n'avait pas le temps de réunir les vivres et fourrages en quantité suffisante. D'ailleurs, la population civile ne paraît pas avoir mis partout un grand empressement à concourir aux préparatifs.

Dans le Nord, les régiments se plaignent souvent de la mauvaise volonté des municipalités, qui refusent de loger les troupes dans les gîtes principaux d'étapes, et les envoient chercher un cantonnement à deux ou trois lieues dans la campagne. Un jour, c'est la ville de Lille qui ne consent pas à recevoir une division de 8,000 hommes (2) et ne peut fournir de la paille dans les cantonnements. Le même inconvénient se retrouve trois étapes plus loin, et le maréchal Davout, informé de ces incidents, prescrit de loger « militairement » toutes les fois que les maires voudront occasionner aux soldats des fatigues inutiles en leur assignant des gîtes écartés de la route. Le général Friant accuse les autorités et les commissaires des guerres eux-mêmes d'avoir mis la plus mauvaise volonté et la plus grande négligence dans les préparatifs. D'autres divisions (2ᵉ du 3ᵉ corps, 4ᵉ du 4ᵉ corps), se plaignent aussi de l'accueil qui leur est fait dans le Nord et dans les Ardennes (3). Leur situation change rapidement dès qu'elles approchent de la Moselle.

---

(1) Sur la route de droite, le chef d'escadrons Mergez ; sur celle du centre, l'adjudant-commandant Dalton, et, sur celle de gauche, le chef de bataillon Lejeune.
(2) 1ʳᵉ du 3ᵉ corps.
(3) Notamment à Hirson.

La colonne de droite, qui traverse la Picardie et la Champagne, se trouve mieux traitée, sauf à Vitry où les troupes, après avoir consenti à coucher dans les bâtiments militaires, n'obtiennent pas de paille et se voient refuser le certificat de bien-vivre pour avoir poursuivi la municipalité de leurs réclamations. La 1re division du 6e corps ne peut, d'ailleurs, avoir de paille à aucune de ses étapes.

Les subsistances sont assurées aux colonnes de la droite et du centre, bien que l'entreprise des vivres-viandes ait cessé de fonctionner à Verdun au moment même du passage des troupes. Les choses ne vont pas aussi bien dans la région du Nord : à Cassel, à Watten, à Cambrai, à Landrecies, le pain est mauvais ; la distribution d'eau-de-vie ne se fait pas.

La colonne de gauche est encore mal partagée au point de vue des fourrages : un commissaire formaliste retarde la distribution à Cassel ; à Landrecies, on fournit de l'orge au lieu d'avoine, et en quantité insuffisante, et il en sera de même dans toute la région ardennaise. Les cuirassiers reçoivent du foin au lieu d'avoine à Hirson ; de l'orge, de l'épeautre et un peu d'avoine en gerbes dans les étapes suivantes. A Saint-Hubert, il n'y a que de l'épeautre et de l'avoine en gerbes qu'on refuse de battre. Après le passage de la Moselle, c'est le foin qui manque à son tour et qui est remplacé par de l'avoine.

Le mauvais temps, l'état des chemins, la maladresse des cavaliers achèvent de fatiguer les chevaux. Les généraux signalent comme mauvaises les routes de Bitche à Charleroi, de Marche à Saint-Hubert, de Luxembourg à Thionville, de Cambrai à Landrecies, Avesnes, Hirson et Mézières ; de Saint-Avold à Sarreguemines. Les convois du 6e corps sont arrêtés entre Binche et Namur (1).

---

(1) Les ponts étaient peu nombreux. Entre Ardres et Watten, un

Les chevaux amaigris, blessés, sont facilement mis hors de service. On en signale 60 dans le détachement d'artillerie du 4ᵉ corps, après quinze jours de route ; les dragons ont aussi beaucoup de chevaux blessés, mais qui guérissent par la suite. Le 2ᵉ cuirassiers en laisse 24 à Sedan, la cavalerie légère en a 108 indisponibles.

La discipline est excellente ; les autorités civiles en témoignent aussi bien que les chefs de corps ; mais il se produit une sorte de désertion passagère : des hommes quittent les colonnes, le plus souvent sans permission, pour revoir leur famille, et ne reparaissent qu'au moment de traverser les Vosges. Dans la division Dupont, ces absences ont été autorisées : « les trois régiments, dit le journal de cette division, traversaient les départements dans lesquels ils se recrutent. Les soldats, avant de combattre, voulaient jouir du plaisir de voir et d'embrasser leurs parents. Les chefs ne pouvaient accorder que des permissions tacites, en se confiant à l'honneur de chaque homme et en fixant le point où ils devaient rejoindre. Souvent les drapeaux d'un régiment n'étaient escortés que par 100 ou 150 hommes. Au jour fixé, tous avaient rejoint. La plupart, tant pour aller que pour revenir, avaient fait des marches forcées de 25 lieues. Que ne devait-on pas attendre de pareils soldats ! »

Au moment de passer le Rhin, Soult annonce qu'il manque toujours 30 à 40 de ces déserteurs, mais il en rentre tous les jours, et il ne doute pas qu'ils ne rejoignent avant peu, en Allemagne !

D'après les premiers ordres de l'Empereur, les troupes devaient séjourner quelque temps en cantonnements

---

canal oblige les équipages du 3ᵉ corps à faire un long détour par Saint-Omer. Au passage de l'Aisne, à Berry-au-Bac, le chef d'escadron Mergez, qui devance la colonne de droite, lui fait préparer un pont de bateaux par la direction d'artillerie de La Fère. Ce pont est composé de trois grands bacs placés bout à bout.

sur la rive gauche du Rhin. Les maréchaux, qui se sont rendus à Paris après avoir mis en marche leurs divisions, prennent la poste et arrivent sur le Rhin le 1er vendémiaire. Ils s'occupent de préparer les cantonnements, d'organiser les hôpitaux, les services, de rassembler des vivres et des fourrages. Ils essaient, mais en vain, de presser la fabrication du biscuit, car la farine manque. Jusqu'au dernier moment, ils n'ont ni le matériel d'artillerie, ni les fonds, ni les approvisionnements nécessaires. Enfin, au moment de passer le Rhin, l'artillerie est arrivée, mais les fonds ne seront reçus que plus tard ; les souliers, les capotes et les ambulances, dont l'achat a été ordonné récemment par l'Empereur, ne rejoindront aussi qu'en Allemagne.

Les approvisionnements de biscuit demandés par Napoléon finissent par être constitués au dernier moment, grâce aux prodiges d'activité des maréchaux et de M. Petiet. Murat, Lannes et Ney trouvent à Strasbourg les quantités nécessaires ; Soult n'a qu'une ration au lieu de quatre, et prétend que Davout s'est attribué à ses dépens une réserve de sept à huit rations. Marmont et Bernadotte sont approvisionnés en partie.

Ce qui manque le plus, c'est l'argent. On a pu à grand'peine payer la solde des troupes pour la première quinzaine de vendémiaire, mais elles arriveront sur le Neckar avant d'avoir reçu les fonds nécessaires au payement des souliers et capotes promis par l'Empereur. Or les fabricants, instruits par l'expérience, refusent de livrer ces objets sans avoir obtenu au moins une partie du prix fixé. Les soldats ont pour la plupart, au 4e corps, une paire de souliers aux pieds et une paire neuve dans le sac, mais beaucoup n'ont qu'une seule paire en tout. Les armes sont en bon état ; il y a quelques rares exceptions parmi les troupes qui ne viennent pas de Boulogne et qui ont rejoint sur le Rhin. Le 15e léger a besoin de 500 fusils ; un régiment de cavalerie légère manque de mousquetons et le maréchal Soult propose de lui donner ceux des tambours des régiments d'infanterie, « dont la plupart sont si jeunes qu'ils ne peuvent en faire usage en campagne, et exposeraient même à les perdre ».

Les moyens de transport ont donné lieu à bien des mécomptes. Le train d'artillerie a perdu un grand nombre de chevaux pendant la route. Il en manque 400 au 4ᵉ corps, de sorte que Soult devra laisser une partie des caissons sur le Rhin. Davout laisse des bouches à feu.

« Le manque de chevaux de trait, dit le chef d'état-major de l'artillerie du 3ᵉ corps dans son rapport, oblige M. le Maréchal commandant en chef de donner l'ordre à M. le général Sorbier de laisser à Mannheim des bouches à feu avec leurs caissons et un certain nombre de voitures ; on attache au service de ce parc la 14ᵉ compagnie du 7ᵉ régiment d'artillerie à pied, et la 1ʳᵉ du 5ᵉ à cheval ». Cette artillerie rejoindra le 15 vendémiaire, à Œttingen.

Le général Daultanne, chef d'état-major du 3ᵉ corps, écrit aux généraux de division, le 26 septembre : « Veuillez bien prévenir les corps que la nécessité force à ne laisser à leur suite que le nombre de voitures prescrit par les règlements, c'est à dire deux par régiment ».

« Les munitions d'infanterie et l'attirail du parc paraissent devoir être conduits par des charretiers et chevaux de réquisition, écrit le maréchal Davout au major général ; je crois devoir vous envoyer, M. le Maréchal, un rapport qui m'a été fait par un sergent d'artillerie chargé seul de la conduite de cette espèce de convoi ; il y a eu désertion de chevaux et d'hommes, beaucoup de chevaux échangés, et ce qu'il en reste ont besoin pour la plupart d'être ferrés ; les promesses de paiement pour les charretiers sont sans exécution ; aucun fonds n'a été fait ; enfin, il y a le plus grand désordre dans cette partie ; j'ai la même réflexion à vous faire sur les voitures de réquisition affectées à cette armée par l'Intendant général. Les hommes ne sont pas payés, et il y a eu les mêmes abus que pour les chevaux de réquisition de l'artillerie.

« Toutes les divisions arrivent beaucoup arriérées de solde, et des gratifications et indemnités de route accordées par l'Empereur, ainsi que pour les sommes qui doivent être payées pour les capotes et souliers, aussi accordés en gratification..... Tout le monde dans ce corps d'armée éprouve le plus grand besoin d'argent.

« Nous devions prendre, en exécution de vos ordres, quatre jours de biscuit à notre suite ; rien n'est encore arrivé. Je chercherai à Mannheim et à Heidelberg à lever cet obstacle en faisant faire le plus possible de biscuit.

« Il paraît que les mauvais chemins des Ardennes ont usé presque en entier la chaussure des divisions, et que de sitôt on ne peut compter sur la ressource des confections qui ont été ordonnées ».

Soult écrit de son côté : « Il faudrait 500 chevaux, non compris 700 de réquisition qu'on emploie, pour que toutes les voitures fussent attelées. Le général d'artillerie sera obligé de laisser des caissons derrière, jusqu'à ce qu'il soit arrivé des chevaux pour les prendre. Ceux du train qui viennent de l'Armée des Côtes sont extrêmement fatigués, et auraient besoin d'un double séjour pour se reposer..... Dans la plupart des régiments, tous les soldats ont une paire de souliers neufs dans le sac ; mais quelques corps n'ont pu conserver pour la totalité cet avantage ; tous ont reçu avis que les deux paires par homme, qu'ils ont eu ordre de faire confectionner, devaient incessamment être livrées ; les officiers qui en sont chargés attendaient des moyens de transport pour les mettre en route, et des ordonnances de paiement pour solder les fournisseurs ; les corps n'ont rien reçu à ce sujet ».

Les voitures de réquisition, que l'on va emmener en Allemagne, au grand désespoir des charretiers, ont le grave inconvénient d'être découvertes ; aussi 200 à 300,000 cartouches sont-elles à remplacer au 4ᵉ corps, pour avoir fait le trajet de Metz à Landau. Davout demande à laisser en France 600 voitures de ce genre, destinées au transport du biscuit, et qu'il ne peut utiliser.

Les charretiers désertent en foule avec leurs chevaux, aimant mieux abandonner leurs voitures que de suivre l'armée au fond de l'Allemagne. Le 1ᵉʳ octobre, Soult annonce que 300 chevaux de réquisition ont disparu depuis le passage du Rhin. On en requiert dans le Würtemberg et le pays de Bade.

Davout a essayé d'organiser les ambulances divisionnaires avec des voitures de réquisition, du linge et des médicaments achetés dans les villes du Rhin. Soult constitue à Heilbronn trois ambulances divisionnaires. L'un et l'autre se plaignent de n'avoir pas les moyens nécessaires pour donner les premiers secours aux blessés. Au contraire, les 5ᵉ et 6ᵉ corps et Murat reçoivent, avant de quitter le Rhin, les caisses d'ambulance organisées conformément au décret impérial du 28 août.

Davout a pris sur lui de faire payer et nourrir les charretiers de réquisition du 3ᵉ corps ; mais Murat ne peut obtenir que l'on paye à ceux de Strasbourg la maigre solde qui leur est due.

Quand Napoléon arrive en Alsace, le 26 septembre, il est grand temps que la cavalerie aille cantonner en Allemagne, car faute d'argent, on ne peut plus faire distribuer de fourrages dans le Bas-Rhin.

L'Empereur est peu satisfait de l'état dans lequel il trouve les subsistances et les moyens de transport de l'armée :

« Monsieur Dejean, écrit-il au Ministre directeur de l'administration de la guerre, le biscuit que j'ai demandé n'est pas fait. Il n'y a pas encore un caisson de Sampigny d'arrivé, et même les 150 que j'avais à Boulogne, on les a fait passer par Sampigny, de manière qu'il n'y en a pas ici. Les souliers ne sont pas encore arrivés. »

Le 27, le chef d'escadron Levaillant, attaché à l'état-major général, est envoyé en mission à Sampigny pour rendre compte de l'état d'avancement des équipages, et presser la marche des voitures et attelages disponibles. M. Petiet, convaincu de son côté que les caissons partis de Boulogne sont en route pour Strasbourg, envoie un exprès au-devant d'eux pour presser leur arrivée. En attendant, il fournit le soir même d'autres voitures pour constituer les ambulances de la cavalerie et des quatre corps venus de l'armée des côtes.

Désireux avant tout d'être fixé sur les moyens dont il dispose, l'Empereur fait réclamer les situations du personnel et du matériel. Le chef de l'état-major général invite l'Intendant général à lui faire connaître la nouvelle organisation des services administratifs, remaniés par ses soins. Le général Songis envoie le capitaine Hulot en mission de Strasbourg à Mayence pour voir si l'artillerie des divers corps d'armée est organisée, et si les préparatifs de passage sont faits.

En résumé, la situation administrative de la Grande Armée était loin d'être satisfaisante le jour où elle entrait en Allemagne ; le peu de vivres et de voitures dont elle disposait, les maréchaux se les étaient procurés au dernier moment, à force d'expédients et surtout de réquisitions. On ne saurait trop faire connaître ce dénuement d'une armée qui allait être glorieuse entre toutes, aussi bien pour rendre confiance au soldat que pour conseiller l'indulgence à l'historien, lorsqu'ils verront une campagne s'ouvrir dans des conditions analogues.

II

Marmont a reçu l'ordre de se porter sur Mayence avec le 1er corps détaché de l'armée des côtes, devenu 2e corps de la Grande Armée. Cet ordre, daté du 28 août, prescrivait de partir le 2 septembre. Ainsi que pour le mouvement de Boulogne à Strasbourg, l'état-major général n'avait pas su tracer l'itinéraire d'une manière impeccable, et il avait fallu l'intervention de l'Empereur pour faire indiquer à Marmont la route la plus courte d'Alkmaar à Mayence. D'après l'ordre, Marmont devait emmener deux régiments de cavalerie française, le plus de cavalerie batave et le plus d'artillerie qu'il pourrait (1). Il devait être à Mayence avec sa 1re division le 23 septembre, la 3e division arrivant le 25, et le corps d'armée tout entier devait être prêt à continuer le mouvement le 27.

Marmont obtint du gouvernement hollandais, outre les 1000 cavaliers montés de la division, 400 chevaux et 50 caissons; il acheta 250 chevaux, et emmena 40 bouches à feu attelées. Il ordonna qu'on poursuivît les achats en Hollande, mais il ne put compter que sur un renfort de 100 chevaux, et encore ne devaient-ils suivre qu'avec 15 jours de retard sur l'armée. « Nous trouverons des chevaux dans les pays que nous traverserons », avait écrit Berthier; mais en attendant il n'était question que d'acheter 300 chevaux à Francfort, et on ne les aurait que beaucoup plus tard. Une partie des approvisionnements et du matériel remonte le Rhin en bateau jusqu'à Mayence, puis le Mein jusqu'à Würtzbourg, mais ne sera pas sur roues pour le début des opérations.

---

(1) Voir tome I, page 369.

Le prince de Nassau a promis 100 chevaux; il paraît se faire prier pour les fournir, mais enfin Marmont les reçoit au moment de quitter Mayence.

Ce passage à Mayence est mis à profit par l'Empereur pour presser l'armement de la place. Marmont a devancé son corps d'armée en prenant la poste à partir de Cologne. Naturellement tout est à faire. Les pièces ne sont pas en batterie, les approvisionnements sont incomplets, etc. Les canonniers du 2ᵉ corps commencent à travailler aux mouvements de matériel, quand l'ordre arrive de continuer sans retard la marche sur Würtzbourg. Mayence demeure donc désarmée. Il n'y reste guère comme garnison que le 26ᵉ chasseurs. Marmont demande à l'emmener, mais ce régiment est destiné au corps de Soult, et part bientôt pour le rejoindre.

C'est le 17 que Napoléon a ordonné de diriger Marmont sur Würtzbourg, où il rejoindra Bernadotte. Cet ordre a été porté par un aide de camp de Berthier, le lieutenant Lagrange, parti de Paris le 19 septembre. Le 2ᵉ corps, arrivé à Mayence le 22 et le 23, en repart le 25 et le 26, et arrive le 30 septembre et le 1ᵉʳ octobre près de Würtzbourg.

Bernadotte est parti de Gœttingue le 12 septembre, en exécution de l'ordre du 5. Il laisse le général Barbou à Hameln avec 3,000 hommes environ, le matériel, les vivres et les munitions nécessaires pour tenir trois mois, si les Anglais opéraient une descente dans le Hanovre. Ce général demandera, vers la fin du mois, à se débarrasser des bouches inutiles, soldats et chevaux bons pour la réforme, etc. Il estime que les approvisionnements nécessaires pour un siège de longue durée seront réunis dans la place avant huit jours, mais qu'elle n'offrira pas un abri suffisant. Il n'y existe pas de bâtiments assez vastes pour contenir une pareille quantité de vivres et de munitions; d'autre part, on n'a que 49 bouches à feu disponibles, et les remparts de la place, déjà délabrés, ont été mis hors de service par nous en 1803. On retaille les fossés et on palissade, mais il ne faut pas compter sur une fortification en bon état.

Quant à Bernadotte, il ne lui manque plus qu'une certaine quantité d'attelages et des troupes du génie. Le colonel Morio, commandant le génie de l'armée du Hanovre, réclame avec insistance qu'on lui envoie des sapeurs et mineurs.

Se conformant aux désirs de l'électeur de Hesse, Bernadotte ne prend pas la route directe de Würtzbourg. Il se dirige sur Francfort et s'avance, avec son armée largement échelonnée, jusqu'aux portes de cette ville. Arrivé là, le 21, il reçoit la lettre de Berthier, datée du 19, et apportée par l'aide de camp Lagrange, laquelle lui prescrit de se rendre à Würtzbourg au plus vite. Il ne choisit cependant pas encore la route la plus courte, celle que suivra Marmont, mais il remonte au Nord jusqu'à Schlüchtern, et revient ensuite sur Würtzbourg. Il en résulte que son corps d'armée est resté 11 jours en route, n'a fait qu'un séjour, et a parcouru plus de 310 kilomètres. C'était se conformer bien mal aux instructions reçues : « L'Empereur désire surtout, avait dit Berthier, que ses troupes, en arrivant à Würtzbourg, ne soient pas fatiguées, Sa Majesté préférant qu'elles arrivent deux ou trois jours plus tard, c'est-à-dire du 3 au 5 vendémiaire, à les faire arriver le 1er vendémiaire, mais fatiguées. Faites vos dispositions en conséquence pour un séjour tous les trois jours de marche, et pour arriver à Würtzbourg en bon état ». Or, le 1er corps arriva exténué le 5 vendémiaire (27 septembre).

Bernadotte, Otto (1), s'occupent d'organiser la place de Würtzbourg, qui va devenir peut-être le centre

---

(1) Avec le concours du capitaine d'artillerie Dessalles, envoyé en mission à Würtzbourg par l'Empereur.

d'opérations de la Grande Armée. Napoléon veut y trouver un hôpital pour 500 malades, des magasins de vivres et de munitions ; il faut que la citadelle soit armée et approvisionnée, « pour pouvoir donner aux opérations toute la rapidité nécessaire ».

Cependant le passage de l'Inn par les Autrichiens, l'apparition des Russes en Pologne et en Galicie, les mouvements de nos armées bouleversent les petites puissances allemandes. L'électeur de Bavière, dont les troupes se sont retirées à Würtzbourg et à Bamberg, donne des marques de la plus sérieuse inquiétude. Il voit déjà 100,000 Russes traversant la Bohême et se jetant sur la Bavière. « Il est grand temps, écrit M. Otto, que le maréchal Bernadotte paraisse à la tête de 20,000 Français » ; et pourtant la disposition des esprits est telle, que l'on conseille aux officiers français isolés de se déguiser. On croit, un instant, que l'électeur de Bavière va déchirer le traité d'alliance conclu avec la France; néanmoins il se rassure et procède à l'organisation de son armée.

L'Empereur avait demandé que le corps bavarois fût formé à trois divisions; mais, par suite de circonstances que nous ignorons, il est réparti en six brigades, sous les ordres d'un général en chef assisté d'un commandant en second.

A l'arrivée des Autrichiens sur l'Inn, les troupes bavaroises, stationnées dans la région de Munich et de Ratisbonne, s'étaient dirigées sur Bamberg avec le général Deroy, pendant que les garnisons de Souabe étaient ralliées à Ulm par de Wrède. Il y avait alors 16,500 hommes avec Deroy, 6,000 avec de Wrède, 4,500 en Franconie ; l'armée bavaroise comptait donc 27,000 hommes.

Le 22 septembre, un détachement du corps de Bamberg fut chargé d'observer la colonne autrichienne qui débouchait de la Bohême vers Straubing ; puis, le 25, tout fut rassemblé à Neubau, près de Sulzbach, pour se préparer à rejoindre Bernadotte. Le 26, le corps bavarois est à Hersbrück, le 27 à Schnaittag, le 28 et le 29 à Neunkirchen, le 30 à Forchheim. Il se réunit à Bamberg le 1er octobre.

Quant à de Wrède, il avait reçu l'ordre de se retirer sur Donauwœrth, mais le 13 septembre, il obtint de rester à Ulm. Cependant, les Autrichiens se présentant sous les murs de cette place le 16, il fit sa retraite sur Ellwangen, puis de là sur Rottembourg, où il arriva le 22, ayant passé par Vellberg et Gagstadt. Le 23, il est à Rœtlingen, le 24 à Bütthart, et le 25 à Eibelstadt, aux portes de Würtzbourg. Renforcé par un bataillon et un régiment de chevau-légers, il forme l'avant-garde de l'armée bavaroise. Le 26 septembre, cette avant-garde est portée sur Eberach, pour assurer la liaison entre Bernadotte et Deroy; le 27, apprenant l'arrivée de colonnes autrichiennes du côté de Nördlingen et d'Ellwangen, elle se retire sur la rive droite du Mein, entre Altheim et Klein-Ochsenfurt.

A cette date, l'armée bavaroise comprend 30 bataillons à 620 fusils, 24 escadrons de 90 à 100 chevaux, et 1200 artilleurs. Le général Deroy a le commandement supérieur, de Wrède le commandement en second.

Chacune des six brigades se compose de 2 régiments d'infanterie, 1 bataillon de chasseurs et 1 régiment de cavalerie. Le régiment d'infanterie est à deux bataillons de quatre compagnies, dont une de grenadiers. Le régiment de cavalerie est à quatre escadrons. L'artillerie comprend une réserve de 12 bouches à feu et 3 batteries de douze pièces (2 de 12, 2 obusiers, 8 pièces de 6), le tout servi par quatre compagnies de canonniers. Il y a 66 caissons de munitions d'infanterie.

Sur la demande de Napoléon, les dépôts de l'armée bavaroise sont réunis à Würtzbourg, dont ils formeront la garnison.

Arrivé à Würtzbourg le 27 septembre, Bernadotte y a

trouvé l'électrice dans les larmes, essayant d'influencer son mari, déjà très inquiet. Les nouvelles d'Allemagne, où l'on signale l'approche des Russes et des Suédois; celles de Bohême, où l'on craint l'invasion de 100,000 Russes, ont jeté le trouble dans tous les esprits. L'arrivée des 40,000 hommes de Marmont et Bernadotte rétablit le calme. Le 2ᵉ corps n'a pas toute son artillerie, qui achève de rejoindre par eau. Il a perdu 280 déserteurs bataves, en grande partie depuis le passage à Mayence. Il ne trouve ni pain ni biscuit à Würtzbourg, et les commissaires des guerres n'ont fait aucun achat. Néanmoins il peut entrer en campagne, ayant ses bouches à feu attelées avec un approvisionnement et demi, et ses ambulances organisées.

Les petits États allemands riverains du Rhin et du Mein n'ont pas tenu leurs engagements comme la Bavière. Tandis que la Prusse fait semblant de discuter sérieusement le projet de traité apporté par Duroc à Berlin, qu'elle est dès longtemps résolue à ne pas accepter (1), elle continue ses négociations avec les petites puissances allemandes et les décide à affirmer leur neutralité en interdisant à la France de traverser le territoire germanique. On a déjà entrevu dans le pays de Bade l'action exercée par les résidents prussiens; dans le landgraviat de Hesse-Cassel, l'électeur, après avoir accordé à Bernadotte le libre passage dans ses États pour trente-cinq jours, revient sur cette promesse et affirme sa neutralité, et il choisit pour cette déclaration l'instant critique où les troupes viennent de passer, les convois restant encore dans le Hanovre. Le landgrave de Hesse-Darmstadt, de son côté, refuse de fournir le contingent de 4,000 hommes qu'il avait promis.

Bernadotte rend compte à l'Empereur, le 23 sep-

---

(1) Le roi de Prusse à Lucchesini, 9 septembre, ap. Bailleu, page 379.

tembre, des résolutions inspirées par la Prusse aux petits États allemands ; elles témoignent assez de l'intention où est Frédéric-Guillaume de maintenir intégralement sa neutralité. L'Empereur, recevant cette lettre le 27, n'en adresse pas moins au maréchal, le soir même, l'ordre de se porter sur Weissenburg en traversant le territoire prussien d'Anspach dans sa plus grande longueur.

III

Pendant que la Grande Armée traverse la France, les renseignements sur l'ennemi affluent. Jusqu'au 10 septembre, ils ne concerneront que l'organisation et la répartition des forces autrichiennes, et ne provoqueront aucune mesure nouvelle. Notre état-major classe et combine les données d'origine diverse, plus ou moins concordantes, pour arriver à une connaissance aussi exacte que possible des dispositions de l'Autriche et de la Russie.

Le 28 août, l'Empereur a ordonné de fabriquer deux boîtes identiques, l'une pour lui, l'autre pour Berthier, où les fiches représentatives des diverses unités seront groupées par armées et par détachements (1). Le colonel Blein, chargé de faire construire ces boîtes, divise chacune d'elles en trois tiroirs de quarante cases. Le premier est attribué aux armées d'Italie et du Tyrol ; le second à celles d'Allemagne et aux garnisons laissées en Autriche ; le troisième est réservé aux troupes russes.

Chaque fiche porte le nom, le numéro et les couleurs

---

(1) D'après M. Masson (*Napoléon chez lui*, page 163), l'emploi de ces boîtes était traditionnel au Ministère des affaires étrangères, où M. Genet, père de Mme Campan, s'en servait sous le règne de Louis XVI.

distinctives de l'unité correspondante ; on attribue une case à chaque emplacement connu, et une aux troupes dont la position est douteuse.

La base de ce travail est naturellement le *Militair-Almanach* ou *Schematismus der Kais.-Kœnigl. Armee*, c'est-à-dire l'Annuaire de l'Armée autrichienne. On ne possède pas encore celui de juillet 1805, mais il diffère peu des précédents. Quelques régiments ont changé de nom, et l'on connaît les nouvelles désignations. On sait aussi que le nombre des bataillons a été augmenté ; mais il règne une grande incertitude sur l'effectif du bataillon et sur la répartition des régiments de grenadiers, formés avec les bataillons d'élite des régiments de ligne. Une notice imprimée sur l'organisation et les uniformes des troupes autrichiennes est distribuée aux corps.

Les derniers rapports diplomatiques reçus au mois d'août annonçaient toujours des mouvements de troupes dans le Tyrol, la formation d'un camp à Budweis, en Bohême, et des achats de fourrage en Souabe. Ils indiquaient aussi la création prochaine d'un camp à Wels, près de Linz ; tout d'un coup, les nouvelles datées du 25 août donnent à ce camp de Wels une importance prépondérante ; il contiendra, suivant un premier rapport de Salzbourg, plus de 30,000 hommes ; on y enverra, dit une lettre de Vienne, tout ce qui devait se réunir à Budweis et à Münckendorf, et ces deux derniers camps n'auront pas lieu. Un rapport plus détaillé du 26 donne la répartition suivante : 16 régiments d'infanterie et 11 de cavalerie à Wels ; 9 d'infanterie et 4 de cavalerie en Autriche ; 12 régiments dans le Tyrol et la Souabe ; 4 d'infanterie et 2 de cavalerie en Styrie ; 19 d'infanterie et 3 de cavalerie en Italie ; mais le total de ces divers chiffres ne donne que 60 régiments d'infanterie et 20 de cavalerie, soit les deux tiers des forces autrichiennes. Il reste donc des lacunes importantes à combler.

Une lettre partie de Munich le 28, et arrivée en même temps que la précédente, donne des renseignements qui concordent bien avec ceux-ci. Il y aurait à Wels 59 bataillons et 56 escadrons, et un corps d'armée autrichien descend du Tyrol sur Günzbourg. On signale 9 régiments d'infanterie à Bregenz et Innsbrück. Bientôt une lettre du 5 septembre, et un communiqué du gouvernement autrichien aux journaux allemands, vont confirmer la répartition annoncée le 26 août ; d'autres avis, dont nous ignorons l'origine, sont parvenus à l'Empereur, et permettent d'établir la situation de l'ennemi à la date du 29 août.

Notre état-major, recevant de Vienne la liste des mouvements de troupes exécutés en Autriche du 10 messidor au 13 fructidor, établit un état d'après lequel il se trouve 6 régiments d'infanterie et 5 de cavalerie dans l'Autriche antérieure ; 23 d'infanterie et 13 de cavalerie au camp de Wels, 13 d'infanterie et 1 de cavalerie dans le Tyrol, 6 d'infanterie en Carinthie, 4 d'infanterie et 5 de cavalerie en Carniole, 20 d'infanterie et 2 de cavalerie en Italie. Il resterait 10 régiments d'infanterie et 4 de cavalerie en Autriche. Cet état, inexact dans la première partie, sera encore rectifié, et l'on admettra que la situation avait été la suivante le 11 fructidor (29 août) :

Camp de Wels..........	79 bataillons et	72 escadrons.
Intérieur..............	82 —	68 —
Tyrol.................	64 —	8 —
Camp de Laibach........	75 —	74 —
Italie................	74 —	22 —

Le corps du Tyrol comprend les troupes dirigées sur Bregenz, qui descendront de là dans les possessions autrichiennes de Souabe.

L'armée d'Italie doit donc comprendre au moins 160 bataillons et 100 escadrons, provenant des corps signalés actuellement en Vénétie, à Laibach et dans le Tyrol italien ; l'armée d'Allemagne semble devoir se composer de 110 à 120 bataillons et autant d'escadrons. Il faudra sans doute ajouter à chacune d'elles une partie des troupes qui sont encore dans l'intérieur, mais on peut admettre que l'on connaît à peu près la répartition des forces autrichiennes entre les deux théâtres d'opérations. Il est probable qu'il restera un corps d'armée dans le Tyrol, et que l'armée d'Allemagne cherchera un appui de ce côté plutôt que dans la Bohême, désormais évacuée. Pour se renseigner sur la possibilité d'une intervention des troupes du Tyrol dans les opérations en Souabe, Napoléon fait reconnaître les routes de Bregenz à Ulm par le général Vial; mais on sait que les chemins qui conduisent du Tyrol dans le Rheinthal sont difficiles, et ne se prêtent guère à une marche d'armée. Tant qu'on ne se porte pas à l'Est de l'Iller, il y a peu à craindre que l'ennemi ne débouche en force du Tyrol.

Il subsiste dans nos renseignements une très grande lacune : on ignore l'effectif réel des bataillons et escadrons. Le complet de guerre du bataillon autrichien dépasse 1000 hommes, et le nombre des présents n'atteindra pas 500 hommes. L'état-major français adopte donc une évaluation beaucoup trop élevée pour la force des armées ennemies.

Ce qu'on ignore aussi, c'est la date à laquelle l'armée autrichienne pénétrera en Bavière. N'attendra-t-elle pas les Russes ?

Les mouvements de ces derniers sont assez mal connus. Ce qui se passe au delà des Carpathes et de la Vistule est enveloppé de mystère. On sait seulement que deux grandes armées russes se dirigent, l'une vers la Prusse, l'autre vers la Galicie. De ce côté, le général Kutusow conduit 90,000 hommes, dit-on, en six colonnes. On a annoncé leur arrivée en Galicie le 19 août ; le 28, on a confirmé leur apparition sur le territoire autrichien :

mais le 1er septembre, une lettre de Lemberg affirme qu'ils n'ont pas encore paru dans cette ville. A ce moment, on a la certitude qu'ils n'atteindront pas la frontière bavaroise avant le commencement et peut-être le milieu d'octobre.

Une seule chose aurait pu déterminer Napoléon à quelques modifications dans son plan de campagne : l'intervention de la Prusse en faveur de l'un ou l'autre parti ; mais, suivant toujours la même conduite, Frédéric-Guillaume ne se hâtait pas de se prononcer.

Il est un fait à peine croyable, et qui ressort cependant avec une certitude absolue de toute la correspondance prussienne des années 1804 et 1805 : jusqu'au jour où il apprit l'invasion de la Bavière par les Autrichiens, Frédéric-Guillaume demeura dans l'ignorance la plus complète au sujet de la coalition, où l'on avait voulu le faire entrer ; au sujet des vues offensives d'un voisin qui ne lui ménageait ni les offres, ni les menaces. Le roi de Prusse ne fut pas avisé par ses agents des projets que formaient l'Angleterre, la Russie et l'Autriche, et il ne prit pas au sérieux les préparatifs de celle-ci. Au moment où il reçut la visite de Duroc, le 1er septembre 1805, il espérait toujours maintenir la paix en Europe.

Arrivé le 1er septembre à Berlin, Duroc écrit le 3 à Talleyrand qu'il s'est présenté au roi de Prusse, et lui a fait les déclarations dont il était chargé, c'est-à-dire que, « l'Autriche ayant fait des préparatifs aussi considérables et aussi menaçants, l'intention de l'Empereur était bien positivement de faire la guerre ; qu'il avait mis en marche une partie des corps de réserve de l'Armée de l'Océan, marcherait lui-même au secours de la Bavière, et ouvrirait de suite la campagne si l'Autriche ne désarmait pas ; qu'il était nécessaire que dans cette occasion la Prusse se déclarât fortement vis-à-vis de l'Autriche pour qu'elle restât tranquille et ne troublât pas la tranquillité du continent par ses préparatifs ; que Napoléon n'exigeait pas que la Prusse s'engageât de suite à faire la guerre à l'Autriche, mais qu'elle commençât à l'inquiéter, etc. » Il avait été facile de voir combien ces propositions surprenaient le roi de Prusse, qui avait invoqué la difficulté de sa situation, les dangers qu'il ferait courir à ses provinces de l'Est, etc., etc. Duroc vit dès lors qu'il ne s'agissait pas d'une affaire à terminer, mais bien à entreprendre.

Trois jours après le départ de Duroc, l'Empereur lui adresse de nouvelles instructions, qui sont expédiées le 31 août. Il le prévient que Bernadotte va recevoir bientôt l'ordre de se rendre à Würtzbourg : « Il devra alors traverser un pays neutre, dit Napoléon. Commencez à faire les premières démarches pour obtenir des facilités pour le passage par l'intermédiaire de la Prusse ; ce sera, si l'on veut, un corps qui se rend en France, et qui se dirige par le plus court chemin sur Strasbourg. »

A cette époque, l'Empereur ne considère pas encore comme indifférent de traverser des pays neutres ; il estime que le passage à travers les États allemands ne sera possible que moyennant une entente préalable.

IV

Le 12 septembre, l'Empereur reçoit deux dépêches télégraphiques, l'une de Murat, l'autre du préfet du Bas-Rhin, annonçant le passage de l'Inn par les Autrichiens. M. Bacher, notre ambassadeur à Ratisbonne, a fait savoir à Murat qu'ils marchaient en trois colonnes, dont l'une a passé à Scharding, la seconde à Braunau, et la troisième à Mühldorf, se dirigeant sur Landshut, Freising et Munich. Ils doivent, dit-on, rallier des troupes débouchant du Tyrol par Füssen, Schœngau et Landsberg, pour aller prendre la position du Lech, puis celle de l'Iller, et enfin celle que l'archiduc Charles occupait en mars 1799 en arrière de la Forêt-Noire. C'est, *à notre connaissance,* le premier document qui indique à l'Empereur l'intention où sont ses ennemis de se tenir sur la rive droite du Danube et de pousser jusqu'à hauteur du lac de Constance ; encore ce renseignement ne repose-t-il que sur des on-dit.

Une lettre de Bertrand, partie le 12 de Munich, confirme l'arrivée des Autrichiens en Bavière. Elle ajoute qu'il n'a pas encore paru d'ennemis débouchant du Vorarlberg ; mais un rapport anonyme, provenant sans doute de Vial, et daté du 13 septembre, annonce que 8,000 à 10,000 hommes, commandés par le général Wolfskehl, qui étaient disséminés dans les possessions autrichiennes de Souabe, se concentrent vers Ulm, et occupent les villes bavaroises de ce côté.

L'électeur de Bavière s'est retiré à Würtzbourg, et son armée se porte en Franconie, à l'exception de 6,000 hommes qui demeurent à Ulm.

Le 13, l'Empereur télégraphie à Murat pour lui demander de plus amples renseignements, et pour ordonner la mise en état de défense des places du Rhin ; une lettre partie en même temps que la dépêche contient des intructions plus détaillées : les deux régiments de cuirassiers qui doivent se trouver déjà dans le Haut-Rhin occuperont Huningue et Brisach avec la garde nationale ; le régiment d'infanterie, les quatre régiments de cavalerie et l'artillerie dont dispose Murat doivent être tenus prêts à passer le Rhin au premier signal. L'Empereur recommande d'envoyer des espions dans la Forêt-Noire et au delà. Murat exécute sur-le-champ les ordres reçus, et en rend compte à Berthier, puis à l'Empereur.

A la nouvelle des mouvements offensifs de l'ennemi, Berthier presse les préparatifs de l'artillerie ; le Premier inspecteur commencera le 16 septembre à diriger le matériel sur les points de concentration indiqués aux corps d'armée.

Le 15, Berthier apprend à Murat l'alliance conclue avec l'électeur de Bade, alliance qu'il faut se garder de laisser connaître à l'ennemi. Il lui indique en même temps les troupes qui vont être rendues sur le Rhin et se trouveront à sa disposition en cas d'urgence ; mais il lui rappelle que rien ne doit être dérangé dans les dispositions de l'Empereur, « sauf la plus extrême nécessité. » En outre, « l'Empereur verrait comme un malheur qu'il fût obligé de passer le Rhin avant le temps désigné et avant que l'armée fût arrivée, et cela spécialement à cause de l'armée d'Italie. »

Le 14 septembre, Murat a annoncé par le télégraphe l'arrivée de plusieurs régiments autrichiens à Laufenbourg, à deux marches de Bâle, et l'entrée de l'empereur d'Allemagne à Munich ; le 15, il donne à ce sujet de nouveaux détails : ce sont des déserteurs autrichiens qui lui ont appris l'occupation de Laufenbourg par deux régiments d'infanterie et un de cavalerie. Très ému, il songe déjà à faire occuper Bâle, et demande d'urgence les ordres de l'Empereur ; mais le 16, il lui faut démentir, par télégraphe encore, cette nouvelle trop facilement accueillie. Il confirme simplement la présence de 2,000 Autrichiens à Ravensbourg, au Nord de Constance.

Le 17, il envoie une nouvelle dépêche pour faire connaître la force des armées ennemies : celle de l'archiduc Ferdinand est, d'après lui, de 6,000 hommes, et celle qui débouche du Vorarlberg, de 25,000.

Tels sont les renseignements que possède Napoléon au moment où il dicte à Berthier les ordres pour le passage du Rhin.

Il vient de recevoir la lettre écrite le 8 septembre par Duroc, et dans laquelle ce dernier lui annonce l'insuccès probable de sa mission. Cette nouvelle a provoqué aussitôt une violente colère, car Napoléon, ne voyant pas de parti intermédiaire entre ses ennemis et lui, a pensé que le roi de Prusse entrait dans la coalition.

Lucchesini en rend compte quelques jours après à son souverain :

« Vous connaissez trop bien, Sire, la vivacité, je dirais presque la pétulance du caractère de Napoléon, pour ne pas avoir prévu l'exaspération qu'y a produite la résolution constante de Votre Majesté de ne pas entrer dans une ligne offensive avec lui contre les deux cours impériales alliées et l'Angleterre. Peu accoutumé à rencontrer des obstacles insurmontables, et impatient de la contradiction, l'Empereur doit avoir donné à quelques phrases de la dernière pièce non signée, remise aux négociateurs français par le baron de Hardenberg, une interprétation qui décèle en lui le soupçon de dispositions hostiles de la part de la Prusse. Aussi les personnes qui fréquentent Saint-Cloud et les salons de l'Impératrice en sont revenues les jours passés avec la pénible conviction, puisée dans les entretiens de l'Impératrice elle-même, que bientôt l'on devrait compter aussi Votre Majesté au nombre des coalisés contre la France. » (1).

Duroc devait faire les démarches nécessaires pour préparer le passage de Bernadotte ; sa lettre du 8 septembre traite aussi cette question :

« Je donne à M. de Talleyrand des renseignements sur l'itinéraire de la route que peut prendre l'armée du maréchal Bernadotte pour traverser la Hesse et se rendre en Bavière. Votre Majesté veut-elle me permettre d'avoir l'honneur de lui faire observer que l'armée du maréchal Bernadotte défilant par l'électorat de la Hesse

---

(1) Rapport du 25 septembre, Ap. P. Bailleu, page 389.

et venant de Fulda sur Würtzbourg trouve, avant d'y arriver, un chemin neutre par Schweinfurt et Bamberg, et ensuite entre (1) les territoires d'Anspach et de Baireuth pour se rendre à Sulzbach et Amberg, où elle est dans le haut-électorat de Bavière en face de la Bohême, et plus rapprochée de l'Inn et des frontières menacées. Par Würtzbourg, au contraire, elle est obligée pour y arriver de traverser le pays d'Anspach, ou sinon, de se porter en Souabe et sur les derrières de la Bavière. »

Les termes de cette lettre sont mesurés comme il le fallait pour s'adresser à Napoléon, mais il en ressort bien clairement qu'aux yeux de Duroc, et d'après la connaissance qu'il a des dispositions de la Prusse, le passage par Anspach est une extrémité fâcheuse, dont il faut se garder le plus possible.

C'est cependant au reçu de cette lettre, ou le lendemain, que Napoléon dicte pour la première fois un ordre qui prescrit le passage par Anspach. Il le réitérera dix jours plus tard, et cette fois encore, au reçu d'une lettre de Bernadotte signalant que l'électeur de Hesse, après entente avec la Prusse, veut affirmer sa neutralité en interdisant le passage dans ses États.

Napoléon écrira plus tard au roi de Prusse qu'il croyait cette région ouverte aux armées comme en 1796 ; mais on peut concevoir quelques doutes sur la sincérité de cette déclaration, lorsqu'on a lu les lettres de Duroc et de Bernadotte (2). Les termes dans lesquels elles étaient conçues ne donnaient-ils pas à entendre qu'en faisant traverser cette province prussienne par

---

(1) *Entre*, et non *par*, comme l'a écrit P. Bailleu, page 377.

(2) Voir cependant la lettre du 20 octobre à Murat : « Ayez soin de respecter le territoire prussien. J'ai déjà des querelles assez sérieuses avec cette puissance pour le premier passage. J'ai de grands intérêts à la ménager. »

nos colonnes, on agirait contrairement aux intentions du roi de Prusse ?

Il a cependant passé outre, soit que les avantages stratégiques de ce mouvement lui parussent beaucoup plus essentiels que le mécontentement de la Prusse, soit qu'il voulût mettre cette puissance en demeure de prendre parti. Si elle n'attachait guère d'importance à la traversée d'Anspach, Napoléon aurait obtenu les avantages militaires de cette marche, sans en subir aucun inconvénient ; si au contraire la cour de Berlin attribuait quelque gravité à cet incident, elle déclarerait ouvertement qu'elle prenait parti pour ou contre la France. Cette déclaration, dans l'esprit de Napoléon, ne serait sans doute avancée que de quelques jours, et elle le délivrerait de ce qu'il détestait le plus au monde, l'incertitude.

Une note remise à l'Empereur le 16 septembre, par Clarke (1), fait connaître les idées qui régnaient alors dans l'entourage immédiat de Napoléon et qui reflétaient sans doute celles du maître. Au dire de Clarke, la Prusse sent que la France seule peut lui offrir des avantages réels pour la cession du Hanovre, « mais il ne serait point étonnant qu'elle cherchât à l'obtenir en faisant le moins de sacrifices possible. Sûre que les Français évacueront le Hanovre, la Prusse s'en voit maîtresse sans coup férir, et elle l'est également de prescrire les conditions qu'elle met à la neutralité, avantageuse pour elle, qu'elle se propose sans doute de conserver. » Si Napoléon partageait l'opinion de Clarke sur cette matière, il a pu croire qu'en violant la neutralité d'Anspach, il ne jetterait pas la Prusse dans le parti de la Russie et de l'Autriche, dont elle ne pouvait rien attendre, mais l'obligerait à se prononcer plus vite et plus nettement en faveur de la France.

---

(1) *Archives nationales*, AF_{IV}, 1287.

V

Jusqu'au 15 septembre, les ordres de l'Empereur n'ont déterminé que le mouvement vers le Rhin et le Mein ; pour la suite des opérations, nous apercevons quelque chose de ses projets dans la mission donnée le 28 août à Savary. Il songe alors à porter les corps venus de Boulogne sur le front Ulm, Dillingen, et ce sera encore, à bien peu de chose près, la solution qu'il fixera dans l'ordre du 17 septembre. Nous trouvons une autre trace de ses réflexions dans la pièce n° 9254 de sa Correspondance, ainsi libellée :

	6 vendémiaire.	14	17	24
Bernadotte..	Würzbourg.	Anspach.	Nuremberg.	Ratisbonne.
Marmont....	Id.	Id.	Id.	Id.
Davout......	Mannheim.	Mergentheim.	Anspach.	Dietfurt.
Ney........	Selz.	Crailsheim.	Weissenburg.	Ingolstadt.
Lannes.....	Strasbourg.	Gmünd.	Nœrdlingen.	Neubourg.
Soult.......	Landau.	Aalen.	Donauwœrth.	

Ce n'est qu'un papier ramassé dans le cabinet de travail de l'Empereur, et résumant l'une des mille solutions examinées puis rejetées par lui. Avant d'entrer en campagne, il passait en revue toutes les circonstances qu'il croyait capables de surgir au cours des opérations, et il calculait les manœuvres qui devaient y répondre. La note qui nous occupe se rapporte à l'un des nombreux problèmes étudiés avant le départ de Saint-Cloud en 1805, mais nul ne saurait dire avec certitude à quelle hypothèse elle répond ; elle provoquera donc plus de suppositions et de discussions qu'elle ne fournira d'enseignements positifs. Tout ce qu'on peut dire, c'est qu'elle a été écrite avant le 17 et sans doute avant le 15 septembre (1).

---

(1) La commission chargée de publier la Correspondance de Napo-

30 INTRODUCTION.

Si l'on veut tenter une interprétation, on remarquera d'abord que la Grande Armée, d'après cette note, aborderait le Danube entre Donauwœrth et Ratisbonne, laissant Ulm absolument de côté. Si l'ennemi tenait cette dernière ville, on lui présenterait donc la communication de la Grande Armée à découvert, imprudence contraire aux principes et aux habitudes de Napoléon. Il est donc plus probable que l'Empereur a visé la situation qu'on lui faisait prévoir vers le 12 ou le 15 septembre, c'est-à-dire l'établissement des Autrichiens aux environs de Munich. Afin de les déborder dans cette position, il lui faut porter son mouvement plus loin qu'il ne le fera en réalité quand l'ennemi sera venu à Ulm : ce n'est pas à Ingolstadt, mais à Ratisbonne qu'il marque le point de passage de sa gauche sur le Danube.

C'est à peu près à hauteur de Donauwœrth, semble-

---

léon a classé ce document au 22 septembre, parce que, dit une fiche épinglée sur l'original, cette date est intermédiaire entre l'époque où le mouvement des Autrichiens sur Ulm a été connu, et celle où les ordres pour le passage du Rhin ont été donnés. Cette explication reposerait-elle sur des faits exacts, qu'elle ne s'imposerait pas, car elle préjuge : 1° que la note en question répond bien au cas survenu dans la réalité ; 2° que Napoléon a attendu que ce cas se soit produit pour l'examiner. Or, rien ne prouve que le mouvement étudié dans cette note réponde à une offensive des Autrichiens dirigée de Braunau et Passau jusqu'à Ulm, et encore moins que l'Empereur raisonne sur le fait accompli. Au contraire, il a donné ses ordres dès le 17 septembre pour la marche du Rhin au Danube; après cette date, Ney et Soult n'ont plus été dirigés sur Selz et Landau, mais sur Pforz (Durlach) et Spire ; enfin, la date du 6 vendémiaire, pour le passage du Rhin, concorde avec les lettres du 30 et du 31 août; mais l'Empereur, de plus en plus pressé, surtout à partir du 15 septembre, avance alors la date du passage jusqu'au 3 ou 4 vendémiaire, et ne songe qu'à précipiter le mouvement. La marche lente et l'arrivée tardive indiquées par la note en question font donc présumer qu'elle a été écrite au plus tard le 15 septembre. Du 15 au 17, l'Empereur aurait écrit 3 vendémiaire au lieu de 6 vendémiaire et, à partir du 18, il aurait remplacé Selz et Landau par Pforz (ou Durlach) et Spire.

t-il, qu'une attaque de l'ennemi est supposée possible d'après l'hypothèse que Napoléon a faite, car il présente toujours vers ce point deux corps d'armée réunis, et il prend Donauwœrth comme pivot de sa conversion.

Il serait imprudent de pousser l'interprétation plus loin ; comment expliquer, par exemple, le croisement des 4ᵉ et 6ᵉ corps à Stuttgart ? Quelle combinaison a pu faire tenir Davout si loin en arrière le 14 vendémiaire ? Enfin, il est manifeste que le réseau routier n'est pas utilisé aussi complètement qu'il pourrait l'être, et qu'à ce point de vue les ordres du 17 et du 20 septembre présentent des avantages indiscutables. En tout cas, la manœuvre résumée par cette note n'a pas été exécutée, et cela peut-être parce que les circonstances auxquelles elle se rapportait ne se sont pas produites, peut-être aussi parce que Napoléon n'a pas été satisfait de la solution qu'il avait ébauchée.

Le 17, il sait que les Autrichiens poussent jusqu'à Augsbourg. Se risqueront-ils à aller jusqu'à Ulm ? Impossible de le prévoir. En attendant, la droite de la Grande Armée peut prendre cette ville pour point de direction, tandis que la gauche s'étend vers Ingolstadt.

L'ordre du 17, qui prescrit à Bernadotte et à Marmont de traverser Anspach pour gagner Weissenburg, près d'Ingolstadt, dirige Davout et Soult sur Nœrdlingen et Aalen, près de Donauwœrth. Quant à Lannes et Ney, ils se porteront sur Ulm, et rien ne dit encore qu'ils ne pourront pas l'occuper facilement. Ney doit passer le Rhin le 4 vendémiaire, et partir de Durlach le 5 pour être à Ulm le 15, deux jours avant Lannes, qui ne peut arriver que le 17.

Ainsi, le 17 vendémiaire (9 octobre) Napoléon aurait ses corps d'armée groupés deux par deux sur un arc légèrement concave : Weissenburg, Aalen, Ulm.

Le lendemain du jour où cet ordre a été dicté, une dépêche de Murat annonce le passage du Lech par les

Autrichiens, mouvement qui fait présager l'occupation d'Ulm à bref délai.

Le 19, arrive un rapport de Murat, daté du 17, et annonçant que les troupes du camp de Wels, après s'être arrêtées près de Munich, ont repris leur marche et atteignent le Lech, pendant que le corps du Vorarlberg se dirige de Bregenz sur Ulm. Le 20, l'Empereur reçoit une lettre de M. Didelot, transmise par Murat, et qui précise la situation des ennemis. Il est avéré que la colonne du général Klenau a passé le Lech dès le 15 septembre, et que sa pointe s'est montrée le même jour à Zusmarshausen. Or, cette colonne forme en quelque sorte l'avant-garde de la principale armée autrichienne, qui paraît ainsi devoir prendre position sur l'Iller, sinon aux débouchés même de la Forêt-Noire.

D'après les nouvelles reçues par M. Didelot, Günzbourg a été occupé le 16 ; les autres divisions autrichiennes sont encore autour de Munich.

L'Empereur cessera donc de diriger Lannes et Ney sur Ulm, mais il peut les réunir au Nord de cette ville, pour couvrir d'abord la conversion de l'armée (1), puis la ligne d'opérations. Les itinéraires de Soult et Davout seront légèrement modifiés pour permettre ce changement, mais ils aboutiront toujours à Aalen et Nœrdlingen, et celui de Bernadotte à Weissenburg. Tel est, en substance, l'ordre du 20 septembre, qui porte la Grande Armée sur les derrières de l'ennemi, s'il vient à Ulm ; sur son flanc, s'il reste à Augsbourg ou y retourne.

En prévision d'un mouvement sur Ingolstadt ou même sur Ratisbonne, et d'un changement de ligne d'opérations à exécuter en arrivant sur le Danube, où l'on fera

---

(1) « Couvrir », plutôt encore contre les reconnaissances que contre une attaque. Grâce à la position prise par Ney et Murat, entre Stuttgart et Geislingen, Mack n'a pu recevoir avis des mouvements de Davout, par exemple, qu'après de longs détours de ses émissaires.

face au Sud, l'Empereur demande à Bertrand, le 18 septembre, de lui indiquer une petite place bavaroise voisine de Bamberg et pouvant servir de dépôt. Forchheim une fois désigné, l'électeur de Bavière sera prié d'y mettre une garnison et un commandant énergique, ainsi qu'à Würtzbourg. Napoléon prend d'abord sa ligne d'opérations sur Mayence, directement, mais s'il trouvait l'ennemi en forces vers Ingolstadt, Ratisbonne, ou Munich, il manœuvrerait par sa gauche en retirant sa ligne d'opérations sur Würtzbourg.

Pas plus que celui du 17, l'ordre du 20 n'est exécutable dans sa première partie; il fixe le 25 septembre comme date du passage de tous les corps d'armée, et Songis prévient que les ponts ne pourront pas être établis pour cette date; Ney, Soult et Davout ne seront pas prêts à passer. Il faut retenir, du moins, que l'intention de l'Empereur était de faire passer le Rhin partout le même jour, et que l'avance prise par Murat et Lannes, qui semble si conforme à son projet primitif, n'y était pas prévue.

L'ordre particulier donné au général Songis ne reproduit pas exactement les dispositions de l'ordre général. Postérieur sans doute de quelques heures à celui-ci, il prescrit de jeter les ponts dans la nuit du 25 au 26 septembre (et non du 24 au 25). Murat et Lannes seront seuls en état de passer le 25 à Kehl. L'Empereur fait dire encore à Songis de jeter un pont à Brisach : c'est ce pont de « fausse attaque » dont le rôle avait été expliqué dans la dictée du 1er septembre.

VI

A cette époque, une partie des troupes est déjà en Alsace.

Le 1er hussards, cantonné le 17 à Schiltigheim, part le

24 pour rejoindre le 6ᵉ corps à Selz. Le 15ᵉ régiment d'infanterie légère, qui était à Strasbourg, en est parti le 19 pour retrouver Davout à Mannheim.

Les 1ᵉʳ et 11ᵉ cuirassiers sont arrivés à Schelestadt le 17 et le 18, avec le général d'Hautpoul; le 5ᵉ et le 10ᵉ ont été détachés à Huningue et Brisach; ils en repartent le 23, pour aller passer le Rhin à Strasbourg; le 5ᵉ régiment, qui vient d'Huningue, ne rejoindra la division que sur l'autre rive. Ils devaient être relevés par des bataillons de dragons à pied, mais ceux-ci sont arrivés trop tard, et Huningue est resté inoccupé à partir du 23; cependant, le 1ᵉʳ bataillon du 1ᵉʳ régiment de dragons à pied a bien été dirigé sur Huningue et il n'arrivera sur la rive droite du Rhin que le 29 septembre.

La 1ʳᵉ division de dragons (Klein) cantonne le 19 autour de Molsheim, à Roshcim, Dachstein, etc. La 2ᵉ (Walther) près de Friesenheim; la 3ᵉ (Beaumont) doit d'abord se concentrer à Schelestadt, puis elle est rappelée sur Strasbourg, où sa première brigade arrivera le 24, la deuxième le 25. La 4ᵉ division de dragons (Bourcier), qui devait s'arrêter le 20 à Molsheim, reçoit l'ordre de cantonner à Wasselonne, et d'être le lendemain à Obernay.

Les 22ᵉ, 25ᵉ et 26ᵉ dragons, qui tenaient garnison en Alsace, sont dirigés, le 22ᵉ, de Strasbourg sur Benfeld; le 25ᵉ, de Strasbourg sur Matzenheim; le 26ᵉ, de Schelestadt sur Molsheim, pour rejoindre leurs divisions.

Les dragons à pied cantonnent sur trois lignes : la première entre Heiteren et Kühnheim; la seconde autour de Neufbrisach; la troisième entre Fessenheim et Widensohlen. Baraguey-d'Hilliers, croyant à un séjour prolongé, a l'intention de placer, le 24, des postes d'observation sur le Rhin, depuis Fessenheim jusqu'au delà de Kuhnheim, mais il reçoit l'ordre de se porter ce jour-là à Friedenheim, où il relève la division Walther, qui va cantonner à Rossfeld, Neunkirchen, Wœrth et Ehl.

Ce sont les marches préparatoires au passage du Rhin.

Le 24 au soir, les divisions de la Grande Armée occupent les emplacements suivants :

Les grenadiers Oudinot sont à Strasbourg ;

Les 1er, 10e et 11e cuirassiers, de la division d'Hautpoul, sont à Erstein ; le 5e à Neufbrisach.

Les quatre divisions de dragons montés sont à Molsheim, Benfeld, Graffenstaden et Obernay ; les dragons à pied à Friesenheim. Une brigade de la 3e division montée est en arrière, sur la route de Schelestadt ; le 1er bataillon de dragons à pied revient d'Huningue.

Le 6e corps a ses trois divisions à Haguenau, Saverne et Sarrebourg.

Le 4e corps a quatre divisions échelonnées à Germersheim, Lembach, Bitche et Saint-Avold.

Les divisions du 3e corps sont à Kaiserslautern, Hombourg et Sarrelouis.

La garde et la division Gazan sont à Lunéville et à Nancy.

Napoléon a quitté Paris le 24, à 5 heures du matin. Il est le 26 à Strasbourg.

Dès son arrivée, il écrit à Talleyrand : « L'ennemi est aux débouchés de la Forêt-Noire ; Dieu veuille qu'ils y restent. Ma seule crainte est que nous leur fassions trop peur. Avant quinze jours, nous verrons beaucoup de choses ».

La campagne d'Ulm commence. L'armée est réunie et marche sur les derrières de Mack :

« Le maréchal Bernadotte est en marche avec le général Marmont et les Bavarois pour se porter sur le Danube. *Toute mon armée se lie à ce mouvement* », écrit l'Empereur à M. Otto.

« L'empereur d'Allemagne ne fait aucun détachement sur la droite du Danube, écrit-il le 27 à Bernadotte ; les Russes ne sont pas arrivés. Je suis en mesure de faire face à tout. J'ai passé le Rhin à Mannheim, à Spire et vis-à-vis de Durlach. Quand vous recevrez cette lettre, mon armée sera sur le Neckar, forte, nombreuse, et dans le cas de parer à tout. De Würtzbourg, vous vous dirigerez sur le Danube, conformément à l'instruction que le Ministre de la guerre vous adresse ce soir. Vous tiendrez le général Marmont sur votre droite et les Bavarois sur votre gauche. *Je me lierai au général Marmont avec toute mon armée, et si j'ai le bonheur que l'armée autrichienne s'endorme encore trois ou quatre jours sur l'Iller et dans la Forêt-Noire, je l'aurai tournée et j'espère qu'il ne s'en échappera que des débris* ».

Il fait développer sa pensée dans une seconde lettre, signée de Berthier :

« L'intention de l'Empereur est que vous vous dirigiez sur Eichstædt avec votre corps d'armée, suivant la route d'Anspach. Le général Marmont suivra une route parallèle à la vôtre, éloignée au plus de trois à quatre lieues sur votre droite, ce qui lui permettra de se mettre en communication avec le maréchal Davout, *et par là les six corps d'armée se trouveront liés entre eux*..... Cette seule marche indique assez quelle est l'intention de l'Empereur : *Sa Majesté voudrait passer le Danube entre Donauwœrth et Ingolstadt avant l'ennemi, ou, s'il évacuait la Souabe et la Bavière, l'attaquer sur ses flancs pendant sa marche* et reconquérir le plus promptement possible la Bavière.

« L'ennemi a aujourd'hui la droite appuyée à Ulm et la gauche au lac de Constance. Sa première ligne occupe tous les débouchés de la Forêt-Noire.

« A quelque parti que l'ennemi se décide, lorsque le mouvement lui sera démasqué, on sera en mesure de le bien recevoir, et on se trouvera à même, avec les six corps d'armée, auxquels sont réunis les Bavarois et les Würtembergeois, de lui présenter une force de près de 200,000 hommes.

« Quant aux Russes, tous les renseignements parvenus à l'Empereur lui font croire qu'ils sont encore loin de vous, que leur première colonne n'est que de 30,000 hommes, dont 24,000 combattants ; que l'armement de la Prusse les inquiète beaucoup et qu'ils sont excessivement fatigués. D'ailleurs, seraient-ils à huit marches de vous, il n'y aurait rien à craindre, nous serons toujours en mesure de revenir sur eux quand il en sera temps.

« Il est nécessaire que l'électeur de Bavière mette un bon commandant à Forchheim, sur la Regnitz, avec une garnison suffisante et deux ou trois mois de vivres. Faites-lui connaître également qu'il doit approvisionner Würtzbourg ».

Pour plus de sûreté sur ce dernier point, l'Empereur fait écrire à l'électeur de Bavière : « Sa Majesté désirerait que Votre Altesse Électorale voulût bien nommer un commandant dans le fort de Forchheim, homme sûr et brave ; faire mettre dans ce fort une garnison de 3 à 400 hommes, avec trois à quatre mois de vivres, et, quelle que soit l'armée qui puisse investir cette place, l'Empereur viendra la débloquer avant que ses vivres ne soient mangés. L'Empereur désire que Votre Altesse fasse les mêmes dispositions pour la place et la citadelle de Würtzbourg. L'Empereur et Roi ayant pour principe de tenir toute son armée mobile et de l'avoir toujours dans sa main, peut la porter alternativement partout où les fautes de l'ennemi l'appelleraient. »

Les quelques lettres qui précèdent contiennent tous les éléments du plan que Napoléon a formé : la réunion des forces (*les six corps se trouveront liés entre eux, l'Empereur ayant pour principe de tenir toute son armée mobile et de l'avoir toujours dans la main, etc.*); le but (*l'ennemi est aux débouchés de la Forêt-Noire ; Dieu veuille qu'il y reste ! Si j'ai le bonheur qu'il s'endorme encore trois ou quatre jours sur l'Iller et dans la Forêt-*

Noire, je l'aurai tourné et j'espère qu'il ne s'en échappera que des débris); la pensée que l'ennemi s'efforcera d'échapper à l'enveloppement, et qu'on tombera sur son flanc, et enfin qu'il faut passer le Danube, *avec l'armée réunie, entre Donauwœrth et Ingolstadt.*

La lettre du 28 septembre à Bernadotte indique même les mouvements qu'exécuteront les corps d'armée; ils sont aussi simples que possible et se réduisent à gagner par les chemins les plus directs le front Neubourg, Donauwœrth : de Bamberg ou Würtzbourg à Eichstædt, par Fürth ou Anspach ; d'Ingelfingen à Monheim, par Crailsheim et Dinkelsbühl ; d'Œhringen à Harburg par Ellwangen et Nördlingen ; de Stuttgart à Donauwœrth par Gmünd et Aalen ou par Gœppingen et Heidenheim. Le 8 octobre, les têtes de colonnes seront alignées à Heidenheim, Neresheim, Gœppingen, Monheim et Eichstaedt, de manière à aborder le Danube ensemble, le 9, à Donauwœrth et Neubourg.

Au moment où Napoléon ébauche ainsi la manœuvre d'Ulm, entrevue depuis longtemps, mais dont le succès commence à devenir probable, Murat et Lannes la préparent en aveuglant les débouchés de la Forêt-Noire, et les corps d'armée se portent du Rhin vers le Neckar.

VII

Un ordre du 21 définit la mission de Murat dans la Forêt-Noire :

« Si l'ennemi s'était emparé de Freudenstadt, position principale de la route du Kniebis, alors la division Lannes resterait en position du côté d'Oberkirch..... Si l'ennemi était au Kniebis en petite force, je laisse à vous concerter avec Lannes pour l'enlever. Cependant, je ne désire point engager une affaire un peu sérieuse de ce côté..... *S'il arrivait que les Autrichiens fissent un mouvement sur Stuttgart*, et que le Würtemberg voulût continuer à rester avec nous, *je désire qu'une forte colonne avance par le Kniebis* et occupe Freudenstadt. »

En d'autres termes, il ne s'agit pas de prendre pied dans la Forêt-Noire pour des opérations ultérieures ; on s'y procurera seulement de petits avantages par des escarmouches, si l'issue n'en est pas douteuse ; le seul cas où il faille se porter résolument en avant, et prendre une attitude offensive, c'est celui d'un mouvement des Autrichiens vers le Nord, d'Ulm sur Stuttgart. Ce mouvement qu'on tenait à empêcher ne fut pas entrepris, et Murat se trouva n'avoir pas à agir, grâce à l'immobilité de l'ennemi.

Les premières troupes qui traversent le Rhin sont celles de Lannes. Le 25 septembre, à 3 heures du matin, une des brigades de cavalerie légère du 5e corps (général Fauconnet, 9e et 10e hussards) se porte de Strasbourg à Kehl. Elle est suivie par la division Oudinot, le bataillon de sapeurs, 12 pièces d'artillerie et la 2e brigade de cavalerie (général Treilhard, 13e et 21e chasseurs). Le reste de l'artillerie demeure encore quelques jours à Strasbourg, les chevaux étant exténués. Ces troupes prennent la route de Rastatt et cantonnent : les grenadiers près de la route, depuis Sasbach jusqu'à Steinbach ; la brigade Fauconnet entre la tête de la colonne d'infanterie et le Rhin, à Stollhofen ; la brigade Treilhard, les sapeurs, etc., de Renchen à Sasbach.

La réserve de cavalerie passe ensuite ; il y manque un régiment de cuirassiers, une brigade de la 3e division de dragons et un bataillon de dragons à pied. Murat a fait transporter les munitions à l'entrée du pont de Kehl, et elles sont distribuées avant le passage. Un piquet de 25 dragons reste attaché au quartier général de la réserve de cavalerie.

Les cuirassiers d'Hautpoul viennent cantonner à Renchen et Oberkirch, se mêlant aux cantonnements du 5ᵉ corps.

La 2ᵉ division de dragons (Walther) s'établit dans le triangle Wilstett, Urloffen, Nussbach, au contact des cuirassiers, d'une part, et de la 1ʳᵉ division (Klein) de l'autre ; cette dernière a reçu l'ordre de prendre position à Offenbourg et de faire tenir Gengenbach pour surveiller la route de la Kinzig, mais elle s'étend en cantonnements très larges jusqu'à Friesenheim, resserrant les 3ᵉ et 4ᵉ divisions (Beaumont et Bourcier) dans la vallée du Rhin.

La division Beaumont ne comprend alors que trois régiments. Elle en porte le gros à Ettenheim, Kappel et Lahr, et pousse de là des reconnaissances sur les routes conduisant à Fribourg. La division Bourcier étend ses cantonnements autour d'Altenheim. Les dragons à pied restent en avant du pont, depuis Marlen jusqu'à Diersheim.

Le 26, l'Empereur ordonne de faire tenir tous les cuirassiers en seconde ligne à Renchen et Wilstett, derrière la 2ᵉ division de dragons, qui occupera Oberkirch et patrouillera sur la route du Kniebis. On place trois bataillons de dragons à pied à Zimmern, Appenweyer et Windschläg ; trois autres sont réunis à Sand, et la 2ᵉ brigade de la division Beaumont prend leurs cantonnements à Kehl pour la nuit du 26 au 27.

Le même jour, les grenadiers Oudinot, la cavalerie légère et les éléments non endivisionnés du 5ᵉ corps cantonnent à Rastadt et aux environs.

Le 27, les deux brigades de la division de Beaumont sont réunis dans les cantonnements entre Lahr et Kappel.

Outre les reconnaissances vers Fribourg exécutées par cette division, et les patrouilles quotidiennes faites par toute la cavalerie, Murat prescrit pour le 28 de sérieuses reconnaissances dans la Forêt-Noire. Un bataillon de grenadiers, que Lannes a détaché dès le 26, ira occuper Freudenstadt et en chasser l'ennemi, s'il s'y est établi. Une brigade de la division Walther est poussée jusqu'au même point sur la route du Kniebis, pour coopérer à ce coup de main. Le général Klein fera avancer un régiment dans la vallée de la Kinzig.

Ces mouvements, les seuls un peu importants qu'ait faits la cavalerie de Murat, doivent attirer à la dernière minute l'attention des Autrichiens, alors que le lendemain tout ce rideau sera subitement replié vers le Nord.

L'ennemi, d'après les renseignements reçus, a eu jusqu'à 2,000 hommes dans la Forêt-Noire; on a signalé 200 hommes à Calw, 300 à Freudenstadt, un régiment de cavalerie en reconnaissance vers Fribourg; c'était les détachements les plus importants; partout ailleurs on ne rencontrait que des postes peu nombreux, et il n'y eut aucun engagement.

VIII

Le 6ᵉ corps a passé le Rhin le 27 entre Pforz et Durlach (1), à l'emplacement choisi depuis pour le pont de Maxau; sa première division est venue cantonner à Ettlingen et au Sud; la seconde à Durlach et au Sud-Est, la troisième à Carlsruhe. Les trois régiments de cavalerie légère dont dispose le corps d'armée (le 22ᵉ chasseurs n'a pas encore rejoint) cantonnent : l'un à Durlach, le second à Langensteinbach, devant l'inter-

---

(1) L'aide de camp Crabbé avait précédé le corps d'armée et recueilli des renseignements sur l'ennemi : les Autrichiens étaient signalés entre Tübingen et les sources du Neckar, et leurs patrouilles venaient entre Pforzheim et Durlach.

valle des première et deuxième divisions, le troisième à Sulzbach, sur la route de Rastadt. La liaison avec le 5ᵉ corps est étroite, et il n'y a pas deux lieues entre les cantonnements des deux corps.

Soult a fait passer dès le 26, au moyen de bacs et de nacelles, une avant-garde composée d'un régiment d'infanterie et un régiment de cavalerie. L'équipage de pont arrive à Rheinhausen, au sud de Spire, dans la nuit du 26 au 27, avec une partie de l'artillerie, et le pont est jeté en cet endroit, couvert par l'avant-garde qui bivouaque près de Rheinhausen.

La 1ʳᵉ division passe à 9 heures du matin, le 27 septembre ; la 2ᵉ passe à midi, suivie de la cavalerie légère. La 3ᵉ division passera le lendemain, et la 4ᵉ le 30 septembre.

Le pont de Mannheim n'a pu être rétabli pour le 3ᵉ corps ; Davout fait employer un pont volant et toutes les barques qu'on peut trouver. Un détachement de 50 hommes, qui a traversé le Rhin le premier, renvoie de la rive droite 2 bacs et 8 barques, avec lesquels on peut faire passer à la fois 600 hommes et 40 chevaux. Au total, on disposera de 26 bateaux dont 3 bacs.

Davout, de même que Soult, se fait précéder sur la rive droite par une avant-garde composée d'un régiment d'infanterie et un de cavalerie. Cette avant-garde passe dans la nuit du 25 au 26 et va bivouaquer en avant de Neckarau. La ville de Mannheim est strictement gardée ; nul ne peut en sortir. Quatre partis de 25 hommes sont portés en avant sur les principaux chemins, et surveillent les environs par de nombreuses patrouilles.

La 1ʳᵉ division suit de près l'avant-garde, car elle passe le 26, à 6 heures du matin ; la 2ᵉ passera le 27 ; la 3ᵉ le 28, et la grosse cavalerie de Nansouty, qui vient d'être placée sous les ordres de Davout, passera le 29.

Dès le 26, le général Eppler, avec l'avant-garde, traverse Heidelberg et porte ses avant-postes au delà de

Neckargemünd. Le 27, il est à Helmstadt; les divisions s'échelonnent de Mannheim à Neckargemünd.

Davout fait bivouaquer ses troupes, chaque division sur deux lignes très étendues, distantes d'environ une lieue, occupant des positions « militaires », et « se gardant militairement ».

Soult fait aussi bivouaquer son corps d'armée. Son avant-garde est le 27 au delà d'Heidelsheim, les divisions échelonnées depuis Bruchsal jusqu'au Rhin.

Le 27, l'Empereur envoie de nouveaux ordres aux 3e, 4e et 6e corps. Le major-général n'avait pas encore fait connaître à tous les maréchaux les itinéraires fixés par l'ordre du 20, de sorte que Soult et Davout craignaient de se croiser à Heilbronn. L'Empereur leur assigne définitivement des routes distinctes :

Davout reçoit l'ordre de passer par Neckarelz, Mœckmühl, Ingelfingen, Geislingen, Crailsheim, Dinkelsbühl, Fremdingen et Nördlingen. Il enverra un officier d'état-major au général Marmont pour entrer en relation avec lui, et assurera chaque soir la liaison par des postes intermédiaires.

Soult suit la route Wiesloch, Sinsheim, Heilbronn, Œhringen, Hall, Gaildorf, Abstgmünd, Aalen.

L'Empereur prescrit au maréchal Ney de partir le 28, à la pointe du jour, pour Stuttgart, où il devra être rendu le 30.

Ainsi posté à Stuttgart, Ney couvrira le mouvement des autres corps et recevra le premier choc en cas d'attaque des Autrichiens.

« Ses divisions doivent être très près les unes des autres, afin que tout son corps d'armée puisse se réunir en moins de deux heures en ligne ».

Soult et Davout doivent aussi rassembler leurs divisions en arrivant sur le Neckar. Ils y recevront de nouvelles instructions.

Ne se conformant pas strictement à l'ordre reçu, Ney

ne fait partir sa première division qu'à 2 heures de l'après-midi. Elle vient cantonner dans les villages au nord de Weil-die-Stadt. Son artillerie passe par Pforzheim pour trouver des chemins praticables. La deuxième division se met en marche à 10 heures du soir, traverse Pforzheim. Le 30, le corps d'armée occupe Stuttgart, malgré les protestations obstinées de l'Électeur (1). La 2ᵉ division cantonne en avant, à Cannstadt, Esslingen et Türckheim; les deux autres dans Stuttgart même, et la cavalerie au Sud, assurant la liaison avec Lannes et Murat.

Soult porte le 28 son avant-garde et ses trois premières divisions entre Eppingen et Bruchsal. Le 29, les deux premières arrivent à Heilbronn; le 30, il y en a trois; le 1ᵉʳ octobre, tout le corps d'armée y est rassemblé.

Celui de Davout est échelonné le 28 de Neckarelz à Neckarhausen; le 30, il est concentré tout entier à Neckarelz et y séjourne le 1ᵉʳ octobre.

Les 3ᵉ, 4ᵉ et 6ᵉ corps tenant la ligne du Neckar, Murat et Lannes découvrent Strasbourg et se replient vers Stuttgart, sous la protection du corps de Ney.

D'après l'ordre qui leur est donné le 27, Lannes doit porter sa cavalerie, le 1ᵉʳ octobre, à Esslingen, par Herrenalb, Hirsau et Weil. Les grenadiers et l'artillerie y arriveront en même temps, ayant passé par Ettlingen, Pforzheim et Vaihingen.

Murat, laissant une division de dragons (Bourcier) devant le pont de Kehl, à Wilstett, Offenburg et Oberkirch, porte les autres le 29 à Bühl, Baden, Lichtenau; le 30 à Rastadt, Krappen, Kuppenheim; le 1ᵉʳ octobre,

---

(1) Notre ministre à Stuttgart, M. Didelot, s'efforce en vain d'invoquer en faveur de ce prince la qualité d'allié, alors qu'il n'a encore voulu consentir à aucune entente avec Napoléon.

à Pforzheim ; le 2 à Stuttgart. Les cuirassiers passent le 29 à Rastadt, le 30 à Durlach, le 1er octobre à Vaihingen, le 2 à Ludwigsbourg. Les dragons à pied ont reçu d'abord, le 27, l'ordre de se rendre à Heilbronn en cinq jours ; mais ils ont reçu contre-ordre dès le 29. Ils sont ce jour-là à Hügelheim, le 30 à Ettlingen, le 1er octobre près de Pforzheim, le 2 à Stuttgart. A cette date, Bourcier, chargé de couvrir la marche de l'Empereur, partira de Rastatt pour Stuttgart.

A l'autre aile de la Grande Armée, les Bavarois s'organisent à Bamberg, d'où ils ne partiront que le 3 octobre pour Forchheim. La division de Wrède se rassemble le 1er à Stadt-Schwarzach, non loin de Würtzbourg, se met en mouvement le 2, et se réunira au corps de Deroy le 4, à Fürth.

Bernadotte fait serrer le 1er corps sur Kitzingen et Ochsenfurt le 2 octobre, et se mettra en mouvement le 3 vers Anspach.

Marmont, qui a amené le 2e corps près de Würtzbourg, le portera le 2 octobre à une marche au sud de cette ville, vers Tauberbischofsheim, Grünsfeld, Bütthard et Mergentheim, où les agents de liaison de Davout trouveront la division batave.

IX

Les corps d'armée serrent sur leurs têtes avant de se porter au delà du Neckar ; ils doivent désormais marcher ensemble, les divisions se suivant à deux heures d'intervalle. Des ordres leur sont donnés pour la période du 2 au 6 seulement ; ils doivent, à cette dernière date, avoir atteint Weissenstein, Nœrdlingen, Œttingen. Cet ordre est conforme aux instructions adressées le 28 septembre à Bernadotte, qui assignaient à l'armée le front Eichstædt, Heidenheim pour le 8 (Ney devant être le 7 à Heidenheim); mais comme il s'agit d'un ordre ferme, et non d'une simple indication, l'Empereur ne croit pas devoir engager l'avenir au delà de cette période de quatre jours, au bout de laquelle le 6ᵉ corps se trouvera à une marche du Danube.

Davout et Soult, ayant un plus long trajet à parcourir, partiront le 2 octobre, de manière à atteindre Œttingen et Nœrdlingen le 6; Ney, placé au pivot, partira plus tard et marchera à petites journées sur Weissenstein. Lannes, ayant attendu à Ludwigsbourg la division Gazan, reçoit seulement l'ordre d'atteindre Aalen le 6 octobre. Il parviendra cependant à cantonner ses grenadiers en avant de cette ville, jusqu'à Neresheim, dans la soirée du 6.

Quant à Murat, il reçoit du major-général un ordre confus et semé de contradictions sur des points essentiels; il s'empresse de les souligner en écrivant à Berthier :

« Vous me prescrivez de faire occuper Gœppingen le 11 et Geislingen le 12, et d'envoyer le 13 à Heidenheim seulement une division, et de me tenir de ma personne à Gœppingen, tandis que dans le dernier paragraphe de votre lettre, vous vous exprimez ainsi : « La position « d'Heidenheim étant un poste très important pour l'en- « nemi, il est nécessaire que M. le maréchal Murat y « arrive en force et que, du moment qu'il y sera, il « envoie des nouvelles de tout ce qu'il apprendra aux « maréchaux Soult et Davout, etc. » Monsieur le Maréchal, avec la meilleure volonté du monde, il est impossible dans cette circonstance de bien exécuter les ordres de Sa Majesté. Je ne saurais me tenir de ma personne à Gœppingen, quand vous m'ordonnez d'arriver en force à Heidenheim, et je ne puis arriver en force à Heidenheim quand vous me dites de n'y envoyer qu'une seule division et de laisser ma division de dragons à pied à la suite d'une de celles du corps d'armée du maréchal Ney.

De grâce, Monsieur le Maréchal, expliquez-vous plus clairement, car qu'arriverait-il si nous venions à être attaqués sur Heidenheim avant l'arrivée de Sa Majesté? Vous ne me parlez pas de la division d'Hautpoul, qui est arrivée hier soir à Vaihingen; continue-t-elle à rester sous mes ordres? »

L'Empereur intervient lui-même pour donner quelques explications à Murat, le 2 :

« Vous allez flanquer toute ma marche, qui est délicate, en ce que c'est une marche oblique sur le Danube. Il faut donc, si l'ennemi voulait prendre l'offensive, que je sois *averti à temps pour prendre un parti* et ne pas être obligé de prendre celui qui conviendrait à l'ennemi. La division d'Hautpoul ne doit pas suivre votre mouvement; *ce serait encombrer votre manœuvre* (1). Mon intention est qu'elle suive ma marche, et elle arrivera rapidement à Aalen, en même temps que votre avant-garde arrivera à Heidenheim. Les dragons à pied doivent être bien fatigués; je ne les ferai pas passer avant le maréchal Ney : ce serait exposer un corps que je veux ménager. Le maréchal Ney ne partira que le 12 (4 octobre) de Stuttgart (2); il vous suivra donc samedi (5 octobre). Les dragons à pied viendront après le maréchal Ney, formant votre réserve. Ainsi, par ce débouché, vous vous trouverez avoir 6,000 dragons à cheval, le corps du maréchal Ney de 20,000 hommes et les dragons à pied, ce qui vous formera un corps d'armée de 30 à 35,000

---

(1) Ainsi Murat ne commande pas une flanc-garde chargée de résister à une attaque éventuelle de l'ennemi : il n'a que trois divisions de dragons; les cuirassiers, qui ne serviraient que dans une bataille, lui sont retirés. On n'acceptera aucun combat avec l'infanterie ennemie avant de lui opposer une masse de 65,000 hommes, force que l'armée autrichienne ne peut guère dépasser, et qui doit donner la victoire dès la première rencontre.

(2) Ney partit le 11 (3 octobre).

hommes. Je serai de ma personne avec le corps du maréchal Lannes, qui passera par Gmünd; ma garde et la division d'Hautpoul feront la réserve de ce corps d'armée, qui sera de 26,000 hommes. Vous voyez donc que, si l'ennemi débouchait d'Ulm pour m'attaquer sur mon flanc, ces deux corps, que je pourrais lui opposer (1), seraient facilement renforcés par une partie du corps de Soult, que j'ai disposé en conséquence ».

Cette lettre fait parfaitement comprendre les intentions de l'Empereur pour l'ensemble de la manœuvre, mais ne lève en rien les doutes sur l'occupation d'Heidenheim. Berthier, mécontent des observations ironiques de Murat, lui répond de son côté d'exécuter à la lettre l'ordre reçu, sans s'occuper de le discuter ni de le comprendre :

« L'Empereur a reçu votre lettre; il désire que vous suiviez vos instructions, et en conséquence que vous fassiez le mouvement prescrit. »

Le 3 octobre, la Grande Armée forme quatre groupes bien distincts : les Bavarois, à Forchheim; le 1er corps à Uffenheim, le 2e échelonné de Rothenburg à Weikersheim, et tous deux approchant d'Anspach; les 3e et 4e corps à Langenburg et Hall; les 5e et 6e corps et la cavalerie échelonnés depuis Ludwigsbourg jusqu'à Süssen par Cannstadt, Stuttgart et Esslingen.

Le front de l'armée, légèrement concave, a une étendue de 160 kilomètres. Bernadotte est à 40 kilomètres des Bavarois et à 20 kilomètres de Marmont. Soult et Davout sont à 15 kilomètres l'un de l'autre; Davout est à 25 kilomètres de Marmont et à 50 kilomètres de Lannes. La 1re division du 4e corps, qui devait être

---

(1) Le secrétaire de l'Empereur semble avoir sauté ici quelques mots, dont le sens serait : « Ces deux corps [formeraient un total de 50,000 à 60,000 hommes, et ils] seraient facilement, etc. ».

dirigée sur Gaildorf par le chemin le plus court avant d'atteindre Œhringen, rejoint la route du corps d'armée à Hall, ce qui rend un peu illusoire son prétendu rapprochement du 5ᵉ corps.

Dans toute cette marche, Davout et Soult sont étroitement unis. L'Empereur a dit à Davout, une fois pour toutes, le 27 septembre :

« Le maréchal Soult suivra la route de Spire, Wiesloch, etc., Aalen ; ainsi vous l'aurez toujours à peu de chemin sur votre droite. » Le 3 octobre, à l'approche de l'ennemi, il lui écrit encore : « Si l'ennemi a passé le Danube et occupé Nœrdlingen, prenez position et communiquez avec le maréchal Soult, qui couche le 13 à Ellwangen et le 14 à Nœrdlingen ; par ce moyen, vos corps d'armée donneront ensemble. »

Bernadotte et Marmont, d'une part, Murat, Lannes et Ney, de l'autre, forment des groupes analogues à celui des 3ᵉ et 4ᵉ corps, mais il est inutile de les en aviser, puisque Bernadotte a été investi du commandement supérieur des 1ᵉʳ et 2ᵉ corps, et que l'Empereur accompagne le 5ᵉ corps.

Napoléon s'attache surtout à assurer la liaison entre les différents groupes. Bien que Davout soit accouplé à Soult, il a reçu l'ordre, dès le 27, d'envoyer un officier d'état-major à Marmont pour entrer en relations avec lui, et de placer des postes de manière à communiquer « à toutes les couchées, soit pour lui faire passer des renseignements de la gauche, soit pour le secourir et en être secouru. » Il doit aussi envoyer des gens du pays « comme voyageurs, pour suivre la première marche que fera le général Bernadotte. » Les 4,000 hommes de Hesse-Darmstadt, si par hasard ils sont fournis, seront employés à assurer la liaison avec Marmont en suivant un chemin intermédiaire entre les itinéraires des 2ᵉ et 3ᵉ corps.

Soult, de son côté, fait flanquer la marche de Lannes

par la 1ʳᵉ division du 4ᵉ corps pour « pouvoir, en deux ou trois heures de temps, venir à son secours si cela était nécessaire. »

L'Empereur écrit le 2 octobre à Bernadotte :

« Maintenez toujours intacte la communication du général Marmont avec le maréchal Davout ; vous verrez par le croquis que ce général sera le 15 sur la Wœrnitz ; si l'ennemi débouchait de Donauwœrth pour l'attaquer, faites marcher le général Marmont à son secours, » et Berthier ajoute, le même jour : « M. le général Marmont doit, comme je vous l'ai dit, se tenir en communication avec le corps de M. maréchal Davout, et par ce moyen, *l'armée sera toujours sans interruption.* »

Sans multiplier outre mesure ces citations, l'on voit avec quel soin Napoléon s'efforçait d'assurer la liaison constante de ses corps d'armée entre eux. Il ne négligeait rien pour renseigner les maréchaux sur les positions des colonnes voisines, pour leur donner l'impression persistante du coude à coude et leur faire sentir sa pensée toujours présente, planant au-dessus de tous et veillant à tout. Les divers ordres qu'il leur adresse n'ont pas d'autre but. Ils ne modifient pas sensiblement la marche prescrite dès le passage du Rhin, et une note brève, indiquant les modifications de détail qu'il faut y apporter, suffirait à la rigueur. Mais Napoléon ne veut laisser à aucun de ses subordonnés le temps de perdre la confiance sans laquelle il n'est pas de succès possible. Les lettres qu'il leur écrit sans cesse les confirment dans la direction à suivre, les renseignent sur la position des troupes voisines, sur la situation générale. Ils se sentent perpétuellement guidés et appuyés, et marchent sans hésitation vers un but très bien défini.

Le 2, l'Empereur commence à prévoir les manœuvres que l'apparition de l'ennemi sur le Danube pourrait provoquer. Son projet, comme il l'écrit à Bernadotte le 2 octobre, est toujours d'arriver sur le Lech avant les

Autrichiens, de leur couper la retraite, et de les pousser dans le Tyrol ou sur le Rhin ; mais il peut arriver que Mack prenne l'offensive. S'il fait mine d'attaquer le centre de la Grande Armée, c'est-à-dire les 3e et 4e corps, ceux-ci agiraient de concert. S'il se porte contre Bernadotte, Soult et Davout doivent soutenir ce dernier. Si, au contraire, ils débouchent du côté d'Ulm, où se trouvent Ney, Murat, Lannes et la Garde, Soult devra s'efforcer d'intervenir, mais Davout, trop éloigné, continuera s marche vers le Danube.

« Si l'ennemi passait le Danube pour se porte. devant vous, fait-il écrire à Bernadotte, vous l'attaqueriez en ayant soin de maintenir toujours votre communication avec le général Davout et, dans ce cas, toute l'armée ferait un mouvement sur vous. »

Le 3, il écrit à Davout : « Il serait possible que l'ennemi fît quelques manœuvres ; il pourrait marcher au-devant de quelqu'un des corps d'armée, soit du côté d'Heidenheim, et dans ce cas vous êtes trop loin et vous n'y pouvez rien, soit en occupant Nœrdlingen, et c'est dans cette intention que j'ai attaché une division de grosse cavalerie à votre corps d'armée. Arrivez le plus de bonne heure qu'il vous sera possible à Œttingen. Si l'ennemi a passé le Danube et occupe Nœrdlingen, prenez position et communiquez avec le maréchal Soult, qui couche le 13 à Ellwangen et doit être rendu le 14 à Nœrdlingen ; par ce moyen, vos corps d'armée donneront ensemble, et votre grosse cavalerie vous sera très utile dans la belle plaine de Nœrdlingen. Si, au contraire, l'ennemi n'avait point passé le Danube depuis Ulm jusqu'à Donauwœrth, prenait position sur l'Altmühl en débouchant par Neubourg ou Ingolstadt, et attaquait les généraux Marmont et Bernadotte, passez la Wœrnitz et portez-vous par le plus court chemin au secours de ces corps d'armée, en prévenant le maréchal Soult, qui a ordre de suivre le même mouvement. Envoyez des courriers au général Marmont ; je suppose qu'il devra avoir passé demain Rothenburg. Faites-lui connaître les ordres que vous avez. »

Soult reçoit de son côté l'ordre suivant :

« Le maréchal Davout arrive le 13 à Œttingen. Il a avec lui six régiments de grosse cavalerie formant la division du général Nansouty. Il doit se porter à Harburg le 14, mais je lui fais connaître que, si l'ennemi se trouvait en face de Nœrdlingen, il se dirigerait sur ce point, de manière à se lier à votre gauche et à tomber ensemble sur l'ennemi. Si, au contraire, l'ennemi se portait sur Neubourg pour marcher sur Bernadotte, le maréchal Davout marcherait à grands pas au secours de Marmont et de Bernadotte, et vous-même, de Nœrdlingen, vous vous porteriez rapidement sur la Wœrnitz pour garder le débouché de Donauwœrth et servir de réserve à ces trois premiers corps d'armée, assez près cependant de l'ennemi, qui serait par là menacé de perdre sa communication avec Neubourg.

Mon intention est, quand nous nous rencontrerons avec l'ennemi, de l'environner de tous côtés. Je désire que vous communiquiez souvent avec moi pour me faire connaître, soit ce que vous apprendrez de Davout, soit ce que vous saurez du côté de Nœrdlingen. »

X

Le 4, Ney occupe Süssen, Esslingen et Gœppingen ; Murat porte Beaumont sur Weissenstein ; Walther sur Gingen, Altenstadt et Geislingen ; Klein sur Geislingen, puis du côté d'Heidenheim. Le corps de Lannes est échelonné entre Lorch et Waiblingen, suivi par la Garde, le grand quartier général et les cuirassiers d'Hautpoul.

Soult arrive à Bühlerthann et Gaildorf, se trouvant à 30 kilomètres de Lannes et à 35 kilomètres de Ney. Sa

4ᵉ division (Suchet) n'est qu'à Œhringen (1). Davout bivouaque en avant d'Ilshofen, Marmont est à Rothenburg, Bernadotte à Ober-Dachstetten, de Wrède à Niderndorf (?), Deroy à Fürth, et tous les Bavarois se trouvent ainsi réunis.

Les renseignements recueillis dans les journées précédentes étaient vagues et semés de contradictions. Depuis qu'on avait appris le passage du Lech par les Autrichiens, aucun avis n'était venu préciser l'emplacement de leurs forces. Elles étaient en grande partie dans la plaine souabe, mais était-ce près d'Augsbourg, près d'Ulm, près de Biberach ou près de Memmingen? On ne pouvait le dire.

Le 2 octobre, on signalait des travaux de fortification autour d'Ulm et sur la ligne de l'Iller; mais on en avait vu aussi aux débouchés du Tyrol. Le 3, un renseignement très vague annonce que les Autrichiens vont se retirer sur le Lech.

Enfin, le 4, des émissaires rapportent des faits plus précis et plus significatifs. Le mouvement de l'ennemi, refluant de Stokach, Biberach et Memmingen sur Ulm, est confirmé. Il n'y a rien à Donauwœrth, mais on a vu six régiments d'infanterie et beaucoup de cavalerie, venant de l'Ouest, se diriger sur Lauingen, et le régiment de Colloredo va occuper Donauwœrth. Il n'y a rien, en tout cas, dans la Forêt-Noire. Le général Mack, après avoir été à Memmingen, est revenu à Ulm.

Berthier ordonne à Murat de réunir ses trois divisions de dragons à Heidenheim; celle de Bourcier se dirigera sur Geislingen, où elle sera le 6. Il faut éclairer tous les débouchés d'Ulm.

« La division de dragons du général Bourcier, écrit

---

(1) Elle avait attendu vingt-quatre heures le grand parc, qu'elle devait escorter.

Napoléon, doit flanquer l'armée du côté de Geislingen. Avec vos trois divisions, portez-vous rapidement sur Heidenheim, afin d'éclairer la plaine de Nœrdlingen. Je suppose que l'ennemi n'a fait aucun mouvement offensif, car en ce cas, vous vous conduiriez suivant les circonstances en attendant de nouveaux ordres.

« Le maréchal Soult me fait savoir que l'ennemi a plusieurs escadrons entre Nœrdlingen et Ellwangen; pendant qu'ils feront le coup de sabre avec les hussards du 3ᵉ corps d'armée, il vous serait facile de les couper en leur barrant le chemin de Donauwœrth. Je suppose que l'ennemi n'a pas de forces considérables à Nœrdlingen, et qu'il n'a qu'une tête de colonne pour éclairer la plaine ; en un mot, que son projet continue à être de rester derrière le Danube. Si cela était ainsi, et que l'ennemi n'eût qu'un ou deux régiments d'infanterie et autant de cavalerie, voyez si, avec vos 8,000 dragons, vous ne pourriez pas les couper conjointement avec la cavalerie légère des maréchaux Lannes et Ney ; en en prévenant le maréchal Soult, toute sa cavalerie légère viendrait se trouver aussi à l'affaire. Mais mon intention est qu'on ne tente cette opération qu'autant que l'ennemi aurait là moins de 6,000 hommes d'infanterie. Ce qui m'importe, c'est d'avoir des nouvelles. Envoyez donc des agents et des espions, et surtout faites des prisonniers. »

On est au contact de l'ennemi ; des patrouilles autrichiennes ont été enlevées. Une ou deux marches suffiront pour atteindre le Danube. Murat prescrit que la réserve de cavalerie bivouaquera désormais, au lieu de cantonner. Les 6ᵉ et 5ᵉ corps en font autant.

L'Empereur prépare le passage du Danube, et ordonne à Soult de presser la marche de l'équipage de pont et de l'amener à Nœrdlingen le 6 ou le 7, coûte que coûte.

« *N'allez pas me dire que cela est impossible.* Requérez

tout ce qu'il vous faut de chevaux pour cet objet. Mettez les pontonniers sur les voitures ; faites marcher l'équipage jour et nuit et faites en sorte au moins que j'aie, le 14 ou le 15, cinq ou six bateaux à Nœrdlingen, si je n'y puis avoir la totalité de mon équipage de pont. Il y a sur la Wœrnitz des bois, des bateaux en construction, des nacelles. Tâchez de faire surprendre tout cela afin de m'en faire d'autres moyens de passage qui me mettront à même, s'il est possible, de surprendre également quelque pont de bois dont l'ennemi aurait rompu deux ou trois arches, et de les réparer en peu d'heures. Prenez tous les renseignements nécessaires et méditez attentivement sur cette opération. Je n'ai pas besoin de vous dire que je préfère passer le Danube entre le Lech et Ingolstadt ; cependant il me serait fort utile d'avoir quelques moyens de passage du côté de Donauwœrth, tant pour occuper l'ennemi que pour y faire passer ma droite.

« On m'assure qu'il serait possible de trouver à Œttingen quelques nacelles et bateaux, écrit l'Empereur à Davout, et peut-être s'en trouve-t-il sur l'Altmühl. Si l'ennemi se tient sur la défensive derrière le Danube, voyez à vous procurer des nacelles et des bateaux, soit sur la Wœrnitz, soit sur l'Altmühl. »

Bien que Marmont soit encore très loin du Danube, Napoléon lui recommande aussi de « rassembler tous les bateaux et toutes les nacelles qui pourraient se trouver dans son arrondissement, et de les tenir disposés à être transportés partout où besoin sera. »

Il écrit à Bernadotte : « Voyez à préparer les moyens de jeter un pont sur le Danube, et concertez-vous avec les généraux bavarois ; je voudrais le jeter entre Neuburg et Ingolstadt, au point le plus favorable au passage. Le quartier général sera le 16 (8 octobre) à Nœrdlingen. Si je puis me procurer d'une manière ou d'une autre des moyens pour passer le Danube, je voudrais le passer à la fois sur trois points. Faites-moi connaître ce que disent les officiers bavarois, et répondez-moi à ces deux questions :

« 1° Entre Neuburg et Ingolstadt, quel est le point le plus favorable pour passer le Danube?

« 2° Quels moyens pourriez-vous avoir? Pourriez-vous vous saisir de quelques bateaux sur le Danube, ou en amener quelques-uns des petites rivières voisines? »

Ainsi la pensée de l'Empereur n'a pas varié depuis le passage du Rhin : bien qu'il ait songé un instant à la possibilité d'une attaque prononcée par l'ennemi au Nord d'Ulm, il le croit toujours préoccupé de se dérober, et c'est sur le Lech qu'il paraît logique de préparer l'action générale. L'ordre est envoyé à Ney de poursuivre sur Donauwœrth le 7 octobre, et c'est plutôt à l'Est qu'à l'Ouest du Lech qu'on doit chercher à passer le Danube. La Grande Armée va achever sa marche convergente vers Donauwœrth et Neubourg.

XI

D'après les ordres de l'Empereur, le maréchal Ney devait quitter Stuttgart le 4 octobre et arriver le 6 à Heidenheim pour continuer ensuite, selon toutes probabilités, sur Donauwœrth. Autorisé à commencer son mouvement le 3, il n'en a pas moins fait de grandes marches, et se trouve le 5 à Heidenheim. Il doit y demeurer deux jours, et prend sur lui de choisir une position plus au Sud, derrière la courbe que fait la Brenz à Giengen. Son avant-garde est poussée jusqu'à Hermaringen, à peu de distance du Danube. Les 1re et 2e divisions de dragons ont marché avec lui et bivouaquent entre Neresheim et Heidenheim; la 2e a rejoint par Erbach, Waldhausen et Gussenstadt, laissant un régiment à Geislingen pour tenir ce poste important jusqu'à l'arrivée de la division Bourcier.

Murat se rend à Geislingen, y reçoit les rapports de ses reconnaissances, en rend compte à l'Empereur, puis à 1 heure, part pour Heidenheim en suivant la 2ᵉ division. Il ordonne de pousser des reconnaissances le lendemain sur Nœrdlingen, Dettingen et Heldenfingen.

Apprenant qu'il n'y avait à Nœrdlingen qu'un parti de 3 à 400 hommes, il juge inutile de se porter sur ce point.

Les divisions bivouaquent : la 1ʳᵉ à Nattheim, Fleinheim et Neresheim ; la 2ᵉ à Mergelstetten et Bolheim ; la 3ᵉ à Schnaitheim.

Les reconnaissances de la cavalerie ne réussissent qu'à faire un prisonnier, et ne découvrent rien ; mais les habitants donnent aux généraux des renseignements de la plus grande importance. Selon le rapport fait au chef d'escadron Lanusse, aide de camp de Murat, l'ennemi est en grande force à Ulm. Il y réunit depuis deux jours toutes les troupes qu'il avait à Memmingen et sur l'Iller. « Le maître de poste de Denkenthal, qui a servi les Français dans la dernière guerre, assure que l'armée presque entière se trouve dans ce moment à Ulm. Ce maître de poste a promis de venir trouver aujourd'hui le général Walther, qui a logé chez lui autrefois, et qui le connaît particulièrement. »

D'après ces nouvelles, Murat, craignant que l'ennemi ne veuille prendre l'offensive au Nord d'Ulm, appelle les dragons à pied à Süssen, à trois lieues de Geislingen.

Lannes a sa cavalerie à Aalen et Mœgglingen, les grenadiers et l'artillerie à Gmünd ; Gazan arrive à Lorch, où se trouve déjà la Garde. D'Hautpoul suit. Le grand quartier général est à Gmünd. Soult a envoyé chercher le grand parc d'artillerie, et fait préparer des relais pour accélérer la marche de l'équipage de pont. Le grand parc n'était qu'à Heilbronn le 4 octobre.

La 1ʳᵉ division du 4ᵉ corps est à Abstgmünd, à 20 kilomètres de Gmünd. Les 2ᵉ et 3ᵉ à Röhlingen et Ellwangen, la 4ᵉ à Hall. Davout a ses divisions à Mönchsroth et Haselbach, sa cavalerie à Epingen. Marmont est à Feuchtwang, Bernadotte à Detmansdorf, en avant d'Anspach, les Bavarois à Schwabach.

L'armée occupe un front de 110 kilomètres, non compris les Bavarois, et 80 seulement en négligeant les dragons à pied.

Jusqu'à ce jour, le groupe formé par Ney, Murat et Lannes couvre le reste de l'armée, contre les investigations de l'ennemi plutôt encore que contre ses attaques. Les renseignements que l'on reçoit d'Ulm, assez insignifiants d'ailleurs au point de vue de la répartition des forces autrichiennes, témoignent tous de l'ignorance où reste le général Mack au sujet de nos mouvements. Il fait fortifier Ulm avec ardeur; des colonnes venant d'Ehingen et surtout de Memmingen convergent sur cette place; la route de Memmingen à Ulm est couverte de troupes.

Il est vrai que d'autres rapports annoncent en même temps l'apparition de 5 à 6,000 Autrichiens à Nœrdlingen, et de 12 à 15,000 près d'Eichstaedt; mais l'opinion de l'Empereur paraît être faite, et il pense que l'ennemi se concentre autour d'Ulm:

« L'ennemi ne commence que d'aujourd'hui à s'apercevoir de notre mouvement, et il se réunit à Ulm », écrit Berthier à Soult.

Il n'y a rien à craindre des Russes pour le moment: ils ne seront sur l'Inn que du 12 au 15 octobre, au plus tôt.

Dans ses ordres du 5, l'Empereur fixe toutes les dispositions à prendre pour le passage du Danube: Soult, Lannes, Ney et Murat se porteront sur Donauwœrth; Davout, Marmont et Bernadotte chercheront un passage plus à l'Est; la division Bourcier restera seule chargée de masquer les débouchés d'Ulm.

Berthier écrit à Murat : « L'Empereur désire que le 15 (7 octobre), de bonne heure, vous puissiez arriver sur Donauwœrth. Si l'ennemi est en force, vous attendrez les maréchaux Soult et Ney, qui ont ordre de l'y attaquer. S'il n'est pas en force, et qu'avec vos 6 à 8,000 dragons vous puissiez enlever Donauwœrth et surprendre le passage, vous êtes autorisé à le faire. Vous placeriez sur-le-champ votre artillerie pour défendre le pont, et vous y feriez faire les travaux indispensables. Vous ne vous exposeriez toutefois qu'autant qu'il le faudrait pour défendre le pont jusqu'à l'arrivée du maréchal Soult, qui sera le 14 à Nœrdlingen et le 15 sur Donauwœrth.

Vous instruirez le maréchal Soult de tout ce que vous apprendrez dans la journée du 14 et dans la nuit du 14 au 15. Il est préférable que vous arriviez à Donauwœrth plutôt l'après-midi qu'avant midi, parce qu'alors deux divisions du maréchal Soult auront eu le temps d'arriver.

Vous instruirez le maréchal Davout, qui, le 13, arrive à Œttingen, de tout ce que vous apprendrez, et enfin, vous tiendrez également au fait de tout ce que vous saurez au sujet de l'ennemi le maréchal Ney, qui part le 15 de Heidenheim pour se diriger sur Neresheim.

Si l'ennemi se trouvait en force de l'autre côté du Danube, et qu'il fût impossible de surprendre le pont, vous ferez border le Danube par vos troupes et vous établirez vos postes jusqu'à deux lieues plus bas que Donauwœrth.

Vous rassemblerez tout ce qu'on pourra trouver de nacelles et de bateaux, et vous reconnaîtrez tous les points sur le Danube, afin que le 16 on puisse aviser aux moyens de passer ce fleuve.

Vos partis doivent se lier avec ceux du général Marmont qui, le 15, se trouvera à Treuchtlingen. Tâchez d'envoyer, soit des gens du pays, soit des Bavarois, soit des officiers à vous, pour en avoir des nouvelles ; cela est d'une grande importance.

Ney doit arriver aussi le 7 devant Donauwœrth. Si l'ennemi se trouve en force, il faut l'attaquer le 8, et en attendant se tenir à une lieue de cette ville, à cheval sur la route d'Ulm, avec des avant-postes à Höchstaedt. »

A 10 heures du soir, Berthier prévient Murat que Soult va repousser l'ennemi de Nœrdlingen sur Donauwœrth dès le 6, et qu'il faut tâcher de couper la retraite aux Autrichiens.

Baraguey-d'Hilliers sera le 7 à Heidenheim, d'Hautpoul et la Garde à Nœrdlingen, Lannes à Bopfingen.

L'ordre donné à Soult contient les prescriptions annoncées dans l'ordre adressé à Murat.

Quant à Davout, sauf avis contraire, il doit se porter du côté de Marmont, et se séparer de Soult ; ainsi la Grande Armée formera deux groupes au lieu de trois :

« Il est certain, lui écrit Berthier, que l'ennemi occupe Eichstædt avec 12 ou 15,000 hommes. Le maréchal Bernadotte et le général Marmont n'auront pas manqué de vous instruire si ce corps s'était augmenté ou diminué. Dans tous les cas, l'intention de Sa Majesté est qu'aussitôt que vous serez certain que l'ennemi n'a pas de corps en position dans la plaine de Nœrdlingen capable d'arrêter la marche du maréchal Soult, vous devez vous diriger de suite d'Œttingen sur Monheim et par là vous trouver en position de remplir l'un des deux buts ci-après :

« Le premier serait de vous trouver plus près du corps du général Marmont et du maréchal Bernadotte, et si cette armée avait besoin de votre assistance, vous feriez toutes vos dispositions pour la soutenir.

« Le second, s'il ne se passait rien d'extraordinaire à Eichstædt, et que l'ennemi se fût reployé derrière le Danube, vous placeriez dans la journée du 15 des postes sur le bord de cette rivière depuis Neubourg jusqu'à l'embouchure du Lech. Vous tâcheriez de surprendre le pont de Neubourg ou tout autre passage, pourvu que ce soit entre le conflent du Lech et Neubourg.

« Si vous parveniez à avoir un passage sur le Danube, vous passeriez sur-le-champ avec tout votre corps, et vous en préviendriez le maréchal Bernadotte et le général Marmont, pour qu'ils activent leur marche sur ce fleuve et le passent sur-le-champ, soit sur le pont de Neubourg, soit sur un pont voisin que vous auriez bientôt fait établir, une fois maître de la rive droite du Danube.

« Je vous préviens que M. le maréchal Murat sera le 15 avec tous ses dragons le long du Danube, et sera en circonstance de pouvoir venir promptement à votre secours pour soutenir le passage que vous auriez pu vous procurer. »

D'après ces ordres, le passage du Danube sera forcé, soit par Murat et Soult à Donauwœrth, soit par Davout à Neubourg, le 7 au plus tard, c'est-à-dire deux jours avant la date primitivement fixée.

Le 6, la division Bourcier est venue prendre position à Geislingen, où elle couvre le mouvement de l'armée, qu'elle doit, autant que possible, cacher à l'ennemi.

Ney conserve sa position, que l'on croit à Heidenheim, et qui est plus au Sud, à Giengen. Il y reçoit l'ordre de continuer le lendemain sa marche sur Donauwœrth ; mais le 7 au matin Berthier lui ordonnera de rester à Giengen. Les dragons à pied prennent position derrière lui.

Murat s'est porté entre Harburg et Amerdingen avec les trois premières divisions de dragons. Les avant-gardes de Soult et de Davout, courant aussi vers le pont de Donauwœrth, ont atteint Hœppingen, et celle de Soult doit poursuivre sur Donauwœrth sans désemparer. La 2ᵉ division du 4ᵉ corps suit de près, et arrive à Mœttingen ;

les 1ʳᵉ et 3ᵉ divisions sont encore en arrière de Nœrdlingen, et la 4ᵉ à Ellwangen.

Le 3ᵉ corps est à Œttingen, et a reçu l'ordre de se diriger, non plus sur Donauwœrth, mais sur Neubourg.

Le 2ᵉ corps est à Wassertrüdingen, le 1ᵉʳ à Gunzenhausen, les Bavarois à Spalt.

Deux divisions sont en réserve : la garde à Nœrdlingen, et Gazan à Aalen.

XII

Tandis que Napoléon s'efforce de maintenir la liaison tactique entre ses maréchaux, ceux-ci donnent chaque jour des marques de la mauvaise harmonie qui règne entre eux. Il va sans dire que toutes les fautes de Berthier ou de l'état-major général sont relevées avec soin et signalées à l'Empereur; et elles ne sont pas rares. Dès le départ de Boulogne, c'est une erreur dans les itinéraires de Davout et de Soult, qui amènerait un croisement; il en est de même au passage du Rhin, où Berthier expédie à Davout, aussi bien qu'à Soult, l'ordre de marcher sur Heilbronn. Le 1ᵉʳ octobre, c'est un ordre plein de contradictions qui est envoyé à Murat, etc.

Les maréchaux ne sont pas plus bienveillants entre eux que vis-à-vis du major-général. Soult remarque que le 6ᵉ corps ne se met en marche, le 28 septembre, qu'au milieu de la journée, et il se hâte d'en faire part à l'Empereur.

Soult prétend que Davout enlève au passage les approvisionnements de biscuit, et qu'il en a ainsi huit rations pour le 3ᵉ corps, tandis que le 4ᵉ corps n'en a pas une entière. Murat se plaint de ce que Lannes n'a pas fait évacuer Rastadt à son approche, etc.

Bref, on imagine avec peine ce que la Grande Armée deviendrait d'un jour à l'autre, si l'Empereur était forcé de l'abandonner ou venait à disparaître.

Les maréchaux ont la plus grande indépendance pour la conduite, l'organisation et l'administration de leurs corps d'armée. Ils reçoivent de l'Empereur des indications générales sur leur itinéraire, jalonné par trois ou quatre localités importantes, pour une période de six jours; mais ils restent maîtres de choisir les chemins que suivront leurs colonnes, bien que le maréchal des logis Mathieu Dumas vienne de temps à autre régler avec eux cette partie des opérations. Ils arrêtent eux-mêmes les positions qu'ils occuperont chaque jour.

La cavalerie et l'artillerie sont réparties par eux entre les divisions : s'ils adoptent presque tous une même solution pour la cavalerie, consistant à la laisser réunie à l'exception de 10 ou 20 cavaliers d'ordonnance fournis à chaque division d'infanterie, ils règlent l'organisation de l'artillerie d'une manière différente : Ney donne 8 pièces à chaque division et en garde 12 comme réserve ; Soult en donne 10 par division et en garde 8 en réserve, etc.

Ils fixent eux-mêmes la composition de leurs avant-gardes, mais, il faut le reconnaître, d'une manière à peu près uniforme : 1 régiment d'infanterie, 1 de cavalerie et 2 pièces de 4. Cette avant-garde reste partie intégrante de la 1re division du corps d'armée.

Les marches se font en général en colonne à distance entière ; Ney fait prendre, à partir du 30 septembre, la formation par quatre, qui est peut-être adoptée aussi dans d'autres corps sans qu'un ordre spécial en fasse mention.

Le maréchal Ney, comptant peu sur sa cavalerie et son avant-garde, charge son aide de camp, le chef d'escadron de Crabbé, du double service de préparer les cantonnements et de recueillir des renseignements sur l'ennemi. Accompagné d'une escorte, Crabbé déploie une activité prodigieuse : il est partout et fait tous les services. Il est à lui seul, depuis Lauterbourg jusqu'à Ulm, l'avant-garde du 6ᵉ corps. Il a passé le Rhin plusieurs jours avant les troupes, fait le logement pour les trois divisions, reconnu l'ennemi. Muni sans doute de pouvoirs extraordinaires, il dirige, renvoie ou prend à sa suite les patrouilles de hussards.

Murat, en véritable chef de cavalerie, se porte en personne aux postes les plus avancés; parcourt, dès qu'on arrive à deux marches d'Ulm, l'immense zone où s'éparpillent ses escadrons, et adresse plusieurs comptes rendus par jour à l'Empereur. Il interroge lui-même les gens du pays, ce qui est le seul moyen par lequel la cavalerie de la Grande Armée semble pouvoir se renseigner. L'observation directe de l'ennemi fait toujours défaut.

Les 3ᵉ et 4ᵉ corps bivouaquent par division (1), exceptionnellement par brigade, dès le passage du Rhin. Bernadotte et Marmont font bivouaquer aussi leurs troupes pendant la traversée du territoire prussien. Ney, Murat et Lannes, au contraire, font cantonner les leurs jusqu'à ce qu'ils soient à une marche du Danube, et plus tard, pendant les opérations autour d'Ulm, tout ou partie de leurs divisions seront souvent cantonnées. La Garde cantonne très largement.

La cavalerie de Murat vit sur le pays. Nous n'avons pas de renseignements sur le mode de subsistance du 5ᵉ corps ; Ney fait une instruction sur la manière de vivre par réquisitions, d'où il résulte que les troupes seront nourries par l'habitant toutes les fois qu'on ne pourra

---

(1) Chaque division bivouaque en ligne, sur un front d'environ 3,000 mètres.

faire autrement; il est à supposer que cette solution aura vite prévalu, sauf pendant le séjour à Stuttgart.

Davout et Soult, au contraire, tiennent à faire subsister régulièrement leur corps d'armée par distributions. Ayant appris indirectement que le général Nansouty, placé sous ses ordres, avait l'intention de faire vivre ses cavaliers sur le pays, Davout le lui interdit avec une extrême dureté. Il s'efforce, ainsi que Soult, de faire requérir par son commissaire ordonnateur les quantités de pain, viande, fourrages et bois de chauffage nécessaires et d'en faire faire aux divisions des distributions régulières. Soult fixe des règles très strictes pour ces réquisitions : l'ordonnateur seul peut les faire, et les commissaires des guerres, attachés aux divisions, ne requerront qu'exceptionnellement, quand ils en auront reçu l'ordre. Des magasins sont constitués à Heilbronn, pendant que le 4e corps y séjourne; Soult voudrait y rassembler des fourrages pour un mois.

Il est requis également des chevaux et des voitures pour les services administratifs.

L'Empereur avait ordonné, avant le passage du Rhin, que chaque corps d'armée pourrait requérir dans le territoire situé à la gauche de sa route de marche. Cette formule, très simple, était d'une application difficile, puisque les cantonnements ou bivouacs étaient établis à cheval sur ces routes; dans les premiers jours, les colonnes marchant à de grands intervalles, il ne se produisit pas de difficultés; mais quand la réserve de cavalerie, le 5e et le 6e corps se trouvèrent côte à côte, et quand les diverses colonnes de l'armée se furent rapprochées, les réclamations se multiplièrent.

Le service du grand quartier général s'organise peu à peu. Un ordre de l'Empereur prescrit aux commandants des corps d'armée de correspondre personnellement avec le major-général pour ce qui concerne les opérations, les mouvements de l'ennemi et « les grands objets d'administration ». Ils sont autorisés à faire adresser au général Andréossy, par leurs chefs d'état-major, toutes les pièces ou lettres relatives à des détails de service.

Mathieu Dumas, pour remplir ses fonctions de maréchal des logis, est constamment en route, courant d'une colonne à l'autre pour reconnaître et fixer les itinéraires de concert avec les maréchaux.

L'escorte du grand quartier général, formée provisoirement, du 29 septembre au 2 octobre, par un régiment de dragons, est constituée ensuite par un détachement de gendarmerie prélevé sur ceux des corps d'armée. Le 22ᵉ chasseurs est commandé aussi pour marcher avec le quartier général.

L'Empereur, accompagné du major-général, n'est pourtant pas suivi par le grand quartier général, dont le logement est souvent à une marche en arrière du sien.

Andréossy organise la communication et les derrières de l'armée, d'après les ordres de l'Empereur, qui a écrit à Berthier le 28 septembre :

« La route de l'armée est désormais Spire, Heilbronn, etc. »

L'ordre du jour du 29 septembre en avertit l'armée :

« A dater de demain, à 8 heures du matin, aucune voiture, aucun cheval ne passera par le pont de Kehl. La route par la rive gauche du Rhin sera par Spire et Heilbronn. Tout ce qui vient à la Grande Armée sera, par conséquent, dirigé sur Spire. »

Spire est placé, en effet, en arrière du centre de la Grande Armée, et l'Empereur a songé un instant, le 27, à y porter son quartier général. Le grand parc d'artillerie rejoint cette route un peu en arrière d'Heilbronn : il est parti de Kehl le 29 septembre, a passé à Freistett, Ettlingen, Wolfartsweier, Bretten, Epdingen, et il arrive le 5 octobre à Heilbronn ; à partir de là, il suit le 4ᵉ corps par Œhringen, Hall, Ellwangen et Zœbingen, pour s'arrêter à Nœrdlingen le 10 octobre.

Le 3 octobre, Berthier ordonne à Andréossy de faire les dispositions nécessaires pour organiser la route du Rhin sur l'armée par Heilbronn, Œhringen, Hall, Ellwangen et Nœrdlingen.

Le général Rheinwald est désigné pour commander à Spire, et rien ne passera au delà de cette ville sans un ordre de lui. Les étapes seront réglées de manière à faire cinq à six lieues par jour. Il y aura dans chaque station d'étape un commandant d'armes de 4ᵉ classe ; un adjudant de deux en deux journées, avec un commissaire des guerres ou un adjoint. Les vivres seront donnés pour deux jours aux détachements ou isolés.

La gendarmerie fournira les brigades nécessaires pour faire la police sur cette route.

L'intendant général sera invité à organiser les services administratifs.

Le chef d'état-major étudiera les dispositions à prendre pour assurer le service des troupes, détachements de recrues, convois, évacuations de malades et de prisonniers, etc. Ces derniers seront conduits à quatre lieues de Spire et pris en ce point par des troupes de la garnison, aucun soldat de la Grande Armée ne devant retourner jusqu'au Rhin.

Andréossy s'entendra avec M. Tabarié (1) pour choisir des commandants d'armes et adjudants parmi les officiers les moins aptes à faire campagne.

Le 5 octobre, ces dispositions sont changées en ce qui concerne le général Rheinwald : il aura, non pas le commandement de Spire, mais celui de la rive droite du Rhin

---

(1) Nous rappelons que M. Tabarié était le chef de la division des Nominations au ministère, et accompagnait Berthier. Voir tome I, page 202.

jusqu'au Neckar, et résidera à Stuttgart. Il ne devra laisser passer aucun convoi, détachement ou militaire isolé sur les routes de Cannstadt à Schorndorf et Gmünd, ou de Cannstadt à Esslingen et Gœppingen ; tout doit passer par Heilbronn. La répartition des détachements entre les corps d'armée sera faite à Nœrdlingen.

Les évacuations se font de Nœrdlingen à Spire, où l'adjudant-commandant Chevalier dirigera le service. Cet officier correspondra avec le général Rheinwald et avec le major-général.

Le général Andréossy est invité à s'occuper des hôpitaux d'évacuation avec M. Petiet, mais cette dernière question ne sera réglée que plus tard.

CHAPITRE PREMIER

Marches dans l'Intérieur

Équipages de la compagnie Breidt.
(Du 4 septembre au 29 octobre 1805.)

Route qu'ont suivie les équipages de l'entreprise Breidt, partis de Boulogne le 17 fructidor an XIII (4 septembre 1805).

4 septembre............		Le 17 à Montreuil.
5 —	....	Le 18 à Hesdin.
6 —	....	Le 19 à Saint-Pol.
7 —	....	Le 20 à Bapaume.
8 et 9 —	....	Les 21 et 22 à Péronne.
10 —	....	Le 23 à la Fère.
11 —	....	Le 24 à Laon.
12 —	....	Le 25 à Craonne.
13 et 14 —	....	Les 26 et 27 à Reims.
15 —	....	Le 28 aux Petites-Loges.
16 —	....	Le 29 à Châlons.
17 et 18 —	....	Les 30 et 1er complémentaire à Saint-Dizier.
19 —	....	Le 2e complémentaire à Ligny.
20 et 21 —	....	Les 3e et 4e complémentaires à Sampigny.
22 —	....	Le 5e complémentaire à Void.
23 —	....	Le 1er vendémiaire à Toul.
24 —	....	Le 2 à Nancy.
25 —	....	Le 3 à Lunéville.
26 —	....	Le 4 à Blamont.
27 —	....	Le 5 à Sarrebourg.
28 —	....	Le 6 à Saverne.
29 —	....	Le 7 à Strasbourg (29 septembre).

Pour copie : PETIET.

Précis des rapports sur la marche des colonnes qui se rendent sur le Rhin.

Extrait de la correspondance relative à la marche des colonnes qui se dirigent sur le Rhin. — Correspondance du 16 au 24 fructidor (du 3 au 11 septembre 1805).

NUMÉROS des corps D'ARMÉE.	NUMÉROS des DIVISIONS.	SIGNATAIRES.	DATES des LETTRES.	LIEUX d'où elles ont été adressées.	PRÉCIS DE LA CORRESPONDANCE.
État-maj. général.	»	Le chef de bataillon Lejeune...	fructid. 20	Luxembourg...	Adresse l'état des cantonnements assignés aux colonnes de troupes qui suivent la route de gauche, à leur passage à Neufchâteau et Arlon.
3e corps.	1re division.	Le général Bisson...	20	Luxembourg...	Adresse l'état pour le gîte de Luxembourg. Se plaint de n'avoir point encore vu aucun agent de la compagnie Lannoy; annonce qu'il a été passé des marchés d'urgence.
	2e division.	Le général Friant...	22	Namur...	Se loue de l'ordre qui a régné pendant la marche de sa division jusqu'à Namur; se plaint du mauvais état des chemins, de la mauvaise volonté que mettent MM. les préfets, maires et commissaires des guerres, relativement aux logements et distributions.
4e corps.	État-major.	M. le maréchal Soult...	22	Charleroy...	Les vivres de bonne qualité; 16 déserteurs; un sergent du 111e blessé dangereusement dans un combat singulier avec un sergent du même régiment.
	1re division.	Le général Saint-Hilaire...	26	Paris...	Annonce son départ pour Landau.
	3e division.	Le général Legrand...	23	Mézières...	La 1re division arrivée le 22 fructidor à Mézières; les vivres de bonne qualité.
			21	Landrecies...	Pain mal manutentionné à Landrecies, détérioré par le mauvais temps; orge fourni au lieu d'avoine. Malgré le mauvais temps, point d'apparence de mécontentement.
	4e division.	Le général Suchet...	21-22	Cambrai...	La 4e division arrivée à Cambrai en bon ordre le 21; revue passée le 22. Bonne tenue des troupes, propreté des armes, de l'habillement et de l'équipement. Plus d'empressement et d'intérêt à Cambrai qu'à Douai, de la part des autorités et des habitants.
	État-major.	M. le maréchal Ney...	26	Paris...	Annonce qu'il part le 26 pour St-Dizier où il verra défiler les divisions et qu'il se rendra de là à Haguenau.
6e corps.	1re division.	Le général Dupont...	18	La Fère...	La 1re div. arriv. à La Fère le 18. Ordre et discip. dt la marche, exactitude dt les services.
			19	Laon...	La même, arrivée le 19 à Laon, dans la même ordre et la même discipline. Les militaires du 32e qui s'étaient écartés dans le département de l'Aisne pour aller voir leurs parents sont rentrés.
			23	Petites-Loges...	La même, arrivée le 23 aux Petites-Loges. Bonne cond. des troup. pend^t leur séjour à Reims.
			24	Châlons...	La même, arrivée à Châlons le 24. Les militaires du 32e qui étaient allés voir leurs familles aux environs de Châlons ont rejoint leur corps.
	2e division.	Le général Loison...	22	Corbeny...	La 2e div. arrivée à Corbeny le 22; bon ordre, exacte discipline, aucune plainte de l'habitant contre le soldat.
	3e division.	Le général Walther...	23	Reims...	La même, arrivée à Reims le 23, même ordre, même qualité de vivres.
			23	Corbeny...	La 3e division arrivée à Corbeny le 23, bon ordre dans la distribution des cantonnements.
		Le général Klein...	24	Reims...	La même division arrivée à Reims le 24. Les quatre régiments logés en ville.
			16	Hirson...	La 1re division a marché avec ordre, malgré le mauvais temps et la difficulté des chemins; son est seigle en remplacement de l'avoine.
	1re division.	Le général c^d dans le dép. de l'Aisne. Le général Klein...	18	Saint-Quentin...	Les passages se font régulièrement dans le département de l'Aisne. Plaintes contre les dragons de la 1re division qui ont exercé quelques vexations envers l'habitant.
		Les -ch. de l'état-m. de la 1re div.mil.	21	Stenay...	La division arrivée bien, point de déserteurs; le 20e rég. a reçu de son dépôt 54 h. montés. 100 hommes et 90 chevaux du 1er rég. de dragons se mettent en marche de Rambouillet, le 21, pour se rendre à Schelestadt.
		Le général Klein...	23	Paris...	La 1re division de dragons continua à bien marcher. Les vivres et fourrages délivrés conformément aux règlements.
Réserve de dragons.	2e division.	Le général de brigade Walther...	24	Mars-la-Tour...	La 2e div. de dragons arrivée le 22 à St-Dizier. Ordre et discipline dans sa marche.
	3e division.	Le général de brigade Fénérols...	22	Saint-Dizier...	124 hommes, 142 chev. du dépôt du 12e rég. de drag. rejoignent leur corps à Schelestadt. Départ pour Schelestadt de 54 hommes et 64 chevaux du 18e rég. de dragons.
		Le général de brigade Roussart...	16	Compiègne...	
		Le général de brigade Fénérols...	19	Villers-Cotterets...	
			20	Chantilly...	
		Le général de brigade Beaumont...	23	Saint-Dizier...	La 3e div. de drag. arrivée le 23 à St-Dizier. Les subsistances bonnes et servies à temps; les cantonnem. rares dans la Haute-Marne; plusieurs lieues à faire pour les rejoindre. Demande de changer des dragons non instruits au cheval contre dragons à pied pris dans la division du général Baraguey d'Hilliers.
	4e division.	Le général César Berthier...	24	Paris...	67 h. et 67 ch. partis de Laon les 20 et 21 pour rejoindre le 15e rég. de drag. à Luxembourg. 81 h. et 75 ch. du 1er rég. de drag., passés à Mézières le 22 et allant de Laon à Spire. Le g^{al} c^d la 2e div. mil. loue le bon ordre et la discip. qui règnent dans la marche des colonnes.
		Le général command. la 2e div. mil.	24	Mézières...	

*Extrait de la correspondance du Ministre de la guerre,
du 29 fructidor an XIII,
sur la marche des troupes qui se rendent à la Grande Armée.*

Le 22 fructidor. — Le général Bourcier écrit de Neufchâteau que la 4ᵉ division de dragons y est arrivée le 22 en bon ordre, mais que le service des fourrages se fait très mal ; que, depuis trois jours, on ne fournissait presque point d'avoine et que le foin était très mauvais : qu'enfin les chevaux, très fatigués par les mauvais chemins, souffrent beaucoup de la mauvaise nourriture. Il ajoute, au surplus, que le même jour, chacun des régiments de sa division a reçu 7,000 francs d'un préposé du payeur général.

Le 23 fructidor. — Le commissaire ordonnateur Aubernon mande, de Nimègue, que le corps d'armée commandé par M. le général Marmont est en marche pour Mayence, mais que la marche prescrite a été retardée d'un jour par des motifs dont il présume que le général en chef aura rendu compte.

Le 24 fructidor. — Le général Suchet mande, d'Avesnes, que la 4ᵉ division du 4ᵉ corps a souffert du mauvais temps, qu'il va être obligé de laisser quelques fiévreux à l'hôpital civil ; que 6 hommes, conscrits du Pas-de-Calais, revenus à Landrecies en suite de petites permissions qu'on leur avait accordées, ont laissé leurs armes dans leur logement et paraissent avoir déserté en combinant, à ce qu'il paraît, que leur crime serait moins grave en rapportant leurs armes.

Le 25 fructidor. — Le général Gudin écrit, de Namur, que les distributions se sont faites, à la 3ᵉ division du 3ᵉ corps de la Grande Armée, avec beaucoup d'exactitude, mais que la troupe est d'autant plus fatiguée qu'indépendamment des mauvais chemins, elle a été, à Charleroy, tellement disséminée hors de la ville pour ses logements, qu'elle a fait presque une double marche. Il se plaint, sous ce rapport, des sous-préfets et des maires, et notamment du sous-préfet de Charleroy, qui n'a logé que quatre compagnies dans ce chef-lieu de son arrondissement.

Le 26 fructidor. — Le général Legrand mande, de Mézières, que les chevaux de la 3ᵉ division du 4ᵉ corps souffrent de la substitution de l'avoine en gerbe à l'avoine en grain ; que 60 chevaux du train se trouvent hors de service. Il ajoute que les troupes marchent en bon ordre et qu'il ne manque que 33 hommes dans sa division. Quelques-uns, dit il, sont très mauvais sujets, et les autres rentreront.

Le 26 fructidor. — Le général Beaumont écrit, de Void, que les chevaux souffrent de leur nourriture et qu'ils n'ont reçu que la moitié de l'avoine, et du son en remplacement de l'autre moitié ; qu'au surplus, il n'y a rien de nouveau dans sa division ; c'est la 3ᵉ de dragons.

Le 26 fructidor. — Le général Walther mande, de Toul, que la 2ᵉ division de dragons continue de marcher en bon ordre et discipline, mais que 315 chevaux sont blessés légèrement, ce qui ne peut être imputé qu'au défaut d'instruction des dragons qui les montent.

Les autres lettres donnent des détails satisfaisants.

Précis des rapports sur la marche des colonnes qui se rendent à la Grande Armée.

(Extraits de la correspondance relative à la marche des divisions du 18 au 26 fructidor (5 septembre au 13 septembre 1805.)

NUMÉROS des corps d'armée.	NUMÉROS des divisions.	PARTIES PRENANTES.	DATES des lettres.	LIEUX d'où elles ont été adressées.	PRÉCIS DE LA CORRESPONDANCE.
			fructid.		
6ᵉ corps....	»	Maréchal Ney...............	25	Paris.......	Annonce qu'il part le 26 février pour Saint-Dizier, qu'il y restera pour voir défiler ses divisions et qu'il se rendra de là à Haguenau.
État-major général.	»	Le général commandant d'armes à Luxembourg.	22	Luxembourg...	Annonce qu'il a reçu le 22 la lettre du Ministre adressée au chef de bataillon Lejeune, que cet officier était parti de Luxembourg le 21 et qu'il ait à faire parvenir la dépêche de Son Excellence par la voie de la correspondance de gendarmerie.
6ᵉ corps....	3ᵉ	Général Malher...............	»	Reims.......	Annonce que les quatre régiments qui composent sa division sont arrivés à Reims le 24 fructidor et en sont partis le 26.
4ᵉ corps....	1ʳᵉ	Le général commandant la 2ᵉ division militaire.	24	Mézières.....	Annonce que la division aux ordres du général Saint-Hilaire est passée à Mézières le 22 fructidor et en est partie le 24.
Réserve de dragons.	4ᵉ	Id...................	24	Id.......	Il annonce également qu'un escadron du 17ᵉ régiment de dragons, fort de 81 hommes et 75 chevaux, a passé à Mézières le 22, allant de Laon à Spire. Un escadron du 15ᵉ, fort de 39 hommes et 39 chevaux, a passé à Mézières le 23, allant de Laon à Luxembourg. Le général commandant la 2ᵉ division militaire se loue du bon ordre et de la discipline qui règnent dans la marche de ces troupes.
6ᵉ corps....	3ᵉ	Général Malher...............	23	Corbeny.....	Annonce que sa division est arrivée à Corbeny le 23 et a occupé les cantonnements de Corbeny, Gondelancourt, Sainte-Croix et Aubigny, Craonne, Vassogne, Jumigny et Oulche, Pontavert, la Ville-aux-Bois, Juvincourt et Concevreux, Bouffignereux, Guyencourt, Bussy-Beaurieux et Maisy.
Réserve de dragons.	2ᵉ	Général Walther.............	22	Saint-Dizier...	Annonce que la 2ᵉ division de dragons est arrivée le 22 à Saint-Dizier, que l'ordre et la discipline ont régné dans la marche.
3ᵉ corps....	2ᵉ	Général Friant...............	22	Charleroy....	Annonce que les vivres ont été de bonne qualité, que 16 hommes ont déserté et qu'un sergent du 111ᵉ a été dangereusement blessé dans un combat singulier avec un sergent du même régiment.
Réserve de dragons.	3ᵉ	Général Beaumont............	23	Saint-Dizier...	Annonce l'arrivée de sa division à Saint-Dizier, que les subsistances sont toujours bonnes et servies à temps, que les cantonnements dans la Haute-Marne obligent souvent les régiments à parcourir dix et onze lieues dans la journée ; il demande à changer les dragons non instruits à cheval contre des dragons instruits qui se trouvent dans la division à pied.
6ᵉ corps....	2ᵉ	Général Loison..............	22	Corbeny.....	Annonce que sa division est arrivée à Corbeny le 22, qu'elle a observé le meilleur ordre et la plus exacte discipline pendant sa marche et qu'il ne lui est parvenu aucune plainte de l'habitant contre le soldat.
4ᵉ corps....	4ᵉ	Général Suchet..............	21-22	Cambrai.....	Annonce que sa division est arrivée dans le plus grand ordre à Cambrai le 21, qu'il a passé une grande revue le 22 et qu'il a été très satisfait de la tenue de la troupe et de la situation de ses armes et de son équipement et du bon esprit qui l'anime. Il se loue beaucoup de l'empressement que les autorités et les habitants de Cambrai ont mis à la réception de sa division. Il ne fait pas le même éloge à l'égard de la ville de Douai et compte six déserteurs.
6ᵉ corps....	2ᵉ	Général Loison..............	23	Reims.......	Annonce que la division est partie de Corbeny le 23 pour se rendre à Reims, que les troupes ont marché dans le meilleur ordre et que les vivres distribués ont été de bonne qualité.
4ᵉ corps....	3ᵉ	Général Legrand.............	21	Landrecies...	Annonce que le pain distribué à Landrecies était mal manutentionné et de mauvaise qualité et détérioré, que le garde-magasin des fourrages a fourni de l'orge au lieu d'avoine, enfin que la marche se continue, malgré le mauvais temps, sans apparence de mécontentement.

NUMÉROS des corps d'armée.	NUMÉROS des divisions.	PARTIES PRENANTES.	DATES des lettres.	LIEUX d'où elles ont été adressées.
			fructid.	
4e corps....	1re	Général Saint-Hilaire........	23	Mézières......
3e corps....	1re	Général Bisson	22	Namur.......
Réserve de dragons.	1re	Le général com¹ la subd. de l'Aisne.	18	Saint-Quentin..
6e corps....	1re	Général Dupont..............	18	La Fère......
6e corps....	1re	Général Dupont	19	Laon........
6e corps....	1re	Général Dupont..............	23	Petites-Loges..
6e corps...	1re	Général Dupont..............	24	Châlons......
Réserve de dragons.	1re	Général Klein	16	Hirson ....
Réserve de dragons.	1re	Général Klein	24	Mars-la-Tour...
4e corps....	»	Maréchal Soult...............	26	»
État-major général.	»	Chef de bataillon Lejeune......	20	Luxembourg ..
Réserve de dragons.	1re	Général Klein	21	Stenay.......
»	3e	Général Fénérols	16	Compiègne....
»	3e	Général Boussard	19	Villers-Cotterets
»	1re	S.-ch d'état-maj. de la 1re div. mil.	23	Paris ....
»	4e	Général Berthier	24	Paris ....
»	3e	Général Fénérols	20	Chantilly.....

PRÉCIS DE LA CORRESPONDANCE.

Annonce que la division est arrivée le 22 fructidor à Mézières et que les vivres qui ont été fournis étaient de bonne qualité.

La marche de la division par Ath, Binche, Charleroy et Namur, s'est faite dans le plus grand ordre; on se plaint du mauvais état des chemins qui ont besoin de réparations urgentes. Il annonce qu'il a éprouvé beaucoup de difficultés pour les logements et distributions par la mauvaise volonté qu'y mettent les préfets, les maires et commissaires des guerres.

Annonce que les passages de troupes se font régulièrement en bon ordre dans le département de l'Aisne, que cependant quelques dragons montés de la 1re division se sont permis chez l'habitant des exactions qui donnent lieu à des plaintes.

Annonce que sa division est arrivée à La Fère le 18 fructidor et qu'elle a marché dans le meilleur ordre et que le service des subsistances est fait régulièrement.

La division est arrivée à Laon le 19 fructidor continuant de marcher avec ordre et discipline. Les militaires du 32e qui s'étaient écartés pour voir leurs parents sont rentrés; ceux du département de l'Aisne seront sans doute rentrés à Reims.

La division est arrivée le 23 fructidor aux Petites-Loges. Il n'a qu'à se louer de la conduite des troupes pendant leur séjour à Reims.

Annonce que la division est arrivée à Châlons le 24 fructidor toujours dans le même ordre et avec la même discipline. Les militaires du 32e, domiciliés aux environs de Châlons, ont rejoint leur corps après avoir visité leur famille.

Annonce que la 1re division continue sa marche malgré des chemins horribles et le mauvais temps. On s'est servi de son et de seigle en remplacement d'avoine.

Annonce que la 1re division de dragons continue à bien marcher et que les vivres et fourrages ont été délivrés toujours avec règle.

M. le maréchal Soult annonce son départ pour Landau.

Adresse l'état des cantonnements que doivent occuper les colonnes de troupe qui suivent la route de gauche à leur passage à Neufchâteau et à leur passage à Luxembourg. Dans plusieurs lettres, il se plaint de n'avoir vu encore aucun agent de la compagnie Lanney et il annonce qu'il a été passé des marchés d'urgence pour la fourniture de la viande.

La division marche bien, point de déserteurs. Le 20e régiment a reçu de son dépôt 54 hommes montés.

Départ de 142 hommes montés du dépôt du 12e régiment de dragons, pour rejoindre leur corps à Schelestadt.

Départ pour Schelestadt, le 21 fructidor, de 84 hommes et 81 chevaux (8e dragons).

100 hommes et 90 chevaux du 1er régiment de dragons se mettent en marche de Rambouillet, le 24, pour se rendre à . Il annonce que les hommes partant paraissent animés du meilleur zèle, mais qu'ils sont tous recrues et sans aucune instruction.

Deux détachements du 15e régiment de dragons, formant ensemble 67 hommes et 67 chevaux, sont partis de Laon, les 20 et 21 fructidor, pour se rendre à Luxembourg.

Départ pour Schelestadt, le 21 fructidor, de 84 hommes et 81 chevaux (8e dragons).

L'Empereur à M. Champagny.

Saint-Cloud, 1er jour complémentaire an XIII
(18 septembre 1805).

Monsieur Champagny, témoignez mon mécontentement au sous-préfet de Charleroy, de ce que le logement des troupes a été fait de manière qu'elles ont été obligées de faire une double marche et que quatre compagnies seulement ont été logées à Charleroy.

NAPOLÉON.

Le Préfet du département de l'Aisne, membre de la Légion d'honneur à Son Excellence le Ministre de la guerre.

Laon, le 14 fructidor an XIII (1er septembre 1805).

Monseigneur,

J'ai eu, avant-hier matin, l'avantage de recevoir MM. Mergez, chef d'escadron, et Jacqueminot, commissaire des guerres, qui précèdent la colonne de droite de l'armée.

Nous nous sommes occupés d'établir sur-le-champ le logement des troupes, et de les répartir dans les meilleurs cantonnements, aux environs des gîtes de Laon et de Corbeny. MM. Mergez et Jacqueminot, de concert avec les autorités locales, avaient arrêté toutes les opérations requises pour les gîtes de Saint-Quentin et la Fère.

J'espère qu'il n'y aura pas lieu à porter des plaintes. Les localités choisies ne sont pas toutes aussi bonnes qu'il serait désirable, mais elles sont les meilleures et les plus rapprochées de la route.

Seul ici et surchargé déjà par les travaux courants de l'administration, j'ai prié M. Meuriset, commissaire des guerres en résidence à Soissons, de se rendre auprès de moi, M. Desjardins, commissaire des guerres à la Fère, étant occupé spécialement à assurer le service à Saint-Quentin et à la Fère.

Le préposé des vivres dans cette ville n'avait que dix quintaux de farine ; M. Meuriset a fait cuire à Soissons pour les besoins du premier jour, et, demain, il nous arrive toutes les farines nécessaires pour le passage.

Je viens d'être instruit que les troupes recevraient la viande comme en campagne ; en même temps, M. le Commissaire général de l'armée me mande que les agents du service des vivres-viandes sont en mesure, et m'invite à le faire seconder par les maires des lieux d'étapes ; des estafettes partent à l'instant et portent des ordres précis.

L'avoine ne manquera point ; on n'est pas aussi tranquille sur les fourrages, les pluies continuelles qui ont arrêté la récolte les rendent extrêmement rares, cependant, j'ai tout lieu d'espérer qu'il y sera pourvu dans le courant de cette journée.

L'armée traversera la rivière de l'Aisne à Berry-au-Bac ; il existe sur ce point et à Pontavert, une lieue plus haut, deux bacs, mais le passage eût été singulièrement retardé si l'on n'eût eu que ce moyen.

M. le chef d'escadron Mergez a fait demander à M. le Colonel directeur de l'artillerie, à la Fère, les pontons de l'arsenal.

La réponse de M. le directeur, parvenue hier matin, nous annonçait l'impossibilité de les procurer, attendu le dénuement où il se trouvait d'hommes et de chevaux.

Une seconde lettre de sa part m'ayant informé, hier à 4 heures de l'après-midi, que s'il était possible de lui procurer chevaux et hommes, il ferait transporter les pontons, je me hâte d'autoriser M. le maire de la Fère à les rassembler en faisant un appel aux communes voisines. Je suis, ici, les mêmes mesures.

10 haquets, attelés chacun de 6 chevaux, escortés de 30 canonniers et 10 ouvriers d'État, sont partis ce matin de la Fère. Ils seront ici dans le milieu de la journée et trouveront au bas de la montagne les hommes et les chevaux de relais qui les conduiront à Berry-au-Bac, où ils arriveront cette nuit.

Je fais donner l'étape aux charretiers et aux chevaux, et j'ai promis aux propriétaires qu'ils seraient indemnisés.

J'ose espérer, Monseigneur, que Votre Excellence approuvera ces mesures, sur lesquelles il n'y avait pas à se consulter, à raison de l'urgence et du danger qu'il y aurait eu à arrêter, sur les bords de l'Aisne, les colonnes pendant des jours entiers.

Sur la première lettre de M. le directeur de l'artillerie de la Fère, j'avais invité M. Ponsin, capitaine au corps impérial du génie militaire, à se rendre à Berry-au-Bac, pour aviser aux moyens de jeter un pont, et je lui avais remis tous les ordres nécessaires pour qu'il se procurât les bateaux, cordages, planches, agrès.

Au moment de finir cette lettre, j'apprends que les travaux sont en pleine activité, qu'il les continue malgré l'annonce des pontons, de sorte qu'il est possible que l'on m'écrive demain matin qu'il y a deux passages fixes établis.

Je supplie Votre Excellence, Monseigneur, de vouloir bien me mander de quelle manière je devrai me pourvoir pour obtenir le payement des dépenses que ces dispositions indispensables auront pu occasionner ; elles seront très modiques vraisemblablement.

Je suis avec respect, Monseigneur,
de Votre Excellence,
le très humble et très obéissant serviteur,

MÉCHIN.

---

*Le Capitaine au corps impérial du génie en chef, à Laon,
à Son Excellence le maréchal Berthier, ministre de la guerre.*

Laon, le 18 fructidor an XIII (5 septembre 1805).

Monseigneur,

J'ai l'honneur de rendre compte à Votre Excellence, comme me l'a recommandé M. le chef d'escadron Mergez, que le 16 de ce mois (*3 sept.*) au soir, un pont a été jeté sur l'Aisne, au Bac-à-Béry (*sic*), pour le passage de la colonne de droite de l'armée.

Le pont est composé de deux bacs, de deux flottes et de sept pontons, les seuls restant à l'arsenal de la Fère ; avec ces moyens, il n'a été possible d'établir qu'un seul pont, la rivière ayant près de 70 mètres de largeur ; un bac à Pontavaire (à une lieue au-dessous) favorisera subsidiairement le passage, particulièrement pour les gros équipages.

Un pont en maçonnerie ou sur pilotis est réclamé depuis longtemps sur cette rivière, au Bac-à-Béry, par sa grande importance pour la communication de la frontière de l'est à celle de l'ouest.

Tous les ponts existant autrefois sur l'Aisne ont été détruits du temps de la Ligue, à l'exception de ceux de Soissons et de Neufchâtel.

On est obligé d'en construire chaque fois qu'un corps d'armée doit passer la rivière. On en fit un sur chevalets en 1793, pour l'armée de la Moselle allant au secours de Dunkerque.

En 1744, on en construisit un de bateaux pour l'armée de Flandre commandée par Louis XV en personne ; on lit sur un ancien plan l'inscription suivante, beaucoup mieux applicable de nos jours : « *Heroem ne flumina tardent* ».

PONSIN.

Le général Piston au maréchal Berthier.

Tournay, le 15 fructidor an XIII (2 septembre 1805).

J'ai l'honneur de vous adresser l'état de situation de cette division pour la première quinzaine du présent mois ; pareil état a été adressé à Paris, dans les bureaux de Votre Excellence.

D'après les résultats d'une visite rigoureuse faite aujourd'hui (jour de séjour) de tous les chevaux de la division, il existe, dans les six régiments, 108 chevaux blessés ; 88 le sont légèrement et pourraient être montés dans le cas d'urgence, les 20 autres sont blessés sur le rognon ou sur le garrot, et seront menés en main jusqu'à Spire ; les charges de ces 20 chevaux ont été mises sur les voitures, et même les selles de quelques-uns. Je fais prendre toutes les précautions possibles pour être dans le cas de monter 64 files par escadron en arrivant, et pouvoir être dans le cas d'agir au besoin. Il manque à l'appel de ce soir 7 hommes, dont 2 du 2ᵉ régiment de chasseurs et 5 du 13ᵉ de la même arme.

PISTON.

Corps d'armée de réserve.

État des hommes et chevaux restés en arrière pour cause de maladie depuis le départ de la division de Saint-Omer jusqu'à sa destination (1).

NUMÉROS DES RÉGIMENTS.	HOMMES.	CHEVAUX.	OBSERVATIONS.
10ᵉ régiment	3	3	Entrés aux hôpitaux.
13ᵉ régiment.....	5	»	
22ᵉ régiment. ...	»	»	
8ᵉ régiment.....	6	1	Dont 5 hommes aux hôpitaux.
6ᵉ régiment. ...	1	2	Ont été abattus pour cause de maladies incurables et l'homme aux hôpitaux.
11ᵉ régiment.....	11	3	Ont été abattus pour cause de morve et les 11 hommes entrés aux hôpitaux.
	26	9	

Benfeld, le 1ᵉʳ vendémiaire an XIV (23 septembre).

Le général commandant la 2ᵉ division de dragons,
WALTHER.

Le maréchal Berthier au général Walther.

Paris, le 24 fructidor an XIII (11 septembre 1805).

L'Empereur est instruit, Général, que la 2ᵉ division de dragons que vous commandez a marché dans un très mauvais ordre (2).

Je vous avais ordonné de marcher à la tête de cette division, les généraux de brigade à la tête de leurs brigades, les colonels à la tête de leurs corps, chacun, enfin, à son poste et, cependant,

---

(1) Cet état est accompagné d'un état des hommes désertés pendant la route, lesquels sont au nombre de 2 : 1 du 6ᵉ et 1 du 13ᵉ.

(2) *Correspondance de Napoléon*, nᵒ 9191.

il a été rendu compte à Sa Majesté que vous étiez absent, qu'il ne se trouvait, avec la colonne, aucun général de brigade, que même les colonels des 3e, 10e, 11e et 13e régiments de dragons n'étaient pas avec leurs régiments.

Le maintien de la discipline, le soin d'assurer chaque soir l'établissement des troupes et leur subsistance, la nécessité de leur éviter toute fatigue inutile vous avaient été spécialement recommandés ; ils exigeaient impérativement votre présence, et devaient d'autant plus fixer toute votre attention que la marche de votre division est liée à de grands mouvements qui s'effectuent sur la même direction.

Je vous ai, d'ailleurs, adressé des ordres très urgents ensuite, notamment un nouvel itinéraire pour vous rendre avec votre division à Schelestadt.

Vous sentez, Général, combien d'objets importants intéressaient votre responsabilité dans cette circonstance.

L'Empereur est mécontent de votre conduite. Il vous ordonne expressément de marcher constamment à la tête de votre division et de veiller à ce que chacun soit à son poste.

Rendez-moi compte, en m'accusant réception de cette lettre, des mesures que vous prenez pour remplir les intentions de Sa Majesté.

Maréchal BERTHIER.

Le général Walther au maréchal Berthier.

Sainte-Marie-aux-Mines, le 2e complémentaire an XIII
(19 septembre 1805).

J'ai reçu, par l'entremise du général Milet, à Benfeld, la lettre que Votre Excellence m'a écrite le 24 de ce mois. Cette lettre m'a fait revenir au plus vite à ma division, que j'ai trouvée dans l'état où je l'avais laissée. Je veux dire que la division n'a pas cessé un seul jour, jusqu'à aujourd'hui, de marcher en bon ordre ; que les logements ont toujours été établis au moins un séjour à l'avance ; que les subsistances pour les hommes et les chevaux ont été constamment délivrées en assez bonne qualité, et qu'il n'y a point eu de plaintes portées contre le maintien de la plus exacte discipline. Pendant tout le temps de ma présence à la division, je n'ai jamais manqué de marcher ou à la tête, ou au centre, ou à la queue de la colonne, et je ne l'ai quittée momentanément que pour les raisons que j'ai eu l'honneur de vous exposer à l'instant de mon départ, pour aller, faute d'avoir un adjudant-commandant à envoyer, suivant vos ordres, en avant de la division, reconnaître les cantonnements qu'elle doit occuper sur le Rhin et assurer les subsistances dans ces nouveaux établissements.

Je dois encore ajouter que le général Milet, depuis qu'il a joint la division à Arras, ne s'en est jamais écarté; que le général Boussard s'est rendu à la division aussitôt après avoir terminé la mission particulière dont vous l'aviez chargé, et que le colonel Fiteau, du 3e régiment, a toujours marché à la tête de ses dragons; il est donc évident que les rapports qui ont été faits à Votre Excellence n'ont pas le plus léger fondement et sont l'ouvrage de la plus noire calomnie. Je vous prie de vouloir bien supplier S. M. l'Empereur de croire que je n'ai rien de plus à cœur que de remplir ses instructions et de lui prouver mon dévouement le plus entier.

Demain, la division ira coucher à Schelestadt et entrera, après demain, dans les cantonnements qui lui ont été assignés par S. A. S. le prince Murat, à Benfeld et environs. Je m'empresserai à vous faire connaître la situation de la division à la fin d'une aussi longue marche, et j'ai lieu de croire que vous reconnaîtrez, surtout à MM. les chefs de corps, le plus grand zèle à tout faire pour mériter la bienveillance de Sa Majesté et pour l'exécution de vos ordres.

WALTHER.

Le colonel Cavaignac, du 10e régiment de dragons, officier de la Légion d'honneur, au maréchal Berthier.

Saint-Dié, le 30 fructidor an xiii (17 septembre 1805).

J'ai reçu à Lunéville la lettre de Votre Excellence du 24 courant. J'ai l'honneur d'observer que, passant à une journée de marche du dépôt de mon régiment, je m'y suis rendu pour connaître, par moi-même, ses ressources en hommes, chevaux, effets, et me concerter avec le major pour tout ce qui regardait les divers besoins du régiment et la formation du 4e escadron.

Cette absence, dont le général de division connaissait les motifs, a été très courte et j'ai rejoint aussitôt, en poste, les escadrons de guerre, dans lesquels l'ordre et la discipline la plus exacte n'ont cessé de régner pendant toute la route. Cet exposé vrai doit prouver à Votre Excellence que je n'ai mérité les reproches qu'elle m'adresse que par un excès de zèle, et je la supplie d'être convaincue de mon empressement à remplir tous mes devoirs pour justifier, autant qu'il est en moi, la confiance dont Sa Majesté m'a honoré.

CAVAIGNAC.

Le général de division Walther, grand officier de la Légion d'honneur, à Son Excellence le maréchal de l'Empire, ministre de la guerre, Berthier.

Au Quartier général de Saint-Quentin, le 13 fructidor an XIII
(31 août 1805).

Monseigneur,

J'ai eu l'honneur de vous rendre compte de mon arrivée à la 2ᵉ division de dragons ; j'ai aujourd'hui celui de vous informer de son arrivée à Saint-Quentin. Le manque d'avoine en approvisionnement a empêché de faire une distribution complète de fourrages ; le sous-préfet a dû autoriser le 13ᵉ régiment à s'en pourvoir dans les cantonnements. Le commissaire des guerres Ducrost arrive à l'instant pour être employé à cette division ; je lui ordonne de précéder, toujours d'un jour, la marche des troupes, et de s'occuper particulièrement de la distribution des fourrages, de sorte que je crois, dorénavant, n'avoir plus à vous parler de cet objet.

Aucun adjoint à l'état-major n'a encore paru à la division. J'ai chargé le chef d'escadron Maucomble, mon aide de camp, de remplir les fonctions de chef d'état-major jusqu'à l'arrivée d'un adjudant-commandant.

Je cherche, de tous mes efforts, à détruire les causes des blessures qui surviennent tous les jours aux chevaux. Je fais diminuer, le plus possible, les effets enfermés dans les portemanteaux et j'ai recommandé aux colonels de changer les selles des chevaux pour les faire mieux convenir, attendu qu'elles ont été délivrées un peu précipitamment et sans assez de choix, comme on me l'a assuré, le jour du départ d'Amiens pour venir à Saint-Omer. Ces selles étaient parties dans des caisses pour être embarquées à Calais ; elles ont été renvoyées aux corps, les étiquettes étaient effacées, et le prompt départ d'Amiens a été cause qu'elles ont été remises sur les chevaux sans qu'on fût assuré qu'elles leur convenaient ; voilà, du moins, ce que prétendent les colonels de ma division.

Je compte bien pouvoir remédier un peu à ce mal, mais le plus sûr moyen de l'arrêter serait de renvoyer aux escadrons les vieux dragons mis à pied, le plus grand nombre de ceux qui s'y trouvent maintenant ne sachant pas se tenir à cheval. Cette mesure me paraît même indispensable à prendre dans la supposition d'une guerre prochaine.

J'ai l'honneur de vous saluer très respectueusement,

WALTHER.

Le général Walther au maréchal Berthier.

Laon, le 16 fructidor an XIII (3 septembre 1805).

J'ai l'honneur de vous rendre compte de notre arrivée, hier 15, à Laon, où la division séjournera aujourd'hui, conformément à votre ordre de marche. Les distributions se sont faites assez bonnes et il ne m'est parvenu encore aucune plainte contre le maintien de la discipline.

Les 11ᵉ et 13ᵉ régiments ont reçu de leur dépôt les hommes et les chevaux nécessaires à la formation du 3ᵉ escadron.

Le nombre des chevaux blessés n'augmente plus d'une manière aussi effrayante : les plus grandes précautions sont prises pour arrêter ce mal ; mais les commandants des régiments persistent à assurer, et j'ai moi-même bien reconnu que pour tirer un bon parti des régiments de dragons, il était indispensable de rappeler aux escadrons de guerre les vieux dragons mis à pied, sauf à les remplacer par les jeunes gens qui sont envoyés aux escadrons sans avoir reçu la moindre instruction à cheval.

WALTHER.

Le général de Beaumont au maréchal Berthier.

Châlons-sur-Marne, le 21 fructidor (8 septembre 1805).

Je reçois la lettre de Votre Excellence du 13 fructidor, par laquelle vous m'ordonnez d'arrêter la division à Schelestadt, en m'annonçant que je trouverai des ordres pour cantonner sur le Rhin, entre Strasbourg et Neuf-Brisach.

Vous me prescrivez d'envoyer, huit jours d'avance, mon chef d'état-major et ceux d'administration, pour préparer nos établissements; s'ils ne sont point arrivés le 28 fructidor (*15 septembre*), époque où la division passera à Nancy, j'ai l'honneur de vous prévenir que je me rendrai moi-même en poste, avec un commissaire des guerres, à Schelestadt, pour faire ces établissements.

Je dois vous rendre compte, Monsieur le Maréchal, que j'ai beaucoup de chevaux blessés. La principale cause en est que, dans les corps, il y a beaucoup d'hommes qui n'ont presque monté à cheval que dans cette route; j'ai à vous demander, à cet égard, une chose qui vous frappera trop par sa justesse, pour que vous n'ayez pas la bonté d'y accéder; environ 150 hommes par régiment exercent bien à pied, mais ne savent rien à cheval, tandis que la division du général Baraguey-d'Hilliers a au moins 200 hommes par régiment, instruits à cheval. Je vous supplie donc d'ordonner un échange à cet égard, la gloire du corps des dragons à pied n'y perdra rien et la nôtre dépend de cette disposition; vous sentirez trop bien, Monsieur le Maréchal, l'importance de cette mesure pour que j'insiste davantage.

DE BEAUMONT.

Le général Baraguey-d'Hilliers au maréchal Berthier.

Châlons, le 22 fructidor an XIII (9 septembre 1805).

J'ai l'honneur de vous accuser réception des deux dépêches en date du 13 de ce mois, que vous m'avez adressées de Boulogne ici; l'une, pour m'informer que la division à pied doit, de Sainte-Marie-aux-Mines, se diriger sur Neuf-Brisach par Colmar, où elle arrivera le 1er vendémiaire; l'autre, pour m'instruire de la répartition des quatre divisions de dragons à cheval entre Strasbourg et Neuf-Brisach, et des ordres que vous avez adressés aux 22e, 25e et 26e régiments, pour s'y réunir vers le 30 vendémiaire.

Je vous prie de me faire connaître si vous avez donné à ces régiments ceux d'envoyer à Neuf-Brisach les deux compagnies à pied qui doivent servir à compléter les bataillons des régiments à pied, qui correspondent aux brigades qu'ils complètent à cheval.

En exécution de vos ordres, qui me prescrivent de faire arriver mon chef d'état-major et mes chefs d'administration sur le lieu que doit occuper ma division huit jours avant elle, j'ai l'honneur de vous prévenir que j'expédie d'ici en poste : l'adjudant-commandant Dambouski, le commissaire des guerres Froment et le payeur divisionnaire Patron, à l'effet de préparer les cantonnements, les vivres, et la solde à Neuf-Brisach, parce qu'il n'y a plus que douze jours de marche. Ces officiers et administrateurs, ayant marché jusqu'ici avec les troupes, n'avaient pas d'autres moyens de les devancer. Vous trouverez juste, sans doute, de les rembourser de ces frais extraordinaires.

Les quatre régiments de dragons à pied sont arrivés aujourd'hui ici, et en repartiront après-demain, 24.

Ils sont très fatigués et n'ont pas beaucoup de goût pour le service de l'infanterie; et comment obtenir une discipline exacte dans des corps composés d'éléments si divers, auxquels on fait faire un service contre lequel ils sont prévenus par les discours de leurs propres officiers, et qui se croient humiliés d'être à pied quand ils savent des recrues montées sur leurs chevaux? Il ne faut pas le déguiser à Votre Excellence : il règne beaucoup d'humeur parmi les dragons, beaucoup de prévention parmi les officiers, beaucoup de divisions dans l'intérieur des régiments. Les officiers supérieurs ont deux poids et deux mesures dans l'exercice de leur autorité, comme il y a deux nuances dans la subordination de leurs subalternes, et cette organisation, qui pourrait être bonne pour un coup de main, ne promet pas le même succès pour un plus long temps.

Le Général commandant les dragons à pied,
BARAGUEY-D'HILLIERS.

En note : *M. Gérard, Rapport à Son Excellence* (24 fructidor an XIII).

Le général de division Mahler au maréchal Berthier.

Au Quartier général, Saint-Dizier, le 29 fructidor an XIII
(16 septembre 1805).

Monseigneur,

J'ai l'honneur de prévenir Votre Excellence que la division sous mes ordres est partie de Vitry ce matin à 3 heures et qu'elle est arrivée à Saint-Dizier à 10 heures 1/2; elle y prend le pain, la viande et l'eau-de-vie pour un jour. Les régiments sont cantonnés :

    Le 25e léger à Ancerville, Sommelonne, Cerisannes, Cousancelles, Chamouilley.
    Le 27e de ligne à Cousances et Betancour.
    Le 50e de ligne à Saint-Dizier.
    Le 59e de ligne à Saint-Dizier, Villiers-en-Lieu, Chancenay.

J'ai aussi l'honneur de prévenir Votre Excellence que l'adjudant-commandant de ma division, qui est chargé des logements, s'étant imaginé que M. le Maréchal passerait à Vitry la revue de mes troupes, exigea qu'elles fussent le moins éparpillées possible et, à cet effet, fit loger dans Vitry-sur-Marne les 50e et 59e régiments et 400 hommes du 25e. Sur les représentations qui lui furent faites, que la ville ne pouvait supporter ce logement qu'en se servant des bâtiments militaires, et l'assurance qu'on lui donna qu'on les fournirait de paille fraîche, de bois et de lumière, il consentit à ce qu'on y logeât quelques cents hommes de chacun des deux régiments; lors de mon arrivée, l'adjoint d'état-major qui me précédait m'assura qu'on faisait les dispositions pour remplir les promesses qu'on avait faites à mon chef d'état-major; mais à peine la troupe fut-elle entrée dans ces bâtiments, que soit impossibilité de les tenir, ou toute autre cause, la troupe ne reçut plus rien et se trouva dans l'impossibilité de faire cuire ses vivres et de se reposer.

Les soldats du 50e régiment, instigués par quelques habitants et un peu par le vin (qui est à trop bon compte dans le pays), passèrent du murmure à l'insubordination, prirent leurs armes et furent s'établir sur la place. Aussitôt que j'en fus instruit, je m'y rendis avec le colonel Lamartinière et parvins, sans la moindre difficulté, à faire rentrer le soldat dans son quartier; je fis aussitôt venir le maire qui, tout en rejetant sur le sous-préfet le manque des objets promis, envoya à la caserne un peu de bois et de lumière, qui fit passer la nuit tranquillement.

Je restai moi-même éveillé, et puis assurer à Votre Excellence qu'il n'y a eu dans la ville aucun désordre et que la troupe n'a pas décessé de reconnaître notre autorité.

Ce matin, lorsque le colonel Lamartinière, qui était logé chez le maire, demanda le certificat de bien-vivre de son régiment, il lui fut refusé; mais j'ai l'honneur d'assurer Votre Excellence que ce régiment ne méritait pas cet affront et que l'administration municipale de cette ville n'a pu le lui refuser que sur un fait qui n'était pas de sa compétence.

Mahler.

En écrire au préfet sur la conduite du maire de Vitry. A. B.
Il a été écrit au préfet du département de la Marne le 2 vendémiaire.

A M. le général de division Gudin.

Paris, le 21 fructidor an XIII (8 septembre 1805).

J'ai reçu, mon cher Général, votre lettre du 18 fructidor, datée de Lille.

Je demande au Ministre la punition du commissaire des guerres Rivaud.

L'intention de l'Empereur est que les soldats soient logés le plus réunis possible : il n'est point question de consulter les aises des habitants et l'égoïsme des maires, mais toujours le bien-être du soldat, à qui il importe de ménager les fatigues. Vous pouvez, et je vous invite, si vous trouvez des maires aussi ridicules que celui d'Armentières, de faire faire les billets militairement et de déterminer vous-même la quantité de troupes que chacun doit recevoir.

Voici le dernier itinéraire. Je suis étonné que vous n'ayez pas encore reçu le contre-ordre pour Haguenau. A tout événement, conformez-vous à celui que je vous adresse.

Le 3ᵉ bataillon partira de Sarrebrück le 3 vendémiaire, avec du pain pour 1 jour, et ira loger :

Le 3 vendémiaire (*25 septembre*) à Deux-Ponts.
Le 4 vendémiaire (*26 septembre*) à Landstuhl.
Le 5 vendémiaire (*27 septembre*) à Kaiserslautern.
Le 6 vendémiaire (*28 septembre*) à Durckheim.
Le 7 vendémiaire (*29 septembre*) à Spire.

Je partirai de Paris le 25 et je serai rendu le 30 à Spire. Recevez, mon cher Général, l'assurance de mon sincère attachement.

Le Maréchal,

Davout.

Le Major général au maréchal Davout.

Paris, le 4ᵉ jour complémentaire an xiii (21 septembre 1805).

Vous trouverez sans doute, Monsieur le Maréchal, d'après les renseignements pris sur les lieux, qu'il y aura de l'avantage à faire passer le général Nansouty de Pirmasens à Neustadt, et de Neustadt à Oggersheim. Il doit en être de même de vos divisions qui, de Deux-Ponts arrivant à Pirmasens, peuvent prendre l'embranchement qui de Munchweier conduit à Neustadt ; d'après les dispositions de l'Empereur, que je vous ai fait connaître par ma lettre d'hier, vous devez penser que la route la plus courte est la meilleure.

Je vous préviens que le général Marmont doit être sur votre gauche, du 8 au 10 vendémiaire (*30 septembre-2 octobre*), à Mergentheim.

Maréchal Berthier.

Le général Petit à M. le général de division Gudin.

Thionville, le 4ᵉ jour complémentaire an xiii (21 septembre 1805).

Mon Général,

J'ai l'honneur de vous adresser ci-joint copie d'une lettre que je viens de recevoir de M. le maréchal Davout. J'ai cru devoir la décacheter, parce qu'elle m'annonçait être relative au service de la division, dont vous m'avez donné la surveillance. Je suis bien fâché qu'elle ne me soit pas parvenue hier matin, jour de notre passage à Luxembourg. Je vous assure que j'en aurais fait un très bon usage contre les principales autorités. Que penserez-vous, mon Général, de la conduite qu'ont tenue M. le maire et Lacoste, préfet du département, à l'égard de nos braves militaires, qu'ils n'ont point voulu, malgré les instances de M. Ferrari, officier de votre état-major, que vous avez chargé du logement, ainsi que celles de M. Delotz, votre chef d'état-major, que j'avais envoyé en avant, pour les prier de loger le plus qu'ils pourraient de troupes dans Luxembourg ? M. le préfet l'a très mal reçu et n'a voulu y loger qu'un bataillon.

Comme je marche à la tête de la colonne, je n'ai pu être instruit de la conduite du maire et du préfet qu'à mon arrivée, et il me fut impossible de rétablir la chose, parce que les fourriers avaient déjà distribué le logement. Les soldats étaient accablés, tant par la chaleur que par la longueur de la route qu'ils avaient faite. Aussitôt arrivé, je fus avec le général Gautier et les officiers de l'état-major chez le préfet, pour lui témoigner notre mécontentement sur sa conduite. Toutes ses réponses ne purent détruire la mauvaise opinion que nous avions de lui et sur la mauvaise volonté qu'il avait apportée dans ce service important. Il eut seulement la hardiesse de nous représenter que les autres divisions, qui nous avaient précédées, n'avaient point fait de pareilles réclamations et qu'elles avaient été contentes du logement; que ce travail, d'ailleurs, avait été préparé par M. Romeuf, officier supérieur attaché à l'état-major général, qui lui avait soumis à son passage l'itinéraire de la marche des troupes et des logements. Vous pouvez compter, mon Général, que je ne m'écarterai point de la latitude que donne la lettre de M. le Maréchal, et que je la mettrai à exécution contre les autorités récalcitrantes.

Les subsistances, jusqu'à ce jour, sont bonnes; aucunes plaintes ne m'ont été portées depuis mon dernier rapport.

Je ne peux que me louer de la conduite qu'apporte M. Thomas, commissaire des guerres, dans toutes ses fonctions. Tout va on ne peut mieux. Les soldats sont aussi sages qu'obéissants et je n'ai point encore eu de plaintes contre eux.

Le prêt est dû depuis le 20 fructidor. Comme j'ai eu l'honneur de vous le mander, MM. les colonels ont épuisé toutes leurs ressources pour faire la solde de leurs troupes jusqu'au 30 inclus, et il ne leur est plus possible de continuer le prêt.

J'ai su ici que le payeur n'avait pas un sou en caisse.

M. Delotz, votre chef d'état-major, en a adressé son rapport à Son Excellence le Ministre de la guerre, ainsi que sur la qualité des subsistances, ainsi que sur la conduite du maire et du préfet.

J'ai l'honneur de vous saluer respectueusement,

PETIT.

Le Préfet du département du Haut-Rhin, à Son Excellence le Ministre de la guerre.

Colmar, le 8 vendémiaire an XIV (30 septembre 1805).

Monseigneur,

Depuis les derniers jours de fructidor jusqu'à ce moment, des corps nombreux de troupes ont traversé le Haut-Rhin, par Belfort et Sainte-Marie, pour se rendre à la Grande Armée : des régiments de dragons ont tenu, pendant quelques jours, garnison à Huningue et à Neuf-Brisach, et 6,000 dragons à pied ont été momentanément cantonnés dans les environs de cette dernière place. Dans un mouvement de troupes aussi prompt et aussi considérable, les ordres de marche ont été calculés avec une telle prévoyance et une telle précision qu'il n'y a eu ni encombrement, ni manque de vivres ou de fourrages sur aucun point.

J'avais recommandé aux maires de mon ressort d'exercer, pendant le passage des troupes, la surveillance la plus active pour prévenir les besoins des soldats, et toute rixe ou difficulté qui pourrait s'élever entre eux et les habitants. Ces mesures se sont trouvées inutiles par la discipline sévère qui règne dans les corps de l'armée et l'empressement avec lequel les bons habitants du Haut-Rhin ont exercé, envers leurs braves frères d'armes, les devoirs de l'hospitalité. Au lieu de plaintes, je n'ai eu que des éloges à recueillir sur la conduite des troupes dans leur passage.

Les corps en marche sont arrivés partout en bon état, dans une très belle tenue et n'ayant pas même l'apparence de la fatigue.

L'étonnement qu'excitent partout la célérité de la marche de la Grande Armée, le choix et la discipline des hommes qui la composent, ne pourra être surpassé que par l'admiration du courage qu'ils vont déployer contre les ennemis de l'État et de Sa Majesté notre auguste Empereur.

Je n'ai pu résister, Monseigneur, à l'empressement et au désir de rendre compte à Votre Excellence de ces faits, qui honorent également l'armée et les habitants de mon département.

DESPORTES.

Le Ministre des finances, grand officier de la Légion d'honneur, à Son Excellence le Ministre, directeur de l'Administration de la guerre.

Paris, le 20 frimaire an xiv (11 décembre 1805).

Le passage des troupes, Monsieur, dans les départements de la rive gauche du Rhin, vient d'y occasionner des réquisitions considérables, qui n'ont pas encore été acquittées. Ce défaut de payement et les mesures irrégulières qui en ont été la suite dans le département de la Sarre, donnent lieu à de vives réclamations de la part des contribuables, et a des difficultés qui menacent de paralyser la rentrée des contributions dans ces départements, principalement dans celui de Rhin-et-Moselle, dont la récolte en vin, l'une de ses principales ressources, a été détruite par la gelée.

Ces difficultés, dans ces derniers départements, sont telles, que le préfet me marque qu'il sera impossible au receveur général de payer ses obligations, si les contribuables ne sont pas bientôt remboursés des objets qu'ils ont fournis depuis un mois et qui s'élèvent à 1,500,000 francs.

Vous sentez, Monsieur, combien il est urgent de prévenir de si graves inconvénients. Les habitants de ces départements ne peuvent à la fois supporter le poids de réquisitions aussi fortes et acquitter leurs contributions ordinaires; le payement de ces dernières ne peut cependant être différé sans compromettre celui des obligations des receveurs généraux.

Il est donc absolument nécessaire d'assurer le remboursement des fournitures faites à nos armées, tant pour remettre les contribuables en état de payer l'impôt, que pour rendre inutiles des contributions extraordinaires et irrégulièrement assises. Je prie Votre Excellence de me faire connaître les mesures qu'il lui sera possible de prendre relativement à un objet aussi important, et sur lequel je vous prie de ne différer que le moins possible votre réponse.

Je prie Votre Excellence d'agréer l'assurance de ma haute considération.

En marge : *Me faire connaître bordereaux des vivres, fourrages et convois, montant réclamé des réquisitions du département de Rhin-et-Moselle. 22 frimaire* (13 décembre 1805).

Réponse du Ministre de l'administration de la guerre.

Paris, le 26 frimaire (17 décembre 1805).

Je m'empresse, Monsieur, de répondre à la lettre que vous m'avez fait l'honneur de m'écrire le 20 du courant, par laquelle vous m'annoncez que *le préfet du département de Rhin-et-Moselle vous marque qu'il sera impossible au receveur général de payer ses obligations, si l s contribuables ne sont pas bientôt remboursés des objets qu'ils ont fournis depuis un mois et qui s'élèvent à 1,500,000 francs.*

Voici le détail des réquisitions dont j'ai une connaissance officielle.

Fourrages.

15,000 quintaux de foin.
15,000 quintaux de paille.
12,000 litres d'avoine.

Ces fourrages ont été évalués, le prix du transport non compris, à 154,150 francs.

J'ignore ce qui a été versé et je ne pourrai établir les décomptes que sur les procès-verbaux des versements. J'ai écrit aux ordonnateurs pour connaître ce qui a été réellement fourni, ainsi que les frais à allouer pour le transport.

Je vais mettre provisoirement 50,000 francs à la disposition de l'ordonnateur pour premier acompte sur cette dépense.

Équipages militaires.

Ce département a dû fournir, pour la Grande Armée, 375 voitures, savoir : 250 pour le service de l'artillerie (cet objet est au compte du Ministère de la guerre) et 125 pour le service des équipages, au compte de l'Administration de la guerre.

Je n'ai été chargé que du payement du loyer de ces dernières voitures. J'ai mis à la disposition de M. l'Intendant général les sommes nécessaires pour les derniers jours de fructidor, tout le mois de vendémiaire et une partie de brumaire. Les fonds, pour compléter les payements jusqu'au 1er janvier, ont dû être faits directement à M. l'Intendant général par Sa Majesté. Il ne m'est parvenu aucun compte justificatif des voitures réellement fournies par ce département. Il y a eu, sur cet objet, de grands abus en France, et de plus grands encore en Allemagne ; ils donneront sans doute lieu à des réclamations fondées, mais il faut, avant toute chose, que les titres de réclamation soient légalement établis et qu'ils me parviennent par l'intermédiaire de M. l'Intendant général.

Convois et transports militaires.

J'ignore quelles ont été les réquisitions en ce genre. J'ai donné ordre à l'ordonnateur de se concerter avec les préfets pour me les faire connaître. Aussitôt que le compte me sera parvenu, je ferai des fonds pour pourvoir au payement de ce qui me concernera.

Vivres et pain.

J'ai requis, dans ce département, 100,000 kilogr. de froment et 203,000 kilogr. de seigle.

D'après les prix fixés, cette dépense montera à 74,298 francs. J'ai ordonnancé acompte de cette dépense, 46,000 francs.

Je suis convaincu, Monsieur, que la totalité des objets requis ou fournis, n'ira réellement pas aussi haut que l'annonce M. le Préfet.

Au reste, quand bien même cela serait ainsi, en y comprenant toutes les dépenses qui sont dans les attributions du ministère de la guerre, je pense que M. le Préfet, ainsi que le receveur général, doivent néanmoins mettre en usage tous les moyens qui sont à leur disposition pour la rentrée des contributions en temps utile. Ils ne doivent pas perdre de vue et il faut qu'ils le rappellent, s'il en est besoin, aux habitants des départements de la rive gauche du Rhin, que les sacrifices temporaires auxquels ils ont été obligés ont suffisamment contribué à éloigner nos ennemis de nos frontières, qu'ils étaient les plus intéressés à cet éloignement, et qu'ils ont été en partie dédommagés de dépenses, qui ne doivent être considérées que comme une avance, par le haut prix de toutes les denrées.

Le maréchal Soult au prince Murat.

Du 1er complémentaire (18 septembre).

Dès mon arrivée à Landau, je me suis assuré de l'effet qu'avaient produit toutes les dispositions qui avaient été prises pour assurer les subsistances et les fourrages aux troupes du 4e corps de la grande armée; il résulte que les foins sont assurés sur les principaux points de distribution.

Les pailles arrivent, mais en petite quantité; elles seront insuffisantes. L'avoine se verse très lentement et en fort petite quantité; les entrepreneurs et les particuliers que la réquisition a atteints font craindre que la fourniture de cette dernière denrée ne puisse être complétée. Pour la ménager aujourd'hui, j'ai ordonné que l'épeautre serait substituée à l'avoine pour les chevaux de réquisition.

Il n'y a que 3,000 quintaux de blé d'arrivés, qui ne donneront que pour quatre jours de pain au 4e corps; la fabrication de biscuit n'est pas encore commencée, il n'y a même aucune disposition de prise à ce sujet, les blés, les farines manquent.

J'ai envoyé l'ordonnateur en chef Arcambal près l'intendant de l'armée, pour solliciter les moyens propres à assurer les divers services d'administration dans cette partie, et aussi pour réclamer des fournitures d'hôpitaux, ainsi que l'envoi de fonds, et l'organisation de la poste militaire. Il aura l'honneur de passer chez vous, pour vous faire l'exposé de notre situation.

Je vous prie de l'accueillir et d'avoir la bonté de donner des ordres qui y remédient.

Il n'a encore rien paru de l'artillerie à Landau.

Soult (1).

Le maréchal Soult au prince Murat.

Du 4ᵉ complémentaire (21 septembre).

Malgré les assurances de M. l'Intendant général de l'armée, les subsistances pour les troupes qui composent le 4ᵉ corps ne sont rien moins qu'assurées. Le délégué du munitionnaire général, qui a été envoyé à Landau pour y pourvoir, en est lui-même alarmé, et il vient de proposer à l'ordonnateur en chef de frapper dans le jour même une réquisition en grains dans l'arrondissement de Wissembourg ; il expose que l'entreprise ayant ses approvisionnements faits à Metz et à Nancy, et ne pouvant en ce moment les faire venir faute de transports, elle est obligée de provoquer cette mesure extraordinaire pour y suppléer. Je fais partir un courrier pour presser M. le conseiller d'État Petiet de prendre des mesures à ce sujet.

Hier il est arrivé, à Landau, quelques voitures de l'équipage

---

(1) Une lettre analogue est envoyée le même jour au Ministre. Un ordre donné à l'ordonnateur en chef du corps d'armée, se rapporte aux mêmes faits, et en outre, invite ce fonctionnaire à réclamer, de Petiet, l'organisation du service des postes et de la trésorerie. La solde de fructidor est encore arriérée. Arcambal ne doit quitter Strasbourg que quand il aura la certitude que le service est assuré.

Le chef de bataillon Armanet, attaché à l'état-major du corps d'armée, remplira les fonctions de vaguemestre général, et sera chargé de tout ce qui concerne le commandement et l'administration des équipages.

de campagne destinées pour le 4ᵉ corps; mais, ignorant quelle doit être l'organisation et la composition de ces équipages, je ne puis en disposer.

Il est aussi arrivé un convoi de voitures du parc général d'artillerie de l'armée, qui doit s'établir dans les environs de Landau. Hier, j'ai visité les établissements de Germersheim, et j'ai reconnu que les six fours de l'ancienne manutention qui s'y trouvent peuvent être rétablis en peu de temps. J'ai donné des ordres en conséquence au commandant du génie à Landau.

J'ai appris par un habitant de la rive droite du Rhin, venant de Carlsruhe, auquel j'ai parlé, qu'un marchand arrivant de Stuttgard, d'où il était parti il y a deux jours, lui avait dit que la veille un détachement de 25 hussards autrichiens, commandé par 2 officiers, était arrivé dans cette dernière ville, et que dans le Würtemberg on s'attendait qu'il serait suivi par d'autres troupes; les habitants craignaient d'être obligés de payer une forte contribution et de supporter l'effet d'une réquisition en denrées. Le même individu m'a dit que, dans le pays, on désirait vivement l'arrivée des troupes françaises.

Si cette assertion est fondée, nous ne tarderons pas à voir paraître sur la rive droite du Rhin quelques piquets autrichiens, et, dans cette supposition, peut-être entrerait-il dans les dispositions de Sa Majesté de faire passer le fleuve à quelques troupes pour leur faire prendre poste et faciliter ensuite l'établissement des ponts, et pour protéger l'établissement des transports d'artillerie qu'on fait venir de Strasbourg par le Rhin.

Si Sa Majesté jugeait à propos d'ordonner cette disposition, j'aurais l'honneur de vous prier, Monseigneur, de vouloir bien me faire arriver quelques troupes de cavalerie pour pouvoir les joindre à l'infanterie qui serait portée sur la rive droite du Rhin. Des régiments qui doivent être attachés au 4ᵉ corps, je ne connais que le 8ᵉ de hussards et le 11ᵉ de chasseurs à cheval, venant de Boulogne, et qui ne peuvent être rendus à leur destination que les 5 et 6 vendémiaire prochain.

Demain, j'aurai l'honneur de vous adresser l'état des cantonnements que j'aurai assignés aux quatre divisions d'infanterie du 4ᵉ corps, et de vous prévenir que tous les ordres étant donnés à ce sujet, j'ai cru devoir établir mon quartier général à Germersheim, pour le rapprocher de la ligne d'opération et assurer l'exécution des dispositions que Sa Majesté aura ordonnées dans la partie qui m'est comptée.

P. S. — Je dis dans ma lettre que des transports d'artillerie doivent être faits par le Rhin; je n'ai d'autres motifs, pour appuyer cette assertion, que ce que Votre Altesse a eu la bonté de me dire à ce sujet.

Soult.

ORDRE.

Du 4e complémentaire (21 septembre).

Je prie le général Salligny de donner ordre à M. le colonel Demarçay, ainsi qu'aux officiers d'état-major d'artillerie qui suivent la marche de la 3e division, de partir en poste au reçu de l'ordre, pour se rendre à Landau, où ils recevront de nouvelles instructions.

RÉPARTITION.

Des cantonnements pour les divisions du 4e corps de la Grande Armée.

1re DIVISION...
- 10e rég. d'infant. légère
  - 1er bat. à Leichmersheim et Kuhardt.
  - 2° » à Hœrt.
- 14e rég. de ligne
  - 1er bat. à Rilsheim et Herxheimweyer.
  - 2° » à Knittelsheim et Ottersheim.
- 36e rég. de ligne
  - 1er bat. à Germersheim et Sondernheim.
  - 2° » à Bellheim.
- 43e rég. de ligne
  - 1er bat. à Lingenfeld et Westheim.
  - 2° » à Schwegenheim et Weingarten.
- 55e rég. de ligne
  - 1er bat. à Niderlustadt et Oberlustadt.
  - 2° » à Zeiskam.

L'état-major de la division, le parc d'artillerie qui y est attaché, ainsi que les troupes de cette arme et celles du génie et de la gendarmerie, à Germersheim.

2ᵉ DIVISION...
- 24ᵉ rég. d'infant. légère.......
  - 1ᵉʳ bat. à Neewiller et Moderen.
  - 2ᵉ » à Scheibenhard.
- 4ᵉ rég. de ligne.
  - 1ᵉʳ bat. à Niderotterbach.
  - 2ᵉ » à Salmbach et Langenschleithal.
- 28ᵉ rég. de ligne.
  - 1ᵉʳ bat. à Lauterbourg,
  - 2ᵉ » à Büchelberg.
- 46ᵉ rég. de ligne.
  - 1ᵉʳ bat. à Berg et Neubourg.
  - 2ᵉ » à Hagenbach et Pforz.
- 57ᵉ rég. de ligne.
  - 1ᵉʳ bat. à Wœrth.
  - 2ᵉ » à Jockrim.

L'état-major de la division, ainsi que le parc d'artillerie qui y est attaché, les troupes de cette arme, celles du génie et de gendarmerie, à Lauterbourg.

3ᵉ DIVISION...
- 26ᵉ rég. d'infant. légère à Neupfortz-Rheinzabern et Hatzenbühl.
- Chasseurs corses à Hayna et Erlenbach.
- Tirailleurs du Pô à Minderslachen et Höfen.
- 3ᵉ rég. de ligne à Winden, Hergersweiler, Barbelroth et Oberhausen.
- 18ᵉ rég. de ligne à Steinweiler, Rorhrbach, Billigheim et Ingenheim.
- 75ᵉ rég. de ligne.
  - 1ᵉʳ bat. à Pleisweiler et Niderhorbach.
  - 2ᵉ » à Bergzabern.

L'état-major de la division, la gendarmerie, à Bergzabern.

Le parc d'artillerie de la division, ainsi que les troupes de cette arme et celles du génie, à Rheinzabern.

4ᵉ DIVISION...
- 17ᵉ rég. d'infant. légère.......
  - 1ᵉʳ bat. à Langen-Candel.
  - 2ᵉ » id.
- 34ᵉ rég. de ligne à Minfeld, Frekenfeld, Scheid.
- 40ᵉ rég. de ligne à Niderotterbach, Klein-Steinfeld, Gross-Steinfeld.
- 64ᵉ rég. de ligne à Capsweyer.
- 80ᵉ rég. de ligne à Wissembourg et Schweigen.

L'état-major de la division, ainsi que le parc d'artillerie qui y est attaché, les troupes de cette arme, celles du génie et de gendarmerie, à Wissembourg.

L'ordre du 2ᵉ complémentaire sur la répartition des 8ᵉ régiment de hussards et 11ᵉ de chasseurs, est rapporté (1).

Le 8ᵉ régiment de hussards cantonnera à Dammheim, Bornheim, Essingen, Knörringen, Walsheim, Böchingen, Nussdorf et Godramstein.

L'état-major du régiment sera à Nussdorf.

Le 11ᵉ régiment de chasseurs cantonnera à Mörzheim, Goecklingen, Ilbesheim, Arzheim, Ranschbach, Birkweiler, Siebeldingen et Wollmesheim.

L'état-major du régiment s'établira à Wollmesheim.

Les hommes à pied des deux régiments suivront le mouvement des compagnies auxquelles ils appartiennent.

L'état-major de la division de la cavalerie sera, comme il est dit dans le premier ordre, à Landau.

Le 8ᵉ régiment de hussards fournira un poste de 10 hommes et 1 brigadier à la 3ᵉ division, et un pareil détachement à la 1ʳᵉ.

Le 11ᵉ régiment de chasseurs fournira deux détachements de même force aux 2ᵉ et 4ᵉ divisions (2).

Les villages d'Offenbach, Mœrlheim, Queichheim, Herheim et Insheim, ainsi que la ville de Landau, sont mis à la disposition de M. le général Faultrier, pour l'établissement de toute l'artillerie, des chevaux et voitures du parc général de la Grande Armée.

Le général de division Saint-Hilaire donnera ordre au 2ᵉ bataillon du 14ᵉ régiment de ligne de s'arrêter à Landau, et de prendre les ordres de l'état-major général pour son établissement. Ce bataillon sera renvoyé aux cantonnements qui

---

(1) Cet ordre assignait des cantonnements à ces deux régiments autour de Landau, ordonnait que les hommes à pied seraient logés dans la place, avec l'état-major de la division ; les deux régiments devaient laisser 10 hommes chacun pour le service des 3ᵉ et 4ᵉ divisions du corps d'armée.

(2) Le lendemain, un ordre analogue est donné pour le 26ᵉ chasseurs : il cantonnera à Edesheim, Fischlingen, Roschbach, Hainfeld, Flemlingen, Burrweiler et Gleisweiler. Il fournira 10 hommes à la 1ʳᵉ division d'infanterie, et fournira aussi provisoirement à la correspondance du quartier général.

lui sont destinés, aussitôt que les troupes des autres divisions seront arrivées.

SOULT.

Le maréchal Soult au général Songis.

Du 4ᵉ complémentaire (21 septembre).

J'ai reçu la lettre que vous m'avez fait l'honneur de m'écrire pour me prévenir de l'arrivée à Landau du grand parc d'artillerie de l'armée; l'officier qui m'a remis votre lettre a déjà été reconnaître le village d'Offenbach, où était, dans les dernières campagnes, le parc de l'armée, Mœrlheim et Queichheim; je l'ai en outre prévenu que, si ces trois villages étaient insuffisants, je pourrais aussi laisser à la disposition du général Faultrier ceux de Insheim et Impflingen.

Hier, il est arrivé à Landau quelques voitures d'artillerie, qu'on m'a dit faire partie de l'équipage de campagne du 4ᵉ corps; mais je ne puis en disposer, attendu que j'ignore encore quelle est l'organisation et la composition de l'artillerie qui m'est destinée; je vous serai bien obligé, Monsieur le Général, si vous voulez avoir la bonté de me faire connaître les dispositions que Sa Majesté a arrêtées à ce sujet.

Je suis sans un seul officier d'état-major d'artillerie, l'officier général destiné à remplacer le général Marcans, et le directeur du parc, ne me sont même pas connus; il serait cependant indispensable qu'en cette circonstance ils fussent l'un et l'autre rendus à leur poste, car journellement il se présentera des circonstances qui les mettront dans le cas de prendre des dispositions relatives à leur service.

Je saisis cette circonstance pour vous observer que le commandant d'armes, à Landau, est absolument sans un seul canonnier, et qu'il a cependant ordre d'armer la place.

Il serait d'autant plus urgent que vous eussiez la bonté de leur envoyer à ce sujet une compagnie, ne serait-ce que pour quelques jours, que la ville est encore sans garnison et qu'elle ne pourra en avoir qu'au 9 vendémiaire.

SOULT.

Au prince Murat.

Du 5⁰ complémentaire (22 septembre).

J'ai l'honneur de vous adresser la répartition des cantonnements pour les troupes qui composent le 4ᵉ corps de la Grande Armée; j'ai cru devoir les étendre afin de donner plus d'aisance aux régiments et de les mettre à même de se reposer. J'ai envoyé des ordres en conséquence aux divisions.

Ce matin, j'ai reçu avis de S. E. le Ministre de la guerre que le 26ᵉ régiment de chasseurs à cheval était destiné pour le 4ᵉ corps de la Grande Armée, et qu'il arriverait à Landau dans les premiers jours de vendémiaire; les cantonnements qu'il doit occuper sont portés sur l'état que j'ai l'honneur de vous adresser.

Dans les deux jours qui suivront l'arrivée des troupes dans leur cantonnement, les généraux et sous-inspecteurs aux revues passeront la revue des régiments, et donneront le relevé de toutes les mutations qui sont survenues pendant la route. J'aurai l'honneur de vous en adresser immédiatement le résultat.

M. l'Intendant général persiste à croire les magasins de Landau et ceux des places environnantes bien approvisionnés, et suppose que les versements répondent aux promesses qu'on lui a faites; il est de fait cependant que les consommations, quoique encore à peu près insignifiantes, absorbent au delà des rentrées; s'il ne prend d'autres mesures, il est positif que le 4ᵉ corps n'aura pas de pain, cinq jours après l'arrivée de la dernière division. Aucun achat ne se fait dans le pays. L'ordonnateur fait encore de nouvelles représentations à ce sujet à M. Petiet.

Soult.

CHAPITRE II

Aile gauche de l'armée. — 1ᵉʳ et 2ᵉ corps. Bavarois.

Marche du 2ᵉ corps d'armée depuis le 14 fructidor an XIII

1ʳᵉ DIVISION (départ le 14) :

Schagen, Alkmaar, Haarlem, Loenen, camp de Zeist (séjour le 19 fructidor), Rhenen, Nimègue (séjour le 22 fructidor), Clèves, Gueldres, Crevelt, Neuss, Cologne, Bonn, Andernach, Coblenz (séjour le 30 fructidor), Saint-Goar, Bingen, Mayence, Oppenheim, Mayence, Hœchst, Offenbach, Aschaffenbourg, Miltenberg, Wertheim, Heidingsfeld, Ochsenfurt (séjour le 9 vendémiaire).

2ᵉ DIVISION (départ le 15) :

Schagen, Alkmaar (séjour), Sparendam, Hilverdam, camp de Zeist, Rhenen et Vagueningen (séjour), Nimègue, Clèves, Gueldres, Crevelt, Neuss, Cologne, Bonn (séjour), Andernach, Coblenz, Saint-Goar, Bingen, Mayence (séjours le 1ᵉʳ et le 2 vendémiaire), Francfort, Seligenstadt, Aschaffenbourg, Miltenberg, Wertheim, Würtzbourg (séjour le 9 vendémiaire).

3ᵉ DIVISION (départ le 17) :

Schagen, Alkmaar, Haarlem, Loenen, camp de Zeist (séjour), Rhenen, Nimègue, Clèves, Gueldres, Crevelt, Neuss, Cologne (séjour), Bonn, Andernach, Coblenz, Saint-Goar, Bingen, Mayence (séjours le 2 et le 3 vendémiaire), Francfort, Seligenstadt, Aschaffenbourg, Miltenberg, Wertheim, Bischofsheim.

QUARTIER GÉNÉRAL (départ le 17) :

Zant, Schagen, Alkmaar, Haarlem, Loenen, Utrecht, Benstkom, Tiel, Nimègue, Clèves, Gueldres, Crevelt, Neuss (séjour), Cologne, Bonn, Andernach, Coblenz, Boppart, Bacharach, Bingen, Mayence, Francfort, Babenhausen, Bronntal, Holzkirchen, Würtzbourg (séjour le 9 vendémiaire).

GRAND PARC (départ le 18) :

Zant, Schagen, Alkmaar, Haarlem, Loenen, Utrecht, Doorn, Rhenen, Nimègue (séjour), Clèves, Gueldres, Crevelt, Neuss, Cologne (4 jours de trajet sur le Rhin), Mayence (séjours le 3 et le 4 vendémiaire), Francfort, Seligenstadt, Aschaffenbourg, Miltenberg, Bischoffsheim.

Le colonel Morio, commandant l'arme du génie, au premier Inspecteur général du génie.

Au quartier général à Hanovre, le 19 fructidor an XIII
(6 septembre 1805).

Général,

J'ai eu l'honneur de vous écrire hier, pour vous demander des sapeurs et des mineurs (1) ; et je vous prie aujourd'hui d'insister fortement auprès du Ministre de la guerre, pour que ces troupes nous arrivent promptement.

Le corps du génie a malheureusement peu d'influence dans les armées, lorsqu'il n'y a pas de siège à faire ; et lorsqu'il n'a avec lui aucun sapeur, il n'est presque d'aucune utilité. Tout le monde fait des reconnaissances, il se trouve quelques officiers qui les font aussi bien que nous, et généralement celles des troupes légères d'avant-garde suffisent à la marche des divisions.

Nous éprouvons tous les jours, dans les armées, qu'il est très

---

(1) Il demandait 2 compagnies de sapeurs et 1 compagnie de mineurs ou au moins une demi-compagnie.

Le 24 septembre, il demandera 5 compagnies de sapeurs et 1 ou une demi de mineurs, le 1ᵉʳ corps paraissant devoir être augmenté d'une 4ᵉ division et être employé en Bohême, « où seront tous les sièges et les attaques de postes ».

désagréable pour nous de n'avoir pas les ingénieurs géographes sous nos ordres directs et exclusifs. Ils sont, au contraire sous ceux du chef de l'état-major général, et s'il arrive (comme c'est ici), que ce chef d'état-major ait été autrefois ingénieur géographe, le corps impérial du génie perd tout d'un coup l'influence que devrait lui donner la topographie; car les généraux chérissent tous cette dernière science, parce que c'est celle dont ils ont constamment besoin, celle qui produit aux yeux le plus d'effet, et surtout celle qui embellit le mieux l'*histoire* de leurs campagnes.

Que font donc les officiers du génie dans une armée en Allemagne? Des reconnaissances quand il plaît aux généraux de les employer, et rien de plus. Le reste du temps ils sont à charge, parce qu'ils sont payés sur la caisse de l'armée.

Je sais bien qu'un général qui sait nous employer peut tirer de nous un bon parti, mais alors nos services tiennent à l'individu et non à l'arme.

J'ai fait ici ce que j'ai pu pour que les officiers du génie fassent le mieux et le plus utile possible : j'ai placé un officier à chaque division, et j'ai eu le soin de choisir celui qui plaisait le plus à chaque général. Les autres viennent avec moi au quartier général. Nous n'avons pas un sapeur, nous ne pouvons, par conséquent, ni raccommoder promptement une route gâtée, ni faire une redoute, ni travailler à un retranchement de campagne pressé; car les généraux de division ne consentent qu'à la dernière extrémité à détacher des hommes de leurs divisions.

J'entre avec vous dans tous ces détails, parce qu'il est de mon devoir de vous soumettre toutes mes objections sur le service de mon arme ; et que, d'ailleurs, je voudrais solliciter, par tous les moyens possibles, la prompte arrivée des sapeurs que je vous demande.

4 régiments d'infanterie et 4 de cavalerie sont dans le pays de Göttingen. Les 3 autres régiments d'infanterie sont dans le centre de l'Électorat, et 4 régiments d'infanterie avec 2 de cavalerie viennent de Hollande.

Nous attendons la fin des négociations avec la Prusse, où se trouve le général Duroc. Nous ne savons pas si, dans le cas de la guerre avec l'Autriche (la Prusse et la Russie restant neutres), nous passerons par le pays de Cassel sur Würtzbourg, ou si nous rejoindrons le Rhin par Cologne ou par la Hollande

MORIO.

Le maréchal Berthier à M. le maréchal Bernadotte.

Paris, le 24 fructidor an XIII (11 septembre 1805).

J'ai mis sous les yeux de l'Empereur, Monsieur le Maréchal, votre lettre du 19 fructidor (*6 septembre*).

M. Bignon a été chargé de demander le passage sur les terres de l'Électeur de Hesse-Cassel, et Sa Majesté ne met pas en doute que cela n'ait été accordé, peut-être avec quelques protestations.

L'Empereur désire surtout que ses troupes, en arrivant à Würtzbourg, ne soient pas fatiguées. Sa Majesté préfère qu'elles arrivent deux ou trois jours plus tard, c'est-à-dire du 1er au 5 vendémiaire (*23 au 27 septembre*), à les faire arriver le 1er vendémiaire, mais fatiguées.

Faites vos dispositions en conséquence pour un séjour tous les trois jours de marche, et pour arriver à Würtzbourg en bon état.

3,000 hommes doivent suffire pour maintenir la police dans l'Électorat. Si Sa Majesté ne vous a pas fait connaître la destination définitive de ce pays, c'est qu'elle n'est pas encore fixée; mais dans les circonstances présentes, où la guerre du continent paraît imminente, vous sentez que Sa Majesté est pressée de réunir toutes ses forces; avant qu'un mois soit passé, elle donnera vraisemblablement une destination aux troupes qu'elle a à Hameln, ce qui ne doit pas empêcher le général Barbou de réunir dans cette place les munitions de guerre et l'artillerie qui peuvent se trouver dans l'Électorat, afin que si, contre toute apparence, une division anglaise venait pour l'y bloquer, il pût s'y maintenir avec honneur et mettre Sa Majesté à même de faire, suivant les circonstances, les dispositions nécessaires.

Envoyez-moi l'état bien détaillé de ce qui restera à Hanovre.

Faites-moi aussi connaître la situation du 19e régiment, afin que je puisse, selon les événements, prendre les ordres de

Sa Majesté pour donner à chaque corps une destination convenable.

Que l'Empereur ait plus ou moins de troupes en Hanovre, cela ne maintient pas moins le serment qu'ont fait les habitants ; le général que vous y laisserez doit montrer d'autant plus de fermeté qu'il a moins de monde, et tous les arrangements de finances que vous avez pris doivent continuer à avoir lieu ; si cela produisait quelque chose de moins, il y aurait toujours suffisamment pour pourvoir à l'approvisionnement et armement des troupes que vous y laisserez, et même à la solde de votre corps d'armée.

Maréchal Berthier.

Le maréchal Berthier au général Marmont.

Paris, le 26 fructidor an XIII (13 septembre 1805).

L'Empereur me charge de vous donner l'ordre, Général, de vous rendre, sur-le-champ et en poste, à Mayence, où vous devez être arrivé le plus tôt possible. Vous prendrez le commandement de cette place ; vous veillerez à ce qu'on arme la place et que l'on tende l'inondation des marais. Vous ordonnerez également qu'on fasse les préparatifs nécessaires pour pouvoir travailler, avec la plus grande activité, aux ouvrages de Cassel, du moment où l'Empereur aura ordonné le passage du Rhin. Ce qui empêche Sa Majesté de l'effectuer, ainsi qu'elle le désirait, dans cinq ou six jours, est le défaut des troupes en nombre suffisant.

Si, sans fatiguer un ou deux régiments de votre armée, vous pouvez gagner quelques jours de marche sur leur itinéraire, ce serait une chose convenable et utile.

Lorsque vous serez arrivé à Mayence, vous vous mettrez en correspondance avec le maréchal Bernadotte, qui doit arriver, du 1er au 5, à Würtzbourg, venant de Göttingen.

Instruisez-moi souvent, par des courriers extraordinaires, de ce qui se passera dans cette partie de l'Allemagne. Envoyez des espions, même des officiers, à Nuremberg et dans la Franconie, pour connaître et surveiller les mouvements des Autrichiens sur le Danube. Mettez-vous en correspondance avec l'agent de l'Empereur à Francfort, et recommandez-lui de vous faire connaître par estafette les nouvelles qu'il apprendrait, et de les transmettre également à M. le maréchal Bernadotte, à Würtzbourg.

En cas d'événement, il n'y a aucun doute que vous ne deviez manœuvrer pour vous joindre au mouvement du maréchal Bernadotte, afin de le soutenir.

A Mayence, vous serez dans une position à savoir tout ce qui se passera et à en instruire l'Empereur. Au surplus, vous serez à même de recevoir des ordres avant que votre armée ne se trouve réunie à Mayence.

Je dois vous faire observer que la guerre n'est pas déclarée, mais que les mouvements des Autrichiens ne laissent pas de doute qu'ils sont dans l'intention de ne rien ménager.

Maréchal BERTHIER.

Quoique nous ne soyons pas encore en guerre, c'est-à-dire qu'elle n'est point déclarée et que les ambassadeurs respectifs sont encore à leur poste, les Autrichiens ont passé l'Inn, et nous devons être sur nos gardes.

(*Note de la main du maréchal Berthier.*)

Le général Marmont au maréchal Berthier.

Nimègue, le 27 fructidor an XIII (14 septembre 1805).

J'ai l'honneur d'adresser à Votre Excellence le tableau du mouvement de l'armée à mes ordres. Elle verra qu'il est, à peu de choses près, conforme aux instructions que j'ai reçues.

Les embarras résultant du débarquement des chevaux et de l'artillerie ne m'ont pas permis de lui donner autant de célérité que je l'aurais désiré. Cependant il y a peu de retard, car l'armée n'est en arrière que d'un seul jour de l'ordre de route que vous m'avez envoyé.

Les divisions sont parties en ordre. Elles avaient toute leur cavalerie et leur artillerie, et arriveront, j'espère, en bon état.

L'embarquement des chevaux, qui a duré 5 semaines, les

ayant fait souffrir et mis peu en état de faire une longue route, une centaine de chevaux s'est trouvée dans l'impossibilité de suivre leurs corps, mais le plus grand nombre est déjà en état et part d'ici demain. Au moment du débarquement, j'ai fait la demande d'un équipage de vivres et d'ambulance, composé de 50 caissons. Il m'a été accordé. Il a été pris des mesures pour acheter 250 chevaux. Une partie des chevaux sont livrés ou se livrent en ce moment, et suivront l'armée à quatre jours de distance.

J'emmène 1050 chevaux d'artillerie. Ce nombre ne suffisant pas pour atteler convenablement mon artillerie, j'ai demandé une augmentation de 400 chevaux. Elle m'a été accordée. On s'occupe en ce moment à en faire l'acquisition, et ils suivent l'armée à dix jours de distance.

J'ai fait également augmenter la cavalerie batave. Les hussards et les dragons du 1er régiment ont été portés chacun à 400 chevaux. J'y ai fait ajouter un escadron de 200 chevaux du 2e régiment. Ce régiment, n'ayant pas été précédemment destiné à faire la guerre, n'était pas prêt à marcher, mais en ce moment, ces 200 chevaux se mettent en route.

Ma cavalerie se trouve ainsi forte de 1800 chevaux, savoir : 800 chevaux français, et 1000 chevaux bataves.

Les chevaux d'artillerie, actuellement en service, n'ayant pu atteler, avec mes 40 bouches à feu, qu'un approvisionnement simple et 400,000 cartouches d'infanterie, je fais suivre par le Rhin, sur 13 bâtiments, un demi-approvisionnement et 600,000 cartouches en caissons, et en outre, deux approvisionnements de 2,000,000 de cartouches en caisse. Les chevaux qui s'achètent joindront haut le pied.

Ainsi, à l'époque que vous m'avez fixée, tout ce que j'avais de disponible au Helder sera rendu à Mayence et, dix jours après, j'aurai une amélioration sensible dans mes moyens.

Après avoir vu filer l'armée et pris les mesures de sûreté les plus satisfaisantes pour la défense des côtes, je pars demain pour Mayence, où je serai rendu le 1er jour complémentaire.

MARMONT.

L'Empereur au maréchal Berthier.

Saint-Cloud, le 28 fructidor an XIII (15 septembre 1805).

La route que vous avez tracée au général Marmont passe à Simmern ; c'est l'ancienne route. J'en ai fait faire une autre qui passe le long du Rhin, beaucoup plus courte, puisqu'elle abrège de deux journées de marche. Quoique j'imagine que le général Marmont n'a pas besoin d'être prévenu, faites-lui cependant connaître l'avantage de passer par cette nouvelle route, puisqu'au lieu d'arriver à Mayence le cinquième jour complémentaire, il y arrivera le troisième (*20 septembre*).

Prévenez également le général Marmont que l'Électeur de Bavière est arrivé à Würtzbourg le 25 et que là, il réunit toutes ses troupes. Envoyez-lui un de vos officiers pour lui faire connaître qu'il est avec son corps de 20,000 hommes à Mayence, pour marcher sur Würtzburg, pour se réunir au maréchal Bernadotte, et se joindre à son armée.

Écrivez également à M. Otto, qui est à Würtzbourg, une lettre dans laquelle vous lui ferez connaître les dispositions que j'ai faites à Würtzbourg : que le maréchal Bernadotte avec 20,000 hommes, et Marmont avec 20,000, qui seront augmentés d'un corps de 8,000 hommes du landgrave de Hesse-Darmstadt, formeront ma gauche, et que le gros de l'armée se trouve placé à Strasbourg, le long du Rhin, incontinent.

Dites à M. Otto qu'il est nécessaire de faire faire 300,000 rations de biscuit à Würtzbourg, et d'approvisionner la citadelle, afin de pouvoir donner aux opérations militaires toute la rapidité convenable ; qu'il ne perde pas un moment ; que, quant à l'argent, 300,000 rations ne sont qu'un objet de 200,000 francs ; que Petiet, qui est à Strasbourg, a ordre de les payer comptant ; mais, pour Dieu, qu'il ne perde pas un moment. Écrivez à M. Petiet que j'ai ordonné qu'on fît 300,000 rations de biscuit à Würtzbourg, que M. Otto, qui est près de l'Électeur, en est instruit ; que, sans perdre un moment, il expédie l'ordre, à un commissaire des guerres de Marmont, de se rendre à Würtzbourg pour cet objet. Il sera muni des sommes nécessaires ; qu'il le munisse, pour les premières dépenses, d'une somme de 50,000 francs. Il est très nécessaire de ne pas perdre un moment pour avoir du biscuit. Je désire, par le retour du courrier, être instruit si j'aurai mes 600,000 rations à Strasbourg, et il faudrait en augmenter le nombre s'il était possible.

Je désire, par le retour du courrier, savoir du général Songis la situation de toute mon artillerie.

Je désire aussi qu'il me fasse connaître combien il faut qu'il soit prévenu d'avance pour jeter trois ponts : un du côté de Spire, l'autre du côté de Strasbourg, et l'autre sur le haut Rhin (1).

NAPOLÉON.

Le maréchal Berthier à M. Petiet.

(Analyse.)

Paris, le 29 fructidor an XIII (16 septembre 1805).

Lettre à M. Petiet pour le prévenir que Sa Majesté a ordonné qu'on confectionnât 300,000 rations de biscuit à Würtzbourg; que M. Otto, qui est près de l'Électeur, en est instruit; que, sans le moindre délai, il envoie l'ordre à un commissaire des guerres du corps du général Marmont de se rendre à Würtzbourg pour cet objet, et qu'il le munisse, pour les premières dépenses, d'une somme de 50,000 francs. Il est très nécessaire de ne pas perdre un moment pour avoir des biscuits.

Je désire savoir, par le retour du courrier, s'il y aura la quantité de biscuits demandée par Sa Majesté, à Strasbourg, Landau, etc. Il faudrait l'augmenter, si c'était possible.

Le maréchal Berthier à M. Otto.

Paris, le 29 fructidor an XIII (16 septembre 1805).

Il a été écrit, le 29 fructidor (*16 septembre*), à M. Otto, à Würtzbourg, pour le prévenir des dispositions faites par l'Empereur, pour la réunion des troupes à Würtzbourg : que le maréchal Bernadotte avec 20,000 hommes, et le général Marmont avec 30,000, qui seront augmentés d'un corps de 8,000 hommes

---

(1) *Correspondance de Napoléon*, n° 9218.

du Landgrave de Hesse-Darmstadt, formeront la gauche, et que le gros de l'armée va se trouver, incontinent, placé à Strasbourg, le long du Rhin ; qu'il est nécessaire que la citadelle de Würtzbourg soit approvisionnée, et qu'il fasse confectionner 300,000 rations de biscuit, afin de donner aux opérations militaires toute la rapidité possible ; qu'il ne perde donc pas un seul instant ; que la dépense de 300,000 rations de biscuit n'est pas un objet de 200,000 francs, que M. Petiet, qui est à Strasbourg, a ordre de les payer comptant ; mais qu'il ne perde pas un instant.

Maréchal Berthier.

Le maréchal Berthier au général Marmont.

Paris, le 29 fructidor an XIII (16 septembre 1805).

La route que j'ai tracée au corps d'armée à vos ordres, Général, passe à Simmern : c'est la vieille route ; l'Empereur en a fait tracer une beaucoup plus courte, le long du Rhin, qui abrège de deux journées de marche. Quoique Sa Majesté pense que vous n'avez pas besoin d'en être prévenu, elle désire, cependant, que je vous fasse connaître l'avantage de suivre cette nouvelle route, puisqu'au lieu d'arriver à Mayence le cinquième jour complémentaire (*22 septembre*), vous y arriverez le troisième (*20 septembre*). L'Empereur m'ordonne de vous faire connaître que l'Électeur de Bavière est arrivé à Würtzbourg le 25 (*12 septembre*), et que là il réunit toutes ses troupes.

L'intention de Sa Majesté est que vous envoyiez à ce prince un de vos officiers, pour lui faire connaître que vous êtes, avec votre corps de 30,000 hommes, à Mayence, pour marcher sur Würtzbourg, et vous y réunir à son armée et au corps du maréchal Bernadotte.

Sa Majesté me charge de vous faire connaître que vous allez incessamment recevoir l'ordre de passer le Rhin à Cassel, et de vous rendre à Würtzbourg, pour vous joindre au maréchal Bernadotte, qu'un corps de 8,000 hommes de Hesse-Darmstadt, mais qui, au premier moment, ne sera que de 4,000, se rendra sous vos ordres.

Vous recevrez également une instruction qui vous apprendra le nom des princes des pays que vous traverserez, et de ceux qui sont nos amis.

Le prince de Nassau vous enverra un capitaine avec 100 voitures, qui vous serviront à porter des munitions d'artillerie; le prince de Hesse-Darmstadt doit aussi vous en envoyer.

Vous ne sauriez, Général, emmener avec vous trop de munitions d'artillerie et de toute espèce. Je n'ai pas besoin de vous dire que cela doit être dans le plus grand secret, que votre langage doit être pacifique; enfin que vous devez augmenter votre artillerie autant que vos moyens de transport le permettront. Nous trouverons des chevaux dans les pays que nous traverserons. A la rigueur, il suffira que les pièces et un caisson par pièce soient attelés par le train; les autres pièces et caissons seront attelés comme on pourra.

Maréchal Berthier.

Le général Marmont au Ministre de la guerre.

Cologne, le 29 fructidor an XIII (16 septembre 1805).

Je viens de recevoir la lettre que Votre Excellence m'a fait l'honneur de m'écrire. Je vais être immédiatement rendu à Mayence et m'occuper sans relâche de l'exécution des ordres de Sa Majesté.

Si les troupes de ma 1re division ne sont pas trop fatiguées, je hâterai demain la marche d'un régiment sur Mayence.

Je vais envoyer un officier à Würtzbourg et à Nuremberg pour avoir des nouvelles, et je vous adresserai, par des courriers extraordinaires, toutes celles que je pourrai me procurer.

Si l'ennemi est en présence du maréchal Bernadotte, je ne perdrai pas un moment pour aller à son secours.

Je joins à cette lettre la copie de celle que j'ai eu l'honneur de vous écrire de Nimègue, et qui, peut-être, ne vous est pas encore parvenue, ainsi que le tableau des mouvements du corps d'armée à mes ordres.

Marmont.

1er CORPS D'ARMÉE.

Composition de l'armée au 30 fructidor an XIII

Son Excellence le maréchal BERNADOTTE, commandant en chef.

Le général de division L. BERTHIER, chef de l'état-major général.

Le général de division ÉBLÉ, commandant l'artillerie.

Le colonel MORIO, commandant le génie.

L'adjudant commandant MAISON, attaché près M. le Maréchal.

Le général LALANCE, inspecteur aux revues.

L'ordonnateur en chef MICHAUX.

Les commissaires des guerres CROUYET et BERGUE.

PREMIÈRE DIVISION.

RIVAUD, général de division, commandant.

Brigade du général PACTHOD : 8e et 45e (le 1er à Northeim, le 2e à Göttingen).

Brigade du général DUMOULIN : 54e de ligne à Göttingen.

Cavalerie attachée à la division : 1 escadron du 5e chasseurs.

Artillerie : 12 pièces, dont 6 d'artillerie légère et 6 d'artillerie à pied.

L'adjudant commandant CHAUD-ROUSSEAU, chef de l'état-major.

Le sous-inspecteur VILLAIN et le commissaire des guerres MONY.

DEUXIÈME DIVISION.

DROUET, général de division; LUTHIER, adjudant commandant, chef de l'état-major.

Brigade du général VERLÉ : 27e régiment d'infanterie légère, à Osterode.

Brigade du général FRÈRE : 94e et 95e (le 1er à Göttingen, le 2e à Uslar), etc.

Cavalerie attachée à la division : 1 escadron du 4e hussards.

Artillerie : 12 pièces, dont 6 d'artillerie légère et 6 d'artillerie à pied.

Le sous-inspecteur GASPARD et le commissaire des guerres FOURCADE.

AILE GAUCHE DE L'ARMÉE.

TROISIÈME DIVISION.

Cavalerie.

KELLERMANN, général de division ; NOIZET, adjudant commandant, chef de l'état-major.

Brigade du général PICARD : 2ᵉ et 5ᵉ régiments de hussards (le 1ᵉʳ à Moringen, le 2ᵉ à Eimbeck).

Brigade du général MARISY : 4ᵉ hussards et 5ᵉ chasseurs (le 1ᵉʳ à Göttingen, le 2ᵉ aux environs).

Artillerie légère.

6 pièces.
Commissaire des guerres, DENNIÉE.

Artillerie de réserve.

6 pièces de réserve, dont 2 de 12, avec le personnel de l'artillerie à pied.
Commissaire des guerres, PETITOT.

1ᵉʳ CORPS D'ARMÉE.

Ordre de marche du 30 fructidor.

Cassel, 29 fructidor.

L'armée, composée ainsi qu'il est dit ci-devant, est partie le 30 de Münden et environs, pour se diriger sur Wabern, en suivant la grande route, et en traversant la ville de Cassel pour se rendre :

Le grand quartier général à Gudensberg.

DIVISION DE CAVALERIE.

Quartier général et administrations à Fritzlar.
2ᵉ régiment de hussards : Felsberg et Gensungen.
4ᵉ régiment de hussards : Fritzlar et Geismar.
5ᵉ régiment de hussards : Ob-Mollrich, Nied-Mollrich, Zennern et Kappel.

5ᵉ régiment de chasseurs : Odershausen, Klein-Englis, Gombeth et Udenborn.

Artillerie de la division, à Gross-Englis.

PREMIÈRE DIVISION.

Quartier général et administrations, à Dissen.
8ᵉ régiment de ligne : à Wabern, Lohre et Harle.
45ᵉ régiment de ligne : à Maden, Ob.-Vorschütz et Nid.-Vorschütz.
54ᵉ régiment de ligne : à Holzhausen, Haldorf et Grifte.
Artillerie de la division, à Dissen.

DEUXIÈME DIVISION.

Quartier général et administrations, à Werkel.
27ᵉ régiment d'infanterie légère : à Besse, Metze et Gleichen.
94ᵉ régiment de ligne : à Dorla et Haddamar.
95ᵉ régiment de ligne : à Bödigger, Wolfershausen et Brunslar.
Artillerie de la division, à Werkel.
Grand parc d'artillerie : Personnel à Kirchbauna et Altenbauna ; pièces et caissons, à Hertingshausen.

Ordre de marche du 1ᵉʳ jour complémentaire.

La division de cavalerie, commandée par le général Kellermann, partira de Fritzlar et environs, pour aller prendre ses cantonnements :

Le quartier général et administrations, à Rauschenberg.
2ᵉ régiment de hussards : à Halsdorff, Wohra et Ernsthausen.
4ᵉ régiment de hussards : à Rosenthal et Langendorf.
5ᵉ régiment de hussards : à Rauschenberg, Stauschach et Himmelsberg.
5ᵉ régiment de chasseurs : à Schönstadt, Schwabendorf, Albshausen, Wolfskaute.
Artillerie de la division, à Josbach.

La 1ʳᵉ division, aux ordres du général Rivaud, quittera Dissen et les environs pour venir s'établir :

Le quartier général et administrations, à Gilserberg.

8ᵉ régiment de ligne : à Gemünden et Schiffelbach.

45ᵉ régiment de ligne : à Dorheim, Michelsberg et Schlierbach.

54ᵉ régiment de ligne : à Moischeid, Sebbeterode et Gilserberg.

L'escadron du 5ᵉ régiment de chasseurs, à Lischeid.

Artillerie de la division, à Lischeid.

La 2ᵉ division, commandée par le général Drouet, partira de Werkel et environs, pour venir :

Le quartier général et les administrations, à Nieder-Urff.

27ᵉ régiment d'infanterie légère : à Densberg, Schönau et Hundshausen.

94ᵉ régiment de ligne : à Reptich, Bischhausen et Gilsa.

95ᵉ régiment de ligne : à Ob. et Nied.-Urff et Schiffelborn.

L'escadron du 4ᵉ de hussards, à Nieder-Urff.

Le grand parc d'artillerie sera à Zwesten.

Le grand quartier général sera à Jesberg.

Hirsinger (1) à Francfort au général Marmont.

Francfort, le 1ᵉʳ jour complémentaire an XIII (18 septembre 1805).

Mon Général,

M. Le Clerc, votre aide de camp, m'a remis aujourd'hui, à 6 heures du soir, la lettre que vous m'avez fait l'honneur de m'écrire le 29 fructidor de Cologne. Je fais repartir de suite un courrier qui vous est adressé par S. E. le Ministre de la guerre, et qui m'a apporté une lettre de sa part, pour répondre aussi promptement que possible à la demande que vous me faites des nouvelles de l'armée autrichienne. Les trois colonnes entrées en Bavière le 8 septembre occupaient encore, le 14, la position de l'Isar; elles avaient des avant-postes en avant de Munich, à Dachau, et on croyait généralement que le même jour, 14, moitié de cette armée se mettrait en mouvement pour se porter sur le Lech, à Friedberg, et l'autre partie ou une division sur

---

(1) M. Hirsinger, résident à Francfort.

Ulm, pour prendre la position de laquelle les a si bien délogées le·général Richepanse, mais à laquelle ils tiennent beaucoup.

J'ai remis à M. Le Clerc, qui a désiré vous les transmettre, les deux derniers journaux ; comme ils contiennent souvent des détails et des informations qui pourront vous intéresser, je donnerai ordre que ce journal vous soit adressé directement tous les jours ; je m'empresserai, de mon côté, Monsieur le Général, d'avoir l'honneur de vous informer exactement de tout ce qui parviendra à ma connaissance.

La nouvelle se répand ici que S. M. le roi de Prusse a mis sur le pied de guerre 80,000 hommes de son armée, qui seront commandés par le général Kalkreuth ; on croit que l'objet de cet armement est la conservation de la neutralité du nord de l'Allemagne.

S. E. le maréchal Bernadotte est arrivé hier à Hesse-Cassel ; il se rend à Mayence par Marbourg et la Vétéravie ; son armée est de 16,000 hommes, dont 3,600 de cavalerie ; elle marche escortée par 1 régiment hessois qui la précède, et 1 régiment de cavalerie, aussi hessoise, qui ferme la marche dans les États de Son Altesse Électorale. On assure que S. E. le maréchal Bernadotte sera ici, à Francfort, le 22 septembre ; conséquemment, il peut facilement arriver à Mayence le surlendemain, de grand matin ; il n'y a que 8 petites lieues.

L'Électeur de Hesse a refusé, ou n'a pu fournir des chevaux de charrois, de sorte que M. le Maréchal a conservé ceux qu'il a emmenés de Hanovre. L'armée russe s'avance sur la Moravie ; elle est forte, à ce que l'on assure, de 100,000 hommes, et se réunira à Wels, en haute Autriche, pour pouvoir se porter soit en Allemagne, soit en Italie.

Agréez. ...   Hirsinger.

1ᵉʳ CORPS D'ARMÉE.

Ordre de marche du 2ᵉ jour complémentaire.

La division de cavalerie, aux ordres du général Kellermann, partira de ses cantonnements pour aller :

Le quartier général et administrations, à Fronhausen.

2ᵉ régiment de hussards : à Walgern, Stedebach et Fronhausen.

4ᵉ régiment de hussards : à Erbenhausen, Wolfshausen, Argenstein et Nieder-Walgern.

5ᵉ régiment de hussards : Sichertshausen, Bellnhausen et Hassenhausen.

5ᵉ régiment de chasseurs : Treis-a.-Lumda et Hassenhausen.

Artillerie, à Ockershausen.

La 1ʳᵉ division, commandée par le général Rivaud, quittera Gilserberg et environs, pour aller s'établir :

Le quartier général et administrations, à Kirchhain.

8ᵉ régiment de ligne : à Kölbe, Wehrda et Sarnau.

45ᵉ régiment de ligne : à Langenstein et Kirchhain.

54ᵉ régiment de ligne : à Ober. et Nied.-Rosphe et Reddehausen.

L'escadron du 5ᵉ chasseurs, à Kölbe.

Artillerie, à Kölbe.

La 2ᵉ division, commandée par le général Drouet, partira de Niedern-Urff et environs, pour se rendre :

Le quartier général et administrations, à Betziesdorf.

27ᵉ d'infanterie légère : à Sindersfeld, Betziesdorf et Anzefahr.

94ᵉ régiment de ligne : à Erxdorff, Emsdorff et Burgholz.

95ᵉ régiment de ligne : à Wolferode, Hatzbach et Speckswinkel.

L'escadron du 4ᵉ de hussards, à Bernsdorf.

Artillerie, à Bernsdorf.

Le grand parc d'artillerie ira à Holzdorf.

Le grand quartier général, à Marbourg.

Le maréchal Berthier au général Marmont.

Paris, 2ᵉ jour complémentaire an XIII (19 septembre 1805).

Je vous dépêche un courrier, Monsieur le Général, pour vous faire connaître que vous et l'armée que vous commandez, devez vous diriger, le plus promptement possible, sur Würtzbourg, sans attendre de nouveaux ordres de moi..

L'Empereur désirerait que vous puissiez y être rendu, au plus tard, le 8 vendémiaire (*30 septembre*).

Maréchal Berthier.

Le maréchal Berthier à M. le maréchal Bernadotte.

Paris, le 2e jour complémentaire an xiii (19 septembre 1805).

L'Empereur me charge de vous faire connaître, Monsieur le Maréchal, que la route que vous avez projetée de prendre se jette trop sur le Rhin ; que ce n'est pas sur Francfort, mais sur Würtzburg que vous devez vous rendre : que, si son intention eût été que vous passiez à Francfort, il vous en aurait donné l'ordre.

Sa Majesté me charge aussi de vous faire connaître qu'il est important que vous vous dirigiez par la route la plus directe et le plus promptement possible sur Würtzbourg, où vous devez prendre sous votre commandement toutes les troupes bavaroises. Le général Marmont, avec son armée, s'y rend également pour s'y réunir à vous, ainsi qu'environ 4,000 hommes des troupes de Hesse-Darmstadt ; ainsi l'Empereur aura à Würtzbourg plus de 50,000 hommes.

L'intention de Sa Majesté est que tous ces corps de troupes puissent se mettre en marche vers le 8 vendémiaire (*30 septembre*), ce qui ne doit avoir lieu que d'après l'ordre que vous recevrez pour marcher sur le Danube, et faire votre jonction avec les quatre corps de la Grande Armée.

Maréchal Berthier.

1er CORPS D'ARMÉE.

Ordre de marche et cantonnements des 3e et 4e jours complémentaires.

La division de cavalerie se mettra en marche pour aller prendre ses cantonnements, savoir :

Le quartier général et administrations : le 3e jour complémentaire, à Giessen, et le 4e, à Butzbach.

2e régiment de hussards, à Butzbach.

4e régiment de hussards, à Ostheim.

5e régiment de hussards : à Kirchgöns et Pöhlgöns.

5e régiment de chasseurs, à Langgöns.

Artillerie de la division, à Langgöns.

La 1ʳᵉ division prendra ses cantonnements :
Le quartier général, à Giessen.
8ᵉ régiment de ligne : à Kinzenbach et Atzbach.
45ᵉ régiment de ligne, à Giessen.
54ᵉ régiment de ligne, à Heuchelheim.
L'escadron du 5ᵉ chasseurs et l'artillerie, à Wieseck.
La 2ᵉ division viendra s'établir :
Le quartier général, à Giessen.
27ᵉ régiment d'infanterie légère, à Rodheim.
96ᵉ régiment de ligne : à Cros-Dorf et Launsbach.
95ᵉ régiment de ligne, à Wissmar.
L'escadron du 4ᵉ hussards, à Bamsdorff. (?)
Artillerie, à Wissmar.
Le grand parc d'artillerie sera à Marbourg.
Le quartier général de M. le maréchal Bernadotte sera, les 3ᵉ et 4ᵉ jours complémentaires, à Giessen.

M. Otto au maréchal Marmont.

Würtzbourg, le 1ᵉʳ jour complémentaire an XIII
(18 septembre 1805).

L'Empereur a bien voulu me faire instruire de la marche de Votre Excellence sur Mayence. J'ignore, néanmoins, si l'intention de Sa Majesté est que vous passiez en Franconie. Dans cette incertitude, il est de mon devoir, toutefois, de vous informer le plus promptement possible que nos troupes sont attendues avec impatience; que non seulement elles sauveront un corps bavarois de 15,000 à 20,000 hommes, mais qu'elles pourront opérer la diversion la plus importante, si elles arrivent avant que les Russes aient envahi la Bohême. On sait qu'ils se trouvent actuellement à Cracovie et qu'on les attend à Prague vers le 6 vendémiaire (*28 septembre*).

Votre Excellence peut avoir toute confiance dans l'officier qui lui remettra cette lettre. Il est depuis longtemps en Allemagne, et il connaît à fond les localités en Bavière.

Je n'ai pas besoin d'ajouter que si votre destination est en Franconie, il importe de couvrir votre destination du plus profond secret, et de la combiner de manière à venir en grande force. Un petit corps ne servirait qu'à donner de l'inquiétude et à fixer l'attention de l'ennemi.

Je suis très flatté que cette circonstance me procure l'occasion de vous renouveler les assurances de mon dévouement et de ma haute considération.

Otto (1).

Le maréchal Berthier à M. Otto, ministre plénipotentiaire de Sa Majesté l'Empereur, près l'Électeur de Bavière à Würtzbourg.

Paris, le 2e jour complémentaire an xiii (19 septembre 1805).

Je vous préviens, Monsieur, que le général commandant l'artillerie de l'Empereur donne ordre à M. Dessales de se rendre en poste à Würtzbourg, pour y faire confectionner le plus de cartouches possible.

L'Empereur a approuvé le marché pour les chevaux, pour 2,000, au prix de 15 louis pièce, dont 500 à livrer sur-le-champ; il est important que les achats se fassent de suite; les fonds sont faits chez le payeur de la guerre, à Paris; vous pouvez donc tirer des lettres de change sur ce payeur, pour la somme de 180,000 francs, nécessaire au payement des 500 premiers chevaux.

Faites faire des cartouches; il en faut au moins 5 millions.

J'ai donné l'ordre au général Marmont et au maréchal Bernadotte de se diriger sur Würtzbourg avec leurs corps d'armée, forts de 40,000 hommes.

Tous les pays autrichiens et ceux des princes attachés à la Maison d'Autriche seront mis à contribution pour faire vivre l'armée.

Il sera donné des reconnaissances, par les commissaires des guerres des différents corps d'armée, pour tout ce qui sera fourni par le pays bavarois.

L'Empereur me charge de faire connaître à Votre Excellence qu'il est indispensable que le corps de troupes bavarois se range sous les ordres de M. le maréchal Bernadotte; il sera, en

---

(1) Transmis par Marmont à Berthier le 20 septembre.

conséquence, nécessaire que Son Altesse Électorale le fasse reconnaître de ses troupes.

Sa Majesté désire que le corps bavarois soit divisé en autant de divisions qu'il y a de fois six à sept mille hommes, ce qui formera trois divisions d'infanterie présentant 18,000 hommes; il faut également 3,000 hommes de cavalerie, 1500 d'artillerie, sapeurs, etc.; total : 22,500 hommes.

Son Altesse Électorale est maîtresse de désigner un officier pour commander son corps d'armée, ou bien de mettre ses trois divisions sous les ordres directs de M. le maréchal Bernadotte.

Sa Majesté désire que le général qui commandera chacune des divisions du corps bavarois envoie auprès de moi, à Strasbourg, un officier intelligent.

Si l'Électeur confie le commandement de ses divisions à un de ses officiers généraux, il devra aussi envoyer un adjudant commandant près de moi, pour rester au quartier général.

L'Empereur pense que Son Altesse Électorale jugera utile d'envoyer près de lui un officier qui y restera, et qui aura les doubles fonctions de général et de ministre.

Chacune des divisions bavaroises devra avoir 12 pièces de canon attelées, et le parc de réserve sera composé de 12 pièces attelées et approvisionnées.

Indépendamment de la citadelle de Würtzbourg, l'Empereur désire connaître la situation de toutes les autres places; il faut s'occuper sur-le-champ de les armer et de les approvisionner.

Il est indispensable d'établir à Würtzbourg un hôpital pour 500 malades; quant à la garnison de cette place, il faut y laisser les dépôts de l'armée bavaroise, ce qui montera environ à 1000 hommes, nombre suffisant.

S'il est d'autres places plus en avant sur la Rednitz ou sur le Danube, il faut les armer et les approvisionner sans retard.

J'engage Votre Excellence à correspondre avec moi, par courrier extraordinaire, en attendant l'arrivée du maréchal Bernadotte.

Je pense que je serai à Strasbourg vers le 4 vendémiaire (*26 septembre*).

Maréchal Berthier.

Le général Marmont au Ministre de la guerre.

Mayence, le 3e jour complémentaire (20 septembre 1805).

J'ai l'honneur de vous adresser la lettre que je reçois à l'instant de M. Otto. J'ai pensé que les nouvelles qu'elle contient étaient d'une assez haute importance pour ne pas différer un moment de vous la faire parvenir, afin de recevoir promptement les ordres de Sa Majesté.

Mes précédentes lettres ont dû vous faire connaître tous les détails de mon mouvement. Mon armée, sauf le supplément de chevaux d'artillerie que m'a accordé le gouvernement batave, 100 voitures qui me viennent par le Rhin et les 200 chevaux du 2e régiment de dragons batave, sera prête à marcher le 6 vendémiaire (*28 septembre*); mais les chevaux et les voitures peuvent être suppléés en augmentant un peu le nombre des chevaux et des voitures que doivent me fournir les princes de Nassau et de Hesse-Darmstadt; et s'il convient à Sa Majesté de remplacer le 2e régiment de dragons batave et quelques chevaux du 6e de hussards, du 8e de chasseurs, et des autres régiments bataves que la fatigue de la route a forcés de rester en arrière, le 26e régiment de chasseurs, qui est ici, et qui n'appartient à aucun corps d'armée, est prêt à marcher avec 450 hommes montés (1).

Je n'ai pas encore de nouvelles directes du maréchal Bernadotte; mais je sais qu'il a couché, le 30 ou le 1er (*17 ou 18 septembre*) complémentaire, à Cassel.

MARMONT.

Le général Marmont au maréchal Berthier.

Mayence, le 4e jour complémentaire an XIII (21 septembre 1805).

Monsieur le Maréchal,

J'ai reçu les lettres que Votre Excellence m'a fait l'honneur

---

(1) Ce régiment était affecté au 4e corps d'armée.

de m'écrire, en date des 23, 25 et 27 fructidor. Celle du 20 (7 *septembre*) ne m'est pas parvenue. Je vais répondre article par article à tous les objets qu'elles contiennent.

Le 6e régiment de hussards, ainsi que le 8e de chasseurs, vont être organisés à 4 escadrons, ainsi que vous m'en donnez l'ordre; mais cette organisation n'ajoutera rien pour le moment au nombre d'hommes à cheval, attendu que j'avais fait mettre, aux trois premiers, tous les chevaux disponibles. Vous pouvez vous en convaincre par l'état de situation par lequel vous verrez qu'il n'y en a, aux dépôts de ces régiments, à l'un que 33, et à l'autre 34. J'ai donné l'ordre d'envoyer les chevaux de remonte immédiatement après qu'ils seraient équipés, et je vais le réitérer. Les colonels ont envoyé acheter partout des chevaux.

Les bataillons de guerre des 11e, 18e et 35e régiments, ont pris avec eux tous les hommes disponibles aux troisièmes et quatrièmes bataillons, mais ils n'ont pu être portés au nombre voulu par Sa Majesté. Il ne reste dans ces bataillons que vingt ou trente ouvriers, des hommes proposés pour la retraite ou la réforme, et des conscrits arrivés depuis quinze jours ou un mois, et qui ne sont encore ni habillés ni instruits.

J'ai donné l'ordre de faire rejoindre, par détachements de 50 hommes, ces conscrits, à mesure qu'ils seront habillés et qu'ils sauront un peu le maniement d'armes : ainsi, les intentions de Sa Majesté seront remplies autant que possible. J'ignore le moment précis du départ de ces détachements ; aussitôt que j'en serai prévenu, j'aurai l'honneur de vous en rendre compte.

Vous m'avez mandé que Sa Majesté voulait que les hussards et les dragons bataves fussent complétés à 300 chevaux. Votre Excellence aura vu, par les lettres que je lui ai écrites, que je les avais fait mettre à 400.

J'emmènerai avec moi, ainsi que vous me le prescrivez, le plus d'artillerie et de munitions qu'il sera possible. Je hâte, par tous les moyens humains, l'arrivée de 13 bâtiments, remontant le Rhin, qui m'apportent des voitures et des munitions ; et indépendamment de cela, j'en fais confectionner le plus possible ici. Je crois être certain, grâce aux moyens de transport que vous m'annoncez devoir m'être fournis par les princes de

Nassau et de Darmstadt, que, quelque consommation que nous en fassions, nous n'en manquerons pas.

Vous apprendrez sans doute avec plaisir que mon corps d'armée arrivera ici deux jours plus tôt que ne le porte le tableau de mouvement que je vous ai adressé, et un jour plus tôt que ne le porte l'itinéraire que vous m'aviez donné primitivement. J'ai fait passer mes troupes par la nouvelle route du Rhin. Elles y gagnent deux marches, et quoiqu'il n'y ait pas d'étapes, j'ai trouvé assez facilement le moyen d'assurer leur subsistance.

J'aurai demain ici quelques canonniers, et dans deux jours j'en aurai 300. J'espère que dans cinq jours, il y aura 100 pièces de canons en batterie sur les remparts de Mayence.

Dans la marche de mes troupes jusqu'à Coblenz, je n'ai eu dans mes 13 bataillons français que 9 déserteurs. J'ignore encore si les Bataves en ont eu ; mais je crois pouvoir espérer au moins que le nombre en sera extrêmement petit.

J'ai envoyé à Würtzbourg et à Nuremberg un officier très intelligent, et qui m'enverra par un courrier les renseignements qu'il aura obtenus. Je vous les adresserai immédiatement par courrier. En attendant, les nouvelles de Francfort sont que les Autrichiens sont maintenant en possession de toute la Bavière, et qu'une armée russe de 80,000 ou 100,000 hommes est en Moravie. Il est parti de Francfort, il y a peu de jours, une colonne de recrues pour la Bohême. Elle emmenait avec elle les agents que l'Autriche entretenait dans cette ville. Je vous envoie, à telle fin que de raison, les gazettes de Francfort d'hier et d'avant hier.

Je prie Votre Excellence.....

MARMONT.

P.-S. — Je reçois à l'instant votre lettre du 20. Je ne vois d'autre moyen de remplir complètement les intentions de l'Empereur, que de faire venir à Mayence les dépôts du 6⁰ régiment de hussards et du 8⁰ régiment de chasseurs ; et je vais en donner l'ordre. Si vous n'approuviez pas cette mesure, j'aurais le temps encore de recevoir une lettre de vous, et de faire parvenir un contre-ordre avant qu'ils soient en route.

1ᵉʳ CORPS D'ARMÉE.

Ordre de marche du 5ᵉ jour complémentaire.

Giessen, 4ᵉ jour complémentaire.

La division de cavalerie partira demain, de 4 à 5 heures du matin, et se portera à Friedberg, où elle pourra cantonner dans le rayon d'une demi-lieue ou d'une lieue au plus.

Le 2ᵉ régiment de hussards, qui est aujourd'hui à Butzbach, ne s'arrêtera point à Friedberg, et continuera sa route jusqu'à Bergen, où il cantonnera en attendant de nouveaux ordres.

Les deux divisions d'infanterie se mettront en marche demain, à 4 heures du matin. Les régiments partiront de leurs camps respectifs sans s'attendre l'un l'autre et se porteront à Butzbach. C'est en avant de cette ville que les généraux de division réuniront leurs troupes et les formeront en bataille.

L'adjudant commandant Maison se rendra à l'avance sur le terrain, pour indiquer l'emplacement que le camp doit occuper.

L'artillerie attachée aux divisions suivra les régiments qui sont cantonnés les plus près d'elle.

M. le Maréchal étant dans l'intention de passer en revue les deux divisions d'infanterie à leur arrivée au camp, les troupes devront être rendues à Butzbach à midi.

L'artillerie des divisions sera placée en avant du front de bandière. Les administrations et ambulances de ces divisions seront campées derrière elles.

Le grand quartier général sera établi à Butzbach, ainsi que ceux des généraux de division.

Le grand parc d'artillerie séjournera le 5ᵉ jour complémentaire et le 1ᵉʳ vendémiaire en avant de Giessen. Il en partira le 2 vendémiaire pour venir à Friedberg, d'où il se rendra, le lendemain 3, à Höchst-sur-le-Mein, entre Francfort et Mayence.

Le général Marmont au maréchal Berthier.

Mayence, 5ᵉ jour complémentaire an xiii (22 septembre 1805).

Monsieur le Maréchal,

J'ai l'honneur de vous prévenir que mes deux premières divisions sont arrivées ici. La troisième sera demain dans ses cantonnements. J'ai fait arriver nuit et jour ici des canonniers pour exécuter l'armement de la place avec promptitude et pour confectionner les munitions. Ce dernier travail ne serait pas nécessaire si j'avais la certitude de l'arrivée prochaine des approvisionnements qui viennent par le Rhin; mais à telle fin que de raison je le fais exécuter, et si ces munitions ne nous servent pas, elles serviront à d'autres.

Voici les renseignements que M. Otto vient de me faire passer.

Trois bataillons de Gemmingen sont partis de Prague le 28 fructidor (*15 septembre*) pour se rendre à Straubing; on suppose que ces trois bataillons doivent joindre la colonne autrichienne qui est partie de Linz, et suivre les bords du Danube.

Les cinq divisions qui ont traversé la Bavière sont :

La 1ʳᵉ, Kleneau, composée des régiments de Kollowrath, Riesch et Manfredini, infanterie; — Merfeld et Kleneau, cavalerie. Elle arrivera le 4ᵉ jour complémentaire (*21 septembre*) à Memmingen et Mindelheim;

La 2ᵉ, Gottesheim, composée des régiments de Frölich, Maximilien et Rénier, infanterie; — Rosemberg et Hohenlohe, cavalerie. Elle arrivera le 4ᵉ jour complémentaire à Günzbourg et Ulm;

La 3ᵉ, Riesch, composée des régiments de Reuss-Plauen, Kaunitz et Reuss-Greitz, infanterie. — Schwartzemberg uhlans et Albert cuirassiers. Elle sera le 5ᵉ complémentaire (*22 septembre*) à Landsberg, en Bavière;

La 4ᵉ, Kienmayer, composée des régiments de Stuart, Erbach et Colleredo infanterie, — des hussards palatins et des chevau-légers de Latour. Elle sera rendue à Augsbourg vers le 3 vendémiaire (*25 septembre*);

La 5ᵉ, Giulay, composée des régiments de Wurtemberg et Jellachich, infanterie, — des cuirassiers de Mack et des hussards de Lichtenstein. Elle sera à Landsberg, en Bavière, vers le 4 vendémiaire (*26 septembre*).

Je prie Votre Excellence de recevoir l'assurance.....

MARMONT.

En note : *Remis au chef de bataillon Blein.*

Le général Marmont au maréchal Berthier.

Mayence, 5ᵉ jour complémentaire an XIII (22 septembre 1805).

Monsieur le Maréchal,

Votre aide de camp Lagrange arrive à l'instant et me remet la dépêche dont Votre Excellence l'a chargé pour moi.

Mes troupes vont se mettre en mouvement.

Afin de donner un peu de repos à chacune de mes divisions, elles partiront successivement et se suivront à une demi-marche. La dernière se mettra en route le 4 (*26 septembre*). Il y a cinq journées de marche d'ici Würtzbourg ; ainsi mon armée y sera réunie le 8 (*30 septembre*), ainsi que vous m'en donnez l'ordre.

Je n'ai d'autres moyens de faire vivre mes troupes que de demander des subsistances au pays que je vais parcourir, et je vais les faire commander.

Les princes de Nassau et de Darmstadt ne m'ont envoyé aucune voiture ; je vais leur faire demander celles qu'ils doivent me fournir.

L'artillerie que j'attends par le Rhin ne sera pas arrivée et le mouvement précipité de l'armée met obstacle à ce que les munitions que je fais confectionner ici soient prêtes. Je ferai comme je pourrai pour en avoir une partie ; le reste suivra le plus promptement possible.

Je prie Votre Excellence de recevoir l'assurance.....

MARMONT.

1ᵉʳ CORPS D'ARMÉE.

Ordre de marche du 1ᵉʳ vendémiaire an XIV.

Butzbach, 5ᵉ jour complémentaire.

La division de cavalerie se mettra en marche à 4 heures du matin, et ira cantonner le même jour à Langendiebach et dans le rayon d'une demi-lieue ne dépassant pas la rivière Kinzig.

Le 2ᵉ régiment de hussards, qui est à Bergen, y fera séjour.

La 1ʳᵉ division se mettra en marche à 4 heures du matin et campera en arrière ou en avant de Windecken. L'adjudant-commandant de la division ira reconnaître l'emplacement.

La 2ᵉ division se mettra en marche à la même heure que la 1ʳᵉ, et campera à Assenheim. L'adjudant-commandant de cette division se rendra à l'avance sur le terrain, pour reconnaître l'emplacement.

L'artillerie des divisions sera placée en avant du front de bandière du camp de chaque division. Les 2 escadrons attachés à ces divisions pourront cantonner dans le lieu où le général de division établira son quartier général.

Les administrations et ambulances attachées à ces divisions seront campées en arrière de la ligne ; celles attachées au grand quartier général seront cantonnées à Kaichen.

Le grand quartier général sera établi à Windecken.

Le maréchal Bernadotte à l'Empereur.

Au quartier général de Windecken, le 1ᵉʳ vendémiaire an XIV
(23 septembre 1805).

Sire,

J'ai déjà rendu compte au Ministre de la guerre de mon départ de Hanovre et de mon passage à Cassel ; je prends aujourd'hui la liberté d'informer directement Votre Majesté, des avis que je viens de recevoir de Würtzbourg, de Nuremberg, de Munich.

Le général Mack vient de détacher 20,000 hommes pour se porter en Franconie par Neubourg ; 25,000 hommes doivent attaquer le corps bavarois qui se trouve posté à Amberg dans le Haut-Palatinat. Les Russes ont dépassé Cracovie et sont attendus à

Prague vers le 6 vendémiaire (*28 septembre*). Ils ont l'ordre de se joindre au corps autrichien qui doit entrer en Franconie ; cette armée est destinée à se porter entre Mayence et Mannheim ; 75,000 hommes doivent être rendus maintenant sur l'Iller.

Une estafette arrivée le 29 (*16 septembre*) au soir à Hambourg a annoncé que les Russes étaient en vue devant Stralsund, et le 30 (*17 septembre*) on affirmait que 15,000 avaient débarqué à l'île de Rugen.

L'on me mande que le bruit qui s'est répandu à Würtzbourg de notre arrivée a fait une impression désagréable sur la cour électorale et sur les habitants. Ces derniers se plaignent beaucoup de M. de Montgelas ; l'Électeur parait chanceler dans la résolution de maintenir son alliance avec Votre Majesté. M. Otto vient de me mander, à mon grand étonnement, qu'il était très essentiel que les personnes que j'enverrais en avant pour assurer les vivres fussent déguisées.

J'ai cru de mon devoir, Sire, de ne pas tarder à vous faire part de tous mes renseignements.

M. Otto m'écrit aussi qu'il a appris que le général Marmont a l'ordre de coopérer avec moi. Je n'ai encore reçu aucun avis à ce sujet ; si cela est, Sire, il est bien instant que j'en sois instruit, afin que ce corps d'armée puisse agir de concert avec les troupes que je commande.

La guerre n'étant pas encore déclarée, malgré les agressions et les hostilités des Autrichiens, je supplie Votre Majesté d'ordonner que ses instructions me parviennent, afin que je puisse les remplir avec toute l'étendue de mes facultés.

D'après ma dernière dépêche, le Ministre de la guerre a pu informer Votre Majesté que l'Électeur de Hesse avait accordé une ligne d'étape par ses États ; la convention était signée ; elle devait être ratifiée par l'Électeur ; mais S. A. vient de se rétracter à la suite des représentations de l'envoyé d'Autriche ; M. Bignon me marque qu'on ne veut plus accorder le passage que pour huit jours. J'écris à S. A., je lui représente qu'elle avait accordé le passage pour trente-cinq jours, que j'ai compté là-dessus et que mes convois arrivent ; je le préviens, au reste, que Votre Majesté a été instruite du premier arrangement et qu'il ne me parait pas possible de pouvoir le changer. J'espère que ces observations produiront quelque effet sur l'esprit de l'Électeur. S'il en était autrement, je serais très embarrassé puisqu'alors il ne me resterait plus de communication avec le Hanovre et que je serais privé de recevoir les chevaux levés et encore beaucoup de munitions.

Permettez-moi, Sire, de vous exposer la position délicate où je me trouve ; sans argent et sans fournisseur, dans un pays neutre, je suis obligé de pourvoir à tous les besoins de votre armée. Je prie donc Votre Majesté d'ordonner qu'il soit fait des fonds pour l'entretien des troupes que je commande, ou que l'ordonnateur en chef soit autorisé à tirer sur le Trésor public.

Avant mon départ de Hanovre, j'ai levé trois cents chevaux pour l'artillerie, six cents pour la cavalerie et deux cents pour les transports ; les corps ont grand besoin de fonds pour l'équipement.

A l'instant où j'allais terminer ma dépêche, un officier que j'avais envoyé à Würtzbourg est arrivé ; il m'a rapporté les faits suivants :

« Depuis l'arrivée d'un officier envoyé par le général Marmont
« pour demander une entrevue à l'Électeur, ce prince paraît fort
« inquiet ; les renseignements qui lui ont été fournis par l'offi-
« cier sur l'armée de Hollande ne s'accordent pas, dit-il, avec
« les espérances qu'on lui avait données. Mon envoyé n'a point
« vu l'Électeur et a tenu son arrivée secrète ; mais il a appris
« que le matin même du jour de son arrivée, le ministre d'Au-
« triche près la cour de Munich avait présenté à l'Électeur une
« lettre de son souverain, pour lui proposer de s'attacher à la
« cause de l'empereur d'Autriche, lui offrant, en cas qu'il accep-
« tât, le titre de Roi et la ville de Salzbourg. Les propositions de
« l'empereur d'Autriche ont ébranlé l'Électeur ; il est dans un
« état d'incertitude d'où une armée française de trente ou trente-
« cinq mille hommes peut seule le retirer ; l'Électeur a répondu
« aux propositions de l'empereur d'Autriche, qu'il ne demandait
« que sa neutralité, et tout paraît faire croire que l'Autriche
« penche pour la lui accorder. »

L'Électeur est très gêné ; il a à peine de quoi entretenir ses troupes pendant six semaines.

Je prie Votre Majesté de vouloir bien me permettre de lui renouveler l'hommage.....

BERNADOTTE.

Un avis que je viens de recevoir m'annonce qu'il se prépare une expédition considérable de troupes anglaises et étrangères destinées à débarquer sur les côtes de France.

On paraît désigner le point de débarquement entre la Somme et l'Escaut, et aussi vers l'embouchure de la Charente.

BERNADOTTE.

1er CORPS D'ARMÉE.

Ordre de marche du 2 vendémiaire.

Berghen, 1er vendémiaire an XIV.

La 2e division, qui est campée à Assenheim, partira à 5 heures du matin, pour être rendue à Windecken de bonne heure, et y prendra position à la gauche de la 1re division qui y est déjà campée.

Les généraux commandant ces divisions donneront les ordres nécessaires pour que le soldat ait le temps de faire la soupe et être à même de se mettre en marche vers midi, heure à laquelle les généraux recevront des ordres ultérieurs.

La division de cavalerie devra être rassemblée pour midi à Langendiebach et, comme les autres divisions, être prête à se mettre en marche.

Second ordre de marche du 2 vendémiaire.

Windecken, 2 vendémiaire.

Le général Kellermann, commandant la cavalerie, partira aujourd'hui à midi, avec sa troupe, pour aller bivouaquer à Orb. Le 2e régiment de hussards recevra l'ordre direct du chef de l'état-major général, pour rejoindre sa division; il va à Meerholtz.

Trois compagnies de grenadiers de la 1re division seront mises à la disposition du général Kellermann, et il les fera bivouaquer en avant de la cavalerie.

Le général Rivaud se mettra en marche avec sa division, à

midi, et se portera en avant de Gelnhausen, où il s'établira et se gardera militairement.

Le général Drouet partira avec sa division une heure après le général Rivaud, suivra la même route que lui et se portera en arrière de Gelnhausen.

Les administrations de l'armée et les parcs des divisions se rendront à Langenselbold.

Le grand parc d'artillerie viendra à Windecken, au lieu d'aller à Höchst.

Le grand quartier général sera à Höchst, sur la Kinzig.

L'Électeur de Bavière au maréchal Bernadotte.

Würtzbourg, 2 vendémiaire an xiv (24 septembre 1805).

Monsieur le Maréchal,

J'ai pris sur-le-champ les mesures pour organiser mon armée d'après le plan que vous m'avez communiqué par votre lettre du 2º jour complémentaire an xiii (*19 septembre*). Elle sera composée de 30 bataillons d'infanterie; chaque bataillon de 620 armes à feu, de 24 escadrons de 90 à 100 chevaux, 1200 artilleurs avec le nombre de pièces que vous avez indiqué, tant pour le service effectif que pour la réserve; je n'ai pas de sapeurs. Elle sera divisée en 6 brigades, aux ordres d'autant de généraux-majors. Le lieutenant général de Deroy commandera en chef; il aura sous lui le lieutenant général de Wrède. Le premier enverra sur-le-champ, auprès de vous le major Docel, et le général de Wrède le sieur d'Aubert, de l'état-major de l'armée. Le capitaine Commeau, de l'artillerie, se rendra en même temps auprès des généraux commandant le génie et l'artillerie de Sa Majesté Impériale et Royale. Il est impossible que ces officiers puissent être rendus à leur destination pour le 24, vu les distances, mais il ne sera apporté aucun retard à leur départ.

Les 5 millions de cartouches seront confectionnés ici; on y établira aussi les dépôts de mon armée; comme ils monteront bien au delà de 1000 hommes, je ferai distribuer le surplus dans les différentes villes en Franconie.

Il ne me reste qu'un vœu à former, c'est que la marche du maréchal Bernadotte et du général Marmont puisse être accélérée autant que leur situation et la fatigue des troupes le permettront.

Les forces imposantes que déploie la Maison d'Autriche rendent la célérité indispensable; il serait facile qu'un corps considérable détaché sur le Danube compromît tellement la sûreté de notre position, que nous fussions obligés d'évacuer le Haut-Palatinat.

Recevez.....

MAXIMILIEN-JOSEPH.

1ᵉʳ CORPS D'ARMÉE.

Ordre de marche du 3 vendémiaire.

Höchst, 3 vendémiaire.

Le général Kellermann partira, au reçu du présent ordre, avec sa division, pour se rendre à Schlüchtern, où il prendra poste militairement. Il pourra placer de la cavalerie dans les villages, dans un rayon d'un quart ou d'une demi-lieue au plus.

Le général Rivaud partira avec sa division à 10 heures précises, pour se rendre à Steinau, en suivant la grand'route, et passant par Salmunster. Il fera connaître un emplacement près de ce bourg, et le plus près du bois qu'il sera possible, pour y établir sa division.

Le général Drouet partira à 11 heures, suivra la même route que le général Rivaud pour se rendre à Steinau. Il placera sa division en avant de celle du général Rivaud.

La distance de Gelnhausen à Steinau n'étant que de 6 lieues, les troupes doivent être rendues à 6 heures du soir sur leur emplacement, afin de pouvoir s'y établir et faire la soupe.

Le grand quartier général s'établira à Nieder-Zell.

Les administrations de l'armée resteront à Salmünster.

Guillaume, Électeur de Hesse, au maréchal Bernadotte.

Wilhelmshöhe, 3 vendémiaire an XIV (25 septembre 1805).

Monsieur le Maréchal,

J'ai reçu la lettre que Votre Excellence m'a adressée de Butzbach, par son aide de camp le sieur Chalopin (1). Votre Excellence me ferait grand tort si Elle voulait attribuer le changement de route que j'ai substitué à celle de Witzenhausen, à un changement des sentiments que je vous ai témoignés ici et que je conserverai toujours pour votre personne et les grandes et belles qualités qui vous distinguent. En adoptant la grand'-route, d'ici à Francfort, je procurais à ceux qui devaient encore suivre votre armée des chemins plus commodes et plus sûrs, avantage que la route de Witzenhausen n'a pas, ainsi que la facilité de trouver des vivres qui manquent à l'autre route. Les dispositions pour les prix et les payements restant les mêmes, j'espère que Votre Excellence verra cette ligne d'étapes sous un tout autre jour que celui où on la lui aura représentée, et qu'Elle rendra justice aux motifs qui me l'ont fait déterminer de cette manière.

La durée du passage de cette ligne est le point qui doit m'embarrasser le plus ; je viens d'accéder, comme Votre Excellence sait, à la convention de neutralité que Sa Majesté Prussienne m'a proposée. Comment pourrais-je concilier avec un pareil traité le passage de troupes et effets se rendant auprès d'une armée qui ne retourne pas en France, ainsi que la réquisition faite par M. Bignon le portait, mais qui, par le fait, a déjà passé le Rhin et se prépare à passer aussi le Main pour marcher contre l'Autriche ?

La déclaration que Sa Majesté l'Empereur des Français a fait faire par son chargé d'affaires à la diète de Ratisbonne, M. Bacher, imprimée de même dans le *Moniteur* du 11 septembre, constitue, par le fait, un état de guerre entre la France et l'Autriche.

Ne serait-ce pas aussi compromettre cette neutralité en pro-

---

(1) Chef d'escadron.

longeant plus longtemps une permission dont le ministre d'Autriche à ma cour, absent dans ce moment, mais revenant à la fin du mois et instruit du système de neutralité que j'ai embrassé, ne manquerait pas de me faire observer l'incongruité dans les circonstances présentes ?

Je me flatte que Votre Excellence, en voulant bien examiner la position difficile où je me trouve, verra, dans ma manière d'agir, cette bonne foi et cette loyauté qui ne m'abandonneront jamais et qui seront les garants les plus sûrs de mes intentions amicales envers Sa Majesté l'Empereur et ses armées.

Veuillez, en même temps, agréer, Monsieur le Maréchal.....

Guillaume, Électeur.

1er CORPS D'ARMÉE.

Ordre de marche des 4 et 5 vendémiaire.

Nieder-Zeil, 3 vendémiaire.

Le général Drouet partira demain 4, à 5 heures 1/2 ou 6 heures du matin au plus tard, pour se rendre entre Neu-Wirtzshaus et Ob.-Erthal, sur la route de Hammelbourg.

Il passera par Alt-Gronau, Rossbach, Waitzenbach et Delter, entrera dans la grand'route de Brückenau à Hammelbourg, tournera à droite et continuera sa marche jusqu'à ce qu'il soit arrivé à la position ci-dessus indiquée.

Le général Rivaud partira à 7 heures du matin, suivra la même route que le général Drouet jusqu'à Detter, où il s'arrêtera et bivouaquera, ses troupes dans les bois, entre Weisbach et Detter.

Les généraux Drouet et Rivaud auront le plus grand soin de se procurer des guides du pays, afin d'éviter de s'égarer dans la route, ce qui serait à craindre, principalement depuis Steinau jusqu'à Alten-Gronau.

Les chemins par lesquels les divisions doivent passer étant naturellement difficiles, les généraux Drouet et Rivaud enverront leur artillerie, tous leurs caissons et généralement tous les bagages, par la route de Schlüchtern à Brückenau, en passant par Herlholz, Sannerz, Worpels, Möttgers, près la fabrique, Zeitlofs, les bains de Sauerbrunnen et Brückenau, pour de là joindre la grand'route qui conduit à Hammelbourg.

L'artillerie et les bagages coucheront à Brückenau demain, 4 vendémiaire. Il sera attaché une compagnie de grenadiers par division pour leur escorte. Les chefs de ces compagnies seront sous les ordres, dans chaque division, du commandant d'artillerie, qui sera spécialement chargé de les conduire.

M. Prestat, ingénieur géographe, se trouvera à Schülchtern. pour diriger les convois par la meilleure route qui conduit de là à Brückenau, en passant par Zeitlofs.

Le 5, à 4 heures du matin, le général Drouet se mettra en marche, passera la Saal à Hammelbourg et viendra s'établir en avant de Gramschatz, et dans les bois entre Saint-Westz et Reztsatt. Il enverra un détachement sur la route de Schweinfurt, à deux lieues de son camp.

Le général Rivaud partira à 4 heures du matin le 5, suivra la même route que le général Drouet, et ira se placer à sa droite.

Les deux généraux recevront là de nouveaux ordres.

L'artillerie et les bagages des deux divisions seront rendus le 5, à 4 heures du soir au plus tard, à leurs divisions respectives.

Les généraux Rivaud et Drouet sont prévenus que le général Kellermann sera demain soir à Hammelbourg, et après-demain, sur les hauteurs de Würtzbourg, d'où il enverra des postes sur Kiltzingen et Dettelbach.

Le quartier général de l'armée sera établi, le 4, à Hammelbourg.

Le général Marmont au maréchal Berthier.

Mayence, 4 vendémiaire an XIV (26 septembre 1805).

Monsieur le Maréchal,

Je reçois votre lettre du 1ᵉʳ vendémiaire (*23 septembre*). J'ai reçu, postérieurement à la lettre que j'ai eu l'honneur de vous écrire le 3ᵉ complémentaire (*20 septembre*), les ordres qui m'ont été apportés par votre aide de camp Lagrange ; et je me suis mis en mesure sur-le-champ de les exécuter.

Ma 3ᵉ division est partie ce matin. J'espère que le reste de mon artillerie partira dans la journée et que toute mon armée sera réunie le 9 (*1ᵉʳ octobre*) à Würtzbourg. Les deux premières divisions, avec leur artillerie et leur cavalerie, y seront réunies le 8 (*30 septembre*). Il a fallu ainsi marcher par division pour, en arrivant promptement, donner aux deux dernières quelques instants de repos et pour qu'il ait été possible d'organiser l'artillerie des divisions.

Je pars demain matin et rejoindrai dans la journée la première division au delà d'Aschaffenbourg.

J'ai envoyé un officier à Darmstadt pour s'informer de l'époque où je recevrai les 4,000 hommes et les voitures que le Landgrave doit fournir.

Ces 4,000 hommes ne sont pas rassemblés et le Prince ne paraît guère disposé à les donner. Il prétexte également de grandes difficultés pour trouver des chevaux et m'en fait donner en tout cent vingt.

Toutes les nouvelles d'Allemagne que j'ai reçues apprennent que toutes les dispositions qui sont faites annoncent que les Russes se porteront de Prague à Linz sur le Danube, et que les Autrichiens marchent sur Stockach.

Le passage rapide de mon armée a rendu impossible de s'occuper de l'armement de Mayence. Il est nécessaire que vous y envoyiez des canonniers si vous voulez que cet armement s'exécute.

Il y aura demain 1000 ouvriers employés à fortifier Cassel.

MARMONT.

1ᵉʳ CORPS D'ARMÉE.
Ordre de marche du 5 vendémiaire.

Hammelbourg, vendredi 4.

D'après de nouvelles dispositions arrêtées par M. le Maréchal, la 1ʳᵉ division, commandée par le général Rivaud, devra partir de son camp demain 5, à 7 heures du matin, pour aller cantonner : la tête de la division à Arnstein, et le dernier régiment à Hammelbourg, en s'étendant une demi-lieue sur les côtes. L'artillerie de la division et l'escadron de cavalerie qui y sont attachés, ainsi que son quartier général, seront établis à Arnstein.

La 2ᵉ division, commandée par le général Drouet, partira à 8 heures du matin pour aller cantonner à Karlstadt sur le Mein. La gauche se prolongeant sur le Bouland ou Boudeland-Bonnlaud, près Hammelbourg, donnant à cette ligne une demi-lieue de profondeur pour les cantonnements que les troupes occuperont. Son quartier général sera établi à Karlstadt ; c'est dans cette dernière ville où l'artillerie et la cavalerie de la division pourront être le mieux cantonnées.

Les 2 divisions d'infanterie auront séjour le 6 dans leurs cantonnements.

La division de cavalerie partira de ses cantonnements à 6 heures du matin pour aller cantonner à Werneck et Dettelbach.

Le 6, les régiments cantonnés à Werneck et environs, en partiront pour se rendre à Dettelbach, et ceux qui seront dans cette ville se porteront le même jour à Kitzingen où ils recevront de nouveaux ordres.

Le général Kellermann placera son artillerie et son quartier général à Dettelbach et Kitzingen.

Le grand parc d'artillerie se rendra le 7 à Hammelbourg.

Le grand quartier général sera, demain 5, à Gramschatz ; les administrations de l'armée devront s'y rendre.

L'armée est prévenue qu'elle recevra de nouveaux ordres pour exécuter un mouvement le 7, de grand matin.

L'Empereur à M. Helflinger.

Strasbourg, 6 vendémiaire an XIV (28 septembre 1805).

Le prince de Darmstadt n'a point envoyé au général Marmont les 4,000 hommes qu'il avait promis ; j'ai lieu d'être surpris de cette conduite d'une Maison qui a toujours témoigné tant d'attachement à la France. Faites qu'il les envoie à Mergentheim. Le ministre de la guerre écrit dans ce sens au Prince.

NAPOLÉON (1).

---

(1) *Correspondance de Napoléon*, n° 9278.

Relation des mouvements du corps d'armée de la Bavière attaché au premier corps de la Grande Armée impériale française sous le commandement de Son Excellence M. le maréchal d'Empire Bernadotte.

Du 8 septembre au 31 décembre 1805.

En Bavière, on n'eut pas le moindre soupçon qu'une guerre puisse éclater, même lorsqu'une forte armée autrichienne se rassembla près de Wels, en Autriche; on était tellement persuadé qu'elle n'avait aucunes vues hostiles sur la Bavière qu'on y resta dans la plus grande sécurité. La plus grande partie des soldats se trouvaient depuis l'exercice du printemps en semestre, comme cela se pratique toujours en temps de paix, lorsque inopinément le prince de Schwarzenberg arriva à Munich pour proposer de la part de Sa Majesté l'Empereur d'Autriche à Son Altesse Sérénissime Électorale de s'allier avec une coalition qui s'était formée contre la France et que, sans laisser le temps à ce souverain de réfléchir sur un objet de si haute importance, les troupes autrichiennes entrèrent en Bavière par Braunau et Schärding; ce fut le 8 septembre qu'on en eut avis à Munich, et on n'eut que le temps d'envoyer par courrier l'ordre aux régiments, dans les différentes garnisons, de se rendre tels qu'ils se trouvaient à Amberg et de tâcher de faire connaître comme ils pourraient aux gens en semestre de venir les y joindre. Suivant que les régiments avaient reçu les ordres, et en proportion de l'éloignement des garnisons jusqu'à Amberg, les régiments y arrivèrent et, du 11 au 16 septembre, les troupes qui avaient leurs garnisons en Bavière et dans le Haut-Palatinat étaient rassemblées près d'Amberg, sous le commandement du lieutenant général de Déroy, excepté cependant les gens qui avaient été en semestre qui n'y arrivèrent que successivement. Les troupes qui se trouvaient en garnison en Souabe se rassemblèrent sous le commandement du lieutenant général baron de Wrède près d'Ulm, et ceux de la Franconie attendirent des ordres ultérieurs dans leurs garnisons.

Le corps près d'Amberg était composé des 1er, 2e, 4e, 5e, 6e, 8e et 10e régiments de ligne, des 1er, 3e et 4e bataillons d'infanterie légère, des 1er et 2e régiments de dragons et 1er régiment de chevau-légers, formant un corps de 16,500 hommes.

Le corps qui se rassembla en Souabe était composé des 3e

et 7ᵉ régiments de ligne, des 2ᵉ et 6ᵉ bataillons d'infanterie légère et du 2ᵉ régiment des chevau-légers, formant 6,000 hommes.

Les troupes en Franconie étaient : les 9ᵉ et 12ᵉ régiments de ligne, le 5ᵉ bataillon d'infanterie légère, les 3ᵉ et 4ᵉ régiments de chevau-légers, formant 4,500 hommes.

Le 11ᵉ régiment de ligne, se trouvant à Dusseldorff, n'a pas été mis en ligne de compte.

La célérité avec laquelle les régiments, qui n'avaient été prévenus de rien, se rendirent au lieu du rassemblement, mais plus que cela, l'empressement que mirent à rejoindre les soldats, dont un grand nombre n'avait point eu d'avis direct, mais n'apprirent la réunion des troupes que par hasard et par un bruit sourd qui s'en répandit dans le pays, le zèle des gens du pays qui accoururent de toutes parts avec leur charroi pour aider le transport des ustensiles de guerre, prouva, du premier moment, l'esprit dont la nation est animée, et ce qu'on pouvait espérer des troupes.

Les troupes cantonnèrent à Amberg et dans les environs.

An XIII, 5ᵉ complémentaire, le 22 septembre. — Une partie prit une position à Nabourg, Schwarzenfeld et Schwandorf, pour observer la marche de quelques régiments autrichiens qui, de la Bohème, entrèrent près de Waldmünchen dans le Haut-Palatinat, pour se rendre par Cham à Straubing ; comme la guerre n'était pas encore déclarée entre l'Autriche et la Bavière, et qu'en outre l'armée française se trouvait encore trop éloignée, on évita tout engagement.

An XIV, 3 vendémiaire (25 septembre). — Le corps se rassembla au Neubau, près de Seelzbach, pour, de là, marcher en Franconie et se rapprocher de l'armée française, dont le premier corps s'avança sur Würtzbourg.

4 vendémiaire (26 septembre). — Le corps marcha à Hersbruck, où s'établit le quartier général, avec la plus grande partie des troupes ; les autres cantonnèrent dans les villages d'alentour.

5 vendémiaire (27 septembre). — A Schneiltag.

6 vendémiaire (28 septembre). — Une partie du corps se rendit à Neukvich au Braud.

7 vendémiaire (29 septembre). — Le quartier général, avec le reste des troupes, marcha à Neukirch.

8 vendémiaire (30 septembre). — A Forchheim.

9 vendémiaire (1ᵉʳ octobre). — A Bamberg. Le corps reçut l'ordre de Son Altesse Sérénissime Électeur que ses troupes feraient partie de la Grande Armée impériale française, et seraient attachées au premier corps de ladite armée, sous les ordres de M. le maréchal de l'Empire Bernadotte.

Les régiments se formèrent sur le pied de guerre. L'armée bavaroise fut divisée en six brigades, sous le commandement des brigadiers : Mutius comte de Minucci, baron de Karg, comte Marsigli, comte Mezzanelli, Siebein et François comte de Minucci. Le lieutenant général de Deroy fut déclaré général en chef du corps bavarois, et le lieutenant général baron de Wrède, en second.....

Journal du corps bavarois, commandé par Son Excellence le lieutenant général baron de Wrède, chef de l'avant-garde, depuis sa formation en Souabe pour la campagne de 1805 jusqu'au passage du Danube à Mautern, où ce général fut chargé du commandement de toutes les troupes bavaroises.

Du 7 septembre au 15 novembre 1805.

Corps d'armée bavarois. — Le corps d'armée bavarois est destiné à former une partie du premier corps de la Grande Armée de Sa Majesté Impériale et Royale de France et d'Italie, aux ordres de Son Excellence M. le maréchal d'Empire Bernadotte.

Ce corps est composé de six brigades, commandées en chef par Son Excellence le lieutenant général de Deroy, et en second, par le lieutenant général baron de Wrède.

Chaque brigade est composée de deux régiments d'infanterie de ligne, d'un bataillon d'infanterie légère et d'un régiment de cavalerie. Ces brigades ne se sont formées qu'en Franconie, lorsque le rapprochement des troupes le permit : dès qu'on sera arrivé à cette époque, on y placera le tableau de la composition et de la formation du corps entier.

Cependant, le corps de l'inspection de Souabe du lieutenant général baron de Wrède qu'il conduisit en Franconie, était composé des forces suivantes :

	Hommes.
Le 3e régiment d'infanterie de ligne, en garnison à Ulm	1858
Le 7e régiment d'infanterie de ligne, en garnison à Neubourg	1696
Le 2e bataillon d'infanterie légère, en garnison à Kempten	956
Le 6e bataillon d'infanterie légère, en garnison à Dillingen	932
Le 2e régiment de chevau-légers, en garnison à Ulm et à Memmingen	777 (365 ch^x).
Artillerie	88

19 canons, pièces de campagne.
2 obusiers.
Chef-lieu de l'inspection : Ulm.
Total des hommes combattants : 6,307 et des chevaux : 365.

Préparatifs de campagne. — Un ordre électoral, daté de Munich du 7 septembre, voulut que les troupes que l'on vient de désigner fussent incessamment mises en mouvement par le lieutenant général baron de Wrède, lequel devait les conduire sur la rive gauche du Danube par Donauwœrth, aux environs d'Ingolstadt, pour y attendre des ordres ultérieurs.

20 fructidor (7 septembre). — Ce mouvement devait s'exécuter par des marches forcées.

Le motif de l'ordre précité partait de la position menaçante des Autrichiens, qui avaient formé des camps près Braunau et Schærding sur l'Inn et à Bregenz.

Le temps qu'il fallait pour opérer la réunion des troupes et pour faire rejoindre le très grand nombre de congés n'ayant pas permis de se mettre en marche, conformément à l'ordre émané ci-dessus, aucune mesure ne fut négligée pour se mettre entièrement à l'abri de toute possibilité d'une surprise.

Premières dispositions. — Le 7e régiment à Neubourg reçut de suite l'ordre que, dès l'instant où les Autrichiens auraient passé l'Inn et paraîtraient vouloir traverser l'Isar, il devait se rendre sur la rive gauche du Danube, rompre le pont en arrière de lui, et aviser le commandant du 6e bataillon léger à Dillingen, afin que ce commandant fasse rompre sur-le-champ les ponts du Danube depuis Tapfheim et Dillingen jusqu'à Lauingen.

20 fructidor (7 septembre). — Le 7e régiment est chargé, en sus, de transporter sur la rive gauche toute l'artillerie qui se trouve à Ingolstadt.

Le 2e bataillon léger fut le premier mis en mouvement; il partit de Kempten pour se rendre à Ulm (19 fructidor, 6 septembre).

Irruption des Autrichiens. — Une lettre du lieutenant général de Deroy, datée de Neustadt du 7, apprit au lieutenant général baron de Wrède que, ce matin, une troupe de cavalerie autrichienne était entrée de très bonne heure à Eggenfelden, (14 lieues en deçà de Braunau), et que toute l'armée était entrée sur deux colonnes en Bavière par les routes de Braunau et Schærding ; des nouvelles positives indiquèrent que les Autrichiens passeraient l'Isar le 12 septembre; donc, pour ne pas perdre la communication la plus directe avec les troupes qui quittaient la Bavière, le lieutenant général baron de Wrède publia une disposition pour faire marcher la troupe le 13 septembre ; le lieutenant général termine sa disposition par l'adresse suivante à ses troupes :

20 fructidor. Proclamation (7 septembre). — « Vu que Son
« Altesse Électorale de Bavière n'est pour le moment en guerre
« avec aucune puissance, il est bien entendu que nous ne pou-
« vons commencer ni susciter aucunes espèces d'hostilités
« envers des troupes étrangères; nonobstant ce, Son Altesse
« l'Électeur m'ordonne, par un rescrit du 7 courant, de ne
« laisser insulter en aucun cas, soit en partie, soit en entier,
« les troupes confiées à mon commandement. La valeur et les
« talents de MM. les officiers, la loyauté et le courage éprouvés
« des sous-officiers et soldats, me garantissent que sans être en
« aucune manière munis d'ordres pour entamer les hostilités
« envers une troupe étrangère, nous saurons repousser toute
« insulte incompatible avec notre constante renommée. »

Mesures de position. 26 fructidor (13 septembre). — Malgré la disposition mentionnée, la marche n'eut pas lieu, vu qu'il arriva à Ulm un ordre du lieutenant général de Deroy, prescrivant au lieutenant général baron de Wrède, à raison de nouveaux mouvements des Autrichiens, de rentrer dans Ulm, s'il l'avait déjà quitté, d'autant qu'il aurait toujours un passage libre par Ellwangen, Hall et Mergentheim pour se rendre à Würtzbourg. La marche fut aussitôt suspendue et la troupe fut placée dans une position concentrée, son front vers le midi, un bataillon restant à Dillingen et un régiment étant placé à Lauingen : à raison de l'éloignement de l'ennemi, on pouvait attendre avec sécurité de nouveaux ordres.

26 fructidor (13 septembre). — Le corps réunissait 6,332 hommes; son établissement était tel, qu'il pouvait marcher à la minute.

27 fructidor (14 septembre). — Au matin, on eut connaissance positive de l'entrée des Autrichiens au faubourg de Munich, nommé Au, situé au delà de l'Isar ; ils entrèrent également le même jour à Ravensbourg. Partout, les Autrichiens refusent le passage aux soldats rappelés de congé, et leur ordonnent de rentrer chez eux. Mais les moyens employés par ces braves pour se frayer les chemins vers leurs régiments, les efforts qu'ils y emploient et l'adresse moyennant laquelle ils pénètrent par tous les postes autrichiens, comme l'ardeur qui les conduit à leur but, sont du meilleur augure et mériteraient d'être consacrés dans l'histoire.

29 fructidor (16 septembre). Marche à Ellwangen. — Le corps marcha en trois colonnes, prit une position à Nerenstetten sur la route d'Ellwangen, la droite à Weidenstetten et la gauche à Stötzingen. Les dispositions d'usage furent soignées dans le plus grand détail.

30 fructidor an XIII (17 septembre). — Le quartier général et la seconde colonne à Ellwangen, la première à Adelmansfelden, et la troisième à Alfingen et Abtsgemünd.

Rapport concernant cette marche. — Dans un compte rendu sur les motifs qui ont porté le lieutenant général à quitter Ulm, il expose :

Qu'il fut informé, dès le 13 et 14 du mois, par ses émissaires envoyés au camp de Brégenz, que ce camp était levé et se rendait en marches forcées vers Ulm ; un des émissaires accompagna la colonne jusqu'à Waldsée, un autre accompagna l'avant-garde jusqu'à Biberach. Les estafettes de Munich donnèrent les mêmes nouvelles. Or, quoique les Autrichiens pouvaient, sans forcer la marche, arriver le 16, savoir la colonne sur la route d'Augsbourg à Günzbourg et celle d'Ehingen à Laupheim, cela n'aurait encore nullement contribué à engager le lieutenant général à abandonner sa position trop avantageuse sur la rive gauche du Danube, tant qu'elle n'était pas menacée d'être tournée par sa gauche par un passage à Donauwœrth, suivi d'une marche à Nœrdlingen ou sur sa droite par Blaubeuren. Mais un train immense d'équipages, dont on n'avait pas encore pu se débarrasser, et sur toutes choses l'ordre électoral, exprimant positivement la défense de ne point commencer les hostilités et de garder la défensive la plus absolue ; qu'en outre les fonds de toutes les différentes caisses étaient rentrés, le lieutenant général jugea qu'il entrait dans son devoir d'abandonner une contrée susceptible d'ailleurs d'une défense de plusieurs jours.

1er complémentaire (18 septembre). — Les Autrichiens occupèrent la ville d'Ulm.

2e complémentaire (19 septembre). — Le corps bavarois séjourna, et se rendit à Vellberg, à droite de la route de Hall, le 3e complémentaire (*20 septembre*).

4e complémentaire (21 septembre). — Il fut à Gagstadt près Kirchberg ; 5e complémentaire (*22 septembre*), à Rothenbourg.

Note. — Il est à remarquer que cette marche, qui paraît ne pas être dans les règles, n'eut effectivement lieu dans cette direction que pour éviter les étapes prussiennes.

Suite du 5e complémentaire (22 septembre). — Son Altesse l'Électeur de Bavière ordonna au lieutenant général baron de Wrède de conduire le corps qu'il commandait sur le territoire de Würtzbourg, pour de là faire sa jonction avec le corps principal du lieutenant général de Deroy.

Marche à Eibelstadt. 1er vendémiaire an XIV (23 septembre). — Une partie du corps s'établit à Rœttingen.

2 vendémiaire (24 septembre). — L'autre et le quartier général se rendirent à Bütthard.

3 vendémiaire (25 septembre). — Ce corps, qu'on nommera à l'avenir l'avant-garde, fut placé à Eibelstadt sur le Mein.

5 vendémiaire (27 septembre). Première augmentation de l'avant-garde. — Elle fut augmentée par la jonction du 3e régiment de chevau-légers et du 5e bataillon d'infanterie légère, sortant de leurs garnisons en Franconie.

L'armée française entre en Franconie. — Son Excellence le maréchal d'Empire Bernadotte arriva avec le 1er corps de la Grande Armée dans la principauté de Würtzbourg, occupa les baillages d'Arnstein et Carlstadt, et s'étendit jusqu'à Dettelbach et Werneck : son quartier général fut transféré le 28 à Bergtheim.

L'avant-garde bavaroise devait occuper une position à Eberach, pour établir une communication plus directe avec le lieutenant général de Deroy, sans être trop éloignée de la ville de Würtzbourg.

Mouvements des Autrichiens. — Mais dans la nuit du 26 au 27, on apprit que les Autrichiens se portaient en forces sur Donauwœrth et y avaient préparé une quantité de voitures pour transporter plus vite leur infanterie, suivant les apparences, à Nœrdlingen. Un autre rapport annonça qu'un piquet autrichien s'était déjà arrêté le 27, pendant deux heures, à Nœrdlingen, et avait ensuite continué sa marche jusqu'à Ellwangen.

Position sur la rive droite du Mein. — Cette circonstance, et l'ordre qu'avaient les troupes bavaroises de ne pas devenir les premiers agresseurs, motivèrent le mouvement moyennant lequel on porta cette troupe sur la rive droite du Mein, dont l'aile gauche fut appuyée à Altheim, et la droite sur le petit Ochsenfurt. Le quartier général fut à Rottendorf. Des postes de communication furent établis jusqu'à Würtzbourg, ce qui était d'autant plus essentiel, qu'il se confirmait que les Autrichiens passeraient par Ellwangen.

En ce jour, on sut que les troupes prussiennes des deux principautés de la Franconie venaient d'être mises sur le pied de guerre.....

Le maréchal Bernadotte au Major général

Würtzbourg, le 6 vendémiaire an XIV.

J'ai l'honneur de vous rendre compte, Monsieur le Maréchal, que les troupes de l'armée de Hanovre sont arrivées hier, 5 vendémiaire, sur les hauteurs de Würtzbourg; le défaut de subsistance m'a obligé à les faire cantonner entre Arnstein et Würtzbourg. La cavalerie, qui y était rendue dès le matin, a pris ses cantonnements à Dettelbach et Kitzingen. Toutes les troupes s'occupent à remettre leurs armes en état.....

..... Les réquisitions sont presque toujours illusoires quand on marche; je ne fonde sur cette ressource qu'un très faible espoir.

Bernadotte.

Le maréchal Bernadotte à l'Empereur.

Würtzbourg, le 6 vendémiaire an XIV.

Sire,

J'ai l'honneur de rendre compte à Votre Majesté que je suis arrivé hier, 5 vendémiaire, sur les hauteurs de Würtzbourg; ma marche a été tellement secrète, que le ministre d'Autriche près l'Électeur de Bavière n'en a été instruit que lorsque ma cavalerie est entrée à Dettelbach et Kitzingen; il s'est aussitôt présenté chez M. de Montgelas, pour lui demander s'il pouvait rester en sûreté à Würtzbourg; ce ministre lui ayant répondu qu'il ne pouvait lui donner aucune assurance positive sur cet objet, il est parti deux heures après.

J'ai vu l'Électeur aujourd'hui; dans ma conversation avec lui, je me suis aperçu qu'il avait de grands chagrins intérieurs; l'Électrice était très agitée et paraissait même avoir versé des larmes; tout ce que j'ai recueilli, m'annonce que cette princesse n'est pas pour le système de l'alliance avec la France.

L'Électeur de Hesse m'a répondu la lettre dont j'ai l'honneur d'envoyer copie à Votre Majesté; elle verra que ma communication avec le Hanovre dépendra entièrement des événements ultérieurs; j'ai fait une nouvelle tentative auprès de Son Altesse l'Électeur, et je lui ai demandé d'accorder le passage, en renouvelant l'autorisation de dix en dix jours. J'attends sa réponse.

L'empereur Alexandre a fait signifier au roi de Prusse qu'il passerait par ses États pour arriver dans le Hanovre et aller au secours de l'Autriche. Le roi de Prusse a ordonné de suite de mettre son armée sur le pied de guerre ; l'empereur Alexandre a répondu sur un ton plus doux, et a demandé une conférence, à Wilna ; le roi de Prusse doit s'y être déjà rendu.

22,000 Russes ou Suédois sont en vue de Stralsund depuis plusieurs jours ; tous les rapports s'accordent à dire qu'ils ont déjà débarqué.

Je presse l'armement et l'approvisionnement de Hameln.

Le général Marmont arrivera demain avec une de ses colonnes ; la seconde le suivra le 8, et la troisième le 9.

Les troupes bavaroises ne seront prêtes à faire un mouvement que dans quatre ou cinq jours.

Je supplie Votre Majesté de m'envoyer des instructions, afin que je puisse régler ma conduite, et savoir si je dois attaquer ou garder la défensive dans le cas où les Autrichiens viendraient à moi.

Je supplie aussi Votre Majesté de ne pas trouver mauvais que je lui parle encore des subsistances ; je n'ai aucun fonds pour cet objet, et c'est par miracle que j'ai pu vivre jusqu'à présent ; j'ose donc prier Votre Majesté de faire mettre des fonds à ma disposition.

BERNADOTTE.

Le général Marmont au maréchal Berthier.

Würtzbourg, le 7 vendémiaire an XIV (29 septembre 1805).

Monsieur le Maréchal,

J'ai l'honneur de vous prévenir que ma 1re division est arrivée à Würtzbourg et a pris ses cantonnements dans les villages environnants. Ma 2e division sera ici demain, et ma 3e le 9 (*1er octobre*).

J'espère que le 10 (*2 octobre*), quelque artillerie qui se trouve en arrière m'aura rejoint, et que le 11 (*3 octobre*), je serai prêt à marcher avec un peu moins de 20,000 hommes et 40 pièces de canon assez bien outillées.

J'ai fait quelques pertes en soldats bataves. Leur passage à Francfort nous en a coûté à peu près 80.

Les recruteurs étrangers nous assiègent, mais ne sont pas faciles à découvrir. Si j'y peux parvenir, les premiers qui seront pris seront fusillés pour effrayer les autres.

J'ai eu l'honneur de vous rendre compte que le landgrave de Darmstadt ne m'avait pas donné les 4,000 hommes qu'il devait me fournir. Il s'est restreint en tout à 120 chevaux de trait, et je crois qu'il faut faire peu de fonds sur les promesses qu'il pourrait faire.

Je prie Votre Excellence de recevoir l'assurance.....

MARMONT.

Le général Marmont au maréchal Berthier.

Würtzbourg, le 8 vendémiaire an XIV, à minuit.
(30 septembre 1805).

Monsieur le Maréchal,

J'ai l'honneur d'adresser à Votre Excellence l'état de situation et les comptes sur le personnel et le matériel de mon armée, dont le général Andréossy m'a fait la demande au nom de l'Empereur. La marche continuelle de l'armée n'ayant pas permis de recevoir récemment des rapports précis et détaillés, je crois devoir ajouter un compte établi sur les renseignements pris journellement, et cette lettre en est l'objet.

1º *Force de l'armée.* — L'état de situation ci-joint porte à 19,124 le nombre des sous-officiers et soldats de mon corps d'armée. Les aperçus qui me sont présentés m'annoncent que la division batave a perdu environ 200 hommes déserteurs depuis Mayence : ainsi, on peut compter que la force de mon corps d'armée en sous-officiers et soldats est aujourd'hui de 18,900 hommes.

2º *Subsistances.* — Les troupes vivent chez l'habitant. Il n'a été fait aucun magasin. L'inspecteur des subsistances, venu ici, n'a fait aucun achat, n'a fait confectionner ni pain, ni biscuit, et j'éprouve une grande inquiétude pour faire vivre mon corps d'armée à la fin du mouvement que nous allons exécuter.

3° *Transports.* — 100 voitures à deux chevaux, fournies par le prince de Nassau, sont employées au transport des équipages des corps. Les ambulances sont organisées et ont les moyens de transport nécessaires aux objets les plus indispensables.

4° *Artillerie.* — Le matériel attelé consiste en 40 pièces de campagne, ayant un approvisionnement et demi, et 800,000 cartouches d'infanterie.

Le matériel non attelé consiste en un demi-approvisionnement pour les bouches à feu et 1,000,000 de cartouches venant de Mayence par le Mein, et arrivant à Würtzbourg les 13 et 15, et deux approvisionnements pour nos 40 bouches à feu, et 2,400,000 cartouches d'infanterie venant par le Rhin et devant être au moment d'arriver à Mayence.

Les attelages consistaient, au moment du départ du *Helder*, en 1050 chevaux d'artillerie.

Ces chevaux, par les suites de l'embarquement et de la marche forcée, sont réduits aujourd'hui à 742. Si à ce nombre on ajoute 341 chevaux de réquisition, on aura en total 1083 chevaux de trait existant aujourd'hui pour le service de l'artillerie.

Il en vient, mais à quinze jours derrière nous, 100 de Hollande.

On en achète encore 300 à Francfort; mais les livraisons se font lentement.

J'espère, en partant d'ici, obtenir de l'Électeur quelques voitures qui se chargeront des premières munitions qui arriveront par le Mein.

Votre Excellence m'a donné l'ordre d'augmenter, autant que possible, la force de mes bataillons. J'ai quelques motifs de craindre que le général Michaud (1) ne mette obstacle au départ des différents détachements.

Je vous demanderai de lui prescrire de laisser exécuter

---

(1) Nommé au commandement des troupes de Hollande par l'Empereur, le 12 septembre.

tous les ordres que j'ai donnés ou que je pourrai donner à cet égard.

Je prie Votre Excellence.....

MARMONT.

Nouvelle formation des troupes bavaro-palatines le 1ᵉʳ octobre 1805.

9 vendémiaire an XIV (1ᵉʳ octobre 1805).

Le tout divisé en six brigades.

La brigade est composée de deux régiments de ligne, d'un bataillon de troupes légères et d'un régiment de cavalerie.

Le régiment a deux bataillons ou six compagnies de fusiliers et deux compagnies de grenadiers.

La compagnie a 150 combattants, sans y compter les sous-officiers, etc.

Le bataillon d'infanterie légère est composé de quatre compagnies, du même nombre que les compagnies des régiments de ligne.

Le régiment de cavalerie a deux divisions.

La division deux escadrons.

L'escadron a 100 chevaux.

L'artillerie, qui sera partagée entre les six brigades, consiste en trois batteries. Chaque batterie a deux pièces de 12, huit pièces de 6 et deux obusiers.

La réserve, en douze pièces de différents calibres.

Soixante caissons de munitions suivront l'infanterie et six la cavalerie. Quatre compagnies de canonniers sont destinées pour le service de ladite artillerie.

Le dépôt se réunira à Würtzbourg sous l'ordre du général lieutenant d'Halberg.

Commandant de la ville et citadelle de Würtzbourg : général Krohne.

Gouverneur de ladite place : général Ysenburg.

Les six brigades sont commandées par les généraux : Mutius Minnucci, Mezzanelli, Karg, Siebein, Marsigli et François Minucci.

On écrira sur-le-champ à M. le général Foiva pour avoir le

détail exact du nombre et de la force actuelle des troupes bavaro-palatines.

Le maréchal Bernadotte au maréchal Berthier.

Würtzbourg, 9 vendémiaire an xiv (1ᵉʳ octobre 1805).

M. Girardin, votre aide de camp, m'a remis, Monsieur le Maréchal, l'ordre de marche de la Grande Armée ; je serai rendu ainsi qu'il est prescrit le 16 (*8 octobre*) à Eichstædt. Ce ne sera pas sans peine et sans difficulté, attendu que l'armée bavaroise, qui est à Neukirchen et dans les environs de Bamberg, doit se réunir à Forchheim, pour marcher en division.

Le lieutenant général Wrède, commandant une division, formera l'avant-garde, et le reste tiendra la gauche de mon corps d'armée. Le général Marmont exécutera aussi son mouvement, en même temps, sur ma droite et parallèlement à trois ou quatre lieues de distance ; il sera rendu, le 15 (*7 octobre*) à sa destination, comme le prescrit l'ordre.

L'Électeur m'a témoigné ses craintes sur notre passage par Ansbach ; il m'a recommandé de vous en écrire de suite pour éviter toute espèce de difficulté ; en le faisant, je remplis ses intentions. Je me dirigerai toujours sur Ansbach.

Nous partirons d'ici, ayant à peine deux jours de vivres ; le défaut de farines a empêché de faire suffisamment de biscuit ; en traversant les États neutres, je ferai donner aux baillis des bons pour tout ce qui sera fourni aux troupes.

L'Électeur pense que Forchheim ne peut pas tenir au delà de huit jours ; c'est, à la vérité, une petite place ayant peu d'établissements et ruinée et presque dominée partout ; cependant, il l'approvisionnera et y mettra quelques troupes ; on travaille aux fortifications de Würtzbourg avec beaucoup d'activité.

J'ai été très touché, Monsieur le Maréchal, de la marque de confiance que me donne Sa Majesté en me conférant, pour l'ensemble des mouvements, le commandement supérieur de toutes les troupes qui sont ici ; je ferai tous mes efforts pour la justifier ; mais je dois vous avouer avec franchise que cette disposition peut bien ne pas avoir les résultats qu'on devrait en attendre ; le général Marmont est plein de vaillance et animé de l'extrême désir de faire de grandes choses ; il n'a pas vu sans peine qu'après avoir commandé en chef, il se trouverait en sous-ordres ; Je dois cependant à la justice de dire que je n'ai point eu à me plaindre du général Marmont. Il a montré la meilleure volonté à exécuter les ordres que je lui donnerai ; je m'en suis expliqué franchement avec lui, et c'est par cette raison, Monsieur le Maréchal, que je vous en écris ; si le corps que je commande est destiné à agir séparément sur la gauche de la Grande Armée, je crois que pour le bien du service de Sa Majesté, il serait bon que le général Marmont fût indépendant, et, dans ce cas, je préférerais réunir sous mes ordres une division avec son général, plutôt qu'un corps d'armée beaucoup plus fort, qui aurait un commandant en chef.

Je vous le répète, Monsieur le Maréchal, il n'y a rien de personnel au général Marmont, mais j'ai cru m'apercevoir qu'il désirerait agir seul.

Ma franchise et par-dessus tout mon amour et mon dévouement absolu pour Sa Majesté m'ont engagé à vous parler sans détour sur cet objet.

J'ai l'honneur...

Bernadotte.

Composition de la Grande Armée au moment où elle a passé le Rhin pour la campagne d'Autriche.

DÉSIGNATION DES CORPS.		NOMBRE de bataillons (B), d'escadrons (C) ou de compagnies (A et G).	HOMMES.	CHEVAUX de TROUPE.	CHEVAUX du TRAIN.
1er corps d'armée venant de Hanovre, arrivé à Würtzbourg le 8 vendémiaire an XIV (30 septembre 1805).					
1re division.	27e légère............	3	2,069	»	»
	91e de ligne.........	3	1,917	»	»
	95e id............	3	2,161	»	»
2e division.	8e de ligne.........	3	1,900	»	»
	45e id............	3	1,822	»	»
	54e id............	3	1,937	»	»
		18	11,836	»	
Cavalerie légère.	2e de hussards......	3	431	487	»
	4e id...........	3	444	488	»
	5e id...........	3	355	396	»
	5e de chasseurs.....	3	436	509	»
		12	1,665	1,880	
Artillerie.	Artillerie à pied.....	3	224	»	»
	Artillerie à cheval....	4	318	336	»
	Train d'artillerie......	6	165	»	1,226
	Ouvriers............	» ½	43	»	»
	Pontonniers..........	1	116	»	»
		14 ½	1,166	336	
TOTAL des présents sous les armes.		....	14,667	2,216	1,226

14,667 hommes et 3,442 chevaux.
En arrière.... 702
Hôpitaux..... 1,550
Effectif... 16,919 hommes, 3,442 chevaux et 34 bouches à feu.

AILE GAUCHE DE L'ARMÉE.

DÉSIGNATION DES CORPS.		NOMBRE de bataillons (I), d'escadrons (C) ou de compagnies (A et G).	HOMMES.	CHEVAUX de TROUPE.	CHEVAUX du TRAIN.
\multicolumn{6}{l}{2ᵉ corps d'armée au passage du Rhin dans les premiers jours de vendémiaire an XIV.}					
1ʳᵉ division.	18ᵉ légère..........	2	1,476	»	»
	35ᵉ de ligne........	2	1,626	»	»
	11ᵉ id............	3	2,199	»	»
2ᵉ division.	84ᵉ de ligne........	3	2,045	»	»
	92ᵉ id.	3	2,345	»	»
	8ᵉ id. batave...	2	1,003	»	»
3ᵉ division.	1ᵉʳ et 2ᵉ de ligne bataves.	2	1,154	»	»
	1ᵉʳ de ligne batave....	2	1,183	»	»
	2ᵉ id..........	2	1,018	»	»
	Régiment de Waldeck..	2	1,064	»	»
	6ᵉ de ligne batave....	2	1,144	»	»
		25	16,257	»	
Cavalerie.	6ᵉ de hussards........	3	512	469	»
	8ᵉ id............	3	414	414	»
	Dragons bataves	3	364	362	»
	Hussards bataves.....	2	390	389	»
		10	1680	1634	
Artillerie.	Artillerie à pied { française....	4	352	»	»
	{ batave.....	5	491	»	»
	Train { français....	6	453	»	617
	{ batave.....	4	266	»	428
	Artillerie à cheval batave.	1	108	110	»
	Ouvriers d'art. français.	1	72	»	»
	Pontonniers bataves ...	dét.	30	»	»
	Sapeurs { français....	1	88	»	»
	{ bataves.....	1	85	»	»
	Mineurs { français....	1	80	»	»
	{ bataves.....	1	75	»	»
		25	2,100	110	
TOTAL des présents sous les armes.		....	20,037	1744	1045

20,037 hommes et 2,789 chevaux.
En arrière.... 392
Hôpitaux..... 1,912
Effectif.... 22,141 hommes, 2,789 chevaux et 26 bouches à feu.

DÉSIGNATION DES CORPS.		NOMBRE de bataillons (B), d'escadrons (C) ou de compagnies (A et G).	HOMMES.	CHEVAUX de TROUPE.	CHEVAUX du TRAIN.
	3e corps d'armée au passage du Rhin dans les premiers jours de vendémiaire an XIV.
1re division.	13e légère..........	2	1,629	»	»
	17e de ligne........	2	1,817	»	»
	30e id............	2	1,570	»	»
	51e id............	2	1,648	»	»
	61e id............	2	1,550	»	»
2e division.	33e de ligne........	2	1,689	»	»
	48e id............	2	1,522	»	»
	108e id............	2	1,567	»	»
	111e id............	2	1,778	»	»
	15e légère..........	2	905	»	»
3e division.	12e de ligne........	2	1,583	»	»
	21e id............	2	1,792	»	»
	25e id............	2	1,750	»	»
	85e id............	2	1,603	»	»
		28	22,403	»	
Cavalerie légère.	1er de chasseurs....	3	380	397	»
	7e de hussards......	3	324	348	»
	2e de chasseurs....	3	331	331	»
	12e id	3	513	457	»
		12	1,548	1,533	
Artillerie et génie.	Artillerie à pied......	4 ½	380	»	»
	Artillerie à cheval....	1	90	90	»
	Train d'artillerie......	5	485	»	470
	Ouvriers et armuriers..	» ½	50	»	»
	Pontonniers..........	» ⅔	43	»	»
	Sapeurs............	2	162	»	»
		13 ⅔	1,210	90	
Total des présents sous les armes.			25,161	1,623	470

25,161 hommes et
2,093 chevaux

En arrière . . 1,282
Hôpitaux..... 1,573

Effectif.... 28,016 hommes,
2,093 chevaux et 48 bouches à feu.

AILE GAUCHE DE L'ARMÉE.

DÉSIGNATION DES CORPS.		NOMBRE de bataillons (I), d'escadrons (C) ou de compagnies (A et G).	HOMMES.	CHEVAUX de TROUPE.	CHEVAUX du TRAIN.
\multicolumn{6}{c}{4ᵉ corps d'armée au passage du Rhin dans les premiers jours de vendémiaire an XIV.}					
1ʳᵉ division.	10ᵉ légère............	2	1,542	»	»
	14ᵉ de ligne.........	2	1,764	»	»
	36ᵉ id.............	2	1,780	»	»
	43ᵉ id.............	2	1,766	»	»
	55ᵉ id.............	2	1,752	»	»
2ᵉ division.	24ᵉ légère............	2	1,504	»	»
	4ᵉ de ligne.........	2	1,889	»	»
	28ᵉ id.............	2	1,730	»	»
	46ᵉ id.............	2	1,733	»	»
	57ᵉ id.............	2	1,854	»	»
3ᵉ division.	26ᵉ légère............	2	1,732	»	»
	Tirailleurs corses.....	1	766	»	»
	Tirailleurs du Pô.....	1	722	»	»
	3ᵉ de ligne..........	3	2,049	»	»
	18ᵉ id..............	2	1,604	»	»
	75ᵉ id..............	2	1,895	»	»
		31	25,087	»	
Cavalerie légère.	8ᵉ de hussards.......	3	443	351	»
	11ᵉ de chasseurs......	4	633	458	»
	26ᵉ id.............	3	405	414	»
	16ᵉ id.............	4	pour mémoire (1)		»
		14	1,481	1,223	
Artillerie et génie.	Artillerie à pied......	6	579	»	»
	Artillerie à cheval.....	1	92	57	»
	Train d'artillerie......	6	451	»	666
	Ouvriers............	» ½	46	»	»
	Sapeurs.............	1	62	»	»
		14 ½	1,230	57	
TOTAL des présents sous les armes.			27,798	1,380	666

27,798 hom. 1,946 chˣ.
En arrière.... 927   500 (2)
Hôpitaux..... 1,393
Effectif.. 30,118 hom. 2,446 chˣ.
36 bouches à feu.

(1) 575 hommes et 500 chevaux n'ont passé le Rhin que le 22 vendémre (14 oct.).
(2) Y compris le 16ᵉ de chasseurs.

5ᵉ corps d'armée au passage du Rhin dans les premiers jours de vendémiaire an XIV.

DÉSIGNATION DES CORPS.			NOMBRE de bataillons (I), d'escadrons (C) ou de compagnies (A et G).	HOMMES.	CHEVAUX de TROUPE.	CHEVAUX du TRAIN.
1ʳᵉ division. (Grenadiers et voltigeurs).	1ᵉʳ régimᵗ d'élite.	du 13ᵉ de lig.	1	684	»	»
		du 58ᵉ id...	1	747	»	»
	2ᵉ régimᵗ d'élite.	du 9ᵉ id...	1	662	»	»
		du 81ᵉ id...	1	692	»	»
	3ᵉ régimᵗ d'élite.	du 2ᵉ légère.	1	702	»	»
		du 3ᵉ id...	1	744	»	»
	4ᵉ régimᵗ d'élite.	du 28ᵉ id..	1	719	»	»
		du 31ᵉ id...	1	717	»	»
	5ᵉ régimᵗ d'élite.	du 12ᵉ id...	1	682	»	»
		du 15ᵉ id..	1	699	»	»
2ᵉ division.	4ᵉ légère.........		3	1,732	»	»
	100ᵉ de ligne.......		3	2,068	»	»
	103ᵉ id...........		3	2,144	»	»
	58ᵉ id...........		2	1,000	»	»
3ᵉ division. (1)	17ᵉ légère.........		2	1,857	»	»
	34ᵉ de ligne.......		3	2.250	»	»
	40ᵉ id...........		2	1,670	»	»
	64ᵉ id...........		2	1,675	»	»
	88ᵉ id...........		2	1,702	»	»
			32	23,146	»	
Cavalerie légère.	9ᵉ de hussards......		3	344	352	»
	10ᵉ id..........		3	335	350	»
	13ᵉ de chasseurs....		3	339	347	»
	21ᵉ id..........		3	331	344	»
			12	1,349	1,393	
Artillerie et génie.	Artillerie à pied......		4	393	»	»
	Artillerie à cheval....		1	100	60	»
	Ouvriers d'artillerie...		» ½	49	»	»
	Pontonniers.........		» ½	45	»	»
	Train d'artillerie.....		5	240	»	408
	Sapeurs.............		4	283	»	»
	Mineurs.............		1	84	»	»
			16	1,194	60	
TOTAL des présents sous les armes.				25,689	1,453	408

25,689 hom., 1,861 chˣ.
En arrière.... 565   267
Hôpitaux..... 1,262
Effectif.... 27,516 hom., 2,728 chˣ.
344 bouches à feu.

(1) La division portée ici resta 4ᵉ du 4ᵉ corps, et le 5ᵉ corps demeura à 2 divisions.

DÉSIGNATION DES CORPS.	NOMBRE de bataillon (I), d'escadrons (C) ou de compagnies (A et G).	HOMMES.	CHEVAUX de TROUPE.	CHEVAUX du TRAIN.
6ᵉ corps d'armée au passage du Rhin dans les premiers jours de vendémiaire an XIV.				
1ʳᵉ division. { 9ᵉ légère	2	1,763	»	»
32ᵉ de ligne	2	1,662	»	»
96ᵉ id.	2	1,721	»	»
2ᵉ division. { 6ᵉ légère	2	1,742	»	»
39ᵉ id.	2	1,646	»	»
69ᵉ id.	2	1,716	»	»
76ᵉ id.	3	1,795	»	»
3ᵉ division. { 25ᵉ légère	3	2,023	»	»
27ᵉ de ligne	2	1,828	»	»
50ᵉ id.	2	1,714	»	»
59ᵉ id.	2	1,501	»	»
	24	19,114	»	
Cavalerie légère (1). { 1ᵉʳ de hussards	3	375	408	»
3ᵉ id.	3	342	350	»
10ᵉ de chasseurs	3	354	401	»
	9	1,071	1,159	
Artillerie. { Artillerie à pied	5	468	»	»
Artillerie à cheval	1	94	49	»
Ouvriers et armuriers	½	46	»	»
Pontonniers	½	45	»	»
Train	6	412	»	572
	13	1,065	49	
TOTAL des présents sous les armes.		21,250	1,208	572

21,250 hommes et 1,780 chevaux.
En arrière.... 323
Hôpitaux..... 1,508
Effectif.... 23,081 hommes, 1,780 chevaux et 30 bouches à feu.

(1) On y ajouta plus tard le 22ᵉ chasseurs.

DÉSIGNATION DES CORPS.	NOMBRE de bataillons (I), d'escadrons (C), ou de compagnies (A et G).	HOMMES.	CHEVAUX de TROUPE.	CHEVAUX du TRAIN.
7ᵉ corps d'armée au passage du Rhin dans les premiers jours de brumaire an XIV.				
(Ce corps d'armée a passé le Rhin du 1ᵉʳ au 4 brumaire an XIV (23-26 octobre 1805).				
1ʳᵉ division. { 16ᵉ légère	3	2,382	»	»
44ᵉ de ligne	2	1,355	»	»
105ᵉ id	2	1,578	»	»
2ᵉ division. { 7ᵉ légère	2	2,094	»	»
21ᵉ de ligne	3	1,966	»	»
63ᵉ id	2	1,337	»	»
	14	10,712	»	
Cavalerie légère. { 7ᵉ de chasseurs	4	452	463	»
Artillerie et génie. { Artillerie à pied	4	334	»	»
Artillerie à cheval	1	90	40	»
Ouvriers d'artillerie	» ½	69	»	»
Train d'artillerie	6	544	»	681
Mineurs	1	89	»	»
Sapeurs	2	157	»	»
	14 ½	1,283	40	
Total des présents sous les armes	....	12,447	503	681

12,447 hommes et 1,184 chevaux.
En arrière.... 466
Hôpitaux..... 968

Effectif ... 13,881 hommes, 1,184 chevaux et 24 bouches à feu.

AILE GAUCHE DE L'ARMÉE.

DÉSIGNATION DES CORPS.		NOMBRE de bataillons (I), d'escadrons (C) ou de compagnies (A et G).	HOMMES.	CHEVAUX de TROUPE.	CHEVAUX du TRAIN.
Réserve de cavalerie au passage du Rhin dans les premiers jours de vendémiaire an XIV.					
1re division de grosse cavalerie.	1er de carabiniers....	3	478	451	»
	2e id...........	3	575	459	»
	2e de cuirassiers.....	3	532	469	»
	9e id...........	3	513	378	»
	3e id...........	3	520	475	»
	12e id...........	3	590	500	»
2e division de grosse cavalerie.	1er de cuirassiers.....	3	407	427	»
	5^e id...........	3	480	430	»
	10^e id...........	3	406	388	»
	11^e id...........	3	420	429	»
1re division de dragons.	1er de dragons......	3	374	387	»
	2^e id...........	3	410	342	»
	20^e id...........	3	413	425	»
	4^e id...........	3	396	403	»
	14^e id...........	3	342	322	»
	26^e id...........	3	554	483	»
2^e division de dragons.	10^e de dragons.....	3	308	328	»
	13^e id...........	3	350	388	»
	22^e id...........	3	648	458	»
	3^e id...........	3	313	353	»
	6^e id...........	3	245	251	»
	11^e id...........	3	339	376	»
3^e division de dragons.	5^e de dragons	3	429	382	»
	8^e id...........	3	341	315	»
	12^e id...........	3	365	425	»
	9^e id...........	3	365	313	»
	16^e id...........	3	345	313	»
	21e id...........	3	435	392	»
4e division de dragons.	15e de dragons......	3	322	317	»
	17e id...........	3	351	352	»
	27e id...........	3	366	343	»
	18e id...........	3	359	334	»
	19e id...........	3	458	445	»
	25e id...........	3	664	490	»
		102	14,143	13,343	»

DÉSIGNATION DES CORPS.	NOMBRE de bataillons (I), d'escadrons (C), ou de compagnies (A et G).	HOMMES.	CHEVAUX de TROUPE.	CHEVAUX du TRAIN.
Réserve de cavalerie au passage du Rhin (*Suite*).				
Division de dragons à pied. { 1er régiment à pied....	2	1,170	»	»
2e id............	2	1,468	»	»
3e id............	2	1,770	»	»
4e id............	2	1,097	»	»
	8	5,505	»	
Artillerie. { Artillerie à pied......	2	185	»	»
Artillerie à cheval.....	3	283	180	»
Train d'artillerie......	6	534	»	640
	11	1,002	180	
TOTAL des présents sous les armes.	....	20,950	13,523	610

20,950 hom., 14,163 ch^x.
En arrière... 526   529
Hôpitaux.... 371

Effectif... 21,847 hom., 14,692 ch^x.
28 bouches à feu.

Grand parc d'artillerie.

Artillerie à pied.............	12	1,145	»	»
Artillerie à cheval.	3	221	91	»
Ouvriers d'artillerie	2	188	»	»
Pontonniers................	3	280	»	»
Armuriers..,....................	» ½	45	»	»
Train d'artillerie................	18	1,418	»	1,874
Ouvriers du train................	½	52	»	»
TOTAL......	39	3,349	91	1,874

56 bouches à feu.

AILE GAUCHE DE L'ARMÉE.

DÉSIGNATION DES CORPS.	NOMBRE de bataillons (I), d'escadrons (C), ou de compagnies (A et G).	HOMMES.	CHEVAUX de TROUPE.	CHEVAUX du TRAIN.
Garde impériale.				
Grenadiers à pied.........	»	1,635	»	»
Chasseurs à pied.....	»	1,602	»	»
Garde royale italienne............	»	897	»	»
	»	4,134	»	»
Grenadiers à cheval........... ..	»	740	839	»
Chasseurs à cheval............. ..	»	631	708	»
Mameluks...............	»	63	77	»
Gendarmerie d'élite	»	203	212	»
	»	1,637	1,836	»
Artillerie...........................	»	286	243	»
Train d'artillerie.........	»	181	»	234
Ambulances.......................	»	27	»	37
	»	494	243	
TOTAL des présents sous les armes.	»	6,265	2,079	271

$\left.\begin{array}{r}\text{6,265 hom., 2,107 ch}^{\text{x}}.\\ \text{En arrière.... 846 \qquad 185}\\ \text{Effectif.... 7,111 hom., 2,292 ch}^{\text{x}}.\\ \text{24 bouches à feu.}\end{array}\right.$

N.-B. — Comme on peut le vérifier, le total de la colonne du tableau ci-dessus (chevaux : 2,350 au lieu de 2,107) est inexact, mais nous n'avons pas cru devoir retoucher les chiffres de l'original.

Récapitulation de la Grande Armée.

DÉSIGNATION DES CORPS.	NOMBRE de bataillons.	NOMBRE d'escadrons.	NOMBRE de compagnies d'artillerie et du génie.	NOMBRE d'hommes. Infanterie.	CAVALERIE. Hommes.	CAVALERIE. Chevaux.	ARTILLERIE ET GÉNIE. Hommes.	ARTILLERIE ET GÉNIE. Chevaux de troupe.	ARTILLERIE ET GÉNIE. Chevaux du train.	Hommes restés en arrière.	Hommes aux hôpitaux.	TOTAL. EFFECTIF. en hommes.	TOTAL. en chevaux.	Bouches à feu.
Garde impériale	»	»	14 ½	4,134	1,637	1,836	494	243	291	846	»	7,111	2,292	24
1er corps	18	12	25	11,836	1,665	1,880	1,166	336	1,226	702	1,550	16,919	3,442	34
2e corps	25	10	13	16,257	1,680	1,634	2,100	110	1,045	392	1,712	22,141	2,789	26
3e corps	28	12	14 ½	22,403	1,548	1,533	1,210	90	470	1,282	1,573	28,016	2,093	48
4e corps	31	14	16	25,087	1,481	1,223	1,230	57	666	927	1,393	30,118	2,446	36
5e corps (1)	32	12	13	23,146	1,349	1,393	1,194	60	408	565	1,262	27,516	2,128	34
6e corps	24	9	14 ½	19,114	1,071	1,159	1,065	49	572	323	1,508	23,081	1,780	30
7e corps	14	4	11	10,712	452	463	1,283	40	681	466	968	13,881	1,184	24
Réserve de cavalerie	8	102	39	5,505	14,443	13,343	1,002	180	640	526	371	21,847	14,692	28
Grand parc d'artillerie	»	»	»	»	»	»	3,349	91	1,874	»	»	3,349	1,965	50
Total	180	175	160 ½	138,194	25,326	24,464	14,093	1,256	7,853	6,029	10,337	193,979	34,811	340

```
Infanterie..................  180 bataillons..........  138,194 hommes.
Cavalerie...................  185 escadrons..........   25,326
Artillerie et génie.........                            14,093
                              TOTAL des combattants..  177,613 hommes.
```

{ 24,464 chevaux.
 1,256 chevaux de troupe.
 7,853 chevaux d'artillerie.

(1) Retrancher 9,154 hommes du 5e corps pour les reporter au 4e.

CHAPITRE III

Renseignements (28 août-19 septembre).

L'Empereur, au maréchal Berthier.

Camp de Boulogne, le 10 fructidor an xiii (28 août 1805).

Mon Cousin,

Je désire que vous fassiez faire deux boîtes portatives, à compartiments : une pour moi, et l'autre pour vous. Elles seront distribuées de telle sorte que, d'un coup d'œil, on puisse connaître, à l'aide de cartes écrites, les mouvements de toutes les troupes autrichiennes, régiment par régiment, bataillon par bataillon, et même jusqu'à ceux des détachements un peu considérables. Vous les partagerez en autant d'armées qu'il y a d'armées autrichiennes, et vous réserverez des cases pour les troupes que l'empereur d'Allemagne a en Hongrie, en Bohême ou dans l'intérieur de ses États. Tous les quinze jours, vous m'enverrez l'état des changements qui auront eu lieu pendant la quinzaine précédente, en vous aidant de tous les moyens que vous donneront, pour cet effet, non seulement les gazettes allemandes et italiennes, mais encore les divers renseignements qui vous parviennent ainsi qu'à mon ministre des relations extérieures, avec lequel vous vous concerterez pour cet objet. Ce sera le même individu qui devra faire jouer les cartes dans la boîte et dresser l'état de situation de l'armée autrichienne chaque quinzaine.

NAPOLÉON.

Il faut charger de cette besogne un homme qui s'en occupe

constamment, qui sache bien l'allemand, qui reçoive toutes les gazettes de l'Allemagne et fasse toutes les mutations en conséquence (1).

Le Major général à M. le colonel Blein.

Boulogne, le 11 fructidor an xiii (29 août 1805).

Je vous charge particulièrement d'un objet qui intéresse beaucoup l'Empereur et pour lequel il faudra vous tenir constamment en état de lui répondre ; c'est de former deux boîtes qui représenteront la situation des armées ennemies ; une sera pour l'Empereur, l'autre pour moi. Ces deux boîtes portatives et à compartiments seront distribuées de telle sorte que d'un coup d'œil on puisse connaître à l'aide de cartes écrites le mouvement de toutes les troupes autrichiennes, régiment par régiment, bataillon par bataillon, et même jusqu'à ceux des détachements un peu considérables.

Vous les partagerez en autant d'armées qu'il y a d'armées autrichiennes et vous réserverez des cases pour les troupes que l'empereur d'Allemagne a en Hongrie, en Bohême, ou dans l'intérieur de ses États.

Tous les quinze jours, vous ferez pour l'Empereur l'état des changements qui auront eu lieu pendant la quinzaine précédente, en vous aidant de tous les moyens que vous donneront pour cet effet, non seulement les gazettes allemandes et italiennes, mais encore les divers renseignements qui me parviendront à moi directement, ou qui me seront communiqués par le ministre des relations extérieures et dont je vous donnerai connaissance. En même temps que vous ferez jouer les cartes dans la boîte, vous dresserez l'état de situation de l'armée autrichienne tous les quinze jours.

Il vous sera donné un secrétaire qui parle et traduit l'allemand.

Maréchal BERTHIER.

---

(1) *Correspondance de Napoléon*, n° 9148.

*Le Ministre de la guerre au chef de bataillon Blein,
attaché au Bureau topographique.*

Moulineau, le 21 fructidor an XIII (8 septembre 1805).

Monsieur Blein, je vous envoie une lettre que je reçois de l'Empereur. Vous verrez par là l'intérêt qu'il porte au travail dont je vous ai chargé.

Faites-moi un rapport que je présenterai à l'Empereur pour lui faire connaître où en est le travail et si je puis le lui présenter lundi soir.

Présentez-moi à signer des lettres pour les Ministres de l'Empereur à Vienne, Munich, Salzbourg, Dresde, Ratisbonne, Berne, etc.

Abonnez-vous à tous les journaux et gazettes allemandes.

Proposez-moi particulièrement des lettres pour M. Bacher et le général Vial.

Je joins ici une note que m'a remise M. de Talleyrand.

Quand la boîte de l'Empereur sera faite, je vous présenterai à Sa Majesté.

Maréchal Berthier.

Note sur la boîte à compartiments dans lesquels sont distribuées les troupes autrichiennes.

5 vendémiaire an XIV (27 septembre 1805).

Cette boîte renferme trois caissons ou tiroirs, divisés en cinq compartiments chacun, de diverses grandeurs et susceptibles d'être augmentés ou diminués à volonté ; ils sont distingués par les lettres A. B. C. D. E. Chaque compartiment se divise en huit cases numérotées A^1, A^2, A^3, B^1, B^2, etc..., destinées à recevoir en plan les bataillons et escadrons.

INFANTERIE.

Les bataillons ont été représentés par des parallélogrammes traversés d'une diagonale. Le nom du régiment et son numéro, lorsqu'il est connu, sont écrits sur un des triangles formés par cette diagonale. La couleur, dont les autres triangles sont teints, désigne celle des revers, collets ou parements de l'uniforme des troupes, lorsqu'il est connu.

Plusieurs bataillons sont chargés de deux couleurs, ce sont ceux des troupes légères, dont le fond de l'habit est une espèce de gris.

L'artillerie et les troupes du génie sont désignés de même par leurs couleurs.

Les bataillons de grenadiers qui, en 1800, étaient au nombre de 57, répartis en 19 régiments, sont entièrement peints en rouge.

Il y avait, en 1800, 49 régiments de ligne ou de garnison à 18 compagnies ou 3 bataillons, 15 régiments de ligne à 22 compagnies ou 4 bataillons.

Les 17 régiments de frontière étaient à 12 compagnies. Les bataillons de grenadiers et d'infanterie légère étaient de 6 compagnies.

Les cinq corps de chasseurs francs avaient une organisation particulière que l'on croit être de 12 compagnies.

Il paraît que plusieurs des régiments de ligne sont encore à 4 bataillons ; que le reste est porté à 5 bataillons, et qu'on forme des sixièmes bataillons de garnison ou de dépôt.

CAVALERIE.

Les escadrons ont été représentés par des carrés longs, traversés de deux diagonales qui y forment quatre triangles.

Pour les cuirassiers, dont l'habit est fond blanc, on a mis le nom et le numéro du régiment, lorsqu'ils étaient connus, sur le triangle blanc supérieur, son opposé étant aussi blanc.

Les deux autres triangles indiquent la couleur des revers ou parements.

Pour les dragons, dont le fond de l'habit est vert, on a teint de cette couleur les triangles latéraux opposés ; on a mis le nom et le numéro, quand ils étaient connus, sur le triangle supérieur laissé en blanc ; son opposé a servi à désigner la couleur des parements, revers ou collets.

Pour les hussards, uhlans, chasseurs et chevau-légers, on a désigné la couleur principale de l'habit dans deux et quelquefois trois triangles.

Les autres couleurs tranchantes ont été désignées par des chevrons ou par celle du triangle inférieur.

D'ailleurs, on a ajouté C pour désigner les cuirassiers ; un D pour les dragons ; un H pour les hussards et un U pour les uhlans.

En 1800, les régiments de cuirassiers et de dragons n'avaient que 3 escadrons ou divisions ; et tous les autres régiments étaient de 4 escadrons. Les rapports disent qu'ils sont à présent tous à 4 escadrons.

Il y a lieu de présumer que dans les rapports on a confondu les dragons avec des cuirassiers et des chevau-légers (1).

Les rapports ayant donné très peu d'indications locales pour l'emplacement des régiments et des diverses divisions qu'ils composent, on s'est borné à placer dans ces cas-là les troupes en masse par deux régiments.

Les cartons qui couvrent chaque case pourront recevoir la désignation des emplacements quand ils seront connus.

Comme il existe 10 régiments d'infanterie de ligne,

    1 de frontière,
    5 corps francs,
  15 bataillons d'infanterie légère,
    6 régiments de cuirassiers,
  10 — de dragons,
    2 — de hussards,
    1 — de chasseurs.

et 19 régiments de grenadiers dont on ne connaît point l'emplacement, on a placé dans des cases, sous ce titre, un carton pour chacun de ces corps, pour servir de renseignement.

Le premier tiroir de la boîte renferme le camp de Laybach, l'armée d'Italie et le corps du Tyrol.

Le deuxième tiroir renferme l'armée d'Allemagne, la garnison de Vienne et les troupes sans destination connue.

Le troisième tiroir est vide et pourra servir à l'emplacement des troupes russes.

---

(1) Ces erreurs (par exemple *dragons de Latour* au lieu de *chevau-légers de Latour*) provenaient de la récente transformation de plusieurs régiments de dragons en chevau-légers, etc.

Salzbourg, le 25 août 1805.

Le général Auffenberg, celui-là même qui fut fait prisonnier dans les Grisons, est passé avant-hier, se rendant au Tyrol.

Sur une lettre de l'Impératrice, annonçant qu'elle attend d'heure en heure le moment de ses couches, l'Électeur partit hier pour Vienne. Je doute qu'on le revoie ici, s'il est vrai, comme on le répand, que son pays soit à la veille d'être occupé par les troupes autrichiennes, et que deux régiments soient attendus, l'un à Laufen, où se trouve depuis quelque temps un ingénieur autrichien, et l'autre à Tittmoning, autre gros bourg sur la Salza.

Chose sûre, c'est que l'ordre est donné ici de tenir prêts de grands hangars, qui sont hors de la ville, pour y mettre de la cavalerie, que l'on amasse des fourrages à Laufen, non pas, comme on le dit, pour être transportés, mais à mon sens pour y rester, et enfin que M. Lehbolt, capitaine de ce Cercle de l'Inn-Viertel, a été appelé à Vienne pour recevoir des ordres de la bouche même de l'Empereur. Voilà donc les préparatifs qui se rapprochent fort de la Salza, ligne trop importante pour qu'au point où en sont les choses on puisse différer les travaux qu'exige sa défense.

800 à 900 hommes, destinés au Tyrol, sont encore passés avant-hier. Depuis le 1er juillet, il n'a pas laissé que d'en passer ici 2,000 à 3,000, par petits pelotons à la vérité, mais la plupart soldats formés quoique sous nom de recrues. Je ne les compte pas dans les trois régiments d'infanterie et quatre escadrons de hussards qui passent par les montagnes, et dont j'ai envoyé la feuille de route il y a huit jours.

Un train considérable d'artillerie a été rencontré le 19 août sur la route de Moelck à Kelmbach (Basse-Autriche).

Ce camp de Wels, suivant toutes les apparences, sera de 30,000 habitants au moins et pourra se renforcer à volonté.

Je reste persuadé que la Bavière aura les premiers coups; les mesures de l'Autriche l'indiquent, la défense du Tyrol et son approvisionnement le commandent. Cependant, jamais plus d'égards envers cette puissance; on fait valoir le soin avec lequel les troupes évitent son territoire. Les Bavarois que l'on avait saisis à l'occasion de la dernière émeute, ainsi que ceux qui avaient été enrôlés de force, viennent d'être relâchés avec une déclaration particulière de l'Empereur, des plus amicales ; l'arrangement relatif aux terres de Bohême données à l'Électeur de Salzbourg par celui de Bavière en échange des baillages qui sont distraits de l'évêché d'Eichstedt, vient d'être terminé par la Cour de Vienne après avoir traîné deux ans. En un mot, rien n'est épargné ; mais malgré toutes ces démonstrations, je ne croirai jamais que l'Autriche laisse comprendre, comme quelques gens le croient, dans une ligne de démarcation, une puissance qu'elle doit plus souhaiter d'avoir pour ennemie que pour alliée.

J'attends d'un jour à l'autre le voyageur qui visite l'Autriche. En attendant, je dois observer à Votre Excellence que les informations étant déjà très difficiles à obtenir dans ce pays plein de mystères, ne seront plus possibles si les journaux publient surtout sous la rubrique de petites villes, celles qui en sont tirées ; bien pis encore, qu'en nommant les personnes, ils les exposent, ou à finir leurs jours dans les prisons, ou tout au moins à de sévères réprimandes. Une lettre publiée dans nos papiers, sous rubrique de Trente, aura, sans contredit, rendu la surveillance sur les voyageurs plus sévère encore au Tyrol. J'apprends qu'un marchand de Francfort, après avoir été transporté de patrouille en patrouille, n'a dû sa liberté qu'au bonheur qu'il a eu d'être connu et cautionné par des négociants d'Innsbrück.

Un autre, nommé Müller, de Carlsruhe, et se rendant à Coire par le Tyrol, a de même été escorté et détenu à Innsbrück, et obligé de rebrousser chemin par Füssen. Toute nouvelle datée de Salzbourg n'est censée venir que de moi, et à moi que par mes connaissances, ce qui me compromettant ainsi qu'elles, compromet mon service. D'une part, on observe plus, et de l'autre on s'observe plus avec moi. Enfin jamais l'Autriche n'eût réussi à imposer silence à ses agents sur ses opérations autant que l'aura fait l'article du *Moniteur* qui, en publiant l'ordre de la Chancellerie touchant les étrangers, nomme le capitaine de cercle duquel on l'a reçu.

L'homme que j'ai envoyé hier à Laufen pour savoir ce qu'il en est de l'arrivée d'un régiment, me rapporte qu'il n'y a aucun préparatif d'aucun genre. Tout annonce que le camp de Wels sera augmenté. 150 hommes de Stein passent en ce moment.

Je prie Votre Excellence, etc...

De Lezay-Marnésia.

M. Larochefoucauld à M. Talleyrand.

Vienne, le 7 fructidor an XIII (25 août 1805).

Monsieur,

Non seulement le camp de Budweis n'aura pas lieu, mais celui de Münckendorf est contremandé. Les troupes qui devaient former ces deux campements ont reçu l'ordre de se porter à Wels.

Le camp de Pettau est transféré à Laybach ; déjà les régiments sont en marche vers cette nouvelle destination.

Les troupes composant actuellement la garnison de Vienne doivent en partir sous peu de jours en totalité. Elles seront remplacées par des Croates qui arrivent du fond de la Hongrie.

Déjà trois voitures faisant partie des équipages de l'Empereur ont pris la route d'Italie. Ceci a quelque rapport avec les bruits qui circulent depuis quelques jours. On répand que Sa Majesté l'Empereur d'Allemagne veut aller commander en personne l'armée d'Italie, ayant le général Mack pour chef d'état-major. On met actuellement le prince Charles à la tête de l'armée d'Allemagne. (Son Altesse Royale a annoncé à quelques officiers qui partaient pour Udine qu'elle irait bientôt les visiter. Ses équipages sont prêts, et il est probable qu'en sa qualité de Ministre de la guerre il accompagne Sa Majesté dans l'inspection des camps.) Le général Mayer commandera la réserve de l'archiduc Charles, placée en Haute-Autriche. Le général Mack doit bientôt se rendre en Italie et en Tyrol pour y faire exécuter les dernières dispositions arrêtées en Conseil de guerre, ou pour mieux dire par le général Mack seul ; car il est certain que pour ce qui concerne les placements de troupes, les mouvements militaires et les règlements et ordonnances, le général a les pleins pouvoirs de Sa Majesté, et que la résistance qu'il a trouvée d'abord chez le prince Charles est nulle maintenant. MM. les généraux Latour, Wenzel Colloredo, Mitrowski et Alvinzy doivent être nommés feld-maréchaux. Les archiducs Jean (frère de l'Empereur), Ferdinand (fils de l'ex-gouverneur de Milan), les généraux Mack, Schwarzenberg et Jean Liechtenstein feldzeugmeisters. On annonce une promotion presque générale dans l'état-major général de l'armée. Une grande quantité de colonels seront élevés au grade de général-major, et autant de majors à celui de colonel. On désigne déjà vingt généraux-majors. C'est demain, dit-on, que ces nominations seront rendues publiques.

Il est expressément défendu aux employés des bureaux du Conseil de guerre de parler de leurs travaux, surtout à des étrangers. Il est également enjoint aux chefs comme aux subalternes d'un même bureau de ne converser entre eux sur leur besogne que le moins possible, et jamais sans ordre spécial avec les membres d'un bureau différent. Cet ordre est affiché dans l'intérieur du Département de la guerre.

Le régiment de hussards Archiduc-Palatin a été passé en revue ce matin par Son Altesse Royale, à Schœnbrünn, et il s'est mis de suite en marche vers le camp de Wels.

J'ai l'honneur, etc.

La Rochefoucauld.

Au général Duroc.

Camp de Boulogne, le 10 fructidor an xiii (28 août 1805).

Monsieur le général Duroc, l'armée est en plein mouvement. Les grenadiers et les premières divisions de chaque corps d'armée sont partis. Demain partent les deuxièmes divisions.

J'ai envoyé des ordres au général Marmont et à l'armée de Hanovre. Ces corps d'armée seront organisés et devront se rendre sur le Rhin dans les premiers jours de vendémiaire. J'imagine qu'à l'heure qu'il est vous savez à quoi vous en tenir sur le but de votre mission. L'armée de Hanovre n'a encore reçu que l'ordre de se rendre à Gœttingen. Si je m'arrange avec la Prusse, je n'ai pas besoin de penser au Hanovre; si je ne m'arrange pas avec elle, je laisserai dans la place forte des vivres pour un an, un bon commandant et de l'artillerie; et, si quelqu'un vient l'assiéger, je reviendrai, avant que la tranchée soit terminée, tomber sur l'armée assiégeante. Ces renseignements peuvent vous être utiles, car on pourrait croire que j'ai plus d'intérêt à me défaire du Hanovre qu'à le garder. Ce ne serait que de 3,000 hommes que me priverait le refus de la Prusse, c'est-à-dire de la garnison de Hameln, et, si 30,000 ou 40,000 Anglais venaient l'assiéger, vous sentez combien cela serait heureux. Frédéric allait bien rapidement de Prague à Rosbach.

Lorsque l'armée apprit qu'elle allait sur le Rhin, la joie fut universelle. Comme vous êtes près du Nord, que votre langage soit modéré et pacifique. Mais dites au Roi, seulement, que l'Autriche m'insulte trop et d'une manière trop évidente ; que, dans le fait, elle a déjà déclaré la guerre.

Il est possible que d'ici à cinq ou six jours j'envoie l'ordre au corps du maréchal Bernadotte de se rendre à Würzbourg. Il devra alors traverser un pays neutre. Commencez à faire les premières démarches pour obtenir des facilités pour le passage, par l'intermédiaire de la Prusse ; ce sera, si l'on veut, un corps qui se rend en France, et qui se dirige, par le plus court chemin, sur Strasbourg.

J'ai envoyé le général Bertrand à Munich.

NAPOLÉON.

P. S. — Tout est parti ; je serai en mesure le 5 vendémiaire. J'ai donné l'armée d'Italie à Masséna. L'Autriche est très insolente ; elle redouble ses préparatifs. Mon escadre est entrée à Cadix. Gardez le secret ; ceci est pour vous seul. Prenez toutes les cartes possibles du Danube au Mein, de Bohême, et portez-moi l'organisation de l'armée autrichienne et russe.

(*De la main de l'Empereur.*)

Le général Clarke au général Vial.

Pont-de-Briques, le 11 fructidor an XIII (29 août 1805).

Monsieur l'Ambassadeur, Sa Majesté l'Empereur et Roi m'a recommandé d'écrire à Votre Excellence pour lui faire part de son désir que vous fassiez choix de l'un des officiers qui sont auprès de vous, et que, sous un prétexte quelconque de voyage, vous lui donniez l'ordre de faire la reconnaissance de la route qui va de Lindau à Ulm, par Leutkirch et Memmingen. Comme c'est une route de poste, Sa Majesté pense qu'il suffira que l'officier que vous désignerez la parcoure en deux jours, afin de la bien voir. Il s'attachera à décrire la route en forme d'itinéraire, notera les bois et les montagnes, les vallées, les rivières, les ponts, les gorges, les embranchements des routes latérales, les châteaux, les villes et villages, dont il notera également la population. Il s'informera des moyens de charrois que peuvent procurer cette route et ses environs pour un corps d'armée. Il verra quelle est la liaison qui existe entre cette route, Kempten et le Vorarlberg, et il se procurera les meilleurs renseignements sur tout ce qui concerne la rivière d'Iller, qu'il examinera en partie sans trop s'écarter de sa route. Cet officier rendra compte de la situation actuelle de la place de Lindau, de son artillerie, de sa garnison et, s'il se peut, de ses magasins. Il recueillera tous les renseignements qu'il pourra sur la position des Autrichiens dans le Tyrol et dans le Vorarlberg, et, dès l'instant que ces détails seront parvenus à Votre Excellence, l'intention de Sa Majesté est qu'elle les lui transmette promptement.

Par ordre de l'Empereur (1).

M. Larochefoucauld à M. Talleyrand.

26 août ou 31 août?

Monsieur,

J'ai l'honneur de vous faire passer ci-joint l'état du mouvement de l'armée autrichienne, tant infanterie que cavalerie. Ce tableau est le résumé général des rapports que je vous ai adressés successivement.

Dans mon dernier bulletin, il était question de la nomination de quatre feld-maréchaux, mais Sa Majesté l'Empereur s'est réservé de la faire dans un autre moment; on croit que ce ne sera qu'au mois d'octobre prochain.

Le président du conseil de guerre a fait insérer à l'ordre général d'hier une pièce portant le titre d'*Armee-Befehl* (ordre de l'armée) par laquelle la résolution de Leurs Majestés l'Empereur d'Allemagne et d'Autriche, de mettre l'armée sur le pied de guerre (kriegs fuss) est notifié aux troupes autrichiennes, et leur

---

(1) Cette lettre est reproduite d'après une minute non signée; on ne sait si elle a été expédiée.

annonce en même temps la promotion d'un grand nombre de leurs chefs à des grades supérieurs. Sa Majesté, après avoir donné des éloges à tous les militaires qu'elle venait de distinguer, soit par une simple faveur, soit qu'ils méritassent cette récompense, a nommé Leurs Altesses Royales les archiducs Jean (frère de l'Empereur) et Ferdinand (de Milan) feldzeugmeisters.

Les généraux-majors :

Bourgeois, directeur de l'École des cadets à Vienne ;
Szereday, brigadier à Prague ;
Roos, directeur de l'artillerie à Venise ;
Fleischer et Skall, employés au conseil de guerre ;
Saint-Julien, gouverneur de l'archiduc Louis, sont élevés au grade de feld-maréchaux lieutenants.

De ces militaires, le seul connu est le comte Saint-Julien, qui s'est trouvé à Paris en l'an VIII.

Les archiducs Louis, frère de l'Empereur, et Maximilien (de Milan) deviennent généraux-majors, ainsi que 34 colonels, parmi lesquels on distingue : MM. Rokhatca, Lutz et Mayer, tous les trois colonels attachés à l'état-major général. MM. Weyrother, commandant ; Schroder, infanterie, et de Radetski ; duc Albert, cuirassiers ; le comte Jérôme Colloredo, fils cadet du vice-chancelier de l'Empire, et le prince Maurice Lichtenstein : ces deux derniers se sont signalés par leur bravoure dans les dernières guerres.

On s'occupe de composer les états-majors des différentes armées. Sa Majesté prend, dit-on, toujours le commandement de celle d'Italie, ayant pour quartier-maître le général Mack ; la droite sera donnée à l'archiduc Jean et la gauche au prince Jean de Lichtenstein, feld-maréchal lieutenant.

L'armée d'Allemagne ou des frontières de Bavière doit être confiée à l'archiduc Ferdinand (de Milan), ayant pour lieutenants généraux les généraux Merveldt et Gyulai.

Deux colonels, quatre lieutenants-colonels et sept majors seront attachés aux différents quartiers généraux des armées, ainsi que quatre adjudants et deux Flügel-adjudants.

La poste militaire, dont le centre est à Udine, est déjà en pleine activité.

On a parlé de deux marchés de chevaux pour la remonte entière de la cavalerie, l'un de 5,000 et l'autre de 12,000. On a déjà adjugé l'entreprise des fournitures de médicaments de l'armée, et les dispositions sont faites pour les hôpitaux de campagne, ambulances, etc.

Seize fours de campagne, ainsi que les charpentiers, maçons et boulangers nécessaires, sont partis de Vienne avant-hier en deux divisions; l'une se rend à Laybach et l'autre à Wels.

L'archiduc Charles doit toujours se rendre en Italie.

J'ai l'honneur, etc.

A. LAROCHEFOUCAULD.

ARMÉE AUTRICHIENNE.

État nominatif des régiments d'infanterie et de cavalerie mis en mouvement depuis le 10 messidor jusqu'au 13 fructidor an XIII.

AUTRICHE ANTÉRIEURE.

INFANTERIE.	CAVALERIE.
Strasoldo.	Empereur (chev.-lég.).
Anspach.	Würtemberg.
Cobourg.	Melas.
Hohenlohe.	Levenehr.
Lindenau.	Archiduc Charles (uhlans).
Mitrowsky.	

CARINTHIE.

Archiduc Ferdinand.
Kerpen.
W. Colloredo.
Schrœder.
Archiduc Charles.
Deutschmeister.

ITALIE.

Lattermann.
Archiduc Rodolphe.
Esterhazy.
Hohenzollern.
Archiduc Joseph.

INFANTERIE.	CAVALERIE.
Bellegarde.	Hohenzollern (dragons).
Saint-Julien.	Ott (hussards).
Wukassovitch.	
Davidovich.	
Archiduc François.	
Licaner.	
Ottochaner.	
Oguliner.	
Saint-Georges.	
Szluiner.	
Gradiscaner.	
2ᵉ Banat.	
Creuzer.	

CARNIOLE.

Spleny.	Archiduc Joseph.
Benyowsky.	Archiduc Ferdinand.
Allvinzy.	Stipsicz.
Sztarray.	Erdœdy.
	Kienmayer.

TYROL.

Chasseurs tyroliens.	Blankenstein (hussards).
Klebeck.	
Speck.	
Jordis.	
Frohn.	
Fr. Kinsky.	
Duka.	
Neugebauer.	
Hildburghausen.	
Archiduc Louis.	
Empereur.	
Beaulieu.	
Stein.	

CAMP DE WELS.

Archiduc Rainier.	Auffenberg.
Frelich.	Klenau.
Kollowrath.	Hohenlohe (dragons).
Archiduc Maximilien.	Schwarzenberg.

INFANTERIE.	CAVALERIE.
Manfredini.	Merveldt (uhlans).
Erbrah.	Liechtenstein (hussards).
Stuart.	Duc Albert (cuirassiers).
J. Colloredo.	Mack.
Reuss-Plauen.	Nassau.
Reuss-Greitz.	Savoie.
Kaunitz.	Palatins (hussards).
Würtemberg.	Empereur (cuirassiers).
Riese.	Szecklers (hussards).
Salzbourg.	
Auersperg.	
Brooder.	
Peterwardeiner.	
1er Banat.	
Valaschischer Illyrischer.	
1er Valaque.	
2e Valaque.	
1er Szecklers.	
2e Szecklers.	

Ordre général de l'armée autrichienne.

25 août.

Puisque Sa Majesté l'Empereur se trouve forcé de mettre son armée sur le pied de guerre, en conséquence, il lui a plu d'ordonner ce qui suit :

1° Les officiers portés sur l'état des avancements (Lettre A des suppléments), ainsi que ceux qui, par la suite, seraient promus en grade, en tant qu'ils appartiennent déjà aux armées rassemblées, ou qu'ils n'en font point partie, doivent sur-le-champ s'y rendre, et recevront de l'état-major général de l'armée à laquelle ils sont attachés, leur destination ultérieure.

Quoique les brevets nouveaux ne soient point encore expédiés, cependant les officiers seront considérés comme entrés en fonctions de l'époque du 1er septembre ;

2° Le supplément lettre B contient les noms des différents officiers qui composent les nouveaux états-majors, et en même temps, le lieu de la formation où ils doivent se rendre.

Pour premier fond de ce corps d'état-major, chaque régiment d'infanterie de l'armée, tant en Italie qu'en Allemagne, doit envoyer de suite au lieu de la formation, pour le corps des pionniers, 2 caporaux instruits et sûrs, avec 10 soldats propres à ce service, dont la probité et l'intelligence soient garanties par les régiments. Pour l'état-major des régiments d'infanterie, chaque régiment fournira 1 caporal avec 10 soldats mi-invalides (on appelle ainsi un soldat dont la santé est trop faible, soit par suite de maladies ou de blessures, pour faire le service actif de l'armée. Il n'est employé qu'à la garde des malades, aux hôpitaux, ou à faire le service d'ordonnance dans les quartiers généraux ou à l'administration de l'armée). En outre, les bataillons de garnison en Italie enverront, pour l'état-major des régiments d'infanterie italienne, 8 caporaux et 200 soldats; pour celui d'Allemagne, 6 caporaux et 150 soldats, sous le commandement d'un officier à Linz, lieu de la formation. Pour l'état-major des régiments de dragons, chaque régiment de cavalerie, tant d'Italie que d'Allemagne, enverra 1 brigadier mi-invalide et 8 cavaliers *idem*, avec les chevaux les moins en état de servir;

3° Tous les régiments, bataillons et escadrons, ainsi que les généraux qui sont employés à l'armée d'Italie, du Tyrol et d'Allemagne. à compter du 1er septembre, recevront le traitement ainsi que les vivres et fourrages de campagne ;

4° Sa Majesté accorde aux généraux, aux officiers, sous-officiers et autres, non seulement leurs appointements d'un mois pour gratification, mais encore, par faveur particulière, il double cette gratification pour s'assurer d'autant plus qu'ils formeront leurs équipages avec d'autant plus de diligence et de zèle;

5° Tous les régiments d'infanterie remplaceront les capitaines-lieutenants qui ont été créés majors, les adjudants de bataillons, les deux sergents près chaque compagnie, et les douze caporaux que doit avoir chaque compagnie;

6° Les régiments allemands et hongrois (infanterie de ligne), de même que les régiments des frontières, n'auront que 180 fusiliers par compagnie (à l'exception des régiments de Transylvanie qui n'en auront que 160). Les régiments hongrois doivent obtenir ce nombre par leurs semestriers, et les régiments restés jusqu'ici dans l'intérieur de la monarchie, et les bataillons appartenant à un régiment employé ailleurs, restés dans l'intérieur, sont mis sur pied de guerre, mais avec la solde du temps de paix ;

7º Sans exception, il sera formé dans tous les régiments d'infanterie de ligne, ainsi que dans les régiments de frontières, 1 bataillon de réserve de 4 compagnies. Chacune des compagnies consistera, y compris 12 appointés, en 200 fusiliers, 8 caporaux, 1 sergent, 1 enseigne, un 1er et un 2e lieutenant, 1 capitaine, 1 capitaine-lieutenant, 2 tambours ; l'état-major : d'un officier-major commandant, 1 adjudant, 1 chirurgien-major, 1 aide-major et 2 fourriers.

Chacun des régiments dont il est question plus haut doit fournir pour deux compagnies de ce bataillon de réserve les officiers, sous-officiers et appointés, et pour les autres compagnies ils seront pris dans les militaires pensionnés ou invalides, qui seront répartis également dans les quatre compagnies.

Un lieutenant-colonel, un major pensionné, sera nommé par le conseil de guerre, pour commander ce bataillon,

A la réception de cet ordre, les régiments allemands et hongrois feront rendre dans le lieu de la formation les officiers, sous-officiers, appointés, pour les deux compagnies, et 32 soldats mi-invalides, destinés aux quatre compagnies.

Le supplément lettre C, donnera plus de détails sur ceci.

En attendant, le conseil de guerre donnera ses ordres aux officiers pensionnés, aux sous-officiers et appointés invalides, conformément au même objet ;

8º Les régiments de cavalerie formeront leur escadron de réserve ; quant aux officiers, bas officiers et petit état-major, semblable à celui de campagne, mais seulement de 140 cavaliers montés, et 10 à pied pour les cuirassiers et dragons ; les chevau-légers, hussards et uhlans n'en auront que 160 montés et 15 à pied. La force de l'escadron de campagne reste fixée, comme dernièrement les dragons, pour les troupes légères, 130 ; pour le premier fond de l'escadron de réserve, chaque régiment fournira 8 cavaliers mi-invalides qu'il montera, ainsi que les sous-officiers avec les chevaux non de service, et ils marcheront sans tarder là où est leur dépôt ; bien entendu cependant, que les hommes et les chevaux qui se trouvent déjà au dépôt sont à défalquer du nombre précité.

Les stations futures où les escadrons de réserve auront à se porter, dans le cas qu'une guerre survienne, seront fixées dans son temps par le conseil de guerre, et on aura attention autant que possible de les mettre à la proximité de leur canton de recrutement. Le conseil de guerre rappellera de suite les semestriers surnuméraires de chaque régiment dans les lieux de formation, et si quelques-uns d'eux se trouvaient auprès du corps où ils seraient de trop par l'état du complet, de suite ils seront renvoyés au premier endroit susdit ;

9º Dans la création des escadrons et bataillons de réserve, les régiments doivent prendre garde à ne faire occuper les places d'officiers que par des surnuméraires, de quelque grade que ce soit, sans cependant placer le capitaine en pied et le capitaine-lieutenant dans la même catégorie. Les régiments des frontières doivent surtout suivre cette règle, vu le grand nombre d'officiers surnuméraires qu'ils possèdent.

Quant aux emplois qui viendraient à vaquer dans les régiments, les commandants doivent en instruire sur-le-champ les propriétaires, d'après les instructions que peut-être ils ont reçues, mais en cas qu'ils n'en fussent point pourvus, ou qu'ils soient trop éloignés du propriétaire, ils doivent y pourvoir sur-le-champ d'après leur propre conscience, et consulter sur le choix les autres officiers-majors ;

10º Le supplément lettre D contient la réduction des équipages de régiments, des tentes de chevaux, de bagages et autres objets de cette espèce, d'après laquelle les régiments doivent se régler en ce moment.

En conséquence, les chariots superflus seront envoyés au dépôt des transports les plus voisins, et les tentes de trop, à la commissairerie d'équipement ou à son dépôt général.

Le 25 août 1805.
Le comte DE BAILLET DE LA TOUR.

Premier supplément, lettre A.

Contient les nominations de Son Altesse Royale l'archiduc

Jean et de Son Altesse Royale l'archiduc Ferdinand, aux grades de généraux de cavalerie.

Son Altesse Royale l'archiduc Louis et Son Altesse Royale l'archiduc Maximilien, aux grades de généraux-majors.

Feld-maréchaux lieutenants.

Le général-major Bourgeois.	Le général-major Zach.
— Fleischer.	— Saint-Julien.
— Szereday.	— Skal.
— Roos.	

11 généraux-majors pour l'armée d'Italie, 11 pour l'armée d'Autriche au-dessus de l'Enns, 2 pour les troupes en Tyrol, 2 pour celles du Doralberg; 6 dans l'intérieur, 4 mis à la pension avec le caractère de généraux-majors (parmi lesquels on remarque M. le général Duka, prédécesseur de Mack), 1 adjudant général en Italie, 4 adjudants d'aile en Italie, 1 adjudant général en Autriche au-dessus de l'Enns, 4 adjudants d'aile au-dessus de l'Enns.

État-major du quartier général.

ITALIE.	EN AUTRICHE (au-dessus de l'Enns).
2 colonels.	1 colonel.
4 lieutenants-colonels.	4 lieutenants-colonels.
8 majors.	7 majors.

Suit une liste de onze pages, contenant les noms des officiers attachés à la suite des régiments.

Second supplément, lettre B.

Nominations aux charges d'officiers du quartier général et des états-majors qui en dépendent.

POUR L'ARMÉE D'ITALIE.	POUR L'ARMÉE D'ALLEMAGNE.
24 capitaines.	24 capitaines.
8 premiers lieutenants.	8 premiers lieutenants.
1 deuxième lieutenant.	2 deuxièmes lieutenants.
5 enseignes.	3 enseignes.

Pour le corps des pionniers.

ITALIE	ALLEMAGNE.
(de la formation Goritz).	(de la formation Lintz).
8 capitaines.	6 capitaines.
8 lieutenants.	6 lieutenants.
8 deuxièmes lieutenants.	6 deuxièmes lieutenants.

Pour l'état-major de l'infanterie.

GORITZ.	LINTZ.
4 capitaines.	4 capitaines.
2 lieutenants.	2 lieutenants.
5 deuxièmes lieutenants.	3 deuxièmes lieutenants.

Pour l'état-major des dragons.

LAYBACH.	WEILS.
1 colonel.	2 colonels.
7 capitaines.	4 capitaines.
4 lieutenants.	1 lieutenant.

Viennent ensuite les officiers d'état-major de l'infanterie en Allemagne et ceux des dragons en Italie.

Troisième supplément, lettre C.

Tableaux des lieux de formation actuelle et la garnison future des bataillons de réserve de toute l'armée.

Quatrième supplément, lettre D.

Règlement qui fixe le nombre des voitures attachées à chaque corps ou division de cavalerie, d'infanterie, et les chevaux de selle pour l'infanterie.

1º Chaque division d'infanterie n'aura qu'un chariot attelé de quatre chevaux, qui pourra porter 400 rations. Outre cela, chaque régiment a un chariot avec quatre chevaux pour la caisse, un de deux chevaux pour la forge de campagne, un de deux chevaux pour l'état-major.

2º En cas d'une nouvelle guerre, le nombre des tentes est réduit à 24 pour chaque division d'infanterie qui, avec 8 capotes de fusils, seront portées par trois chevaux.

Vu la diminution des tentes, il n'y aura à couvert qu'au moins la moitié des hommes. Ainsi que dans les camps volants, une moitié campera et l'autre bivouaquera; dans les camps retranchés, on élèvera des cahutes pour les hommes sans tentes, et on leur fournira de la paille ou des branches d'arbres coupées dans la proximité du camp, en se conformant à la direction du commissaire du pays.

La cavalerie n'aura que 8 tentes par division, et, comme elles sont plus grandes que celles de l'infanterie, elles seront portées par un nombre égal de chevaux. Les chevau-légers auront des tentes, mais les hussards et les uhlans, non.

Chaque division d'infanterie aura deux chevaux de bât, et un valet d'équipage pour les marmites et les casseroles.

3º Par chaque régiment d'infanterie, l'une des deux rations de fourrages accordées aux officiers subalternes, de même qu'une des deux de pains, lui seront retirées.

Pour l'en dédommager, le Trésor entretiendra, par chaque compagnie, deux chevaux et un valet pour transporter le bagage des officiers, qui ne doit pas outrepasser 75 livres pour chacun d'eux.

Chaque officier n'aura qu'une baraque-tente qui lui est fournie et transportée aux frais de l'État, et si la guerre nécessite un quatrième officier par compagnie, il y aura deux chevaux; et le commandant est responsable de ce que les officiers n'enfreignent pas la défense d'outrepasser le poids de 75 livres pour leur bagage.

Ordre de se pourvoir d'un portemanteau, dont le dessin gravé est annexé au présent décret.

Les adjudants des généraux et les adjudants de bataillons ne sont point compris dans ces réductions.

Les officiers d'ordonnance ne seront plus extraits de l'infanfanterie. Dans le cas où le général en chef jugerait nécessaire d'avoir un officier monté près de ses feld-maréchaux lieutenants, on choisira un adjudant de bataillon. Tous les autres officiers d'ordonnance seront pris dans la cavalerie ou dans l'état-major des dragons.

Sa Majesté verrait avec beaucoup de plaisir que les officiers ne se permissent pas d'entretenir des chevaux; au moins, les généraux commandants auront à faire attention que, dans le voisinage de l'ennemi et à une distance laissée à leur jugement, aucun officier subalterne ne paraisse à cheval près de sa troupe.

Les rations de bouche et de fourrages seront remboursées aux officiers qui, y ayant droit, ne les prendront pas en nature; 10 florins par mois pour les rations de fourrages et 2 florins 3 pour celles de bouche, mais il est ordonné aux généraux et officiers d'état-major d'avoir toujours le nombre de chevaux qui leur est nécessaire pour le service.

D'après ce remboursement, il est défendu de vendre ses rations sous la peine d'être cassé sans aucune considération; et cependant, on permet de prendre plus de rations de paille que l'on pourrait y avoir droit, mais pour ses propres chevaux seulement.

Les capitaines ont tous quatre rations de fourrages, mais il ne leur est point passé de voitures. Les lieutenants-colonels et majors se réunissent pour une voiture attelée de deux chevaux; ils peuvent avoir, sur les sept rations qui leur sont accordées, un cheval de bât et au moins deux chevaux pour leur service, avec un palefrenier monté. Les colonels peuvent avoir une calèche à deux chevaux et un fourgon attelé également de deux chevaux. Les autres officiers supérieurs toucheront les rations qui étaient accordées à leur grade en l'an 1799, dans la dernière guerre contre les Français.

Les officiers de cavalerie perdant une ration de fourrages sur quatre, elle leur est remboursée par la somme de 10 florins, et leur tente est transportée aux frais de l'État.

Second supplément à la lettre D.

Il contient l'état de l'équipement qu'un officier particulier doit avoir en campagne. Le poids de la valise est fixé à 9 livres 14 onces; celui de son portemanteau à 1 livre 14 onces. Ces deux sommes réunies au poids des autres effets qui lui sont permis, produisent 63 livres 20 onces, minimum du bagage d'officier.

*Note remise par M. Raymond, secrétaire de la légation
à Stuttgard.*

8 fructidor an XIII (26 août 1805).

Les Russes ont passé les frontières de la Galicie le 19 août; la première colonne est entrée par Brody, ville frontière. Le 26 août, l'avant-garde est entrée à Lemberg, capitale de la Galicie. Il y a 6 colonnes de 15,000 hommes chacune.

On nous a promis le tableau de l'état-major de l'armée.

Le ministre d'Autriche à Ratisbonne a notifié à ses collègues que sa Cour n'avait pas pu voir avec indifférence les empiétements de la France, et s'était en conséquence entendue à ce sujet avec l'empereur de Russie, qui se réunirait avec l'empereur d'Allemagne, pour ne pas rester les observateurs tranquilles des projets de la France.

La Cour de Vienne invite donc tous les États d'Empire à faire cause commune avec Elle, et surtout à ne pas écouter les propositions trompeuses qui pourraient leur être faites de la part de l'Empereur des Français.

Nous n'avons pas lu le texte même de la note, mais le ministre de Bavière à Stuttgard, qui l'avait lue, nous l'a transmise ainsi.

M. Otto à M. de Talleyrand.

Munich, le 10 fructidor an XIII (28 août 1805).

Je profite du passage du courrier du cabinet Le Comte, pour avoir l'honneur de vous transmettre quelques nouvelles de Vienne qui m'ont été communiquées, hier au soir, par M. de Montgelas, mais qui ont déjà dix jours de date, la lettre ayant été apportée par un voyageur.

Suivant ces avis, les préparatifs de guerre en Autriche sont poussés au plus haut degré d'activité. Les Russes sont sur le point d'entrer en Galicie avec 60,000 hommes, tandis qu'une armée de 100,000 Russes observe les frontières de la Prusse. Le général Mack, le plus zélé partisan de la guerre, a assuré depuis longtemps qu'elle était inévitable. Les Autrichiens ont une si haute opinion de cet officier, qu'à leurs yeux, il équivaut lui seul à une armée.

Plusieurs compagnies d'artillerie sont parties en poste pour l'Italie. Les officiers ont reçu, comme en temps de guerre, la permission de prendre autant de chevaux qu'ils peuvent en acheter, et tirer leurs fourrages des magasins impériaux à raison de 3 florins par ration. La plupart prennent plus de rations qu'il ne leur en faut, et les revendent pour 16 ou 20 florins, suivant la cherté des lieux où ils se trouvent.

On croit qu'un corps d'armée considérable s'avancera sur Günzbourg. Le camp de Wels doit être composé de 59 bataillons et de 56 escadrons. Au delà de 500 pièces de campagne ont été envoyées aux armées. On prépare encore 100 pièces.

Il est parti de Vienne 1 compagnie de bombardiers et 2 compagnies de canonniers pour le Tyrol, 1 compagnie de bombardiers et 3 de canonniers pour l'Italie, où il se trouvait déjà 8 compagnies de canonniers. Il y a à Wels 1 compagnie de bombardiers et 3 compagnies de canonniers.

Depuis quinze jours, 400 ouvriers travaillent constamment dans le laboratoire à préparer des cartouches.

La marche de l'artillerie pour la Haute-Autriche et pour l'Italie a commencé dix jours plus tôt qu'elle n'avait été ordonnée.

On a aussi envoyé à Wels beaucoup d'artillerie venant de Budweis et de Prague.

17 bataillons des frontières sont en marche, et chaque régiment aura un cinquième bataillon qui formera la réserve. Les officiers pensionnés seront chargés d'exercer ces nouveaux bataillons. On s'étonne que le gouvernement ait osé dégarnir à ce point les frontières orientales. Avec quelques millions de florins, un général habile, sachant la langue du pays, soulèverait en six semaines toute la Transylvanie, le Banat, la basse Hongrie et peut être la Croatie et l'Esclavonie, et organiserait tous ces pays militairement, surtout s'il promettait de rétablir les Greits dans toute leur indépendance.

Le gouvernement prévoit bien la possibilité de quelques désordres, sans se douter d'une insurrection générale. Quand même quelques nobles seraient assassinés par leurs paysans, il aurait soin de l'attribuer à leur dureté.

L'Autriche compte tellement sur sa force et sur ses réponses, qu'elle n'emploie aucun moyen politique pour gagner les alliés de la France. Elle saisit avec avidité tout ce qui flatte ses passions. On s'entretient beaucoup, à Vienne, de la désertion des troupes françaises en Italie; on espère que cette désertion augmentera quand la guerre sera commencée, et que les troupes françaises ne se battront plus avec autant de valeur que dans la dernière guerre.

Il est plus vrai que les semestriers polonais rappelés de leur pays sont extrêmement mécontents ; on les mène forcément à leurs régiments comme des recrues. Ils disent hautement qu'ils servent depuis onze ans, qu'on a violé leur capitulation, et qu'au lieu de les renvoyer, on leur donne un service plus dur qu'auparavant. Même ceux qui ont déjà leur congé et qui se sont mariés depuis, sont obligés de marcher s'ils ne peuvent prouver que, depuis leur retour, ils ont trouvé un emploi suffisant pour leur entretien.

Les Russes campés près de Brezc-Theresopol n'attendent qu'un courrier de Vienne pour se mettre en marche. Un négociant, arrivé récemment d'Odessa par Brody, a employé une demi-journée à traverser le camp russe en voiture; il a passé sans la moindre difficulté, mais arrivé sur le territoire autrichien, il a éprouvé mille retards, sans doute parce que le gouvernement désire de cacher la présence et le nombre des troupes russes.

Otto.

Le général Bertrand à l'Empereur.

Strasbourg, le 11 fructidor an xiii (29 août 1805).

Sire,

Je suis arrivé ici cette nuit; je n'en partirai qu'à 4 heures, pour tâcher d'obtenir quelques renseignements sur les mouvements des Autrichiens. Si j'apprenais quelque chose de positif, j'aurais l'honneur d'en rendre compte à Votre Majesté par une seconde lettre.

On croit généralement à une guerre très prochaine avec l'Autriche; on est même un peu alarmé de voir la frontière sans troupes, Huningue surtout, où il y a des munitions en assez grande quantité et un seul bataillon de dépôt.

Il y a dans toute la division 3 bataillons de dépôt et 2 du 15ᵉ d'infanterie légère, forts ensemble de 1000 baïonnettes. On attend, vers la fin du mois, le 18ᵉ de ligne de 1900 hommes, et 1 régiment de hussards qui doit, dit-on, se réunir par des manœuvres aux 4 autres régiments de cavalerie qui sont dans la division.

On n'a que des notions vagues sur les forces des Autrichiens dans le Tyrol, évaluées à 30,000 hommes par les gazettes allemandes.

Un ancien espion, qui a conservé des relations sur l'autre rive, a écrit, hier, au général Fririon que les Autrichiens occupaient Donaueschingen, Stockach et la rive droite du lac de Constance. On dit qu'un détachement de hussards est arrivé à Saint-Blaise, distant de Fribourg de 7 à 8 lieues.

Le même espion annonce que les bruits, de l'autre côté du Rhin, sont que les armées de Votre Majesté doivent occuper la rive gauche du Lech et les Autrichiens la rive droite.

Ils font acheter beaucoup de grain de l'autre côté du Rhin. Les Juifs sont chargés de ces achats, motivés sur la disette générale en Allemagne.

On n'indique pas l'emplacement de ces magasins qui seront, dit-on, d'une grande ressource pour votre armée.

J'ai l'honneur d'être, avec un profond respect, Sire, de Votre Majesté le très fidèle sujet et l'un de ses plus dévoués serviteurs,

BERTRAND.

Notes du général Vial.

Saint-Gall, le 11 fructidor an XIII (29 août 1805).

Les bruits de guerre se sont un peu calmés sur notre frontière ; on regarde aujourd'hui la chose comme indécise, et nos voisins, avec lesquels nous vivons amicalement, font des vœux pour la paix.

Nos négociants vont risquer de fréquenter la foire de Bolzano ; je les prierai de me marquer ce qui se fait en Tyrol.

On assure que les achats pour les magasins sont suspendus.

D'après les rapports de déserteurs autrichiens, entendus aujourd'hui, les régiments suivants se trouvent placés en ce moment :

Au Tyrol allemand :

Spork, Callenberg (?), Franz, Duc-Louis, Klebeck, Stuart, Gemmingen (?).

Au Tyrol italien :

Jordis, Thurn, Grand-Maître de l'Ordre teutonique (Deutschmeister), Auersperg, Kerpen (?).

Dans l'Autriche antérieure :

Neugebauer, Saxe-Hildburghausen, et hussards de Blankenstein (?).

La liste me paraît incomplète, surtout pour la cavalerie.

On croit aussi le régiment Schröder au Tyrol.

Ces régiments (il n'y a que huit jours encore) se sont avancés du Tyrol italien au Tyrol allemand.

Saint-Gall, 13 fructidor an xiii (31 août).

Le préfet du Rheinthal a fait la tournée des pays qui nous avoisinent; connu du général Wolfskeel, il a même tiré des notices de son état-major. Le général lui a dit qu'il ne croyait pas à la guerre, mais que les Autrichiens seraient en mesure d'être les premiers en force sur notre territoire, si un Français entrait en Suisse. D'après le rapport du préfet, telle est la position des Autrichiens dans le Vorarlberg :

Le régiment Hildburghausen, ci-devant Bender, est presque en entier à Bregenz, où il doit camper.

Un bataillon de chasseurs tyroliens se trouve sur les frontières du Rheinthal à Dornbürn et Lauterach, et les hussards de Blankenstein en majeure partie vers Lindau.

D'après les indications officielles, on attend, du 14 au 25 septembre : le régiment Stein, qui devra prendre quartier à Immenstadt; Kaiser (Empereur), qui relèvera les chasseurs tyroliens, dont la destination ultérieure est la forêt de Bregenz, et Beaulieu, qui prendra quartier à Feldkirch. Le reste des hussards de Blankenstein suivra aussi.

Les États de Vorarlberg ont ordre de remettre 6,000 hommes sur pied, pour être organisés par le comte Demidoff. Ils ont envoyé à Insprück pour représenter contre et pour se plaindre d'autres exactions militaires, quoique les troupes soient encore sur le pied de paix.

On assure que toutes ces troupes seront commandées par les généraux Jellachich et Hiller, que nous ne connaissons que trop.

Un nommé Defauty, du Tyrol italien, a fait différentes apparitions dans nos districts de la Linth, et sa conduite occasionne de la surveillance ; on prétend qu'il a servi autrefois les armées françaises : mais ces gens changent souvent de parti, et, comme Tyrolien non affairé dans ces pays, il doit être suspecté.

Voudriez-vous me dire s'il est connu à l'ambassade ?

VIAL.

Le général Bertrand à l'Empereur.

Stuttgard, le 12 fructidor an XIII (30 août 1805).

Sire,

On n'avait, à Strasbourg, que des idées vagues sur les mouvements des Autrichiens. Le général Lewal attendait quelques renseignements d'un espion envoyé de Bâle.

Les négociants et marchands espéraient le retour des troupes qui devaient ranimer leur commerce, et celui des grains et des vins. Les soldats surtout se réjouissaient d'une guerre prochaine.

M. Didelot ne sait rien de précis sur la situation des forces autrichiennes en Souabe et dans le Tyrol. L'Autriche avait à Nürtingen un magasin considérable d'avoine et fait des achats de grains discontinués depuis huit à dix jours, en attendant l'effet d'une note remise par l'empereur d'Allemagne.

On croit qu'il y a à peu près 20 bataillons à Bregenz ou environs, et 4 régiments de cavalerie et 5 d'infanterie près d'Insprück.

On dit arrivé à Bregenz un équipage de pont pour les petites rivières.

A Strasbourg et ici, j'ai parlé de l'armée des côtes comme embarquée et n'attendant que le signal du départ, et de la guerre continentale comme improbable et sans motif.

J'ai engagé M. Didelot à s'occuper d'une statistique des possessions anciennes et nouvelles de la Maison d'Autriche en Souabe, présumant que ce travail ne pourrait qu'être agréable à Votre Majesté.

Je vais partir et serai demain soir à Munich.

J'ai l'honneur d'être, avec un profond respect, Sire, de Votre Majesté, le très fidèle sujet et très dévoué serviteur,

BERTRAND.

Extrait d'une lettre de Leipzig, du 30 août 1805.

On a reçu ici la nouvelle que deux colonnes russes, fortes de 100,000 hommes, sont arrivées en Galicie ; elles continuent leur marche vers la Marche et d'autres États d'Autriche, pour renforcer cette puissance. La guerre paraît inévitable. La médiation de la part de l'Autriche reste, comme on apprend avec bien de la peine, sans succès.

L'Allemagne, du côté du sud, et l'Italie, pourront bientôt devenir le théâtre de scènes très remarquables ; l'Allemagne du nord espère de jouir du bonheur de sa tranquillité et de sa neutralité.

Renseignements.

Le 13 fructidor an XIII (31 août 1805).

Les troupes autrichiennes, dans le Tyrol allemand et en Souabe, peuvent s'élever à 22,000 hommes.

L'on se fortifie à Feldkirch et à Lindau.

Lindau n'a que 600 hommes de garnison, mais la place est couverte par une position où sont campés 2,000 hommes.

Le Vorarlberg est un pays coupé de ravins et de hautes

montagnes qui en rendent la défense facile. L'ennemi semble occupé du soin de mettre ce débouché sur un pied respectable de défense et d'établir sa première ligne sur le Rhin, sa gauche appuyée à Feldkirch et la droite au lac de Constance. Mais malgré ces dispositions, il y a tout lieu de croire qu'il veut agir offensivement. (*De M. Vial.*)

Bulletin de Hambourg.

Pétersbourg, le 12 fructidor an XIII (30 août 1805).

La police a défendu quelques gazettes françaises, dont les rédacteurs se sont permis quelques expressions indécentes sur notre gouvernement.

Les vaisseaux de transport, que l'on a loués en grande partie pour l'embarquement des troupes, seront prêts pour le 30 septembre.

Après-demain commencera un recrutement général dans tout l'Empire; il devra être fini le 1er janvier 1806. On lèvera deux hommes sur cinq cents.

Vienne, le 20 fructidor (7 septembre).

On mande de Venise que la plupart des vastes maisons religieuses qui sont dans cette ville, sont actuellement occupées par des troupes : on ajoute qu'elles se préparent à se porter sur l'Adige.

Les fortifications que l'on a faites dans la ville et autour de Trente sont si avancées, que les habitants ne cessent d'admirer l'activité des officiers du génie; on a fait en huit jours, ce que l'on aurait cru impossible d'achever en quinze. Son Altesse Royale l'archiduc Jean, directeur général des fortifications de toute la Monarchie, en a témoigné toute sa satisfaction aux chefs du génie.

Les courriers russes qui viennent de Pétersbourg pour l'Albanie et Corfou prendront dorénavant la route de Venise.

Malgré tout ce qu'on a débité ces jours-ci sur l'arrivée d'une armée russe sur le territoire autrichien, on est assuré par des lettres de Lemberg du 1ᵉʳ septembre (*14 fructidor*), qu'aucun corps n'avait dépassé la frontière. Une chose certaine, c'est que le gouvernement fait acheter, pour son compte, beaucoup de grains dans les deux Galicies.

Le départ de Sa Majesté est toujours incertain quant à l'époque, mais personne ne doute qu'Elle ne se rende sur les frontières du Tyrol.

On attend, pour le 23 septembre, quelques bataillons de Croates dans cette capitale; on ne croit pas que ces troupes y resteront en garnison.

Le grand nombre de troupes qui viennent d'arriver ici, se compose de recrues qui seront disséminés dans les divers régiments. Elles repartent le 9 de ce mois (*22 fructidor*).

Bulletin général.

Lundi, 29 fructidor.

Point de nouvelles de Stralsund depuis samedi; demain soir arrive la poste. S'il y a quelque chose de nouveau, je m'empresserai d'en faire part.

Le cours sur roubles baisse toujours.

On n'a point reçu ou presque point reçu, à Hambourg, de lettres de Russie. Il paraît constant que de nouveaux ordres très sévères viennent d'être donnés pour ouvrir toutes les lettres à la frontière de Russie, ce qui retarde leur arrivée à Hambourg.

(*Sans signature, sans doute de Bourrienne*).

Le général Bertrand à l'Empereur.

Munich, le 15 fructidor an XIII (2 septembre 1805).

M. Otto m'a présenté hier matin à Son Altesse Électorale, à qui j'ai remis la lettre de Votre Majesté ; elle a paru l'émouvoir beaucoup.

Je lui ai parlé des préparatifs de l'expédition, de la célérité avec laquelle l'armée s'est embarquée, de la joie qu'avaient répandue parmi les troupes l'arrivée de Votre Majesté, et l'espérance d'un prochain départ.

J'ai eu l'honneur de dîner avec Leurs Altesses Électeurs. L'Électrice, près de laquelle j'étais placé, a daigné m'entretenir souvent avec bonté.

L'Électeur parla beaucoup de son service en France, de ses garnisons, de nos places et de plusieurs officiers du génie qu'il avait connus. Il fut fort gai après dîner.

M. Otto, qui regardait la guerre comme inévitable et qui croyait l'armée débarquée, a été fort étonné de ce que je lui présentais l'expédition comme sur le point de se faire, et m'a demandé s'il pouvait donner une pareille nouvelle.

Après dîner, il reçut un courrier qui lui annonçait des dispositions de Votre Majesté fort opposées à celles dont j'avais parlé, et ma prochaine arrivée. J'ai persisté, cependant, à regarder la guerre continentale comme improbable.

J'ai vu MM. Bonne et Brousseau, chargés de la direction du travail topographique en Bavière. Il est fort avancé, m'a paru soigné et pourra être fini cette campagne.

M. Brousseau, ayant parcouru l'Inn et le Haut-Palatinat, m'a semblé un guide précieux, d'autant plus que M. Otto craignait de compromettre l'Électeur si je me faisais accompagner par des ingénieurs bavarois.

Pendant que je suivrai le cours de l'Inn, j'enverrai reconnaître la route de la rive gauche du Danube par le capitaine Constantin, que j'ai amené avec moi d'après l'autorisation que m'en avait donnée Votre Majesté. Dans douze ou quinze jours, nous serons de retour à Munich.

L'Électeur nous dit, hier, que les Autrichiens portaient le camp de Wels à Braunau. M. Otto donne quelques détails qu'il a eus du ministre, et que je ne vous répéterai point. On a aussi la nouvelle d'un camp à Hemden (?)

On ne m'a pas confirmé, en Souabe, que Donaueschingen fût occupé par les Autrichiens.

L'Électeur a envoyé une partie de son artillerie à Munich, et il a été fait, dit-on, quelques préparatifs de départ au palais.

On est généralement alarmé des mouvements de l'armée autrichienne. On avait répandu que, par arrangement, elle devait occuper la Bavière. L'officier de garde à Ulm me dit qu'ils en étaient consternés.

Ce qui paraît embarrasser davantage ici, c'est la manière de sauver les troupes. On voudrait ou les faire retirer sur le Danube, ou les envoyer en congé et dans leurs familles.

La Bavière est tellement cernée du côté de l'Inn, du Tyrol et de la Souabe, qu'en cas d'attaque, l'Électeur serait en position critique.

L'éloignement de nos armées de la frontière rend l'Autriche plus fière et la Bavière plus inquiète.

On aime mieux ici les Français comme ennemis, que les Autrichiens comme amis.

L'opinion générale est qu'ils ne pourront résister à la valeur française et au génie de Votre Majesté.

Mon arrivée a inquiété l'envoyé d'Autriche; il a dit, ce matin, chez le ministre, qu'elle devait être le sujet d'une explication dans les circonstances actuelles. Il envoya son secrétaire de légation à Vienne.

Il paraît croire que M. Didelot a sollicité le prince de Würtemberg de se déclarer, et que le même motif m'a appelé ici.

D'autres ont pensé que je venais demander la princesse Auguste pour le prince Eugène.

Je pars ce soir pour Passau. Je vais m'occuper du travail dont Votre Majesté a daigné me charger. Elle peut compter sur mon zèle et mon dévouement sans bornes.

BERTRAND.

(*Communiqué pour extrait à M. Rapp*).

CHAPITRE III.

Note sur les mouvements des Autrichiens.

2 septembre 1805 ?

Quelqu'un qui a des relations en Bohême, m'a dit qu'il y avait un petit corps de cavalerie à Klattau, que les Autrichiens avaient fait acheter beaucoup de chevaux du côté de Regen; ils venaient sans doute de plus loin.

Quelqu'un arrivant de Vienne depuis huit jours, et de Prague depuis peu de temps, dit qu'il n'y a pas de troupes à Prague, ni en Bohême, qu'on parlait cependant d'un camp de 6,000 hommes à Budweis, qu'on préparait des fours à dix lieues d'ici.

Que les peuples n'aimaient pas la guerre ni les Français.

Que les officiers paraissaient peu contents.

Le camp de Wels se portait depuis Braunau jusqu'ici. Deux régiments sont arrivés ce matin. Des hussards viennent d'être cantonnés à une demi-lieue de l'Inn.

Les troupes du camp de Wels viennent, dit-on, de Bohême ; ces mouvements se font avec moins de bruit qu'il n'est d'usage chez les Autrichiens.

Ils payent les vivres en papier.

Quelqu'un évaluant leurs forces à 420,000 hommes, les distribuait ainsi : 110,000 en Italie, 60,000 dans le Tyrol, 30,000 ici, 80,000 aux environs de Vienne, le reste épars. Cette évaluation paraît bien exagérée.

Il paraît que le bruit d'indemniser l'Autriche en Bavière est fort accrédité, non seulement dans le peuple, mais dans les classes plus instruites, et tient beaucoup de personnes dans l'inquiétude.

(*Sans lieu, ni signature; paraît être un bulletin de Ratisbonne.*)

Situation la plus récente de l'armée autrichienne.

De Vienne, le 18 fructidor an XIII (5 septembre 1805).

EN AUTRICHE ET DANS LA CARINTHIE.

INFANTERIE.	CAVALERIE.
Strasoldo.	Kaiser (chevau-légers).
Anspach.	Würtemberg (dragons).
Cobourg.	Archiduc Levenehr (dragons).
Hohenlohe.	Archiduc Charles (uhlans).
Lindenau.	
Mittrovsky.	
Ferdinand.	
Kerpen.	
Colloredo.	
Schröder.	
(Chacun de 5 bataillons.)	

DANS LE TYROL.

Klebeck.	Blankenstein (hussards).
Sporck.	Et un corps de chasseurs tyroliens.
Jordis.	
Froon.	
Kinsky.	
Duka (19 août).	
Neugebauer.	
Hildburghausen.	
Archiduc Louis.	
Kaiser.	
Beaulieu.	
Stain.	
(Chacun de 5 bataillons.)	

CAMP PRÈS DE MÜNKENDORF.

Archiduc Charles, 5 bat.	Duc Albert.
Auersperg, 5 bat.	Mack.
Brooder, 3 bat.	Nassau.
Peterwardeiner.	Savoie.
	Palatins (hussards).

CAMP DE WELS.

INFANTERIE.	CAVALERIE.
Archiduc Rainer.	Rosenberg (chevau-légers).
Frelich.	Klenau.
Kollowrath.	Latour.
Archiduc Maximilien.	Hohenlohe (dragons).
Riese.	Schwarzenberg (uhlans).
Manfredini.	Merveldt (uhlans).
(Chacun de 5 bataillons.)	Liechtenstein (hussards).
Creuzer.	
Kaunitz.	
Erbach.	
Stuart.	
Colloredo.	
Reuss-Plauen.	
(Chacun de 4 bataillons.)	

ITALIE.

Lattermann.	Hohenzollern (chev.-lég.)
Archiduc Rodolphe.	Otto (hussards).
Esterhazy.	
Hohenlohe.	
Archiduc Joseph.	
Bellegarde.	
Saint-Julien.	
(Chacun de 5 bataillons.)	
Wukassovich.	
Davidovitz.	
Archiduc François.	
Liccaner.	
Ottochaner.	
Oguliner.	
Spleny.	
Warasdins.	
Creuzer.	
Banal.	
Gradiscaner.	
(Chacun de 3 bataillons.)	

Rapport sur les opérations militaires de l'armée autrichienne, en Italie et dans le Tyrol.

L'armée autrichienne qui se trouve en Italie et dans le Tyrol n'a fait aucun mouvement conséquent et n'a reçu aucun renfort considérable depuis le 10 thermidor, jour auquel j'ai fait mon dernier rapport.

Il y a toujours, dans l'évêché de Trente, les régiments d'infanterie Neugebauer, Duca, Jordis et Klebeck avec douze cents dragons du régiment Hohenzollern. La force de ces quatre régiments s'est augmentée de quinze cents hommes. Ils ont reçu neuf cents recrues et six cents semestriers; l'ensemble de ce corps peut être porté à treize mille hommes. Il a détaché cinq à six cents hommes pour se porter vers la haute Chiese. Il n'est point arrivé d'autre artillerie. Il y a toujours, à Trente, vingt-sept pièces de canon, cent canonniers et quarante chevaux du train.

Le régiment d'infanterie Sporck est stationné dans la province de Botzen; il a trois mille hommes.

MM. les généraux Chasteler, Gyulay et Dedovich ont leur quartier général à Trente, M. le lieutenant général Schimbschen y est arrivé le 22 du courant, venant de Brünn, pour prendre le commandement de toute la troupe de ligne qui se trouve en Tyrol; M. le général Chasteler commandera seulement les milices du pays, M. le général Hiller continuera de rester à Insprück. Les magasins militaires de Trente reçoivent journellement des convois très considérables en grains et en farine; on en tire les vivres pour tous les corps qui sont dans la partie méridionale du Tyrol. Les travaux des fortifications aux environs de Trente se continuent avec la plus grande activité, on fait dans ce moment des ouvrages sur la rive gauche de l'Adige, en face de la porte d'Aquila, qui conduit au val Sugana.

On construit également des fortins dans la plaine qui est entre la porte d'Aquila et celle de Saint-Croix venant à Roveredo; c'est sur ce point que se trouve le couvent de Saint-François, aujourd'hui magasin principal; on a crénelé les murs de différents enclos qui se trouvent sur la rive gauche de l'Adige.

Depuis quelques jours on a entrepris des ouvrages de campagne vers le village de Molveno, dans le Giudicario. On a établi des fortes palissades au Murazzo, prenant du haut de la montagne jusqu'à l'Adige. On élève des batteries à Acquaviva pour défendre le passage de Vigolo à Pergine ou dans le Val-Sugana. Mille ouvriers sont occupés aux nouveaux travaux du château Bezeno.

On va construire des fortifications de campagne à Saint-Marco et à Serreval, sur la rive gauche de l'Adige. Il en sera de même au bas du mont Alcastello de Chizzola sur la rive droite, et à Ravazzone. Toutes ces dernières positions sont entre Ala et Roveredo ; il n'y point d'ouvrage commencé depuis Trente jusqu'à Bassano.

Il est arrivé, le 19 de ce mois, cinq compagnies du régiment Davidovitz à Bassano, venant de Trévise ; l'ordre a été donné, dans les communes de Feltre et de Bellune pour préparer un casernement de mille hommes ; il y a, dans Cittadella et Castelfranco, de faibles détachements du régiment ci-dessus ; ce corps tient garnison à Trévise. La totalité est d'environ deux mille six cents hommes ; il a quitté depuis quatre mois le nom de Kray, pour prendre celui qu'il porte. M. le général prince Rohan commande dans cette partie.

L'état-major du régiment des hussards Ott est toujours à Conegliano ; ce corps a été disséminé entre la Piave et l'Isonzo pour le service de la correspondance : il a environ douze cents chevaux.

Dans les provinces du Frioul, il y a les régiments d'infanterie Cobourg, Lattermann Reisky et Anspach. Ce corps de troupe est commandé par M. le lieutenant général prince de Rosemberg, ayant sous ses ordres M. le général Spanocchi.

Il est arrivé, ces jours derniers, un certain nombre de pièces de canon, dans la forteresse de Palmanova.

On assure que plusieurs régiments se trouvent réunis dans la Styrie et la Carniole ; celui de Strasoldo en fait partie.

Le régiment d'infanterie Archiduc Antoine est à Padoue ; c'est lui qui fournit les détachements sur la ligne. Il y a aussi, dans cette place, l'état-major d'un bataillon de l'archiduc Joseph ; ce corps a détaché un bataillon à Venise et un autre à Chiozza. M. le lieutenant général Auffenberg doit arriver incessamment, venant de Prague, pour commander cette division. L'état-major et un bataillon du régiment Bellegarde se trouvent à Vicence ; les deux autres bataillons sont à Venise et à Chiozza ; M. le général Sommariva commande Vicence.

M. de Bellegarde vient d'ordonner les changements suivants, qui seront effectués avant le 18 du mois d'août : le régiment Bellegarde se rend en entier à Venise, celui de Vukassowitch à Padoue et l'archiduc Joseph à Vicence.

Les garnisons de Venise, Chiozza et Brondolo sont toujours les mêmes ; il y a dix bataillons des régiments Vukassowitch, Saint-Julien, l'archiduc Joseph et Bellegarde ; ils ont reçu depuis 15 jours environ dix-huit cents hommes de renfort, dont quatorze cents recrues et quatre cents semestriers. Il y a, en outre, un bataillon de marine ou d'esclavons à Venise, deux cent cinquante canonniers, deux cents sapeurs et quatre-vingt mineurs ; à Chiozza cent canonniers seulement ; on peut évaluer la force de ces différents corps à douze mille hommes. Il est toujours question de l'arrivée des régiments Thurn, J. Reisky à Venise ; on dispose plusieurs couvents pour en faire des casernes. MM. les généraux Bellegarde et Mitrosky commandent dans cette place. Les transports des vivres pour les magasins militaires sont très conséquents ; on compte dans l'arsenal trente mille barils de farine, vingt-cinq mille chars de bois, une grande quantité de charbon, et du fourrage ; il y a douze cents bœufs qu'on a fait venir de la Dalmatie ; on assure qu'ils en tirent aussi du royaume d'Italie ; la totalité des magasins doit s'élever à soixante-dix mille barils de farine, quarante mille chars de bois, trois mille bœufs, etc., provision calculée pour soutenir un blocus de 9 mois.

On creuse beaucoup de puits à Lido ; arrivé à une certaine profondeur, on parvient à retirer une assez grande quantité d'eau douce ; elle se renouvelle au bout de 12 heures. On travaille vivement pour fortifier et armer toutes les îles qui peuvent défendre la ville. M. le comte de Bellegarde, commandant en chef de l'armée, a visité le 18 du courant tous ces ouvrages ; il a eu deux conférences avec les autorités civiles et militaires, après quoi il est retourné à Padoue.

On a construit deux forts sur le canal de Brondolo, qui donne l'entrée des lagunes pour aller à Chiozza ; le premier, établi sur la rive gauche du canal, est appelé le fort Saint-Michel de Brondolo ; le deuxième est un peu plus bas sur la rive droite, tous deux découvrant parfaitement la rivière Brenta. Le long de la rive gauche de la Brenta, depuis le fort Saint-Michel jusqu'à la pointe de

Brondolo, il existe cinq fortins armés de canons ; ils sont placés à deux cents toises l'un de l'autre. Les trois premiers défendent l'approche de cette rivière, le quatrième protège le canal qui est en face de l'Adige, et le cinquième découvre le côté de la mer. On en construit un sixième sur la rive droite ; pour cela, on a détruit un moulin à vent qui s'y trouvait.

De la pointe de Brondolo jusqu'à la Madone de Marine, on va élever deux fortins, le premier à Saint-Michel de Brondolo, et le deuxième vers la Madonna ; il y a un fort qui est déjà armé.

La forteresse de Saint-Félix à Chiozza est totalement armée; on construit de grandes casernes dans cette place, en bas du pont Saint-Dominique, en face du port. Il n'y a point de magasins considérables, les vivres se transportent journellement de Venise ; on est obligé d'aller prendre l'eau douce dans la Brenta. Il y a un dépôt de six cents barils de poudre dans l'église de la Madone de la Marine, et un magasin de cartouches à balles dans le fort de Saint-Félix à Chiozza, Brondolo ou environs.

Trois mille ouvriers travaillent sans relâche à l'entière démolition des fortification de Legnago autrichienne ; on croit que tout sera détruit vers le commencement d'octobre

On a construit deux ponts de bateaux sur la Sile, on réunit des barques sur la Piave, pour en établir deux autres en dessous, et en dessus de Bosco del Mantello.

Un nommé Straulino, fournisseur en chef de l'armée autrichienne dans la dernière guerre, organise dans ce moment un équipage de transports pour le Tyrol ; il prend toutes les mules qu'il juge propres à ce service. M. le baron de Marenzi, capitaine du cercle à Vérone autrichienne, fait faire un relevé de toutes les bêtes de somme qui sont dans le Valpolizelle.

Hambourg, le 17 fructidor an xiii (4 septembre 1805).

Un courrier expédié le 13 fructidor, par M. Jackson, ministre anglais à Berlin, a remis des dépêches à M. Thornton. Peu de moments après, le bruit s'est répandu comme une nouvelle positive :

« Que la Russie avait accepté la médiation offerte par
« l'Autriche (et rejetée déjà par la France comme illusoire) en

« faisant déclarer à Vienne que, pour soutenir cette médiation,
« 100,000 Russes étaient en marche ».

Il est très sûr que l'on a frété à Riga et à Reval des bâtiments de transports. On ne s'accorde pas sur le nombre.

Les bruits sur l'évacuation du pays de Hanovre continuent ; on assure en même temps que la Prusse l'occupera.

Les habitants de Hambourg, qui ne voient que le moment présent, s'en réjouissent, parce qu'ils pensent qu'une des suites de cette occupation serait le déblocus de l'Elbe. Les gens sensés s'en affligent, parce qu'ils craignent qu'une fois en possession de ce pays, ils ne le rendent plus.

Tout ce qui n'est pas négociant verrait, avec bien de la peine, les Prussiens entrer dans le Hanovre, mais surtout les habitants même du pays : « Plutôt dix Français qu'un Prussien, s'écrient-ils généralement ». On se ferait en effet difficilement une idée de la haine profonde qu'on a dans tout ce pays pour le nom prussien, l'officier prussien, le soldat prussien. J'en ai été moi-même témoin en parcourant l'espace entre Düsseldorf et Hambourg ; j'avais peine quelquefois à en croire mes yeux et mes oreilles.

Le général Marisy est arrivé ici, lundi, de Limbourg ; il était en bourgeois ; il a pris chez un nommé Gunst pour 30,000 francs de papiers sur Paris, et est reparti le même jour pour le camp.

M. Mattiesen, banquier de cette ville, qui était en Angleterre depuis quinze mois, est arrivé de Londres qu'il a quité le 7 fructidor. Il résulte des diverses conversations qu'il a eues depuis son retour :

Que le gouvernement est très inquiet de la flotte des Indes orientales et d'un grand convoi des Indes occidentales ; que l'on craint que la flotte combinée n'eût été à leur rencontre ;

Que l'on prépare des vaisseaux de transport qui doivent se rendre en Russie ; que l'on ne craint point la descente, mais que le gouvernement est forcé de prendre les mêmes mesures que si elle devait avoir lieu, ce qui gêne extrêmement et les citoyens et les manufactures et le commerce...... etc.....

Que le gouvernement ne doute plus de la guerre continentale ; que, cependant, le parti pour la paix est très fort et très nombreux.

BOURRIENNE.

Vienne, le 4 septembre 1805.

On annonça à la parade d'hier que l'Empereur se rendrait lui-même à l'armée, et qu'il serait accompagné des généraux Mack et Grenville.

L'archiduc Charles commandera l'armée d'Italie, et sera accompagné de l'archiduc Jean.

L'archiduc Ferdinand commandera l'armée d'Allemagne, qui se rassemble près de Wels; son chef d'état-major sera le général Mayer. Le général Zach servira en cette même qualité à l'armée d'Italie.

Le général Auffenberg commande les troupes stationnées dans le Tyrol.

L'Électeur de Salzbourg reste à Vienne, pour diriger les affaires pendant l'absence de l'Empereur.

180 pontons sont partis, hier, de Brück sur la Mur.

On assure que Sa Majesté l'Empereur et tous les généraux commandant les différents corps d'armée partiront de Vienne le 10 de ce mois.

La garnison de Vienne n'est composée, dans ce moment, que des régiments de Deutschmeister et Salzbourg. Elle sera renforcée par des bataillons de troupes des frontières, et les hussards de Szeckler qu'on attend pour le 15 de ce mois.

On assure que les Russes arriveront à Brünn en Moravie le 12 de ce mois.

Ce sont les généraux Michelson, Essen et Bennigsen qui commandent les deux corps d'armée qui sont entrés en Galicie.

On prétend que ces deux corps d'armée, qu'on fait monter à 100,000 hommes, seront suivis par deux autres armées de la même force.

Les colonnes qui approcheront le plus de Vienne passeront par Troppau et Jägerndorf. Une flotte russe se trouve déjà dans la mer Baltique, mais le bruit d'un débarquement de troupes russes dans la Poméranie suédoise ne s'est pas confirmé.

(Sans signature).

Le 17 fructidor an XIII (4 septembre 1805).

Une feuille allemande contient le tableau suivant des forces militaires des trois grandes puissances qui paraissent être à la veille de commencer la guerre.

L'armée française se monte à 503,588 hommes, nombre dans lequel la gendarmerie, la garde nationale et la nouvelle armée du royaume d'Italie ne sont pas comprises.

On évalue l'armée autrichienne, lorsqu'elle est sur le pied de guerre, à 400,000 hommes, et elle sera encore considérablement augmentée d'après les règlements qui fixent sa nouvelle organisation.

Le Tyrol est à regarder comme une grande forteresse et comme le boulevard des États autrichiens contre la France et l'Italie.

Tous les princes de la Maison d'Autriche sont soldats, et l'Empereur lui-même se met à la tête de ses armées.

L'armée russe, qui n'était au commencement du dernier siècle que de 108,350 hommes, a été successivement augmentée, de manière qu'on peut l'évaluer actuellement à près de 508,000 hommes de troupes réglées et de corps francs.

Elle est composée de la manière suivante :

TROUPES RÉGLÉES.

1° GARDES DU CORPS A CHEVAL.

1 régiment de gardes nobles,
1 régiment de gardes à cheval,
1 régiment de hussards de l'Empereur,
1 régiment de cosaques de l'Empereur,

formant ensemble : 3,316 soldats.

Gardes du corps à pied.

3 régiments de grenadiers,
1 bataillon de chasseurs,
1 bataillon d'artillerie,
1 bataillon de garnison,

formant ensemble : 9,303 soldats.

Total des gardes : **12,619.**

2° RÉGIMENTS DE CAMPAGNE.

6 régiments de cuirassiers,
26 régiments de dragons,
20 régiments de hussards,
1 régiment de uhlans,
1 régiment de cosaques,
1 régiment de Tartares de Lithuanie,
1 régiment de cavalerie polonaise.

Ensemble : 49,738 cavaliers.

Infanterie.. { 13 régiments de grenadiers,
77 régiments de mousquetaires,
20 régiments de chasseurs.

Ensemble : 219,125 soldats.

3° RÉGIMENTS DE GARNISON.

15 régiments,
4 régiments.

Ensemble : 70,884 soldats.

5 bataillons d'artillerie de siège,
10 bataillons d'artillerie de campagne,
2 bataillons d'artillerie à cheval,
12 compagnies d'artillerie de garnison,
62 escouades d'artillerie de garnison,
2 régiments de pionniers,
2 compagnies de pontonniers,
Le corps du génie.

Ensemble : 42,919 soldats.

Total des troupes réglées :

Officiers de l'état-major et supérieurs............	11,622
Officiers subalternes...............................	1,180
Soldats...	395,287
	408,089

TROUPES IRRÉGULIÈRES ET CORPS FRANCS.

Des Tartares du Don, Tchernomorski, Oural, Sibérie, du Terek et de Grébens, des Baschkirs, Kalmouks.

Ensemble : 2,189 officiers; 98,211 soldats.

TOTAL GÉNÉRAL :

Officiers supérieurs...	13,084
Officiers subalternes...	1,187
Soldats...	493,959
	508,230

Les invalides se composent de :

    18 compagnies dans la garnison,
    30 escouades dans les différentes villes pour faire le service militaire,
    44 compagnies de surnuméraires lors des formations des régiments de garnison.

Ensemble : 1150 officiers; 12,770 soldats.

Troupes autrichiennes par corps d'armée (11 fructidor).

CAMP DE LAYBACH.

INFANTERIE.	CAVALERIE.	
3ᵉ Archiduc Charles.	1ᵉʳ cuirassiers...	Mélas.
4ᵉ Deutschmeister.		Levenehr.
17ᵉ Hohenlohe.	8ᵉ dragons...	Würtemberg.
19ᵉ Allvinzy.	2ᵉ hussards...	Arch. Joseph.
31ᵉ Beniousky.	3ᵉ id...	A. Ferdinand.
33ᵉ Sztaray.	9ᵉ id...	Erdœdy.
40ᵉ Mitrowsky.		Stipsicz.
49ᵉ Kerpen.		Kienmayer,
51ᵉ Spleny.	3ᵉ uhlans...	Arch. Charles.
56ᵉ Colloredo.	2ᵉ chevau-légers.	Empereur.
29ᵉ Lindenau.		

ARMÉE D'ITALIE.

Général en chef : le comte DE BELLEGARDE, feld-maréchal-lieutenant.

Généraux employés au Frioul :

Le prince DE ROSEMBERG, feld-maréchal-lieutenant, commandant le corps du Frioul.
Le prince DE ROHAN, à Trévise.
Le général SPANOCCHI.

Troupes :

2ᵉ régiment d'infanterie Ferdinand, à Conegliano.
13ᵉ   —   Reisky.
27ᵉ   —   Strasoldo, à Campo S. Pietro.
34ᵉ   —   Davidovich, à Trévise.
45ᵉ   —   Lattermann.
       —   Anspach, à Trévise.
       —   Cobourg, à Noale.
Hussards...... .... Ott, à Conegliano.

Le général Mitrowsky, à Venise.
Le régiment d'infanterie Bellegarde, à Venise.
       —   Saint-Julien, à Chiozza et Brondolo.
Un corps d'esclavons, à Venise.
Le général Auffenberg, à Padoue.
48ᵉ régiment d'infanterie Vukassovich.
52ᵉ   —   Archiduc Antoine.
Le général Sommariva, à Vicence.
63ᵉ régiment d'infanterie Archiduc Joseph.
10ᵉ cuirassiers........... Mack.

Sans désignation :

INFANTERIE.	RÉGIMENTS DE FRONTIÈRES.
Archiduc Rodolphe.	1 Liccaner.
Esterhazy.	2 Ottochaner.
Hohenzollern.	3 Oguliner.
Archiduc François.	4 Szluiner.
	5 Creuzer.
CAVALERIE.	6 Saint-Georges.
	8 Gradiscaner.
Dragons......... Hohenzollern.	11 Banat.

CORPS DU TYROL.

INFANTERIE.	CAVALERIE.
1ᵉʳ......... Empereur.	Régiments de chasseurs tyroliens à cheval.
14ᵉ......... Klebeck.	
46ᵉ......... Neugebauer.	2 régiments non désignés.
47ᵉ......... Kinsky.	6ᵉ hussards Blankenstein.
50ᵉ......... Stein.	L'archiduc Jean est attendu dans le Tyrol.
58ᵉ......... Beaulieu.	

INFANTERIE.	CAVALERIE.
59ᵉ .... Jordis.	
Sporck à Botzen.	
Froon.	
Duka à Pergine.	
Hildburghausen.	
Arch. Louis.	

CAMP DE WELS.

Général en chef : le général STEPTITZ.

INFANTERIE.		CAVALERIE.	
12ᵉ	Manfredini.	1ᵉʳ cuirassiers	Empereur.
18ᵉ	Stuart.	3ᵉ id....	Arch. Albert.
20ᵉ	Kaunitz.	9ᵉ id....	Nassau.
28ᵉ	Frelich.		Erbach.
38ᵉ (de 4 bat.).	Würtemberg.	15ᵉ dragons..	Savoie.
42ᵉ	Erbach.		Latour.
57ᵉ	Colloredo.	Chevau-légers	Rosemberg.
	Arch. Rainier.		Klenau.
	Collowrath.		Hohenlohe.
	Arch. Maximilien.	Hussards....	Lichtenstein.
	Reuss-Plauen.		Palatin.
	Reuss-Greitz.	7ᵉ uhlans...	Merwelt.
	Riese.		Schwarzenberg.
	Salzbourg.	Chevau-légers	Rienski.
	Auersperg.		

RÉGIMENTS DE FRONTIÈRES.

7ᵉ .... Brooder.
9ᵉ id.... Peterwardein.

GARNISONS DE L'INTÉRIEUR.

10ᵉ des frontières.	1ᵉʳ Banat.	⎫
13ᵉ —	Valaque-Illyrien.	⎪
14ᵉ —	1ᵉʳ Szeckler.	⎬ A Vienne, ainsi que le parc
15ᵉ —	2ᵉ Szeckler.	général d'artillerie, les gardes
16ᵉ —	1ᵉʳ Valaque.	de l'Empereur, etc.
17ᵉ —	2ᵉ Valaque.	⎭

11ᵉ hussards Szecklers.
43ᵉ d'infanterie Thurn, à Zara en Dalmatie.

Nota. — Il y a, sur 65 régiments de ligne ou de garnison :

10 régiments dont on ne connaît pas la destination ou la garnison..	10
Sur les régiments de frontières...............................	1
Sur les corps francs...	5
Sur les bataillons ou régiments d'infanterie légère..............	13
Sur les cuirassiers...	7
Sur les dragons..	10
Sur les hussards...	2
Sur les chasseurs ou chevau-légers.............................	1
19 régiments de grenadiers à 3 bataillons......................	19

Troupes autrichiennes par ordre de régiments, le 11 fructidor an XIII.

Nos	Noms.	Nombre de bataillons.	Emplacement.
1	Kayser (François II).......	5	Tyrol.
2	Archiduc Ferdinand.......	5	Camp de Laybach.
3	Archiduc Charles.........	5	Id.
4	Deutschmeister..........	5	Id.
5	1er régiment de garnison...	5	Czernowitz, en Bukhowine.
6	2e régiment de garnison...	5	Zamosc, dans la Galicie orientale.
7	Schrœder................	5	Olmütz.
8	Archiduc Louis...........	5	Tyrol.
9	Czartorisky..............	5	Przemysl.
10	Anspach.................	5	Camp de Laybach.
11	Archiduc Rainier.........	5	Camp de Wels.
12	Manfredini...............	5	Id.
13	Reisky...................	5	Italie.
14	Klebeck.................	5	Tyrol.
15	Riese....................	5	Camp de Wels.
16	Archiduc Rodolphe........	5	Italie.
17	Reuss-Plauen............	5	Camp de Wels.
18	Stuart...................	4	Id.
19	Allvintzi.................	5	Camp de Laybach
20	Kaunitz..................	4	Camp de Wels.
21	Gemmingen..............	5	Gitschin.
22	Cobourg.................	»	Camp de Laybach.
23	Salzbourg................	»	Camp de Wels.
24	Auersperg...............	»	Id.
25	Spork...................	»	Tyrol, à Botzen.
26	Hohenlohe-Bartenstein.....	»	Camp de Laybach.
27	Strasoldo................	»	Id.

RENSEIGNEMENTS. 217

N°s	Noms.	Nombre de bataillons.	Emplacement.
28	Frelich...............	»	Camp de Wels.
29	Lindenau.............	»	Camp de Laybach.
30	de Ligne..............	»	Lemberg.
31	Benjowski............	»	Camp de Laybach.
32	Esterhazy............	»	Italie.
33	Sztarray..............	»	Camp de Laybach.
34	Davidovich...........	»	Italie, à Trévise.
35	Archiduc Maximilien......	»	Camp de Wels.
36	Kollowrat.............	»	Id.
37	Auffenberg............	»	Gross-Wardein.
38	Würtemberg...........	»	Camp de Wels.
39	Duka.................	»	Tyrol, à Pergine.
40	Mittrowski............	»	Camp de Laybach.
41	Hildburghausen........	»	Bregenz, dans le Vorarlberg.
42	Erbach...............	»	Camp de Wels.
43	Thurn................	»	Zara.
44	Bellegarde............	»	Italie, à Venise.
45	Lattermann...........	»	Italie.
46	Neugebauer...........	»	Tyrol.
47	Kinsky...............	»	Id.
48	Vukassovich..........	»	Italie, à Padoue.
49	Kerpen...............	»	Camp de Laybach.
50	Stain.................	»	Tyrol.
51	Spleny...............	»	Camp de Laybach.
52	Archiduc François.....	»	Italie, à Padoue.
53	Jean Jellachich........	»	Essegg.
54	Morzin...............	»	Prague.
55	Reuss-Greitz..........	»	Camp de Wels.
56	Wenzel Colloredo......	»	Camp de Laybach.
57	Joseph Colloredo......	»	Camp de Wels.
58	Beaulieu..............	»	Tyrol.
59	Jordis................	»	Id.
60	Gyulay...............	»	Temeswar.
61	Saint-Julien...........	»	Italie, à Chiozza et Brondolo.
62	François Jellachich....	»	Staszow, en Galicie.
63	Archiduc Joseph.......	»	Italie, à Vicence.
64	Chasseurs tyroliens....	»	Insprück.

RÉGIMENTS DE FRONTIÈRES.

1	Liccaner.............	3	Italie.
2	Ottochaner...........	3	Id.

CHAPITRE III.

N°ˢ	Noms.	Nombre de bataillons.	Emplacement.
3	Oguliner	3	Italie.
4	Szluiner	3	Id.
5	Creuzer	3	Id.
6	Saint-Georges	3	Id.
7	Brooder	3	Camp de Wels.
8	Gradiscaner	3	Italie.
9	Peterwardeiner	3	Camp de Wels.
10	1ᵉʳ Banat	3	Vienne.
11	2ᵉ Banat	3	Italie.
12	Deutsch-Banater	3	Pancsowa (Banat.
13	Wallachisch-Illyrisches	3	Vienne.
14	1ᵉʳ Szeckler	3	Id.
15	2ᵉ Szeckler	3	Id.
16	1ᵉʳ Valaque	3	Id.
17	2ᵉ Valaque	3	Id.
	Czaikisten	1	

ARTILLERIE.

	Corps des bombardiers	»	Vienne.
	1ᵉʳ régiment	»	Prague.
	2ᵉ id	»	Vienne.
	3ᵉ id	»	Olmütz.
	4ᵉ id	»	Budweis.

MILICES DU TYROL.

4 régiments.

CAVALERIE.

Cuirassiers.

1	Empereur	»	?
2	Archiduc François	»	Gyöngös (Hongrie).
3	Duc Albert	»	Camp de Wels.
4	Archiduc Ferdinand	»	Theresiopel (Hongrie).
5	Nassau-Usingen	»	Camp de Wels.
6	Mack	»	Italie.
7	Lorraine	»	Nagy-Patack.
8	Hohenzollern-Hechingen	»	Szatmar.

Dragons.

1	Archiduc Jean	»	Rzeszow (Galicie).
2	Hohenlohe-Ingelfingen	»	Camp de Wels.
3	Würtemberg	»	Camp de Laybach.

N°s	Noms	Nombre de bataillons	Emplacement
4	Levenehr	»	Camp de Laybach.
5	Savoie	»	Camp de Wels.
6	Melas	»	Camp de Laybach.

Chevau-légers.

1	Empereur	»	Camp de Laybach.
2	Hohenzollern	»	Italie.
3	O'Reilly	»	Siedlecz (Galicie).
4	La Tour	»	Camp de Wels.
5	Klenau	»	Id.
6	Rosenberg	»	Id.

Hussards.

1	Empereur	»	Zolkiew.
2	Archiduc Joseph	»	Camp de Laybach.
3	Archiduc Ferdinand	»	Id.
4	Hesse-Hombourg	»	Radom.
5	Ott	»	Italie, à Conegliano.
6	Blankenstein	»	Tyrol.
7	Lichtenstein	»	Camp de Wels.
8	Kienmayer	»	Camp de Laybach.
9	Erdœdy	»	Id.
10	Stipsicz	»	Id.
11	Szecklers	»	Vienne.
12	Palatins	»	Camp de Wels.

Uhlans.

1	Merweldt	»	Camp de Wels.
2	Schwarzenberg	»	Id.
3	Archiduc Charles	»	Camp de Laybach.

Garde de l'Empereur.

RÉCAPITULATION.

	hommes.
64 régiments d'infanterie de ligne formant 312 bataillons, à raison de 1100 hommes par bataillon, ci	343,200
17 régiments de frontières formant 51 bataillons, ci	56,100
1 bataillon de czaikisten	1,000
5 régiments d'artillerie	10,000
4 bataillons de génie, mineurs, sapeurs, pontonniers, etc.	1,800
4 régiments de milices du Tyrol	12.000
Total de l'infanterie	424,100

8 régiments de cuirassiers faisant 48 escadrons, à 110 h.... 5,280
6 — dragons, 36 — 130...... 4,680
6 — chevau-légers, 48 — 130...... 6,240
12 — hussards, 96 — 150...... 14,400
3 — uhlans, 24 — 150...... 3,600
4 corps de la garde de l'Empereur..................... 1,200

        Total de la cavalerie....... 35,400

	bataillons.	escadrons.
Camp de Wels.................	79	72
Camp de Laybach...............	75	74
Tyrol.........................	64	8
Italie.........................	74	22
Intérieur.....................	82	68

Armée autrichienne en Souabe, en Bavière et dans le Tyrol.

ARMÉE D'ALLEMAGNE.

ÉTAT-MAJOR.

L'Empereur François II, commandant en personne.
L'archiduc Ferdinand, commandant en second, et le corps du centre.
Le feldzeugmeister Mack, chef de l'état-major général.
Le feld-maréchal-lieutenant Gottesheim, commandant la droite.
Le feld-maréchal-lieutenant Klenau, commandant du centre sous le prince Ferdinand.
Le feld-maréchal-lieutenant Kienmayer, commandant la gauche.

Généraux employés, commandant des divisions ou des corps.

Riese,
Stipsicz,
Prince de Liechtenstein.
Wolfskeel (dans le Vorarlberg).
Görger (à l'avant-garde dans la Forêt-Noire).
Dedovich, commandant le génie à Ulm (lieutenant-colonel).

TROUPES.

Infanterie.

12° Manfredini............. 5 bataillons de 1144 hommes en 6 compagnies.

18ᵉ Stuart............... 4
20ᵒ Kaunitz.............. 4
28ᵉ Frelich.............. 5 (à l'avant-garde dans la Forêt-Noire).
38ᵉ Würtemberg........... 4
42ᵒ Erbach............... 4
57ᵉ J. Colloredo......... 4
11ᵉ Archiduc Rainier..... 5 (à l'avant-garde).
36ᵒ Kollowrath........... 5
35ᵉ Archiduc Maximilien.. 5 (à l'avant-garde).
15ᵉ Riese................ 5
17ᵒ Reuss-Plauen......... 4
55ᵉ Reuss-Greitz......... 5
23ᵉ Salzbourg............ 5
24ᵉ Auersperg............ 5

RÉGIMENTS DE FRONTIÈRES.

7ᵉ Brooder.............. 3 bataillons.
9ᵉ Peterwardeiner....... 3

Total de l'infanterie.... 75 bataillons.

CAVALERIE.

1ᵉʳ cuirassiers.. Empereur...... 8 escadrons (de 110 hommes).
3ᵉ   id...... Arch. Albert... 8
5ᵉ   id...... Nassau......... 8
9ᵉ   id...... Erbach......... 8
11ᵉ dragons et chevau-légers..} Latour........ 8 (à l'avant-garde).
15ᵉ   id...... Savoie......... 8
13ᵉ   id...... Rosenberg...... 8
12ᵒ   id...... Klenau......... 8
7ᵉ   id...... Hohenlohe...... 8
7ᵉ hussards.... Lichtenstein... 8
12ᵒ   id...... Palatin........ 8 Un rapport dit que le régiment est à l'avant-garde.
               Szeckler....... 6
1ᵉʳ uhlans...... Merveldt....... 8
2ᵉ   id...... Schwarzenberg.. 8
5ᵉ chevau-légers. Kinski (Klenau). 8

Total de la cavalerie........ 112 escadrons.

CORPS DU TYROL.

ÉTAT-MAJOR.

L'archiduc JEAN, commandant en chef.
Feld-maréchal-lieutenant SIMBSCHEN, commandant en second.
Feld-maréchal-lieutenant HILLER, commandant la droite à Innsbrück.
Feld-maréchal-lieutenant JELLACHICH, commandant la gauche à Trente.
Feld-maréchal-lieutenant CHASTELER, ⎫
Feld-maréchal-lieutenant GYULAI, ⎬ Commandant la milice du Tyrol, à Trente.
Général-major DEDOVICH, ⎭
Archiduc LOUIS, à Innsbrück.

TROUPES.

Infanterie.

1ᵉʳ Empereur.............	5 bataillons,	
14ᵉ Klebeck...............	5	
46ᵉ Neugebauer...........	5	
47ᵉ Kinsky................	5	
50ᵉ Stein.................	5	
68ᵉ Beaulieu..............	5	
59ᵉ Jordis................	5	
25ᵉ Sporck................	5	(à Botzen).
54ᵉ Froon.................	5	
39ᵉ Duka..................	5	(à Pergine).
41ᵉ Hildburghausen........	5	(1 bataillon à Ravensbourg).
8ᵉ Archiduc Louis.........	5	
	60 bataillons.	

CAVALERIE.

6ᵉ hussards. Blankenstein... 8 escadrons.
1ᵉʳ et 2ᵉ régiments de chasseurs tyroliens.

NOTA. — Il est essentiel d'observer que beaucoup des régiments d'infanterie et de cavalerie ont changé de nom, et qu'il est utile de les désigner à la fois par leurs noms actuels et précédents.

Pour la cavalerie, il paraît qu'il y a eu confusion dans les rapports qui ont cité des régiments de hussards et de chevau-légers pour des dragons, et *vice versa*.

On doit observer qu'il y a un an tous les régiments d'infanterie de ligne étaient à trois bataillons de guerre et un de dépôt. Ils ont été portés à quatre bataillons de guerre et un de dépôt, et l'on s'occupe à présent de former un sixième bataillon par régiment, en sorte qu'il est essentiel de citer le nombre des bataillons connus à l'armée.

Mouvements des armées autrichiennes.

1re position, le 11 fructidor an XIII.

ARMÉE D'ITALIE.

Garnisons de :

Venise....................	5 bataillons d'infant. et 1 d'esclavons.
Padoue	8 bataillons d'infanterie.
Vicence	5
Trévise....................	8
Campo S. Pietro............	5
Chiozza et Brondolo	5
Novale....................	5
Conegliano................	5 et 1 division de hussards.

Position sur l'Isonzo : 49 bataillons, 7 divisions de cavalerie.

NOTA. — Les régiments d'infanterie sont de 3, 4 et 5 bataillons. Ceux de cavalerie de 3 et 4 divisions, qui valent 2 escadrons.

CAMP DE LAYBACH.

55 bataillons et 28 divisions.

CORPS DU TYROL A TRENTE, BOTZEN, FELDKIRCH ET BREGENZ.

60 bataillons et 12 divisions.

CAMP DE WELS, SUR LA TRAUN.

75 bataillons et 44 divisions.

GARNISON DE VIENNE.

18 bataillons et 4 divisions.

NOTA. — Il reste dans l'intérieur environ 100 bataillons et 50 divisions.

2e position, le 4e complémentaire.

ARMÉE D'ITALIE.

La même. Venise est renforcée de 5 bataillons venus de Zara par mer.

CAMP DE LAYBACH.

Même position.

CORPS DU TYROL.

Un corps aux ordres du général Wolfskeel, composé de 20 bataillons et 4 divisions, se porte de Bregenz à Ravensbourg.

CAMP DE WELS.

Les troupes qui le composent marchent sur deux colonnes : l'une le long du Danube, l'autre par Munich et Memmingen, et prennent la position du camp de Günzbourg. Elles occupent Ulm, Biberach, Waldsee, et poussent une avant-garde de 15 bataillons et 4 divisions vers Donaueschingen.

La cavalerie de Vienne passe à cette armée.

3ᵉ position, du 15 vendémiaire an XIV.

ARMÉE D'ITALIE.

Même position.

CAMP DE LAYBACH.

En marche vers le Tyrol et l'Italie.

Il a renforcé le camp de Günzbourg d'un régiment d'infanterie de 5 bataillons.

CORPS DU TYROL.

Même position. Il renforce le camp de Günzbourg de 30 bataillons et 4 divisions.

CAMP DE GUNZBOURG.

Même position. Renforcé des troupes ci-dessus, plus 10 bataillons de l'intérieur. Un corps de 12 bataillons se porte le 16 d'Ulm à Wertingen, cherche à venir couper le pont de Donauwerth. Il est repoussé par le maréchal Lannes et le prince Murat, avec perte de 2,200 prisonniers, 4 canons et 6 drapeaux.

Le 17, le pont de Günzbourg est emporté par le maréchal Ney, avec perte de 800 prisonniers.

(Pièce adressée au général Sanson, aide-major général de la Grande Armée, à Augsbourg, par le Ministre de la guerre, major général.)

Duroc à Talleyrand.

Berlin, le 16 fructidor an XIII (3 septembre 1805).

Monsieur,

Je suis arrivé à Berlin dimanche 14 du courant (*1ᵉʳ septembre*), dans l'après-midi, c'est-à-dire le huitième jour après mon départ de Boulogne, et je suis descendu chez M. de Laforest.

Je n'ai pas pu voir M. de Hardenberg le même soir, il était à la campagne et n'en est revenu que le soir, vers 10 heures; ce n'est que le lendemain matin, ou lundi, que j'ai été chez lui avec M. de Laforest, pour lui faire ma première visite, et lui demander à être présenté au Roi, afin de lui remettre la lettre dont Sa Majesté a bien voulu me charger.

Quoique dans cette première conversation M. de Hardenberg ait été très réservé, nous avons pu juger que le cabinet de Berlin, en voulant se prononcer, insistait sur des garanties à pouvoir faire valoir dans ses déclarations à l'Autriche et à la Russie sur les intentions de Sa Majesté relativement aux États limitrophes de la France, et à ceux de l'Italie qui ne lui appartiennent pas. Nous avons prévu des difficultés sur une partie de cet objet. M. de Hardenberg, immédiatement après cette entrevue, s'est rendu chez le Roi, qui est à Charlottenbourg, maison de campagne à deux lieues de Berlin, et à son retour dans l'après-midi, m'a fait prévenir qu'il me présenterait à Sa Majesté aujourd'hui, à 10 heures du matin.

Je suis allé à Charlottenbourg, j'ai eu l'honneur de remettre au Roi la lettre dont Sa Majesté a bien voulu me charger, et lui ai dit que, d'après les ouvertures qui avaient été faites à son cabinet par M. de Laforest et les réponses qui avaient été rendues à celui de Sa Majesté, elle m'avait donné des pleins pouvoirs communs avec M. de Laforest pour négocier et conclure un traité d'alliance avec la Prusse, et que Sa Majesté m'avait en même temps chargé de lui faire connaître ses projets; que l'Autriche ayant fait des préparatifs aussi considérables et aussi menaçants, son intention était bien positivement de faire la guerre; que dans des circonstances aussi imminentes, l'Empereur voulait la prévenir, qu'il imiterait la conduite de Frédéric II à l'ouverture de sa première guerre ; que déjà Sa Majesté avait en marche une partie des corps de réserve de l'armée de l'Océan, qu'Elle avait envoyé contre-ordre à ses escadres, qu'Elle marcherait elle-même avec toute l'armée au secours de la Bavière, et comptait ouvrir de suite la campagne si l'Autriche ne désarmait pas et ne remettait pas toutes ses garnisons sur le pied de paix.

Que Sa Majesté voulait être assurée que cette puissance la laisserait tranquillement s'occuper de la guerre avec l'Angleterre ; qu'il était nécessaire que, dans cette occasion, la Prusse se déclarât fortement vis-à-vis de l'Autriche pour qu'elle reste tranquille, et qu'elle n'alarme pas la tranquillité du continent par ses préparatifs ; que Sa Majesté n'exigeait pas que la Prusse s'engageât de suite à faire la guerre à l'Autriche, mais qu'elle commençât à l'inquiéter ; que pour tout ce qui concernait les mouvements et les dispositions militaires à faire, Sa Majesté désirait que le Roi lui envoyât un officier instruit et de confiance ; qu'il était dans la politique de Sa Majesté d'agrandir la Prusse ; que les autres puissances de l'Europe avaient profité des circonstances ; que l'acquisition du Hanovre était un avantage considérable pour la Prusse, en même temps qu'elle ôterait pour l'avenir bien des prétextes de troubler la tranquillité du nord de l'Allemagne.

J'ai dit aussi au Roi que Sa Majesté désirait qu'il intervînt auprès de l'Électeur de Hesse-Cassel pour obtenir le passage sur son territoire d'une partie de l'armée de Hanovre, que Sa Majesté voulait envoyer au secours de la Bavière ; que déjà Elle avait fait partir un de ses aides de camp pour reconnaître les positions de l'Inn et engager Son Altesse Électeur à tenir bon, dans le cas où elle serait attaquée, jusqu'à l'arrivée des secours de la France. Le Roi m'a répondu à ces différentes choses qu'il allait s'occuper assidûment de l'important objet pour lequel Sa Majesté m'a envoyé ici ; qu'il convenait que la réunion de la France et de la Prusse opposât au reste du continent une masse de forces imposante et capable de maintenir la tranquillité ; qu'il ne désespérait pas que la paix ne serait pas troublée ; qu'il pensait que l'Autriche ne voulait pas la guerre, mais qu'elle était fortement poussée par la Russie ; que sa position à lui était très délicate, entouré comme il l'était par l'Autriche et la Russie; que la possession du Hanovre était en effet un grand avantage pour la Prusse, mais que les avantages qu'elle en retirerait ne seraient que dans l'avenir, le pays étant épuisé dans ce moment, et qu'en cas de guerre, ses plus belles provinces et celles qui sont les plus fertiles étaient les plus exposées aux coups de l'ennemi. Il m'a répété qu'il ne doutait pas que l'Autriche et la Russie ne restassent tranquilles, mais qu'elles avaient besoin d'être rassurées sur les projets ultérieurs de Sa Majesté; que la réunion de Gênes, les dispositions faites pour Lucques les avaient beaucoup alarmées, et avaient même fait impression dans toute l'Europe et chez les puissances les plus amies de la France.

J'ai pu juger par la conversation avec le Roi, que Sa Majesté se trouve dans une situation difficile, qu'Elle craint la guerre surtout avec la Russie à cause des dangers que courent ses provinces limitrophes de cette puissance; qu'Elle veut contribuer à maintenir la tranquillité et qu'Elle espère y parvenir en faisant des déclarations et rassurant en même temps sur les intentions de l'Empereur touchant les parties de l'Italie qui ne sont pas comprises dans l'État actuel de la France et du royaume d'Italie. J'ai pu juger aussi qu'Elle ne veut pas se mettre en avant, avant d'avoir signé un traité, en faisant des déclarations à l'Autriche sur des mouvements de troupes, et en demandant à l'Électeur de Hesse le passage de l'armée de Hanovre par son pays.....

Lorsque j'ai quitté le Roi, M. de Hardenberg est entré chez Sa Majesté, qui lui aura sans doute donné connaissance de la lettre de l'Empereur.

J'en étais là de ma dépêche, espérant la faire partir avant 3 heures, lorsque M. de Hardenberg, revenu chez le Roi, a fait dire à M. de Laforest et à moi que les moments étant extrêmement pressants pour l'importante affaire qu'il avait à traiter avec nous, il se tenait dès ce moment et serait toute la journée prêt à nous recevoir. Nous nous y sommes rendus de suite, et notre conférence a duré sept heures. Le ministre nous a annoncé qu'il était chargé, par Sa Majesté, du soin de la négociation.....

Il a commencé par nous donner lecture de la lettre de l'Empereur au Roi, et il nous a observé qu'elle avait porté dans l'esprit de Sa Majesté l'idée fâcheuse que l'Empereur voulait l'engager de suite dans la guerre, tandis qu'Elle avait supposé que l'Empereur voulait le faire concourir au maintien de la paix en le mettant à même de tenir à l'Autriche et à la Russie un langage à la fois ferme et rassurant. Nous nous sommes empressés d'écarter ses impressions. Tout prouve en effet que le Roi pourrait être entraîné à la guerre, si le traité d'alliance signé elle devient inévitable, mais qu'il ne conclura que dans l'espérance de maintenir par là plus efficacement la paix.

M. de Hardenberg, satisfait de l'explication donnée, nous a avoué qu'il était expressément chargé par le Roi de nous demander, avant toutes choses, si, dans les propositions que nous avions à faire, se trouvaient les garanties dont Sa Majesté avait besoin pour faire ses déclarations à l'Autriche et à la Russie, en nous assurant que, dans ce cas, des courriers seraient expédiés dès demain à Vienne et à Pétersbourg, en attendant que M. de Haugwitz, que le Roi a déjà appelé de Silésie, puisse recevoir des instructions analogues et se mettre en route pour Vienne. Nous lui avons répondu qu'il n'y avait point de doute, quant à tout ce qui intéressait la Prusse. Il s'est aperçu de la réserve que nous mettions à parler des États d'Italie non possédés par la France, et nous a priés d'observer qu'il était vrai littéralement que la Prusse n'y mettait point d'intérêt pour elle, mais que cet objet étant celui sur lequel l'Autriche et la Russie avaient conçu des inquiétudes exaltées, la Prusse était forcée de le faire entrer dans ses négociations avec la France pour écarter les prétextes qui leur font prendre les armes. Il avait dans les mains une pièce écrite, nous a-t-il dit, sous la dictée du Roi ; il nous l'a lue, et j'en joins ici copie.

Cette pièce a amené les plus longues discussions, et je prie Votre Excellence de croire que rien n'a été omis de tout ce qui pouvait faire entamer l'affaire sur un autre pied, en nous reportant aux instructions que j'ai reçues de Sa Majesté, et que vous avez motivées dans votre lettre du 7 (*25 août*) à M. de Laforest. Cette discussion a amené une analyse raisonnée du projet de traité dont j'étais porteur. Le système en a été exposé avec force et clarté. Tenant beaucoup à connaître à la fois, pour vous en instruire à temps, tout ce qui pouvait donner lieu à des difficultés sérieuses, nous avons amené insensiblement M. de Hardenberg à passer à l'examen du projet lui-même. En somme, cette lecture a paru beaucoup éclaircir ses idées, et nous a rendu à nous-mêmes les espérances que nous commencions à perdre. Il ne nous a pas dissimulé qu'il y trouvait le fonds des liens que le Roi était prêt à contracter avec l'Empereur, et ne nous a fait d'observations importantes que sur l'absence d'une clause, dans laquelle il serait expliqué que la paix continuant, les États d'Italie qui ne sont pas actuellement réunis à la France, seraient maintenus dans leur intégrité et leur indépendance, ainsi que la République batave, la Suisse et l'Empire germanique.

Nous n'avons gagné qu'une chose sur lui, c'est de lui faire voir que le mot indépendance dont il se sert est essentiellement défectueux; il lui a substitué obstinément celui de souveraineté, rentrant à peu près par là dans la même pensée.

Je juge, d'après ce début, que l'idée de la guerre a effrayé le Roi; que depuis mon arrivée, tout se remue autour de lui pour l'affermir dans sa neutralité; qu'il sera difficile de conclure le traité d'alliance sans quelques modifications analogues à sa manière de voir. J'attache beaucoup de prix à obtenir l'envoi d'un courrier à Vienne, ne fût-ce que pour ralentir les opérations, et donner par là aux opérations militaires de Sa Majesté le temps de gagner de vitesse.

DUROC.

(*Publié par P. Bailleu.*)

L'Empereur à M. Talleyrand.

Saint-Cloud, le 18 fructidor an XIII (5 septembre 1805).

Monsieur Talleyrand, vous expédierez, avant de vous coucher, un courrier extraordinaire à Cassel, qui de là continuera sa route pour Berlin. Vous recommanderez à ce courrier de faire la plus grande diligence pour arriver à Cassel promptement, vu que cela est très urgent. Vous écrirez à mon ministre, à Cassel, que, dès le moment où il recevra une lettre du général Bernadotte, qui lui écrira de faire des instances pour que le passage lui soit accordé. Mais, quelle que soit la volonté de la cour de Cassel, mon intention n'est pas que le général Bernadotte soit retardé d'un jour. M. Bignon y mettra toutes les formes possibles, et fera connaître que le général Bernadotte se rend en France par Würtzbourg.

Il fera entendre qu'il est tout simple que, dans le moment où l'Autriche réunit tant de troupes dans le Tyrol, toutes les forces françaises se concentrent et se réunissent sur le haut Rhin.

Si l'Électeur faisait des difficultés, il fera comprendre verbalement, et en termes extrêmement modérés et très sages, que le général Bernadotte, ne pouvant être retardé dans ses mouvements, sera tel jour en tel endroit, tel jour en tel autre ; qu'on n'exigera rien des habitants et que tout sera bien payé ; et il instruira le général Bernadotte de cette notification, pour qu'il passe outre. Vous enverrez la copie de la lettre adressée à M. Bignon, à M. Laforest, à Berlin. Ce ministre se conduira selon les circonstances. Si le traité était signé, il ne ferait mystère de rien au cabinet de Berlin ; il dirait que mon intention est de concentrer mes troupes sur le Rhin ; que, ne voulant pas, cependant, renoncer à mon système de guerre maritime, cela m'a porté à rappeler le général Bernadotte dans mon centre d'opérations, et que ce général doit se rendre, selon les circonstances, en France. Si, au contraire, la cour de Prusse avait changé de dispositions, il attendra qu'il apprenne que le général Bernadotte est parti de Gœttingen, et fera alors connaître que ce corps se rend en France pour garnir le haut Rhin et la Suisse, et que mon intention est de garder le Hanovre avec la seule place de Hameln, où j'ai laissé les garnisons suffisantes. Vous expédierez demain des courriers à Ratisbonne et à Vienne. Le courrier de Ratisbonne portera l'ordre à mon ministre à la Diète de déclarer, du moment où l'on saura que le général Bernadotte est parti de Gœttingen, que ce corps se rend en France pour garder le haut Rhin et la Suisse, que l'Autriche paraît menacer. Il aura soin de faire cette déclaration un jour plus tard que plus tôt. Il donnera verbalement l'assurance que ce corps ne séjournera pas dans les États d'Allemagne, et ne fera que passer. Envoyez la même instruction, à Vienne, à M. de la Rochefoucauld, qui la signifiera par écrit, s'il le faut. Il dira à la cour de Vienne qu'instruit des mouvements qui se font dans le Tyrol, j'ai cru devoir appeler ce corps sur le haut Rhin, et que, se trouvant au centre de l'Allemagne, je n'ai pu faire autrement que de lui faire traverser l'Allemagne pour entrer en France. Il est même convenable de donner aux déclarations, tant à la Diète qu'à Vienne, une tournure pacifique; car, en effet, évacuer un électorat est une démarche pacifique. Mais surtout, et sous sa plus grande responsabilité, instruisez M. de la Rochefoucauld qu'il ne doit pas faire cette déclaration que la marche du général Bernadotte ne soit bien connue, et plutôt un jour trop tard qu'un jour trop tôt. On suppose qu'il ne doit pas être dans le cas de la faire avant le premier jour complémentaire. Il faudra également prévenir de cela M. Otto, pour qu'il se trouve toujours au courant de tout.

NAPOLÉON (1).

L'Empereur à M. Talleyrand.

Saint-Cloud, le 21 fructidor an XIII (8 septembre 1805).

Monsieur Talleyrand, je désirerais que vous chargeassiez MM. Laforest, Durand, le général Victor et Ruffin, qui est à Constantinople, de se procurer le nom de tous les régiments qui se trouvent soit en Pologne, soit sur les bords de la mer Noire, soit dans l'intérieur de la Russie, afin qu'il soit possible de suivre leurs mouvements à mesure qu'ils en feraient. MM. Alquier et Rostagny pourront, de leur côté, envoyer le nom de tous les régiments qui sont à Corfou.

Je désire que vous me fassiez remettre le plus tôt possible un almanach et un état militaire russes.

NAPOLÉON (2).

---

(1) *Correspondance de Napoléon*, n° 9180.
(2) *Ibid.*, n° 9189.

CHAPITRE IV

L'ennemi en Bavière (18-23 septembre).

Le prince Murat à Sa Majesté l'Empereur et Roi.

Dépêche télégraphique de Strasbourg, du 23 fructidor an XIII, au soir,
arrivée le 24 (10 septembre 1805).

Sire,

J'ai l'honneur de prévenir Votre Majesté que je suis arrivé hier soir à Strasbourg, et que je lui ai écrit aujourd'hui par un courrier extraordinaire.

Pour copie :

Chappe, l'aîné.

Le prince Murat au maréchal Berthier.

Strasbourg, le 23 fructidor an XIII (10 septembre 1805).

Monsieur le Maréchal-Ministre, j'ai trouvé à Strasbourg, où je suis arrivé hier, les ordres de Sa Majesté et les instructions que vous m'avez fait l'honneur de m'y adresser. Les intentions de l'Empereur et les vôtres seront remplies ; je vais reconnaître moi-même les cantonnements destinés à la cavalerie, et m'assurer qu'on y a fait les approvisionnements de fourrages nécessaires.

Sa Majesté, en me nommant son lieutenant pour commander la Grande Armée en son absence, a mis le comble à ses bontés ; je vous prie de lui présenter l'expression de ma reconnaissance et de l'assurer que je ferai tous mes efforts pour justifier aux yeux de la patrie et de l'Europe un choix si honorable pour moi.

Je vous prie de me dire, Monsieur le Maréchal, si je dois m'occuper aussi des cantonnements des autres corps de l'armée, qui arriveront sur le Rhin avant Sa Majesté, et si je dois réellement prendre le commandement général.

Je n'ai point de commissaire-ordonnateur pour le corps d'armée qui doit agir particulièrement sous mes ordres ; j'ai exprimé le désir d'avoir M. Daure ; soyez assez bon, Monsieur le Ministre, pour vous joindre à moi afin de lui concilier les suffrages de Sa Majesté. Vous savez qu'il remplit honorablement les fonctions d'ordonnateur en chef en Égypte ; pour son malheur, il obtint le même titre à Saint-Domingue. C'est là qu'il encourut la disgrâce de l'Empereur en exécutant les ordres du général en chef. Pouvait-il désobéir ? Il l'aurait dû sans doute, puisque Sa Majesté l'a jugé ainsi, mais à sa place, qui l'aurait osé ? Je vais le demander à Sa Majesté. Il a fait six campagnes en Allemagne et connaît parfaitement les ressources de ce pays. Je n'ai point de général du génie ; je n'en ai point pour l'artillerie ; en un mot, mon état-major n'est point formé. Si l'intention de Sa Majesté est qu'il le soit comme celui de tous les autres corps de l'armée, je vous prie de vouloir bien vous occuper de son organisation. Donnez-moi qui vous voudrez ; les officiers que vous aurez choisis ne pourront que me convenir.

Je vous adresserai, par mon prochain courrier, l'état des cantonnements.

Ayez la bonté de me faire connaître, Monsieur le Ministre, à quelle somme doivent s'élever les appointements et indemnités accordés aux généraux en chef, dont il est parlé dans le décret de Sa Majesté.

Recevez, Monsieur le Maréchal-Ministre, l'assurance de mes sentiments les plus distingués et de ma très haute considération.

Murat.

P. S. — Je vous serai particulièrement reconnaissant, Monsieur le Maréchal-Ministre, d'accélérer, autant qu'il sera en votre pouvoir, la nomination et l'arrivée du commissaire-ordonnateur du corps d'armée que je dois commander. Vous sentez combien il est urgent que toutes les dispositions pour la subsistance et les approvisionnements puissent être faites.

MURAT.

N'ayant encore ici aucuns fonds à ma disposition, j'ai payé de ma propre caisse le courrier que j'expédie, pour son voyage à Paris. Je vous prie de me le renvoyer et de le faire payer pour son retour.

Le prince Murat à l'Empereur.

Strasbourg, le 23 fructidor an XIII (10 septembre 1805).

Sire,

Votre Majesté m'avait confié une reconnaissance qui aurait pu me faire prévoir le choix qu'Elle vient de faire de moi pour son lieutenant, si je n'avais pensé que cette dignité ne pouvait être créée; Sire, si un choix aussi honorable peut être justifié par tous les efforts que font naître le zèle et la reconnaissance, l'un et l'autre me rendront capable de tout, et l'avenir prouvera, j'espère, que j'aurai tout fait pour me rendre digne de tant de bontés.

Sire, j'ai parcouru les différents points que Sa Majesté m'avait ordonné de visiter, j'ai tâché d'en saisir l'ensemble, et, quoique courant la poste, je crois avoir réussi à connaître les différents rapports qui les lient les uns aux autres; enfin, j'espère fournir les divers renseignements que vous serez dans le cas de me demander, tant sur les distances, les localités, les positions, la nature et l'état des routes, les ressources, que sur les communications qui existent entre les points principaux. J'ai aussi des notes sur les rivières principales, ainsi que pour les débouchés de la Bohême et du Tyrol; je remercie bien Votre Majesté de m'avoir fourni l'occasion de connaître par moi-même un pays qui va devenir le théâtre nouveau de votre gloire, et sur lequel vous allez assurer pour jamais votre puissance et le bonheur de l'Empire. Je vais m'occuper de rédiger un Mémoire circonstancié de ma reconnaissance (1) et je me borne aujourd'hui à adresser à Votre Majesté les rapports particuliers que j'ai acquis sur les lieux sur les mouvements de l'Autriche.

Il existe à Wels un corps d'environ 60,000 hommes ; à Braunau sur l'Inn, un de 10,000 à 12,000, et un camp y est tracé pour 30,000 : on y fait des magasins immenses ; les boulangers y étaient déjà arrivés ; déjà les troupes autrichiennes étaient arrivées aussi à Salzbourg ; on croit généralement qu'elles vont occuper la Bavière. On achète des chevaux d'artillerie : bons et mauvais, tous sont reçus ; j'en ai vu moi-même un convoi de 20 ou 25 passant l'Inn à Rosenheim et prenant la route de Salzbourg. Le prince Charles doit commander en Italie, et l'Empereur sur le Rhin. Leur projet est d'agir principalement en Italie, ce qui paraît vraisemblable d'après les rassemblements extraordinaires qui existent dans le Tyrol. On a fait transporter l'artillerie en poste. Sur le lac de Constance, il y a environ 15,000 hommes. Un grand nombre de Russes sont sur les frontières de la Galicie, on en porte le nombre à 80,000 hommes. Le général Weyrother est, dit-on, parti pour les aller chercher. Enfin, tout a pris en Autriche une attitude guerrière ; on ne doute plus de la guerre, parce que, dit-on, Votre Majesté ne sera pas dupe de la cour de Vienne, qui voudrait gagner le printemps. J'ai rencontré moi-même, sur la route de Munich à Augsbourg, quatre pièces de canon de 6 en bronze, démontées et portées avec leurs affûts par des rouliers. L'Électeur de Bavière a fait ses préparatifs de départ ; le château de Würtzbourg est prêt pour le recevoir. M. Otto a fait ses malles et M. Bacher n'est pas trop à son aise. Je n'ai vu aucun de ces messieurs, mais Votre Majesté peut être sûre de tout ce que j'ai l'honneur de lui annoncer. Je joins à ma dépêche l'itinéraire de Bamberg à Prague, par le débouché d'Égra à Prague, et l'autre, par celui de Pilsen. On m'a assuré qu'on pouvait aisément y aller en dix jours de marche. Il n'y a pas beaucoup de troupes en Bohême ; la misère y est extrême et, sans les secours de la Franconie, les habitants eussent péri par la famine. Si jamais Votre Majesté se décidait à y faire pénétrer un corps, il faudrait songer à pourvoir à sa subsistance, ce qui serait facile, la Franconie et la Bavière offrant des ressources immenses.

---

(1) Ce mémoire, si tant est qu'il existe, n'a pas été retrouvé.

J'ai parcouru l'Inn depuis Braunau jusqu'à Neubeuern, situé à l'entrée de la gorge de Kufstein. J'ai suivi sa rive droite depuis Alt-Otting jusqu'à Mühldorf; sa rive gauche, de là jusqu'à Wasserbourg, et de là sur sa rive droite, jusqu'à Rosenheim; il n'y a point de route de poste, et j'ai été obligé d'envoyer mon valet de chambre avec ma voiture à Munich; et j'ai fait ma reconnaissance avec une seziole du pays, dans des routes affreuses; on ne peut passer le fleuve avec avantage qu'à Mühldorf et à Wasserbourg, et je défie l'ennemi de nous en empêcher, sa rive gauche dominant celle de droite d'une manière extraordinaire. On ne peut passer l'Inn qu'aux endroits où je l'ai moi-même passé, depuis Neubeuern jusqu'à Braunau; ce sont les seules communications qui y aboutissent. Je n'ai pas cru pouvoir aller jusqu'à Passau. Il n'existe pas non plus de route de poste sur la rive gauche du Danube depuis Ratisbonne; mais il y en a une de fort bonne, et le pays, quoique montagneux, offrirait à un corps d'armée tous les secours dont il aurait besoin pour agir sur cette rive.

Voilà, Sire, ce que j'ai pensé de plus nécessaire d'être communiqué promptement à Votre Majesté. Personne ne m'a reconnu dans ma course. Le général Bertrand passa à Landshut trois heures avant moi. Les Bavarois seront enchantés de faire la guerre avec nous.

Je m'établis à Strasbourg. Cette ville est au comble de la joie : elle va posséder Votre Majesté et une armée qui laissera beaucoup d'argent. Je vais reconnaître les cantonnements de la cavalerie; j'ai déjà la certitude que ses fourrages sont assurés. J'ai cru devoir faire connaître à Votre Majesté mon arrivée, pensant qu'Elle pourrait avoir quelque inquiétude sur mon voyage et qu'Elle pourrait avoir des ordres à me donner.

Sire, j'ai besoin d'un ordonnateur : j'en demande un au ministre; faites-moi la faveur de me l'accorder; je vous réponds de lui.

J'ai l'honneur, Sire, d'être de Votre Majesté le très humble et très obéissant serviteur et sujet.

Signé : MURAT,
Lieutenant de l'Empereur et Roi.

Note en marge :

Strasbourg, le 23 fructidor an XIII.

(*Un extrait convenable, sans nom d'auteur, a été adressé à M. Rapp, le 26 fructidor an XIII.*)

CHAPITRE IV.

Troupes russes.

4e complémentaire an XIII (21 septembre 1805).

CORPS RÉGULIERS.
GARDE IMPÉRIALE A CHEVAL.

Hommes.

1 régiment de gardes chevaliers.
1   id.   gardes à cheval.
1   id.   gardes hussards.
1   id.   gardes cosaques.
1 escadron de gardes cosaques ouraliens.

            Formant en tout............... 3,316

GARDE IMPÉRIALE A PIED.

3 régiments de grenadiers.
1 bataillon de chasseurs.
1 bataillon de garnison.

            En tout..................... 9,305
            Total de la garde impériale...... 12,621

RÉGIMENTS DE CAMPAGNE.
CAVALERIE.

6 régiments de cuirassiers (800 à 900 hommes par régiment).
26   id.   dragons.
20   id.   hussards.
1   id.   uhlans.
1   id.   cosaques de Tchugujew.
1   id.   tartares lithuaniens.
1   id.   cavalerie polonaise.

            En tout..................... 49,738

INFANTERIE (à 2,000 hommes par régiment).

13 régiments de grenadiers.
77   id.   mousquetaires ou fusiliers.
20   id.   chasseurs.

            En tout..................... 219,125

RÉGIMENTS DE GARNISON.

15 régiments d'infanterie sur pied de guerre.
4   id.   sur pied de paix.

            En tout..................... 70,884

ARTILLERIE.

Hommes.

5 bataillons de siège.
10   id.   de campagne.
2 escadrons à cheval.
12 compagnies d'artillerie de garnison.
62 commandements   id.
2 régiments de pionniers.
2 compagnies de pontonniers.

En tout......................	42,919
Officiers d'état-major et supérieurs......................	11,622
Sous-officiers d'état-major............................	1,187
Total des troupes régulières........	408,096

TROUPES IRRÉGULIÈRES.

Cosaques du Don, Tchernomorsky, Ouraliens, Sibériens, Tartares tekerskiens, Grebenskiens, Bachkirs, Kalmouks.

En tout......................	100,400
Invalides, 62 compagnies et 30 commandements..........	13,920
Total général........	522,416

1re ARMÉE RUSSE EN MARCHE VERS L'AUTRICHE.

Général en chef : KUTUSOFF.
Généraux employés : SUCHTELEN, ESSEN, LASCY, MICHELSON, BENNIGSEN, prince BAGRATION, WINZINGERODE.

La première colonne a dû arriver le 16 août (*8 fructidor*) à Lemberg, en Galicie orientale (*elle y est arrivée le 30 août*). La deuxième colonne se dirige par la Galicie occidentale.

2e ARMÉE RUSSE EN LITHUANIE, PRÈS DE WILNA.

L'empereur en prendra le commandement. Le grand-duc Constantin commandera la garde impériale, qui tout entière en fera partie. Le prince Apraxin est nommé généralissime.

On lève 100,000 recrues. Les Tartares, Baskirs, Kalmouks, au nombre de 30,000, ont ordre de marcher.

Le corps d'expédition de Revel et Cronstadt, aux ordres du général Tolstoï, de 30,000 hommes, est prêt à s'embarquer; les transports anglais sont en route.

On attend, dans l'île de Rügen, un corps de 16,000 Russes et Suédois. On attend, à Corfou, un corps de 12,000 Russes qui se rassemblent à Sébastopol. Les troupes russes, à Corfou, ont été envoyées en garnison à Zara, en Dalmatie, pour remplacer les troupes autrichiennes. C'est le général Gerdigue qui commande les troupes russes à Corfou.

Bulletin.

Hambourg, le 6 septembre 1805 (19 fructidor an XIII).

Voici l'extrait d'une lettre de Berlin, d'un homme d'ordinaire assez bien instruit :

« Le général Duroc restera encore ici quelques jours. Il « est venu seulement demander la neutralité, et elle sera « accordée; grâces en soient rendues au Roi, qui pense si « noblement. La Russie, l'Autriche, l'Angleterre, cherchent à « l'entraîner à une alliance, mais leurs efforts seront vains. »

On écrit de Pétersbourg que le prince Constantin, parti avec son régiment, n'est point content de ne pas avoir un commandement en chef.

Le régiment de cuirassiers est parti hier : aujourd'hui est également parti pour l'Italie un transport d'artillerie de campagne et de quelques pièces de 18.

Le bruit de l'entrée des troupes russes en Galicie est, jusqu'à présent, entièrement controuvé.

On a vu partir de la Cour quelques équipages pour Wels : ceux de l'archiduc Charles sont prêts de se rendre à son quartier général.

Les chemins, qui de la Hongrie conduisent sur les bords de l'Adriatique et en Styrie, sont couverts de transports de grains de toute espèce, ce qui est certain.

BOURRIENNE.

(*Arrivé à Paris vers le 13 septembre.*)

L'Empereur au général Duroc.

Saint-Cloud, 24 fructidor an XIII (11 septembre 1805).

Monsieur le général Duroc,

J'ai reçu votre premier courrier en date du 16. M. Talleyrand vous répond plus longuement. Il vous dit que je trouve bien l'article tel qu'il est proposé par M. de Hardenberg, c'est-à-dire que, si la guerre n'a pas lieu, je garantirai l'état actuel de l'Italie. Je désire beaucoup savoir positivement si les Russes sont entrés sur le territoire autrichien. Que M. Laforest n'épargne point les espions; qu'il envoie des officiers prussiens ou autres pour observer, et qu'il prodigue l'argent, si cela est nécessaire. Le roi de Prusse peut éviter une grande guerre en concluant le traité; sans quoi, il est impossible de savoir où tout cela mènera. Le ton de l'Autriche est très insolent. Elle a déclaré, dans une note, qu'elle voulait rester armée et que deux colonnes de troupes russes, de 25,000 hommes chacune, devaient venir à son secours; qu'ainsi armée, elle entendait me forcer la main, tant pour interpréter le traité de Lunéville à sa fantaisie, que pour m'obliger à faire la paix avec l'Angleterre.

La violence et l'absurdité de cette conduite sautent à l'œil, puisque l'Autriche et la Russie s'arment contre moi, et ne s'arment pas contre l'Angleterre; de manière qu'elles prétendent me forcer à accepter les conditions humiliantes qu'il leur plaira de m'imposer, et qu'elles n'usent d'aucun moyen pour y contraindre l'Angleterre. Ne vous arrêtez à rien; tâchez de conclure. Pourvu que votre traité ne me lie pas les mains pour marcher de suite, je passerai par-dessus tout le reste. J'ai dicté à M. Talleyrand tous les raisonnements qui peuvent faire comprendre que, pour éviter une grande guerre, il faut la faire promptement, et que, si l'on attend le printemps, nous serons infailliblement conduits à une longue et grosse guerre. J'ai développé cela sous tous les points de vue: causez-en avec le Roi. Faites-lui comprendre qu'en dernière analyse, si je voulais écouter les prétentions de l'Autriche, avec le quart d'une province, comme le Hanovre, je la satisferais, soit en Italie, soit ailleurs. Faites-lui comprendre aussi que les Anglais ont réussi à Saint-Pétersbourg et à Vienne, et que le but est véritablement de nous forcer la main; qu'une fois l'Autriche et la Russie engagées à faire cause commune, et accoutumées à prendre en haine la France et la Prusse, si celles-ci ne se serrent pas, Dieu sait ce qui arrivera.

Napoléon (1).

Bulletin de Ratisbonne.
Du 24 fructidor an xiii, à 7 heures du soir (11 septembre 1805).

On est encore, à Ratisbonne, sans nouvelles officielles sur l'entrée des troupes autrichiennes en Bavière, mais voici, en attendant, ce qu'on a recueilli de différents rapports des voyageurs.

Le général Mack, après avoir pris le commandement de l'armée de la Haute-Autriche, a fait prévenir le 20 fructidor l'Électeur de Bavière, de même que les commandants bavarois le long de l'Inn, à commencer par celui de la ville de Passau, qu'il passerait l'Inn le lendemain 21 pour entrer en Bavière, ce qui a effectivement eu lieu sur plusieurs colonnes.

L'Électeur de Bavière a quitté aussitôt Munich avec la cour. M. Otto, ministre de France, l'a suivi à Würtzbourg.

Toutes les troupes bavaroises, après avoir évacué Passau et les frontières de l'Inn, se sont retirées.

Toutes les troupes électorales viennent d'évacuer la Bavière pour se rendre en Franconie. Celles qui sont encore dans le Haut-Palatinat et le pays de Bamberg se replieront sur Würtzbourg.

La cour de Munich s'est bornée à adresser au commandant bavarois de Stadt-am-Hof, vis-à-vis de Ratisbonne, l'ordre de s'opposer au passage des Autrichiens et d'informer ses supérieurs lorsqu'ils auraient passé.

Les Autrichiens marchent sur trois colonnes, dont la première est entrée par Schärding, la seconde par Braunau et la troisième par Mühldorf; elles se dirigent sur Landshut, Freising et Munich pour prendre d'abord la position de l'Isar et ensuite celle du Lech, et se mettre dans la même position qu'en mars 1799 au moment de la reprise des hostilités.

---

(1) *Correspondance de Napoléon*, n° 9199.

Après s'être réunie à différents corps de troupes du Tyrol qui déboucheront par Füssen, Schongau et Landsberg, l'armée autrichienne prendra, selon les nouveaux ordres qu'elle recevra, la position d'Ulm, ensuite celle de la Forêt-Noire pour prévenir l'armée française et l'attendre sur la ligne occupée par l'archiduc Charles au mois de mars 1799, c'est-à-dire depuis le lac de Constance derrière Stockach, Biberach jusqu'au Danube.

BACHER.

L'Empereur à M. Fouché.

Saint-Cloud, 25 fructidor an XIII (12 septembre 1805).

Témoignez mon mécontentement au préfet de Strasbourg pour la proclamation qu'il a faite aux communes de son département; c'est un véritable parlage. Toutes les mesures étaient prises pour les autorités militaires, et je n'avais pas besoin d'une proclamation qui décèle mes projets avec tant de détails. Faites défense aux gazettes des bords du Rhin de parler de l'armée, pas plus que si elle n'existait pas; dites-leur qu'il ne leur est pas plus permis d'en parler que des mouvements des escadres.

NAPOLÉON (1).

L'Empereur à M. Talleyrand.

Saint-Cloud, 25 fructidor an XIII (12 septembre 1805).

Monsieur Talleyrand, il faut prévoir le cas où la Prusse n'aurait pas le courage de persister dans sa première opinion. Dans ce cas, je désirerais un projet de traité avec la Prusse, fait sur les anciens errements, par lequel je mettrais à sa disposition le Hanovre pendant la guerre, à condition qu'elle me payerait six millions par an pour me tenir lieu des contributions; et, au moment de la paix, elle tiendra cet électorat à ma disposition, afin qu'il entre en compensation pour les conquêtes que les Anglais pourraient avoir à stipuler.

NAPOLÉON (2).

---

(1) *Correspondance de Napoléon*, n° 9202.
(2) *Ibid*, n° 9203.

Le prince Murat à Sa Majesté l'Empereur.

Dépêche télégraphique de Strasbourg du 25 fructidor an XIII
(12 septembre 1805).

Les Autrichiens ont passé l'Inn et M. Otto a quitté Munich. J'attends les ordres de Votre Majesté.

Pour copie :

CHAPPE l'aîné.

Le préfet du département du Bas-Rhin Shée à Son Excellence le Ministre des Relations extérieures.

Dépêche télégraphique de Strasbourg du 25 fructidor an XIII
(12 septembre 1805).

Les Autrichiens marchent sur Munich.
L'Électeur a pris la fuite et M. Otto a quitté sa résidence.

Pour copie :

CHAPPE l'aîné.

Indications relatives aux dispositions militaires de la Cour de Vienne, à la répartition et organisation de ses troupes, au 25 fructidor an XIII (12 septembre 1805).

Tableau de l'état actuel de l'armée autrichienne (1).

    9 feld-maréchaux.
  31 généraux d'artillerie et de cavalerie.
125 lieutenants généraux.
246 généraux-majors.
286 colonels.

L'infanterie consiste en :
  63 régiments de ligne.
   1 régiment de chasseurs tyroliens.
  17 régiments des frontières, ou de troupes légères.

---

(1) Ce tableau est un résumé de l'Annuaire (Almanach ou Schematismes).

1 bataillon de pontonniers.
1 bataillon de Czaikister « pontonniers-mariniers ».
2 bataillons de pionniers.

La cavalerie est composée de :

12 régiments du cuirassiers.
15 { régiments de dragons.
{ régiments de chevau-légers.
12 régiments de hussards.
3 régiments de uhlans.

L'artillerie comprend :

4 régiments d'artillerie de campagne.
1 corps de bombardiers.
L'artillerie de garnison.

L'arme du génie est formée :

Du corps des ingénieurs.
Du corps des mineurs.
Du corps des sapeurs.

L'état-major général des logements, les archives de la guerre, le département de la navigation, dont le bataillon des pontonniers fait partie, forment différentes branches distinctes.

Quatre régiments de milice tyrolienne, qui viennent d'être formés, font aussi partie de l'armée. Il faut encore y ajouter les troupes du cordon pour empêcher la désertion.

Les autres branches de l'administration militaire sont : le corps des charrois militaires, celui chargé des remontes, la direction du recrutement dans l'Empire, les commissions d'économie militaire, les dépôts d'habillement, et les hôpitaux militaires et des invalides.

Il y a dans les États héréditaires d'Autriche quatorze gouverneurs généraux militaires.

Le corps de la garde impériale est composé des archers de la garde, divison allemande et galicienne ; des gardes nobles hongrois (1), du corps des Trabans (2) et de la garde du palais (3).

---

(1) Ungarische-Leibwache.
(2) Trabanten-Leibwache.
(3) Hofburgwache.

On compte maintenant 9 grands-croix de l'ordre militaire de Marie-Thérèse, 19 commandeurs et 237 chevaliers, y compris 14 étrangers qui sont au service de Russie ou d'Angleterre.

On trouve, dans les papiers publics d'Allemagne, une répartition des troupes autrichiennes que le cabinet de Vienne paraît y avoir fait insérer, après l'avoir fait circuler parmi les agents diplomatiques des princes d'Allemagne qui sont à Vienne.

Quoique cet état de répartition ne date que du mois d'août et soit très incomplet et peu exact, on a cependant cru devoir le transcrire ici, pour qu'il puisse servir de pièce de comparaison et pour faire voir combien l'Autriche cherche à donner une idée exagérée de ses forces militaires.

Répartition des troupes autrichiennes au 1er fructidor an XIII (19 août 1805).

AUTRICHE ET CARINTHIE.

INFANTERIE.	bataillons.	CAVALERIE.
Strasoldo	5	Empereur (chevau-légers).
Cobourg	5	Würtemberg (dragons).
Hohenlohe	5	Levenehr (dragons).
Lindenau	5	Archiduc Charles (uhlans).
Mittrovsky	5	
Ferdinand	5	
Kerpen	5	
Colloredo	5	
Schröder	5	

STYRIE.

4 régiments.	Hohenzollern (cuirassiers).
	Blankenstein (hussards).

TYROL ET SOUABE.

Klebeck	5
Sporck	5
Jordis	5
Froon	5

L'ENNEMI EN BAVIÈRE.

INFANTERIE.	bataillons.	CAVALERIE.
Kinsky	5	
Duka	5	
Neugebauer	5	
Hildburghausen	5	
Archiduc Louis	5	
Empereur	5	
Beaulieu	5	
Stain	5	
Un corps de chasseurs tyroliens.		

CAMP PRÈS DE MINKENDORF.

Archiduc Charles	5	Albert (cuirassiers).
Auersperg	5	Mack (cuirassiers).
Brooder	3	Nassau (cuirassiers)
Peterwardeiner	3	Savoie (dragons).
		Palatinat (hussards).

Les troupes qui composaient ce camp ont été envoyées à celui de Wels, à l'exception des dragons de Savoie qui sont partis pour l'Italie.

CAMP PRÈS DE WELS.

INFANTERIE.	bataillons.	CAVALERIE.
Archiduc Rainer	5	Rosenberg (chevau-légers).
Frölich	5	Klenau (dragons).
Kollowrath	5	Latour (dragons).
Archiduc Maximilien	5	Hohenlohe (dragons).
Riese	5	Schwarzenberg (uhlans).
Manfredini	5	Merveldt (uhlans).
Creuzer	4	Liechtenstein (hussards).
Erbach	4	
Stuart	4	
Colloredo	4	
Kaunitz	4	
Reuss-Plauen	4	

ITALIE.

Archiduc Charles	5	Hohenzollern (chevau-légers).
Lattermann	5	Otto (hussards).
Archiduc Rudolph	5	

INFANTERIE.	bataillons.	CAVALERIE.
Esterhazy	5	
Hohenlohe	5	
Archiduc Joseph	5	
Bellegarde	5	
Saint-Julien	5	
Vukassovich	3	
Davidovitz	3	
Archiduc François	3	
Liccaner	3	
Ottochaner	3	
Oguliner	3	
Szluiner	3	
Warasdins (inconnu)	3	
Creuzer	3	
Banat	3	
Gradiscaner	3	

D'après la nouvelle organisation de l'armée autrichienne, tous les régiments d'infanterie seront composés de cinq bataillons; le cinquième restera en garnison pour servir de dépôt; et il n'y aura jamais plus de quatre bataillons d'un régiment à l'armée.

On annonce le 3 septembre, à Vienne, à la parade, que l'empereur se rendrait lui-même à l'armée.

(*Sans signature.*)

Petiet, conseiller d'État, intendant général de la Grande Armée, au maréchal Berthier.

Paris, le 25 fructidor an XIII (12 septembre 1805).

J'ai reçu, Monsieur le Maréchal, la lettre que vous m'avez fait l'honneur de m'écrire hier pour me rappeler que l'intention de Sa Majesté est que je sois rendu à Strasbourg le 1er vendémiaire (*23 septembre*). Toutes mes dispositions sont faites pour y arriver le 2e jour complémentaire (*19 septembre*) au plus tard.

PETIET.

(*Note de Berthier, en marge* : *M. Gérard*, 26 *fructidor an XIII.*)

Le général Bertrand à l'Empereur.

Donauwörth, 12 septembre (25 fructidor an XIII).

Je profitai hier soir d'un courrier que le général Reden (1) expédiait à l'Électeur à Würtzbourg, comme occasion sûre pour envoyer à Votre Majesté la reconnaissance d'Ulm et quelques notes sur la rive gauche du Danube, que je tenais du général Reden, qui y a fait deux campagnes.

Au moment où je montais en voiture, une estafette partie le matin 11 septembre, de Munich à 2 heures, n'apportait aucune nouvelle positive du passage de l'Inn.

Deux autres estafettes arrivées de Füssen et Bregenz ont assuré qu'il n'y avait eu aucun mouvement sur ces deux points.

Le général Reden attendait impatiemment le retour d'un courrier expédié à l'Électeur, par lequel il lui demandait la permission de rester à Ulm, Dillingen et Donauwörth avec les 6,000 hommes qu'il commandait, tant qu'il n'y aurait aucun danger à le faire.

Le capitaine Constantin arrive ici en même temps que moi : j'aurai l'honneur de vous adresser de Bamberg la reconnaissance du Lech et celle de la Rednitz.

BERTRAND.

(*Extrait a été communiqué à M. Rapp.*)

L'Empereur au prince Murat.

Dépêche télégraphique de Saint-Cloud, 26 fructidor an XIII
(13 septembre 1805).

J'attends votre courrier avec des détails sur l'entrée des Autrichiens à Munich. Préparez l'artillerie qu'il faut pour occuper Kehl, si cela est nécessaire. Faites armer Huningue, Belfort, Neuf-Brisach et Schelestadt. Que les canons y soient placés sur

---

(1) C'est le général Wreden, plus connu en France sous le nom de Wrède.

les remparts ; que les portes ne s'ouvrent plus de nuit, et que les gardes nationales y fassent le service. Envoyez un régiment de cuirassiers à Neuf-Brisach et un autre à Huningue (1).

Rapport envoyé de Ravensbourg

Du 26 fructidor an XIII.

Les Autrichiens ont pris possession de la Souabe bavaroise.

Le camp de Bregenz est levé, et les troupes qui le composaient occupent les villes de la Souabe qui appartiennent à la Bavière, et notamment Ulm, où ils se concentrent.

On porte la force de ces troupes à 8 ou 10,000 hommes ; elles sont commandées par le général Wolfskeel. Le passage du Vorarlberg et par conséquent du Tyrol allemand sont gardés par un corps d'armée nombreux. Les magasins y sont en grand nombre. On est fort mécontent des Autrichiens, qui se conduisent dans les villes de la Bavière comme s'ils étaient en pays ennemi.

(*Sans signature.*)

L'Empereur au prince Murat.

Saint-Cloud, 26 fructidor an XIII (13 septembre 1805).

Je reçois votre dépêche télégraphique ; j'attendrai l'arrivée de vos courriers pour prendre un parti. En attendant, faites armer et faites partir un service sévère à Belfort, Huningue et Neuf-Brisach.

Deux régiments de cuirassiers doivent être arrivés à Schelestadt ; vous pourrez en disposer pour garnir ces deux places. La garde nationale, d'ailleurs, fera le service. On prendra toutes les précautions pour que ces places ne soient point surprises.

Vous vous tiendrez prêt, avec le 18e, les trois régiments de dragons qui sont à Strasbourg, le 1er de hussards arrivant le 28, et quelques pièces d'artillerie, à passer le Rhin, si, après la réception des dépêches de M. Otto, je le juge convenable.

---

(1) *Correspondance de Napoléon*, n° 9206.

J'imagine que vous envoyez des agents en Allemagne et à Donaueschingen, aux différents débouchés de la Forêt-Noire, aux environs de Kempten et Stockach. Vous aurez soin de bien faire traiter à Strasbourg tous les Bavarois qui s'y réfugieraient. Instruisez-moi de tous les mouvements de l'ennemi.

Napoléon (1).

Le prince Murat au général Leval.

Au quartier général de Strasbourg, le 26 fructidor an xiii
(13 septembre 1805).

Monsieur le Général,

Envoyez de suite au 5ᵉ régiment de cuirassiers l'ordre d'aller s'établir à Huningue, et au 10ᵉ, celui de se rendre à Neuf-Brisach. Vous donnerez au général Puthod, commandant le département du Haut-Rhin, pour instruction, de surveiller les mouvements que pourraient faire les Autrichiens sur le Rhin par le Brisgau sur les points de Brisach et d'Huningue; il ne devra, dans aucun cas, se laisser prévenir par eux pour l'occupation du pont de Bâle.

Vous mettrez en activité les gardes nationales d'Huningue, de Neuf-Brisach, de Schelestadt et de Belfort. Elles seront chargées du service de ces places.

Je vous préviens que je réitère aux deux directeurs d'artillerie de Strasbourg et de Neuf-Brisach l'ordre qu'ils ont déjà reçu du Ministre de la guerre de faire armer, sur-le-champ, les places qui se trouvent dans l'étendue de leurs directions. Je vous prie, Monsieur le Général, de mettre à leur disposition tous les moyens d'exécution qui sont en votre pouvoir.

Faites partir demain, pour Schelestadt, le 26ᵉ régiment de dragons : il y restera jusqu'à nouvel ordre (2).

Le Prince, grand amiral de l'Empire,
lieutenant de l'Empereur,
Murat.

---

(1) *Correspondance de Napoléon*, n° 9205.
(2) Ce régiment était à Strasbourg.

Vous me rendrez compte de l'exécution des mesures que je viens de prescrire.

MURAT.

(*Donné les ordres le même jour. Rendu compte le 27 à S. A.*)

Le prince Murat au maréchal Berthier.

(Sans date.)

Monsieur le Maréchal-Ministre,

Les Autrichiens ont passé l'Inn et les troupes de l'Électeur de Bavière ont reçu l'ordre de se replier sur Würtzbourg. J'ai rendu compte de ces mouvements à Sa Majesté et d'après ses ordres, j'ai chargé les directeurs de l'artillerie de Neuf-Brisach et de Strasbourg de mettre, sur-le-champ, en état de défense les places situées dans l'étendue de leur direction. Ma correspondance avec vous, Monsieur le Ministre, va devenir sans doute plus active. Je me trouve cependant sans courriers. Voudriez-vous avoir la bonté de m'envoyer quelques-uns des vôtres. Ils rentreraient à votre état-major à votre arrivée à Strasbourg. Je ne pourrai, en attendant, écrire que par la poste, à moins de circonstances graves qui me détermineraient à faire partir un aide de camp.

Je ne saurais trop vous prier, Monsieur le Maréchal, de m'envoyer le plus prochainement possible l'ordonnateur et les officiers d'état-major que je vous ai demandés.

MURAT.

Le prince Murat à l'Empereur.

Dépêche télégraphique de Strasbourg du 27 fructidor an XIII
(14 septembre 1805).

Plusieurs régiments d'infanterie et de cavalerie ont occupé Laufenbourg, d'autres y sont attendus.

Suivant le rapport de trois déserteurs arrivés à Huningue le

25, chaque soldat a 40 cartouches et chaque régiment 4 pièces de campagne.

Pour copie :
Chappe l'aîné.

Le prince Murat à l'Empereur.

Strasbourg, le 27 fructidor an XIII (14 septembre 1805).

J'ai reçu, hier au soir, les ordres que Votre Majesté m'a fait parvenir par le télégraphe. En conséquence, le 5e régiment de cuirassiers part ce matin de Schelestadt pour aller occuper Huningue, et le 10e va s'établir à Neuf-Brisach. Le 26e dragons va remplacer ces deux régiments à Schelestadt; il est parti ce matin de Strasbourg (1). J'ai ordonné au général Puthod, commandant le département du Haut-Rhin, de faire observer les mouvements des Autrichiens de Bregenz sur Bâle et par le Val-d'Enfer sur Neuf-Brisach. Il lui est expressément enjoint de ne pas se laisser prévenir pour l'occupation du pont de Bâle.

Les directeurs d'artillerie de Neuf-Brisach et de Strasbourg ont reçu l'ordre d'armer, sur-le-champ, les places de Landau, Strasbourg, Schelestadt, Neuf-Brisach, Huningue et Belfort. Le général Leval doit leur fournir tous les moyens d'exécution qui sont en son pouvoir et il doit mettre en activité, pour le service des places, les gardes nationales de Schelestadt, Belfort et Huningue (1).

Le colonel général Songis est arrivé hier ici, je lui ai communiqué les ordres de Votre Majesté pour l'armement des places; il en surveillera de son côté l'exécution.

Avant de connaître le passage de l'Inn par les Autrichiens, j'avais déjà pris des mesures pour être informé de tous leurs mouvements. A peine arrivé à Strasbourg, j'avais écrit aux ministres de Votre Majesté à Stuttgart, Ratisbonne et Munich, pour les inviter à suivre les opérations de l'armée autrichienne, afin de m'en tenir soigneusement informé. Je les ai même autorisés

---

(1) Le général Leval rend compte de son côté, à Berthier, des mouvements indiqués ci-dessus.

à employer des moyens extraordinaires dont je me suis engagé à leur rembourser les frais.

M. Bacher m'écrit de Ratisbonne, sous la date du 11 septembre, que les troupes bavaroises ont évacué Passau et se sont éloignées des rives de l'Inn, et que toutes celles qui sont en Bavière, dans le Haut-Palatinat et dans le pays de Bamberg, ont reçu l'ordre de se replier sur Würtzbourg.

Le commandant bavarois de Stadt-am-Hof, vis-à-vis de Ratisbonne, a reçu pour toute instruction de ne pas laisser passer les Autrichiens sur le pont de cette ville, et de prévenir sa cour s'ils venaient à en forcer le passage.

Outre ces mesures, je viens de diriger des émissaires sûrs vers Munich et Braunau; par ces moyens, j'espère être instruit très exactement des mouvements ultérieurs de l'armée d'Autriche.

Tout est ici dans la plus grande activité. Les pontonniers travaillent nuit et jour à l'organisation d'un équipage de pont de campagne. L'artillerie arrive de tous côtés. On s'occupe sans relâche de la confection des gargousses.

J'ai fait désigner et reconnaître les cantonnements de la cavalerie. Les fourrages sont assurés pour quinze jours. Il serait nécessaire que les chefs des diverses administrations de l'armée arrivassent promptement pour assurer tous les services.

D'après tous les renseignements qui me parviennent, les différents corps d'armée marchent dans le meilleur ordre. Il n'y a presque point de désertion; toutes les troupes voudraient être déjà au delà du Rhin.

Je n'ai pas cru devoir donner des ordres au général Leval pour les mesures relatives à l'établissement des corps d'armée qui doivent arriver dans sa division. J'ai demandé des instructions à cet égard au major général de l'armée.

MURAT.

Extrait d'une lettre de Dresde, écrite par M. Durand, à M. Talleyrand.

Le 28 fructidor an XIII (15 septembre 1805).

Votre Excellence aura déjà été informée de la direction que viennent de prendre les troupes russes; après être entrées en

Galicie par Brody, elles se sont portées vers la Silésie autrichienne, et il paraît que c'est dans les environs de Troppau que se trouve maintenant réunie la plus grande partie du Ier corps d'armée, qu'on évalue à 50,000 hommes, et qu'on suppose devoir être suivi d'un autre de force pareille.

Dans le principe, on avait pensé que cette armée auxiliaire, une fois entrée dans les provinces autrichiennes, se porterait à marches forcées vers les pays qui doivent servir le plus prochainement de théâtre à la guerre, du moment où elle aura éclaté entre les cours de Paris et de Vienne.

Cependant cette armée paraît devenir stationnaire sur les confins de la Silésie prussienne, et cette circonstance donne quelque poids au bruit dont j'ai déjà entretenu Votre Excellence — d'une négociation plus ou moins avancée entre l'Autriche et la Prusse — on dit en effet que M. de Merfeld, qui vient de se rendre à Berlin, a pour mission spéciale de décider la conclusion d'un traité d'alliance et d'appuyer ses propositions de la menace des 100,000 Russes qui se trouvent sur les frontières de la Silésie prussienne, etc.

L'Empereur au général Bertrand.

Saint-Cloud, le 28 fructidor an XIII (15 septembre 1805).

Je reçois votre dépêche. Reconnaissez en grand détail le château de Würtzbourg. Ne manquez pas de communiquer au général Marmont et au maréchal Bernadotte tout ce que vous apprendriez des mouvements de l'ennemi sur les deux rives du Danube. Parlez surtout pour que l'on confectionne le biscuit. Faites connaissance d'un ou deux ingénieurs bavarois qui connaissent bien le terrain.

Soyez rendu à Strasbourg pour le 4 ou 5 vendémiaire (*26-27 septembre*).

NAPOLÉON (1).

---

(1) *Correspondance de Napoléon*, n° 9219.

Napoléon à Berthier.

Saint-Cloud, le 28 fructidor an xiii (15 septembre 1805).

. . . .
Je désire, par le retour du courrier, savoir du général Songis la situation de toute mon artillerie.

Je désire aussi qu'il me fasse connaître combien il faut qu'il soit prévenu d'avance pour jeter trois ponts : un du côté de Spire, l'autre du côté de Philippsbourg, et l'autre sur le haut Rhin.

NAPOLÉON (1).

Le maréchal Berthier à Son Altesse Impériale Monseigneur le prince Murat.

Paris, le 28 fructidor an xiii (15 septembre 1805).

L'Empereur m'ordonne d'informer Votre Altesse Impériale qu'il a conclu un traité d'alliance offensive et défensive avec l'Électeur de Bade : cela doit cependant rester secret ; mais, si jamais cet Électeur vous écrivait pour vous demander du secours, dans le cas où il serait menacé par un régiment de hussards qui est à Stockach, Votre Altesse est autorisée, pour ce cas seulement, à faire passer la quantité de cavalerie et d'artillerie nécessaire, commandée par un général de brigade, pour se réunir aux troupes de Bade et protéger cet électorat.

L'Empereur serait très contrarié que l'on fût obligé à cette mesure ; ce n'est donc que dans la plus extrême nécessité que cela devrait avoir lieu.

Votre Altesse doit éviter d'envoyer des courriers ou des officiers pour la correspondance dans l'électorat de Bade ; tout ce qui peut compromettre le Prince étant contraire aux projets de l'Empereur, il faut que, jusqu'au dernier moment, ce que je vous confie reste secret ; bien entendu que si les Autrichiens se trou-

---

(1) *Correspondance de Napoléon*, n° 9218. — Le commencement de cette lettre, relatif aux 1er et 2e corps, est reproduit dans le chapitre II.

vaient à proximité, plus forts que ce que vous pourriez envoyer, dans ce cas, vous n'enverriez personne.

Il y a, à Landau, un régiment d'infanterie légère. La division du général Nansouty, composée de 2,500 chevaux, sera déjà arrivée à Pirmasens. Si Votre Altesse en avait un besoin urgent, elle les ferait avancer sur Strasbourg.

Le général d'Hautpoul sera aussi arrivé à Schelestadt. Elle pourra également s'en servir.

Enfin les dragons, entre le 1er et le 2e complémentaire (*18-19 septembre*), seront presque tous arrivés.

Mais l'ordre exprès de l'Empereur est qu'il ne soit rien dérangé aux dispositions qu'il a faites, sans la plus extrême nécessité.

L'Empereur verrait comme un malheur qu'il fût obligé de passer le Rhin avant le temps désigné et avant que l'armée fût arrivée, et cela spécialement à cause de l'armée d'Italie.

Maréchal BERTHIER.

Le prince Murat à l'Empereur.

Dépêche télégraphique de Strasbourg du 28 fructidor an XIII
(15 septembre 1805).

On assure que l'empereur d'Allemagne est à Munich à la tête de son armée.

Pour copie :
CHAPPE l'aîné.

Le prince Murat à l'Empereur.

Dépêche télégraphique de Strasbourg, arrivée le 28 fructidor an XIII
(15 septembre 1805).

Faut-il envoyer à Huningue le 18e régiment de ligne ?
Dois-je faire occuper le pont de Bâle avant les Autrichiens ?

Pour copie :
CHAPPE l'aîné.

Le prince Murat à Sa Majesté l'Empereur.

Strasbourg, le 28 fructidor an XIII (15 septembre 1805).

Sire,

Je venais de faire mettre à la poste hier la lettre dont j'ai l'honneur d'envoyer copie à Votre Majesté, lorsque je fus informé par le commandant d'Huningue que deux régiments d'infanterie et deux de cavalerie autrichienne avaient occupé Laufenburg, dont les Français qui s'y trouvaient avaient été forcés de se retirer. Trois déserteurs arrivés le 25 à Neuf-Brisach ont rapporté que ces troupes étaient suivies de beaucoup d'autres; que chaque régiment était muni de 4 pièces de canon et chaque soldat de 40 cartouches. Je pensai que je devais informer Votre Majesté de ces nouvelles par le télégraphe; en même temps, et en attendant vos ordres, j'ordonnai au 18e régiment de ligne de se tenir prêt à marcher. Je donnai le même ordre aux régiments de dragons qui se trouvent ici. Je demandai au général Songis de tenir à ma disposition quatre pièces de campagne : je fis accélérer la marche des cuirassiers sur Huningue et Neuf-Brisach ; le général Puthod reçut l'ordre d'aller s'établir à Huningue, d'y mettre en activité la garde nationale; de faire observer les mouvements des Autrichiens, sur les deux rives du Rhin, sur Schaffhausen; de faire reconnaître le Val-d'Enfer depuis Freiburg jusqu'à Blumberg, et enfin de surveiller tous les débouchés de la Suisse vers Belfort et Huningue.

Un de mes aides de camp partit sur-le-champ en poste pour Bâle. Il doit y employer tous les moyens praticables pour connaître les mouvements des Autrichiens et, s'il est possible, la force, le nom et les desseins des régiments arrivés à Laufenburg. Un second aide de camp partit en même temps pour Rastadt, où il doit tâcher de découvrir M. Thiard, chambellan de Votre Majesté, pour le prier de me donner tous les détails qui peuvent être venus à sa connaissance sur la marche des Autrichiens. Je fis partir, il y a deux jours, un émissaire avec ordre d'aller à Munich, afin d'y reconnaître la force des troupes entrées en Bavière et les points sur lesquels elles dirigent leur marche. M. le préfet de Strasbourg me donna hier un chef de ses bureaux, homme zélé et intelligent; il partit par le val de la Kinzig, sur Rothweil, sur

Ulm jusqu'à Augsburg et doit revenir par Memmingen, Pfullendorf, Möskirch, Stockach et le Val-d'Enfer sur Freiburg. J'ai fait partir aujourd'hui, dès 6 heures du matin, un aide de camp du général Leval pour Donaueschingen. J'aurai ce soir son rapport. Ainsi, Votre Majesté verra que j'avais déjà rempli les intentions qu'Elle vient de m'exprimer par sa dépêche du 26.

Ne recevant pas par la voie du télégraphe, l'ordre que j'ai demandé hier pour occuper le pont de Bâle, si la lettre de Votre Majesté ne m'avait apporté celui de me tenir prêt à passer le Rhin avec le 18ᵉ et les dragons, je me serais déterminé à envoyer le 18ᵉ à Huningue, et je me serais saisi du pont de Bâle, si j'avais vu avec certitude que les Autrichiens voulussent s'en rendre maîtres. N'ont-ils pas violé la neutralité avant nous, le jour qu'ils ont passé l'Inn ? Au reste, je ne pense pas que leur marche sur ce point doive nous inquiéter ; ils ne sont pas assez en force. Nous aurions eu tout au plus à redouter la surprise de quelqu'une de nos places, et Votre Majesté, par sa prévoyance, les a mises hors d'atteinte.

Le temps est beau ; on m'annonce que le télégraphe communique ; ainsi j'espère avoir dans la journée les ordres que j'ai demandés hier à Votre Majesté.

Je me trouve ici sans courriers et fort embarrassé pour ma correspondance avec Saint-Cloud ; j'en ai demandé au ministre.

Votre Majesté doit compter sur mon zèle, mon activité et ma promptitude à l'informer de tout ce que je pourrai apprendre d'intéressant sur la marche des Autrichiens.

Le général Belliard, qui arrive à l'instant, m'assure qu'il n'y a pas eu de désertion dans les divisions de l'armée qu'il a traversées.

J'apprends à l'instant, par une voie que je crois sûre, que l'empereur d'Allemagne a établi son quartier général à Munich, où il est venu se mettre à la tête de son armée.

Je fais passer cette nouvelle à Votre Majesté par le télégraphe.

M. Mayer, chargé de la fourniture des fourrages dans la 5ᵉ division militaire, vient de m'exposer, dans un long mémoire, les craintes qu'il a de ne pouvoir assurer ce service. Il se plaint avec amertume des accaparements qu'on s'est empressé de faire, aussitôt qu'on a eu connaissance de la marche de l'armée sur le Rhin, tandis que, d'un autre côté, il éprouve des refus pour le versement des fonds qu'il devait toucher en vertu de ses crédits sur diverses maisons de Strasbourg, Bâle et Francfort. Dans l'embarras où il se trouve, il me propose un appel aux communes, pour un contingent que chacune serait obligée de fournir à ses magasins d'après une répartition faite par le préfet et sur la promesse de les payer à mesure des versements. Je n'ai pas cru devoir adopter une telle mesure, l'ordonnateur de la division m'ayant assuré que les fourrages étaient assurés pour quinze jours et tout me faisant présumer que nous ne tarderons pas à passer le Rhin ; motif que je n'ai pas dû faire connaître à M. Mayer.

J'ai l'honneur.....

MURAT.

Le prince Murat au Ministre de la guerre.

Strasbourg, le 28 fructidor an XIII (15 septembre 1805).

Monsieur le Maréchal-Ministre,

J'ai annoncé, il y a deux jours, à Sa Majesté l'Empereur, que les Autrichiens avaient passé l'Inn et marchaient dans la Bavière. J'ai eu l'honneur de vous l'écrire hier à vous-même par la poste. J'ai appris, depuis, que deux régiments d'infanterie autrichienne et deux régiments de cavalerie avaient occupé Laufenburg et je suis informé aujourd'hui, par une voie que je crois sûre, que l'empereur d'Allemagne est venu lui-même se mettre à la tête de son armée et a établi son quartier général à Munich. J'ai envoyé le 5e régiment de cuirassiers à Huningue et le 10e à Neuf-Brisach, et j'ai pris toutes les mesures pour que nos places, sur cette frontière, ne soient pas exposées à une surprise.

Je vous renouvelle, Monsieur le Maréchal-Ministre, la prière de m'envoyer quelques-uns de vos courriers. Ils rentreront près de vous lorsque vous viendrez à l'armée.

Jusqu'à ce qu'ils me soient arrivés, je serai au dépourvu des moyens d'entretenir une correspondance aussi active que les circonstances pourraient l'exiger. Veuillez aussi retarder le moins possible l'envoi de l'ordonnateur que je vous ai demandé pour la réserve de cavalerie, et des officiers d'état-major Galdemar, Colbert et Donop.

Je vous prie de compléter à votre choix le nombre de ceux que je dois avoir.

MURAT.

Le général Songis au maréchal Berthier.

Strasbourg, le 28 fructidor an XIII (15 septembre 1805),
à 7 heures du soir.

Monsieur le Maréchal,

Je reçois à l'instant la lettre que vous m'avez adressée le 26 par un courrier extraordinaire pour me prévenir que les Autrichiens avaient passé l'Inn, et m'ordonner d'accélérer toutes les mesures à prendre pour que l'artillerie ne retarde pas la marche de l'armée d'un seul instant. J'ai l'honneur d'assurer à Votre Excellence que la plus grande activité est déployée tant ici qu'à Metz pour le rassemblement de l'équipage de campagne et de celui de pont, et que tout ce qui concerne le matériel sera prêt à l'arrivée de l'armée. Il n'en sera pas de même pour le train ; on ne peut espérer que la remonte arrive pour le temps fixé, attendu qu'il a été beaucoup trop court et que les conseils d'administration n'ont pu toucher de fonds à Boulogne, malgré l'ordre de Sa Majesté.

Le payeur n'en avait plus dans sa caisse et n'a donné que des mandats sur Strasbourg au lieu d'argent. J'en ai rendu compte le 13 à Votre Excellence. Je ne pense pas que l'on puisse atteler par le train autre chose que les bouches à feu, un caisson et demi par pièce et dix caissons de cartouches d'infanterie par division : il faudra faire conduire le reste par les chevaux de réquisition. Mais il est à craindre que les charretiers ne désertent en route et qu'on n'en tire pas un très grand parti. Il importe, pour les conserver, de pouvoir les payer, et il n'a encore été annoncé aucuns fonds pour cet objet. J'espère que les 2,500 voitures seront fournies exactement, au moins en grande partie ; à mon passage à Metz, celles du département de la Moselle l'étaient déjà ; le Bas-Rhin et le Haut-Rhin ont fourni presque tout leur contingent. Je n'ai pas encore de nouvelles des autres départements, qui se trouvent plus éloignés.

On commencera demain à transporter l'artillerie destinée aux différents corps d'armée dans les lieux où j'ai connaissance que les corps doivent se rassembler, savoir :

A Spire.......	l'artillerie du maréchal Davout.
A Landau.....	{ l'artillerie du maréchal Soult. { l'artillerie du parc général.
A Haguenau ..	l'artillerie du maréchal Ney.
A Neuf-Brisach	{ l'artillerie des dragons à pied. { celle du parc des réserves.
A Schelestadt .	{ celle des dragons à cheval. { celle de la 2ᵉ division de grosse cavalerie.
A Pirmasens ..	celle de la 1ʳᵉ division de grosse cavalerie.

L'artillerie du maréchal Lannes et de la garde impériale resteront à Strasbourg, et celle du maréchal Augereau marchera avec le parc général. L'artillerie qui vient de l'armée des côtes et de Metz complétera celle des corps d'armée et arrivera avec eux, en sorte que tout ce qui pourra être attelé les suivra. Mais j'estime que pour tout emmener et pour faire marcher l'équipage de pont, il faudrait encore 1000 voitures de réquisition.

Je vous prie avec insistance, Monsieur le Maréchal, d'engager Sa Majesté à en ordonner la levée dans les départements du Haut-Rhin, du Bas-Rhin et de la Meurthe.

Je crois pouvoir répondre qu'avec ce secours, l'artillerie ne sera point en retard.

L'équipage de pont sera prêt pour le 1ᵉʳ vendémiaire, ainsi que Sa Majesté l'a ordonné. Il y aura en outre des agrès, poutrelles et madriers pour deux autres ponts, mais il n'y a point de bateaux ; on s'est assuré qu'on pourra en trouver suffisamment sur le Rhin et sur la rivière d'Ill.

Je vais prier Son Altesse le prince Murat, d'en ordonner sur-le-champ la réquisition attendu qu'il n'y a pas de temps à perdre pour les rassembler à Strasbourg.

Le manque de canonniers ne permettra pas d'armer, aussi promptement qu'il serait à désirer, les places ; cependant on y travaille avec tous les moyens qui sont disponibles.

J'ai l'honneur.....

SONGIS.

Le prince Murat à l'Empereur.

Dépêche télégraphique de Strasbourg du 29 fructidor an XIII
(16 septembre 1805).

Les Autrichiens n'ont pas été à Laufenburg.
Il y en a 2,000 à Ravensburg.
Il est officiel qu'ils ont passé l'Inn le 21, à Mühldorf et à Wasserburg.
Ils ont occupé Landshut et Munich.
L'empereur d'Allemagne n'est pas encore arrivé.

Pour copie :

Chappe l'aîné.

Le général Clarke à l'Empereur.

Saint-Cloud, le 29 fructidor an XIII.

Sire,

Dans les circonstances du moment, la Prusse ne pourrait, ce me semble, être forcée à prendre une part active dans la guerre que par la Russie, si cette puissance était gouvernée par un prince ambitieux qui eût pris à l'avance le soin de doubler la force de ses armées et de se préparer à une guerre d'invasion pour s'agrandir en Europe. Comme il en est autrement, la Prusse se trouverait en position de vendre ses services à qui bon lui semblerait des puissances belligérantes, si elle ne savait que la France seule, au moyen de l'Hanovre, est dans le cas de lui offrir des avantages réels pour le maintien futur de la monarchie prussienne. Il est donc évident que l'intérêt de cette monarchie la porte à se tourner vers nous, de qui elle attend la possession de l'Hanovre ; mais il ne serait point étonnant qu'elle cherchât à l'obtenir en faisant le moins de sacrifices possibles. La Russie et l'Autriche regarderont toujours bien comme un avantage pour elles la neutralité de la Prusse, et d'une autre part, il est difficile et peut-être impossible à la France d'exiger de la cour de Berlin (comme on eût pu le faire contre l'Autriche seule avant que la Russie se fût liguée avec l'Autriche) de prendre les armes contre ces deux puissances.

Sûre que les Français évacueront l'Hanovre, la Prusse s'en voit maîtresse sans coup férir, et l'est également de prescrire les conditions qu'elle met à la neutralité, avantageuse pour elle, qu'elle se propose sans doute de conserver.

Si ces raisonnements sont justes, il ne reste plus qu'à considérer quelle est la manière la plus avantageuse de conclure cette neutralité.

Je ne vois aucun inconvénient à ce que la ligne de neutralité fixée par le traité de Berlin du 5 août 1796 soit de nouveau reprise ; mais je regarderais comme un avantage essentiel que la Saxe y fût comprise et que la cour de Berlin forçât celle de Dresde à y consentir.

De plus, il serait important d'obtenir, s'il est possible, de la Prusse, qu'elle déclarât à la Suède et à l'Angleterre qu'elle prendra les armes contre elles, si elles font quelque entreprise contre la République batave.

Il me semble que la Prusse doit trouver cette condition admissible puisque, sans cela, elle risque de se voir enlever le dépôt qu'on lui confie (l'Hanovre). En outre, je suis d'avis qu'il est avantageux pour la France que la neutralité de la Prusse soit armée, à cause de l'inquiétude que l'Autriche et la Russie ne manqueront pas de prendre à ce sujet ; mais il serait bon de régler en même temps combien la Prusse pourrait avoir de troupes rassemblées dans la partie de ses frontières qui avoisine la France.

Je ne sais jusqu'à quel point serait fondée la crainte que l'Angleterre n'engageât, pendant la guerre, la cour de Berlin, au moyen même de la concession de l'Hanovre, à tourner ses armes contre la France. Cette supposition est plutôt basée sur les sentiments des Anglais en général que sur ceux du roi de la Grande-Bretagne ; quoiqu'il soit invraisemblable que l'Autriche y consentit, j'aimerais que la France eût, en quelque sorte, des gages de la bonne foi future de la Prusse dans ses armées en y admettant, avec un commandement, l'un des frères de Sa Majesté Prussienne, et même plusieurs princes de la Maison de Brandebourg.

Quant à l'article 4 du projet de traité, je désirerais qu'on y insérât, si on le juge possible, que la France pourra tirer de l'Hanovre, pendant tout le temps de la guerre, les armes, les poudres et les munitions de guerre qui y seront fabriquées.

Si aucune des conditions ci-dessus n'est accordée par la Prusse, je n'en suis pas moins d'avis d'adopter, faute de mieux, le projet de traité présenté pour sa neutralité.

CLARKE,
Secrétaire du Cabinet.

Il est bon de stipuler verbalement que le général prince d'Hohenlohe ne sera point employé par la Prusse pour le maintien de la ligue de neutralité. (*A. N.*, AF ⁱᵛ, 1287.)

Le prince Murat à l'Empereur.

Dépêche télégraphique de Strasbourg, arrivée le 30 fructidor an xɪɪɪ
(17 septembre 1805).

L'archiduc Ferdinand commande une armée de 60,000 hommes.

L'armée de Bregenz est de 25,000.

Mon aide de camp que j'avais envoyé à Laufenburg en est de retour.

J'ai exécuté les ordres que j'ai reçus de Votre Majesté.

Pour copie :
CHAPPE l'aîné.

Duroc à Napoléon.

Berlin, le 21 fructidor an xɪɪɪ (8 septembre 1805).

Sire,

M. de Talleyrand aura remis sous les yeux de Votre Majesté mes rapports sur la mission qu'Elle a bien voulu me confier dans ce pays. Il est à peu près probable, à présent, que je reviendrai près de Votre Majesté sans avoir rempli le but qu'Elle s'est proposé en m'envoyant ici. Le Roi, comme tout ce qui l'entoure, craint la guerre, et si ses premières dispositions avaient pu faire croire qu'il joindrait ses efforts à ceux de Votre Majesté, c'est qu'il espérait qu'il ne faudrait en venir qu'à des démarches pacifiques; il ne se résoudra à agir que lorsqu'il sera attaqué; il se laisse entraîner par son penchant à l'immobilité et veut revenir à son système de neutralité.

Je puis avoir l'honneur d'assurer Votre Majesté que j'ai fait tout ce dépendait de moi pour réussir ; si l'événement ne me justifie pas, il faut l'attribuer au système personnel du Roi.

Certainement l'armée prussienne ferait la guerre volontiers. Si on lui apprenait qu'elle dût la faire contre les Autrichiens, elle serait enchantée. Si elle devait la faire contre les Français, elle y attacherait de la gloire, par la supériorité qu'ils ont acquise. Mais telle est la manière de voir du pays et de l'armée en général, qu'elle ne regarderait que comme une corvée pénible de faire la guerre contre les Russes...

Je donne à M. de Talleyrand des renseignements sur l'itinéraire de la route que peut prendre l'armée du maréchal Bernadotte pour traverser la Hesse et se rendre en Bavière. Votre Majesté veut-elle me permettre d'avoir l'honneur de lui observer que l'armée du maréchal Bernadotte, défilant par l'Électorat de la Hesse et venant de Fulda sur Würtzbourg, trouve avant d'y arriver un chemin neutre par Schweinfurt et Bamberg, et ensuite entre les territoires d'Anspach et de Baireuth pour se rendre à Sulzbach et Amberg, où elle est dans le haut Électorat de Bavière, en face de la Bohême et plus rapprochée de l'Inn et des frontières menacées. Par Würtzbourg, au contraire, elle est obligée, pour y arriver, de traverser le pays d'Anspach, ou sinon, de se porter en Souabe et sur les derrières de la Bavière.

(*A. N.*, AF IV, 1690.)   Duroc.

Ordre.

Saint-Cloud, le 30 fructidor an XIII (17 septembre 1805).

La division de Nansouty, qui est arrivée le 29 fructidor (*16 septembre*) à Pirmasens, se rendra à Oggersheim par Kaiserslautern (vis-à-vis Mannheim), le 3 vendémiaire (*25 septembre*), à la petite pointe du jour ; elle passera le pont et se portera en avant de Mannheim jusqu'à Heidelberg.

La première division du maréchal Davout, qui arrivera le 3 vendémiaire à Dürkheim, passera le 4 à Mannheim, et, le 4, le général Davout établira son quartier général à Mannheim.

Toutes les divisions du maréchal Davout se rendront de Dürkheim, en droite ligne, sur Mannheim. Le 15° d'infanterie légère, qui est à Landau, se rendra à Mannheim le 3 pour soutenir la division Nansouty ; il devra donc être arrivé le 1er vendémiaire (*23 septembre*) vis-à-vis Mannheim.

La cavalerie légère du maréchal Davout, à mesure qu'elle sera arrivée, se portera en avant jusqu'à Sinzheim.

La division du général Klein, qui passera le Rhin le 3 (*25 septembre*), à la pointe du jour, à Germersheim, protégera l'établissement du pont et se rendra à Bruchsal.

La première division du général Soult passera du moment que le pont sera établi, et il devra l'être le 3 vendémiaire (*25 septembre*) avant midi : elle ira coucher à Bruchsal.

La division de dragons du général Klein poussera jusqu'à Bretten, et du moment que la division y sera arrivée, elle prendra position à Bretten, où elle passera la nuit.

Le 4, le quartier général de l'armée du maréchal Soult se rendra à Bruchsal.

L'armée du maréchal Ney passera à Selz, où il sera jeté un pont qui sera terminé avant midi, le 3 vendémiaire ; l'établissement du pont sera protégé par la division des dragons du général Bourcier, qui ira coucher, le 1er vendémiaire, à Strasbourg, et le 3, avant le jour, passera le Rhin à Kehl, et se portera le long de la rivière de Murg.

La première division du général Ney passera le pont sans s'arrêter, et se rendra le 3 à Rastadt.

Le 4 (*26 septembre*), le quartier général de l'armée du maréchal Ney sera à Rastadt.

La division de dragons de Bourcier se rendra à Durlach dès le 4 (*26 septembre*).

La division de dragons du général Beaumont se rendra à Strasbourg, le 2 (*24 septembre*) au soir, et passera le Rhin à la pointe du jour. La division de grosse cavalerie de d'Hautpoul se rendra à Strasbourg, le 2 au soir, et passera à la pointe du jour, et se rendra à Oberkirch ; celle de Beaumont se rendra à Offenburg.

La division de grenadiers d'Oudinot, le 3 (*25 septembre*), à la pointe du jour, passera le Rhin, et prendra position à une lieue de Kehl.

Les dragons à pied du général Baraguey-d'Hilliers passeront

sur le pont qui sera établi dans la journée du 3, à Neuf-Brisach, et coucheront le 3, à Freiburg. Baraguey-d'Hilliers aura sous ses ordres la division de dragons du général Walther, lequel avancera des reconnaissances sur Donaueschingen et se mettra en communication avec la division qui est à Offenburg.

Chacune de ces divisions de dragons, d'infanterie et de cavalerie devra avoir son artillerie, que le général Songis fera trouver au point de leur passage, et sur la rive gauche du Rhin.

Le corps d'armée du maréchal Lannes devra passer par la route dite du Kniebis, par Sand, Oberkirch, Freudenstadt, Rothenburg, Reutlingen, Vrach et Ulm. Sa division de cavalerie légère, qui arrivera le 1er à Strasbourg, poussera sur-le-champ des reconnaissances sur cette route pour la bien connaître.

La division de dragons à pied, qui arrive à Sainte-Marie-aux-Mines le 4e jour complémentaire (*21 septembre*) se rendra droit à Strasbourg, où elle arrivera le 1er (*23 septembre*). Le 3 (*25 septembre*), à la pointe du jour, elle passera le Rhin.

La division Gazan, qui arrive le 6 (*28 septembre*) à Saverne, se rendra le 7 à Strasbourg, de manière que le général Lannes avec sa division de grenadiers, la division Gazan, sa cavalerie légère et son artillerie, soit au delà du Rhin le 7 vendémiaire.

Ce jour-là même, ses grenadiers et sa cavalerie légère se mettront en marche pour Ulm ; il y a cinquante lieues, il lui faut dix jours : il n'arrivera que le 17 vendémiaire (*9 octobre*).

Le maréchal Ney a ses trois divisions, qui arriveront du 3 au 4 (*25-26 septembre*) : son premier régiment de hussards est déjà arrivé. Ce sera le premier régiment qui passera le pont de Kehl, pour se porter à Rastadt. Ainsi le maréchal Ney, qui prendra la route de Durlach, Pforzheim, Stuttgard, Esslingen, Göppingen, Geislingen et Ulm, a cinquante lieues à faire. En partant le 5 (*27 septembre*), il y sera le 15 (*7 octobre*), deux jours avant le maréchal Lannes.

Le corps du maréchal Soult, qui passe à Germersheim, suit la route de Bruchsal, Bretten, Vaihingen, Ludwigsburg, Schörndorf, Gmünd, Aalen ; il sera arrivé, n'ayant qu'une cinquantaine de lieues, le 17 ; sa première division arrive le 2 (*24 septembre*) ; sa deuxième peut arriver le 3 (*25 septembre*), en se rendant droit au pont ; sa troisième ne peut guère arriver que le 5 (*27 septembre*) ; sa quatrième division ne peut arriver que le 6 (*28 sep-*

tembre); ainsi elle ne peut partir que le 7 (*29 septembre*). Il ne sera donc que le 17 (*9 octobre*) à Aalen.

Le maréchal Davout ne pourra partir également que le 7 (*29 septembre*). Il passe par Mannheim, Heidelberg, Sinzheim, Heilbronn, Œhringen, Wall, Ellwangen, Nördlingen ; il ne pourra y être que le 18 (*10 octobre*).

Le corps de l'armée de Bernadotte et de Marmont, qui sera le 6 à Würtzbourg, et qui n'a qu'une quarantaine de lieues, sera à Weissenburg le 17 vendémiaire (*9 octobre*). Il faudra donc qu'il parte le 8 *ou* le 10 (*30 septembre* ou *2 octobre*) de Würtzbourg.

Ainsi, le 17 (*9 octobre*), les corps du général Ney et du général Lannes seraient à Ulm ; le corps du général Soult serait à Aalen ; celui du général Davout, à Nördlingen ; celui des généraux Bernadotte et Marmont, à Weissenburg ; la réserve de la cavalerie, le parc, les grenadiers de la garde, à Gmünd.

NAPOLÉON (1).

Le prince Murat à l'Empereur.

Strasbourg, le 30 fructidor an XIII (17 septembre 1805),
à 2 heures du matin.

C'est sur le rapport officiel du général Leval que j'eus l'honneur d'annoncer à Votre Majesté que l'empereur d'Allemagne s'était rendu à Munich pour prendre le commandement de son armée ; c'est sur celui du commandant d'Huningue, confirmé par le général Puthod, que je m'empressai de vous informer que quatre régiments autrichiens avaient occupé Laufenburg.

Les rapports officiels que je reçois aujourd'hui des légations de Stuttgard et de Ratisbonne démentent la première de ces nouvelles, et j'apprends par un aide de camp, que j'avais envoyé à Laufenburg, qu'il n'y est pas arrivé un soldat autrichien.

A l'avenir, Votre Majesté ne recevra par le télégraphe que des rapports dont l'exactitude ait été vérifiée. Nous sommes inondés de fausses nouvelles ; s'il fallait en croire les bruits qui circulent, les Autrichiens seraient déjà sur les bords du Rhin.

---

(1) *Correspondance de Napoléon*, n° 9227. Cet ordre n'a pas été exécuté. Il a été remplacé par celui du 20 septembre.

Ce qui est constant, c'est que les Autrichiens passèrent l'Inn le 21 fructidor (*8 septembre*) et ont occupé Landshut et Munich, tandis que d'un autre côté ils se sont portés de Bregenz sur Ravensburg le 27 (*14 septembre*); c'est ce dernier mouvement qui donna lieu aux faux rapports sur l'occupation de Laufenburg. On pense généralement que les 2,000 hommes qui ont marché sur Ravensburg se portent sur Ulm, et que l'armée de Wels va prendre position sur le Lech. J'ai fait partir ce matin un de mes aides de camp pour reconnaître, par lui-même, la position et les mouvements des deux corps d'armée.

C'est le quatrième envoyé que j'ai actuellement en Souabe et en Bavière. Je joins à ma lettre un état des régiments de l'armée autrichienne dont on a pu avoir les noms. M. le Préfet du Bas-Rhin vous adresse de son côté des renseignements qu'il vient de recevoir.

Une note particulière m'a été remise par le secrétaire de la légation française à Stuttgard, que M. Didelot m'a envoyée. Il y est question de la marche des Russes et d'une déclaration qu'on assure avoir été remise par le ministre d'Autriche à Ratisbonne, à ses collègues. Ce même secrétaire m'a parlé de l'embarras extrême de l'Électeur de Bavière qui est sans argent pour payer ses troupes, de l'adhésion de l'Électeur de Wurtemberg à une alliance avec Votre Majesté, et de l'irrésolution de celui de Bade.

M. de Thiard me confirme par une lettre, que je reçois à l'instant, les nouvelles dont je fais part à Votre Majesté. Il paraît fort bien instruit et me promet de me donner des informations sûres.

Tous les généraux et toutes les troupes arrivent au temps fixé; tout marche dans l'ordre le plus exact; tous les cantonnements sont reconnus et toutes les subsistances assurées. Les travaux de l'artillerie se continuent avec la plus grande activité.

L'armée autrichienne passera-t-elle le Lech? Viendra-t-elle prendre ses anciennes positions aux débouchés de la Forêt-Noire? Je ne saurais le penser. Ulm et Ingolstadt n'étant plus fortifiés, leur droite ne serait pas assez solidement garantie par le Danube. Ne devraient-ils pas craindre les mouvements des corps d'armée de Mayence et de Landau sur Ulm, Donauwörth et Ingolstadt; tandis que ceux d'Haguenau, de Brumath et de Strasbourg les menaceraient par les débouchés de la Forêt-Noire? Voudraient-ils s'exposer alors à se voir attaqués en flanc et risquer de se faire jeter sur les montagnes du Tyrol? Nos mouvements ainsi combinés ne les forceraient-ils pas à une prompte retraite derrière le Lech ou à un changement de front sur le Danube? Et pourraient-ils faire cette dernière manœuvre sans se mettre entre deux feux, puisque nous agirions alors sur les deux rives du Danube en leur coupant toute communication avec le Tyrol? Peut-on croire d'ailleurs qu'ils veuillent s'exposer à un échec à une si grande distance de leurs alliés? Ne leur convient-ils pas au contraire d'éviter une bataille jusqu'à l'arrivée des Russes?... Toutes ces considérations me persuadent que l'empereur d'Allemagne attendra l'empereur des Français dans les positions de Landsberg et de Friedberg, ligne extrêmement raccourcie appuyant sa droite au Danube et sa gauche aux montagnes du Tyrol. Cette position que j'ai reconnue m'a paru excellente; elle domine le Lech à peu près comme le rideau qui s'étend depuis Bellevue jusqu'à Courbevoie domine la Seine. Si l'ennemi était forcé dans cette position, l'Isar à quelque distance de là lui en offre une seconde; mais elle n'est pas, à beaucoup près, aussi bonne que la première; et l'on peut raisonnablement penser qu'il aimerait mieux se jeter derrière l'Inn.

Cette manœuvre, en lui ménageant un asile plus sûr, le rapprocherait davantage de ses ressources et de l'armée russe.

Au reste, quoique la position sur le Lech me paraisse la meilleure que les Autrichiens puissent prendre, je suis loin de penser qu'ils soient en état de s'y maintenir. N'auront-ils pas toujours à craindre les mouvements de la rive gauche du Danube sur Ingolstadt et celui du corps de Mayence sur Ratisbonne; tandis que l'armée de Hanovre serait chargée de couvrir notre gauche, soit en pénétrant en Bohême pour menacer Vienne, soit en observant les différents débouchés de ce pays sur le Danube?

Sire, ce n'est qu'en tremblant que je soumets à Votre Majesté mes idées sur les projets des Autrichiens dans la campagne qui va s'ouvrir; je ne m'y serais jamais déterminé, si Elle ne m'avait accoutumé à compter sur son indulgence comme sur sa bonté.

J'ai passé ce matin la revue du 15ᵉ régiment d'infanterie légère, du 18ᵉ de ligne, des 22ᵉ et 27ᵉ de dragons : tous ces corps sont de la plus belle tenue et ne laissent rien à désirer quant à leur instruction ; tous portent leurs regards avec impatience sur la rive droite du Rhin.

MURAT.

M. Bacher au prince Murat.

Ratisbonne, le 30 fructidor an XIII (17 septembre 1805).

Monseigneur,

J'ai reçu la dépêche dont Votre Altesse Sérénissime a bien voulu m'honorer le 25 (*17 octobre*) de ce mois. J'ai prévenu les désirs de Votre Altesse Sérénissime en communiquant à M. Flahaut, son aide de camp, à son passage par Ratisbonne, les renseignements que j'avais pu recueillir, et j'ai adressé à cet officier, à Strasbourg, ceux que, dans l'éloignement où nous nous trouvons ici, j'ai pu me procurer sur la marche des troupes autrichiennes, en Bavière, depuis qu'elles ont passé l'Inn. Votre Altesse Sérénissime aura reçu à ce sujet une note datée d'hier, qui doit lui avoir été remise par le directeur de la poste aux lettres à Strasbourg.

Permettez-moi, Monseigneur, de vous observer, avant tout, que par la position de Ratisbonne, en supposant que je puisse me maintenir dans cette ville, je vais me trouver plus éloigné de l'armée autrichienne, qui passe dans ce moment le Lech pour se rendre sur l'Iller et s'approcher de la Forêt-Noire, que Votre Altesse Sérénissime ne le sera à Strasbourg, et que mes renseignements ne pourront par conséquent être que de très ancienne date. Nous allons d'ailleurs être entièrement cernés, d'un côté par l'armée autrichienne, en Bavière et en Souabe, et de l'autre, par une armée de 100,000 Russes, dont l'avant-garde traverse dans ce moment la Moravie et ne tardera pas d'entrer en Bohême, et pourra, dans dix à quinze jours, se trouver dans le Haut-Palatinat et s'étendre ensuite le long du Main et du Danube pour marcher de front avec l'armée autrichienne en Souabe. Dès lors, les communications seront interceptées et tout moyen de correspondance se trouvera impraticable.

On assure que le général Klenau, qui commande l'avant-garde

de l'armée et qui a sous ses ordres le général Gottesheim sera le 21 septembre, 4ᵉ jour complémentaire (*21 septembre*), à Memmingen et que le 22 septembre, l'armée autrichienne se trouvera sur l'Iller, d'où elle se mettra en marche pour prendre la même position qu'au printemps de 1799, en s'étendant depuis le lac de Constance, derrière Stockach, Möskirch, Rottweil, sur le revers de la Forêt-Noire.

Le général Mack dirige, comme chef de l'état-major général et commandant par intérim, la marche de l'armée autrichienne en Souabe, jusqu'à l'arrivée de l'archiduc Ferdinand qui doit la commander en chef.

Les troupes autrichiennes ont pris poste d'un côté à Straubing, à 12 lieues au-dessous, et de l'autre à Abensberg, à 12 lieues au-dessus de Ratisbonne. Elles occupent toute la Bavière et déjà une partie de la Souabe ; elles ont évacué entièrement la Bohême et une partie de la Haute-Autriche, pour faire place à l'armée Russe qui traverse dans ce moment la Moravie.

Les troupes bavaroises se sont rassemblées dans le Haut-Palatinat, pour couvrir la Franconie bavaroise, depuis les frontières de la Bohême jusqu'au marquisat prussien d'Anspach et de Bayreuth.

Les troupes autrichiennes vivent de réquisition et font échanger leur papier monnaie contre de l'argent comptant, ce qui va faire le malheur de toutes les contrées qu'ils vont parcourir.

Voilà, Monseigneur, tout ce que je puis mander dans ce moment à Votre Altesse Sérénissime sur ce qui se passe dans nos environs, me référant à mes bulletins précédents.

BACHER.

L'Empereur au prince Murat.

Saint-Cloud, le 1ᵉʳ jour complémentaire an XIII (18 septembre 1805).

Je reçois votre lettre du 28 fructidor. Je vous ai écrit de ménager l'Électeur de Bade, pour ne point le compromettre jusqu'au moment où mon armée sera en mesure. Faites-moi passer tous les renseignements que vous recevrez de l'armée sur le nombre des malades, déserteurs, et sur le degré de fatigue des soldats.

Voyez M. Petiet pour savoir si le service des fourrages marche bien, surtout celui de l'avoine. Le service du pain et de la viande sera bien assuré. Je désire savoir quand les fourgons du parc de Sampigny arriveront.

Faites-moi connaître si les 20,000 paires de souliers que j'ai envoyées de Paris et les 20,000 de Boulogne sont arrivées. Enfin, faites-moi connaître si les Autrichiens sont arrivés à Ulm et à Donauwörth, ou si les Bavarois s'y maintiennent toujours. Faites bien reconnaître la route qui de Strasbourg va à Ulm par le Kniebis, et si les voitures y passent avec facilité.

Passez la revue des divisions de cavalerie à mesure qu'elles arrivent. Les grenadiers d'Oudinot et les dragons doivent être arrivés quand vous recevrez cette lettre. Passez-en la revue; faites-moi connaître leur véritable situation et ce qu'ils attendent de leurs dépôts. Assurez-vous de quelques Suisses, Allemands et Prussiens pour pouvoir vous servir d'espions. Un bon chef d'espionnage vous serait nécessaire. Envoyez savoir ce qui se fait à Fribourg; il doit y avoir un bataillon; et, s'il ne s'était pas retiré, méditez les moyens de l'enlever lorsque le passage aura lieu. Il y a un régiment de cavalerie à Rottenburg, à deux marches de Bade; s'il était possible, par une marche forcée de nuit, de l'enlever à la pointe du jour, voyez de méditer cette opération, car il serait fort bon de débuter par ces deux petits succès; ce serait d'ailleurs 500 ou 600 chevaux qui seraient fort utiles. Engagez les colonels à acheter des chevaux dans ce pays, afin que le nombre d'hommes qu'ils avaient en partant ne soit point disséminé et qu'ils aient le temps de recevoir leurs dépôts. Tâchez aussi d'avoir le nom de tous les régiments qui sont en Bavière et dans le Tyrol.

NAPOLÉON (1).

Le prince Murat à l'Empereur.

Dépêche télégraphique de Strasbourg du 1ᵉʳ jour complémentaire an XIII
(18 septembre 1805).

Un rapport, en date d'hier, que j'ai reçu de la légation de

---

(1) *Correspondance de Napoléon*, n° 9231.

Stuttgard, et d'un aide de camp par un courrier extraordinaire, annonce le passage du Lech et la marche forcée de toute l'armée autrichienne depuis la nouvelle de la levée du camp de Boulogne.

Pour copie :
Chappe l'aîné.

L'Empereur au prince Murat.

Saint-Cloud, le 1er jour complémentaire an xiii (18 septembre 1805).

Mon Cousin,

Votre dépêche télégraphique, du 1er jour complémentaire, m'instruit que l'ennemi a passé le Lech. Mais le moment approche où toute l'armée va être sur le Rhin. Faites arrêter et requérir tous les bateaux nécessaires pour jeter les deux ponts sur le Rhin. Voyez le payeur, et faites-moi connaître son état de situation, et si tout l'argent que j'avais demandé y est. Envoyez des agents pour connaître les mouvements des Autrichiens. L'Électeur de Wurtemberg a promis de joindre ses troupes aux miennes. Si jamais un détachement de ses troupes était poussé sur le Rhin par les Autrichiens, ne le laissez pas entrer dans Strasbourg; il en serait de même pour celles de Bade et pour celles de Bavière. Aucune troupe étrangère ne doit être dans Strasbourg, et on ne peut pas les y laisser entrer, en les traitant toutefois poliment. J'attends votre rapport sur la situation d'Huningue. Je n'ai aucune inquiétude, si quelques pièces de canon sont sur le rempart. Si le commandant fait bien son service, la nuit et à l'ouverture des portes, s'il y a une ou deux compagnies d'artillerie et un régiment de cuirassiers, ce poste important est à l'abri de toute surprise; Neuf-Brisach est dans le même cas.

Napoléon (1).

---

(1) *Correspondance de Napoléon*, n° 9238.

Le prince Murat à l'Empereur.

Strasbourg, le 1er jour complémentaire an XIII (18 septembre 1805).

Sire,

Je profite d'un courrier qu'on expédie à M. le major général pour faire passer à Votre Majesté un rapport que je reçois de la légation de Stuttgard, confirmé par une lettre particulière de Ravensburg. J'ai cru indispensable d'annoncer à Votre Majesté le passage du Lech par la voie du télégraphe. D'autres rapports parlent aussi de l'occupation de Biberach et de la réunion du corps de Bregenz avec celui de Wels, sur Ulm. L'armée qui semblait avoir ralenti sa marche pendant quelques jours, sur l'Isar, s'est remise tout à coup en mouvement et se dirige à marches forcées sur Ulm, depuis qu'on a appris, à Vienne, la levée du camp de Boulogne et sa marche sur le Rhin. L'occupation de Ravensburg est confirmée, le reste des rapports paraît très vraisemblable. Je renvoie, sur-le-champ, à M. Didelot son courrier; e le prie de s'assurer si, positivement, Ulm est occupé par les Autrichiens, et de ne m'envoyer que des rapports dont il puisse garantir l'exactitude.

Le courrier que Votre Majesté m'a ordonné, par une dépêche télégraphique, de faire mettre en prison, n'est pas encore arrivé. Je l'attends avec impatience.

M. Petiet et les généraux Andréossy et Mathieu sont arrivés, ainsi que je l'ai déjà annoncé à Votre Majesté; toute l'armée marche dans le plus grand ordre.

J'ai visité, hier, l'arsenal et la citadelle; tout y est en activité. Le premier équipage de ponts sera bientôt achevé. Sur la demande du général Songis, j'ai mis en réquisition, pour le service de l'artillerie, tous les bateaux des départements du Haut et Bas-Rhin, sur ce fleuve et sur l'Ill. Les deux préfets m'ont répondu que cette mesure allait recevoir son exécution. Je prie Votre Majesté d'être persuadée que j'emploie tous les moyens possibles pour être exactement informé des mouvements de l'ennemi.

MURAT.

M. Didelot au prince Murat.

Stuttgard, 30 fructidor an XIII.

Monseigneur,

Je m'empresse de faire passer à Votre Altesse Sérénissime le résultat des renseignements que je me suis procurés sur la marche des Autrichiens.

Le général Klenau, commandant la colonne qui s'était portée sur Munich, a passé avant-hier, dimanche, 28 fructidor (*15 septembre*), le Lech, et est arrivé, le soir, avec une partie de sa colonne à Zusmarshausen, six lieues en deçà d'Augsbourg, où à 9 heures du matin cependant, on n'avait encore vu aucun Autrichien, ni même entendu parler de rien.

Cette colonne était attendue hier, lundi, à Günzbourg (capitale du Burgau), et ce matin l'avant-garde, composée d'un régiment de dragons, a dû arriver à Ulm.

Le général de Wrède, commandant la brigade bavaroise qui ne devait partir que ce matin d'Ulm, s'est mis précipitamment en marche, hier, à 2 heures après-midi, pour gagner la Franconie; ses bagages étaient heureusement partis le dimanche.

Les corps détachés du camp de Bregenz, qui s'étaient portés sur Ravensburg, sont arrivés dimanche soir à Biberach et vont sans doute opérer leur jonction, à Ulm, avec la colonne du général Klenau.

Quoiqu'on ne sache rien de leur marche ultérieure, on croit qu'ils vont peut-être s'avancer jusqu'à Stockach, une de leurs positions dans la dernière guerre.

Tous les corps avancent aujourd'hui à marche forcée, d'après les ordres expédiés, dit-on, de Vienne, aussitôt la nouvelle apprise de la levée du camp de Boulogne.

Les Autrichiens font toujours de fortes réquisitions de grains et de voitures de transport, qu'ils font filer sur Günzbourg et de là, vraisemblablement, en Bohême et en Autriche; on croit que le quartier général, qui était à Nymphenburg, va être porté à Augsbourg.

Je n'ai pu avoir aucune nouvelle de la colonne entrée à Landshut.

Le bruit se répand qu'une colonne de 15,000 Russes sera rendue à Linz le 6 octobre, et immédiatement suivie de cinq autres de pareil nombre. Le camp de Münckendorf est levé et en marche, assure-t-on, pour la Bavière et la Souabe.

Extrait d'une lettre de Munich en date du 14 (1ᵉʳ septembre).

Un corps de 300 uhlans est entré hier 13 dans le faubourg de Munich.

On répand le bruit qu'un nouveau corps d'armée de 40,000 hommes a passé l'Inn.

Le général Mack est attendu au quartier général de Nymphenburg aujourd'hui ou demain dans la journée.

Signé : Charles DIDELOT.

P.-S. — Je joins ici un numéro de la *Gazette de Munich*, arrivé ce matin, confirmant l'état que j'ai eu l'honneur de vous adresser sur la force des armées autrichiennes, et présentant même plus de détails.

Mon courrier allait partir, Monseigneur, lorsque votre aide de camp et M. Raymond sont arrivés ; j'ai donné au premier lecture de ma dépêche, afin de diriger sa marche, sur laquelle nous allons d'ailleurs conférer.

(Cette pièce porte en marge la mention suivante : *l'extrait de ce qui est relatif aux Russes a été classé à leur liasse.*)

L'Empereur au général Bertrand.

Saint-Cloud, le 1ᵉʳ jour complémentaire an XIII (18 septembre 1805).

Monsieur le Général,

En reconnaissant la Rednitz, vous aurez été sans doute jusqu'à Bamberg, et aurez visité toute autre petite ville qui serait fortifiée, ou qui aurait une chemise, et qui pourrait facilement former une petite place à l'abri d'un coup de main.

Le Ministre de la guerre écrit en détail à M. Otto sur tout ce qu'il paraît nécessaire qu'on fasse à Würtzbourg ; activez autant qu'il sera en vous toutes les mesures. Soyez rendu, le 4 vendémiaire (*26 septembre*) à Strasbourg, et amenez avec vous quelques hommes qui connaissent bien le pays.

NAPOLÉON (1).

Le prince Murat à l'Empereur.

Dépêche télégraphique de Strasbourg du 2e jour complémentaire an XIII (19 septembre 1805).

Les Autrichiens ont occupé Biberach et Riedlingen. Cette nouvelle est officielle.

Pour copie :
CHAPPE l'aîné.

L'Empereur à Talleyrand.

Saint-Cloud, le 2e jour complémentaire an XIII (19 septembre 1805).

Monsieur,

Envoyez un courrier extraordinaire à Berlin.

On fera de nouveaux efforts pour engager la Prusse à conclure le traité d'alliance. Si cela n'est pas possible, quand Duroc sera prêt à prendre congé du Roi et qu'on le laissera partir, alors il dira qu'il vient de recevoir de nouveaux ordres pour négocier un traité de neutralité. Les articles que vous proposez sont bons; je voudrais y ajouter que je peux laisser à Hanovre des munitions de guerre, et les retirer quand je voudrai; par ce moyen, l'artillerie m'appartiendra. Il faut convenir, mais cela peut se faire verbalement, que le prince de Hohenlohe ne sera pas employé pour garder la ligne de neutralité, l'ayant laissé violer dans la guerre passée. Quant aux époques d'évacuation du Hanovre, tout de suite. Une autre condition serait que la

---

(1) *Correspondance de Napoléon*, n° 9232.

Prusse garantit la Hollande, c'est-à-dire la garantit contre une invasion de l'Angleterre ou des puissances belligérantes.

Vous sentez, cependant, qu'il ne faut pas être trop exigeant sur cela. Une troisième condition serait que le roi de Prusse envoyât des lettres de créance à M. Lucchesini pour l'accréditer près de moi, comme roi d'Italie.

Napoléon (1).

L'Empereur au prince Murat.

Saint-Cloud, le 3ᵉ jour complémentaire an XIII (20 septembre 1805).

Mon Cousin,

Je reçois votre lettre du 1ᵉʳ, qui m'instruit que l'ennemi s'approche d'Ulm. Il me tarde bien d'être arrivé sur le Rhin et de commencer enfin à réprimer l'insolence de messieurs les Autrichiens. La division d'Oudinot doit être arrivée; instruisez-moi du nombre des malades et des déserteurs qu'elle a eus, et si les troupes sont bien fatiguées. Le Ministre de la guerre vous expédie aujourd'hui des ordres pour que tout soit prêt à passer le Rhin, à Spire, et vis-à-vis de Durlach et Mannheim. Vous sentez l'importance d'être bien instruit des points qu'occupe l'ennemi, et de sa force. Envoyez un courrier au général Vial qui, par Schaffhouse et Saint-Gall, doit avoir des nouvelles précises. Je vais le 1ᵉʳ vendémiaire (*23 septembre*) au Sénat; immédiatement après, je me rendrai près de vous, et je ne tarderai pas à être à Strasbourg.

Il est indispensable que vous ayez un homme de confiance qui sache bien l'allemand et se tienne à Bade. Un officier de gendarmerie des départements du Rhin, tenu en commission à Bâle, serait très utile. Un détachement de la Garde doit arriver le 5ᵉ complémentaire (*22 septembre*); un autre ne doit pas tarder à le suivre; tâchez qu'ils soient le mieux possible.

Napoléon (2).

---

(1) *Correspondance de Napoléon*, n° 9240.
(2) *Ibid.*, n° 9244.

Le Chargé d'affaires de Sa Majesté l'Empereur des Français près Son Altesse Sérénissime l'Electeur de Bade, au maréchal Berthier.

Carlsruhe, le 3ᵉ jour complémentaire an XIII (20 septembre 1805).

Une personne qui m'a souvent donné de bonnes informations m'assure qu'une colonne russe est dans ce moment à environ quinze marches de l'armée autrichienne, qui doit se trouver sur le Danube.

MASSIAS.

Le prince Murat à l'Empereur.

Dépêche télégraphique de Strasbourg du 3ᵉ jour complémentaire an XIII (20 septembre 1805).

Hier matin, à 9 heures, les Autrichiens ont occupé Pfüllendorf et Stockach.

Ce rapport est officiel.

Pour copie :

CHAPPE l'aîné.

Le général Bertrand à l'Empereur.

Geislingen, le 3ᵉ jour complémentaire an XIII (20 septembre 1805).

J'aurai fini le 22 septembre la reconnaissance de la route d'Ulm à Rastatt.

Les troupes bavaroises ont évacué Ulm les 16 ou 17 septembre. La division du général Klenau y doit arriver le 21.

J'ai déjà eu l'honneur d'annoncer à Votre Majesté que, par des nouvelles de Munich, l'armée autrichienne en Bavière paraissait composée de 5 divisions, forte de 14 régiments d'infanterie dont 7 complets à 5 bataillons et 7 autres à 4 bataillons, plus 10 régiments de cavalerie dont 8 à 8 escadrons et 2 à 6 escadrons.

Un officier autrichien m'avait dit à Braunau que l'armée était composée de 14 régiments d'infanterie et 6 de cavalerie.

J'ai l'honneur de vous adresser une traduction d'un extrait de feuille allemande qui a paru le 17 à Ratisbonne.

Des lettres de Prague du 14, arrivées à Ratisbonne le 17, annonçaient que les Russes étaient à Brünn en Moravie. Cette nouvelle, donnée par des lettres particulières, n'était confirmée par aucun avis officiel.

M. d'Auersperg, commandant la garde impériale à Vienne, frère de la princesse régnante à Œttingen, lui a écrit que les Russes étaient en Bohème, et parlait de 100,000 hommes.

BERTRAND.

Note de Berthier.

(Sans date).

L'intention de l'Empereur serait de faire passer le maréchal Davout par Mannheim, se dirigeant sur Heidelberg, sur Nördlingen et par Neckarelz.

Le maréchal Soult passerait par Spire, suivant la route de Heilbronn, Œhringen, Hall, Aalen.

Le maréchal Ney passerait entre Hagenbach et Mühlburg au village appelé Pforz, suivant la route de Durlach, Pforzheim, Stuttgard, Gmünd et Giengen.

L'intention de l'Empereur est qu'on reconnaisse la route de Kniebis par Oberkirch, Freudenstadt, Horb, Rottenburg, Tübingen, Grötzingen, Nürtingen, Gœppingen, et connaître le nombre de jours qu'il faut pour y arriver.

Il faut également reconnaître l'état actuel du débouché de la Kintzig.

La route par Mergentheim devant être évitée parce qu'elle s'éloigne trop, on verrait si de Nekarelz on peut trouver une bonne route pour l'armée qui se rendrait sur Ilshofen et de là à Nördlingen par Dinkelsbühl.

Ordre de l'Armée.

Saint-Cloud, le 3° jour complémentaire an XIII (20 septembre 1805).

Le Major général donnera les ordres, par un courrier qui partira avant minuit, au général Songis, de jeter un pont vis-à-vis Spire et un pont vis-à-vis Pforzheim, entre Lauterbourg et Rheinzabern. Ces deux ponts devront être jetés depuis minuit, le 2 vendémiaire, jusqu'à 9 heures du matin du 3 vendémiaire (*24-25 septembre*).

Le Major général fera connaître au maréchal Davout que mon intention est qu'il passe à Mannheim, lorsque j'en donnerai l'ordre, et qu'il se dirige, par Heidelberg et par Neckarelz, sur Nördlingen. Mon intention n'est pas qu'il passe par Sinzheim, qui est destiné au corps du maréchal Soult. Il peut prendre des renseignements et envoyer même reconnaître la route, ayant soin cependant qu'on ne se compromette pas. La route passant par Mergentheim devant être évitée, s'il est possible, parce qu'elle s'éloigne trop, on verrait si de Neckarelz on peut trouver une route bonne pour l'armée qui se rendrait sur Ilshofen, et de là à Nördlingen, par Dinkelsbühl. Le but est de rendre cette marche plus courte et de tenir son corps d'armée constamment plus près de celui du maréchal Soult.

Vous ferez connaître au maréchal Soult que son quartier général doit être transporté à Spire, quand je lui en donnerai l'ordre; ce sera probablement le 2 vendémiaire; que, de Spire, il doit suivre la route de Heilbronn, Œhringen, Hall, Aalen; qu'il est convenable, s'il n'y a pas d'inconvénient, qu'il fasse reconnaître cette route avec le plus de mystère possible;

Au maréchal Ney, qu'il doit passer le Rhin entre Hagenbach et Mühlburg, au village appelé Pforz, au lieu qu'il jugera le plus propre pour jeter le pont; qu'il doit prendre la route de Durlach, Pforzheim, Stuttgard, Gmünd et Giengen. Il faut qu'il fasse reconnaître cette route.

Enfin, ordonnez au prince Murat de faire reconnaître la route du Kniebis par Oberkirch, Freudenstadt, Horb, Rottenburg, Tübingen, Grötzingen, Nürtingen, Göppingen, et connaître le nombre de jours qu'il faut pour y arriver, et de faire reconnaître aussi l'état actuel du débouché de la Kinzig.

Vous ferez connaître à ces maréchaux que leurs ponts doivent être jetés dans la nuit du 2 au 3 (*24-25 septembre*).

Napoléon (1).

Au général Songis, 1er inspecteur général de l'artillerie.

Paris, le 3ᵉ jour complémentaire an xiii (20 septembre 1805).

Général,

L'intention de l'Empereur est que vous soyez en mesure de jeter un pont vis-à-vis Spire, un autre pont vis-à-vis Pforz, entre Lauterbourg et Rheinzabern, enfin un troisième vis-à-vis Schelestadt.

L'Empereur désire savoir, par le retour de mon courrier, si ces ponts pourraient être jetés depuis minuit, 2 vendémiaire, jusqu'à 9 heures du matin du 3.

Vous devez vous préparer en silence et en secret, mais ne rien faire sans nouveaux ordres de moi.

Renvoyez-moi mon courrier sur-le-champ.

Je vous salue avec une considération très distinguée.

Le Ministre de la guerre,
Maréchal Berthier.

Le maréchal Berthier à Son Altesse le prince Murat.

Paris, le 3ᵉ jour complémentaire an xiii (20 septembre 1805).

Monseigneur,

En conséquence des dispositions faites par l'Empereur, j'ai l'honneur de vous prévenir que M. le maréchal Lannes passera le Rhin le 3 vendémiaire (*25 septembre*), une heure avant le jour, au pont de Kehl, avec deux régiments de cavalerie légère

---

(1) *Correspondance de Napoléon,* n° 9245.

et la division de grenadiers du général Oudinot, ainsi que son artillerie; il ira cantonner en avant de Kehl sur la route de Rastatt, et le 4 (*26 septembre*), il cantonnera entre cette ville et Ettlingen.

L'intention de l'Empereur, Monsieur le Maréchal, est que vous passiez également le Rhin à Kehl, le 3 vendémiaire (*25 septembre*), avec la division de cavalerie du général d'Hautpoul, qui pourra éclairer les deux débouchés de la Kinzig et du Kniebis; avec les quatre divisions de dragons à cheval, et avec la division de dragons à pied du général Baraguey-d'Hilliers, ainsi que l'artillerie de ces différentes divisions.

Vous cantonnerez la cavalerie et les dragons en avant de Kehl, et la division de dragons à pied assez près de Kehl pour qu'elle puisse y fournir des travailleurs pour le rétablissement des ouvrages de la tête de pont.

Vous ferez distribuer quatre jours de pain et vous ferez suivre pour quatre jours de biscuit qui devra être conservé pour un jour de bataille.

Vous ferez délivrer les capotes et les souliers que les corps doivent avoir en magasin; enfin vous ferez donner 50 cartouches par homme. Vous aurez soin que votre artillerie soit bien approvisionnée et votre parc en bonne position.

Vous pouvez, Monsieur le Maréchal, établir votre quartier général à Sand.

Vous donnerez l'ordre à la division Nansouty de se diriger sur Oggersheim où elle sera provisoirement aux ordres de Monsieur le maréchal Davout, qui doit passer le Rhin à Mannheim le 3 vendémiaire (*25 septembre*).

L'intention de l'Empereur n'est pas que M. le maréchal Lannes se compromette avec l'ennemi; mais s'il était forcé à un engagement, vous le soutiendriez, et il pourrait l'être également par le maréchal Ney qui passe le Rhin, le 4 (*26 septembre*), à Durlach, où il aura son quartier général le 5 (*27 septembre*).

Je donne l'ordre au général Songis d'y jeter, en conséquence, un pont du 3 au 4 (*25-26 septembre*). Le général Songis a également l'ordre de faire jeter un pont à Spire à la même époque. M. le maréchal Soult aura son quartier général le 3 (*25 septembre*) dans cette ville et le 4 (*26 septembre*) y passera le Rhin pour prendre position sur la route d'Heilbronn.

Comme par les dispositions que vous avez prises, Monsieur le Maréchal, vous êtes à même de connaître tous les mouvements de l'ennemi, il sera nécessaire que vous donniez à MM. les Maréchaux connaissance de ce qui pourra les intéresser. Je leur ai envoyé des ordres directs conformes aux dispositions ci-dessus; mais, si des mouvements imprévus de l'ennemi mettaient obstacle à leur exécution, ils doivent vous rendre compte et prendre vos ordres.

L'Empereur tient beaucoup à passer le Rhin aux époques déterminées ci-dessus; mais tout est subordonné aux mouvements de l'ennemi, et Sa Majesté ne voudrait pas qu'il s'engageât d'affaires particulières, à moins d'une nécessité absolue. Il faut de tous côtés sécurité et secret.

Je pense que l'intention de l'Empereur est de laisser la division Baraguey-d'Hilliers à Kehl jusqu'au 6 (*28 septembre*), où elle sera relevée par la division Gazan; au surplus, Monsieur le Maréchal, je pense que l'Empereur arrivera vers le 4 (*26 septembre*).

P.-S. — Je prie Votre Altesse de vouloir bien faire passer la lettre ci-jointe à l'Électeur de Bade.

Maréchal BERTHIER.

Le Maréchal Berthier à M. le maréchal Lannes.

Paris, le 3e jour complémentaire an XIII (20 septembre 1805).

Monsieur le Maréchal,

L'intention de l'Empereur est que le 3 vendémiaire (*25 septembre*), à 5 heures du matin, vous passiez le Rhin avec les deux régiments de cavalerie légère, qui sont à votre armée, et avec la division de grenadiers et son artillerie, et le 4, suivant les circonstances, à Rastatt et Ettlingen.

M. le maréchal prince Murat passera le même jour, après vous, avec la division de cavalerie d'Hautpoul, les quatre divisions de dragons à cheval et la division de dragons à pied; il vous soutiendrait s'il y avait lieu.

M. le maréchal Ney qui passe le Rhin le 4 (*26 septembre*), à Spire, pourrait également vous soutenir.

Vous aurez pour quatre jours de pain. Vous ferez suivre pour quatre jours de biscuit, que vous ne devez pas consommer, mais garder pour une occasion, où, étant obligé de vous battre, vous ne pourriez vous procurer de vivres.

Vous ferez distribuer les capotes et les souliers que les corps ont en magasin.

Vous ferez aussi distribuer 50 cartouches par homme.

Votre artillerie doit être bien approvisionnée et votre parc toujours en bon état.

Si les mouvements de l'ennemi, qu'on ne peut prévoir, faisaient croire qu'on doit changer quelque chose aux dispositions ci-dessus, vous prendriez des ordres du prince Murat, car vous ne devez pas attaquer sans ordre.

Je vous ferai connaître les dispositions ultérieures, tant pour la division Gazan que pour les deux autres régiments de cavalerie qui doivent vous joindre.

Vous vous approvisionnerez sur le pays qui restera à votre droite, et tout ce que vous prendrez sur le pays des princes amis de la France sera reconnu par des bons en règle.

Maréchal BERTHIER.

Le maréchal Berthier à M. le Maréchal Ney.

Paris, le 3ᵉ jour complémentaire an XIII (20 septembre 1805).

Monsieur le Maréchal,

D'après les dispositions de l'Empereur vous passerez le Rhin, le 4 vendémiaire (*26 septembre*), sur un pont qui sera jeté vis-à-vis de Durlach, et le 5 (*27 septembre*) au soir, vous vous rendrez dans cette ville.

Vous aurez devant vous M. le maréchal Lannes et vous devez suivre la même route que lui, pour marcher sur Stuttgard, quand vous en recevrez l'ordre.

Vous ferez distribuer pour quatre jours de pain, et vous ferez les dispositions nécessaires pour faire suivre pour quatre jours de biscuit. Ce dernier approvisionnement est destiné pour vous servir un jour de bataille, si vos troupes réunies avaient des difficultés de se procurer des vivres.

Vous ferez donner 50 cartouches par homme.

Ayez soin que votre artillerie soit bien approvisionnée et que votre parc soit en bonne position.

Vous ferez aussi distribuer les capotes et les souliers que les corps ont en magasin.

Vous aurez sur votre gauche M. le maréchal Soult, qui passe par la route de Spire ; il a l'ordre de se nourrir sur le pays de sa gauche, de sorte que le pays compris entre sa droite, Spire, Hilsbach et Heilbronn, fourniront aux réquisitions nécessaires à votre armée. Tout ce que vous serez dans le cas de requérir sur le territoire des princes amis de la France sera reconnu par des bons en règle.

M. le maréchal Lannes, qui marche devant vous, a l'ordre de faire des réquisitions de vivres sur sa droite.

Si quelques circonstances extraordinaires vous imposaient la nécessité de changer quelque chose aux dispositions ci-dessus, vous prendrez les ordres de Son Altesse Sérénissime le prince Murat. Les dispositions ordonnées d'ici sont toujours subordonnées aux mouvements de l'ennemi.

P.-S. — Je vous préviens que l'Électeur de Bade doit former un corps de troupes avec 6 pièces d'artillerie qui doivent se rendre le 5 vendémiaire (*27 septembre*), à Durlach, où ce corps sera sous vos ordres.

Maréchal BERTHIER.

Le Ministre de la guerre à Son Altesse Électorale le prince Électeur de Bade Charles-Frédéric.

Paris, le 3ᵉ jour complémentaire an XIII (20 septembre 1805).

L'Empereur m'ordonne de prévenir Votre Altesse Électorale, que Sa Majesté désire que le corps de troupes que vous avez offert ait 6 pièces d'artillerie approvisionnées et qu'il soit réuni, à Durlach, le 5 vendémiaire (*27 septembre*), pour faire partie du corps d'armée de M. le maréchal Ney.

Le Ministre de la guerre,
Maréchal BERTHIER.

Le Ministre de la guerre au maréchal Soult, commandant en chef le 4ᵉ corps de la Grande Armée.

Paris, le 3ᵉ jour complémentaire an XIII (20 septembre 1805).

Monsieur le Maréchal,

D'après les dispositions de l'Empereur, vous aurez votre quartier général, le 3 vendémiaire (*25 septembre*), à Spire. Le 4 (*26 septembre*), vous ferez jeter un pont vis-à-vis de cette ville, et, le même jour, vous commencerez à faire passer votre armée. Du moment où vous aurez reçu le présent ordre, vous êtes autorisé à changer la direction de vos colonnes pour accélérer leur marche sur Spire, et leur éviter du chemin inutile. Aussitôt que vous le jugerez convenable, vous pousserez jusqu'à Heilbronn, et, du 4 au 7 (*26-29 septembre*), toutes vos divisions seront en échelons, de Spire jusqu'à cette ville. Vous ferez distribuer 50 cartouches par homme. Votre artillerie sera bien approvisionnée et le parc de votre armée en bonne position.

Vous ménagerez, pour le 4 (*26 septembre*), les moyens de distribuer quatre jours de pain, et ceux nécessaires pour faire suivre quatre jours de biscuit. Cet approvisionnement est destiné à vous servir dans des cas critiques. Le maréchal Davout, qui est sur votre gauche, se nourrit sur le pays qui est à la gauche. Vous suivrez le même principe pour les réquisitions que vous aurez à faire.

Son Altesse le prince Murat, qui se trouve dans la position d'avoir des nouvelles de l'ennemi, vous préviendra de ses mouvements et, dans le cas d'événement, vous fera passer des ordres. Si les mouvements de l'ennemi vous faisaient croire qu'il dût y avoir quelque changement aux dispositions ci-dessus, vous en préviendriez ce prince, qui vous donnerait des ordres. En général, vous devez tenir vos troupes réunies.

Vous ferez distribuer les capotes et les souliers que les troupes ont en magasin. Vous aurez soin que votre artillerie soit bien approvisionnée et votre parc en bonne disposition.

Maréchal BERTHIER.

Le maréchal Berthier à M. le maréchal Davout.

Paris, le 3ᵉ jour complémentaire an xiii (20 septembre 1805).

Monsieur le Maréchal,

L'Empereur ordonne que votre armée ne se rende pas dans les cantonnements qui lui avaient été désignés, mais qu'elle se dirige droit sur Mannheim, et dans la journée du 3 vendémiaire (*25 septembre*) vous occuperez cette ville.

Je donne ordre au général Nansouty de se diriger avec sa division de grosse cavalerie sur Oggersheim, où elle sera à vos ordres.

Le 4 (*26 septembre*), le quartier général de votre armée se rendra à Mannheim et vous devrez faire occuper Heidelberg.

Vous êtes autorisé à changer la direction de vos colonnes du moment où vous recevrez le présent ordre, pour les diriger sur Mannheim. Vous êtes également autorisé, avant le 8 vendémiaire (*30 septembre*), de vous étendre jusqu'à Neckarelz ; vous ne vous étendrez pas sur votre droite pour en tirer des subsistances, cette partie étant destinée au corps d'armée de M. le maréchal Soult, mais vous pourrez vous étendre sur votre gauche.

Vous placerez vos divisions depuis Heilbronn jusqu'à Mannheim.

Vous ferez distribuer les souliers et les capotes que vous avez en magasin.

Vous ferez distribuer 50 cartouches par homme ; vous aurez soin que vos fusils soient en bon état, votre artillerie bien approvisionnée, afin que le 6 vendémiaire (*28 septembre*) vous puissiez commencer vos mouvements de guerre.

Le prince Murat vous fera connaître ce qu'il aura appris de l'ennemi.

Dans les cas extraordinaires, vous vous adresserez à lui et il vous fera passer des ordres.

Vous aurez pour quatre jours de pain et vous serez en mesure de faire suivre pour quatre jours de biscuit que vous ne devez pas consommer ; il doit vous servir pour vous approvisionner un jour de bataille et dans le cas où vous seriez obligé de serrer vos troupes, si des raisons de guerre ne vous permettaient pas qu'elles s'étendissent.

Sans la précipitation des mouvements, l'Empereur aurait désiré que toutes les colonnes de l'armée aient pour douze jours de biscuit à leur suite.

Vous vivrez de réquisitions que vous tirerez, comme je vous l'ai dit ci-dessus, du pays qui sera sur votre gauche, et vous ferez donner des bons en règle de tout ce que vous aurez requis sur le pays de l'Électeur de Bade.

Si les mouvements de l'ennemi vous mettaient dans le cas de croire qu'il dût être changé quelque chose aux dispositions ci-dessus, vous prendriez les ordres du prince Murat.

En général, vos troupes doivent être le plus réunies possible et observer la meilleure discipline.

Maréchal BERTHIER.

Le maréchal Berthier au général Songis, 1er inspecteur général d'artillerie.

Paris, le 3e jour complémentaire an XIII (20 septembre 1805).

Général,

En conséquence des dispositions arrêtées par l'Empereur, vous ferez celles nécessaires pour que du 3 vendémiaire (*25 septembre*) jusqu'à minuit du 4, vous jetiez deux ponts sur le Rhin, l'un vis-à-vis de Durlach, l'autre vis-à-vis Spire.

Je vous préviens que les différents corps d'armée ne se dirigent plus sur les cantonnements qui leur avaient été assignés ; voici les nouvelles directions que je leur ai données par ordre de l'Empereur.

M. le maréchal Davout occupera, le 3 (*25 septembre*), Mannheim, où il sera réuni ; il faut donc qu'il y trouve l'artillerie de son armée, ses munitions et 50 cartouches par homme.

M. le maréchal Soult a ordre de se réunir à Spire, le 3 (*25 septembre*) et il passera les 4, 5 et 6 (*26, 27 et 28 septembre*) sur le pont que vous y aurez établi. Il faut qu'il y trouve l'artillerie de son armée, son approvisionnement, et les 50 cartouches qui doivent être distribuées à chaque homme.

M. le maréchal Ney a ordre de passer au pont que vous aurez fait jeter à Durlach, le 4 vendémiaire (*26 septembre*).

M. le maréchal Lannes passera, le 3 (*25 septembre*), le Rhin, à Kehl, avec les deux régiments de cavalerie légère arrivés à son corps d'armée, et la division de grenadiers ; il doit donc trouver, à Strasbourg, son artillerie, ses munitions et 50 cartouches par homme.

Le prince Murat, avec les dragons à cheval et la cavalerie de la réserve du général d'Hautpoul, passera le Rhin, au pont de Kehl, le 3 vendémiaire (*25 septembre*), ainsi que la division de dragons à pied du général Baraguey-d'Hilliers.

La division de cavalerie du général Nansouty passera le Rhin, le 3 (*25 septembre*), à Mannheim ; elle doit y trouver son artillerie, ses approvisionnements, au passage du pont.

Votre grand parc, Général, devra partir (1) le 6 (*28 septembre*), sous l'escorte de la division de dragons à pied. L'intention de l'Empereur est qu'une fois ce mouvement fait, il ne passe plus personne par Kehl, et cette route de l'armée est interdite jusqu'à nouvel ordre.

La Grande Armée doit s'approvisionner, pour l'artillerie et pour ses munitions, par Mayence et par Mannheim, et les convois qui partiront de Strasbourg pour s'y rendre, devront suivre la rive gauche du Rhin jusque vis-à-vis de Durlach, d'où, selon les circonstances, ils remonteront jusqu'à Mannheim et Spire, ou bien prendront le chemin de Stuttgard.

Telles sont, Général, les dispositions que vous avez à faire, et je vous répète qu'il est très important que les ponts vis-à-vis Durlach et Spire soient jetés du 3 vendémiaire au 4 à minuit.

P. S. — Il faut, Général, que toute l'artillerie et les munitions des corps de la Grande Armée se trouvent aux époques ci-dessus aux lieux de passage sur le Rhin.

Maréchal Berthier.

Le maréchal Berthier au général Mathieu Dumas.

Paris, le 3ᵉ jour complémentaire an xiii (20 septembre 1805).

Général,

Rendez-vous chez le prince Murat pour prendre ses ordres

---

(1) Le grand parc ne passa le Rhin que le 7 (29 septembre).

relativement à des reconnaissances à faire d'après le projet qui vous sera communiqué par le général Sanson, auquel vous ferez remettre tous les renseignements que vous aurez recueillis, afin qu'il puisse faire tracer les routes sur la carte.

Ces reconnaissances doivent se faire sans se compromettre et dans le plus grand mystère (1).

Vous devez avoir, dans chaque corps d'armée, un adjoint d'état-major chargé des reconnaissances en attendant qu'on puisse en charger un adjudant commandant.

BERTHIER.

Le maréchal Berthier au général Sanson.

Paris, le 3ᵉ jour complémentaire an xiii (20 septembre 1805).

Général,

Rendez-vous chez le prince Murat pour tracer sur sa carte les routes dont vous trouverez le projet ci-joint (2). Tout doit être fait avec le plus grand secret.

Vous prendrez les ordres de Son Altesse le prince Murat.

Maréchal BERTHIER.

Le maréchal Berthier au chef de bataillon Blein.

Paris, le 4ᵉ jour complémentaire an xiii (21 septembre 1805).

Il est ordonné au chef de bataillon du génie Blein de partir aujourd'hui en poste pour se rendre à Strasbourg, l'Empereur voulant, à son arrivée, trouver les boîtes de l'armée autrichienne prêtes, et tous les renseignements que Sa Majesté a demandés.

---

(1) Voir la reconnaissance ordonnée au chef de bataillon Bœrner, le 22 septembre.

(2) Sans doute la note sans date, reproduite p. 282.

Le maréchal Berthier à M. Petiet.

Je vous préviens que, d'après les nouvelles dispositions de l'Empereur, les divers corps de la Grande Armée ne prendront pas les cantonnements qui leur étaient d'abord destinés, mais que je viens d'autoriser MM. les maréchaux qui les commandent à leur donner les directions convenables aux mouvements ci-après.

Le 3 vendémaire (*25 septembre*) au matin, M. le maréchal Lannes doit passer le Rhin à Kehl avec la division des grenadiers et les deux régiments de cavalerie légère de son corps d'armée, pour aller cantonner sur la route de Rastatt et s'établir le lendemain entre cette ville et Ettlingen. Le prince Murat doit le suivre avec la division de grosse cavalerie d'Hautpoul, les quatre divisions de dragons, et celle de dragons à pied ; cette dernière sera cantonnée assez près de Kehl pour fournir de suite aux travaux de la tête du pont.

Le même jour, le corps d'armée de M. le maréchal Ney doit passer le Rhin à Durlach, où un pont sera jeté, et le 4 (*26 septembre*), M. le maréchal Soult le passera à Spire pour avoir, du 4 au 7 (*26-29 septembre*), ses divisions en échelons entre cette ville et Heilbronn.

Le corps de M. le maréchal Davout doit occuper Mannheim le 3 (*25 septembre*); la division de grosse cavalerie Nansouty doit se diriger en conséquence vers Oggersheim, où elle sera provisoirement aux ordres de M. le maréchal Davout.

Chacun de ces corps doit prendre, en passant le Rhin, pour quatre jours de pain et faire suivre pour quatre jours de biscuit. Ce dernier approvisionnement doit être gardé en réserve pour un jour de bataille. Je donne également l'ordre de faire distribuer les capotes et les souliers que les corps ont en magasin. MM. les maréchaux sont autorisés à faire des réquisitions pour la subsistance des troupes dans les pays qu'ils occuperont, en ayant soin de faire délivrer des bons en règle pour tout ce qu'ils requerront sur les pays des princes amis de la France.

Le grand parc d'artillerie doit aussi passer le Rhin à Kehl, après quoi le passage sera interdit jusqu'à nouvel ordre, et, dès le 6 vendémiaire (*28 septembre*), la poste de l'armée devra se transporter de Strasbourg à Mannheim.

Veuillez, monsieur l'Intendant, faire vos dispositions en conséquence pour assurer tous les services pendant ces divers mouvements, et prendre pour tout ce qui ne serait pas prévu, ou pour les changements que les circonstances pourraient nécessiter, les ordres de Son Altesse Sérénissime le prince Murat.

Je vous réitère qu'il est très important de ne pas consommer le biscuit et de le conserver pour les occasions difficiles.

P. S. — N'ayant pas le temps d'écrire au général Andréossy, je vous prie de lui donner connaissance de ce mouvement.

Berthier(1).

Le maréchal Berthier à l'Empereur.

Paris, le 4ᵉ jour complémentaire an xiii (21 septembre 1805).

J'ai l'honneur de remettre à Votre Majesté copie des lettres que j'ai adressées hier à Son Altesse Sérénissime le prince Murat et à MM. les maréchaux Lannes, Ney, Soult et Davout. Elle y verra qu'en exécution de ses ordres, deux ponts seront établis sur le Rhin, du 3 au 4 vendémiaire, l'un vis-à-vis Durlach et l'autre à Spire.

Que M. le maréchal Lannes passera à Kehl le 3 (*25 septembre*), avec la division de grenadiers et les deux régiments de cavalerie légère, pour être cantonné le 4 (*26 septembre*) entre Rastatt et Ettlingen.

Que le prince Murat doit le suivre et le soutenir au besoin avec la division de cavalerie d'Hautpoul, les quatre divisions de dragons et celle de dragons à pied, cette dernière devant être cantonnée assez près de Kehl pour fournir aux travaux de la tête de pont, jusqu'à ce qu'elle puisse être relevée.

Que M. le maréchal Ney doit passer le 4 (*26 septembre*) par le pont vis-à-vis Durlach, où il aura son quartier le 5 (*27 septembre*).

---

(1) Cette lettre, dont nous ne possédons qu'une copie sans date, est du 20 ou du 21 septembre, ainsi qu'en témoigne le rapport qui suit.

Que M. le maréchal Soult sera le 3 (*25 septembre*) à Spire, passera le Rhin le 4 (*26 septembre*) pour prendre position sur la route d'Heilbronn.

Que M. le maréchal Davout doit passer le Rhin à Mannheim et occuper cette ville dès le 3 vendémiaire, ayant provisoirement à ses ordres la division de cavalerie Nansouty, que le prince Murat doit faire à cet effet diriger sur Oggersheim.

J'ai donné des ordres, en conséquence, au général Songis et à M. Petiet, pour que les ponts fussent prêts, l'artillerie bien approvisionnée, cinquante cartouches distribuées à chaque homme, quatre jours de pain délivrés lors du passage et quatre jours de biscuit à la suite en réserve.

Les souliers et les capotes que les corps ont en magasin seront aussi distribués, et la poste de l'armée sera, dès le 6, transportée de Strasbourg à Mannheim, la route par Kehl devant être interceptée après le passage du parc d'artillerie.

Quoiqu'on ait passé la nuit au tableau de la conscription pour l'appel des réserves, il est impossible qu'il soit terminé avant cinq heures du soir ; mais le décret et toutes les lettres étant prêtes, tout pourra partir dans la nuit.

J'aurai l'honneur de me rendre ce soir aux ordres de Votre Majesté. Il n'y a rien de nouveau dans ma correspondance.

Maréchal Berthier.

L'Empereur au prince Murat.

Saint-Cloud, 4ᵉ jour complémentaire an xiii (21 septembre 1805).

Vous devez avoir reçu les ordres du Ministre de la guerre. La division du général Baraguey-d'Hilliers, je le prévois, ne pourra pas, le 3 (*25 septembre*), être arrivée à Strasbourg, mais peut facilement y être arrivée le 4 (*26 septembre*) au soir. Vous enverrez vos dragons sur les trois routes de Fribourg, de la Kinzig, c'est-à-dire du côté d'Offenburg, et du Kniebis, c'est-à-dire d'Oberkirch, et vous pousserez des reconnaissances aussi loin qu'il vous sera possible. S'il arrivait que les ponts à jeter par l'artillerie ne pussent être prêts, le 4, à Durlach et à Spire, vous écrirez aux maréchaux Ney et Soult, et leur mouvement sera alors retardé d'un jour.

Dès que d'Hilliers sera arrivé, vous reconstituerez les dragons. Si le mouvement se trouvait retardé, le général Lannes passerait une journée à Rastatt.

Le Ministre de la guerre n'a donné l'ordre qu'à deux régiments de chasseurs de partir; je n'en vois pas la raison; il faut que le maréchal Lannes fasse partir toute sa cavalerie légère. Mais j'espère que le général Songis sera prêt, et que, du 3 à midi au 4 à minuit, il aura jeté ses ponts.

Le 2, faites connaître à M. Thiard, à Bade, que l'armée marche, et instruisez-le qu'il est nécessaire que les Badois suivent le mouvement du maréchal Ney à Durlach et se rangent sous ses ordres.

Si l'ennemi s'était emparé de Freudenstadt, position principale de la route du Kniebis, alors la division Lannes resterait en position du côté d'Oberkirch, en attendant que les autres divisions soient arrivées; mais je ne pense pas que l'ennemi ait été si imprudent. Si l'ennemi était au Kniebis en petite force, je laisse à vous concerter avec Lannes pour l'enlever. Cependant je ne désire point engager une affaire un peu sérieuse de ce côté.

Vous écrirez à Didelot, quand vous aurez passé le Rhin, pour lui faire connaître vos mouvements. Vous aurez soin aussi qu'il vous fasse connaître le jour où les troupes du Würtemberg seront réunies, mon intention étant que ces troupes soient immédiatement sous vos ordres. S'il arrivait que les Autrichiens fissent un mouvement sur Stuttgard, et que le Würtemberg voulût continuer à rester avec nous, je désire qu'une forte colonne avance par le Kniebis et occupe Freudenstadt.

Le général Lannes vivra des réquisitions qu'il fera sur la droite du grand chemin de Durlach à Stuttgard; les pays de la gauche nourriront le maréchal Ney sur la route jusqu'où passe le maréchal Soult; Soult, les pays situés sur la gauche de sa route jusqu'à la route de Davout; et Davout, les pays qui sont sur sa gauche.

Les États de Bade doivent être ménagés, puisque nous sommes amis.

Au moment de passer le Rhin, vous écrirez à l'Électeur de

Bade que mes troupes sont passées pour défendre l'indépendance du corps germanique, et protéger les États de Bade contre les violations de l'Autriche ; que le corps qu'il a doit passer à Durlach et se mettre sous les ordres du maréchal Ney.

Napoléon (1).

L'Empereur au général Lemarois.

Saint-Cloud, le 4ᵉ jour complémentaire an xiii (21 septembre 1805).

Monsieur le général Lemarois, vous partirez dans la nuit; vous vous rendrez à Bâle, sans faire connaître votre nom ni vos qualités. Vous y recueillerez avec une grande attention les renseignements les plus exacts sur les Autrichiens qui sont dans les villes forestières, à Stockach, dans la Forêt-Noire et dans le Vorarlberg. Vous longerez le Rhin du côté de la Suisse, et vous vous rendrez à Schaffouse pour y recueillir de semblables renseignements. De là, vous irez à Coire, et vous reviendrez par Berne, après y avoir également pris connaissance de tout ce qu'on y peut savoir au sujet des troupes autrichiennes, tant auprès de l'ambassadeur Vial que dans la ville, ainsi que sur la situation des choses en Suisse.

Vous recommanderez de ma part au général Vial de me prévenir souvent, et par courrier extraordinaire, des mouvements de l'ennemi. Vous y prendrez des notes sur le contingent que la Suisse doit fournir pour défendre sa neutralité. Enfin vous vous rendrez de nouveau à Bâle, où vous prendrez de nouvelles informations, et de là à Strasbourg, où vous me rejoindrez avant l'expiration de la première décade de vendémiaire.

Napoléon (2).

---

(1) *Correspondance de Napoléon*, n° 9249.
(2) *Correspondance de Napoléon*, n° 9250.

M. Didelot au prince Murat.

Stuttgard, le 21 septembre 1805, à 11 heures du soir.

Monseigneur,

La personne que j'avais envoyée à Ulm arrive à l'instant; je m'empresse de faire passer à Votre Altesse Sérénissime les renseignements qui ont été recueillis par elle et dans lesquels Elle peut avoir toute confiance.

Il n'y avait plus de troupes à Ulm hier 20, mais aujourd'hui il y est entré le régiment de l'archiduc Rainer, qui paraît devoir y être fixé, du moins pour quelques jours.

On ne fait aucuns travaux aux fortifications, et quoique le colonel du génie Dedovich, parti pour Mindelheim avec le général Mack, doive être de retour ces jours-ci, les anciens ouvrages sont tellement détruits que les Autrichiens paraissent avoir abandonné le projet de les rétablir; il serait possible, cependant, qu'ils fissent quelques travaux à la porte donnant sur la route qui conduit à Esslingen, et dont les fortifications restantes seraient susceptibles de former un point de défense, propre du moins à couvrir la retraite d'une armée, au moyen de quelques ouvrages qu'on établirait du côté de Kuhberg et de la Ziegelhütte. Au reste, des mesures sont prises pour que je sois sûrement et promptement instruit de tout ce qui pourrait être fait à cet égard.

Le général Mack, arrivé à Ulm la nuit du 18, n'y a passé qu'un jour, et en est parti hier 20 pour Mindelheim, où il a établi son quartier général; il s'est rendu aujourd'hui à Memmingen, mais il retourne demain 22 à Mindelheim pour y tenir un conseil avec les cinq généraux commandant les cinq colonnes entrées en Souabe. Le comte d'Arco, président de la province bavaroise de Souabe, est également convoqué pour ce conseil, dont un des objets qui doivent y être traités sera l'approvisionnement de l'armée.

Il paraît décidé que ce sera l'archiduc Jean qui commandera cette armée à la place de l'archiduc Ferdinand, désigné d'abord; c'est du moins ce qu'a déclaré le général Mack.

Toutes les troupes entrées en Souabe par le Lech sont cantonnées dans les différents bailliages bavarois et en presque totalité derrière l'Iller ; on regarde comme une chose à peu près arrêtée que l'armée sera placée sur deux lignes, dont la première sera appuyée sur l'Iller et la seconde sur la Mindel. Cette dernière serait plus forte à cause de la position de Mindelheim, susceptible d'être fortifiée. L'armée aurait alors la disposition suivante : le général Wolfskeel (camp de Bregenz) tenant la gauche, le général Klenau le centre, et le général Gottesheim la droite, formeraient la première ligne établie sur l'Iller ; derrière eux seraient les généraux Jellachich, Gyulay, Kienmayer et Riesch.

On avait d'abord eu le projet de se porter plus en avant et d'établir le quartier général à Donaueschingen, mais on paraît y avoir renoncé et vouloir faire de Mindelheim le point principal de la défense.

Il n'y a point de troupes établies sur la rive gauche du Danube, au delà de Donauwörth.

Je joins ici deux tableaux, l'un de la marche des troupes et l'autre des rations journellement fournies. (Vous pouvez, Monseigneur, ajouter foi à l'authenticité de ces pièces, copiées sur un original même, dans les mains du commissaire général de l'armée, le comte d'Eichholdt, et le second sur les états remis aux commissaires bavarois.) Quoiqu'il paraisse par le dernier tableau que ces troupes forment une armée d'environ 47,000 hommes, on estime qu'elle n'est réellement que de 40,000 à 42,000 hommes. (N'est point toutefois comprise dans cet état l'armée du camp de Bregenz.)

Ils ont très peu d'artillerie ; du moins, jusqu'au 21, on n'avait point encore vu passer à Ulm un seul canon.

Les Autrichiens font aujourd'hui de fortes réquisitions de chevaux, dont ils paraissent manquer, en chevaux de trait particulièrement ; dans le seul bailliage d'Illertissen, un colonel en a requis 140, et à peine s'en est-il trouvé une quarantaine sur tout le territoire ; ils ne payent pas les chevaux, mais donnent de simples reconnaissances ; au reste, ils ne se bornent pas aux seules réquisitions, car, dans ce même bailliage, il a été demandé 66 recrues qui, à la vérité, n'ont point encore été levés ; mais la demande a été réellement faite, et, sans la fermeté du président de la régence de la province, elle serait sans doute accomplie.

Les caisses publiques sont, comme il est facile de l'imaginer, encore moins à l'abri. Le commissaire général de l'armée a sommé la direction de la caisse provinciale de la fermer, de lui en remettre un état et de ne point disposer des fonds sans ses ordres. Le président, le comte d'Arco, a, à l'invitation de la régence de Munich, formellement protesté contre ces mesures et s'en est plaint directement au général Mack, qui lui a répondu *que dans aucun cas on ne prendrait possession civile du pays, mais que si on se refusait aux demandes faites, on en prendrait possession militairement.*

Votre Altesse Sérénissime jugera, sans doute, qu'une pareille conduite ne fait qu'accroître les mauvaises dispositions des habitants pour les Autrichiens; au reste, il paraît que ces mesures sont même désapprouvées par le ministre russe à Munich, qui a eu, dit-on, à ce sujet, avec celui d'Autriche, une discussion très vive; ce qu'il y a de certain, c'est qu'à la suite d'une entrevue avec ce dernier, M. de Bulger est parti pour Würtzbourg (le 19) et, ce qui n'est pas moins certain encore, c'est qu'un avis transmis par le commissariat général bavarois à Munich, au comte d'Arco, directeur de la province bavaroise de Souabe, et apporté par un courrier la nuit dernière, lui annonce que l'armée autrichienne a reçu l'ordre de s'arrêter dans toutes ses positions actuelles, et lui fait entendre qu'on attribue cet ordre inattendu a une mésintelligence survenue entre le gouvernement russe et celui d'Autriche.

Les Autrichiens paraissent mal informés, en général, de nos dispositions et de nos opérations militaires. Il est positif que le général Mack a reçu à Nymphenburg et cru la nouvelle du passage du Rhin, et que c'est à cela seul qu'il faut attribuer la précipitation qu'il a mise à se rendre en Souabe, et à y faire filer ses troupes, dont quelques corps ont fait des marches de treize lieues.

Les Autrichiens ne payent plus qu'en billets de banque, aussi perdent-ils déjà 17 sur 75.

Tels sont, Monseigneur, les renseignements que j'ai pu recueillir de l'envoi fait d'après vos ordres à Ulm. Je désire qu'ils remplissent vos vues; mais vous pouvez du moins compter sur leur véracité,

Je ne vous parlerai point aujourd'hui des mouvements de

l'armée du camp de Bregenz, M. Raymond vous ayant donné hier quelques détails verbaux à cet égard; j'attendrai donc le rapport d'un agent qui se trouve dans le moment sur les lieux.

J'ai l'honneur d'être, avec respect, Monseigneur, de Votre Altesse Sérénissime, le très humble et très dévoué serviteur.

DIDELOT.

P. S. — M. Raymond a déjà consulté de ma part Votre Altesse Sérénissime sur ce qu'il y aurait à faire ici dans le cas où les Autrichiens avanceraient; il y a plus de quinze jours que j'ai informé le Ministre des dispositions de cette cour-ci, et je n'ai encore reçu ni ordres ni instructions. Cependant, les circonstances peuvent devenir d'un moment à l'autre telles qu'il faille prendre un parti; et l'ignorance entière où je suis laissé de ma marche m'empêchera peut-être de prendre des mesures qui pourraient être utiles aux vues et au service de Sa Majesté.

Marche des colonnes autrichiennes à travers la Bavière

CAMPAGNE DE L'AN XIV (21 septembre 1805).

SEP-TEMBRE.	COLONNE DE KLENAU.	COLONNE DE GOTTESHEIM.	COLONNE DE RIESCH.	COLONNE DE KIENMAYER.	COLONNE DE GYULAY.
8	Marktl.	Lengheim, Griesbach.	»	»	»
9	Mühldorf, OEtting.	Eggenfelden, Pfarrdorf (?).	»	»	»
10	*Repos*.	*Repos*.	»	»	»
11	Reichertsham, Ampfing.	Fitzelkirchen, Ganghofen.	»	»	»
12	Hohenlinden, Haag.	Landshut, Biburg.	»	»	»
13	Riom, Parsdorf.	Freising, Moosburg.	»	»	»
14	*Repos*. Manfredini à Munich.	*Repos*.	Griesbach, Scharding.	Marktl, Braunau.	»
15	Dachau.	Unterbrück, Freising.	*Repos*.	*Repos*.	Salzbourg, Neumarkt.
16-17	Eurasburg-Inning.	Schwabhausen, Unterbrück.	Eggenfelden, Griesbach.	OEtting, Marktl.	*Repos*.
16-17	Holzkirchen, Leim, Landsberg.	17. Friedberg, Eurasburg.	17. Vilsbiburg, Eggenfelden.	17. Ampfing, OEtting.	Waging, Salzbourg.
18	Aichach, et une partie au repos.	*Repos*.	Landsberg, Vilsbiburg.	Hohenlinden, Ampfing.	Wasserburg, Attenmarkt.
19	Buchloe, Reisch.	Zusmarshausen, Augsbourg.	*Repos*. Freising, Mosburg.	*Repos*. Munich, Hohenlinden.	*Repos*. Steinhöring, Wasserburg.
20	Mindelheim, Buchloe.	Günzbourg, Zusmarshausen.	Unterbrück et Freising.	Inning, Munich.	Zornholding, Steinhöring.
21	Memmingen, Mindelheim.	Ulm, Günzbourg, Burgau.	Schwabhausen, Unterbrück.	Landsberg, Inning.	Munich, Zornholding.
22	»	»	»	»	»
23	»	»	*Repos*.	*Repos*.	*Repos*.
24	»	»	Friedberg, Eurasburg.	»	Inning, Munich.
25	»	»	Zusmarshausen, Augsbourg.	»	Landsberg, Inning.

N.-B. — Tel était le tableau de la marche projetée de l'armée autrichienne; mais sur la nouvelle du prétendu passage du Rhin par les Français, que le général Mack a reçue à Munich, il a fait supprimer les jours de repos, de manière que, en suivant toujours la même route, la 1re colonne a été rendue le 19 à Mindelheim et Memmingen; la 2e, le 19 à Illertissen (Maximilien) et le 21 à Ulm (Régnier-arch.); la 3e, le 21 à Augsbourg et Landsberg; la 4e, ; la 5e, arrivera demain 22 à Landsberg.

Le quartier général de toute l'armée est à présent à Mindelheim, où le général Mack, qui s'est avancé jusqu'à Memmingen, doit retourner demain, y ayant convoqué les 5 généraux commandant les colonnes pour tenir un conseil dont un des objets connus sera l'approvisionnement de l'armée. Le comte d'Arco, président de la province bavaroise de Souabe, doit s'y rendre.

Tableau des rations journellement fournies pendant la marche des cinq colonnes qui composent l'armée autrichienne avançant par la Bavière.

	ESCADRONS	COM-PAGNIES.	RATIONS de fourrage.	RATIONS de pain.
1re colonne. — Général KLENAU.				
Merveldt (uhlans).................	8	»	1,099	1,187
Kollowrath......................	»	20	110	2,422
Riese...........................	»	20	110	2,460
Manfredini......................	»	20	110	3,600
Klenau (cavalerie)................	8	»	1,146	1,235
Artillerie et train, etc.............	»	»	400	290
2e colonne. — Général feld-maréchal-lieutenant GOTTESHEIM.				
Rosenberg (chevau-légers).........	8	»	1,130	1,220
Frelich.........................	»	20	110	2,400
Maximilien (archiduc).............	»	20	110	2,400
Rainer (archiduc)................	»	20	110	2,718
Hohenlohe (dragons)..............	7	»	836	703
Artillerie et train, etc.............	»	»	250	100
3e colonne. — Général feld-maréchal-lieutenant RIESE.				
Palatin (hussards)................	8	»	1,220	1,262
Stuart...........................	»	16	100	2,218
Erbach..........................	»	16	100	2,360
Colloredo.......................	»	16	100	2,941
Latour (chevau-légers)............	8	»	1,096	1,194
4e colonne. — Général KIENMAYER.				
Schwarzenberg (uhlans)...........	8	»	1,159	1,250
Reuss-Plauen....................	»	16	131	2,183
Kaunitz.........................	»	20	100	3,227
Reuss-Greitz....................	»	16	100	2,127
Albert (cuirassiers)...............	6	»	942	930
5e colonne. — Général GYULAY.				
Liechtenstein (hussards)..........	8	»	1,198	1,138
Würtemberg.....................	»	16	100	2,070
Jellachich (François).............	»	16	90	1,604
Mack (cuirassiers)................	6	»	1,009	1,065
TOTAL................	75	252	12,966	47,094

(1) Merveldt.

Le prince Murat à l'Empereur.

Strasbourg, le 4ᵉ jour complémentaire an xiii (21 septembre 1805).

M. le major général m'a fait connaître vos intentions sur la conduite que j'ai à tenir envers l'Électeur de Bavière, en m'annonçant que ce prince doit réunir ses troupes à celles de la France ; j'aurai soin de m'y conformer. En exécution des ordres que Votre Majesté m'a fait l'honneur de m'adresser elle-même, par sa lettre du 1ᵉʳ complémentaire (*18 septembre*), si quelques troupes des Électeurs de Bade, de Würtemberg ou de Bavière étaient poussées sur le Rhin, elles seront accueillies avec tous les égards qu'on doit à des alliés, mais n'entreront pas à Strasbourg.

Je m'empresse de vous transmettre, Sire, les renseignements qui me sont parvenus depuis le départ de mon dernier courrier, sur les mouvements des Autrichiens ; j'espère que vous aurez approuvé que je vous aie communiqué, par la voie du télégraphe, ce qu'il y avait de plus important.

M. Didelot, par une lettre du 2ᵉ complémentaire, m'annonce que les Autrichiens avaient occupé Biberach et Riedlingen et que le général Klenau paraissait rassembler, à Ulm, l'avant-garde du camp de Wels avec le dessein de prendre position derrière l'Iller, tandis que la colonne qui avait passé l'Isar à Landshut, s'était dirigée sur Donauwörth. On assure que cette colonne, commandée par le général Gottesheim, est de 18,000 hommes et doit être suivie d'une seconde de pareille force.

Les corps sous les ordres des généraux Riesch et Kienmayer ont dû se mettre en marche, de Salzbourg, le 2ᵉ complémentaire (*19 septembre*) pour aller passer l'Inn à Braunau.

M. Otto me donne, dans une dépêche du 1ᵉʳ complémentaire datée de Würtzbourg, des détails qui s'accordent parfaitement avec les informations dont je viens de vous faire part.

Tous les rapports annoncent que la conduite des Autrichiens indigne les Bavarois. Ils forcent les habitants des pays qu'ils traversent à recevoir leur papier-monnaie au pair, quoiqu'il perde, à Vienne même, 40 p. 100. Ils refusent de reconnaître les administrations locales ; ils ont défendu l'émigration sous peine de confiscation des biens ; ils ont enjoint aux baillis, sous peine de destitution et de confiscation, d'empêcher les conscrits et les semestriers de rejoindre les troupes bavaroises.

Le général Mack a, dans ce moment, son quartier général à Augsbourg ; jusqu'ici il commande en chef et paraît vouloir concentrer ses forces sur Ulm et Donauwörth. Il n'a fait occuper les anciennes lignes de Stockach et de Pfüllendorf que par quelques troupes légères, et cela sans doute dans le dessein de nous masquer ses mouvements et d'empêcher nos espions de pénétrer dans le centre de son armée.

La première colonne des Russes doit avoir dépassé Cracovie. Elle est attendue à Prague vers le 6 vendémiaire (*28 septembre*), L'empereur Alexandre doit avoir quitté Pétersbourg pour aller se mettre à la tête de son armée. M. de Thiard, qui me donne cette nouvelle comme certaine, m'annonce en même temps que l'empereur d'Allemagne est parti de Vienne pour venir prendre le commandement de ses troupes.

Je joins à ma dépêche une lettre qui m'arrive, à l'instant, de Ratisbonne. Votre Majesté verra que le bulletin qu'elle renferme s'accorde parfaitement avec tout ce que je viens de lui dire. D'après ce bulletin, il paraît que la Bohême est totalement évacuée et abandonnée aux Russes, qui doivent agir par le Haut-Palatinat et la Franconie.

Voici le résultat de tous les renseignements qui me sont arrivés sur la position des Autrichiens, et que je crois devoir regarder comme certains : le général Klenau a réuni sur l'Iller 30,000 hommes, et le général Gottesheim 18,000 sur Donauwörth. Les généraux Riesch, Kienmayer et Gyulay sont en marche pour se porter sur le Lech et se rallier au général Gottesheim avec une colonne à peu près de même force, tandis que le général Wolfskeel a opéré, par sa droite, la jonction du camp de Bregenz avec Klenau.

J'ai la certitude qu'il n'y a ni à Fribourg, ni à Rottenburg les troupes dont Votre Majesté me parle dans sa lettre du 1er complémentaire (*18 septembre*).

Je vais faire reconnaître la route du Kniebis, de Strasbourg sur Ulm. Je crois déjà pouvoir vous assurer qu'elle est praticable pour les voitures.

Au moment où je finis cette lettre, l'aide de camp que j'avais fait partir, le 29, pour aller reconnaître les mouvements et les positions des troupes autrichiennes, avec les instructions dont une copie est jointe à cette lettre, vient d'arriver. Tout ce qu'il a vu et appris confirme ce que ma lettre annonce à Votre Majesté. Le prochain courrier vous portera son rapport (1).

Murat.

J'ai envoyé avant-hier, par un aide de camp, au général Vial, la lettre dont j'ai l'honneur d'envoyer une copie à Votre Majesté (2).

L'Empereur à M. Fouché.

Saint-Cloud, le 5e jour complémentaire an xiii (22 septembre 1805).

Il faut prendre, dans le jour, des mesures efficaces pour que, d'ici à ce soir jusqu'au 5 ou 6 vendémiaire (*27 ou 28 septembre*), aucun courrier ne soit expédié, ou pour le commerce ou pour les ambassadeurs, de manière que ce qui transpirera de la séance de demain ne soit pas porté. On ne fournira de chevaux ni à la poste ni aux frontières que pour les courriers de la guerre.

Napoléon (3).

---

(1) Ce rapport n'a pas été retrouvé. Le départ de cet aide de camp est annoncé plus haut (p. 258).
(2) Ici suivaient des renseignements sur l'armée russe, identiques à ceux reproduits plus haut, ainsi qu'aux états reçus directement par l'Empereur et le major général.
(3) *Correspondance de Napoléon*, n° 9253.

Le général Songis au Ministre de la guerre.

5ᵉ jour complémentaire an XIII (22 septembre 1805).

Il est impossible de jeter depuis minuit 2 vendémiaire jusqu'à 9 heures du matin du 3 les trois ponts que Votre Excellence me prescrit, par sa lettre du 3, de me mettre en mesure de jeter l'un vis-à-vis de Spire, un autre vis-à-vis Pforz entre Lauterbourg et Rheinzabern, enfin un troisième vis-à-vis Schelestadt. Par ma lettre, en date du 1ᵉʳ complémentaire, j'ai prévenu Votre Excellence qu'après l'arrivée des pontonniers j'aurais besoin d'être averti cinq jours d'avance pour pouvoir jeter les trois ponts, attendu qu'il fallait trois jours pour conduire les bateaux du lieu de leur destination et un jour entier pour jeter le pont. Demain, je ferai partir les bateaux afin de les rapprocher des points indiqués, mais, ainsi que vous me le prescrivez, on ne travaillera point aux ponts sans de nouveaux ordres de votre part. Il n'est encore arrivé qu'une compagnie de pontonniers de l'armée; dans deux jours il en arrivera une autre à Landau, je la dirigerai sur Spire. Deux compagnies seraient nécessaires aux ponts pour pouvoir les jeter avec la célérité désirable. Votre Excellence sentira que, vu l'impossibilité d'en employer autant, le travail pourra être un peu retardé.

Le point de l'anse de Ketsch, vis-à-vis Schwetzingen, est le plus favorable pour l'établissement du pont à Spire. A l'égard de celui de Pforz, il ne m'a point été indiqué comme propre à en placer un.

Lauterbourg en dessus et Leimersheim en dessous me paraîtraient plus convenables parce qu'on a la certitude de trouver des communications. Dans le Haut-Rhin, ce fleuve est tellement parsemé d'îles que Neuf-Brisach est le seul point où l'on soit assuré de pouvoir placer avantageusement un pont.

Cependant, je vais faire reconnaître plus particulièrement les points que vous avez désignés.

J'ai l'honneur de vous adresser la reconnaissance qu'a fait faire le colonel Dedon; elle pourra fixer mon opinion sur la détermination ultérieure que vous avez à prendre.

SONGIS.

Le prince Murat à l'Empereur.

Strasbourg, le 5ᵉ jour complémentaire an xiv (22 septembre 1805).

Je viens de recevoir l'ordre que Votre Majesté m'a fait adresser par M. le major général de faire reconnaître différentes routes. Vos intentions vont être remplies : des officiers intelligents et discrets vont être dirigés sur tous les points qui m'ont été indiqués. En l'absence du général Sanson, le général Mathieu Dumas doit donner à ces officiers les instructions nécessaires pour la reconnaissance dont ils sont chargés.

Depuis ma dépêche d'hier, je n'ai pas appris que les Autrichiens eussent fait de nouveaux mouvements.

Tout s'organise avec la plus grande célérité ; je vais inviter M. le général Songis à faire arriver sans perdre un instant tous les bateaux qui doivent servir à faire les ponts sur les points qui m'ont été indiqués, ayant été prévenu d'un côté par ce général qu'il lui fallait cinq jours avant celui fixé pour jeter les ponts, pour faire arriver les bateaux, et de l'autre par M. le major général que Votre Majesté pourrait fort bien donner l'ordre de passer le Rhin dans la nuit du 2 au 3 (*25-26 septembre*).

Le courrier qui est expédié à M. le major général est si pressé de partir, que je n'ai que le temps d'adresser à Votre Majesté les rapports que je reçois de Munich, de Bade, de la Suisse et de Ratisbonne.

MURAT.

Instructions secrètes pour MM. le colonel Boerner, adjudant-commandant, et l'aide de camp Clermont-Tonnerre.

Strasbourg, le 5ᵉ jour complémentaire an xiv (22 septembre 1805), à minuit.

M. le colonel Bœrner est chargé de reconnaître les trois routes ci-après indiquées dans l'objet d'y faire marcher des colonnes de troupes de diverses armes.

1° *La route de Mannheim à Nördlingen.*

Par Heidelberg, Neckargemünd, Neckarelz, Adelsheim, Ingelfingen, Ilshofen et Dinkelsbühl.

N.-B. — En recherchant les meilleures communications entre les points principaux de cette route de Neckarelz à Ilshofen, il faut éviter de remonter à Mergentheim, si toutefois cela est possible, comme aussi de tomber dans la route indiquée ci-après de Heilbronn à Aalen.

2° *La route de Spire à Aalen.*

Par Heilbronn, OEhringen, Ellwangen et Aalen.

3° *La route de Pforz à Giengen.*

Par Durlach, Pforzheim, Stuttgard, Gmünd et Heidenheim.

Le colonel Bœrner aura avec lui l'aide de camp Clermont-Tonnerre ; il le chargera particulièrement de la reconnaissance de la seconde route, pendant qu'il parcourra lui-même la première. Il conduira cet officier avec lui jusqu'à Bruchsal, où ils se sépareront. Le colonel Bœrner descendra jusqu'à Heidelberg, d'où, après avoir recueilli des renseignements sur la partie de la route depuis Mannheim jusqu'à Heidelberg, il continuera par *Neckarelz*, etc. ; en même temps, l'aide de camp Clermont-Tonnerre ira de *Bruchsal* (après y avoir pris des renseignements sur la partie de la route de Spire jusqu'à Bruchsal), à *Bretten*, *Eppingen*, *Heilbronn*, et de là par OEhringen, Hall, etc., à Aalen, où il attendra de nouveaux ordres.

Le colonel Bœrner se rendra de Nördlingen à Giengen, et, après avoir reconnu ce point, il remontera vers Aalen, cherchant à reconnaître par sa gauche la meilleure communication entre Giengen et Gmünd, débouché de la troisième route, par laquelle il retournera avec l'aide de camp Clermont-Tonnerre, qu'il prendra à Aalen, ou fera venir vers lui selon les circonstances. Ainsi revenant par la route de Gmünd, Schorndorf, Stuttgard, Graetingen (?), Pforzheim et Durlach, ils rentreront au quartier général par l'une ou l'autre rive.

Ces reconnaissances doivent être faites avec la plus grande célérité, sans se compromettre, et dans le plus grand mystère; telles sont les expressions des ordres supérieurs.

M. le colonel Bœrner et l'aide de camp Clermont-Tonnerre feront toutes les observations utiles pour faire connaître la nature et l'état des chemins, des ponts, bacs, et les obstacles qu'il faudrait aplanir ; ils m'en rendront compte dès leur arrivée au quartier général.

Au quartier général,

Le Général aide-major général, maréchal des logis,
Mathieu Dumas.

Le prince Murat à l'Empereur.

Strasbourg, le 5ᵉ jour complémentaire an xiv (22 septembre 1805).

Je m'empresse d'envoyer à Votre Majesté les renseignements que je reçois à l'instant de M. Didelot, votre ministre à Stuttgard (1). Vous trouverez, dans un rapport, l'itinéraire des cinq colonnes qui composent l'armée autrichienne et le nombre des rations que les corps de chaque colonne prennent par jour, ce qui donnera à Votre Majesté l'état le plus exact qu'il soit possible d'avoir de la force de l'armée.

Le général Bertrand, qui arrive à l'instant, a recueilli à peu près les mêmes informations ; il ajoute qu'on n'a pas vu passer une seule pièce de canon à Ulm. Ce général repart de suite pour se porter par le val de la Kinzig sur Willingen ; il rentrera à Strasbourg par Fribourg.

J'ai cru les renseignements que j'adresse à Votre Majesté trop importants pour différer un moment de les lui envoyer par un courrier extraordinaire.

M. l'Intendant général a été obligé de demander, par voie de réquisition, un nouveau contingent en fourrages au département du Haut-Rhin. Le préfet, qui montre le plus grand zèle, vient de me témoigner toutes les craintes qu'il éprouve de ne pas obtenir cette seconde fourniture, si on ne lui donne pas les fonds qu'on lui a promis pour le payement de la première. Je l'ai engagé à voir M. l'Intendant général, et l'ai assuré que, dans tous les cas, à votre arrivée, vous feriez tout payer. Je crois, Sire, qu'il serait extrêmement politique de faire faire les pre-

---

(1) Voir ci-dessus, p. 299, la lettre de M. Didelot du 21 septembre.

miers payements qui ont été annoncés. Par cette mesure on inspirera de la confiance et on obtiendra tout ce qu'on voudra. Il est impossible de désirer plus de dévouement et de bonne volonté qu'on n'en trouve dans les départements du Haut et Bas-Rhin.

MURAT.

M. *Lezay-Marnezia à*..... (*sans adresse*).

Salzbourg, 22 septembre 1805.

Monsieur le Maréchal,

En ajoutant aux 64 régiments de ligne, les 17 régiments des confins, nommés Gränz Régiments, lesquels, quoique autrement formés, ont au moins même force, et sont employés de même à la guerre, l'infanterie autrichienne se compose aujourd'hui de 81 régiments.

D'après la formation actuelle, chacun d'eux, jusqu'ici de 3 bataillons, est, ou doit être formé sur 6, dont le 6e de garnison ou de réserve; et les cinq premiers, de bataille, ayant en tête celui des grenadiers; et chacun son propre major, sauf le 5e où l'office du major est rempli par un capitaine.

Dans cette nouvelle formation, il n'y a de véritable augmentation que le bataillon de réserve; pour le reste, c'est le même nombre autrement divisé. Il y a, comme précédemment, 20 compagnies de ligne par régiment, lesquelles, au lieu de former 3 bataillons de 6 compagnies et une division de 2 compagnies de grenadiers, forment 5 bataillons de 4 compagnies, dont le 1er de grenadiers.

Hors les 4 compagnies de grenadiers, qui ne sont (officiers compris), que de 136 hommes, toutes les autres sont fixées à 200, savoir 180 fusiliers, 8 caporaux, 2 sergents, 2 tambours et 1 fifre, 1 enseigne, 1 sous-lieutenant, 1 lieutenant, 1 capitaine et 3 tant surnuméraires qu'employés; ce qui porte le complet de guerre d'un régiment (6 officiers d'état-major compris, mais non compris auditeur, adjudant, quartier-maître, aumônier et chirurgien) à 4,550 hommes, et l'infanterie autrichienne à 368,550 : dont 301,125 de ligne et 61,325 de garnison ou de réserve.

L'artillerie est composée de 4 régiments, chacun de 1800 hommes ou 9 compagnies de 200. En rangeant sous cette arme, 7 compagnies de sapeurs, 6 de pontonniers, 4 de mineurs, et le corps du génie, formé de 160 officiers, l'on aura un total de 10,760 hommes.

La cavalerie autrichienne consiste en 36 régiments, dont 8 de cuirassiers, 6 de dragons, 6 de chevau-légers (différence presque nulle), 12 de hussards et 3 de uhlans, formant en tout 144 divisions, ou 288 escadrons, si ce n'est même 312, d'après le général Mayer, qui prétend qu'une 5º division doit être ajoutée aux hussards. Ceux que j'ai vus en avaient seulement 4. On disait, il est vrai, qu'en temps de guerre, chaque régiment de cavalerie avait, ce qui est croyable, un escadron de réserve.

Ces différentes armes de la cavalerie sont, jusqu'ici, formées sur 4 divisions, ou 8 escadrons par régiment; et la force de l'escadron paraît être uniforme.

Autant que l'on en peut juger à travers les contradictions qui se trouvent dans les propres estimations des officiers, un escadron au pied de paix doit être de 110 hommes, non compris 2 trompettes, 12 brigadiers, 2 maréchaux de logis et 6 officiers, et, au complet de guerre, à 160, ce qui, d'après ce pied, porte la force d'un régiment de cavalerie à 1280 hommes, et celle de la cavalerie entière à 46,080.

L'artillerie légère ne forme point de corps particulier. Mais chaque régiment de cavalerie a sa demi-batterie composée de 4 pièces de 6 et de 2 obusiers. Les 2 demi-batteries de 2 régiments forment la batterie de la brigade, pour l'escorte de laquelle chaque escadron détache, en tirailleurs, 4 cavaliers. Chaque pièce est servie par 7 hommes, dont 2 montés sur les chevaux de l'attelage et les 5 autres sur l'affût même, au moyen de dossiers qui y sont appliqués les uns derrière les autres, ce qui a fait donner le nom de Wurst-artillerie à cette espèce d'artillerie; 8 chevaux de bât, portant la munition, suivent la pièce.

Toutes ces troupes régulières, savoir : infanterie, 368,550; artillerie, génie, sapeurs, etc., 10,760; cavalerie, 46,080, forment, au tableau, un total de 425,390 hommes : total dans lequel ne sont compris ni l'état-major de l'armée, ni les deux régiments, Stabs-régiments, qui sont formés en temps de guerre, pour le service du quartier général, et la garde des magasins, hôpitaux et convois.

L'un est d'infanterie, l'autre, Stab-dragoner, est plus particulièrement employé à la police du camp, et forme une sorte de gendarmerie.

A cet état des forces régulières, il faut ajouter, pour la guerre, différents corps, tant de milices provinciales que de volontaires ou corps francs que l'on est dans l'usage de lever.

L'Insurrection hongroise peut aller à 80,000, mais elle n'est strictement obligée qu'à la défense de ses propres frontières.

On la demandera à la prochaine diète, non pas pour l'obtenir, mais pour obtenir un équivalent en argent et en hommes, qui soit plus disponible que cette troupe, dont la levée est ruineuse pour la noblesse et de peu de secours au prince.

Le 2^d corps de milice est la milice tyrolienne, divisée en 3 corps d'élite ou zuzug, dont le 1er, évalué par le général Mayer, à 25,000 hommes, a déjà reçu l'ordre de se tenir prêt à marcher. Le 2^d zuzug va décroissant à 15,000 hommes, le 3e à 10,000.

Il est aussi question de la légion de Bohême.

Cette levée fut formée par l'archiduc Charles, à la fin de la dernière guerre, et excédait 25,000 hommes, répartis en 22 bataillons.

Enfin, l'on parle de 30 bataillons de volontaires pour les deux Autriches. La Hongrie fournira des corps francs; ces corps et les Hongrois étant fort portés au pillage.

Ici finit l'état des forces nominales. Voici celui de la force réelle.

D'abord l'infanterie, réduite à celle de ligne et dégagée de ses bataillons de réserve, c'est-à-dire d'un sixième, retombe de 368,550 à 307,125 hommes.

Mais si des régiments que j'ai eu lieu d'observer, je puis conclure à tous les autres, le décompte qui s'en suivra sera encore plus considérable.

Le régiment hongrois, français Jellalich, a été relevé avec un soin extrême. Ce régiment était formé sur 4 bataillons, les grenadiers composant le 1er; chaque bataillon marchait sur 16 sections, de 23 hommes chacune, y compris 2 bas-officiers aux ailes; ce qui donne pour le bataillon 368 hommes, ou 1472 pour le régiment. Ajoutant à ce nombre 80 officiers et 6 officiers supérieurs, 40 sergents, 60 tambours ou fifres, 120 hommes en avant pour faire les quartiers et 42 hommes attachés à la garde de 42 voitures de suite, nous aurons un total de 1820 hommes, ou moitié du complet de ligne, lequel, état-major compris, doit être de 3,750 hommes.

Le régiment d'infanterie Würtemberg, ayant passé presque dans le même moment que le 1er, n'a pu être observé aussi soigneusement, mais l'on est généralement convenu que sa force était encore moindre.

Mack, cuirassiers, est entré à Salzbourg le 17 septembre, formé sur 4 divisions de 148, 151, 151, 154 hommes (c'est bien division et non pas escadron que je veux dire) plus un détachement de 70 hommes. Tout est compris dans ce recensement, même l'état-major et la musique; y ajoutant 50 hommes détachés en avant pour les quartiers, la force sera de 724 hommes. On attendait 300 recrues.

Les cuirassiers d'Hohenzollern, formés de même sur divisions, de 156, 128, 130, 147, nombres si ressemblants à la force du simple escadron que j'aurais soupçonné quelque erreur, si je ne l'avais pas vérifié de mes propres yeux. Il faudra ajouter 84 hommes environ, menant 220 chevaux de main, et 50 faiseurs de quartiers, ce qui, les officiers compris, donnera 695 hommes présents au corps. Ils disaient, il est vrai, qu'une centaine d'hommes étaient à quelques marches en arrière.

Le régiment de Liechtenstein hussards est le régiment le plus près du complet des cinq que j'ai eu lieu d'examiner, et il en était encore loin, car l'escadron roulait sur 90 à 100 hommes tout compris : ajoutant 50 faiseurs de quartier, nous aurons pour le régiment 850 hommes.

Je ne dis pas que ces 5 régiments puissent servir de règle générale, car il faudrait alors ne compter l'effectif de l'armée qu'à moitié environ de sa force nominale. Mais en considérant que, s'il reste des congés à rejoindre, on doit les balancer par la désertion, qui ne manquera pas d'être considérable, tant parce que c'est toujours le cas à l'ouverture de la campagne, que parce que la rigueur avec laquelle on a levé la conscription, a fait beaucoup de mécontents ; si l'on considère d'ailleurs que ces cinq régiments, quoique venant de pays différents, ont un vide assez uniforme, en sorte que sa cause peut être regardée comme générale, on pourra, ce me semble, sans crainte de se tromper, soustraire au moins le tiers de l'état nominal ; et l'armée autrichienne effective, déduction faite des bataillons de réserve, redescendra de 425,390 à 242,642 hommes, compte que je crois encore enflé.

Malgré ce vide énorme, j'estime, d'après des bases inutiles à déduire, qu'un tiers de cet effectif est de recrues levées depuis un an : ce qui m'a toujours fait penser que jamais une belle armée ne pourrait s'aguerrir, si, pour début, on pouvait lui livrer une grande bataille avant l'arrivée des Russes.

Il me reste des doutes sur la force des compagnies de grenadiers ; j'ai vu des gens persuadés qu'elles avaient maintenant même force que les autres.

Dans les régiments des confins (Gräuz-Régiments) les grenadiers sont remplacés par 20 arquebusiers par compagnie, qui, à la guerre, se réunissent par division.

Voilà l'appréciation la plus juste que j'aie pu faire des forces de la Maison d'Autriche. Le moment n'était pas favorable pour arriver à une grande exactitude : des corps étant encore au pied de paix, d'autres, à celui de guerre, les uns selon l'ancienne, les autres selon la nouvelle formation. Il faut ajouter à cela qu'il n'y a rien d'imprimé, et que les officiers varient dans leurs rapports, au point qu'on n'a jamais entière certitude.

Agréez, Monsieur le Maréchal, l'hommage de mon respect.

Adrien LEZAY-MARNESIA.

Le maréchal Davout à M. Massias, chargé d'affaires près l'Electeur de Bade.

Le 5ᵉ jour complémentaire an XIII (22 septembre 1805).

L'adjudant commandant, que j'avais envoyé à Carlsruhe pour acheter des chevaux, vous avait prié, de ma part, de m'instruire par une estafette, des mouvements que les troupes autrichiennes pourraient faire dans le pays badois. Je n'ai point eu l'intention, Monsieur, de vous demander compte des affaires diplomatiques dont vous êtes chargé, en vous faisant cette prière.

Mais je pense que vous serez utile au service de notre Souverain en m'instruisant le plus tôt possible, et directement, des mouvements que l'ennemi pourrait faire du côté de Stuttgard, Carlsruhe, Heilbronn, le pays badois, enfin des mouvements qu'il ferait pour se porter sur le Rhin. Ces renseignements, me venant de Strasbourg, me feraient perdre un temps précieux et que je pourrais employer utilement avant qu'ils ne me fussent parvenus. Je vous prie donc, Monsieur, de me faire parvenir directement et le plus promptement, par des estafettes que je payerai, ces renseignements. Je vous en aurai obligation.

Le Maréchal,

L. DAVOUT.

Le général Victor au Ministre des relations extérieures.

Le 5ᵉ jour complémentaire an XIII (22 septembre 1805).

Monseigneur,

Le prince royal de Danemark, qui, suivant le bulletin officiel de son voyage, devait n'être de retour dans cette capitale qu'aujourd'hui *21 septembre* (sic) est arrivé inopinément avant-hier soir. Sa marche a été accélérée, selon les uns, par des nouvelles particulières qu'il a reçues d'Allemagne ; selon d'autres, par des dépêches du ministre de Danemark à Pétersbourg, apportées il y a quelques jours au comte de Bernstorff par un officier danois qui a fait le voyage en douze jours, en passant par Stockholm. Le comte de Bernstorff avait annoncé en même temps au corps diplomatique, par un billet-circulaire de mardi dernier, que devant aller au-devant du prince royal, la conférence ordinaire du jeudi n'aurait pas lieu. Cependant, le ministre n'a point quitté sa campagne avant l'arrivée du prince.

Ce qu'il y a de certain, c'est que Son Altesse Royale, à son passage à Sroskild, a donné ordre à un escadron de hussards, qui y est en garnison, de se rendre sans délai à Holstein. Le soir même de son retour, il s'est tenu, à Fredericsberg, un conseil extraordinaire et l'on assure, depuis hier, qu'une armée danoise va être rassemblée en Holstein, et que deux ou trois régiments qui forment la moitié de la garnison de Copenhague, vont partir pour cette province frontière. On doit réunir le même nombre de troupes qui s'y trouvaient il y a deux ans. Quelle en est la destination? On suppose, avec beaucoup de vraisemblance, que ce gouvernement n'a d'autre but que de mettre son territoire hors de toute insulte, dans le cas où le nord de l'Allemagne serait enveloppé dans la nouvelle guerre. On ne doute pas qu'elle ait lieu, depuis l'entrée des troupes autrichiennes dans la Bavière.

Du moment que le départ des troupes pour le Holstein sera bien avéré, je me propose, Monseigneur, de demander ministériellement, à M. le comte de Bernstorff, une explication positive sur l'objet de ce rassemblement. Je m'empresse, d'avance, de prévenir M. le maréchal Bernadotte de ces mouvements militaires ainsi que de ceux qui ont lieu en Suède.

Il paraît certain que quelques milliers d'hommes de cette dernière nation vont être transportés dans l'île de Rügen pour y attendre, dit-on, les troupes russes qui doivent débarquer avec eux dans la Poméranie.

La formation d'une armée danoise dans le Holstein annonce bien en effet qu'on s'attend ici à voir la guerre s'établir dans cette province suédoise.

Il est vrai, comme j'ai eu l'honneur de vous le mander par ma dernière dépêche, que l'on arme à Karlskrona tout ce qui s'y trouve de bâtiments de guerre; mais depuis plusieurs années, la marine suédoise est dans un si grand état de délabrement, qu'il ne doit pas y avoir plus de trois ou quatre vaisseaux de ligne disponibles; et même le secrétaire de la légation de Suède, en cette résidence, qui revient de ce royaume, prétend-il que l'on n'y arme que deux vaisseaux de ligne en flotte et quelques petits bâtiments.

L'escadre russe, qui doit passer le Sund, n'a pas encore paru dans ces eaux; on ne sait même si elle a déjà mis à la mer. En revanche, nous avons depuis quelques jours, devant le port, deux vaisseaux et une frégate, de la même nation, nouvellement construits à Arkangel, qui se rendent à Revel ou à Kronstadt.

On a lancé aujourd'hui, dans ce port, un vaisseau neuf de 74 canons.

P. S. — Au moment où j'allais fermer ma lettre, une personne instruite de ce qui a été arrêté au Conseil extraordinaire convoqué par le prince royal, vient de me dire qu'il avait en effet été question de réunir l'armée danoise en Holstein ; mais que sur les observations qui avaient été faites que le roi de Suède profiterait peut-être de cette circonstance pour insulter le Danemark, il avait été arrêté que les troupes danoises resteraient dans leurs garnisons, mais elles seraient pourvues et se tiendraient prêtes à marcher au besoin.

Le prince Murat à l'Empereur.

Dépêche télégraphique de Strasbourg, arrivée le 1er vendémiaire an XIV
(23 septembre 1805).

Suivant le rapport d'un courrier français parti de Vienne pour Paris le 30 fructidor (*17 septembre*), le gros de l'armée autrichienne est encore entre Wels et Munich. L'empereur se prépare à partir de Vienne, où l'on annonce l'arrivée des Russes comme très prochaine.

Pour copie :

CHAPPE l'aîné.

Joint à la lettre de M. Bacher (1er vendémiaire an XIV).

Réponses de M. Bacher.

Il devient, depuis que la cour de Vienne a pris une attitude hostile, très difficile de se procurer le moindre renseignement militaire et même les almanachs ou états militaires. L'ambassade de Vienne a toujours été dans l'usage d'en adresser chaque année au Ministre des relations extérieures. Il doit s'en trouver quelques exemplaires au Département. M. Bacher ne négligera rien pour s'en procurer un exemplaire.

L'almanach militaire de 1801 indique les lieux de garnison en

Notes des renseignements demandés par la lettre du Ministre de la guerre du 23 fructidor an XIII.

Il s'imprime à Vienne tous les ans, chez Graffer (jeune), un almanach militaire autrichien. Il serait très important de s'en procurer un ou plusieurs exemplaires de 1805 et de ceux qui suivront.

Un exemplaire de 1800, actuellement sous les yeux du Ministre de

temps de paix. M. Bacher adressera au Ministre un état des régiments avec l'indication de leurs garnisons. L'état qu'il a déjà adressé au Ministre donne le premier aperçu des régiments qui composent l'armée autrichienne en Allemagne et celle qui est en Italie.

Ces règlements ont dû être envoyés par l'ambassade de France à Vienne au Ministre des relations extérieures à mesure qu'ils ont paru. Ils doivent se trouver au Département des relations extérieures. M. Bacher indiquera et enverra l'extrait de ceux qui sont parvenus à sa connaissance.

M. Bacher indiquera pareillement ce nombre.

La composition des régiments n'est pas égale. Ils doivent être actuellement de 4 bataillons à six compagnies. On devra former en ce moment un 5° bataillon.

On a déjà envoyé un état des régiments et on en enverra un des régiments prussiens et des régiments bavarois, et l'on tâchera de se procurer des états militaires des autres Électeurs.

la guerre, ne fait point mention de l'emplacement des troupes ; il faudrait s'assurer s'il n'en existe point à présent qui contiennent ces renseignements et les mouvements qui ont lieu dans le cours de l'année.

Il serait très important de se procurer les règlements autrichiens sur la formation de leurs différents corps de troupes et leurs nouvelles levées, savoir :

Sur le nombre de bataillons et d'escadrons par régiment; celui des compagnies par bataillon ou escadron ; et le nombre d'hommes par compagnie sur le pied de paix et de guerre.

Des rapports portent les régiments à 3 et 5 bataillons, tandis que cet almanach ne parle que de régiments à 18 ou 22 compagnies, et de bataillons à 5 compagnies.

Il faudrait se procurer aussi les états militaires de la Russie et des différentes puissances d'Allemagne.

Bulletin d'Augsbourg

Du 1er vendémiaire an xiv (23 septembre 1805).

Le 15 septembre, le régiment de Lichtenstein-hussards a passé par Salzbourg.

Le 17, les régiments d'infanterie de Jellachich et de Wurtemberg et les cuirassiers de Mack.

Le régiment de Thurn, qui était en Dalmatie, a rejoint l'armée autrichienne d'Italie. Les troupes russes, venues de Corfou, l'ont relevé.

Le Feldmarschal comte Colloredo vient d'être nommé ministre d'État et de conférence, chargé du portefeuille du Département de la guerre.

Le général Koutouzov commande le 1er corps d'armée de 100,000 hommes, et M. le général Michelson, le second, pareillement de 50,000 hommes.

Les lieutenants généraux, prince Bagration, d'Essen, de Rosen, de Maltitch, de Chepelev et Denkov sont attachés au 1er corps d'armée.

Augsbourg, 24 septembre 1805

L'archiduc Charles est parti le 16 septembre, de Vienne, pour l'Italie.

L'Électeur de Salzbourg ne tardera pas de retourner à Vienne.

L'empereur d'Allemagne est arrivé le 21 et n'est reparti de Munich que le 22, dans la matinée, pour Landsberg et Memmingen.

L'empereur est accompagné du comte Lambert, feldmaréchal-lieutenant et de M. de Colnbach, conseiller intime et référendaire.

Les uhlans de Schwartzenberg ont passé, le 22 septembre, près d'Augsbourg.

Les régiments autrichiens continuent leur marche vers le Rhin.

BACHER.

Le prince Murat au maréchal Ney.

Strasbourg, le 1er vendémiaire an xiv (23 septembre 1805).

Monsieur le Maréchal,

Je vous préviens que vous allez recevoir l'ordre de passer le Rhin incessamment. L'ennemi paraît rassembler ses forces sur le Lech et sur la Mündel; ainsi, je ne prévois pas que vous puissiez rencontrer d'obstacle pour le passage, lorsque l'ordre de l'effectuer vous sera donné. La route sur laquelle vous devez vous diriger va être reconnue; des officiers sont partis cette nuit, en poste, pour cette reconnaissance, et le général Songis prépare tous les moyens nécessaires pour jeter les différents ponts, ainsi que pour l'organisation de votre artillerie; au reste, Monsieur le Maréchal, si vous rencontriez quelque difficulté que je puisse lever, je vous prie de m'en informer sur-le-champ, afin que je fasse les dispositions convenables.

Recevez, Monsieur le Maréchal, l'assurance de mes sentiments distingués et de ma haute considération.

Strasbourg, le 1er vendémiaire an xiv.

*Le Prince, grand amiral de l'Empire,
lieutenant de l'Empereur,*

Murat.

Le général Leval prie M. Bœrner (1) de lui envoyer de suite la date de la lettre qu'il a reçue. Le prince Murat la demande de suite.

Leval.

Le camp de Bregenz paraît avoir été levé le 25 fructidor *(12 septembre)*, jour où les Autrichiens ont passé à Ravensbourg, — la date de la lettre que j'ai reçue est du 26 fructidor *(13 septembre)*.

Bœrner.

(Sans date).

---

(1) Adjudant-commandant (voir mission donnée à Bœrner le 22 septembre).

*Le général Belliard à M. le conseiller d'État Petiet,
intendant général.*

A Strasbourg, le 2⁰ jour complémentaire an xiii (19 septembre 1805).

Son Altesse Sérénissime le prince Murat, lieutenant de Sa Majesté, me charge de vous transmettre une lettre de M. l'inspecteur général Songis, qui demande que les charretiers de l'équipage de réquisition qui tombent malades, soient admis dans les hôpitaux et y soient traités comme les soldats du train. S. A. S., persuadée de la justice de cette réclamation, vous prie de vouloir bien y faire droit et d'avoir la bonté de me faire connaître votre décision, pour que je puisse en rendre compte au prince et en instruire le 1ᵉʳ inspecteur général.

BELLIARD.

Du même au même.

Le 3ᵉ jour complémentaire an xiii (20 septembre 1805).

Les charretiers de réquisition, employés au parc des vivres, n'ont reçu aucun payement depuis le moment de leur mise en réquisition jusqu'aujourd'hui, où ils ont été mis à la disposition de M. Thévenin, inspecteur général des équipages de l'armée. Son Altesse Sérénissime me charge de vous prier de vouloir bien donner des ordres pour qu'ils soient payés le plus promptement possible de ce qui leur est dû, et qu'à l'avenir ils le soient très exactement ; c'est le seul moyen d'empêcher leur désertion et de faire taire le mécontentement. Le prince a déjà reçu des réclamations des préfets des Haut et Bas-Rhin ; je vous serai infiniment obligé de me faire connaître votre décision pour que je puisse en rendre compte à Son Altesse.

BELLIARD.

Le général Belliard au général Mathieu Dumas.

A Strasbourg, le 1er vendémiaire an xiv (23 septembre 1805).

Monsieur le Général,

J'ai l'honneur de vous prévenir que, conformément aux nouvelles dispositions ordonnées par Son Altesse Sérénissime :

La division de dragons à pied qui occupe Neuf-Brisach et environs en partira, demain 2, pour se rendre à Friesenheim, moitié chemin de Strasbourg ; le 3, à Strasbourg, où elle aura de nouveaux ordres et prendra, en partant de Neuf-Brisach, du pain pour deux jours ;

La 2e division de cavalerie (grosse), commandée par le général d'Hautpoul, cantonnée à Schelestadt et environs reçoit l'ordre d'en partir demain pour se rendre, le même jour, à Erstein qu'elle occupera ainsi que les villages circonvoisins ;

Le 5e de cuirassiers part, demain, d'Huningue pour se rendre à Neuf-Brisach, le 3, à Friesenheim, le 4, à Strasbourg ;

Le 1er régiment de hussards quittera, demain, Strasbourg pour se rendre à sa destination (6e corps) ;

Le 10e de cuirassiers, qui était à Neuf-Brisach, rejoindra, demain, la division d'Hautpoul à Erstein.

BELLIARD (1).

Le général de division Belliard, chef d'état-major de la réserve de cavalerie et de dragons.

A Strasbourg, le 1er vendémiaire an xiv (23 septembre 1805).

Monsieur l'Ordonnateur en chef,

Je m'empresse de vous adresser la lettre du général Bourcier que je reçois à l'instant. Vous y verrez que la division n'a pas

---

(1) Des lettres analogues sont adressées à l'Intendant général et à l'Ordonnateur en chef, mais le quartier général attribué à la division d'Hautpoul est Sermersheim au lieu d'Erstein. L'ordre envoyé au général d'Hautpoul porte bien Erstein.

reçu, hier, le pain qui lui avait été annoncé de Schelestadt, qu'il est dû pour un jour à toute la division et pour deux au 25ᵉ régiment. Je vous prie de prendre les mesures les plus urgentes pour assurer, sur-le-champ, le service. Je vous serai obligé de me faire connaître les mesures que vous aurez prises, pour que j'en rende compte à Son Altesse.

BELLIARD.

Le même au général Nansouty.

Le 1ᵉʳ vendémiaire an xiv (23 septembre 1805).

D'après les ordres de Son Altesse Sérénissime le prince maréchal d'Empire Murat, votre division doit se rendre de suite à Oggersheim, par Frankenthal, pour faire partie, provisoirement, du corps commandé par Monseigneur le maréchal d'Empire Davout qui vous transmettra ses ordres tant pour la route à suivre que pour votre établissement à votre nouvelle destination (1).

BELLIARD.

Rapport.

2 vendémiaire an xiv (24 septembre 1805).

L'on a trouvé les moyens de se procurer les données ci-après, que l'on garantit exactes :

1º Toute l'avant-garde autrichienne a passé le Lech les 16, 17 et 18 septembre ;

2º La colonne de gauche traverse la Haute-Bavière et la Souabe, commandée par M. de Klenau ;

3º La colonne de droite est commandée par le général Gottesheim, ancien officier au service de France ; chacune de ces colonnes est d'environ 18,000 hommes ;

4º L'archiduc Ferdinand commande le corps d'armée. Le gé-

---

(1) Le maréchal Davout, le général Andréossy et l'Intendant général sont avisés par des lettres analogues.

néral Mack est au nombre de ses lieutenants généraux. Ce corps d'armée suit de près les deux colonnes dont on vient de parler ;

5° La nuit du 17 au 18 septembre et le 18 au matin, cinq régiments d'infanterie, au nombre desquels on a reconnu celui de Frelich, et deux de cavalerie, dont un est celui de Rosenberg-dragons, ont passé devant Augsbourg et se sont avancés sur la Souabe.

Ces régiments sont très forts et ils marchent à grandes journées ;

6° Tout paraît donner la certitude qu'il y aura un camp dans la plaine de Günzbourg ;

7° La première ligne autrichienne sera sur le Danube, la seconde sur l'Iller et la troisième sur le Lech.

La Grande Armée doit, à ce qu'on assure, se contenter, quant à présent, de prendre ses positions entre le Lech et l'Iller.

Un corps d'armée conséquent est attendu, par le Tyrol, pour venir s'appuyer à l'aile gauche de la Grande Armée ;

8° Tout le monde est persuadé que l'empereur d'Autriche avec tous les princes seront à l'armée en personne.

On désigne déjà Mindelheim comme le quartier général de l'empereur et de l'archiduc Ferdinand ;

9° La nuit du 19 au 20 septembre le général Mack se rendit d'Ulm à Memmingen ;

10° Le 20 au soir il arriva, à Ulm, six bataillons d'infanterie, par des marches de douze à quinze lieues par jour ; le 20 au matin, deux régiments de dragons ont évacué Ulm pour se porter en avant ;

11° Le 21 septembre, à 2 heures après-midi, un courrier du cabinet autrichien a passé à Cannstatt ; il se rendait en toute hâte à Paris et assura qu'à son départ de Vienne, M. de La Rochefoucauld y était encore ;

12° L'on a rapporté que les 22 et 23 septembre il était entré des troupes autrichiennes à Erbach, Biberach, Dischingen et Göppingen. Les 22 et 23 septembre on a parcouru, en ligne droite, Bruchsal, Durlach jusqu'à Cannstatt, sans voir un Autrichien.

Un homme, sorti d'Ulm le 21 septembre, a assuré que les mousquets autrichiens avaient des bassinets en cuivre, qu'ils ne pesaient que 8 à 9 livres et que les baïonnettes étaient allongées de moitié en sus des anciennes. Le même a dit que les régiments autrichiens ont fait halte subitement. Un autre, sorti d'Ulm le 22 septembre au soir, a assuré que la garnison s'y renforçait et qu'il se formait des rassemblements à Illertissen et Memmingen. Un troisième, venu de Würtzbourg, auquel on a parlé aux environs de Hall, le 23 septembre, a assuré que les troupes bavaro-palatines allaient former une ligne de démarcation depuis Ingolstadt, devant Ratisbonne, jusqu'à Passau.

Un capitaine d'artillerie, nommé Dessalles, allant en courrier de Strasbourg à Würtzbourg, a été rencontré près de Heilbronn, le 1er vendémiaire (*23 septembre*) entre 4 et 5 heures après-midi. Le même jour une comtesse allemande, voyageant avec un domestique, a assuré, dans les environs d'Arnigen, l'arrivée de l'Empereur à Strasbourg.

Le 2 vendémiaire au soir un voyageur, se disant gentilhomme polonais, allant de Stuttgard à Mannheim, a annoncé que M. de Haugwitz était depuis peu de jours rendu à Vienne de la part du roi de Prusse.

Les Souabes, les Badois, Wurtembergois semblent désirer plutôt les Français que les Autrichiens, parce que ceux-ci payent en papier et qu'ils comptent de l'autre côté sur des napoléons d'or. Cependant ils croient, en général, que les Français ne passeront pas le Rhin ou tout au plus tôt dans quinze jours.

La manière avec laquelle l'armée de Hanovre a traversé le pays de Hesse a surpris presque tous les Allemands.

Le 2 vendémiaire (*24 septembre*) il a passé un agent français, parlant fort mal l'allemand, par Heilbronn, à midi ; il a dit venir de Bruchsal, se nommer Pierre Gross, et aller à OEhringen.

Rapport.

Geislingen, le 2 vendémiaire an xiv (24 septembre 1805).

L'armée autrichienne ne s'est point encore avancée sur la route d'Ulm à Stuttgard. Les portes de la ville d'Ulm ne sont que faiblement gardées par des soldats du régiment Riesch, qui s'y trouve en garnison depuis le 21 septembre ; le passage de Geislingen à Ulm est encore tout libre. Le régiment de Riesch, fort de 2,800 hommes, sous les ordres du général baron d'Ulm, ne devait d'abord rester dans la ville d'Ulm que cinq jours ; on ignore s'il continuera à y séjourner encore plus longtemps.

Le 22, l'armée principale en Bavière eut ordre de faire halte ; il n'y avait que le corps de troupes qui a passé l'Iller près de Memmingen et qui s'est porté de là sur Stockach ; on dit que ce corps avance toujours encore, mais seulement à petits pas.

Le général Mack doit commander l'armée principale en Bavière, forte de 40,000 hommes. Il a son quartier général à Mindelheim, d'où il est retourné, le 22, à Munich. Une grande partie de cette armée se trouve présentement entre le Lech et l'Iller ; on dit qu'elle sera suivie de toute l'armée qui se retranchera derrière l'Iller, sur une ligne qui s'étendra au delà de Memmingen. Le colonel autrichien Dedovich, du corps du génie, conformément aux ordres qu'il a reçus à cet effet, a d'abord pris inspection des environs de la ville du côté de l'Iller, et du Danube, d'où il est retourné, le 23, à Memmingen.

Le 23, on eut la nouvelle positive, à Ulm, que l'armée sous les ordres du général Mack s'était remise en marche et qu'elle s'avancera en trois colonnes de 10,000 hommes. Deux de ces colonnes devaient déjà arriver, le 24 ou le 25, à l'Iller et la troisième devait passer, vers le même temps, le Lech. Deux colonnes prennent leur route par Mindelheim et Memmingen, et l'autre par Ulm, Laupheim, vers Biberach ; on dit qu'il s'y trouve déjà près de 20,000 hommes.

L'empereur d'Allemagne et l'archiduc Ferdinand étaient attendus à tout moment à Mindelheim, au quartier général du général Mack. On parle d'un grand conseil de guerre qui doit y être tenu et auquel plusieurs généraux avaient été mandés d'assister. Il paraît maintenant certain que l'armée autrichienne s'avancera à grands pas des bords du Rhin, car tout est dans le plus grand mouvement depuis le 23. Un train considérable d'artillerie a passé déjà par Mindelheim.

Il se confirme qu'Ulm, Memmingen et plusieurs autres endroits situés sur l'Iller devront être fortement retranchés. Cet ouvrage a été commencé le 24 ; on y fera travailler journellement 6,000 à 8,000 hommes, dont 4,000 paysans de Souabe, qui ont été requis à cet effet ; le reste des travailleurs est pris des différents régiments qui se trouvent de ces côtés-là. Cette ligne fortifiée doit servir de position tenable à l'armée, en cas de retraite.

Le général Mack est le créateur de cet ouvrage, cette position ayant été depuis longtemps son idée favorite.

On parle aussi d'une armée russe de 40,000 hommes qui doit entrer en Bavière en huit jours; on dit qu'elle a été précédée par une proclamation de l'empereur de Russie, dans laquelle, en exprimant son mécontentement sur les duretés exercées par les troupes autrichiennes en Bavière, l'empereur de Russie voulait tranquilliser ce pays, en promettant le maintien le plus strict et la plus grande discipline. Cette nouvelle, au reste, est sujette à caution.

Il reste encore à observer que les troupes autrichiennes qui se trouvent dans les environs d'Ulm sont, pour la plupart, infanterie; elles se trouvent en assez bon état; cependant, il y a beaucoup de recrues dans le régiment de Riesch, en garnison à Ulm, tout comme dans les autres régiments. Après les marches forcées en Bavière, ledit régiment a été exercé journellement deux fois dans le maniement des armes.

De même, la cavalerie doit avoir beaucoup de recrues et manque de chevaux, attendu qu'on a fait de fortes réquisitions de chevaux de remonte en Bavière et dans les pays de Souabe, appartenant à l'Électeur de Bavière, et que même il y a déjà été enlevé des jeunes gens capables de porter les armes.

Il doit passer par Ulm une colonne de 10,000 Autrichiens.

(Sans signature.)

Le prince Murat à l'Empereur.
(Extrait).

Strasbourg, le 5° jour complémentaire (22 septembre 1805).

Les chasseurs à pied de la Garde de Votre Majesté sont arrivés aujourd'hui. Les grenadiers à pied arrivent demain. Les officiers du premier de ces corps m'ont été présentés et m'ont dit que leur troupe était prête à marcher au premier ordre.

Demain, je passerai la revue de la 1re division de dragons.

. . . .

Le Ministre de la guerre à Son Altesse l'Archi-Trésorier de l'Empire.

Paris, le 2 vendémiaire an xiv (24 septembre 1805).

Monseigneur,

L'Empereur me charge de faire connaître à Votre Altesse Sérénissime qu'il est parti ce matin à 5 heures pour se rendre sur le Rhin.....

BERTHIER.

Le général Andréossy à M. le Directeur des fortifications, à Strasbourg.

Le 3 vendémiaire an xiv (25 septembre 1805).

S. A. S. le prince Murat s'est aperçu, Monsieur le Directeur, qu'aucun dispositif n'était fait pour l'exécution des retranchements de Kehl. Je vous invite, de la manière la plus pressante, à faire mettre dès demain, à la pointe du jour, la main à l'ouvrage, de manière, qu'en même temps que le dépôt des fascines s'opère, on trace, on dispose les travailleurs et l'on remue de la terre

ANDRÉOSSY.

CHAPITRE V

L'Empereur à Strasbourg.

*Le général Andréossy à M. le Directeur des fortifications,
à Strasbourg.*

Le 4 vendémiaire an XIV (26 septembre 1805).

L'intention de Sa Majesté est, Monsieur le Directeur, qu'il y ait, demain, plus de 3,000 hommes aux travaux de retranchements de Kehl, et que, sous quarante-huit heures, trois points de la tête du pont soient élevés en relief, fraisés, palissadés, et en état de recevoir de l'artillerie.

Vous êtes autorisé à abattre les maisons de Kehl qui nuiraient au dispositif des ouvrages projetés, couper les arbres et faire les fascines nécessaires partout où il en sera besoin, en ayant soin de ne faire que les dégâts indispensables. Le Ministre de la guerre doit vous avoir envoyé des fonds; si vous n'en avez pas, faites-moi un rapport cette nuit, et je prendrai les ordres de Sa Majesté.

P. S. — Je préviens le général Songis, premier inspecteur général de l'artillerie, des dispositions le concernant, et l'invite à s'entendre avec vous.

Andréossy.

Le général Andréossy au général Songis, à Strasbourg.

Le 4 vendémiaire an XIV (26 septembre 1805).

L'intention de Sa Majesté est, Monsieur le Général, que, dans la journée de demain, des batteries soient construites dans les îles du Rhin et armées. Vous êtes autorisé à faire faire des fascines, partout où besoin sera, et vous voudrez bien donner des ordres pour qu'on se borne aux seuls dégâts indispensables.

L'intention de Sa Majesté est aussi que, sous quarante-huit heures, trois points de la tête de pont de Kehl soient en état de recevoir de l'artillerie. Je viens d'écrire au directeur Morlet, à ce sujet, et il vous indiquera la nature des ouvrages qu'il se propose de construire.

ANDRÉOSSY.

Le général Andréossy au Directeur du génie, à Neuf-Brisach.

Le 4 vendémiaire an XIV (26 septembre 1805).

L'intention de Sa Majesté est que la tête de pont de Vieux-Brisach soit rétablie; vous voudrez bien, en conséquence, faire préparer les outils et autres objets nécessaires pour que, quand l'armée passera, cette tête de pont soit de suite relevée.

ANDRÉOSSY.

Le général Andréossy au Colonel directeur du génie, à Mayence.

Le 4 vendémiaire an XIV (26 septembre 1805).

L'intention de Sa Majesté est, Monsieur, que vous adressiez, tous les jours à 11 heures du soir, un rapport sur les ouvrages de la tête de pont de Cassel. L'Empereur pense qu'on y travaille avec la plus grande activité et que déjà les ouvrages s'en ressentent.

ANDRÉOSSY.

L'Empereur au prince Joseph Bonaparte.

Strasbourg, le 4 vendémiaire an XIV (26 septembre 1805).

Mon Frère, je suis arrivé à Strasbourg. Toute l'armée a passé le Rhin. L'ennemi est aux débouchés de la Forêt-Noire. Nos manœuvres vont bientôt commencer. Faites ce qui vous sera possible pour pousser la nation à la conscription. Je suis très satisfait des départements que j'ai traversés.

NAPOLÉON (1).

Le général Andréossy aux Maréchaux d'Empire commandant les 3e, 4e, 5e et 6e corps d'armée, et au Chef d'état-major de la réserve (2).

Strasbourg, le 4 vendémiaire an xiv (26 septembre 1805).

J'ai l'honneur de vous prévenir que Sa Majesté vient d'arriver à Strasbourg. Elle demande que vous envoyiez sur-le-champ un officier de votre état-major avec les quatre situations des troupes qui composent votre corps d'armée. Sa Majesté désire que cet état renferme, ou soit accompagné des renseignements les plus particuliers, sur ce qui constitue le personnel, le matériel des équipages, des administrations, de manière qu'Elle ait une connaissance parfaite de vos ressources et de vos besoins.

Je ne crois pas, Monsieur le Maréchal, devoir vous inviter à faire apporter à la rédaction de cet état autant d'exactitude que de célérité.

L'Empereur au général Dejean.

Strasbourg, le 4 vendémiaire an xiv (26 septembre 1805).

Monsieur Dejean, je suis arrivé à Strasbourg. Le biscuit que j'ai demandé n'est pas fait. Il n'y a pas encore un caisson de Sampigny d'arrivé, et même les cent cinquante que j'avais à Boulogne, on les a fait passer par Sampigny, de manière qu'il n'y en a pas ici. Les souliers ne sont pas encore arrivés. Pressez autant qu'il vous sera possible l'exécution des ordres que j'ai donnés. L'armée est aujourd'hui au delà du Rhin, surtout la cavalerie.

NAPOLÉON (3).

---

(1) *Correspondance de Napoléon*, n° 9266.
(2) Ordres analogues au général Songis et à l'Intendant général.
(3) *Correspondance de Napoléon*, n° 9267.

Ordre du jour.

Quartier général impérial de Strasbourg, le 4 vendémiaire an xiv
(26 septembre 1805).

L'armée a dû passer le Rhin avec quatre jours de pain et quatre jours de biscuit ; l'intention de Sa Majesté est que le biscuit soit conservé pour des circonstances importantes ; les rations de pain seront remplacées et renouvelées, de manière que lorsque l'armée marchera en avant, elle ait constamment pour huit jours de vivres.

Par ampliation du registre d'ordre :

L'Aide-Major général, chef de l'état-major général,

ANDRÉOSSY.

Instruction pour le capitaine Hulot, adjoint à l'état-major général de l'artillerie.

Strasbourg, le 4 vendémiaire an xiv (26 septembre 1805).

Le but de votre mission est de me rapporter promptement des nouvelles certaines de l'établissement des ponts qui doivent être jetés près Lauterbourg et près Spire ; de savoir quel matériel est au premier endroit, pour le corps d'armée de M. le maréchal Ney, et au deuxième pour celui de M. le maréchal Soult; enfin de connaître les opérations faites par MM. les colonels Sénarmont et Pellegrin, d'après l'instruction reçue par le sous-chef de l'état-major.

A Lauterbourg, vous verrez le général Seroux, s'il y est déjà, et vous saurez s'il lui est arrivé, outre l'artillerie qu'il avait à Haguenau, les 75 attelages haut-le-pied et les 53 voitures char-

---

(1) Cette pièce n'est connue que par les *Souvenirs* du général Hulot ; on peut la croire authentique, mais la date paraît devoir être antérieure au 4 vendémiaire, jour où le passage du Rhin par les corps d'armée devait commencer.

gées de cartouches qui sont parties avant-hier matin pour son corps d'armée.

Vous saurez où est le point précis de l'établissement du pont; vous vous y rendrez pour voir s'il est terminé et depuis quel moment, ou s'il manque encore quelque chose; vous m'en feriez rendre compte, en ce cas, par un exprès que le commandant Boucher, ou en son absence, l'officier chargé du pont m'enverra.

Vous repartirez aussitôt pour Spire où vous verrez le général Lariboisière, s'il vous est possible, ou son directeur de parc, pour avoir un état sommaire de ce qu'il a et de ce qui lui manque, tant en personnel qu'en matériel et en attelages.

Vous irez ensuite au point où se fait le pont de Spire, pour voir où en est son établissement, si la compagnie n° 3 (capitaine Zalem) y est arrivée; si les bateaux de commerce et les deux bateaux d'artillerie qui y conduisent de Mayence 3,000 madriers, des poutrelles, etc., y sont rendus; si les bateaux de Strasbourg y sont arrivés; s'il y a quelque chose de commencé pour l'établissement du pont; à quelle heure le capitaine peut assurer qu'il sera terminé; enfin vous ne négligerez rien de ce qui peut me faire connaître exactement tout ce qui concerne ledit pont.

Si les bateaux de Mayence n'y étaient pas arrivés, vous sauriez au juste où ils sont et combien il faut d'heures pour être au point d'établissement, ainsi que les mesures prises pour accélérer leur arrivée.

Cet objet terminé, vous irez à Landau, savoir du colonel Sénarmont ce qui est arrivé à Landau en personnel et en matériel, et les troupes ou trains partis et les convois expédiés en conséquence de ses instructions, avec date de départ et lieu de destination.

Vous ne vous arrêterez dans chacun des endroits désignés que le moins de moments possible, et vous repartirez aussitôt pour me rejoindre et me rendre compte.

Songis.

D'après les nouvelles que je reçois à l'instant de Lauterbourg, il devient plus urgent que vous passiez d'abord par Landau, de là à Spire, et vous reviendrez par Lauterbourg. Vous expédierez de Landau un exprès pour me faire connaître ce qui est demandé par l'instruction.

Par le Premier Inspecteur général :

Le Général de brigade,
chef de l'état-major général de l'artillerie,

PERNETY.

(*Extrait des Souvenirs militaires du baron Hulot.*)

Bulletin de Ratisbonne.

Le 4 vendémiaire an XIV (26 septembre 1805).

Les 15,000 hommes de troupes bavaroises, qui occupaient le Haut-Palatinat de Bavière, ont quitté dans la journée d'hier leur position de Waldmünchen sur les frontières de la Bohême, de même que celle d'Amberg-Sulzbach, pour se replier sur Bamberg et se concentrer ensuite dans le duché de Würtzbourg.

Ce mouvement rétrograde a été occasionné par l'approche d'un corps de cavalerie qui se dirige, à ce qu'on dit, de la Bohême vers le Haut-Palatinat de Bavière, et par la marche combinée d'un corps de 6,000 hommes d'infanterie précédé d'un régiment de uhlans, qui a passé, il y a deux jours, le Danube à Neubourg, pour s'étendre par Eichstädt jusqu'au pays prussien d'Anspach et de Bayreuth, dans la direction de Nuremberg et de Bamberg.

Les Autrichiens vont occuper tout le cours du Danube, depuis Passau jusqu'à sa source, et la communication de la ville de Ratisbonne avec les rives du Rhin va être interceptée, tant par la Souabe que par la Franconie.

Les Autrichiens continuent à établir, dans l'Empire germanique, le cours forcé de leur papier-monnaie, et à vivre de réquisitions.

BACHER.

L'Empereur à M. Talleyrand.

Strasbourg, le 5 vendémiaire an xiv (27 septembre 1805).

Monsieur Talleyrand, je vous envoie des dépêches de M. Otto. On peut faire de toutes les dépêches de ce ministre de très bons articles de journaux. Je vous renvoie aussi vos dépêches de Berlin, qui commencent à devenir fort intéressantes. Le mouvement des armées, les détails de la séance de Paris contribueront, je crois, à donner du mouvement à tout ceci. Ici, tout marche à grand train. Les Autrichiens sont sur les débouchés de la Forêt-Noire ; Dieu veuille qu'ils y restent. Ma seule crainte est que nous leur fassions trop peur. Avant quinze jours, nous verrons beaucoup de choses.

NAPOLÉON (1).

L'Empereur au maréchal Bernadotte.

Strasbourg, le 5 vendémiaire an xiv (27 septembre 1805),
à 4 heures après-midi.

Mon Cousin, j'ai reçu votre lettre du 1er vendémiaire, datée de Windecken. D'après mes calculs, vous deviez être ce jour-là à Würtzbourg ; j'imagine que vous y êtes à l'heure qu'il est. L'empereur d'Allemagne n'a fait aucun détachement sur la droite du Danube, et les Russes ne sont pas arrivés. Je suis en mesure de faire face à tout.

J'ai passé le Rhin à Mannheim, à Spire et vis-à-vis de Durlach. Quand vous recevrez cette lettre, mon armée sera sur le Neckar, forte, nombreuse, et dans le cas de parer à tout. De Würtzbourg, vous vous dirigerez sur le Danube, conformément à l'instruction que le Ministre de la guerre vous adressera ce soir. Vous tiendrez le général Marmont sur votre droite et les Bavarois sur votre gauche. Je me lierai au général Marmont avec toute mon armée, et si j'ai le bonheur que l'armée autrichienne s'endorme encore trois ou quatre jours sur l'Iller et dans la

---

(1) *Correspondance de Napoléon*, n° 9270.

Forêt-Noire, je l'aurai tournée, et j'espère qu'il ne s'en échappera que des débris.

J'ai fait un traité d'alliance offensive et défensive avec l'Électeur de Bavière. Son armée est pour moi.

La copie ci-jointe d'une lettre qu'il vient d'écrire ici vous fera connaître comme il est fâcheux que vous ne vous soyez pas dirigé sur Würtzbourg par la ligne la plus droite, et il était naturel de penser que, si j'avais voulu que vous passassiez à Francfort, je n'aurais pas manqué de vous en faire instruire.

La lettre de l'Électeur vous donne un aperçu du danger de la marche que vous avez suivie.

Il n'est plus question, en ce moment, que de porter remède à tout. Vous êtes, à l'heure qu'il est, à Würtzbourg ; ainsi, toutes les inquiétudes de l'Électeur doivent être terminées.

Vous savez l'estime et l'amitié que je vous porte. C'est le moment de porter le grand coup. Avant le 20 vendémiaire (*12 octobre*), l'Autriche sera déchue.

NAPOLÉON (1).

Ordre du jour.

Quartier général impérial de Strasbourg, le 5 vendémiaire an XIV
(27 septembre 1805).

L'intention de Sa Majesté l'Empereur est que la solde de l'armée soit mise au courant jusqu'au 15 de vendémiaire.

Chaque corps d'armée fera parvenir, de suite, l'état de ce qui existe dans la caisse du payeur et de ce qui manque pour compléter la solde.

Le chef d'état-major de chaque corps d'armée enverra un officier d'état-major ou un aide de camp avec un état de situation par régiment indiquant les pertes occasionnées dans la marche, par désertion, mort ou maladie, et le gain provenant de la réunion de quelques détachements de bataillons ou escadrons de dépôt.

Chaque corps d'armée fera également parvenir l'état de son artillerie avec l'indication de ce qui pourrait manquer pour le

---

(1) *Correspondance de Napoléon*, n° 9274.

compléter ; l'état des souliers, capotes et objets d'ambulance qui manquent dans chaque régiment, et fera connaître les raisons qui auraient empêché les corps de se les procurer. Sa Majesté pense que les ordres qu'Elle a donnés, pour payer aux corps l'achat de ces divers objets, ont reçu leur exécution. Dans le cas contraire, on indiquera ce qui reste à solder sur ces articles.

Enfin, les chefs d'état-major des corps d'armée feront connaître de suite si les cinquante cartouches par homme, ainsi que le pain et le biscuit pour quatre jours, ont été délivrés suivant l'ordre qui en a été donné ; ils indiqueront ce qu'il en manquerait.

Tous les colonels doivent être présents à leurs corps ; ceux qui seraient absents pour cause de maladie ou pour tout autre motif seraient remplacés, sur-le-champ, par les majors aux bataillons de guerre. Les chefs d'état-major des corps d'armée enverront de suite l'état des colonels et chefs de bataillon qui ne sont pas à leur poste.

Sa Majesté recommande particulièrement aux chefs d'état-major d'adresser un rapport journalier, division par division, comprenant la position de chaque corps et les mutations qui y sont survenues.

Les maréchaux et commandants en chef les corps d'armée donneront également connaissance des besoins en tout genre dudit corps et y ajouteront tous les renseignements qu'ils se seront procurés sur la position des ennemis.

ANDRÉOSSY.

Supplément à l'ordre du jour.

Les bataillons et escadrons de guerre devant être portés au grand complet de guerre, les majors recevront ordre d'envoyer, des dépôts, le nombre d'hommes nécessaire pour opérer ce complet.

ANDRÉOSSY.

Le général Mathieu Dumas au général Andréossy.

Strasbourg, le 5 vendémiaire an xiv (27 septembre 1805).

Mon cher Général,

J'ai l'honneur de vous adresser, d'après les ordres de mouvement que vous m'avez transmis, cinq itinéraires pour la marche :

1º Du corps de M. le maréchal Ney, de Durlach à Stuttgard ;

2º Du corps de M. le maréchal Lannes, de Rastatt à Esslingen ;

3º De la division de grosse cavalerie aux ordres de M. le géné- d'Hautpoul, de Renchen à Ludwigsburg ;

4º De la division de dragons aux ordres du général Klein, de Gengenbach et Offenburg à Stuttgard ;

5º Enfin, de la division de dragons aux ordres du général Walther, de Willstett, Urloffen, Nüssbach et Zimmern à Stuttgard.

Je vous salue, mon cher Général, de tout mon cœur.

Le Général aide-major général, maréchal des logis,

Mathieu DUMAS.

Le général Andréossy à l'Intendant général, à Strasbourg.

Strasbourg, le 5 vendémiaire an xiv (27 septembre 1805).

L'intention de Sa Majesté est de porter son quartier général, le 7 de ce mois, à Spire (1). Il est par conséquent nécessaire que vous fassiez diriger sur ce point toutes les voitures de Sampigny que vous attendiez à Strasbourg.

Je vous invite donc, Monsieur l'Intendant général, à vouloir bien prendre de suite les mesures les plus promptes pour faire

---

(1) Le même avis est adressé aux généraux Mathieu Dumas et Sanson, à l'Inspecteur en chef aux revues et au général Songis. Ce dernier est invité à diriger « le parc général d'artillerie » sur Spire et à commencer le mouvement le 7 vendémiaire, en donnant l'état détaillé de ce qui peut partir.

arrêter ces voitures au point où elles se trouvent en ce moment, et à donner des ordres pour changer leur marche et à les diriger uniquement sur Spire.

Veuillez bien également prévenir le payeur général de l'armée que l'intention de Sa Majesté est qu'il envoie de suite, à Spire, un payeur particulier avec quelques fonds pour les besoins courants. Il restera, de sa personne, à Strasbourg pour y recouvrer ce qui lui est dû et se rendre au quartier général aussitôt qu'il aura terminé ses opérations.

ANDRÉOSSY,

Le général Andréossy à M. Levaillant, chef d'escadron adjoint à l'état-major général.

Strasbourg, le 5 vendémiaire an XIV (27 septembre 1805).

L'aide-major général, chef de l'état-major général, ordonne à M. Levaillant, chef d'escadron à l'état-major général, de partir sur-le-champ, en poste, pour se rendre à Sampigny.

Il s'assurera du nombre de chevaux et de caissons qui y sont arrivés de Boulogne, ainsi que du nombre de chevaux et de caissons qui sont partis pour rejoindre les différents corps de l'armée.

Il apportera le double des routes, afin de faire connaître où se trouve chaque convoi; il prendra également un état de ce qui reste à Sampigny et en pressera le départ pour les destinations qui ont été fixées.

Enfin, M. Levaillant apportera un état détaillé de tout ce qui existe dans cet établissement en indiquant leur destination, l'époque de leur départ et de leur arrivée.

Il préviendra que l'intention de Sa Majesté est que les convois doublent leur marche, s'il est possible, pour rejoindre les corps d'armée qui leur ont été désignés, en suivant les destinations données par le ministre Dejean et par l'intendant général Petiet.

M. Levaillant mettra, à remplir l'objet de sa mission, la plus grande célérité, et en rendra compte directement à M. le major général, ministre de la guerre.

ANDRÉOSSY.

Le général Andréossy à M. l'adjudant-commandant Lomet.

Strasbourg, le 5 vendémiaire an XIV (27 septembre 1805).

Monsieur le Commandant,

Conformément aux ordres du major général, vous voudrez bien aller, vous-même, visiter tous les souliers des magasins de l'armée qui se trouvent à Strasbourg. Il en demandera l'état à M. l'intendant général, ceux venus de Boulogne ont dû être escortés par des gendarmes. Il priera M. Petiet de lui communiquer l'état des quantités qui doivent se trouver en magasin ; il vérifiera ces quantités et m'en rendra compte demain matin.

ANDRÉSSOY.

M. Petiet à l'Empereur.

Strasbourg, le 5 vendémiaire an XIV (27 septembre 1805).

J'ai l'honneur d'envoyer à Votre Majesté la copie de la route qui a été donnée, à Boulogne, aux équipages de l'entreprise Breidt pour se rendre à Sampigny et de là à Strasbourg (1). J'ai envoyé un exprès, ce matin, au-devant de ce convoi pour le diriger, conformément aux ordres de Votre Majesté, sur Spire, d'où les caissons chargés d'ambulance seront partagés entre les 3e, 4e et 6e corps.

Je ferai partir, cette nuit, d'autres ambulances pour ces trois corps, afin de suppléer provisoirement à celles qui ne sont pas encore arrivées, mais qui le seront indubitablement dans deux ou trois jours.

Les ambulances complètes et destinées aux corps du maréchal Lannes et de la réserve, qui ont été organisés à Strasbourg, sont parties et doivent être actuellement rendues à leur destination.

PETIET.

(1) Voir page 69.

Le général Andréossy au général Songis.

Strasbourg, le 5 vendémiaire an xiv (27 septembre 1805).

Je reçois, Monsieur le Général, la lettre par laquelle vous me prévenez que des dragons du 11e et des cuirassiers ont enlevé, de force, des voitures de réquisition affectées au service de l'artillerie et se sont permis des voies de fait contre les employés présents à la distribution du fourrage. Je vais écrire au chef d'état-major du corps de réserve, pour qu'il donne les ordres les plus sévères, afin de faire cesser et de prévenir dorénavant un tel désordre, et je ne perdrai pas, moi-même, un moment pour prendre toutes les mesures nécessaires pour atteindre au but. Mon seul regret est de n'avoir que des moyens très insuffisants, aucune troupe n'étant encore affectée à la police du quartier général.

ANDRÉOSSY.

L'Empereur à M. Otto.

Strasbourg, le 6 vendémiaire an xiv (28 septembre 1805).

Enfin, tout prend ici une couleur. Toute mon armée est arrivée et en marche pour aborder le Neckar. Vos lettres du 3 vendémiaire (*25 septembre*) m'ont fait plaisir ; vous vous êtes comporté, dans cette circonstance délicate, comme je devais m'y attendre. Je saisirai la première occasion pour vous le témoigner publiquement.

S'il est vrai que les Russes avancent, peut-être serait-il convenable que l'Électeur se rendit à Kalckreuth ; c'est surtout par des manœuvres et des marches que je veux en venir facilement à bout.

Le maréchal Bernadotte est en marche, avec le général Marmont et les Bavarois, pour se porter sur le Danube. Toute mon armée se lie à ce mouvement. Je serai moi-même, dans peu de jours, en position de la diriger. Je me flatte qu'après la première bataille, je pourrai remettre l'Électeur à Munich. Je désire savoir si son intention est de s'y rendre de suite.

Envoyez-moi, par un courrier extraordinaire, toutes les nouvelles un peu sûres que vous pourrez avoir de Vienne et de Prague. Bade a conclu, il y a longtemps, un traité d'alliance avec moi. Tout doit être signé avec Wurtemberg et Hesse-Darmstadt.

Envoyez quelques courriers extraordinaires à Berlin, lorsque les circonstances le rendront nécessaire, pour donner des nouvelles de l'armée.

NAPOLÉON (1).

Note du Bureau du Major général.

Le 6 vendémiaire an XIV (28 septembre 1805).

Le quartier général, le parc général, la division de dragons à pied partiront le 7 (*29 septembre*) pour se rendre à Bruchsal.

La division de la Garde impériale partira également le 7, pour se rendre au même endroit. Cette division fera une marche un peu plus longue que le parc.

Une division de dragons protégera la marche du parc et du quartier général, en suivant une route parallèle entre les montagnes et la route que le parc tiendra sur la rive droite du Rhin.

Le 8 (*30 septembre*), le corps d'armée du maréchal Bernadotte partira de Würtzbourg pour se rendre à Eichstädt.

Le général Marmont partira également de Würtzbourg, le 8 (*30 septembre*), pour se rendre à Treuchtlingen.

Le corps du maréchal Davout partira également de Mannheim pour se rendre à Monheim.

Le corps du maréchal Soult partira, le même jour, de Spire pour se rendre à Nördlingen.

Le corps du maréchal Lannes partira de Rastatt pour se rendre à Neresheim.

Le corps du maréchal Ney partira de Durlach pour se rendre à Heidenheim.

Le quartier général partirait de Bruchsal pour se rendre à Ellwangen.

Il faut dresser un tableau de marche en faisant faire à chaque corps 6 à 7 lieues.

---

(1) *Correspondance de Napoléon*, n° 9277.

Le maréchal Berthier au général Songis.

Strasbourg, le 6 vendémiaire an XIV (28 septembre 1885).

L'intention de l'Empereur est, Général, que le grand parc d'artillerie passe le Rhin au pont de Kehl, demain 7 (*29 septembre*), à 5 heures du matin; il ira coucher, le 8 (*30 septembre*), à une demi-lieue en avant de Rastatt, et, le 10 (*1er octobre*), en avant de Bruchsal, sur la grande route d'Heilbronn et, s'il ne reçoit pas de nouveaux ordres, il continuera sa route sur cette dernière ville, où il devra arriver au plus tard le 13 (*5 octobre*). Il recevra là de nouveaux ordres.

Il emportera de Strasbourg du pain pour quatre jours; M. l'intendant général lui fera remettre pour quatre autres jours de pain qu'il tirera de Spire, et, des mesures particulières seront prises pour qu'à son arrivée à Heilbronn, on puisse lui fournir du pain pour quatre autres jours.

Indépendamment des quatre jours de biscuit que le grand parc doit emporter de Strasbourg, on lui donnera, s'il est possible, deux autres jours de biscuit tiré des magasins de Spire, et vous aurez soin, Général, de réitérer vos ordres pour que ces six jours de biscuit soient conduits et tenus en réserve, pour qu'on n'en fasse usage que dans le cas où on aurait été dans l'impossibilité absolue de se procurer du pain.

Veuillez, Général, veiller vous-même à ce mouvement, le faire diriger par des officiers de votre état-major et m'en rendre compte dans la journée.

Je vous préviens que la division de dragons à pied marche à quelques heures en avant du parc, qu'elle a ordre de le protéger et que, s'il avait besoin de l'être, le directeur devrait s'adresser, pour avoir du secours, au général Baraguey-d'Hilliers qui commande cette division; dans tous les cas, j'ordonne à ce général de fournir un bataillon, commandé par un officier ferme, pour être sous les ordres du directeur du parc et en faire la garde durant ce mouvement.

Maréchal Berthier.

CHAPITRE V.

Le maréchal Berthier à l'Intendant général de la Grande Armée.

Strasbourg, le 6 vendémiaire an XIV (28 septembre 1805).

Monsieur,

Je vous préviens que le grand parc d'artillerie passera le Rhin, demain, au pont de Kehl à 5 heures du matin ; il ira coucher le 8 (*30 septembre*) à une demi-lieue en avant de Rastatt, et le 10 (*2 octobre*) en avant de Bruchsal, sur la grande route d'Heilbronn, où, s'il ne reçoit pas de nouveaux ordres il doit arriver, au plus tard, le 13 (*5 octobre*).

L'intention de l'Empereur est qu'il emporte de Strasbourg pour quatre jours de pain et que vous lui en fassiez remettre pour quatre autres jours que vous tirerez de Spire.

Vous prendrez également des mesures particulières pour qu'il puisse lui en être fourni pour quatre autres jours à son arrivée à Heilbronn.

Indépendamment des quatre jours de biscuit, l'intention de l'Empereur est que vous lui en fassiez donner, s'il est possible, encore pour deux autres jours que vous tirerez des magasins de Spire.

M. le maréchal Lannes doit partir, demain, avec son corps d'armée pour se rendre à Ludwigsburg où il sera arrivé au plus tard dans la journée du 9 (*1er octobre*) ; il a ordre de remplacer ses vivres de manière à avoir toujours son biscuit et du pain pour quatre jours. La division Gazan, qui arrive demain, partira pour le rejoindre à grandes journées.

M. le prince Murat doit faire marcher trois divisions de dragons sur Rastatt et de là sur Stuttgard ; la 4e occupera, en attendant, les débouchés d'Oberkirch et d'Offenburg.

Son Altesse portera son quartier général à Rastatt et y restera jusqu'à ce que le grand parc ait dépassé cette position.

Elle doit donner ordre à la division de dragons à pied de partir demain pour se rendre à Heilbronn, où elle arrivera en cinq jours, marchant à plusieurs heures en avant du parc, pour la garde duquel elle laissera un bataillon.

La division de grosse cavalerie du général d'Hautpoul doit également partir demain pour se rendre à Ludwigsburg ; elle couchera, le 7 (*29 septembre*), à Rastatt, le 8 (*30 septembre*), à

Pforzheim et le 9 (*1er octobre*), à Vaihingen, où elle se cantonnera le long de l'Enz.

Je vous ferai connaître demain les mouvements des autres corps d'armée qui vont avoir successivement lieu.

Veuillez prendre, sur-le-champ, les mesures les plus promptes pour que les services qui dépendent de vous soient exactement faits relativement aux corps qui feront leurs mouvements demain.

Je vous salue.....

BERTHIER.

Le général Andréossy à Son Altesse Sérénissime le Prince Murat.

Strasbourg, le 6 vendémiaire an XIV (28 septembre 1805).

J'ai l'honneur de prévenir Votre Altesse que l'intention de Sa Majesté est que le grand parc d'artillerie qui part demain matin, à 5 heures, de Strasbourg pour se rendre à Heilbronn, soit escorté par un régiment de dragons à cheval. En conséquence, je prie Votre Altesse de vouloir bien désigner un régiment et de donner les ordres pour remplir les intentions de Sa Majesté.

Agréez, Monseigneur, l'assurance de mon profond respect (1).

ANDRÉOSSY.

---

(1) D'après les notes sur la marche du grand parc d'artillerie, fournies le 1er juin 1806, le « grand parc d'artillerie, composé de 700 canons, caissons et chariots de munitions, a passé le Rhin à Kehl le 7 vendémiaire an XIV, escorté par environ 1200 hommes d'artillerie. Il est allé coucher le même jour à Freistett, le 8 à Ettlingen, le 9 à Wolfartsweyer, le 10 à Golshausen, le 11 à Bretten, le 12 à Eppingen, le 13 à Heilbronn. »

C'est donc par erreur que le baron Hulot écrit dans ses souvenirs que le départ eut lieu le 1er octobre (9 vendémiaire) ; mais les détails qu'il donne sur le mouvement doivent être exacts et ne sont pas sans intérêt :

« M. de Sénarmont et moi, reçûmes l'ordre d'assister à la sortie du polygone et au défilé sur le pont de Kehl. La première voiture s'ébranla à 6 heures du matin et les autres suivirent sans interruption ; quand la dernière sortit de l'enceinte, il était plus de 11 heures. Mon colonel rendit compte au général en chef d'artillerie et l'Empereur se mit aussitôt en route pour passer le Rhin ; nous le suivions à cheval. Il était assez tard quand nous arrivâmes à Rastatt », p. 97.

Le maréchal Berthier au général Marmont.

Strasbourg, le 6 vendémiaire an XIV (28 septembre 1805).

Général,

Je vous envoie la copie de la lettre que j'écris à M. le maréchal Bernadotte.

Votre corps d'armée reste, dans toute son intégrité, sous vos ordres, composé comme il l'est aujourd'hui ; mais, comme vous êtes réuni à M. le maréchal Bernadotte, vous vous trouvez sous ses ordres, et il vous indiquera la route que vous aurez à tenir pour former une seconde colonne à 2, 3 ou 4 lieues, au plus, sur sa droite.

Vous aurez soin de vous mettre en communication fréquente avec le corps de M. le maréchal Davout, qui marche aussi à votre droite.

Indépendamment des comptes que vous rendrez à M. le maréchal Bernadotte, vous devrez m'écrire journellement.

Maréchal BERTHIER.

Le maréchal Berthier à M. le maréchal Bernadotte.

Strasbourg, le 6 vendémiaire an XIV (28 septembre 1805).

Monsieur le Maréchal,

Je dois commencer par vous faire connaître la position de la Grande Armée, afin que vous puissiez suivre l'ensemble des projets de l'Empereur et remplir tout ce qu'il attend de vous dans cette circonstance.

Le 7e corps d'armée, aux ordres de M. le maréchal Augereau, qui formait le camp de Brest, est en arrière de quinze jours de marche, mais il arrivera à temps pour servir de réserve.

Le 10 (*2 octobre*) de ce mois, le corps de M. le maréchal Davout se met en mouvement pour marcher sur Neuburg, en passant par Heidelberg, Waldwimmersbach, Neckarelz, Möckmühl, Ingelfingen, Crailsheim, Dinkelsbühl, Fremdingen, Œttingen,

Monheim, où il sera le 16 (*8 octobre*) : ce corps a déjà passé à Mannheim le 4 (*26 septembre*).

Celui de M. le maréchal Lannes a passé ce fleuve, le 3 (*25 septembre*), à Kehl, ainsi que la réserve de cavalerie aux ordres du prince Murat.

Le corps de M. le maréchal Ney a passé, le 4 (*26 septembre*), vis-à-vis de Durlach.

Celui de M. le maréchal Soult l'a passé à Spire à la même époque.

Ce dernier corps marche sur Donauwörth, passe par Heilbronn, OEhringen, Hall, Rosenberg, Zöbingen, Nördlingen et Hoppingen, où il arrivera également le 16 (*8 octobre*).

Le corps de M. le maréchal Ney passera par Stuttgard, Esslingen, Göppingen, Weissenstein, Heidenheim, où il arrivera le 15 (*7 octobre*).

Le corps d'armée de M. le maréchal Lannes passe par Ludwigsburg, Gross-Beutelsbach, Plüderhausen, Gmünd, Aalen, Neresheim, où il sera aussi le 16 (*8 octobre*).

Le grand quartier général suivra la direction de Heilbronn, où il sera rendu le 11 (*3 octobre*).

Tous les jours j'aurai soin de vous instruire de ce que les événements changeraient à cette direction.

Quant à vous, Monsieur le Maréchal, l'intention de l'Empereur est que vous vous dirigiez sur Eichstädt avec votre corps d'armée suivant la route d'Anspach.

Le général Marmont suivra une route parallèle à la vôtre, éloignée, au plus, de 3 à 4 lieues sur votre droite, ce qui lui permettra de se mettre en communication avec le maréchal Davout, et, par là, les six corps d'armée se trouveront liés entre eux.

L'Empereur vous laisse le maître de tenir le corps d'armée bavarois sur votre gauche, et alors vous marcherez sur trois colonnes, ou bien de tenir ce corps en avant-garde à une journée de marche devant votre corps d'armée et celui du général Marmont.

L'intention de l'Empereur, Monsieur le Maréchal, est que vous soyez arrivé le 16 (*8 octobre*) à Eichstädt et le général Marmont le 15 (*7 octobre*) à Treuchtlingen, à égale distance d'Eichstädt à Monheim.

Vous tiendrez le corps d'armée bavarois sur la route d'Ingolstadt et de Neuburg.

Cette seule marche indique assez quelle est l'intention de l'Empereur : Sa Majesté voudrait passer le Danube entre Donauwörth et Ingolstadt avant l'ennemi, ou, s'il évacuait la Souabe et la Bavière, l'attaquer sur ses flancs pendant sa marche, et reconquérir le plus promptement possible la Bavière.

L'ennemi a aujourd'hui la droite appuyée à Ulm et la gauche au lac de Constance. Sa première ligne occupe tous les débouchés de la Forêt-Noire.

A quelque parti que l'ennemi se décide lorsque le mouvement lui sera démasqué, on sera en mesure de le bien recevoir, et on se trouvera à même, avec les six corps d'armée auxquels sont réunis les Bavarois et les Wurtembergeois, de lui présenter une force de près de 200,000 hommes.

Quant aux Russes, tous les renseignements parvenus à l'Empereur lui font croire qu'ils sont encore loin de vous; que leur première colonne n'est que de 30,000 hommes, dont 24,000 combattants; que l'armement de la Prusse les inquiète beaucoup, et qu'ils sont excessivement fatigués. D'ailleurs, seraient-ils à huit marches de vous, il n'y aurait rien à craindre, nous serons toujours en mesure de revenir sur eux quand il en sera temps.

Il est nécessaire que l'Électeur de Bavière mette un bon commandant à Forchheim, sur la Regnitz, avec une garnison suffisante et deux ou trois mois de vivres. Faites-lui connaître également qu'il doit approvisionner Würtzbourg; car, quelque armée qui se présente devant cette place, l'Empereur sera en mesure de débloquer ceux qui y seraient enfermés, avant qu'ils aient eu le temps de consommer leurs vivres.

Tout ce que vous aurez laissé à Hanovre viendra vous rejoindre, car il est à croire que la Prusse va occuper ce pays; mais il n'y a encore rien de décidé et tout ceci doit être gardé dans le plus profond secret.

P. S. — Le corps du général Marmont reste dans toute son intégrité sous son commandement; mais, comme ses mouvements doivent se faire d'accord avec les vôtres, j'annonce à ce général qu'il prendra vos ordres; veuillez, en conséquence, Monsieur le Maréchal, lui donner ceux que vous trouverez convenables pour son départ et pour la route qu'il aura à tenir.

Maréchal Berthier.

Le maréchal Berthier à l'Électeur de Bavière.

Strasbourg, le 6 vendémiaire an XIV (28 septembre 1805).

J'ai reçu, Monseigneur, la lettre que Votre Altesse Sérénissime m'a fait l'honneur de m'écrire (1). L'Empereur et Roi se flatte qu'avant le 10 d'octobre, Votre Altesse Électorale rentrera dans sa capitale. Je viens d'envoyer des ordres à M. le maréchal Bernadotte et j'en fais également remettre à M. le général Deroy, commandant le corps d'armée de Votre Altesse, qui sont destinés à former la gauche de la Grande Armée.

L'Empereur partira après-demain de Strasbourg et il sera à son armée. Sa Majesté désirerait que Votre Altesse Électorale voulût bien nommer un commandant dans le fort de Forchheim, homme sûr et brave; faire mettre dans ce fort une garnison de 300 à 400 hommes, avec 3 à 4 mois de vivres, et, quelle que soit l'armée qui puisse investir cette place, l'Empereur viendra la débloquer avant que ses vivres ne soient mangés.

L'Empereur désire que Votre Altesse fasse les mêmes dispositions pour la place et la citadelle de Würtzbourg.

Sa Majesté désirerait que Votre Altesse Électorale voulût se retirer à Carlsruhe afin qu'elle se trouvât éloignée du théâtre de la guerre, dont le spectacle doit être pénible pour son auguste famille. L'Empereur et Roi ayant pour principe de tenir toute son armée mobile et de l'avoir toujours dans sa main, pour la porter alternativement partout où les fautes de l'ennemi l'appelleraient (2).

Maréchal BERTHIER.

Ordre du jour.

Le 6 vendémiaire an XIV (28 septembre 1805).

Avant le 10 vendémiaire, le payeur général de l'armée aura versé dans la caisse des quartiers-maîtres la solde jusqu'au 15

---

(1) Réponse à la lettre du 24 septembre 1805 (2 *vendémiaire*).
(2) On ne sait si cette lettre a été expédiée. Elle ne figure pas sur le Registre de correspondance de Berthier, et l'on n'en possède qu'une minute.

du même mois, tant pour les officiers que pour les soldats, de manière que le 10, au plus tard, les quartiers-maîtres aient en caisse un demi-mois pour les officiers et la solde jusqu'au 20, pour les soldats.

Quoique cet argent soit dans la caisse des quartiers-maîtres, ils ne feront le prêt que tous les cinq jours et ne payeront le demi-mois aux officiers que le 16.

MM. les maréchaux d'Empire et les généraux, commandant en chef les différents corps d'armée, ordonneront que chaque général de division s'assure du nombre de paires de souliers que chaque soldat a dans son sac; ils feront connaître au major général, corps par corps, l'endroit où chacun aura fait confectionner la paire de souliers donnée en gratification et celle qui doit être payée sur la masse de linge et chaussure; ils indiqueront le nombre de paires de souliers confectionnées jusqu'à ce jour et où elles sont; enfin quand elles arriveront aux bataillons de guerre.

Supplément à l'ordre du jour du 6 vendémiaire. Discours de S. M. l'Empereur et Roi au Sénat, le 1er vendémiaire an XIV.

Discours de l'Empereur au Sénat.

Paris, le 1er vendémiaire an xiv (23 septembre 1805).

Sénateurs, dans les circonstances présentes de l'Europe, j'éprouve le besoin de me trouver au milieu de vous et de vous faire connaître mes sentiments.

Je vais quitter ma capitale pour me mettre à la tête de l'armée, porter un prompt secours à mes alliés, et défendre les intérêts les plus chers de mes peuples.

Les vœux des éternels ennemis du continent sont accomplis; la guerre a commencé au milieu de l'Allemagne; l'Autriche et la Russie se sont réunies à l'Angleterre, et notre génération est entraînée de nouveau dans toutes les calamités de la guerre. Il y a peu de jours que j'espérais encore que la paix ne serait point troublée; les menaces et les outrages m'avaient trouvé impassible, mais l'armée autrichienne a passé l'Inn; Munich est envahie; l'Électeur de Bavière est chassé de sa capitale; toutes mes espérances se sont évanouies.

C'est dans cet instant que s'est dévoilée la méchanceté des ennemis du continent. Ils craignaient encore la manifestation de mon profond amour pour la paix; ils craignaient que l'Autriche, à l'aspect du gouffre qu'ils avaient creusé sous ses pas, ne revînt à des sentiments de justice et de modération; ils l'ont précipitée dans la guerre. Je gémis du sang qu'il va en coûter à l'Europe; mais le nom français en obtiendra un nouveau lustre.

Sénateurs, quand, à votre vœu, à la voix du peuple français tout entier, j'ai placé sur ma tête la couronne impériale, j'ai reçu de vous, de tous les citoyens, l'engagement de la maintenir pure et sans tache.

Mon peuple m'a donné, dans toutes les circonstances, des preuves de sa confiance et de son amour; il volera sous les drapeaux de son Empereur et de son armée qui, dans peu de jours, auront dépassé les frontières.

Magistrats, soldats, citoyens, tous veulent maintenir la patrie hors de l'influence de l'Angleterre, qui, si elle prévalait ne nous accorderait qu'une paix environnée d'ignominie et de honte, et dont les principales conditions seraient l'incendie de nos flottes, le comblement de nos ports et l'anéantissement de notre industrie.

Toutes les promesses que j'ai faites au peuple français, je les ai tenues; le peuple français, à son tour, n'a pris aucun engagement avec moi qu'il n'ait surpassé. Dans cette circonstance, si importante pour sa gloire et la mienne, il continuera à mériter ce nom de Grand Peuple, dont je le saluai au milieu des champs de bataille.

Français, votre Empereur fera son devoir, mes soldats feront le leur, vous ferez le vôtre.

(*On adresse, avec l'ordre du jour, des exemplaires du « Moniteur » du 3 vendémiaire, destinés à être répartis entre les divisions des divers corps d'armée*).

Ordre.

Messieurs les maréchaux et généraux commandant en chef les divers corps d'armée, adresseront directement au major général les rapports sur les mouvements de l'ennemi, sur tout ce qui tient aux opérations militaires et aux grands objets d'administration. Pour plus de célérité, tous les autres objets de détail de service pourront être adressés directement au général Andréossy, chef de l'état-major général de la Grande Armée.

Tous les corps de l'armée feront mettre sur-le-champ à la disposition des chirurgiens principaux tous les chirurgiens, excepté les chirurgiens-majors, qui doivent rester près des régiments. Messieurs les maréchaux et généraux en chef commandant les corps d'armée, sont invités à donner leurs ordres pour l'exécution de cette mesure.

ANDRÉOSSY.

Le général Andréossy au prince Murat, aux maréchaux Ney, Davout, Soult, Lannes, aux généraux Songis, Dumas, et à MM. Villemanzy et Petiet.

J'ai l'honneur de vous prévenir que, d'après les nouvelles dispositions de Sa Majesté, son quartier général reste établi à Strasbourg jusqu'à nouvel ordre.

ANDRÉOSSY.

Liste des gazettes auxquelles M. Tridant est prié d'abonner M. Bacher, et qu'il voudra bien adresser à Son Excellence Monseigneur le maréchal Berthier, ministre de la guerre de France.

Allgemeine Zeitung. — *Schwaebischer-Mercur.* — *Augsburger ordinaire Zeitung.* — *Bayreuther Zeitung.* — *Fraenkische Kreis Correspondent.* — *Bamberger Zeitung.* — *Journal de Francfurth.*

L'abonnement des susdites gazettes commencera à courir au 1er octobre 1805.

Ratisbonne, le 6 vendémiaire an XIV.

BACHER.

Le maréchal Berthier au général Andréossy.

Strasbourg, le 6 vendémiaire an xiv (28 septembre 1805).

Je vous préviens, Général, que, d'après de nouvelles dispositions, le 22ᵉ régiment de chasseurs, qui doit arriver le 14 vendémiaire (*6 octobre*), à Strasbourg, ainsi que vous le verrez par l'extrait de route ci-joint, sera attaché au quartier général de la Grande Armée, au lieu de faire partie de la division de cavalerie légère du 6ᵉ corps d'armée. Vous voudrez bien, en conséquence, donner les ordres nécessaires pour l'exécution de cette disposition ; il suivra le mouvement du quartier général.

Maréchal BERTHIER.

———

L'Empereur au maréchal Berthier.

Strasbourg, le 6 vendémiaire an xiv (28 septembre 1805), au soir.

Mon Cousin, faites partir 150 hommes du 88ᵉ sous les ordres d'un capitaine, 1 lieutenant, 1 sous-lieutenant. Ils prendront quatre jours de vivres, 50 cartouches, 2 paires de souliers dans le havresac, et se rendront à marches forcées sur Heilbronn, en passant par Rastatt et Bretten. Ils joindront leur régiment à Heilbronn.

Donnez le même ordre à 150 hommes du 16ᵉ d'infanterie légère, sous le commandement d'un capitaine, d'un lieutenant et d'un sous-lieutenant, et le même ordre à 100 hommes du 4ᵉ de ligne, sous le commandement d'un capitaine et d'un lieutenant, qui sont à Landau, de joindre à Heilbronn les bataillons de guerre ; enfin, donnez l'ordre à tous les 3ᵐᵉˢ bataillons qui, depuis la formation de la Grande Armée, n'ont pas eu ordre d'envoyer des détachements aux bataillons de guerre, de faire partir 100 hommes et plus pour lesdits bataillons, en recommandant aux majors de chercher à compléter les deux bataillons de guerre au grand complet, qui est de 2,020 hommes. La route de l'armée est désormais Spire, Heilbronn, etc. Vous ferez donc diriger tout sur Spire, hormis les détachements des 88ᵉ, 16ᵉ d'infanterie légère et du 18ᵉ de ligne qui devront partir demain.

Sur ce, je prie Dieu qu'il vous ait en sa sainte et digne garde.

NAPOLÉON.

Bulletins.

Gotha, le 6 vendémiaire an xiv (28 septembre 1805).

Pour vérifier divers points du n° 2 et rassembler en même temps des nouveaux matériaux, j'ai dirigé ma marche sur cette ville où j'espère remplir mon but par mes anciens rapports avec la Maison régnante, surtout avec la duchesse douairière mère, connue en Allemagne et dans son dernier voyage dans le Midi de la France sous le nom de Princesse Républicaine, pour la manière courageuse dont elle a toujours soutenu le parti des Français, et ses liaisons avec divers savants célèbres de cette nation, tels que Laplace, Lalande, Delambre, etc., rapports qui n'étaient consacrés qu'aux sciences mathématiques, dont cette princesse s'occupe d'une manière très distinguée, mais qui, néanmoins, ayant été représentés comme des correspondances suspectes, lui ont occasionné beaucoup de désagréments. Je n'ai pas trouvé à cette cour le baron de Zach, astronome célèbre, qui y est attaché et partage les mêmes sentiments, quoique frère du général de ce nom au service d'Autriche. Mais j'ai été dédommagé de cette absence par M. Weishaupt, dont Mirabeau parle beaucoup, et qui est connu en Allemagne pour chef de la secte des Illuminés, réunissant à ce titre des relations très étendues. J'ai cru convenable de me rapprocher de ce personnage et même d'établir avec lui une correspondance suivie, qui pourra devenir très intéressante dans les circonstances actuelles. Je lui ai laissé, à cet effet, les instructions et moyens nécessaires.

J'ai appris, à Gotha, que l'agent anglais Taylor s'était réfugié dans cette ville et y demeurait à l'auberge du Maure n° 4, hors des murs, pour s'échapper plus facilement en cas de danger.

La duchesse douairière ayant fait au duc régnant, son fils, de très sérieuses représentations à ce sujet, j'ai cru devoir les réitérer à ce jeune prince, qui a avoué franchement combien la présence d'un pareil personnage l'embarrassait, et de quelle manière il l'avait déjà invité plusieurs fois à quitter ses États ; M. Taylor répond toujours qu'il attend des instructions de sa Cour relatives à sa conduite ultérieure ; le fait est que cette petite Cour travaille singulièrement cette vedette anglaise depuis le mouvement des armées françaises ; il n'y a qu'un certain Frankenberg, ministre d'État, qui le protège en dépit de tout le monde ; mais je ne doute pas que, d'après la sensation qu'ont paru faire sur toute la famille, des fortes observations motivées par l'amitié que je lui porte et dictées par le dévouement que j'ai consacré depuis longtemps au gouvernement français, cet agent ne prenne le parti de quitter promptement ces contrées.

J'ai appris aux mêmes sources qu'il y a un défaut complet d'harmonie et d'entente parmi les généraux autrichiens, et que cet inconvénient est tellement caractérisé que le général Zach, employé en Italie, en déplore d'avance les tristes résultats. On prévoit d'avance encore de plus grands désagréments lors de la réunion et combinaison avec les généraux russes.

Il existe si peu de confiance, dans la famille même impériale d'Autriche, sur les dispositions actuelles de guerre que, lorsque l'archiduchesse, demeurant à Insprück, apprit la nomination du général Bellegarde au commandement, elle s'écria : « Faites les paquets, faites les paquets, nous serons encore battus... »

On mande de Copenhague que sept pilotes ont été engagés, ainsi que trois autres, à Helsingen, sur le pied de 450 écus d'Empire, pour la direction de la flotte russe vers Douvres.

Toutes les nouvelles de Suède retentissent des préparatifs de guerre ; on dit que 4,000 hommes ont été embarqués à Karlserona pour la Poméranie, qu'ils vont être suivis de 4,000 autres, qu'on équipe à force une flottille de 8 vaisseaux de ligne.

On croit que le dernier courrier, arrivé de Pétersbourg à Stockholm, a apporté la nouvelle d'une convention conclue entre la Russie, l'Angleterre et la Suède.

Dévoué pour la vie,

H...

Berlin, le 6 vendémiaire an xiv (28 septembre 1805).

On sait actuellement d'où vient l'erreur qui a fait croire généralement que les troupes russes devaient entrer en Gallicie le 22 août, et qui ensuite, faisant conclure que la chose était faite, a donné lieu à tant de bruits anticipés. Les dépêches de Pétersbourg à M. d'Alopéus portaient le 22 ; les avis du Lord Gower à M. Jackson faisaient mention de la même date, et enfin, lorsque le prince M. Czartorisky a fait des communications au corps diplomatique, il a également désigné le 22 comme le jour indiqué par les ordres de l'Empereur. Mais personne n'a pensé que les Russes entendaient parler de leur calendrier. En effet, c'est le 3 septembre seulement du calendrier grégorien, répondant au 22 août du calendrier grec, que celle des deux armées russes qui s'est dirigée sur Lemberg a dépassé la frontière autrichienne.

Cette erreur, au reste, eût été de peu de conséquence si elle n'avait été faite à Vienne elle-même. Des avis sûrs apprennent aujourd'hui que les ordres expédiés pour faire trouver sur la route de cette armée russe des hommes, des chariots, des chevaux, des bœufs, ont été calculés sur la date du 22 août, calendrier grégorien. Comme cette époque est celle des plus grands travaux de la campagne, il en est résulté une pénible et ruineuse corvée pour les sujets autrichiens de la Gallicie. On sait que c'est en partie pour écarter celles de leurs réclamations qui portaient sur ce dérangement qu'a été donné en général l'ordre aux baillis de n'en recevoir aucune contre les Russes. Indépendamment, au reste, de ce faux inconvénient qui a dérangé les combinaisons faites, il paraît certain, par la comparaison de tous les avis, que la difficulté des vivres empêche, autant que les habitudes d'une armée russe, la prétendue rapidité de leur marche.

On n'a encore aucune nouvelle que l'armée qui a filé par Lemberg et la Gallicie orientale soit entrée en Moravie. On doute qu'elle puisse faire plus de quatre lieues par jour.

Quant à l'armée qui, par la Gallicie occidentale, espérait traverser la Prusse méridionale et la Silésie pour être plus rapidement en Bohême, des avis du 19 septembre disent qu'elle était encore à Pulawy à y construire des ponts de bateaux pour traverser la Vistule et que plusieurs accidents retardaient leurs travaux. La difficulté des subsistances était telle qu'on a fait demander à en tirer des provinces prussiennes, ce qui a été refusé.

C'est cette dernière circonstance qui faisait croire avant-hier, à Berlin, que les Russes avaient renouvelé leur demande de passage par les États du Roi, en alléguant la première de toutes les lois, celle de la nécessité.

Il n'y a plus de doute, au reste, que l'exaltation et la précipitation avec lesquelles les deux premières armées russes ont été mises en avant, n'aient empêché de prendre de justes mesures pour que leur marche ne soit pas retardée par le défaut de subsistances ; ou plutôt, il est constaté qu'on s'est abusé tout à fait, à Pétersbourg et à Vienne, sur le caractère du roi de Prusse, que l'on croyait assez faible pour laisser passer chez lui les troupes russes lorsqu'il serait pris au dépourvu.

Le ministre d'Angleterre à Berlin, Jackson, passe pour avoir le plus contribué, par ses correspondances à Pétersbourg, à faire présumer que la Prusse laisserait les passages ouverts si l'on procédait brusquement, sans négocier son consentement, et qu'une fois entré chez elle, il faudrait bien qu'elle marchât avec la coalition, telle aversion que le Roi eût pour la guerre.

On sait de toute certitude que le cabinet de Berlin était tellement aveuglé par le langage pacifique de l'empereur Alexandre, qu'il s'est refusé constamment à ajouter foi aux rapports du général Köhler, commandant à Varsovie, sur le rapprochement successif des lignes des troupes russes qui ont gagné les frontières des deux Gallicies. Le vieux général était si déconcerté de l'accueil fait à ses rapports, qu'il avait fini par douter si ce n'était pas à dessein qu'on fermait les yeux.

Des officiers russes ont passé dans le Mecklembourg et y ont fait des voyages pour reconnaître les routes et les passages sur l'Elbe. On est instruit qu'ils y sont encore, continuant leurs observations.

Les États de Magdebourg viennent de donner au Roi une preuve flatteuse de leur dévouement ; ils lui ont fait dire qu'ils étaient bien persuadés qu'il avait voulu la paix et usé de tous ses moyens pour en conserver le bienfait à ses provinces ; mais que si, malgré ses efforts, la guerre devait avoir lieu, il n'y avait aucune espèce de sacrifices auxquels la province de Magdebourg ne fût prête pour seconder ses vues. Les États ont annoncé en même temps qu'ils avaient déjà donné les ordres nécessaires pour que les grains et autres approvisionnements fussent fournis à des prix modérés aux troupes de Sa Majesté.

On est en ce moment inquiet, à Berlin, d'un grand convoi de chevaux de remonte pour la cavalerie, venant de Moldavie par les Gallicies, et se rendant dans la Silésie, où il devrait déjà être arrivé. On craint que les Russes ne l'aient pris pour leur propre usage.

Le prince de Hohenlohe, qui était nommé au commandement de l'armée de Silésie, sous les ordres supérieurs du duc de Brunswick, est très sérieusement malade et on croit qu'il devra être remplacé.

Le général Rüchel et le général Kalkreuth sont partis avant-hier, l'un pour la Prusse occidentale, l'autre pour son armée dans la Poméranie.

Les corps de divisions militaires, autrement dits inspections, de la Poméranie, des Marches et de Magdebourg, se mettront en mouvement le 2 octobre pour former les deux camps d'Anklam et de Demmin.

Les différentes lettres que l'on reçoit des provinces annoncent que tous les corps seront prêts, suivant les ordres du Roi, le 1er octobre.

Du 7 vendémiaire.

Il y a aujourd'hui contradiction dans les avis sur l'armée russe qui est sur la Vistule aux maisons de Pulawy. Les uns disent qu'elle s'occupe toujours du passage de ce fleuve ; les autres, qu'elle a définitivement rétrogradé et marche pour gagner la route de la première.

Il n'y a pas moins de contradictions sur le point où celle-ci doit être à présent rendue. D'un côté, on la soutient entrée en Moravie ; d'un autre côté on le nie.

On mande de Pétersbourg que le général Tolstoï est parti plus tôt que son armée. Il se rend en Suède, où il est chargé d'aplanir les difficultés survenues par le retard que l'Angleterre a mis dans le payement de ses subsides à Sa Majesté suédoise. Il doit aller de là directement en Poméranie, où il compte que son armée aura débarqué. Quoi qu'il en soit, il est évident que cette expédition a déjà éprouvé beaucoup de délais. En général, on a calculé tout trop largement à Pétersbourg. On ne comptait plus que l'avant-garde russe puisse être avant la fin d'octobre en Bavière.

*Le général Andréossy à M. le conseiller d'État Pétiet,
intendant général de l'armée.*

Strasbourg, le 7 vendémiaire an XIV (29 septembre 1805).

J'ai l'honneur de vous prévenir que, d'après l'intention de M. le major général, le 22ᵉ régiment de chasseurs à cheval, qui devait arriver le 14 (*6 octobre*) de ce mois à Strasbourg, changera de direction à Saverne et viendra, le 14 (*6 octobre*), à Hochfelden; le 15 (*7 octobre*), à Haguenau; le 16 (*8 octobre*), à Wissembourg; le 17 (*9 octobre*), à Lauterbourg; le 18 (*10 octobre*), séjour; le 19 (*11 octobre*), ce régiment passera le Rhin pour se rendre à Durlach; le 20 (*12 octobre*), Stuttgard (1); et le 21 (*13 octobre*), à Heilbronn, où il restera pour faire le service au grand quartier général.

Je vous prie, en conséquence, de vouloir bien donner vos ordres pour assurer les subsistances et les fourrages de ce régiment jusqu'à sa destination.

ANDRÉOSSY (2).

L'Empereur à l'Électeur de Wurtemberg.

Strasbourg, le 7 vendémiaire an XIV (29 septembre 1805).

Mon Frère, vous m'avez promis qu'un corps de vos troupes serait prêt, à mon passage, à joindre mes drapeaux. Je vous envoie le général Mouton, mon aide de camp, pour connaître la force de ce corps en infanterie, cavalerie et artillerie. Votre

---

(1) Il y a évidemment une erreur de copie ou de dictée.

(2) Deux ordres du 28 septembre prescrivent aux 3ᵉ, 4ᵉ et 6ᵉ corps, d'envoyer chacun 15 gendarmes au grand quartier général, et au chef d'escadron de gendarmerie Charlot, de désigner un officier pour commander provisoirement ces 45 gendarmes. Cet officier (lieutenant Caraut) se présentera chaque jour au bureau du major général.

Un ordre du 29 met 30 dragons à la disposition de l'Intendant général pour escorter un convoi d'avoine, de chaussures, etc., destiné au grand quartier général; l'Intendant général est averti, d'autre part, qu'on ne peut lui donner 30 gendarmes qu'il a demandés pour maintenir l'ordre dans le parc de réquisition.

Altesse sentira parfaitement qu'il est de l'intérêt de tous les princes de la Souabe de repousser rapidement la guerre au delà de la Bavière, pour réprimer les agressions de l'Autriche et l'accoutumer à plus de respect pour les Souverains et les Électeurs du Corps germanique. J'espère me trouver dans peu de jours sur le territoire de Votre Altesse, et je serai fort aise de cette circonstance qui me mettra probablement à même de la voir.

NAPOLÉON (1).

M. Helflinger à l'Empereur.

Darmstadt, le 7 vendémiaire an XIV (29 septembre 1805), à minuit.

Sire,

J'ai reçu la lettre dont Votre Majesté impériale et royale a daigné m'honorer le 6 de ce mois (*28 septembre*).

J'ai rendu compte au ministre des Relations extérieures de tous les motifs que le Landgrave de Darmstadt m'a allégués en réponse à la demande que j'ai été chargé de lui faire de 4,000 hommes d'infanterie, et, convaincu qu'il ne se déciderait pas sans avoir reçu une réponse positive du roi de Prusse, à qui il s'était adressé pour obtenir la garantie de sa neutralité, je n'ai laissé entrevoir la possibilité d'une détermination de la part de ce prince que dans le cas où elle serait consentie par Sa Majesté prussienne, ou que les cours de Stuttgard et de Carlsruhe se prononceraient en même temps que lui, mais le Landgrave connaissait les dispositions de ces deux Cours, et il avait pour prétexte, lorsque je le pressais de se décider, qu'une partie de ses troupes était en Westphalie, à plus de 60 lieues de distance, une autre partie en semestre, et qu'il n'avait pas les moyens de les rassembler ni de les rendre mobiles. A toutes ces raisons s'est jointe la crainte de déplaire au roi de Prusse en prenant un parti sans son consentement, et de s'attirer le ressentiment des Autrichiens.

Je n'entrerai pas dans le détail de toutes les démarches que

---

(1) *Correspondance de Napoléon*, n° 9283.

j'ai faites pour déterminer le Landgrave. Je vais me rendre avec M. Piré, capitaine adjoint au grand état-major, chargé des ordres de Votre Majesté impériale et royale, à Auerbach, où se trouve ce prince, pour lui faire envisager de nouveau le désagrément auquel il s'exposerait par son indécision. Il a reçu aujourd'hui un courrier de son ministre à Berlin; j'ignore encore le contenu des dépêches ou des instructions qu'il a reçues, mais j'ai lieu de croire qu'elles sont relatives à la conduite qu'il doit tenir dans la circonstance actuelle. M. Piré aura l'honneur de lui rendre compte du résultat des démarches que nous allons faire.

Je suis, avec le plus profond respect.....

HELFLINGER.

P. S. du 8 vendémiaire. — Nous avons vu, ce matin à 7 heures, le Landgrave à Auerbach. Je lui ai communiqué la lettre de Votre Majesté, et M. Piré (1) lui a remis celle de M. le maréchal Berthier. Nous avons, l'un et l'autre, employé tous les moyens qui pouvaient dépendre de nous pour porter ce prince à se conformer aux intentions de Votre Majesté. Il est entré dans de très grands détails pour répéter ce qu'il m'avait dit plusieurs fois, en ajoutant qu'il avait reçu hier, par un courrier, la réponse du roi de Prusse, qui lui donnait l'assurance que ses États seraient compris dans la ligne de démarcation; qu'il avait ordonné à ministre à Paris de faire des démarches dans le même sens en faveur du Landgrave, et qu'en attendant que la ligne de démarcation fût fixée, Sa Majesté prussienne recommandait au Landgrave d'éviter tout ce qui pourrait blesser la neutralité.

Après un long entretien, ce prince s'est décidé à prendre l'avis de son Conseil, pour diriger sa conduite en conséquence de la nouvelle démarche que je venais de faire, et à en transmettre le résultat à M. le maréchal Berthier. J'ai engagé M. Piré à attendre cette réponse qui ne retarderait son départ que de 6 ou 7 heures, pour savoir définitivement à quoi nous en tenir.

---

(1) Les états de l'état-major portent « Depiré ».

Le général Mathieu Dumas au général Songis.

Au quartier général, à Strasbourg, le 7 vendémiaire an XIV
(29 septembre 1805).

Mon Général,

Je suis chargé, par son Excellence M. le major général, de vous faire connaître les ordres de mouvement ci-après, donnés en conséquence des dispositions arrêtées par Sa Majesté :

1º Son Altesse Sérénissime le prince Murat sera rendu le 10 à *Stuttgard* avec trois divisions de dragons et la division à pied du général Baraguey-d'Hilliers ;

2º M. le maréchal Bessières reçoit ordre de partir demain, 8 vendémiaire, à 8 heures du matin, avec la garde impériale à pied et à cheval et son artillerie, pour passer le pont de *Kehl* et se rendre à une heure en arrière de *Rastatt*, où il cantonnera de manière à ne point se confondre avec le grand parc de l'armée.

Le 9, la garde impériale ira coucher à *Neubourg*.

Le 10, elle cantonnera entre *Neubourg* et *Louisbourg*.

Le 11, elle s'établira à *Louisbourg ;*

3º M. le général Gazan reçoit ordre de partir demain, 8 vendémiaire, à 3 heures après midi, avec sa division, pour passer le pont de *Kehl* et aller à trois lieues en avant sur la route de *Rastatt*, à la hauteur de *Bischoffheim*.

Le 9, cette division ira coucher à deux lieues au delà de *Rastatt*, sur le chemin de *Pforzheim*.

Le 10, elle couchera à deux lieues au delà de *Pforzheim*, sur le chemin de *Louisbourg*.

Le 11, elle cantonnera aux environs de *Louisbourg*, et si la journée est trop forte, elle cantonnera à deux lieues en arrière de cette ville.

L'artillerie du général Gazan reçoit ordre de partir également demain, 8 vendémiaire, à 8 heures du matin, pour passer le pont de *Kehl* et se rendre à *Stollhofen*.

Le 9, cette artillerie partira à la pointe du jour, et se rendra à deux lieues au delà de *Rastatt*, sur le chemin de *Pforzheim*, où elle se ralliera à la division du général Gazan, qui doit y coucher le même jour, et le 10, elle continuera sa marche avec cette division.

Le 58ᵉ régiment de ligne reçoit ordre d'escorter cette artillerie et celle du 5ᵉ corps d'armée de M. le maréchal Lannes, dont il suivra les mouvements jusqu'à leur réunion à la division du général Gazan ;

4° L'artillerie de la réserve du 5ᵉ corps d'armée, sous les ordres de M. le maréchal Lannes, partira de *Strasbourg*, demain 8 vendémiaire à 8 heures du matin, pour passer le pont de *Kehl* et se rendre à *Stollhofen*.

Le 9, elle partira à la pointe du jour et se rendra, à deux lieues de *Rastatt*, sur la route de *Pforzheim* ;

5° Dans les journées du 8 et du 9, M. le maréchal Ney concentrera son armée à *Stuttgard* ;

6° M. le maréchal Lannes a été informé des mouvements ci-dessus, ainsi que de celui de la division de grosse cavalerie aux ordres du général d'Hautpoul ;

7° M. le maréchal Soult est prévenu que le grand parc de l'armée se rend à *Heilbronn*, escorté d'un régiment de dragons à cheval, que le grand parc fera son mouvement entre la 3ᵉ et la 4ᵉ division, et qu'il fera toutes les dispositions nécessaires pour qu'il ne manque ni de vivres, ni de fourrages.

Dans la journée du 9, toute l'armée de M. le maréchal Soult doit être concentrée autour d'*Heilbronn* ; que probablement, le 10 au matin, sa 1ʳᵉ division et sa cavalerie devront se mettre en marche, et qu'ils devront passer par le chemin de *Hall* ;

8° Il a été ordonné à M. le maréchal Bernadotte, actuellement à *Würtzbourg*, de se diriger sur *Eichstädt* avec son corps d'armée, en suivant la route d'*Anspach* ; il doit être arrivé le 10 à *Eichstädt*.

Le corps du général Marmont sera dirigé sur *Treuchtlingen*, entre *Eichstädt* et *Monheim*, en se maintenant sur la droite de M. le maréchal Bernadotte, à deux, trois ou quatre lieues de distance. Il devra être arrivé, le 15, à *Treuchtlingen*.

Le corps bavarois sera aussi aux ordres de M. le maréchal Bernadotte qui le dirigera, dans tous les cas, sur la route de *Eichstädt* et *Monheim* ;

9° Enfin, M. le maréchal Davout reçoit ordre, dans le cas où le Landgrave aurait envoyé 4,000 hommes à *Mergentheim*, d'en former une colonne intermédiaire qui marchera à sa hauteur. Il doit concentrer son armée sur *Neckarelz*, sur le Neckar.

Telles sont, mon Général, les dispositions arrêtées par Sa Majesté.

J'ai l'honneur de vous saluer,

Le Général de division aide-major général,
maréchal des logis,

Mathieu DUMAS.

L'Empereur au prince Eugène.

Strasbourg, le 7 vendémiaire an XIV (29 septembre 1805).

Mon Cousin, les hostilités ont commencé ; vous aurez reçu les *Moniteur de Paris* des 3 et 4.

Les corps d'armée du maréchal Bernadotte et du général Marmont sont à Würtzbourg, réunis à l'armée bavaroise, forte de 25,000 hommes. Le corps d'armée du maréchal Davout a passé le Rhin à Mannheim ; il est aujourd'hui sur le Neckar. Le corps d'armée du maréchal Soult a passé le Rhin à Spire, et est aujourd'hui à Heilbronn. Le corps d'armée du maréchal Ney a passé le Rhin vis-à-vis Durlach, et est aujourd'hui à Stuttgard. Le corps d'armée du maréchal Lannes a passé le Rhin à Kehl, et est aujourd'hui à Ludwigsburg. Ma Garde est tout arrivée ; elle est forte de 8,000 hommes et passe demain. Le parc a filé. Le prince Murat a rencontré, avec ses dragons, des patrouilles ennemies ; elles n'ont fait que des compliments ; je n'avais pas encore donné l'ordre de tomber dessus ; on ne leur répondra désormais qu'à coups de sabre.

Voici mes alliés en Allemagne : les Électeurs de Bavière, de Bade, de Würtemberg, et le Landgrave de Hesse-Darmstadt ont fait chacun un traité d'alliance avec moi, et m'ont déjà joint avec des corps d'armée assez considérables. Faites imprimer dans vos gazettes que je suis arrivé à l'armée ; qu'elle est en marche, que déjà l'armée autrichienne fuit ; qu'à tant d'arrogance et de présomption ont succédé la peur et le désordre. Ne parlez pas de mes dispositions militaires avec les détails que je viens de vous donner. Dites que la Prusse arme 100,000 hommes qu'elle fait marcher sur les frontières de Russie pour contenir les Russes.

Ne parlez point des hostilités commencées, à moins que le maréchal Masséna ne les ait commencées en Italie, afin de ne pas contrarier les dispositions du général en chef.

J'imagine que vous avez renvoyé les six compagnies de grenadiers que vous aviez à Milan; elles seront très nécessaires à l'armée : sans elles, les deux régiments feraient deux corps sans âme.

J'organise un camp volant à Alexandrie. Il sera commandé par le général Menou et sera composé de 3,000 hommes, savoir : de deux bataillons du 67e, de deux bataillons du 3e d'infanterie légère, et de 500 hommes de la légion hanovrienne à cheval. Le grand nombre de conscrits que les 67e et 3e régiments doivent recevoir les porteront bientôt, dans le courant de l'hiver, au grand complet de guerre. Mais mon intention est que vous écriviez au général Menou, afin que, si vous aviez besoin qu'un détachement de sa colonne mobile se portât sur Novare, Pavie, il pût le faire avec rapidité; bien entendu qu'il n'y séjournerait pas et qu'il n'y paraîtrait que pour rétablir l'ordre et faire quelques exemples sévères.

Napoléon (1).

L'Empereur au maréchal Masséna.

Strasbourg, le 7 vendémiaire an XIV (29 septembre 1805).

Mon Cousin, nous sommes en pleine guerre. L'armée bavaroise, les troupes de Würtemberg, de Hesse-Darmstadt et les 4,000 hommes de Bade se sont réunis à moi.

Mon armée est déjà sur le Neckar. Je compte être sur Ingolstadt avant le 15 ou le 20 vendémiaire. Les renseignements que je reçois de Suisse m'apprennent que ce que l'Autriche a dans le Tyrol italien, à Trente, Roveredo, file pour renforcer l'armée autrichienne sur l'Iller.

Je serai enchanté de cette nouvelle, car je serais fort aise de tout ce qui pourrait diminuer le nombre des troupes qui sont devant vous. Si je puis me défaire promptement de cette armée de l'Iller, ce que j'espère avec l'aide de Dieu, je tomberai sur les Russes, et je compte les joindre encore à leurs journées d'étapes. Après cela, je descendrai à votre secours pour couper les débou-

(1) *Correspondance de Napoléon*, n° 9290.

chés de la Styrie et de la Carinthie à l'armée autrichienne qui est devant vous, qui se retirerait. Je vous ai fait écrire par le ministre de la guerre, et je vous le recommande encore, de tenir vos troupes réunies.

Si vous donnez avec 50,000 hommes, l'ennemi ne peut vous faire tête ; autrement, vous éprouverez des échecs. Je vous crois plus de cavalerie que n'en a l'ennemi ; quelques charges de cuirassiers sur les mauvais bataillons autrichiens pourraient être d'un très bon résultat. Au reste, j'ai bonne confiance en vous.

Je dois vous dire que le roi de Prusse vient de mettre son armée sur le grand complet de guerre et de la mettre en marche sur les frontières de Russie. Les Russes voulaient le forcer à se mettre contre nous ; il leur a déclaré qu'il serait pour nous.

Je vous recommande ma brave armée d'Italie ; ne la faites point battre en détail ; 80,000 Autrichiens composés comme ils le sont, ne sont pas faits pour tenir tête à 50,000 de nos soldats, si tout marche ensemble. Le temps est ici superbe ; j'espère que j'aurai un bon automne. Le général Miollis doit être arrivé à l'heure qu'il est.

NAPOLÉON (1).

Le général Andréossy au Colonel du 3ᵉ dragons.

Strasbourg, le 7 vendémiaire an XIV (29 septembre 1805).

Monsieur le Colonel,

Le général Songis, premier inspecteur général de l'artillerie et commandant en chef celle de l'armée, me prévient que les ordres que vous avez eus de suivre le mouvement général du parc d'artillerie ne portent point que vous deviez le protéger, ni être aux ordres de M. le général Faultrier, directeur du parc. Je vous préviens que l'intention formelle de Son Excellence le ministre de la guerre, major général, et le bien du service exigent que vous vous mettiez constamment en mesure de protéger le parc et que vous vous conformiez, à cet égard, aux ordres de M. le général Faultrier.

J'informe le général Belliard, chef de l'état-major de Son Altesse Sérénissime le prince Murat, des réclamations qui m'ont

---

(1) *Correspondance de Napoléon*, n° 9286.

été adressées par le général Songis, et des ordres que je vous ai donnés.

ANDRÉOSSY.

Ordre du jour.

Au quartier général impérial, à Strasbourg, le 7 vendémiaire an XIV
(29 septembre 1805).

A dater de demain, à 8 heures du matin, aucune voiture, aucun cheval ne passera par le pont de Kehl.

La route par la rive gauche du Rhin sera par Spire et Heilbronn. Tout ce qui vient à la Grande Armée sera par conséquent dirigé sur Spire.

Supplément à l'ordre du jour.

L'intention de Sa Majesté est que l'on paye sur-le-champ aux différents corps, tout ce qui leur est dû pour caissons d'ambulance et pour la gratification de souliers et capotes, ainsi que pour remontes aux cuirassiers, carabiniers et dragons. Les corps devront envoyer, sur-le-champ, un officier au payeur général de l'armée qui, sur les pièces en règle dont il sera porteur, les payera de suite, soit en numéraire, soit en traites ou obligations de receveurs, payables à quelques jours d'échéance; Sa Majesté ayant spécialement ordonné que ces dépenses soient acquittées, les corps ne doivent pas perdre un moment pour envoyer un officier chez le payeur.

ANDRÉOSSY (1).

Ordre. — Dispositions particulières. — Garde impériale.

Strasbourg, le 7 vendémiaire an XIV (29 septembre 1805),
à 9 heures du soir.

Ordre à M. le maréchal Bessières de partir, demain 8 vendémiaire (*30 septembre*), à 8 heures du matin, avec la Garde impériale à pied et à cheval et son artillerie, pour passer le pont de Kehl et se rendre à une lieue en arrière de Rastatt, où il

---

(1) Le même jour, le directeur des postes de l'armée est invité à organiser le service de correspondance avec les corps d'armée.

cantonnera, de manière à ne pas se confondre avec le grand parc de l'armée et avec les autres troupes qui peuvent se trouver aux environs de cette ville.

Le 9 (*1er octobre*), la Garde impériale ira coucher à Neuenbourg ; le 10 (*2 octobre*), elle cantonnera entre Neuenbourg et Ludwigsbourg ; le 11 (*3 octobre*), elle arrivera à Ludwigsbourg.

Le commissaire des guerres de la Garde impériale se concertera avec M. l'intendant général pour les mesures qui devront être prises pour la manière de fournir les fourrages.

M. le maréchal Bessières fera ses dispositions pour que le 10 (*2 octobre*), il soit distribué du pain pour quatre jours, c'est-à-dire pour le 11, 12, 13 et 14 (*3, 4, 5, 6 octobre*), ce qui est indépendant des quatre jours de biscuit qu'on doit avoir, de manière qu'à dater du 11 inclus (*3 octobre*), chaque corps aura pour huit jours de vivres, dont quatre de pain et quatre de biscuit.

Le 9 vendémiaire (*1er octobre*), à l'ordre, M. le maréchal Bessières fera lire, dans chaque corps, la proclamation de l'Empereur à l'armée, qui lui sera envoyée par le chef d'état-major général.

Maréchal BERTHIER.

Garde impériale. — Ordre du 7 vendémiaire.

29 septembre 1805.

La division partira demain matin, avec armes et bagages, pour se diriger sur Stolhofen, route de Rastatt.

Les différents corps de la Garde devront être rendus à 7 heures précises, sur le terrain qui est entre la porte de la citadelle et le pont de Kehl, et où on se réunira pour former la colonne.

Cette colonne sera composée ainsi que suit :

> 1 escadron de chasseurs à cheval,
> 2 pièces de 8 et 1 caisson seulement,
> Les 5 autres escadrons du régiment de chasseurs,
> 2 pièces de 4 et 1 caisson seulement,
> La brigade des chasseurs à pied,
> Tout le parc d'artillerie, les équipages de l'état-major et des corps,

La brigade de la Garde royale,
Les équipages de l'Empereur,
La gendarmerie d'élite,
Le 1er régiment de grenadiers à cheval,
2 pièces de 8 et 1 caisson,
Le 2° régiment de grenadiers à cheval.

Les deux régiments qui formeront la tête et la queue de la colonne, devront s'éclairer comme étant en marche de guerre.

Chaque corps de la Garde laissera, ainsi qu'il a été ordonné, un petit dépôt à Strasbourg, commandé par un officier et composé des hommes et des chevaux absolument hors d'état d'entrer sur-le-champ en campagne.

Tous les dépôts des corps d'infanterie seront réunis au Quartier des Juifs; ceux des corps de troupe à cheval et de l'artillerie seront réunis et casernés au Quartier Saint-Nicolas.

Les 50 chevaux que l'artillerie doit recevoir seront harnachés le plus tôt possible. On formera des voitures qui seront destinées à traîner un petit convoi, qui sera escorté par 25 grenadiers à cheval. Ce convoi devra serrer le plus près possible la colonne, et nous joindre à la position de demain.

Le commissaire des guerres devra assurer, dès demain, les fourrages de la division, dans les cantonnements ou positions qu'elle devra occuper chaque jour.

Les dépôts des différents corps de la Garde fourniront tous les jours, à Strasbourg, un poste de 6 hommes commandés par un sergent ou un maréchal des logis, au palais impérial, pour la garde du Trésor. Le chef de ce poste prendra les ordres du trésorier général de la Couronne.

La cavalerie et l'artillerie prendront demain matin, à 4 heures, de l'avoine pour un jour, qu'elles porteront sur leurs chevaux.

Bulletin historique de la marche de la division de la Garde impériale pendant les deux campagnes de la Grande Armée.

Le 8 vendémiaire (*30 septembre*), à 6 heures du matin, cette division s'assembla sur un terrain situé entre Strasbourg et Kehl et passa le Rhin pour rejoindre les corps de la Grande

Armée, qui avaient déjà passé le fleuve depuis quelques jours et fait des mouvements en avant (1).

La division se dirigea sur Rastatt, traversant un pays de plaine dans l'électorat de Bade. Elle établit son quartier général à Iffezheim. Cantonnements à Iffezheim, Ottersdorf, Hügelsheim, Sœllingen, Stollhofen, Schiftung, Leiberstung, Schwarzach.

M. Ogg (1) au prince Murat.

Kork, ce 29 de septembre 1805 (7 vendémiaire an xiv).

Monseigneur,

Conformément à la volonté que Sa Majesté l'Empereur et Roi de France et d'Italie a manifestée toujours, de prendre sous sa protection spéciale les établissements littéraires, je suis chargé, de la part de Son Altesse Sérénissime Électorale de Baden, de réclamer la protection particulière à l'Université de Heidelberg. Cette prière est d'autant plus urgente, que le passage des troupes à Heidelberg a déjà commencé, et le sénat de l'Université a officiellement requis l'Électeur, que l'insertion des ordres donnés pour ménager l'endroit de l'établissement d'une univer-

---

(1) « Le 7 vendémiaire, à 2 heures du matin, nous quittons Schelestadt pour venir à Strasbourg, et nous faisons ces dix lieues sans manger et sans nous arrêter et, jusqu'à 11 heures du soir, nous restons le sac au dos; alors seulement, nous nous couchons dans les corridors d'une caserne, sur de la paille qu'on y avait étendue. Nous reposons à peine, que l'ordre de se lever arrive aussitôt.

Le 8, à 2 heures du matin, nous passons le Rhin, en présence de l'Empereur et, après douze lieues d'une marche pénible, nous arrivons à Rastatt, où nous logeons militairement et dans le plus grand désordre.

Ces deux journées me fatiguent tellement, que la fièvre ne me quitte pas un instant.

Rastatt est un vilain bourg, où nous entrons dans la nuit du 8 au 9, à 3 heures du matin. »

(Extrait des *Lettres d'un vélite de la Garde impériale*.
La Curiosité militaire, numéro de décembre 1893, n° 12.)

(1) Conseiller référendaire intime de Son Altesse Sérénissime Électorale de Baden, et commissaire général du pays.

sité, à l'exemple de celle de Göttingen, Tübingen et autres, dans les feuilles publiques, devait remédier aux inconvénients, d'autant plus qu'il y a de très gros villages, tout près d'Heidelberg, où les troupes puissent être logées et soignées convenablement, qu'il y a, à deux petites lieues plus loin, la ville de Neckargemünd, beaucoup plus importante par sa situation sous le rappor militaire, parce que les deux grandes routes d'Heilbronn et de Würtzbourg se partagent à une demi-lieue de cette ville.

J'ose donc prier très instamment Votre Altesse de vouloir bien donner ses ordres les plus précis, que la ville d'Heidelberg soit et reste exempte de tout logement ou cantonnement militaire pendant le séjour des armées françaises dans ses environs.

Permettez.....

OGG.

Le prince Murat prie Monsieur le Général, aide-major général, chef de l'état-major général de la Grande Armée, de faire donner une sauvegarde pour l'Université d'Heidelberg, particulièrement recommandée par Son Altesse Électorale l'Électeur de Baden.

Le Lieutenant de l'Empereur,

MURAT.

Ordre. — Grand état-major général. — Dispositions générales.

Le 7 vendémiaire an XIV (29 septembre 1805), à 9 heures du soir.

Le grand quartier général impérial partira demain, 8, à 10 heures du matin, pour coucher à Rastatt ; le 9, à Pforzheim ; le 10, à Ludwigsbourg.

Le quartier général est composé des équipages de l'Empereur, de tout ce qui tient au grand état-major général.

Le payeur général restera à Strasbourg jusqu'à nouvel ordre.

L'aide-major général, chef d'état-major, désignera une place où devra se réunir tout ce qui compose le grand état-major général. Il donnera les ordres et fera une instruction pour le vaguemestre général, conformément aux dispositions du titre 21 du règlement sur le service de campagne du 5 avril 1792.

Le chef d'état-major général désignera un des régiments de la division de dragons Beaumont, le plus faible en chevaux qui est à Kehl, pour escorter le quartier général; ce régiment se réunira aux équipages du quartier général à leur passage à Kehl.

Aussitôt que la gendarmerie destinée au quartier général sera arrivée, ce régiment rentrera à sa division.

Son Altesse Sérénissime le prince Murat sera prévenue de cette disposition.

Le chef d'état-major préviendra le chef de chaque administration.

Il préviendra M. de Caulaincourt, remplissant les fonctions de grand maréchal du Palais, des dispositions qu'il aura faites.

Il préviendra M. l'adjudant Le Camus pour ce qui a rapport au major général.

M. l'adjudant commandant Lomet recevra l'ordre de partir cette nuit pour se rendre à Ludwigsbourg et y faire l'établissement du grand quartier général, soit dans Ludwigsbourg, soit dans les villages environnants.

Le chef d'état-major général rédigera une instruction pour le commandement du quartier général, conformément au titre 23 du règlement du 5 avril 1792.

Il se concertera avec M. l'intendant général de l'armée pour ce qui concerne les distributions et les fourrages, conformément aux titres 24 et 25 du même règlement.

Il est infiniment essentiel, dans cette première marche, d'établir le plus grand ordre, et que chaque chef militaire et des différents services reçoive une instruction détaillée.

Un adjoint à l'état-major, attaché à l'adjudant commandant et sachant la langue du pays, fera le logement à chaque journée de marche jusqu'à Ludwigsbourg.

Le grand maréchal du Palais fait faire le logement de tout ce qui tient à la Maison de l'Empereur; M. Lomet se concertera avec l'officier qui en sera chargé.

L'adjudant commandant Lomet, en se rendant à Ludwigsbourg, sera accompagné d'un adjudant à l'état-major et d'un secrétaire, afin que l'état de logement soit fait quand le quartier général arrivera.

Le général Andréossy au général Dumas.

Strasbourg, le 7 vendémiaire an xiv (29 septembre 1805).

Mon cher Général,

Je vous préviens que le quartier général impérial partira demain 8 (*30 septembre*), à 10 heures du matin, pour aller coucher à Rastatt ; le 9 (*1er octobre*), à Pforzheim ; le 10 (*2 octobre*), à Ludwigsbourg (1).

Il se réunira sur la place d'armes. A son passage à Kehl, il sera escorté par un régiment de la division du général Beaumont.

ANDRÉOSSY.

P. S. — Les voitures et équipages de votre bureau se réuniront également sur la place d'armes aux équipages de l'état-major général, pour marcher en ordre sous la surveillance du vaguemestre général, qui a reçu des instructions en conséquence.

Le 7 vendémiaire an xiv (29 septembre 1805), à 6 heures du matin.

D'après les rapports que le prince Louis de Bade a reçus, l'armée autrichienne ne dépasserait pas 60,000 hommes : elle a en-

---

(1) Une note adressée dans la matinée du 30 septembre, par Andréossy à Mathieu Dumas, logé 8, rue des Pucelles, à Strasbourg, l'avertit que le grand quartier général sera le soir à Bühl ; mais une lettre envoyée par l'adjudant-commandant Hastrel à son collègue Lomet, et datée de Lichtenau, l'informe qu'il a fait venir les équipages du grand quartier général dans ce village, pour éviter l'encombrement occasionné par les rencontres de troupes. Le tableau de « la marche du grand quartier général et de Sa Majesté », arrêté par Hastrel à la fin de la campagne, porte, pour le 8 vendémiaire, Lichtenau. L'Empereur couche à Rastatt.

Berthier a décidé que le grand quartier général serait : le 9 vendémiaire (*1er octobre*), à Ettlingen, le 10 (*2 octobre*), à Enzwaihingen, et le 11 (*3 octobre*), à Ludwigsbourg.

tièrement passé l'Iller, et sa plus grande force est du côté du lac de Constance.

Ils ont évacué Freudenstadt.

Ils étaient encore hier, 28 septembre, à Pforzheim. Hier, 28, l'armée du maréchal Soult, forte de 8,000 hommes d'infanterie, 300 chevaux et 16 pièces de canon, a traversé Bruchsal et a poussé jusqu'à Bretten.

Le maréchal Ney a son avant-garde à Wilferdingen sur la chaussée directe de Durlach à Pforzheim.

L'avant-garde du général Lannes a remonté l'Alb jusqu'à Herrenalb ; le général Fauconnet, qui couvre cette vallée et celle de la Murg, a un poste à Wildbad et va en envoyer un à Nagold.

Le prince Louis a deux officiers sur les derrières de l'armée autrichienne, dont il est inquiet ; s'ils arrivent, il aura l'honneur d'informer aussitôt Sa Majesté des nouvelles qu'ils auront apportées.

Ordre du jour.

Au quartier général, à Strasbourg, le 8 vendémiaire an XIV
(30 septembre 1805).

Dès demain, 9, à l'entrée de la nuit, la route de Kehl en Allemagne sera définitivement fermée pour toute espèce de passages et convois. Tout ce qui sera dirigé sur l'armée devra arriver par la route de Spire et de Stuttgard.

Le payeur général de l'armée a reçu deux ordonnances, l'une de 133,700 francs pour remettre aux corps ci-après :

11° de chasseurs ;
21° de chasseurs ;
8°, 9° et 10° de hussards.

La seconde de 94,900 francs pour harnachement des corps ci-après :

11° de chasseurs ;
21° de chasseurs ;
8° et 9° de hussards.

Les parties prenantes peuvent se présenter chez le payeur pour toucher le montant de ce qui leur revient.

Supplément à l'ordre du jour.

Tous les corps d'armée composant la Grande Armée ne doivent conserver que cinquante hommes de gendarmerie, sous-officiers et officiers compris. Dans la journée, l'excédent de cette arme, dans chacun de ces corps, devra partir pour joindre à grandes journées le quartier général impérial, en donnant avis de l'arrivée au général chef du grand état-major général.

ANDRÉOSSY.

---

*Le prince Louis, Landgrave de Hesse-Darmstadt,
au maréchal Berthier.*

Darmstadt, le 30 septembre 1805 (8 vendémiaire an XIV).

Monsieur le Maréchal,

Sur les premières ouvertures qui m'ont été faites par M. Helflinger, au sujet d'un traité d'alliance avec Sa Majesté l'Empereur et Roi, j'ai répondu au ministre que je venais de m'adresser au roi de Prusse, dont depuis une longue série d'années j'ai toujours suivi le système et les conseils, pour diriger ma conduite dans cette circonstance difficile.

J'ai reçu hier, par un courrier, la réponse du roi qui me recommande expressément d'observer la plus stricte neutralité, en ajoutant qu'il avait donné des ordres au marquis de Lucchesini pour faire, à cet égard, les démarches nécessaires auprès de Sa Majesté l'Empereur et Roi.

Votre Excellence sentira parfaitement que, sans blesser les liens de l'amitié, de la parenté, qui m'attachent à la cour de Berlin, et sans compromettre l'intérêt de mes sujets, dont la plus grande partie sont dans le Nord de l'Allemagne, en ne les faisant pas jouir du bénéfice de la neutralité, je ne puis acquiescer aux propositions de Sa Majesté l'Empereur, quelque avantageuses qu'elles soient et quoiqu'il en coûte à mon cœur de ne pouvoir satisfaire à ses désirs.

Oserai-je me flatter, Monsieur le Maréchal, que vous voudrez bien mettre sous les yeux de Sa Majesté mes justes raisons et agréer l'assurance...

LOUIS, Landgrave.

Bulletin de Ratisbonne.

Le 8 vendémiaire an xiv (30 septembre 1805).

L'empereur d'Autriche a effectivement passé, le 5 vendémiaire (*27 septembre*) à 11 heures du matin, par Munich. Sa Majesté Impériale retourne à Vienne pour y recevoir l'empereur Alexandre, qui vient de donner rendez-vous au roi de Prusse à son passage à Vilna. M. le comte de Haugwitz, ministre d'État et du cabinet de Berlin, doit aussi arriver à Vienne pour le même temps.

Tout est tendu à l'extrême, l'empereur va ouvrir l'Assemblée des États de Hongrie qu'il a convoquée. Il y sera question d'accorder 30,000 recrues et de mettre sur pied la levée en masse, organisée en régiments, de l'insurrection hongroise et d'obtenir, contre les privilèges et la constitution du royaume, de la faire marcher en cas de besoin jusqu'à l'Inn, ce qui avait été refusé en 1800, lorsque l'armée française a occupé une grande partie de l'Autriche. On va aussi organiser les levées en masse de la Bohême, de la Moravie et de l'Autriche, sur le même pied qu'en 1800.

On assure que quatre bataillons du régiment de Gemmingen et deux régiments de cavalerie, venant par l'Autriche et la Bohême, arriveront aujourd'hui, 8 vendémiaire (*30 septembre*), à Amberg, dans le Haut-Palatinat de Bavière; ils seront joints par une colonne de 6,000 hommes d'infanterie, un régiment de uhlans et les hussards de Lichtenstein, qui étaient dans le duché de Neubourg.

On a appris hier, par un courrier arrivé à Ratisbonne, que l'avant-garde de l'armée russe se trouvait déjà, il y a trois jours, dans les environs de Vienne.

Bulletin d'Augsbourg.

Le 6 vendémiaire an xiv (28 septembre 1805).

L'archiduc Charles a annoncé son arrivée au quartier général de Padoue, le 20 septembre, par une proclamation. Il rappelle aux soldats autrichiens les hauts faits de la dernière guerre et les exhorte à redoubler de zèle et d'ardeur dans le cas où les hostilités deviendraient inévitables. Il était accompagné par le général-major Grunne (1), son premier aide de camp, qui sera chargé de la division de la correspondance politique, de l'avancement et des grâces.

Le feld-maréchal-lieutenant Zach (2) sera chargé, comme quartier-maître général et chef de l'état-major général, de la division du mouvement et des opérations militaires de l'armée.

M. le colonel Piccard (3) dirigera la division des détails de l'armée.

Et M. le feld-maréchal Skal (4) la division de l'économie militaire, les fournisseurs, approvisionneurs, hôpitaux et la justice militaire.

L'archiduc Louis est incessamment attendu à l'armée, en Italie.

Le maréchal Berthier au général Bourcier.

Strasbourg, le 8 vendémiaire an XIV (30 septembre 1805).

D'après les dispositions arrêtées par l'Empereur, la division que vous commandez est destinée, Général, à couvrir le passage de Sa Majesté, qui aura lieu dans la journée de demain (*1er octobre*), 9 du courant; vous ferez vos dispositions en conséquence et enverrez un officier à M. de Caulaincourt, faisant les fonctions de grand maréchal du Palais, pour être exactement informé de la marche de Sa Majesté, lorsqu'elle se portera à son nouveau quartier général de Ludwigsbourg.

Le 10 (*2 octobre*), vous réunirez toute votre division à Rastatt, en ayant soin que vos postes avancés d'Oberkirch et d'Offenbourg ne soient évacués qu'à minuit, du 9 au 10.

---

(1) Chef du bureau du Ministre de la guerre (*Almanach militaire autrichien* de 1805).

(2) L'Annuaire le porte général-major.

(3) L'annuaire le porte « major » adjudant général en Italie. Il était auparavant major de chevau-légers de Rosenberg.

(4) Feldmarschall-lieutenant.

Vous partirez avec votre division le même jour 10 (*2 octobre*), de Rastatt, pour arriver le plus promptement possible à Stuttgard ; vous formerez ainsi, pendant cette marche, toute l'arrière-garde de l'armée.

De Stuttgard, vous devez faire la même diligence pour rejoindre, dans le plus bref délai, les autres divisions de dragons aux ordres de Son Altesse Sérénissime le prince Murat, qui seront parties le 11 (*3 octobre*) de Stuttgard pour se rendre le même jour à Göppingen et prendre position sur la rivière de Fils. Le quartier de Son Altesse Sérénissime sera le 11 à Göppingen.

Vous marcherez dans le plus grand ordre en portant votre attention à votre droite, ferez suivre tous les traîneurs, et m'enverrez fréquemment de vos nouvelles au quartier général de Pforzheim et de Ludwigsbourg.

Son Altesse Sérénissime le prince Murat est prévenu de votre mouvement.

Maréchal BERTHIER.

Du 9 vendémiaire an XIV (1er octobre 1805), à 7 heures du matin.

P.-S. — Cette lettre a été adressée hier au soir par erreur au général Beaumont que l'on croyait à votre place(1) ; vous l'aurez sans doute reçue ; dans tous les cas, hâtez-vous d'exécuter les dispositions qu'elle contient et de m'en rendre compte.

---

(1) Andréossy écrit le 8 vendémiaire à Murat « pour le prier de laisser un régiment de dragons à Rastatt, pour faire l'escorte du quartier général, attendu que l'on n'a pas trouvé le général Beaumont qui devait en fournir un ».

Aperçu de l'armée autrichienne en Souabe, sous les ordres de l'archiduc Ferdinand.

Fin septembre 1805.

NOMS DES CORPS.	OBSERVATIONS.
INFANTERIE.	
Archiduc-Rainier	»
Frelich	»
Kollowrath	»
Archiduc Maximilien	»
Riese	A Ingolstadt.
Manfredini	»
Erbach	Entre Ingolstadt et Amberg
Stuart	»
Jos. Colloredo	A Neubourg.
Kaunitz	»
Reuss-Plauen	»
Auersperg	»
Gemmingen	Entre Ingolstadt et Neubourg.
Wurtemberg	Id.
Jellachich	Id.
Creuzer	»
Brooder Esclavons	»
Peterwardeiner	»
Stain	Ces quatre régiments avaient fait partie du camp de Bregenz et doivent actuellement se trouver sur le lac de Constance.
Beaulieu	
Empereur	
Wildburghausen	
Deutschmeister	Ces cinq régiments, qui avaient formé la garnison de Vienne, viennent seulement d'arriver en Bavière ; ils seront rendus sur le Lech du 10 au 12 octobre.
4 régiments de frontière	
CAVALERIE.	
Cuirassiers. Mack	A Ulm.
Albert	A Ingolstadt.
Prince Ferdinand	Id.
Nassau	»
Hohenzollern	A passé le 17 septembre à Salzbourg.
Ch. Lorraine	»
Dragons. La Tour	A passé le 19 septembre près d'Augsbourg.
Hohenlohe	»
Rosenberg	Entre Ulm et Möskirch.
Chevau-légers Klenau	»
Gemmingen (1)	Entre Ingolstadt et Amberg.
Hussards. Liechtenstein	A Neubourg, vers Eichstadt.
Blankenstein	Sur le lac de Constance.
Palatin	»
Uhlans. Merfeld	Dans le pays d'Eichstadt.
Schwarzenberg	A Ulm.

(1) Les régiments de La Tour et Rosenberg sont des chevau-légers ; Gemmingen est un régiment d'infanterie, déjà porté plus haut.

GÉNÉRAUX DE L'ARMÉE.

Archiduc FERDINAND, commandant en chef.
MACK, commandant en chef sous l'archiduc.
MAYER, chef de l'état-major.

KLENAU.	HESSE-HOMBOURG.
KIENMAYER.	MERVELDT.
WOLFSKEEL.	Comte EICHHOLDT, commissaire général civil de l'armée.
GOTTESHEIM.	
STIPSICZ.	GYULAI.
CARAMELLI.	SCHWARZENBERG.
HILLER.	RIESCH.
WERNECK.	MERCANTIN..... ⎫ Généraux-
HOHENLOHE.	ROHAN........ ⎭ majors.

Il manque plusieurs généraux dont on ne pourra avoir les noms que successivement.

D'après cet aperçu, l'armée autrichienne en Allemagne est composée de 27 régiments d'infanterie et 13 régiments de cavalerie.

Les régiments d'infanterie ne sont pas de force égale et aucun n'est au complet; il y en a qui, d'après la nouvelle organisation, sont déjà formés sur cinq bataillons, mais la majeure partie n'est que de quatre bataillons, et quelques-uns ne sont même que de trois; ce qui fait qu'on ne peut guère évaluer l'effectif de chaque régiment, l'un dans l'autre, à plus de 2,800 hommes. En admettant ce calcul, l'infanterie se monterait à 75,600 hommes.

Les régiments de cavalerie ne sont également pas au complet. On ne peut guère estimer à plus de 600 hommes les régiments de cuirassiers, à plus de 700 ceux de dragons et à plus de 1000 ceux de hussards et de uhlans. Ce qui donnerait pour la cavalerie 11,500 hommes.

On ne connaît pas le nombre de compagnies de canonniers, bombardiers, sapeurs, pionniers, qui sont à l'armée; mais on croit pouvoir les porter à 4,000 hommes.

Ce qui donnerait le total suivant pour toute l'armée :

Infanterie.....................	75,600	hommes.
Cavalerie.....................	11,500	—
Artillerie.....................	»	
Génie........................	4,000	—
TOTAL.....	91,000	hommes.

L'armée d'Allemagne peut être renforcée à volonté par 15,000 hommes qui peuvent être tirés du Tyrol suivant que les circonstances l'exigeront.

Les huit régiments d'infanterie, qui sont dans le Tyrol, peuvent se porter moitié en Italie et moitié en Allemagne, de même que le corps des chasseurs tyroliens. Ils ne sont pas nécessaires à la défense du Tyrol, dont tous les habitants sont inscrits sur les registres de la milice, composée de trois corps d'élite qu'on évalue de 30,000 à 40,000 hommes, indépendamment desquels il existe déjà quatre régiments de miliciens formés sur le pied de l'infanterie de ligne.

On forme à Pilsen, en Bohême, une armée de réserve destinée à renforcer l'Allemagne en cas de besoin.

BACHER.

L'Empereur au maréchal Augereau.

Strasbourg, le 8 vendémiaire an XIV (30 septembre 1805).

Mon cousin, je reçois votre rapport du 3 vendémiaire. Tous les 3mes et 4mes bataillons des régiments qui composent votre corps d'armée ont reçu ordre de se rendre à leurs corps. Les détachements embarqués sur les bâtiments de la flottille à Grandville ont ordre de débarquer et de rejoindre leurs corps. Indépendamment des 12,000 paires de souliers que j'ai chargé le ministre Dejean de vous procurer à Langres, je lui ai ordonné de vous faire donner les deux paires de souliers que j'ai accordées en gratification à l'armée, c'est-à-dire que le ministre en fera verser la valeur dans la caisse des corps, et qu'ils les feront confectionner; mais veillez à ce que les corps ne les fassent pas faire trop loin, et qu'il ne faille pas deux mois pour leur transport. Je ne vois pas d'inconvénient à accorder une gratification aux officiers d'état-major. Envoyez-moi un état de la distribution à en faire, et je l'autoriserai.

Je ne veux pas finir cette lettre sans vous dire un mot de ma position ici. Mon cher et bon frère l'empereur d'Autriche est venu à Memmingen. Son armée est sur les débouchés de la Forêt-Noire; en y comprenant les troupes qui sont du côté de Constance, elle est d'une centaine de mille hommes; mais les nouvelles que j'ai reçues hier m'apprennent qu'après avoir tenu un grand conseil, l'Empereur est retourné à Vienne. Dieu veuille que son armée continue à rester dans la même position encore une huitaine de jours, ou, ce qui serait encore mieux, qu'elle s'avance sur le Rhin ! Vous sentirez combien je dois le désirer, quand vous saurez que le général Marmont, le maréchal Bernadotte et les troupes de l'Électeur de Bavière sont en grande marche sur Ingolstadt ; que le corps du maréchal Davout, qui a passé le Rhin à Manheim, est en pleine marche sur Donauwœrth et déjà à quatre marches du Rhin ; que le corps du maréchal Soult, qui a passé à Spire, est déjà arrivé à Heilbronn, et se dirige également sur le Danube, entre Ulm et Donauwœrth ; que les maréchaux Lannes et Ney, les corps de dragons et ma Garde sont arrivés à Stuttgard. Je vais partir moi-même, cette nuit, pour me mettre à la tête de ce corps, pour m'appuyer au maréchal Soult et tourner Ulm. Malheur aux Autrichiens, s'ils me laissent gagner quelques marches ! J'espère les avoir tournés et me trouver avec toute mon armée entre le Lech et l'Isar ; mais je suppose que le départ de l'Empereur est déjà un éveil, et que les Autrichiens vont s'empresser d'évacuer la Bavière. La tête des Russes commence à s'approcher, mais la Prusse fait des armements et paraît peu d'accord avec les Russes.

Je n'ai eu dans cette marche des côtes sur le Rhin ni déserteurs ni malades.

Napoléon (1).

Le maréchal Berthier au général Mathieu Dumas.

Strasbourg, le 8 vendémiaire an XIV (30 septembre 1805).

Vous trouverez ci-joint, Général, la copie des ordres que je donne à MM. les maréchaux Davout et Soult.

Vous partirez sur-le-champ en poste pour vous concerter avec ces maréchaux, afin de déterminer le jour et le lieu où ils devront coucher chaque jour, et vous me rapporterez au quartier général, à Ludwigsbourg, un itinéraire exact de la route qu'ils tiendront avec les distances des journées.

Maréchal Berthier.

---

(1) *Correspondance de Napoléon*, n° 9299.

Rapport sur les forces et positions de l'armée autrichienne.

Stuttgard, le 9 vendémiaire an xiv (1ᵉʳ octobre 1805).

Le général Werneck, commandant l'aile droite de l'armée autrichienne, se trouve à Donauwörth avec 25,000 hommes, sa droite s'étendant jusqu'à Nördlingen.

Une des avant-gardes ennemies, forte de 8,000 à 10,000 hommes, commandée par le général Klenau, est à Dischingen.

Le général Hohenzollern est à Hechingen, chargé du commandement de toute la gauche de l'armée autrichienne et d'entretenir la communication avec le Vorarlberg; il a des troupes légères à Nagold, Tübingen et Rottenbourg qui, cependant, doivent se replier sur Hechingen et, de là, sur Riedlingen, dès que les troupes françaises déboucheront en front sur Esslingen.

Le général Gottesheim se trouve, avec une autre avant-garde, à Westerstetten, au-dessous de Geislingen, route de Stuttgard à Ulm; il a des postes à Göppingen.

Le grand quartier général de l'armée ennemie a dû se transférer à Augsbourg ou Aichach.

Les Autrichiens sont consternés de la rapidité de nos mouvements; le soldat est dégoûté des marches forcées et contremarches qu'il ne cesse de faire, tant sur le Tyrol que sur les deux rives du Danube, tantôt en remontant, tantôt en descendant ce fleuve.

Ney.

Th. Thiard à l'Empereur.

Rastatt, le 9 vendémiaire an xiv (1ᵉʳ octobre 1805), à 9 heures.

Sire,

Les ordres de Votre Majesté sont exécutés.

300 chasseurs sont déjà partis de Bruchsal et couchent à Pforzheim.

300 hommes de Mannheim se dirigent sur cette ville.

300 hommes partent, dans une heure d'ici, pour Durlach et, demain, pour Pforzheim.

Je vais à Carlsruhe, m'assurer que 300 hommes prennent encore, aujourd'hui, la même destination.

L'Électeur et les deux Princes sont à Bruchsal, à attendre Votre Majesté.

Je suis.....

THIARD.

Le général Mouton à l'Empereur.

Ludwigsbourg, le 8 vendémiaire an XIV (30 septembre 1805).

J'ai consigné à M. le maréchal Ney la dépêche (1) que lui adressait Votre Majesté. J'ai trouvé les troupes que commande ce maréchal dans le même état de prospérité que celles sous les ordres de M. le maréchal Lannes.

J'ai remis également à Son Altesse Électorale la lettre de Votre Majesté (2). Ce prince a daigné m'accueillir favorablement et m'a déclaré qu'il était dans la ferme résolution de remplir ses engagements envers mon souverain, déclarant, de plus, qu'il allait adresser un courrier à Votre Majesté, à l'effet de conduire plus promptement à son but la négociation relative au traité d'alliance. Il se pourrait que cet électorat fournît même au delà de 10,000 auxiliaires aux armées de Votre Majesté; mais, aujourd'hui, les forces disponibles consistent en 5,500 hommes, dont 4,800 d'infanterie, en bon état, 500 de cavalerie et 200 artilleurs, munis de 14 bouches à feu. Une circonstance fâcheuse vient de troubler, pour un instant, tant de belles dispositions; elle découle de l'occupation de Stuttgard par le corps de M. le maréchal Ney, qui s'est vu dans l'obligation de menacer cette cité pour en obtenir l'entrée; Son Altesse Électorale, ayant pris la résolution d'éloigner toute troupe étrangère du lieu de sa résidence, peut-être que nous éprouverons le même embarras pour Ludwigsbourg..... Votre Majesté décidera. Les pourparlers sont au plus haut point, on parle de s'éloigner, on fait naître de l'inquiétude, des craintes sur le sort du corps diplomatique; mais, au total, je crois qu'on ne voyagera pas et que, foncièrement, on est tranquille sur le sort des envoyés étrangers : M. Didelot, ministre de Votre Majesté, lui fournira, sur ce chapitre, des ren-

---

(1) Lettre du 7 vendémiaire, n° **9288**.
(2) Lettre du 7 vendémiaire, n° **9283**.

seignements mieux détaillés que ceux que j'ai l'honneur de lui soumettre.

J'attendrai ici, ainsi que Votre Majesté me l'a ordonné au moment de mon départ, les nouveaux ordres qu'Elle voudra bien me faire transmettre.

L'armée autrichienne est malheureusement en pleine retraite. L'empereur en a pris congé et se dirige sur Prague, où il va stimuler et employer toutes ses ressources pour se procurer des hommes et de l'argent. La situation de l'Autriche fait peu de jaloux.

Mouton.

Proclamation à la Grande Armée.

Strasbourg, le 8 vendémiaire an XIV (30 septembre 1805).

Soldats, la guerre de la troisième coalition est commencée. L'armée autrichienne a passé l'Inn, violé les traités, attaqué et chassé de sa capitale notre allié.

Vous-mêmes, vous avez dû accourir, à marches forcées, à la défense de nos frontières. Mais déjà vous avez passé le Rhin. Nous ne nous arrêterons plus que nous n'ayons assuré l'indépendance du Corps germanique, secouru nos alliés et confondu l'orgueil des injustes agresseurs. Nous ne ferons plus de paix sans garantie. Notre générosité ne trompera plus notre politique.

Soldats, votre Empereur est au milieu de vous; vous n'êtes que l'avant-garde du grand peuple. S'il est nécessaire, il se lèvera tout entier à ma voix, pour confondre et dissoudre cette nouvelle ligue, qu'ont tissue la haine et l'or de l'Angleterre.

Mais, soldats, nous aurons des marches forcées à faire, des fatigues et des privations de toute espèce à endurer. Quelques obstacles qu'on nous oppose, nous les vaincrons, et nous ne prendrons de repos que nous n'ayons planté nos aigles sur le territoire de nos ennemis.

Napoléon (1).

(1) *Correspondance de Napoléon*, n° 9293.

L'Empereur au prince Joseph.

Strasbourg, le 9 vendémiaire an xiv (1er octobre 1805).

Mon Frère, je pars à l'instant pour mon quartier général à Ludwigsbourg, sur le Neckar. Toute l'armée est déjà avancée de plusieurs marches en Allemagne. Tout le monde est bien disposé. L'armée n'a rien perdu, ni par les désertions ni par les maladies.

Le temps est superbe. L'empereur d'Autriche, qui était venu à son armée, est retourné à Vienne, et l'épouvante est déjà dans les rangs ennemis.

Les renseignements que j'ai portent que l'ennemi retire des troupes d'Italie pour les faire marcher sur la Bavière. Voyez le ministre de la police, le ministre Dejean et le secrétaire général de la guerre, et sachez si l'on a expédié tout ce qui est relatif à l'appel de la conscription de la réserve. Si ces ministres et les préfets y mettent un peu de zèle, les conscrits doivent être rendus aux corps dans le courant de vendémiaire. J'entends bien que la conscription de l'an xiv devrait me joindre en brumaire. Suivez cette affaire autant qu'il vous sera possible.

NAPOLÉON (1).

Le maréchal Berthier au général Andréossy.

Strasbourg, le 9 vendémiaire an xiv (1er octobre 1805).

Général,

L'Empereur ordonne que le régiment de dragons, qui est au quartier général de la Grande Armée (2), rejoigne sa division de dragons, le 10 vendémiaire, attendu qu'à cette époque le déta-

---

(1) *Correspondance de Napoléon*, n° 9301.
(2) Le 21e. Un détachement de 30 hommes de ce régiment doit encore escorter le convoi de vivres qui est à la suite du quartier général, et auprès duquel se trouvent 50 hommes du 58e de ligne qui doivent rejoindre leur corps.

chement appelé des différents corps pour former la gendarmerie du quartier général sera arrivé.

Donnez de suite les ordres nécessaires pour l'exécution de ce mouvement.

Ordonnez au régiment de dragons qui est à Offenbach de rejoindre sa division, vu que l'artillerie qui est à Landau, qui doit marcher avec le parc, aura rejoint.

Instruisez-moi de la rentrée de ces deux régiments à leur division.

Prévenez l'intendant général de ces dispositions.

Maréchal BERTHIER.

Notes sur la marche du grand parc d'artillerie.

Augsbourg, le 1er juin 1808.

Le grand parc d'artillerie, composé de 700 canons, caissons et chariots de munitions, a passé le Rhin, à Kehl, le 7 vendémiaire (*29 septembre*) an XIV, escorté par environ 1200 hommes d'artillerie.

Il est allé coucher le même jour à Freistett;

Le 8 (*30 septembre*) à Ettlingen, une lieue au delà de Rastatt;

Le 9 (*1er octobre*) à Wolfartsweier;

Le 10 (*2 octobre*) à Golshausen (1);

Le 11 (*3 octobre*) à Bretten;

Le 12 (*4 octobre*) à Eppingen;

Le 13 (*5 octobre*) à Heilbronn;

Le 14 (*6 octobre*) à OEhringen;

Le 15 (*7 octobre*) à Hall;

Le 16 (*8 octobre*) à Ellwangen;

Le 17 (*9 octobre*) à Zöbingen;

Du 18 au 30 vendémiaire (*10-22 octobre*) réuni à Nördlingen;

Du 30 vendémiaire au 15 brumaire (*22 octobre-6 novembre*) à Augsbourg;

Du 15 au 30 brumaire (*6-21 novembre*) à Braunau;

---

(1) Sans doute Grözingen, près de Durlach; car Gölshausen est à deux kilomètres au delà de Bretten, et la division Bourcier, qui escortait le grand parc, a couché le 10 octobre à Durlach.

Le 25 brumaire (*16 novembre*) une division de 100 voitures partit de Braunau pour Vienne.

L'armée ayant trouvé, dans cette capitale et dans d'autres places, une très grande quantité de munitions de guerre, l'ordre a été donné de faire rétrograder sur Augsbourg le restant du parc.

Depuis Kehl jusqu'à deux lieues en avant de Hall, la route a été assez bonne ; il n'en a pas été de même jusqu'a Ellwangen, où il n'y a qu'un chemin de traverse au milieu des terres ; le parc y est cependant passé sans beaucoup de difficultés, parce qu'il faisait beau depuis longtemps.

Le chemin d'Ellwangen à Nördlingen est encore plus mauvais, et lors du passage du grand parc, des pluies abondantes l'avaient rendu presque impraticable.

De Nördlingen à Augsbourg, la route était bonne ; cependant la Wörniz à Harburg et le Danube à Donauwörth, étant sujets à des crues considérables, ont failli retarder la marche du parc et occasionner la perte de plusieurs caissons.

D'Augsbourg à Braunau, le parc a suivi la route par Landshut qui offre d'assez mauvais passages, surtout entre cette ville et Braunau.

Le Général,
Directeur général des parcs d'artillerie de l'armée,

SAINT-LAURENT.

Bulletin historique de la marche de la division
de la Garde impériale.

Le 9 vendémiaire an XIV (1ᵉʳ octobre 1805).

Elle partit de ses cantonnements, rencontra la division de dragons à Rastatt, et elle poussa jusqu'à Langensteinbach en passant par Rastatt et Ettlingen. Elle parcourut, depuis Ettlingen, un pays de montagnes et dans des chemins très mauvais.

Quartier général à Langensteinbach ; cantonnements à Langensteinbach, Palmbach, Stupferich, Busenbach, Reichenbach, Rüppurr et Ettlingen.

CHAPITRE VI

Murat et Lannes dans la Forêt-Noire.

Ordre de mouvement pour le passage du Rhin par le corps d'armée de la réserve de cavalerie, de dragons à cheval et à pied (1).

Le 2 vendémiaire an XIV (24 septembre 1805).

Les six divisions formant la réserve de cavalerie partiront demain, 3, de leurs cantonnements respectifs, pour passer le Rhin à Kehl et aller occuper ceux qui leur seront destinés sur la rive droite de ce fleuve.

La 1re division de dragons à cheval ira s'installer au débouché de la vallée de la Kinzig. Le quartier général de cette division sera placé à Offenburg; le général de division Klein fera occuper, sur son front, le village de Gengenbach pour observer le val de Kinzig. Cette division se liera, par sa droite, avec les 3e et 4e divisions qui iront occuper : la première Kappel, et la seconde Altenheim, où seront les deux quartiers généraux de ces deux divisions.

Le général de division Beaumont fera occuper les villages d'Ettenheim et Münchweyer, pour observer le débouché d'Haslach; Wagenstadt, pour garder le débouché d'Haslach; Kenzingen

---

(1) Le général Belliard, chef d'état-major de la division de cavalerie, adresse un résumé de cet ordre au général Andréossy.

et Weisweil, pour couvrir les différentes communications sur Fribourg; il poussera des reconnaissances sur Fribourg, par Emmendingen et Eichstetten. Si les patrouilles arrivaient jusqu'à Fribourg, les commandants feraient éclairer, par leur gauche, les débouchés de Nieder-Sexau, Buchholz, Ohrensbach et Wildthal, et, en avant de lui, Hogstetten. Il cantonnera toute la division en avant d'Ettenheim.

M. le général de division Bourcier se fixera à Altenheim et occupera les villages en avant de lui jusqu'à Kappel. Il se liera, par Dinglingen et Lahr, avec Gengenbach, occupé par les troupes de la 1re division.

Le général de division Walther aura son quartier général à Willstett. Les troupes de la division seront cantonnées dans les villages situés sur la route d'Urlofen et, avant, dans les villages de Nussbach et Zimmern.

Le général d'Hautpoul ira prendre position à Renchen et fera occuper, par un régiment, Oberkirch, pour couvrir le débouché de Kniebis. Il occupera de même Haslach, Mösbach et Winterbach, pour observer le val de Kappel. Il fera pousser des reconnaissances, le plus en avant qu'il pourra, sur Petersthal et le val de Kappel.

Le général de division d'Hautpoul est prévenu que la division de grenadiers, commandée par le général de division Oudinot, occupera Rastatt.

M. le colonel-général Baraguey-d'Hilliers établira son quartier général à Kehl. Il fera occuper par les corps de sa division les villages sur sa droite, depuis son quartier général jusqu'à Altenheim et, sur sa gauche, tous ceux qui se trouvent jusqu'à Diersheim. Il fera fournir les travailleurs qui lui seront demandés pour les fortifications de Kehl. Cette division gardera sa position jusqu'au 6 (*28 septembre*), époque à laquelle elle sera relevée par la division commandée par le général Gazan.

Chaque général de division indiquera, dans l'arrondissement de ses cantonnements actuels, un village où il établira provisoirement les hommes et les chevaux jugés hors d'état de pouvoir entrer en campagne.

Il sera distribué, à Strasbourg, du pain frais pour quatre jours; on en fera suivre chaque division pour quatre autres de biscuit, auquel on ne devra pas toucher sans ordre du quartier général.

Il sera distribué 50 cartouches par homme, que les régiments prendront à Kehl à leur passage (1).

Chaque division fera prendre, au polygone de Strasbourg, l'artillerie qui lui est destinée.

Le quartier général de Son Altesse Sérénissime le prince Murat, lieutenant de Sa Majesté, s'établira à Kork. Il lui sera fourni, pour sa garde et jusqu'à nouvel ordre, une compagnie de cavalerie d'élite. Cette garde sera relevée tous les huit jours. Le service commencera par le 1er régiment de dragons.

A dater de demain, tous les rapports seront adressés à Kork.

Le chef d'état-major général indiquera les endroits où devront se faire les distributions pour chaque division.

Lorsqu'une division se sera établie dans ses cantonnements, le général qui la commande en préviendra l'état-major général, en indiquant le lieu qu'il aura choisi pour son quartier général.

L'armée passe le Rhin pour soutenir l'indépendance du Corps germanique contre l'oppression de la Maison d'Autriche; elle va occuper, encore pour quelque temps, des pays neutres ou amis; elle les respectera et ne flétrira point, par une mauvaise conduite, les lauriers qu'elle va cueillir. Je crois inutile de rappeler au corps d'armée que j'ai l'honneur de commander, que je compte sur une discipline exacte, comme sur sa bravoure et son dévouement à l'Empereur, et j'ai la douce persuasion que je n'aurai jamais que des éloges à lui donner.

Lorsque le corps d'armée de réserve se mettra en mouvement, chaque régiment enverra un officier d'ordonnance auprès de Son Altesse le prince Murat.

Les généraux commandant les divisions donneront, aux différents régiments qu'ils commandent, les ordres nécessaires pour que chacun d'eux parte demain, 3, de ses cantonnements, avec armes et bagages, pour se rendre à Strasbourg, où la division devra être réunie à 8 heures du matin, à l'exception de celle du colonel-général Baraguey-d'Hilliers, qui devra suivre la marche ordinaire (2).

---

(1) Ordre au colonel Mossel (Belliard, n° 80).

(2) Le 27° dragons fournira un détachement de 25 hommes montés, relevé tous les huit jours, auprès du général Baraguey-d'Hilliers. (Ordre du prince Murat du 3 vendémiaire.)

Toutes les divisions à cheval se formeront en arrière de Strasbourg et n'entreront en ville que lorsque le prince Murat leur en enverra l'ordre.

Le Prince Maréchal d'Empire,

MURAT.

Le prince Murat à l'Empereur.

(Extrait).

Strasbourg, le 5ᵉ jour complémentaire an XIV (**22 septembre** 1805).

J'ai passé en revue, aujourd'hui, la division de grenadiers du général Oudinot. Elle a paru en guêtres blanches et dans la plus belle tenue. Je puis assurer à Votre Majesté qu'on n'aurait jamais pu croire, en les voyant, que cette troupe venait de faire cent quatre-vingts lieues. Je ne vous parlerai pas de l'esprit dont elle est animée. Toute la ville de Strasbourg a pu l'admirer, lorsque, au moment de défiler, tous les bonnets au bout des baïonnettes, ces braves grenadiers, après les cris réitérés de : « Vive l'Empereur » ont fait entendre ceux-ci : « Menez-nous à l'ennemi ! qu'on nous fasse passer le Rhin ! » L'allégresse et l'espérance rayonnaient sur leurs figures. L'armement et l'habillement de cette troupe sont dans le meilleur état possible. Je ne saurais trop vous faire l'éloge du général Oudinot, véritablement digne de commander ce corps de braves.....

MURAT.

Le Général de brigade, chef de l'état-major général du 5ᵉ corps d'armée, au maréchal Berthier.

Rastatt, le 4 vendémiaire an XIV (**26 septembre** 1805).

Les rapports journaliers des divisions composant le 5ᵉ corps de la Grande Armée vous ayant été adressés directement par les chefs d'état-major de ces divisions jusqu'au cinquième jour complémentaire (*22 septembre*), je m'acquitterai de ce devoir à compter du 1ᵉʳ vendémiaire (*23 septembre*).

Le 1ᵉʳ vendémiaire, la division de grenadiers, aux ordres de

M. le général Oudinot, occupait Strasbourg et les cantonnements dont le détail suit :

1re brigade aux ordres du général LAPLANCHE-MORTIÈRES.

Bataillon d'élite du 13e régiment de ligne........	Strasbourg.
Id.	58e	id...............	Strasbourg.
Id.	9e	id...............	Strasbourg.
Id.	81e	id...............	Strasbourg.

2e brigade aux ordres du général DUPAS.

Bataillon du 2e régiment d'infanterie légère.......	Ruprechtsau.
Id.	3e	id.................	Bischheim.
Id.	28e	id.................	Strasbourg.
Id.	31e	id.................	Strasbourg.

3e brigade aux ordres du général RUFFIN.

Bataillon du 12e régiment d'infanterie légère...... { Niederhausbergen. Mittelhausbergen. Oberhausbergen. }

Id. 15e id................ { Suffelweiersheim. Mundolsheim. }

Les 1re, 2e, 3e et 4e compagnies du 2e bataillon de sapeurs, provisoirement attachées à cette division, étaient à Strasbourg,

La division de cavalerie, commandée par intérim par M. le général de brigade Fauconnet, occupait les cantonnements suivants :

1re brigade aux ordres du général TREILLARD.

9e régiment de hussards..................... { Wendenheim. Eckwersheim. }

10e id............................. Lampertsheim.

2e brigade aux ordres du général FAUCONNET.

13e régiment de chasseurs..................... Reichstett.
21e id............................. Hördt.

Le 2 vendémiaire (*24 septembre*), point de mouvement dans les divisions. L'artillerie du corps d'armée est arrivée à Strasbourg.

Le prince Murat au général Mathieu Dumas.

Strasbourg, le 2 vendémiaire an xiv (24 septembre 1805).

Monsieur le Général,

MM. les maréchaux Davout, Soult, Ney et Lannes ont reçu l'ordre de passer le Rhin. Le premier doit effectuer son passage le 3 (*25 septembre*) à Spire ; son mouvement sera suivi le lendemain de celui des 4ᵉ et 6ᵉ corps d'armée. Le 5ᵉ et la réserve de cavalerie passeront demain (*25 septembre*) à Kehl. Cependant, si les ponts de bateaux n'étaient pas jetés à l'époque prescrite, l'Empereur m'a ordonné de suspendre le passage d'un jour, pour les maréchaux Davout, Soult et Ney ; et, dans ce cas, le corps du maréchal Lannes fera séjour le 4 (*26 septembre*), à Rastatt.

Je fais établir les quatre divisions de dragons et celle de cavalerie ainsi qu'il suit :

La 1ʳᵉ de dragons à Offenbourg, pour couvrir les débouchés de la Kinzig ; elle se reliera par sa droite avec la 3ᵉ qui doit occuper Ettenheim.

Cette dernière division doit observer les débouchés d'Haslach, d'Elzach et de Fribourg.

La 4ᵉ va prendre position, en arrière de la 3ᵉ, au village d'Altenheim ; elle doit se lier sur sa gauche, par Lahr, avec Gengenbach.

La 2ᵉ division sera cantonnée à Willstett. La division de grosse cavalerie sera placée à Renchen ; un régiment occupera Oberkirch pour observer le Kniebis.

Les autres régiments seront poussés en avant sur la route de Rastatt vers le débouché de Kappel. Le général d'Hautpoul doit se lier avec les grenadiers du général Oudinot.

La division de dragons à pied prendra position à Kehl et s'établira en éventail dans les villages en arrière des divisions de cavalerie ; le parc d'artillerie sera établi à Kehl.

Les troupes ont ordre de prendre pour quatre jours de pain et pour quatre jours de biscuit. Il sera fait une distribution de cartouches à raison de 50 par homme. L'artillerie, destinée à ces divisions, suivra leurs mouvements à leur passage à Strasbourg. Elles doivent laisser dans un des villages de leur arrondissement, sur la rive gauche du Rhin, les hommes et les chevaux hors d'état d'entrer en campagne. Passés sur la rive droite, les différents corps d'armée doivent y vivre de réquisitions, chacun sur les pays situés à la gauche de la route qu'il doit tenir.

MURAT.

M. Raymond, secrétaire de légation à Stuttgard, au prince Murat.

Pforzheim, le 3 vendémiaire an xiv (25 septembre 1805), à minuit.

J'arrive à l'instant de Pforzheim (minuit); j'apprends, en changeant de chevaux, que la nouvelle y est parvenue à 7 heures du soir que, hier après dîner, 200 hommes du régiment de Latour (dragons) (1) sont arrivés à Calw. Le maître de poste, homme sûr, me garantit cette nouvelle.

J'ai l'honneur de vous la faire parvenir par estafette et d'être de Votre Altesse Sérénissime.....

RAYMOND.

Le prince Murat à l'Empereur.

(Sans date).

Je reçois à l'instant par M. Raymond, secrétaire de légation arrivé en poste, de Stuttgard, la nouvelle que l'empereur d'Allemagne est arrivé à Munich le 21 septembre et a dû en repartir le lendemain pour Landsberg, où l'archiduc Jean se trouvait déjà.

Il paraît, d'après le rapport que j'envoie à Votre Majesté et auquel Elle peut ajouter foi, que l'ennemi s'est remis en mouvement sur les différents débouchés de la Forêt-Noire.

Déjà la division du général Oudinot a passé le Rhin et marche sur Rastatt. Les divisions de cavalerie se réunissent en ce moment à Strasbourg, et passeront dans la journée pour aller occuper les cantonnements qui leur ont été assignés aux débouchés de la Forêt-Noire. Je crains bien qu'ayant de sept à huit lieues à

---

(1) Chevau-légers (Annuaire autrichien, 1805.)

faire pour arriver sur le Rhin et cinq ou six de l'autre côté pour aller s'établir dans leurs nouveaux postes, tous les corps n'y soient pas rendus ce soir. Les dragons à pied ne pourront être rendus qu'en partie à Kehl. Demain, de très bonne heure, tout le corps de la réserve aura occupé ses nouvelles positions.

Sire, nous sommes loin d'être organisés ; presque aucun offi· cier d'état-major n'est à l'armée ; les équipages des généraux sont loin derrière eux ; point de caissons d'ambulance ; les bataillons du train sont encore en route ; notre artillerie est traînée par des chevaux de réquisition . . mais tout arrive et j'espère que les deux jours que nous aurons avant de nous remettre en mouvement, suffiront pour nous donner le temps de recevoir à peu près tout ce qui nous manque. L'ennemi venant d'occuper Hechingen, comme, suivant toutes les apparences, il voudra aussi se rendre maître de Freudenstadt, je vais tâcher de le faire prévenir en engageant M. l'Électeur de Wurtemberg à s'emparer, sur-le-champ, de ce poste.

Sire, ne voulant pas perdre une minute pour donner à Votre Majesté la nouvelle de la marche des ennemis, et voulant cependant vous rendre compte des mesures ordonnées, tant pour le passage du Rhin que pour notre établissement sur la rive droite, je me borne à vous adresser copie de la lettre que j'ai écrite à M. le général aide-major, chef d'état-major de l'armée, pour les lui faire connaître.

Sire, les maréchaux commandant les divers corps d'armée ont reçu directement, du ministre de la guerre, l'ordre de passer le Rhin ; je l'ai reçu moi même comme commandant la réserve de cavalerie et non comme commandant l'armée en votre absence. Par cette disposition, il semblerait que chacun dût attendre de nouveaux ordres pour agir séparément et il n'y aurait plus, en quelque sorte, d'autorité centrale. Cependant, je prie Votre Majesté d'être parfaitement rassurée, car, si vous n'arriviez aujourd'hui, je n'oublierais pas que j'ai l'honneur d'être votre lieutenant et je suis persuadé que chacun exécuterait mes ordres avec empressement.

En exécution de vos ordres, Sire, j'ai écrit à l'Électeur de Bade, pour l'engager à réunir ses troupes à Durlach avec l'ordre de s'y ranger sous le commandement du maréchal Ney. J'écrivis aussi, hier, à M. Didelot pour le charger de prévenir l'Électeur de Wurtemberg que vous désiriez que ses troupes fussent mises sous mes ordres. En apprenant aujourd'hui l'occupation d'Hechingen par les Autrichiens, je lui écris, sur-le-champ, de faire en sorte que l'Électeur envoie occuper Freudenstadt, où ses troupes seront d'ailleurs plus à portée que sur tout autre point, de se lier avec mon corps d'armée et de recevoir mes ordres.

Je reçois à l'instant copie d'une lettre, écrite par un officier autrichien à son père, d'après laquelle il semblerait que l'ennemi a le projet de pénétrer en Suisse. Ses mouvements et d'autres renseignements semblent confirmer l'existence de ce projet.

MURAT.

Le général de division Belliard, chef d'état-major de la réserve de cavalerie et de dragons, à M. le Général de division, commandant la 5ᵉ division militaire.

A Kork, le 3 vendémiaire an XIV (25 septembre 1805).

Je vous prie de donner les ordres nécessaires pour établir, à Strasbourg et dans les villages les plus rapprochés en arrière, les trois régiments de dragons de la division du général Beaumont qui, venant de fort loin, ne passeront le Rhin que demain matin 4 (*26 septembre*). Ces régiments sont le 9ᵉ, le 16ᵉ et le 21ᵉ.

BELLIARD.

Le même au Premier Inspecteur général de l'artillerie.

D'après les nouvelles dispositions arrêtées par Son Altesse le prince Murat, l'artillerie qui était destinée pour les divisions ne les suivant pas, Son Altesse désire qu'elle soit parquée à Kehl pour être à sa disposition. Il me charge, en conséquence, de vous prier de donner vos ordres d'après cette nouvelle disposition.

BELLIARD.

Le même au général Beaumont.

L'intention du prince Murat est que vous restiez dans les cantonnements que vous avez pris ce soir et que, de plus, vous fassiez occuper Ottenheim, Schutterzell et Schuttern. Vous occuperez aussi Allmannsweier et Lahr, qui sera votre point le plus avancé. Vous observerez les routes de Mahlberg et d'Haslach, sur lesquelles vous pousserez des patrouilles et des reconnaissances qui seront commandées par des officiers supérieurs, surtout la nuit.

Si vous aviez quelques rapports intéressants et pressants, veuillez les faire parvenir très vite au Prince.

Remettez, je vous prie, à l'officier d'état-major, l'état de vos cantonnements.

BELLIARD.

Ordre du jour.

Au quartier général, à Strasbourg, le 3 vendémiaire an XIV
(25 septembre 1805).

Son Altesse Sérénissime le prince Murat ordonne que les généraux de division, arrivés aux positions qui leur ont été désignées, établissent leurs troupes militairement, qu'ils couvrent leurs cantonnements par des postes qu'ils formeront d'hommes à pied et à cheval, et qu'ils veillent avec le plus grand soin à ce que le service se fasse avec la plus grande exactitude.

Le service de la viande devant être organisé dans chaque division, des préposés les suivront avec des bœufs à leur passage au pont de Kehl ; en conséquence, les généraux de division indiqueront, dans leur arrondissement, le point le plus central pour cette distribution.

Le Général de division, Chef de l'état-major général,
BELLIARD.

Le même aux quatre généraux des divisions montées.

Le Prince ordonne, mon cher Général, qu'avant le jour les troupes prennent les armes, qu'elles ne rentrent à leurs quartiers qu'après le retour de vos reconnaissances, et qu'elles soient toujours prêtes à monter à cheval. L'ennemi n'est pas très éloigné ; il faut être en mesure.

BELLIARD.

Le général Belliard au général Klein.

D'après de nouvelles dispositions du prince Murat, vous ordonnerez que le régiment, qui est à Gengenbach, se rende à Offenbourg, où il se réunira aux troupes que vous y avez déjà Vous établirez une très forte grand'garde à Bohlsbach, qui sera commandée par un chef d'escadron, et qui éclairera la Kinzig jusqu'à Gengenbach. Vous vous lierez par votre droite avec les troupes du général Beaumont sur Schopfheim.

Demain matin, à 7 ou 8 heures, vous aurez, sur vos derrières, à Windschläg, Sand et Appenweier, une partie de la division de dragons à pied. Envoyez-moi, je vous prie, l'état de situation de vos troupes, celui des cantonnements et le nom du village où vos généraux de brigade ont leur quartier.

Le même au général Beaumont.

D'après de nouvelles dispositions du Prince, vous occuperez les villages de Meissenheim, Schutterzell et Schopfheim, observant les chemins de Gengenbach, celui de Lahr et celui de Kappel. Vous vous lierez, par votre gauche, avec les troupes d'Offenbourg, qui auront une très forte grand'garde à Bohlsbach.

Les trois régiments qui ont couché à Strasbourg n'iront point vous joindre demain ; ils seront établis à Kehl ou dans les environs.

Le même au général Klein.

Aussitôt votre établissement à Offenbourg, faites appeler, Monsieur le Général, le maître de poste qui, dit-on, est ami des Français, et, après avoir pris de lui tous les renseignements sur la marche et la force des Autrichiens, engagez-le à envoyer un homme sûr et de confiance à Donaueschingen pour avoir des détails sûrs et positifs que je vous prie de transmettre à Son Altesse. Son intention est que vous vous établissiez militairement, de couvrir votre position, et de faire éclairer par des patrouilles, toujours commandées par des officiers supérieurs ou par vos aides de camp, la vallée de la Kinzig en avant de Gengenbach sur la route d'Haslach. M. Bartholet, officier d'état-major, se rend auprès de vous, mon Général; il couchera à Offenbourg et en repartira demain matin. Si vous aviez quelques nouvelles intéressantes, cet officier se chargera de les apporter au quartier général et il prendrait la poste.

Le même au colonel-général Baraguey-d'Hilliers.

L'intention du prince Murat est que vous partiez demain, à 4 heures du matin, avec six bataillons de dragons à pied et six pièces d'artillerie légère, dont deux obusiers, pour vous porter sur Appenweier.

Les six pièces d'artillerie et un bataillon resteront à Sand. Trois bataillons occuperont Appenweier, ayant sur leur droite un bataillon à Windschläg, et à leur gauche un bataillon à Zimmern; le bataillon de Zimmern se liera, par sa gauche, avec Urloffen, et celui de Windschläg, par sa droite, avec la division établie à Offenbourg.

Un bataillon restera à Kehl, où se rendra de même le bataillon qui est resté en arrière et qui devra, demain, passer le Rhin. Le prince sera demain, de bonne heure, près de vous, mon Général, et il vous donnera de nouvelles instructions sur les mouvements que vous aurez à faire.

Le même au général Klein.

D'après la demande que vous faites, le prince Murat consent à ce que vous occupiez toujours Gengenbach, mais il ordonne que le service se fasse avec le plus grand soin et que vous exerciez la plus grande surveillance.

Comme vous le lui mandez, une grande partie de la division de dragons à pied va s'établir à Offenbourg et à Renchen; mais il y a un changement; les trois bataillons qui devaient occuper Appenweier seront établis à Sand, et trois autres bataillons occuperont Windschläg, Appenweier, Urloffen.

Le prince Murat ne vous enverra pas encore les dragons à

pied que vous lui demandez. Je vais à Strasbourg et je pourvoirai à vos subsistances. Si vous êtes attaqué, le prince vous fait dire de tenir autant que vous pourrez. Vous êtes prévenu, en même temps, que le général Baraguey-d'Hilliers a ordre, au premier coup de feu, de marcher d'Appenweier, sur la route de Renchen et de Sand, où est son quartier général, sur Offenbourg, pour vous soutenir.

Aussitôt que vous aurez quelque chose de nouveau, prévenez le prince, ainsi que le général Baraguey-d'Hilliers.

Rapport sur les marches et opérations de la Réserve de cavalerie.

Du 3 vendémiaire (25 septembre) au 12 vendémiaire an xiv
(4 octobre 1805).

Le 3 vendémiaire an XIV (*25 septembre 1805*), le corps d'armée de réserve, commandé par Son Altesse Sérénissime le prince Murat, a quitté ses cantonnements des environs de Strasbourg, où il avait été réuni, et a passé le Rhin, le 3, à Kehl.

La 1re division de dragons à cheval est allée s'établir au débouché de la vallée de la Kinzig, à Offenbourg, occupant Gengenbach pour observer le val de la Kinzig et poussant des reconnaissances sur Biberach (1).

---

(1) Marches et rapports historiques de la 1re division de dragons montés :

« Le 3 vendémiaire, à 5 heures du matin, elle est partie de Molsheim et environs, pour passer le Rhin à Kehl et aller s'établir dans les lieux ci-après :

État-major à Offenbourg.
1er à Gengenbach.
2e à Ortenberg et Elgersweier.
20e à Offenbourg.
4e à Friesenheim et Oberweier.
14e à Nieder et Ober-Schopfheim, et Hofweier.
26e à Griessheim, Windschlag et Bohlsbach.
Artillerie à Offenbourg.

Les dépôts des chevaux blessés de la 1re brigade, à Bühl; ceux de la 2e, à Weier. »

La 2ᵉ division a pris son quartier général à Willstett, faisant occuper les villages d'Urloffen et de Zimmern, de Nussbach et poussant des reconnaissances en avant de son front.

La 3ᵉ division a pris son quartier général à Ettenheim, faisant occuper les villages d'Ettenheim et Munchweier pour observer les débouchés d'Haslach;

Le village de Wagenstadt pour garder le débouché d'Haslach, et les villages de Kinzingen et de Weisweil pour couvrir les différentes communications sur Fribourg, où il poussera des reconnaissances sur Emmendigen et Eichstetten.

La 4ᵉ division a pris son quartier général à Altenheim, occupant les villages en avant de lui jusqu'à Kappel, se liant par Dinglingen et Lahr, avec Gengenbach, occupé par la 1ʳᵉ division.

La 2ᵉ division de grosse cavalerie prit position à Renchen, faisant occuper par un régiment Oberkirch pour couvrir le débouché du Kniebis, et tenant Haslach, Mösbach et Weissenbach pour observer le val Kappel; elle eut l'ordre de pousser des reconnaissances sur Petersthal et dans le val Kappel (1).

La division de dragons à pied prit ses cantonnements à Kehl et villages environnants.

Le parc d'artillerie de réserve fut établi à Kehl. Le quartier du prince s'établit à Kork.

Rapport du général Compans au maréchal Berthier.
(Voir le début à la journée du 23 septembre.)

Le 3 vendémiaire (*25 septembre*), les 9ᵉ et 10ᵉ régiments de hussards ont passé sous les ordres de M. le général Oudinot, et toute la division commandée par ce général, ainsi que celle de cavalerie et 12 bouches à feu, sont parties de Strasbourg à 3 heures du matin, ont passé le Rhin sur le pont de Kehl et ont marché, par diverses routes, pour aller occuper, le soir, les cantonnements dont le détail suit :

---

(1) « A trois lieues en avant de Renchen, on a trouvé l'ennemi, qui s'est retiré à l'approche de nos troupes. » (Journal des marches de la 2ᵉ division de grosse cavalerie.)

1ʳᵉ *brigade aux ordres du* général LAPLANCHE-MORTIÈRES.

Bataillons des 9ᵉ et 81ᵉ de ligne.............. Bühl.
    Id.   13ᵉ et 58ᵉ   id................. Steinbach.

2ᵉ *brigade aux ordres du* général DUPAS.

Bataillons des 2ᵉ et 3ᵉ d'infanterie légère........ Sasbach.
    Id   28ᵉ et 31ᵉ   id.............. Ottersweier.

3ᵉ *brigade aux ordres du* général RUFFIN.

Bataillon du 12ᵉ d'infanterie légère............. Grossweier.
    Id.   15ᵉ   id..................... { Haselbach. / Unter-Michelbach.

1ʳᵉ compagnie du 2ᵉ bataillon de sapeurs.......... Mühlenbach.
2ᵉ   id.   id..................... Uffenthal.
3ᵉ   id.   id..................... Eisenthal.
4ᵉ   id.   id..................... Bühl.

Les 12 bouches à feu, à Lichtenau.

Le reste de l'artillerie est resté à Strasbourg, où M. le général Foucher a été chargé de la faire mettre en état.

Les chevaux, qui avaient fait la route de Boulogne à Strasbourg, avaient indispensablement besoin de repos.

Incessamment, cette artillerie rejoindra le corps d'armée.

1ʳᵉ *brigade aux ordres du* général TREILLARD.

10ᵉ régiment de hussards..................... { Renchen. / Erlach.
9ᵉ   id......................... { Mosbach. / Niederachern.

2ᵉ *brigade aux ordres du* général FAUCONNET.

13ᵉ régiment de chasseurs.................... Schwarzach.
21ᵉ   id......................... Stollhofen.

Le 4 (*26 septembre*), à 2 heures du matin, la 4ᵉ compagnie du 2ᵉ bataillon de sapeurs et le bataillon d'élite du 9ᵉ régiment de ligne ont eu ordre de partir de Bühl et de se diriger sur Freudenstadt, à l'effet d'occuper ce poste, dans le cas où il ne le serait pas par l'ennemi, et de l'enlever, dans le cas où il ne le serait que par des forces inférieures.

A la même heure, un escadron du 9⁰ de hussards est parti en reconnaissance sur la route de Rastatt à Ettlingen.

A 6 heures du matin, le reste du corps d'armée s'est mis en mouvement, s'est dirigé sur Rastatt et a pris ses cantonnements ainsi qu'il suit :

1re *brigade aux ordres du* général LAPLANCHE-MORTIÈRES.

Bataillon du 13⁰ de ligne...................... Rastatt.
    Id.   58⁰   id...................... Rastatt.
    Id.   81⁰   id...................... Muggensturm.

2⁰ *brigade aux ordres du* général DUPAS.

Bataillon du 2⁰ d'infanterie légère..............
    Id.   3⁰   id....................
    Id.   28⁰   id.................... } Rastatt.
    Id.   31⁰   id....................

3⁰ *brigade aux ordres du* général RUFFIN.

Bataillon du 12⁰ d'infanterie légère............. } Rastatt.
    Id.   15⁰   id....................

1re, 2⁰ et 3⁰ compagnies du 2⁰ bataillon de sapeurs. Rastatt.
Les 12 bouches à feu et le train d'artillerie....... Rastatt.

1re *brigade aux ordres du* général TREILLARD.

9⁰ régiment de hussards..................... Oberweier.
10⁰   id........................... Bruchhausen.

2⁰ *brigade aux ordres du* général FAUCONNET.

13⁰ régiment de chasseurs.................... } Rastatt.
21⁰   id...........................

COMPANS.

L'Empereur au maréchal Lannes.

Quartier impérial, à Strasbourg, le 4 vendémiaire an XIV
(26 septembre 1805).

Ordre au maréchal Lannes de séjourner demain, 5, à Rastatt; de s'étendre, s'il est nécessaire, jusqu'à Baden, et d'envoyer des reconnaissances de cavalerie jusqu'à Wildbad; ces reconnaissances partiront avant le jour; on fera faire deux lieues par deux régiments, deux autres lieues par un régiment, une autre lieue par un escadron, une autre lieue par un piquet des mieux montés.

NAPOLÉON (1).

Le général Andréossy au prince Murat.

Strasbourg, le 4 vendémiaire an XIV (26 septembre 1805).

J'ai l'honneur de prévenir Votre Altesse Sérénissime que l'intention de Sa Majesté est que la division aux ordres du général Walther se rende à Ober-Kirchen.

La division commandée par le général d'Hautpoul devra se concentrer à Renchen, en s'étendant du côté du Rhin, de manière qu'elle ait tous ses postes en seconde ligne et que partout elle soit couverte par les dragons. Ce mouvement se fera demain, après que la division du général Walther aura exécuté les changements qu'elle doit faire avec la division de dragons à à pied (2).

Sa Majesté veut que Votre Altesse donne des ordres à toutes les divisions qui se trouvent aux débouchés de la Forêt-Noire de pousser des reconnaissances avant le jour. Vous ferez donner l'ordre aux officiers qui conduiront ces reconnaissances de ne point attaquer, mais, au contraire, de faire des politesses partout où ils passeront si on leur en fait, et de déclarer qu'ils ne se présentent dans le pays que parce qu'on dit que l'armée autri-

---

(1) *Correspondance de Napoléon,* n° 9268. Le même ordre est envoyé par Andréossy, chef de l'état-major général.

(2) Cette partie de l'ordre est la reproduction de la pièce n° 9269 de la *Correspondance de Napoléon.*

chienne marche sur Strasbourg. L'intention de Sa Majesté est encore que Votre Altesse fasse appeler les magistrats de Fribourg et de leur faire commander de préparer, d'ici à deux jours, c'est-à-dire pour samedi, 20,000 rations de fourrage.

Enfin, Sa Majesté désire que Votre Altesse fasse parvenir aux dragons de la réserve l'ordre d'être à cheval avant le jour.

ANDRÉOSSY.

Réserve de cavalerie. — Ordre du jour.

Le 4 vendémiaire an XIV (26 septembre 1805).

D'après les intentions de Son Altesse Sérénissime le prince maréchal d'Empire Murat, les généraux de division donneront les ordres nécessaires pour que les gros bagages, qui se trouvent à la suite des régiments, partent de suite pour être conduits dans les villages où sont établis les dépôts.

Aucun officier ne devra quitter son régiment pour venir à Strasbourg sans l'autorisation de son général de brigade, visée par le général commandant la division.

Dans chaque division, il sera nommé un vaguemestre général, dont on enverra le nom à l'état-major du prince. Il sera chargé de la direction des convois de voitures et deviendra personnellement responsable du désordre qui pourrait régner dans la marche des colonnes.

S'il arrivait que tout le corps d'armée marchât ensemble, les vaguemestres généraux des divisions seront sous les ordres du vaguemestre général de la réserve, qui sera mis à l'ordre de l'armée. A l'arrivée des divisions ou du corps d'armée, il sera indiqué un endroit pour parquer les voitures.

Les corps ne traîneront à leur suite aucune autre voiture que celles autorisées par l'ordre du jour de la Grande Armée. Toutes les femmes qui sont dans les cantonnements, hors celles autorisées par les lois et règlements militaires et par l'ordre du jour de la Grande Armée.

Le prince Murat renouvelle l'ordre qu'il a déjà donné pour que, dans chaque cantonnement, même dans ceux qui sont couverts, le service se fasse avec la plus grande exactitude, qu'on se garde militairement et qu'on ne laisse approcher aucune troupe sans l'avoir reconnue.

Les chefs d'état-major, les commandants du génie et d'artillerie, ainsi que le commissaire ordonnateur enverront de suite, à l'état-major général, l'état de situation du personnel et du matériel.

Les officiers généraux commandant les divisions voudront bien adresser dans le jour, au chef d'état-major de la division, l'état des ressources que fournit en tout genre le pays qu'ils occupent.

Le général de division Belliard, chef d'état-major de la réserve de cavalerie et de dragons, au général Boyer.

A Kork, le 4 vendémiaire an XIV (26 septembre 1805).

Au lieu de vous réunir à la division Beaumont, comme vous en aviez reçu l'ordre, vous irez avec les trois régiments que vous commandez à Kehl avec un régiment; les deux autres seront cantonnés à Sundheim, Neumühl, Eckartsweier et Marlen, où ils resteront jusqu'à nouvel ordre. Le général de division Beaumont est prévenu de ce mouvement (1).

Le même au général Beaumont.

Vous devez occuper tous les cantonnements que je vous ai indiqués. J'écris au général Bourcier de resserrer les siens, vous pourriez occuper Ichenheim pour votre quartier général.

Si vous n'avez pas de bœufs, il faut faire des réquisitions en règle sur les besoins de votre division, soit de viande, soit de fourrages.

---

(1) Envoyé à Strasbourg au général Leval, pour être transmis au général Boyer, à 3 h. 1/2 du matin.

Le général Belliard a commis une erreur en attribuant au général Boyer le commandement de cette brigade, car, le même jour, ce général envoie et signe un rapport de reconnaissance des environs d'Ettenheim (Voir plus loin).

Votre brigade est à Kehl et environs ; elle restera là jusqu'à nouvel ordre, ce qui ne sera peut-être pas long.

Le même au général Beaumont.

D'après les rapports faits et les reconnaissances, mon cher Général, la division Klein, à laquelle vous vous liez par votre gauche, aurait l'ennemi très près d'elle ; le Prince a ordonné que le général Klein tienne tant qu'il pourra s'il est attaqué par des forces supérieures, et il sera soutenu par six bataillons de dragons, qu'on a fait avancer pour soutenir la ligne de cavalerie. Trois sont placés à Sand, avec 12 pièces d'artillerie légère ; les trois autres sont à Windschläg, Appenweier et Zimmern. La division d'Hautpoul doit protéger cette infanterie par sa gauche ; et vous, mon cher Général, si l'ennemi se présente, vous monterez à cheval et vous protégerez vos voisins qui en feront autant pour vous. Communiquez, je vous prie, cette lettre au général Bourcier.

Le même au général Bourcier.

Il est nécessaire que vous preniez les cantonnements qu'on vous avait assignés et que vous fassiez place aux troupes du général Beaumont qui, d'après les ordres du Prince, doivent occuper les villages que je leur ai assignés. Le général Beaumont vous communiquera cette lettre que je lui écris et qui est aussi pour vous.

Vous devez laisser libres les villages de Ichenheim et Dundenheim, en outre de ceux que j'ai donnés au général Beaumont.

Le même au général d'Hautpoul.

D'après les instructions du prince Murat, si le général Klein, qui se trouve à Offenbourg, était attaqué, le général Baraguey-d'Hilliers, qui occupe avec ses dragons à pied Sand et Appenweier, a ordre de marcher sur Offenbourg pour le soutenir ; alors le régiment que vous avez à Oberkirch devra se retirer sur

Appenweier, avec le reste de votre division, pour soutenir les troupes qui seraient attaquées. Vous ferez tant que vous pourrez éclairer Oberkirch.

Le même au colonel-général Baraguey-d'Hilliers.

Le Prince désire que vous placiez trois bataillons à Sand au lieu de les établir à Appenweier ; les trois autres occuperont les villages indiqués dans la lettre que je vous écrivis hier (1) et situés sur la route de Renchen à Offenbourg.

L'ennemi est très près du général Klein ; dans le cas où il serait attaqué, les intentions du prince sont, Monsieur le Colonel-général, que vous marchiez de suite sur Offenbourg par Appenweier et Sand, pour soutenir. La division de cavalerie, qui occupera Renchen et Oberkirch, a ordre de se réunir sur Appenweier et de soutenir votre mouvement.

Le Prince désire aussi que votre quartier général soit à Sand (2).

---

(1) Windschlag, Appenweier et Zimmern.

(2) Baraguey-d'Hilliers s'étant plaint de ce que sa division manquait des quatre rations de pain qu'elle aurait dû recevoir à Strasbourg, Belliard lui répond le même jour :

« L'ordre qui a été donné aux corps d'armée, et dont j'ai eu l'honneur de vous envoyer copie, porte que le pain sera distribué pour quatre jours à Strasbourg, et que la viande sera prise à Kehl, où se trouvaient des bœufs ; si les distributions n'ont pas été faites, Monsieur le Général, c'est une négligence coupable de ceux auxquels vous avez transmis l'ordre, et le prince Murat désire que vous les lui fassiez connaître. Le Prince ordonne, Monsieur le Général, que votre commissaire des guerres parte sur-le-champ, avec un officier de votre état-major, pour se rendre à Strasbourg, prendre et faire charger sur des voitures, le pain pour quatre jours et le biscuit pour autant. L'officier de l'état-major ne devra pas quitter Strasbourg, qu'il n'ait vu tout chargé, et il suivra le convoi jusqu'à Kehl, où il sera remis à un officier de dragons, qui le conduira et l'escortera jusqu'à Appenweier, où se fera la distribution, et dont je vous prie de donner connaissance aux troupes qui seront établies dans les nouveaux cantonnements ; le bataillon prendra où il se trouve. »

Une lettre analogue est adressée à l'ordonnateur en chef Martin-

Le général Boyer au général de Beaumont.

Ettenheim, le 4 vendémiaire an xiv (26 septembre 1805).

J'ai l'honneur de vous rendre compte que les vedettes placées en avant du village de Ringsheim, où j'avais placé hier le 8e de dragons, ont vu une patrouille à cheval en manteaux blancs; après avoir crié trois à quatre fois : « Qui vive ! » sans répondre, le dragon a tiré son coup de pistolet et la patrouille rebroussa chemin sans riposter ; une autre vedette a aperçu la même patrouille, a également tiré dessus. Cette petite troupe a été vue près du village d'Herbolzheim qu'elle a traversé pour se retirer. D'après les informations que j'ai prises, les Autrichiens ont deux régiments à huit lieues d'ici. Je pense que c'est du côté de Fribourg.

J'ai donné ordre aux régiments placés à Altdorf et Ringsheim, d'aller occuper Münchweier et Wagenstadt. Les découvertes et reconnaissances sont également prescrites et j'aurai l'honneur, mon Général, de vous en rendre compte.

Ma brigade a eu, hier, une marche bien pénible, et je crains que le nombre des chevaux blessés ne soit augmenté de beaucoup.

Je recommanderai aux chefs d'en avoir le plus grand soin.

Je tâcherai, mon Général, de trouver un officier intelligent, sachant la langue allemande ; je vous l'enverrai pour adjoint à votre état-major.

Boyer.

Il a eu ordre depuis de prendre les nouvelles positions en arrière de Lahr, comme je l'ai mandé au général Belliard.

M. de Beaumont.

Faviers. Il est invité à livrer le pain, le biscuit et les bœufs auxquels a droit la division de dragons à pied, et de fournir les moyens de transport nécessaires.

Rapport sur les marches, etc., de la Réserve de cavalerie.

Aussitôt le passage du Rhin, les ouvriers qu'on avait commandés travaillèrent à faire une tête de pont. La division des grenadiers d'Oudinot, marchant sur Rastatt, fut coucher à Lichtenau.

D'après de nouvelles dispositions, la 4ᵉ division a occupé Ichenheim, Miessenheim et les villages en avant jusqu'à Allmannsweier, poussant sur Kappel, ayant à sa gauche la 3ᵉ division.

La 3ᵉ division occupa Dundenheim, Morburgerhof, Nieder-Schopfheim, Ober-Schopfheim, Schutterzell et Schutter, poussant sur Mahlberg et sur Lahr et se liant par Steinberg et Diersberg avec Gengenbach occupé par la 1ʳᵉ division qui ne changea rien à sa position (1).

Six bataillons de la division de dragons à pied ont quitté leur position pour venir occuper, savoir : trois bataillons et six pièces d'artillerie légère Sand ; les trois autres à Windschläg, Appenweier et Zimmern sur la route de Renchen à Offenbourg, se liant par la droite à Offenbourg, par la gauche avec Erlach, et devant soutenir et protéger le régiment qui occupait Oberkirch. Un bataillon est resté à Kehl pour en former la garnison.

Les rapports que le Prince reçut annonçaient que l'ennemi était dans la vallée de Kinzig, du côté d'Haslach, et qu'il occupait dans le Kniebis Freudenstadt.

---

(1) « Une patrouille autrichienne à cheval se présenta pour passer au pont de Biberach, à 1 lieue et demie en avant de Gengenbach. L'officier commandant le poste du 1ᵉʳ régiment, de garde audit pont, lui signifia avoir l'ordre de ne pas la laisser passer ; sur ce, elle plaça des vedettes en face du pont et se retira dans le village de Biberach. » (Marches et rapports historiques de la 1ʳᵉ division de dragons.)

M. Massias (1) au prince Murat.

Carlsruhe, le 4 vendémiaire an xiv (26 septembre 1805),
à 2 heures après-midi.

J'apprends qu'un détachement de dragons de Latour est entré à Pforzheim à 9 heures du matin. Comme je présume que ce ne peut être qu'une patrouille d'éclaireurs qui ne tient à aucun corps considérable, je n'enverrai cette nouvelle à Votre Altesse Sérénissime par un courrier extraordinaire qu'après que j'aurai vu Son Excellence M. le maréchal Ney, à la rencontre duquel je vais dans ce moment.

MASSIAS.

P.-S. — A 4 heures. Les Autrichiens sont à Wilferdingen, à trois lieues de Carlsruhe ; je crois toujours que ce n'est qu'une pointe.

MASSIAS.

Le général de division Belliard, chef d'état-major de la réserve de cavalerie et de dragons, au général Beaumont.

A Kork, le 5 vendémiaire an xiv (27 septembre 1805).

Votre brigade (2) part ce matin à 9 heures de Kehl et va se réunir à vous ; vous l'établirez dans des cantonnements et vous prendrez pour votre division tous les villages qui se trouvent depuis Ichenheim jusqu'à Mietersheim, compris entre la division Klein et la route d'Ichenheim à Mietersheim par Lahr. Le général Bourcier occupera tous ceux qui se trouvent à votre droite, entre la route dont je vous parle et le Rhin. Je vous verrai tous deux aujourd'hui et nous arrangerons le reste.

Vous établirez votre quartier général où vous jugerez le plus convenable et le plus central ; je vous prie de me le faire connaître de suite.

---

(1) Chargé d'affaires de Sa Majesté l'Empereur des Français près Son Altesse Sérénissime l'Électeur de Baden.
(2) Les 9e, 16e et 21e régiments, restés en Alsace le jour précédent.

Le général Andréossy au maréchal Lannes.

Strasbourg, le 5 vendémiaire an xiv (27 septembre 1805).

Monsieur le Maréchal,

L'intention de l'Empereur est que vous restiez demain, toute la journée, à Rastatt, afin de pouvoir réunir tout votre corps d'armée. Je vous préviens que votre réserve de cavalerie, votre réserve d'artillerie et la division du général Gazan partiront pour vous rejoindre. Cette dernière reçoit l'ordre d'être rendue à Strasbourg le 7, vers 9 ou 10 heures du matin.

Andréossy.

Le prince Murat à l'Empereur.

A Kork, le 5 vendémiaire an xiv (27 septembre 1805).

L'ennemi a poussé, hier, des reconnaissances pour tous les principaux débouchés de la Forêt-Noire; il a occupé Nagold, Wildberg, Pforzheim, Vaihingen.

Une patrouille de quelques dragons de Rosenberg a paru à Durlach, où ils ont pris des renseignements sur notre position.

Aussitôt que j'aurai reçu le rapport des différentes reconnaissances de cette nuit et de ce matin, je m'empresserai de les adresser à Votre Majesté.

Murat.

Le général de division Belliard, chef d'état-major de la réserve de cavalerie et de dragons, au général Leval.

A Kork, le 5 vendémiaire an xiv (27 septembre 1805).

L'intention de Son Altesse Sérénissime le prince Murat est que vous ordonniez au 1er bataillon du 1er régiment de dragons à pied, qui arrivera aujourd'hui à Strasbourg, de s'établir dans la journée à Kehl, avec le 1er bataillon du 3e régiment, qui s'y trouve (1).

---

(1) Ce bataillon fournit 150 hommes au colonel Mostel, commandant l'artillerie du corps d'armée (Ordre n° 13).

Au 5ᵉ de cuirassiers, d'en partir de suite, pour venir s'établir dans le jour à Willstett, où il fera partie de la 2ᵉ division de grosse cavalerie, commandée par le général d'Hautpoul.

Réserve de cavalerie. — Ordre du jour.

Au quartier général, à Kork, le 5 vendémiaire an XIV
(27 septembre 1805).

Le général Walther établira, dans la journée, son quartier général à Oberkirch, que le 1ᵉʳ régiment de cuirassiers évacuera; le général d'Hautpoul lui assignera un autre cantonnement, entre Willstett et Renchen (1).

Les généraux de division, faisant opérer dans la journée le changement qui leur est annoncé, de retirer les anciens dragons des bataillons à pied pour les remettre à cheval, ils devront apporter dans cette opération, qui ne peut éprouver de retard, le plus grand ordre; chaque régiment fournira, en conséquence, un détachement particulier des hommes qu'il veut envoyer dans les bataillons à pied. Tous ces différents détachements se réuniront ensuite au quartier général de la division pour n'en former qu'un seul, que le général de division fera conduire par son chef d'état-major et des officiers supérieurs dans les cantonnements des bataillons à pied, où ils prendront les hommes qui doivent rentrer dans les escadrons à cheval pour les conduire à leur régiment. Ces détachements devront être commandés par un chef d'escadron. Le général Walther n'opérera son mouvement qu'après que ce changement aura été opéré.

Le général Belliard, chef de l'état-major général, enverra sur-le-champ dans chaque division un officier d'état-major pour y

---

(1) « Je vous préviens que le 5ᵉ régiment de cuirassiers s'est établi, ce soir, à Wilstett. Le Prince me charge de vous demander où vous avez cantonné le 1ᵉʳ régiment, qui a quitté Oberkirch. Répondez-moi de suite, je vous prie. » (Belliard à d'Hautpoul, n° 114.)

Le 1ᵉʳ cuirassiers cantonna à Renchen.

prendre l'état de situation et d'emplacement qui a été si souvent demandé (1).

Les généraux de division sont prévenus que le prince Murat passera incessamment la revue de leur division.

M. le colonel Baraguey-d'Hilliers passera de suite une revue de rigueur de l'armement des bataillons de sa division et il en transmettra le résultat à Son Altesse Sérénissime.

Le prince recommande aux généraux de division d'assurer toujours la prompte exécution des différents ordres qui leur seront transmis.

Il a été rapporté à Son Altesse Sérénissime que des généraux commandant des divisions militaires avaient fait partir des dépôts des régiments de cavalerie tous les officiers et sous-officiers que les colonels y avaient laissés pour l'instruction des recrues. Cette mesure, contraire à l'intention de Sa Majesté, ne pouvant qu'entraîner la désorganisation de la cavalerie, le prince Murat ordonne, en conséquence, aux colonels dont les dépôts se trouvent sans officiers et sous-officiers propres à l'instruction des recrues, d'y en envoyer sur-le-champ. Les généraux de division sont chargés de surveiller l'exécution de cette mesure.

On renouvelle aux colonels qu'ils sont autorisés à acheter le plus de chevaux qu'ils pourront se procurer. Si les dépôts ne pouvaient pas leur fournir assez d'hommes pour les monter, ils en rendraient compte sur-le-champ, et on pourvoirait aux moyens de leur procurer les hommes dont ils manqueraient.

Belliard.

---

(1) « Son Altesse Sérénissime le prince Murat recommande aux généraux de division la prompte exécution des dispositions ordonnées par Sa Majesté Impériale, renfermées dans l'ordre de l'armée du 5 vendémiaire. Ils adresseront en conséquence, dans le plus court délai, au chef de son état-major général, les états et renseignements qu'il prescrit.

« Son Altesse désire que le général de division adresse à l'état-major général, l'état, par rang d'ancienneté, des officiers généraux, officiers d'état-major et officiers supérieurs, jusqu'aux grades de chef d'escadron ou de bataillon inclusivement. » (Ordre n° 14 du corps d'armée de la Réserve de cavalerie et de dragons.)

Rapport sur les marches de la Réserve de cavalerie.

Le 5 vendémiaire an XIV (27 septembre 1805).

Le 5 (*27 septembre*), une brigade de la division Walther a quitté ses cantonnements, est allée relever à Oberkirch le 1er régiment de cuirassiers et occuper Zusenhofen et Zimmern.

Le 1er régiment de cuirassiers est venu à Renchen et le 5e, qui n'avait pas joint la division, passa le Rhin et vint cantonner à Wilstett.

D'après les ordres du Prince, tous les conscrits dragons qui se trouvaient à cheval ont été échangés contre un pareil nombre de vieux soldats des bataillons à pied.

Un escadron de dragons de la 1re division, qui avait poussé, de Gengenbach, une reconnaissance sur Biberach, rencontra un régiment de cavalerie ennemi qui venait pour entrer à Biberach ; l'officier qui le commandait dit au commandant français qu'il avait ordre de venir à Biberach et qu'il l'engageait à se retirer; l'officier français lui répondit qu'il avait ordre de l'occuper et qu'il y resterait; on s'en tint aux pourparlers et le régiment autrichien ne chercha pas à forcer..... Sur le rapport qui fut fait au Prince, il ordonna au général Klein de partir le 6, à la pointe du jour, avec le 1er régiment de dragons, quelques régiments de dragons à pied et une pièce d'artillerie pour aller attaquer le corps qui s'était présenté devant Biberach, le pousser vigoureusement et l'enlever s'il était possible. Un bataillon de dragons à pied marcha pour soutenir cette attaque.

Le général Walther reçut aussi l'ordre de pousser une forte reconnaissance sur Oppenau, d'en chasser l'ennemi et de s'emparer, s'il était possible, du poste de Freudenstadt (1).

Un bataillon de dragons à pied eut l'ordre de se porter à Oberkirch ; deux pièces d'artillerie furent envoyées à Appenweier, au débouché de la vallée de Kniebis.

---

(1) Il y eut une fausse alerte du côté d'Oberkirch. Belliard écrit au général Boussard, de la division Walther : « On a rendu compte au Prince, Monsieur le Général, qu'on avait entendu trois ou quatre coups de canon du côté d'Oberkirch ; je vous prie de me donner de suite les renseignements que vous avez pu avoir ».

Rapport des reconnaissances faites par les troupes de la division de dragons à pied, placées à Renchen, Appenweier et Zimmern.

Le 5 vendémiaire an xiv (27 septembre 1805).

La route d'Oberkirch à Zell, par les montagnes, est impraticable pour les voitures et les chevaux.

Les reconnaissances n'ont rien rencontré; mais un chef d'escadron du 1er régiment de cuirassiers, qui revenait de reconnaissance à Oberkirch, a dit qu'il avait trouvé les Autrichiens à Oppenau; ils avaient un poste, hier, à Lautenbach, qu'ils ont retiré dans la nuit. D'après les renseignements qu'a pris ce chef d'escadron, il paraît que les Autrichiens ont à peu près 2,000 hommes d'infanterie hongroise dans le Kniebis, et à Freudenstadt un régiment de dragons et des hussards de Blankenstein. La communication d'Oppenau à Zell est aussi fort difficile à travers les montagnes; il y a sur cette route, à Rosenbühl, quelques anciennes redoutes que les Autrichiens rétablissent pour les occuper.

Pour extrait conforme :
Le Colonel-Général,
Baraguey-d'Hilliers.

Le chef de bataillon Royez à M. le général Oudinot, commandant en chef la division des grenadiers.

Freudenstadt, le 5 vendémiaire an xiv (27 septembre 1805).

Je partis hier, à 4 heures, de Bühl, suis arrivé au village de Schwartzenberg à 3 heures après midi, où nous avons fait halte. Je vous dirai, mon Général, que cette route est horrible. Je suis parti à 4 heures et arrivé à Reichenbach à 6 heures. J'étais alors à trois fortes lieues de Freudenstadt. La troupe que je commandais ne pouvant plus marcher et n'ayant rien trouvé à manger dans les montagnes que nous avions traversées, je résolus de m'arrêter à Reichenbach et d'y passer la nuit; les soldats étaient trop fatigués pour faire encore trois lieues, en ayant déjà fait dix dans les montagnes. Je fis donner une bouteille de vin à chaque homme; ils en avaient besoin. Je me suis établi militairement dans ce village. Trois soldats autrichiens, au trois quarts ivres, se sont présentés à l'entrée du bourg, où ils furent arrêtés à minuit et conduits chez moi. Je les fis désarmer et garder à vue.

Je partis ce matin, à 4 heures, par un brouillard fort épais; à une demi-lieue, je rencontrai les vedettes autrichiennes qui se sont repliées sur leurs premiers postes où, y étant arrivés, on nous a arrêtés pour nous reconnaître et, après une mutuelle reconnaissance, l'officier a demandé à me parler, ce que je fis.

Il m'a prié d'attendre un peu, afin de pouvoir envoyer une ordonnance à Freudenstadt, pour évacuer ladite ville. Lui ayant franchement dit que j'étais dans le dessein de l'enlever après un quart d'heure d'attente, je me mis en marche et arrivai au bas de la montagne, où sont des forges, à un quart de lieu de la ville; le même officier s'étant présenté une seconde fois pour parlementer, m'a demandé une demi-heure, afin de donner aux troupes le temps d'évacuer. Je lui fis réponse que si, dans une demi-heure, les troupes n'étaient pas parties, j'entrerais. Tout s'exécuta avec ponctualité et avec politesse : ils ont bien fait. Je n'ai pu savoir, au juste, leur nombre, que je crois de 300 à 400 hommes, commandés par un major très jeune, qui paraît avoir bonne opinion de lui. Ces messieurs se sont retirés à quatre lieues sur la droite, venant de France, dans la petite ville de Dornhan.

Je suis entré par une des portes de Freudenstadt tandis que les Autrichiens sortaient par l'autre, tambour battant, trompette sonnante. Je me suis établi militairement, autant que possible. Cette place, ayant quatre portes, est fortifiée avec des planches de sapin.

J'ai fait partir, de suite, un détachement de 100 hommes pour occuper le fort Alexandre, composé de la compagnie de sapeurs et 50 hommes du bataillon sous mes ordres. J'ai donné au commandant les instructions nécessaires, afin de veiller sur le mouvement des Autrichiens. De mon côté, j'emploierai tout pour savoir ce que ces messieurs feront.

ROYEZ.

Le maréchal Berthier au maréchal Lannes.

Strasbourg, le 5 vendémiaire an XIV (27 septembre 1805).

Monsieur le Maréchal,

L'intention de l'Empereur est que votre corps d'armée parte demain, 6, de Rastatt pour se rendre à Esslingen en quatre jours de marche d'après l'itinéraire ci-après, savoir :

Pour les troupes à cheval.

Le 6 (*28 septembre*), à Herrenalb, en passant par la vallée de la Murg jusques à Gernsbach et de là jusqu'à Herrenalb par Löffenau ;
Le 7 (*29 septembre*), à Hirschau, en passant par Calmbach et Igelsloch ;
Le 8 (*30 septembre*), à Weil ;
Le 9 (*1er octobre*), à Esslingen.

En partant de Weil, au lieu de remonter le long de la rive gauche de la Würm pour la passer au pont de Schaffhausen, vous dirigerez votre marche, par la traverse, sur Magstatt, où vous rejoindrez la grande route.

Les équipages et leur escorte devront suivre la grande route de Pforzheim et de Vaihingen.

Pour l'infanterie, l'artillerie et les bagages.

Le 6 (*28 septembre*), à Ettlingen ;
Le 7 (*29 septembre*), à Pforzheim ;
Le 8 (*30 septembre*), à Vaihingen ;
Le 9 (*1er octobre*), à Esslingen.

(*Cet ordre n'existe qu'en minute et ne paraît pas avoir été expédié. Il est contredit par l'ordre envoyé le lendemain.*)

Le général Belliard au général Klein.

A Kork, le 6 vendémiaire an XIV (28 septembre 1805).

D'après les ordres de Son Altesse Sérénissime le prince Murat, vous attaquerez vivement, à la pointe du jour, avec le 1er régiment de dragons, les dragons à pied que vous avez, et une pièce d'artillerie légère, le corps de troupe qui s'est présenté pour occuper Biberach, et vous le pousserez le plus loin possible. Vous êtes prévenu que l'ennemi occupe Zell ; il sera donc nécessaire, lorsque vous l'aurez chassé, de faire reconnaître ce village en même temps que vous continuerez à poursuivre ce que vous aurez devant vous.

Le général Baraguey-d'Hilliers reçoit l'ordre de diriger sur Offenbourg un bataillon de dragons à pied pour vous protéger ; mais vous ne l'attendrez pas pour tomber sur l'ennemi. Vous lui laisserez l'ordre de se porter sur Gengenbach. Tous les régiments de votre division seront à cheval, à la pointe du jour, et disposés de manière à assurer votre retraite. Le 2e régiment, qui viendra prendre poste à Gengenbach, sera chargé d'observer Zell, lorsque vous l'aurez dépassé ; vous réunirez le 26e dans la plaine en avant d'Offenbourg. Au surplus, mon cher Général, le prince s'en rapporte entièrement à vos talents pour les dispositions à faire, afin d'enlever le poste qui se trouve devant vous. Ce premier coup d'essai ferait beaucoup d'honneur à la cavalerie.

Après l'expédition, tous les corps rentreront à leurs cantonnements respectifs.

Le prince Murat désire, mon cher Général, que vous agissiez de manière à ne pas trop vous compromettre et que vous conserviez Hausach si vous parveniez à vous en rendre maître.

Le prince part, à 6 heures, pour Offenbourg. Les généraux Beaumont et Bourcier sont prévenus de votre mouvement.

BELLIARD.

Le même au général de Beaumont.

Aujourd'hui, le général Klein a l'ordre de faire attaquer l'ennemi qui s'est présenté à Biberach, qu'il occupera avec nos troupes. Vous le soutiendrez, s'il est nécessaire ; ce sont les instructions de Son Altesse Sérénissime le prince Murat.

Prévenez, je vous prie, le général Bourcier.

BELLIARD.

Le général de Beaumont au général Belliard.

Ichenheim, le 6 vendémiaire an XIV (28 septembre 1805).

Mon cher Général,

Je viens de recevoir, à 7 heures du matin, la lettre par laquelle vous me prévenez que le général Klein doit attaquer Biberach et que l'intention de Son Altesse Sérénissime est que je le soutienne. Je vous rends compte, en conséquence, quoique vous ne m'ayiez pas dit l'heure de l'attaque, que j'ai ordonné au général Boyé, commandant ma première brigade, de faire porter le 5e régiment de dragons sur la route de Lahr à Biberach, qui, quoique assez mauvaise, est cependant une communication. Il a ordre aussi de faire porter le 12e de dragons, qui est à Kürzell, sur la route de Gengenbach, et le 8e, qui est à Mietersheim, est à sa disposition pour soutenir sur l'un ou l'autre de ces points. Je fais monter à cheval les trois autres corps de ma division, qui sont à Dundenheim, Ichenheim et Allmannsweier, que je ferai arriver au besoin.

Vous savez, mon cher Général, que je n'ai point d'artillerie légère ; je vous dis cela seulement pour memento.

M. DE BEAUMONT.

Le général Belliard au général d'Hautpoul.

A Kork, le 6 vendémiaire an xiv (28 septembre 1805).

Le général Walther a ordre de pousser une forte reconnaissance sur Oppenau, d'en chasser l'ennemi et de s'emparer, s'il est possible, du poste de Freudenstadt. Le bataillon de dragons à pied de Appenweier fait partie de l'expédition, celui de Zimmern entre dans la gorge pour la protéger (1).

Quant à vous, mon cher Général, vous ordonnerez qu'on monte à cheval à la pointe du jour et vous soutiendrez le général Klein s'il est nécessaire. Vous enverrez un escadron à Appenweier, et il retournera à son régiment à la rentrée du bataillon de dragons à pied.

Le quartier du général Walther est à Appenweier.

Je vous préviens, mon cher Général, que, d'après de nouvelles dispositions, j'ordonne au 5ᵉ régiment de cuirassiers de ne pas quitter sa position de Willstett qu'il continuera à occuper ayant un escadron à Odelshofen, près de Kork, quartier général de Son Altesse.

BELLIARD.

Le prince Murat à l'Empereur.

Offenbourg, le 6 vendémiaire an xiv (28 septembre 1805).

Ainsi que j'ai eu l'honneur de vous en rendre compte, j'ordonnai à M. le maréchal Lannes, le 4 vendémiaire (*26 septembre*), de faire occuper, par un bataillon d'élite, Freudenstadt. J'apprends à l'instant que cette troupe en a pris possession hier, à 1 heure de l'après-midi. Je n'ai encore aucun détail particulier sur cette opération. Le général Walther, qui avait reçu hier au soir, de moi, l'ordre de pousser l'ennemi qui avait occupé Oppenau jusqu'à Freudenstadt et de chercher à s'en emparer, s'est borné à m'apprendre l'entrée de nos troupes dans ce poste et la retraite de l'ennemi qui quitta Oppenau, hier, à 10 heures du soir.

---

(1) Les ordres adressés aux généraux Walther et Baraguey-d'Hilliers ont dû être donnés directement par Murat; ils n'existent pas dans le registre de Belliard.

Le général s'empressera de me donner tous les détails de ce mouvement aussitôt que l'officier, qu'il a envoyé pour les recueillir, sera de retour auprès de lui.

Le général Klein, d'après vos ordres, avait reçu celui d'attaquer et de pousser le plus loin qu'il pourrait, sur Villingen et sur Rothweil, le corps de troupe qui s'était présenté pour prendre possession de Biberach. Je suis informé que l'ennemi s'est retiré dans la nuit; ce général portera sa reconnaissance jusqu'à la rencontre des Autrichiens. Au moment où j'aurai son rapport et celui du général Walther, je profiterai de la permission que Votre Majesté m'a donnée de les lui porter moi-même.

Il est bien évident que l'ennemi n'est nullement en force dans la Forêt-Noire et que, selon sa coutume, il en avait inondé tous les débouchés, soit pour nous reconnaître, soit pour donner à son armée le temps d'y arriver.

Sire, presque tous nos dragons à pied sont sans souliers; je demande à Votre Majesté de vouloir bien ordonner qu'il en soit mis 10,000 paires à la disposition de l'ordonnateur en chef de la réserve de cavalerie, qui ne devra en délivrer que sur mon ordre. Ces souliers devront être payés sur les masses de linge et chaussure, à moins qu'il ne plaise à Votre Majesté d'en accorder une paire à chaque dragon, en gratification, pour la route longue et pénible qu'ils viennent de faire. Je crois ne pas devoir attendre que l'état, qu'on dresse en ce moment, me soit parvenu, présumant que la division de dragons pourrait se mettre en marche incessamment et ne pas avoir le temps de recevoir la distribution que je sollicite, pour peu qu'elle fût retardée.

Murat.

Le général Andréossy au général Belliard.

Strasbourg, le 6 vendémiaire an xiv (28 septembre 1805).

J'ai l'honneur de vous prévenir que Sa Majesté a accordé 4,000 paires de souliers pour la division de dragons à pied; la retenue en sera faite sur la masse de linge et chaussure.

Sa Majesté a également accordé, pour la même division, 178 fusils, pris dans l'arsenal de Strasbourg, et qui seront délivrés d'après l'état dressé, dans la forme voulue par la loi, et signé par le conseil d'administration.

En conséquence de ces dispositions, je vous prie, Monsieur le Général, de vouloir bien donner des ordres pour que les corps de cette division fassent prendre sans délai, à Strasbourg, les fusils et souliers accordés par Sa Majesté.

ANDRÉOSSY.

Supplément à l'ordre du jour du 5 vendémiaire, daté de Strasbourg.

Le 6 vendémiaire an xiv (28 septembre 1805).

Les bataillons et escadrons de guerre devant être portés au grand complet de guerre, les majors recevront ordre d'envoyer, des dépôts, le nombre d'hommes nécessaire pour opérer ce complet.

Son Altesse Sérénissime le prince Murat ordonne aux chefs d'état-major des divisions d'adresser exactement au chef de l'état-major général, le 1er, 7, 15 et 22 de chaque mois, l'état de situation de leur division dressé d'après le modèle n° 1. Ils veilleront par eux-mêmes à ce qu'il soit toujours rédigé avec exactitude et conforme, dans toutes ses parties, au modèle.

Ils adresseront également, tous les jours, l'état journalier conforme au modèle n° 2, qui devra être rendu à l'état-major général à 10 heures du matin. Le Prince ordonne qu'on apporte le plus grand soin comme la plus grande exactitude à la rédaction de ces états.

Son Altesse Sérénissime a vu avec peine le retard qu'a éprouvé jusqu'à ce jour l'envoi des états de situation et d'emplacement; comme ce service important ne peut éprouver de lenteur, Elle prévient que le chef d'état-major de division qui aura négligé de fournir les états exigés aux époques déterminées, sera puni de huit jours d'arrêt et cité à l'ordre général du corps d'armée et que, si le retard provient d'un colonel ou chef de corps, le général de division mettra aux arrêts, pour huit jours, le commandant du régiment qui en aura été cause, et fera connaître son nom à Son Altesse Sérénissime qui le fera mettre à l'ordre.

Les chefs d'état-major des divisions adresseront, de suite, le modèle exact de cet état aux chefs des corps, qui devront s'y conformer; par ce moyen on obtiendra un résultat général uniforme.

L'état général et celui journalier seront adressés, très promptement, au plus tard le 9 du courant. Dans l'état général, on aura bien soin de détailler toutes les mutations.

Le Prince demande aux généraux de division de lui adresser, le plus promptement possible, les renseignements et états prescrits par l'ordre impérial du 5 vendémiaire (*27 septembre*). Cet envoi ne peut éprouver de retard. Son intention est encore qu'ils envoient très exactement, tous les jours, auprès de lui, un officier d'ordonnance par division, qui devra être rendu à 10 heures du matin et remplacé toutes les vingt-quatre heures. Cet officier apportera à l'état-major général l'état journalier et devra, lorsqu'il sera remplacé, se présenter à Son Altesse Sérénissime et au chef d'état-major général, pour recevoir leurs ordres; arrivé au quartier général, il ne devra pas s'écarter de la maison du Prince et de l'état-major; celui qui négligerait de se conformer à cet ordre serait puni.

Le corps d'armée est prévenu que M. le chef de bataillon Leclaire est nommé vaguemestre général et chargé du commandement et de la police du quartier général de Son Altesse.

Les vaguemestres particuliers des divisions et des régiments recevront ses ordres et correspondront avec lui pour tout ce qui aura rapport à leur service.

Les chefs d'état-major de division adresseront à M. le chef de bataillon Leclaire les noms des vaguemestres des divisions et des régiments.

Les compagnies d'élite, au quartier général, y recevront leurs vivres et leurs fourrages; elles ne devront pas être comprises sur les bons des régiments (1).

---

(1) C'est dans la journée du 28 que le corps d'armée de Murat achève de s'organiser. Le colonel du génie Flayelle arrive au quartier général, mais il n'a ni personnel, ni matériel sous ses ordres (Lettre de Belliard à Andréossy). Les généraux de division fournissent l'état des hommes montés à verser dans les dragons à pied. Belliard invite le général Baraguey-d'Hilliers à les remplacer par des dragons à pied en nombre

Rapport sur les marches de la Réserve de cavalerie.

Le 6 vendémiaire an xiv (28 septembre 1805).

Le 6 (*28 septembre*), tout se mit en mouvement. Le général Klein se porta sur Biberach ; l'ennemi était parti, on le suivit sans pouvoir l'atteindre.

Le général Walther marcha sur Oppenau ; ce mouvement devait coïncider avec un détachement que le Prince avait demandé à M. le maréchal Lannes de faire à Baden par la montagne de Kniebis, que l'ennemi avait évacué ; 200 grenadiers étaient venus à Freudenstadt, s'en étaient emparés et repartirent pour retourner à leur corps d'armée.

Le soir, toutes les troupes rentrèrent dans leurs cantonnements.

Marches et rapports historiques de la 1re division de dragons montés.

Le 6 vendémiaire an xiv (28 septembre 1805).

Le général de division Klein s'est porté dans la vallée de la Kinzig pour en chasser les partis autrichiens qui s'y étaient introduits, et qui se sont retirés à l'approche de nos troupes sans avoir voulu engager aucune affaire.

Le général Klein avait avec lui le 1er et le 2e régiment et une partie des hommes à pied du 26e ; il a passé la nuit avec eux à Haslach, ayant des avant-postes en échelons jusqu'à Hornberg et Wolfach.

Les autres corps de la division se sont portés en échelons depuis Offenbourg jusqu'à Gengenbach.

égal, après avoir vérifié qu'ils sont bien habillés et bien armés ; il fera prendre 4,000 paires de souliers et 178 fusils à Strasbourg.

Belliard rend compte à Berthier de l'insuffisance du personnel d'état-major : « il n'y a, dans les divisions, que 2 adjudants-commandants et presque pas d'adjoints. Il réclame 4 adjudants-commandants et 8 adjoints. Il manque à la division d'Hautpoul un général de brigade. Le service de santé et les administrations ne sont pas encore organisés ».

5ᵉ CORPS D'ARMÉE.

Rapport a Son Excellence Monseigneur le maréchal Berthier.

Du 6 au 7 vendémiaire an XIV (28 au 29 septembre 1805).

La division aux ordres du général Oudinot, son artillerie et les deux compagnies et demie de sapeurs qui y sont provisoirement attachées en attendant l'organisation du corps d'armée, ont conservé leurs cantonnements.

La division de cavalerie a aussi conservé les siens ; les reconnaissances, que le général Fauconnet avait encore dehors, sont rentrées à Gernsbach et ont rapporté qu'il n'y avait d'ennemis ni à Neuenburg ni à Wildbad, et que les dragons de Rosenberg, venus de Calw au nombre de 120, étaient entrés le 4 (*26 septembre*), à Pforzheim, d'où ils s'étaient retirés après avoir pris des renseignements et avoir pourparlé avec une de nos reconnaissances qui s'était portée de Durlach vers ce point.

Elles ont également rendu compte que, d'après des renseignements donnés par le bailli de Neuenburg, les Autrichiens étaient sur le Neckar.

M. le Maréchal commandant en chef a reçu le 6 (*28 septembre*), le premier rapport du commandant du bataillon d'élite du 9ᵉ régiment de ligne détaché à Freudenstadt.

Il résulte de ce rapport que le bataillon, parti de Bühl le 4 vendémiaire (*26 septembre*), à 4 heures du matin, avec la 4ᵉ compagnie du 2ᵉ bataillon de sapeurs pour aller occuper Freudenstadt et le fort Alexandre et s'y fortifier, arriva à Schwartzenberg à 3 heures de l'après-midi, après avoir parcouru des chemins presque impraticables à l'infanterie, et qu'il y fit halte, qu'il s'y remit en marche à 4 heures, pour se rendre à sa destination en remontant la Murg, et, qu'arrivé à Reichenbach, sa troupe était si fatiguée qu'il résolut d'y passer la nuit.

Trois soldats autrichiens ne tardèrent pas à se présenter à l'entrée du bourg ; ils furent arrêtés et désarmés.

Le 5 (*27 septembre*), à 4 heures du matin, la troupe se remit en marche par un brouillard très épais ; elle rencontra à une demi-lieue des vedettes autrichiennes qui se retirèrent sur leurs postes, où, étant arrivée, elle fut reconnue ; après quelques pourparlers, le commandant du bataillon de grenadiers finit par dire qu'il avait ordre de passer pour se rendre à Freudenstadt et il passa.

Ce poste lui fut abandonné par environ 300 hommes qui l'occupaient. Un détachement de 100 hommes, dont 50 sapeurs, fut aussitôt dirigé sur le fort Alexandre.

COMPANS.

Le maréchal Lannes au maréchal Berthier.

Au quartier général de Rastatt, le 6 vendémiaire an XIV
(28 septembre 1805).

Monsieur le Maréchal,

J'ai l'honneur de vous adresser copie du rapport que vient de me faire passer le chef du bataillon des grenadiers chargé d'occuper le poste de Freudenstadt et le fort Alexandre avec son corps. Vous verrez, en le parcourant, que l'ennemi n'a pas fait de grands efforts pour les évacuer.

Je vous prie, Monsieur le Maréchal, de donner des ordres pour que ce bataillon, dont j'ai besoin, soit relevé, de même que la compagnie de sapeurs.

Agréez, Monsieur le Maréchal..... LANNES.

(En note, de la main du colonel Vallongue : *Freudenstadt est au débouché de la Forêt-Noire, il n'y a plus que la division Beaumont.*)

Le maréchal Berthier au maréchal Lannes.

Strasbourg, le 6 vendémiaire an XIV (28 septembre 1805).

Monsieur le Maréchal,

D'après les dispositions prises par l'Empereur, vous partirez demain, 7 du courant, avec le corps d'armée que vous commandez, pour vous rendre à Ludwigsburg, où vous serez arrivé au plus tard dans la journée du 9 (*1er octobre*).

Je ne saurais trop vous recommander de prendre les mesures les plus sûres pour que vos vivres soient remplacés de manière à ce que vous ayez toujours votre biscuit et pour quatre jours de pain.

J'ai l'honneur de vous prévenir que la division Gazan, qui arrive demain à Strasbourg, partira avec la réserve de votre parc et marchera à grandes journées pour vous rejoindre le plus tôt possible.

Maréchal BERTHIER.

Le maréchal Berthier au prince Murat.

Strasbourg, le 6 vendémiaire an xiv (28 septembre 1805).

L'intention de l'Empereur est que vous fassiez marcher trois divisions de dragons pour se rendre sur Rastatt et de là sur Stuttgard.

La 4ᵉ division occupera les débouchés d'Oberkirch et Offenbourg et tiendra deux régiments au delà de Kehl en continuant à pousser des reconnaissances sur le chemin de Fribourg.

Vous devez également faire partir demain la division de grosse cavalerie du général d'Hautpoul; elle se rendra à Ludwigsburg; elle couchera le 7 (*29 septembre*), à Rastatt, le 8 (*30 septembre*), à Pforzheim, et le 9 (*1ᵉʳ octobre*), à Vaihingen, où elle se cantonnera le long de l'Enz.

Vous dirigerez votre mouvement de manière à ce qu'il y ait toujours, aux débouchés des montagnes, des escadrons de dragons en observation, jusqu'à ce que le grand parc d'artillerie, qui doit filer demain par Kehl, ait dépassé Bruchsal.

Le grand parc passe le Rhin à Kehl, à 5 heures du matin; il va coucher le 8 (*30 septembre*), à une demi-lieue en avant de Rastatt, et le 10 (*2 octobre*), en avant de Bruchsal, sur la grande route d'Heilbronn, où, s'il ne reçoit pas de nouveaux ordres, il doit arriver au plus tard le 13 (*5 octobre*).

Vous ferez partir demain la division de dragons à pied en la dirigeant sur Heilbronn où elle doit arriver en cinq jours.

Vous préviendrez le général Baraguey-d'Hilliers que le grand parc le suivra à plusieurs heures en arrière et qu'il devra le protéger au besoin; que, dans tous les cas, il devra fournir, pour en faire la garde, un bataillon commandé par un officier ferme et qui sera mis, durant ce mouvement, à la disposition du général directeur du parc.

L'intention de l'Empereur est que vous portiez votre quartier général à Rastatt, et que vous y restiez jusqu'à ce que le parc ait dépassé cette position.

Sa Majesté veut également que vous vous rendiez demain, de votre personne, pour voir défiler le parc quand il sera à une lieue et demie de Kehl, et que vous lui rendiez compte de ce mouvement.

Il suffit que les dragons arrivent dans les environs de Stuttgard dans la journée du 10 (*2 octobre*). Vous les cantonnerez autour de l'Enz, de manière à les reposer le plus possible.

Vous aurez soin que le pain soit remplacé pour que vous en ayez toujours pour quatre jours d'avance.

Vous écrirez à M. le maréchal Ney, qui est à Stuttgard, pour lui faire connaître tout ce que vous aurez appris des mouvements de l'ennemi.

Vous enverrez des officiers de votre état-major sur un des points des routes suivantes qui ont été désignées aux corps d'armée de M. le maréchal Ney et de M. le maréchal Soult, afin de savoir s'ils ont fini leur mouvement, comment ils se sont comportés et connaître ce qui peut être encore en arrière.

Votre artillerie devra marcher par détachement et sûrement escortée.

La marche du corps du maréchal Ney doit se faire par Stuttgard, Esslingen, Göppingen, Weissenstein et Heidenheim où il doit être arrivé le 15 (*7 octobre*).

Celle du corps du maréchal Soult se dirige sur Donauwörth, passant par Heilbronn, OEhringen, Hall, Rosenberg, Zöbingen, Nördlingen et Hoppingen où il arrivera le 16 (*8 octobre*).

Maréchal Berthier.

Ordre général du corps d'armée.

Kork, le 6 vendémiaire an xiv (28 septembre 1805).

Le corps d'armée quitte ses cantonnements pour aller prendre de nouvelles positions.

La première division, commandée par M. le général Klein, se réunira à Bolsbach, sur la route de Renchen, pour se porter ensuite à Bühl. Les régiments de cette division les plus éloignés s'établiront en arrière (1).

La 2ᵉ division, aux ordres du général Walther, se réunira à Renchen (2) et ira s'établir à Baden, où sera le quartier général.

---

(1) L'ordre particulier envoyé au général Klein prescrit de quitter les cantonnements à 6 heures; la liste des villages à occuper sera envoyée en cours de route.

(2) Départ des cantonnements à 7 heures.

Cette division se placera de manière à observer la route de Gernsbach, les débouchés de la Murg et de la vallée de Grasbach (1).

La 3e division, commandée par M. le général Beaumont, ira prendre position à Lichtenau, sur la route de Rastatt, en prenant la route de Kehl et de Rhein-Bischofsheim (2).

La 4e division, aux ordres de M. le général Bourcier (3), établira un régiment à Offenbourg, pour garder l'entrée de la vallée de la Kinzig. Ce régiment poussera des postes en avant sur la route de Gengenbach.

Un autre régiment occupera Ottenheim et devra se lier, par ces postes, avec celui établi à Offenbourg ; un troisième occupera Oberkirch, en éclairant la route d'Oppenau et en observant la vallée de la Kniebis, la route sur sa droite qui conduit à Gengenbach et, par sa gauche, celle d'Allerheiligen qui, par la montagne, conduit à Ambach. Le quartier général s'établira avec un autre régiment à Wilstett. Le 5e régiment tiendra Kehl et le 6e viendra à Sand, en poussant, pour communiquer avec Oberkich, un fort poste sur Appenweier. Cette division, dans la position qu'elle va prendre, devra couvrir les débouchés de la Kinzig, de Kniebis et de Fribourg (4).

---

(1) Le vallon qui remonte de Bade vers le Sud, et a son origine à l'ouest de Herrenwies, porte le nom de Grosbach sur la carte de Bohnenberger ; mais il s'agit peut-être de Gaisbach ou de Gansbach.

(2) Départ à 5 heures, ou plus tôt s'il est possible : « Vous réunirez votre division à Ichenheim, ou plus avant vers Altenheim, si vous le jugez convenable », dit l'ordre particulier.

(3) Cette division doit quitter ses cantonnements du 6, à 5 heures du matin au plus tard.

(4) « Je vous préviens, mon cher Général, que vous allez remplacer les divisions qui occupaient ces différents postes et qui partent demain pour se rendre à Rastatt, où vous nous joindrez bientôt. Dans la position que vous allez prendre, vous devez couvrir les débouchés de la Kinzig, de Kniebis et de Fribourg. Il sera nécessaire que vous donniez les ordres à tous les commandants de régiments, de se garder avec le plus grand soin et d'exercer la plus grande surveillance. Vous correspondrez toujours avec l'état-major du corps d'armée de réserve, mais si vous aviez quelque chose d'intéressant sur les mouvements de l'ennemi

La division des dragons à pied, aux ordres de M. le colonel-général Baraguey-d'Hilliers, se rend à Hügelsheim, où sera établi le quartier général (1). Un des bataillons qui est à Kehl, y restera à la disposition du directeur général du grand parc d'artillerie, qui passe demain le Rhin pour se rendre à Rastatt. L'autre bataillon suivra les mouvements de la division (2).

La 2e division de grosse cavalerie, commandée par M. le général d'Hautpoul, marchera sur Rastatt, après s'être réunie à Renchen. Un régiment s'établira dans la ville. Les autres seront cantonnés en avant et en arrière (3).

Les équipages marcheront en arrière des divisions et seront escortés par les hommes à pied des régiments. Si les divisions ne sont pas pourvues de pain pour quatre jours, elles devront réunir, dans leurs cantonnements, les moyens de transport nécessaires pour aller chercher à Strasbourg le pain qui leur manquerait et qui serait conduit, sous escorte, à la nouvelle position que va prendre la division (4).

---

ou sur ses intentions, vous en préviendrez l'aide-major général de l'armée, à Strasbourg ». (Le général Belliard au général Bourcier, 6 vendémiaire.)

(1) Départ entre 6 et 7 heures.

« Si le bataillon qui a marché sur Offenburg n'était pas rentré dans ses cantonnements, et qu'il eût à faire une marche trop longue pour se rendre à Hügelsheim, il s'arrêtera à Fautenbach ou à Grossweyer, et le lendemain, il se rendra à Rastatt. (Lettre n° 144, de Belliard à Baraguey-d'Hilliers.)

(2) « D'après de nouveaux ordres de l'Empereur, le bataillon de dragons à pied, qui devait escorter le grand parc d'artillerie, est remplacé par un régiment de dragons à cheval. En conséquence, le Prince désire que vous ordonniez au bataillon qui devait rester à Kehl, de suivre le mouvement de la division. » (Lettre n° 145, de Belliard à Baraguey-d'Hilliers.)

(3) Départ à 7 heures.

(4) Ordre particulier au général Klein : « Si vous n'avez pas de pain pour quatre jours, vous réunirez un certain nombre de voitures prises dans les différents cantonnements, et vous enverrez chercher à Strasbourg le pain dont vous aurez besoin. L'escorte que vous fournirez, après avoir fait charger, à Strasbourg, les voitures, devra les conduire à Lichtenau, d'où on les dirigera sur Bühl.

« Les équipages de votre division marcheront en arrière et seront

Le prince Murat à l'Empereur.

Kehl, le 7 vendémiaire an xiv (29 septembre 1805),
à 2 heures après-midi.

Je m'empresse d'adresser à Votre Majeté le rapport que je reçois par un courrier extraordinaire. Vous y verrez que l'empereur d'Allemagne, après avoir tenu un conseil de guerre, a quitté subitement l'armée et s'en est retourné à Vienne.

Le grand parc d'artillerie, qui devait partir à 5 heures, n'a commencé à défiler à Kehl qu'à 8 heures. J'ai vu passer 540 voitures attelées de 4 et 6 chevaux. Ce train m'a paru en très bon état, aux chevaux près, qui ne m'ont pas paru très vigoureux.

Le général Faultrier compte aller coucher, ce soir, à moitié chemin de Rastatt; il est 2 heures. Je quitte Kehl, pour aller m'établir à Rastatt, où je resterai jusqu'après le passage du parc d'artillerie. L'équipage de pont n'a pas encore paru à la tête du pont.

MURAT.

P. S. — L'aide de camp qui vous porte cette lettre me rapportera vos ordres, si Votre Majesté a à m'en donner.

Les travailleurs se plaignent de ce qu'ils ne reçoivent qu'un quart de pain.

Ordre à Son Altesse Sérénissime le prince Murat.

(Minute).

Strasbourg, le 7 vendémiaire an xiv (29 septembre 1805),
à 9 heures du soir.

Que l'intention de l'Empereur est qu'il soit rendu le 10 (*2 octobre*), à Stuttgard, avec trois divisions de dragons; qu'il doit donner des ordres au général Baraguey-d'Hilliers, de se rendre

---

escortés par les hommes à pied des régiments. Le Prince ne veut voir aucun homme monté à la suite des équipages. »

Cependant, l'ordre au général d'Hautpoul porte la prescription suivante : « Les équipages marcheront en arrière et seront escortés par un escadron qui formera votre arrière-garde. »

également le 10 (*2 octobre*) à Stuttgard et, par là, annuler l'ordre que ce général avait reçu, hier, de se rendre à Heilbronn, disposition qui change sa première destination.

Ordre de faire les dispositions nécessaires pour qu'il ait à Stuttgard, le 10 (*2 octobre*), assez de pain pour faire une distribution pour les 11, 12, 13 et 14 (*3, 4, 5, 6 octobre*), indépendamment des quatre jours de biscuit qu'il doit avoir, ce qui, à dater du 11 (*3 octobre*), fera pour huit jours de vivres, dont quatre de biscuit et quatre de pain.

Le prévenir que la division de dragons du général Bourcier restera en avant de Kehl jusqu'à nouvel ordre, à l'exception du régiment qui a eu l'ordre d'escorter le quartier général.

Le prévenir que l'Empereur sera le 10 (*2 octobre*), à Ludwigsburg; lui ordonner de faire lire, le 9 (*1er octobre*), à l'ordre de son armée, la proclamation de l'Empereur qui lui sera envoyée par l'aide-major général, chef de l'état-major général.

Ordre au corps de M. le maréchal Lannes.

(Minute).

Strasbourg, le 7 vendémiaire an XIV (29 septembre 1805),
à 9 heures du soir.

Ordre à la division du général Gazan de partir demain, 8v endémiaire (*30 septembre*), à 3 heures après midi, pour passer le pont de Kehl et cantonner à trois lieues en avant de ce bourg sur la route de Rastatt.

Le 9 (*1er octobre*), cette division ira coucher à deux lieues au delà de Rasttat, sur le chemin de Pforzheim.

Le 10 (*2 octobre*), elle couchera à deux lieues au delà de Pforzheim, sur le chemin de Ludwigsburg.

Le 11 (*3 octobre*), elle cantonnera aux environs de Ludwigsburg, et si la journée est trop forte, elle cantonnera à deux lieues en arrière de cette ville.

Expédier l'ordre à l'artillerie de la division Gazan, et à la réserve d'artillerie du corps d'armée de M. le maréchal Lannes, qui est à Strasbourg, de partir demain 8 vendémiaire (*30 septembre*), à 8 heures du matin, pour passer le pont de Kehl et se rendre à Stollhofen.

Le 9 (*1er octobre*), cette artillerie partira à la pointe du jour et se rendra à deux lieues au delà de Rastatt, sur le chemin de Pforzheim, où elle se ralliera à la division du général Gazan, qui doit y coucher le même jour, et le 10 (*2 octobre*), elle continuera sa marche avec cette division.

Tous ces ordres seront adressés au général de division Gazan qui est à Strasbourg.

Prévenir M. le maréchal Lannes des ordres ci-dessus donnés au général Gazan, à l'artillerie et au 58e régiment.

Prévenir ce maréchal de la marche de la Garde impériale et de celle du grand quartier général et de son établissement à Ludwigsburg. Lui faire également connaître la marche de la division de grosse cavalerie aux ordres du général d'Hautpoul; lui prescrire, qu'aussitôt qu'il sera arrivé à Ludwigsburg, ainsi qu'il en a l'ordre, il doit placer une avant-garde à Cannstatt et quelques avant-postes sur la route de Schörndorf, parce que c'est la route que tiendront l'Empereur, la Garde impériale, son corps d'armée et la division de grosse cavalerie du général d'Hautpoul, quand ils recevront l'ordre de partir de Ludwigsburg.

Prévenir M. le maréchal Lannes que la Garde impériale et la division de grosse cavalerie du général d'Hautpoul, formant environ 10,000 hommes, qui, avec son corps d'armée, composeront un nombre de 26,000 hommes, devront être pourvus de subsistances ; il est donc indispensable qu'il prenne toutes les mesures pour que le 10, à midi, il ait réuni à Ludwigsburg 100,000 rations de pain, afin de pouvoir en distribuer à ces troupes pour quatre jours, c'est-à-dire pour les 11, 12, 13 et 14 (*3, 4, 5, 6 octobre*), indépendamment de quatre jours de biscuit que chaque corps doit avoir; ce qui fait, à dater du 11, pour huit jours de subsistances, dont quatre de pain et quatre de biscuit.

Le prévenir que le quartier général sera le 10 (*2 octobre*), à Ludwigsburg; que le 9 (*1er octobre*), il fera lire à l'ordre de l'armée la proclamation de l'Empereur qui lui sera envoyée par le chef de l'état-major général.

Faire sentir à M. le maréchal Lannes que l'Empereur sait les difficultés qu'il éprouvera pour faire faire les 100,000 rations de pain, qu'il faut beaucoup d'intelligence pour cette mesure d'administration, parce que MM. les maréchaux Murat et Ney, qui seront à Stuttgard, doivent également faire confectionner une grande quantité de pain; qu'on s'en rapporte au zèle et aux talents connus de M. le maréchal Lannes.

Rapport sur les marches de la Réserve de cavalerie.

Le 7 vendémiaire an XIV (29 septembre 1805).

Le 7 (*29 septembre*), les trois premières divisions de dragons, la 2e de grosse cavalerie et celle des dragons à pied, ainsi que le parc de réserve, ont quitté leurs cantonnements et sont venus s'établir, savoir :

La première, aux ordres du général Klein, à Bühl et en arrière (1);

La deuxième, aux ordres du général Walther, à Krappen (?) Muggensturm (2);

La troisième division, aux ordres du général Beaumont, à Lichtenau ;

La quatrième, à la position qui lui avait été indiquée ;

La 2e de grosse cavalerie, aux ordres du général d'Hautpoul, à Rastatt et dans les villages en avant et en arrière ;

Les dragons à pied, aux ordres du général Baraguey-d'Hilliers, à Hügelsheim ;

Un régiment de la division Beaumont est resté à Kehl pour l'escorte du grand parc d'artillerie, qui a passé le Rhin (3);

Le parc de réserve du corps d'armée a suivi la division de dragons à pied ;

Le quartier du prince était à Rastatt.

---

(1) « Les troupes qui s'étaient portées la veille dans la vallée de la Kinzig, ont rétrogradé sur Offenbourg, et se sont rendues, la nuit, à leur destination. » (Marches et rapports historiques de la 1re division de dragons).

(2) Cette position est fort en avant de celle fixée par l'ordre.

(3) Ordre au général Beaumont : « Il sera nécessaire que ce régiment arrive de bonne heure à Kehl, et l'officier qui le commande prendra les ordres du directeur général du parc. »

5ᵉ CORPS D'ARMÉE.

Rapport du 7 au 8 vendémiaire an XIV (29 au 30 septembre 1805).

Le 7 (*29 septembre*), point de mouvement.

M. le Maréchal a ordonné à un officier de porter au bataillon de grenadiers détaché à Freudenstadt l'ordre d'en partir, sans nul retard, pour se rendre à Pforzheim par la vallée de l'Enz, et de se diriger ensuite sur Ludwigsburg, où il rejoindra le corps d'armée, qui aura passé à Pforzheim avant lui.

Le Général de brigade, Chef de l'état-major général du 5ᵉ corps de la Grande Armée,

D. COMPANS.

5ᵉ CORPS D'ARMÉE.

Rapport du 8 au 9 vendémiaire an XIV (30 septembre au 1ᵉʳ octobre 1805).

Le corps d'armée s'est mis en mouvement à 2 heures du matin et s'est dirigé sur Pforzheim par Ettlingen et Langensteinbach. Il a pris, le soir, les cantonnements suivants :

Division de grenadiers.

8 bataillons à Pforzheim ;
Bataillon du 13ᵉ régiment à Brotzingen ;
Bataillon du 9ᵉ régiment toujours détaché à Freudenstadt.

Sapeurs.

3 compagnies et demie, provisoirement attachées à la division de grenadiers, à Brotzingen.

Artillerie.

Les 12 bouches à feu attachées à la division de grenadiers, à Brotzingen.

Cavalerie légère.

9ᵉ et 10ᵉ hussards à Kieselbronn, Enzberg, Niefern ;

13ᵉ et 21ᵉ chasseurs à cheval à Eutingen.

Le corps d'armée aux ordres de M. le maréchal Ney était passé la veille par Pforzheim, se dirigeant sur Stuttgard.

COMPANS.

Rapport sur les marches de la Réserve de cavalerie.

Le 8 (*30 septembre*), le corps d'armée a quitté ses cantonnements à 6 heures du matin.

La division Klein est venue s'établir à Rastatt et environs.

La 2ᵉ division a occupé Capell, Muggensturm, et faisant éclairer la vallée de Moosbrünn et les débouchés qui aboutissent à ses cantonnements (1).

La 3ᵉ division a cantonné à Kuppenheim, gardant et éclairant la vallée de la Murg, celle de Gausbach et la route de Gernsbach (2).

La division d'Hautpoul s'est établie à Durlach, gardant la route

---

(1) Rastatt, le 8 vendémiaire.

Le général de division Belliard, chef d'état-major de la réserve de cavalerie et de dragons, au général Walther.

Aussitôt votre établissement dans les cantonnements que vous devez occuper à Capell, Waldprechtsweier, Muggensturm, Malsch et autres villages en avant, pas trop rapprochés de Ettlingen, qu'occupe le général Baraguey-d'Hilliers, vous ferez garder et éclairer la vallée de Moosbrünn et les différents débouchés qui aboutissent à vos cantonnements.

Le général Beaumont occupe à votre droite Küppenheim. Il garde aussi la vallée de Gausbach. Le grand parc de l'armée sera en avant de Rastatt.

(2) *Le général Belliard au général Beaumont.*

Aussitôt votre établissement dans vos cantonnements, je vous prie de donner des ordres pour qu'on fasse garder et éclairer la vallée de la Murg, les routes de Gernsbach, de la vallée de Gausbach par Baden, ainsi que la route de Bühl.

La division Walther occupe Capell, Waldprechtsweier, et garde la vallée de Moosbronn.

(Pour Gausbach ou Grasbach, voir la note p. 433).

de Wössingen et la vallée de Söllingen ainsi que la route de Langensteinbach (1).

La division de dragons à pied a pris position à Ettlingen, faisant garder et éclairer la vallée de l'Alb et la route de Pforzheim (2).

Le quartier général s'établit à Ettlingen.

Le général Baraguey-d'Hilliers eut ordre de faire reconnaître la route d'Ettlingen à Pforzheim, sans passer par Durlach; elle fut reconnue passable pour l'infanterie et la cavalerie, mais mauvaise pour les voitures.

Le prince Murat à l'Empereur.

Rastatt, le 8 vendémiaire an XIV (30 septembre 1805).

D'après les nouvelles dispositions de Votre Majesté j'arriverai le 10 vendémiaire (*2 octobre*), à Stuttgard, avec la division de

---

(1) *Le général Belliard au général d'Hautpoul.*

Aussitôt votre établissement dans vos cantonnements, vous ferez garder la route de Wössingen et la vallée de Notingen, ainsi que la route de Langensteinbach.

La division Baraguey-d'Hilliers est à Ettlingen, et l'armée de M. le maréchal Lannes, en avant de Pforzheim.

(2) *Le général Belliard au général Baraguey-d'Hilliers.*

Son Altesse Sérénissime le prince Murat désire que vous fassiez reconnaître de suite les routes d'Ettlingen à Pforzheim, sans passer par Durlach. Le Prince serait bien aise d'avoir, ce soir, des renseignements pour connaître si les voitures peuvent suivre cette route.

Le prince ira loger ce soir à Ettlingen.

A M. le colonel-général Baraguey-d'Hilliers.

L'intention du prince Murat est, qu'après votre établissement à Ettlingen, vous fassiez garder et éclairer la vallée de l'Alb et la route de Pforzheim. Vous aurez à Durlach, en avant de vous, la division de grosse cavalerie; les trois divisions de dragons à cheval, en avant et en arrière de Rastatt; le grand parc de réserve de l'armée sera en avant de Rastatt, et couvert par une division de dragons qui gardera les débouchés de la Murg et les routes de Moosbronn et de Gausbach.

dragons à pied et les trois premières divisions de dragons à cheval. La division d'Hautpoul suivra sa première destination et sera cantonnée le 10 (*2 octobre*) aux environs de Vaihingen; elle se trouvera un peu éloignée de mes autres divisions, mais comme on ne m'en parle pas dans l'ordre de mouvement que je reçois aujourd'hui, je n'ai pas cru devoir prendre sur moi de la rapprocher davantage.

Sire, vous aviez ordonné que chaque division vivrait sur les pays situés à la gauche de la route qu'elle devait tenir. C'était évidemment la seule disposition qui pût assurer la subsistance de toutes; cependant, elle n'a pas été suivie. Le maréchal Ney a envoyé ses hussards faire des réquisitions jusques aux portes de Rastatt; chacun en a fait à peu près autant sur sa droite. Si ce désordre continuait, surtout actuellement que les corps d'armée se trouvent si rapprochés les uns des autres, il en résulterait nécessairement une grande confusion, et il est vraisemblable qu'il deviendrait tout à fait impossible d'assurer le service des troupes qui passeraient les dernières. Au reste, Sire, il est impossible que tout se fasse avec une régularité absolue dans la rapidité des mouvements que nous exécutons. Nous arriverons tous à notre destination et chacun de nous espère trouver bientôt l'occasion de vous donner des preuves nouvelles de son dévouement.

Sire, vous m'avez permis de vous rappeler que la division Bourcier ne devait rester que momentanément à Kehl. Permettez-moi de vous demander des ordres à son sujet.

Je n'ai aucune nouvelle de l'ennemi; j'ai cependant fait partir des émissaires et j'espère trouver des renseignements à Stuttgard. Je m'empresserai de vous les faire parvenir, à votre quartier général, à Ludwigsburg.

J'ai trouvé, hier au soir, ici, le corps du maréchal Lannes, qui, ce me semble, aurait dû en partir le matin; cette rencontre m'a fort embarrassé et j'ai été obligé d'envoyer cantonner, dans les environs de Rastatt, des troupes qui venaient de fort loin et dont la destination était de coucher dans cette ville.

Il serait peut-être nécessaire que le major général, dans les ordres particuliers de mouvement, fît connaître, par aperçu, l'ensemble de ceux de la Grande Armée. Cette mesure me paraît indispensable et pour la sûreté des différents corps d'armée et pour la combinaison des moyens de pourvoir à leur subsistance.

Comment se garder quand on ignore la position et la direction des corps qui nous précèdent, qui nous suivent ou qui nous flanquent ?

J'ai reçu l'ordre de laisser un régiment de cavalerie pour escorter le grand parc d'artillerie, quoique j'eusse reçu précédemment (1) l'ordre de le faire escorter par un bataillon de dragons à pied. Certainement cette dernière mesure était préférable à l'autre. Le convoi eût été plus sûrement gardé et je n'eusse pas fatigué un régiment de cavalerie. Les services qui exigent une marche longue et lente sont ceux qui ruinent le plus promptement les chevaux. Je vous demande de suivre le premier ordre.

Il m'a été également ordonné de laisser un régiment de dragons pour l'escorte du grand quartier général ; je dois penser que ce n'est pas là votre intention, d'abord parce qu'un régiment de troupes légères (2) serait bien plus propre à ce service ; en second lieu, parce que je suis persuadé que votre projet n'est pas de disséminer la réserve de cavalerie.

MURAT.

Le prince Murat au maréchal Berthier.

Au quartier général de Rastatt, le 8 vendémiaire an XIV
(30 septembre 1805).

Monsieur le Major général,

Conformément aux nouvelles dispositions de Sa Majesté (3), la division de dragons à pied, qui couche aujourd'hui à Ettlingen, ainsi que les trois premières divisions de dragons, qui couchent aujourd'hui à Rastatt, seront demain à Pforzheim et après-demain 10 (*2 octobre*), à Stuttgard.

Il me semblait que d'après l'ordre général de l'armée, je n'aurais pas dû, hier au soir, trouver ici la division du général Oudi-

---

(1) 28 septembre.

(2) Le 22° chasseurs à cheval devait rejoindre le quartier général impérial, et remplacer ce régiment de dragons (Voir l'ordre de Berthier à Andréossy, du 6 vendémiaire, p. 385).

(3) Ordre du 7, à 9 heures du soir.

not, puisque vous m'aviez ordonné de venir m'y établir, avec le corps de la réserve de cavalerie. Il est résulté de l'ignorance où on m'a laissé, que j'ai dû donner l'ordre de faire les cantonnements de mes troupes à Rastatt et aux environs, et qu'elles ont trouvé en arrivant les cantonnements occupés par celles du général Oudinot ; il va en résulter un inconvénient bien plus grand encore, c'est que, pour arriver le 10 (*2 octobre*) à la même destination, nous allons être obligés de voyager pour ainsi dire ensemble, ce qui ne serait pas si M. le maréchal Lannes avait commencé son mouvement dans la matinée d'hier. Je dois vous faire connaître une troisième circonstance, tout au moins aussi fâcheuse que les deux autres : Sa Majesté avait ordonné, et j'avais fait connaître ses intentions, que chaque corps d'armée vivrait sur les pays situés à la gauche de la route qu'il devrait suivre. C'était certainement le seul moyen d'assurer à tous leurs subsistances. Eh bien ! cet ordre n'a pas été exécuté. M. le maréchal Ney a envoyé ses hussards faire des réquisitions jusqu'aux portes de Rastatt, les autres corps ont fait de même sur leur droite. En conséquence de tous ces abus, je crains bien de ne pas pouvoir me procurer du pain pour quatre jours, ainsi que Sa Majesté me l'ordonne (1). Cependant je fais partir en poste l'ordonnateur pour Stuttgard, afin qu'il mette tout en usage pour que

---

(1)   A Rastatt (?), le 8 vendémiaire.

Le général de division Belliard, chef d'état-major
de la réserve de cavalerie et de dragons, aux Généraux de division.

L'intention de Son Altesse Sérénissime est que, dès le moment où vous arriverez dans vos cantonnements, vous autorisiez des réquisitions dans le pays, de manière à ce que le soldat ait toujours des vivres pour quatre jours. Cette mesure est extrêmement essentielle, et le Prince ne saurait trop vous en recommander l'exécution.

Au général Baraguey-d'Hilliers.

« Le prince Murat désire, Monsieur le Colonel-Général, que la troupe ait toujours pour quatre jours de pain, et vous autorise à faire des réquisitions dans les villages que vous occuperez, en délivrant des récépissés en bonne forme. Son Altesse Sérénissime vous invite à lui faire connaître, jour par jour, l'état de vos besoins.

« Les quatre mille paires de souliers destinées pour votre division

nous y trouvions, à notre arrivée, la distribution prescrite (1). J'apprends à l'instant, par l'ordre du jour, que le grand quartier général viendra aujourd'hui à Rastatt. Si la division du général Gazan a la même destination, il serait nécessaire que vous la fissiez arrêter à Stollhofen et dans les villages environnants, sans quoi elle sera obligée de bivouaquer à Rastatt, cette ville se trouvant occupée par trois divisions de cavalerie. M. l'aide-major général me prévient qu'il donne au général Beaumont l'ordre de laisser un régiment à Kehl pour l'escorte du quartier général ; il a été rendu compte que c'était la division Bourcier et non la division Beaumont que j'avais laissée devant Kehl ; conséquemment, ce dernier général, qui a couché à Lichtenau avec sa division, n'aura pas pu faire exécuter l'ordre qui lui a été adressé. Monsieur le Major général, vous me demandez un aide de camp ou un officier d'état-major pour être journellement auprès de vous ; quoique je me trouve pour ainsi dire sans personne, presque aucun des officiers que vous m'avez envoyés n'étant encore arrivé, je ferai en sorte de vous en envoyer un.

Monsieur le Maréchal, si ce n'était pas trop exiger, et si ce n'était pas contrarier les intentions de Sa Majesté, je vous prierais de me faire connaître, par un léger aperçu, l'ensemble

---

sont à Rastatt. Je vous prie de les faire prendre et de donner des ordres pour qu'on les distribue aux régiments.

P. S. — M. le maréchal Lannes sera établi, ce soir, en avant de Pforzheim.

(1) A Rastatt, le 8 vendémiaire (30 *septembre*).

*Le général de division Belliard, chef d'état-major
de la réserve de cavalerie et de dragons, à M. l'Ordonnateur.*

Le corps de l'armée de la réserve doit arriver à Stuttgard le 10 de ce mois; il doit avoir des vivres pour quatre jours. L'intention de Son Altesse Sérénissime le prince Murat est que vous partiez de suite, en poste, pour Stuttgard, et que vous fassiez les dispositions nécessaires pour assurer le service. Vous veillerez à ce que les autres divisions ne s'emparent pas du pain que vous aurez fait fabriquer.

J'écris aux généraux de division d'envoyer à Stuttgard un officier d'état-major. Ils s'entendront avec vous et vous aideront, si vous en avez besoin.

des mouvements de la Grande Armée, ou au moins celui des corps d'armée qui se trouvent sur mes flancs ou en avant de moi. Je puis me trouver dans des circonstances où ces renseignements me soient indispensables, et cela arrive tous les jours. J'aurai soin de vous faire connaître moi-même les mouvements et les positions journalières de mon corps d'armée.

Recevez, Monsieur le Maréchal.....

MURAT.

Le général de division Belliard, chef d'état-major de la Réserve de cavalerie et de dragons, au général d'Hautpoul.

A Rastatt, le 8 vendémiaire an XIV (30 septembre 1805).

D'après les intentions de M. le Maréchal, vous partirez demain de très grand matin de Durlach avec votre division pour vous rendre à Vaihingen, où sera établi votre quartier général. Vous cantonnerez vos troupes en avant dans les villages sur la route de Ludwigsburg, et vous m'enverrez, je vous prie, le nom des villages que vous aurez pris. La division des dragons à pied cantonnera derrière vous et aura son quartier général à Enzberg, celui du Prince à Pforzheim.

BELLIARD.

Au colonel général Baraguey-d'Hilliers.

L'intention de Son Altesse Sérénissime le prince Murat est que vous partiez demain de très grand matin avec votre division pour vous rendre à Enzberg, en avant de Pforzheim, et que vous cantonniez vos troupes dans les villages en avant d'Enzberg, où sera votre quartier général.

Le Prince désire que vous preniez la route directe d'Ettlingen à Pforzheim ; dans le cas où elle ne serait pas praticable pour l'artillerie, vous pourriez, Monsieur le Colonel-Général, la faire passer par la route de Durlach en lui fournissant une escorte.

La division de cavalerie sera établie à Vaihingen et la 2º division à Eutingen. Le quartier général du Prince sera à Pforzheim.

Je vous prie, Monsieur le Colonel-Général, de m'envoyer les noms des villages que vous aurez pris pour vos cantonnements.

BELLIARD.

Au général Walther.

Pour vous rendre à Eutingen, où sera établi votre quartier général, vous cantonnerez vos troupes dans les villages en avant sur la route d'Enzberg, village qui sera occupé par la division des dragons à pied. Je vous prie de m'envoyer le nom des cantonnements que vous aurez choisis.

Le quartier général du Prince sera à Pforzheim.

BELLIARD.

Au général Klein.

A Pforzheim, où sera établie votre troupe, la réserve d'artillerie du corps d'armée marchera avec votre division. Si elle gênait la marche, vous pourriez laisser un régiment pour l'escorter et vous partiriez avec le reste de votre division. Le parc de réserve se trouvera sur votre route en avant de Rastatt. Le quartier général du Prince sera Pforzheim.

BELLIARD.

Au général Beaumont.

L'intention de Son Altesse Sérénissime le prince Murat est que vous quittiez demain de très grand matin les cantonnements que vous occupez, pour vous rendre avec votre division au village de Brotzingen, en arrière de Pforzheim. Vous établirez vos troupes dans les villages environnants et en avant de Brotzingen, où sera votre quartier général. Je vous prie de m'envoyer les noms des villages que vous aurez choisis pour vos cantonnements qui devront être le plus resserrés possible.

Le quartier général du Prince sera à Pforzheim.

BELLIARD.

Privé, officier de la Légion d'honneur, colonel du 2ᵉ régiment de dragons et commandant le 1ᵉʳ à pied de même arme, au maréchal Berthier.

Strasbourg, le 8 vendémiaire an XIV (30 septembre 1805).

J'ai l'honneur de vous représenter que le 1ᵉʳ bataillon du

1er régiment de dragons à pied que je commande a été détaché à Huningue, où il est arrivé le 2 (*24 septembre*). Le 5 (*27 septembre*), il a reçu l'ordre d'en repartir pour se rendre à Friesenheim, où il devait arriver le 4 (*26 septembre*); cet ordre ne lui est parvenu par le courrier de la malle que le soir du 5, à 5 heures. Le bataillon est parti d'Huningue le 6 (*28 septembre*), et couche ce soir à Plobsheim. Demain matin il en repartira à 5 heures pour se rendre sur les glacis de Strasbourg, où il doit attendre de nouveaux ordres.

N'ayant reçu aucun ordre et ne connaissant point la marche qu'a tenue la division des dragons à pied, je vous prie, mon Général, de vouloir bien me faire connaître le point sur lequel je dois me diriger.

Je crois devoir vous observer que le 1er bataillon a un besoin urgent de souliers, que son armement est mauvais et qu'il est indispensable, d'après la revue que j'ai passée dernièrement, de remplacer 172 fusils, dont je n'ai pu faire faire les réparations, n'ayant point d'armurier.

Si les circonstances le permettaient, je vous prierais, mon Général, de vouloir bien donner à ce bataillon un séjour à Strasbourg, pendant lequel il pourrait se pourvoir de tous les objets dont il a besoin.

Je vous observerais encore, mon Général, que le bataillon manque de pierres à fusil et qu'il n'a point encore reçu de cartouches à balle.

Je vous prie de prendre en considération ce que je viens d'avoir l'honneur de vous exposer, et de vouloir bien me faire donner vos ordres.

Privé (1).

---

(1)   A Rastatt, le 8 vendémiaire (*30 septembre*).

Le général de division Belliard, chef d'état-major de la réserve de cavalerie et de dragons, au général Andréossy.

Un bataillon de dragons à pied, qui avait été à Huningue, n'est pas encore arrivé. Peut-être a-t-il reçu de nouveaux ordres en route. Dans ce cas, je vous prie de m'en instruire (il devait être rendu, d'après son ordre, avant-hier, à Kehl) et dans le cas contraire, de lui prescrire de rejoindre, à marches forcées, le corps d'armée.

[*En note :* Renvoyé à M. Gérard pour donner l'ordre à ce bataillon de partir demain pour rejoindre en toute diligence la division qui sera le 10 (**2** *octobre*) à Stuttgard et doit en partir le 11 (3 *octobre*).

Écrire au commandant de l'artillerie de Strasbourg pour faire délivrer les pierres à fusil et 50 cartouches par homme.

Écrire au commissaire ordonnateur d'ordonner les subsistances.

Par ordre :

Le Colonel du génie, aide-major,

VALLONGUE.

Faire signer les ordres ce soir 8 vendémiaire an XIV (30 *septembre*).]

Le maréchal Berthier à M. Privé, colonel du 2ᵉ régiment de dragons.

Strasbourg, le 8 vendémiaire an XIV (30 septembre 1805).

Je joins ici, Monsieur, un ordre (1) au 1ᵉʳ bataillon du 1ᵉʳ régiment de dragons à pied, que vous commandez, de partir demain 9 vendémiaire (*1ᵉʳ octobre*) de Strasbourg pour rejoindre en toute diligence la division à Stuttgard.

---

(1)   *Ordre.*

Il est ordonné au 1ᵉʳ bataillon du 1ᵉʳ régiment de dragons à pied, de partir de Strasbourg demain, 9 vendémiaire (1ᵉʳ *octobre*), pour se rendre le même jour à Rastatt; le 10 vendémiaire (2 *octobre*), à Pforzheim, et le 11 vendémiaire (3 *octobre*), à Stuttgard, où il rejoindra la division dont il fait partie.

Ce bataillon prendra, à Strasbourg, du pain pour quatre jours; indépendamment de cette fourniture, il aura à sa suite du biscuit pour la même durée de temps, ce qui lui assurera pour huit jours de subsistance.

Le commandant de ce bataillon me rendra compte de l'exécution de ce mouvement.

Le Ministre de la guerre,

Maréchal BERTHIER.

Je charge le commandant de l'artillerie à Strasbourg de faire délivrer à cette troupe des pierres à fusil et 50 cartouches par homme.

Je prescris au commissaire ordonnateur de la 5e division militaire de faire donner à ce bataillon du pain pour quatre jours ; indépendamment de cette fourniture, de faire marcher à sa suite du biscuit pour quatre jours, de sorte que sa subsistance sera assurée pour huit jours.

Instruisez-moi de votre passage à Strasbourg et de votre arrivée à Stuttgard.

Si la troupe se trouvait trop fatiguée, vous pourriez faire la route de Strasbourg à Stuttgard en quatre jours au lieu de trois.

BERTHIER.

L'Empereur au maréchal Lannes.

Strasbourg, le 8 vendémiaire an XIV (30 septembre 1805).

Mon Cousin, vous marchez sur Ludwigsburg. Sur votre droite, le maréchal Ney doit se trouver avec son corps d'armée à Stuttgard. S'il avait besoin de vos secours, vous n'attendriez aucun ordre pour y voler avec votre zèle et votre bravoure accoutumés. Du reste, marquez mon quartier général à Ludwigsburg ; je ne tarderai pas à vous y joindre. Vous avez le maréchal Soult à Heilbronn sur votre gauche. Instruisez-le de ce qui se passerait sur votre droite, qui pourrait nécessiter votre intervention. Le prince Murat et les dragons sont aujourd'hui en marche pour Rastatt ; informez-le exactement de ce qui se passe.

NAPOLÉON (1).

Ordre à Son Altesse Sérénissime le prince Murat.

Strasbourg, le 8 vendémiaire an XIV (30 septembre 1805).

D'après les dispositions faites par l'Empereur, il est ordonné à Son Altesse Sérénissime le prince Murat de partir le 11 de

---

(1) *Correspondance de Napoléon,* n° 9298.

Stuttgard avec ses trois divisions de dragons à cheval qui doivent y être arrivées le 10 (*2 octobre*), pour se rendre le 11 (*3 octobre*) à Göppingen, où elles coucheront. M. le prince Murat fera battre par sa cavalerie tous les débouchés qui vont à Ulm, sans cependant passer la rivière de Fils, pour ne pas donner trop l'éveil à l'ennemi ; il fera également occuper Geislingen le 13 (*5 octobre*), et Son Altesse se tiendra de sa personne à Göppingen ; ainsi, ses trois divisions de dragons seront distribuées de la manière suivante :

Une le long de la Fils ;

L'autre à Geislingen, éclairant tous les chemins à trois lieues de cette ville ;

Et la troisième en marche sur Heidenheim, où elle arrivera le 14 (*6 octobre*).

Son Altesse est prévenue que M. le maréchal Ney, qui partira le 12 (*4 octobre*), marchera par le chemin de Stuttgard, Esslingen, Göppingen, Weissenstein et Heidenheim.

M. le maréchal Murat aura soin d'instruire le maréchal Ney de toutes les nouvelles qu'il apprendrait.

Son Altesse donnera ordre à la division de dragons à pied de marcher immédiatement après la 1re division de M. le maréchal Ney ; elle enverra deux ou trois fois par jour des nouvelles à l'Empereur, qui suit la direction de Ludwigsburg à Schorndorf et Gmünd.

Son Altesse préviendra aussi M. le maréchal Lannes des nouvelles de l'ennemi. Ce maréchal suit la même direction que celle de Sa Majesté.

La 4e division de dragons, aux ordres du général Bourcier, protégera et couvrira le passage de Sa Majesté, partant de Strasbourg pour se rendre à Ludwigsburg, et le 10 (*2 octobre*), ce général réunira toute sa division à Rastatt, en ayant soin que ses premiers avant-postes d'Oberkirch et d'Offenbourg ne soient évacués qu'à minuit du 9 au 10 (*1er au 2 octobre*).

Le général Bourcier partira de Rastatt le 10 (*2 octobre*) et arrivera le plus promptement possible à Stuttgard, formant toute l'arrière-garde de l'armée ; de là, il rejoindra le plus tôt possible les autres divisions de dragons aux ordres du prince Murat.

La position d'Heidenheim étant très importante pour l'ennemi, il est nécessaire que M. le prince Murat y arrive en force et que, du moment où il y sera, il envoie des nouvelles de tout ce qu'il apprendra de l'ennemi au maréchal Soult, qui arrive le 14 (*6 octobre*), à Nœrdlingen, et au maréchal Davout, qui arrive le 15 (*7 octobre*), à OEttingen.

Dans ce cas, M. le maréchal Soult activerait sa marche pour arriver à temps à l'affaire qui aurait lieu le 14 (*6 octobre*), à Heidenheim, si l'ennemi s'y trouvait en force, et que dans cette position il voulût attendre les corps des maréchaux Ney et Lannes.

Maréchal Berthier.

Le maréchal Berthier au général Mathieu Dumas.

Je vous prie, Général, de me tracer sur-le-champ un itinéraire pour M. le maréchal Murat, partant de Stuttgard pour se rendre à Gœppingen.

Voir si cela peut se faire en un jour de marche.

Me tracer une route pour M. le maréchal Ney, de Stuttgard à Heidenheim, passant par Esslingen, Gœppingen, Weissenstein et Heidenheim, partant le 12 pour arriver le 15.

Tracer une autre route pour M. le maréchal Lannes, de Ludwigsburg à Aalen, passant par Schorndorf et Gmünd, et le maréchal Lannes partant le 12 pour arriver le 16.

Régler sur la carte, d'après les connaissances qu'on peut avoir du pays, les marches et les jours de route.

Je désire que M. le général Dumas me remette ce travail dans une demi-heure.

Maréchal Berthier.

(*Sans lieu ni date.*)

5ᵉ CORPS D'ARMÉE.

Rapport du 9 au 10 vendémiaire an XIV (1ᵉʳ au 2 octobre 1805).

Le corps d'armée a quitté le 9 (*1ᵉʳ octobre*), à 5 heures du matin, ses cantonnements de la veille et s'est dirigé par Vaihingen sur Ludwigsburg, où il a pris les cantonnements dont le détail suit :

Division de grenadiers.

Bataillons des 13ᵉ et 58ᵉ à Kornwestheim et Stammheim ;
Bataillons des 9ᵉ et 81ᵉ à Eglosheim ;
Bataillon du 2ᵉ à Ludwigsburg ;
— 3ᵉ à Ossweil ;
— 28ᵉ à Aldingen ;
— 31ᵉ à Mühlhausen ;
— 12ᵉ à Zatzenhausen et Münster ;
— 15ᵉ à Zuffenhausen.

Sapeurs.

A Markgröningen.

Artillerie.

A Möglingen.

Cavalerie légère.

9ᵉ hussards à Zuffenhausen ;
10ᵉ hussards à Schorndorf ;
13ᵉ et 21ᵉ chasseurs à Poppenweiler.

D'après les renseignements que l'on a sur l'ennemi, il paraît qu'il n'a pas de gros corps de troupes entre Ulm et le point occupé par le 5ᵉ corps, et qu'il continue à se fortifier dans cette position.

Nos troupes légères, placées sur la rive droite du Neckar, n'ont aperçu, jusqu'à présent, aucun poste ennemi.

COMPANS.

Rapport sur les marches de la Réserve de cavalerie.

Le 9 vendémiaire an xiv (1ᵉʳ octobre 1805).

Le 9, le corps d'armée est venu s'établir :

La division Klein, sur la Nagold, occupant sur la rive gauche les villages de Pforzheim, Dillstein, Büchenbronn, poussant des reconnaissances sur Liebenzell, Münklingen et Heimsheim ;

Le 2ᵉ division prit position à Eutingen et dans les villages en avant, sur la route d'Enzberg ;

La 2ᵒ division de grosse cavalerie s'est établie à Vaihingen ;

Les dragons à pied, à Enzberg, en avant de Pforzheim ;
Le parc de réserve a marché avec le général Klein ;
Le quartier du Prince à Pforzheim.

Le général de division Belliard, chef d'état-major de la réserve de cavalerie et de dragons, au général Beaumont.

Le 9 vendémiaire an XIV (1ᵉʳ octobre 1805).

Mon cher Général,

Ainsi que je vous l'ai dit hier, vous occuperez Dietlingen, Brotzingen et les villages en arrière les plus rapprochés de Dietlingen ; vous vous éclairerez sur votre droite par tous ces débouchés qui aboutissent à votre cantonnement.

Son Altesse Sérénissime le prince Murat désire que vous fassiez une réquisition de pain pour quatre jours ; une de viande, sur pied, pour deux jours, à Neuenburg, qui devra être fournie ce soir ou dans la nuit. Vous prendrez, dans vos cantonnements, des voitures pour transporter le pain que les dragons ne pourraient pas porter. Votre commissaire fera la réquisition et, en son absence, votre chef d'état-major en enverra donner des récépissés en bonne forme, au bailli, pour qu'elle puisse être payée.

Le général Klein occupe, sur la Nagold, les villages de Dillstein, Pforzheim, Büchenbronn, Huchenfeld et Würm.

On partira demain.

BELLIARD.

CHAPITRE VII

Le 6ᵉ corps du Rhin au Neckar.

Le général Seroux au maréchal Ney.

Haguenau, le 2 vendémiaire an xiv (24 septembre 1805).

Monseigneur,

M. le Premier inspecteur m'a donné des instructions, d'après lesquelles je dois placer à chacune des trois divisions de votre corps d'armée 12 bouches à feu, avec 250 chevaux du train et une compagnie et demie d'artillerie à pied.

Une demi-compagnie d'artillerie à pied et une compagnie d'artillerie légère sont affectées au parc, sans bouches à feu.

J'ai pensé, Monsieur le Maréchal, d'après ce que vous m'avez dit ce matin, que votre intention était de leur en donner et, d'après les bases de répartitions que vous avez posées, j'ai l'honneur de vous proposer de créer une réserve prise sur les 36 bouches à feu : ainsi de laisser à chaque division 5 pièces de 8, 2 pièces de 4 et 1 obusier de 6 pouces, et de composer une réserve des 6 pièces de 12, servies par une compagnie d'artillerie à pied, et de 3 pièces de 8 et 3 obusiers, servis par la compagnie d'artillerie légère.

L'artillerie de chacune des divisions, réduite d'après cela à 8 bouches à feu, serait servie par une compagnie un tiers d'artillerie à pied.

Si j'ai bien compris, Monsieur le Maréchal, vos intentions, je vous prie de vouloir bien me le confirmer ; je donnerai des ordres en conséquence et j'en préviendrai M. le Premier inspecteur général. Je vous prie de vouloir bien me faire connaître sur quels points je devrais porter l'artillerie de chaque division de réserve et de parc, et quand le mouvement devra être exécuté.

J'ai l'honneur d'être avec respect, Monseigneur, votre très humble serviteur.

Le Général commandant l'artillerie,

(*A. M.*) Seroux.

Le prince Murat au maréchal Ney.

Strasbourg, le 2 vendémiaire an xiv (24 septembre 1805).

Monsieur le Maréchal,

J'ai reçu, dans la nuit, votre lettre du 1er vendémiaire ; il est à craindre que la marche forcée que vous venez d'ordonner à vos troupes ne contrarie, en les fatiguant d'avance, les vues de l'Empereur. Il pouvait être dans les desseins de Sa Majesté de faire continuer la marche dans le même ordre qui avait été observé depuis Boulogne, car il n'est pas à présumer que vous soyez forcé, de quelques jours, à marcher différemment, l'ennemi se trouvant encore fort éloigné de nous.

Sa Majesté me charge de vous prévenir, Monsieur le Maréchal, que si les ponts qui doivent être jetés sur le Rhin ne sont pas prêts, le passage sera retardé d'un jour pour les 3e, 4e et 6e corps d'armée. En conséquence, si le pont vis-à-vis Durlach n'était pas achevé le 4, vous attendriez le 5 pour passer : les ponts ne peuvent pas manquer d'être prêts ce jour-là ; vous aurez soin de me prévenir du retard s'il y a lieu. Je fais connaître cette disposition de l'Empereur à MM. les maréchaux Davout et Soult dans le cas où le passage ne pourrait pas s'effectuer le 4. Le maréchal Lannes qui devait, ce jour-là, se porter sur *Ettlingen*, fera un séjour à Rastatt et attendra que vous ayez passé pour continuer son mouvement.

Sa Majesté ordonne que vos troupes vivent de réquisitions sur les pays situés à la gauche de la route que vous devez tenir, jusqu'à celle que tiendra le maréchal Soult, les pays de votre droite étant destinés à la subsistance d'un autre corps d'armée.

Je vous préviens, Monsieur le Maréchal, que, suivant toutes les vraisemblances, vous trouverez réunies à *Durlach* les troupes de l'Électeur de Baden, qui se rangeront sous vos ordres et suivront vos mouvements.

Recevez, Monsieur le Maréchal, l'assurance de ma haute considération.

(*A. M.*) MURAT.

E.-N. Lefol, adjudant commandant, au général Marcognet.

Haguenau, le 3 vendémiaire an XIV (25 septembre 1805).

Monsieur le Général,

Le général de division me charge de vous prévenir qu'en conséquence des ordres de M. le maréchal commandant en chef, la division partira d'Haguenau demain, 4 vendémiaire, à 3 heures précises du matin, pour aller cantonner, savoir :

L'état-major de la division et le vôtre à Selz ;

1er et 2e bataillons du 25e régiment d'infanterie légère, à Motheren ;

Le 3e bataillon du même régiment à Münchhausen ;

Les deux bataillons du 27e à Selz ;

Les deux bataillons du 50e à Nieder-Röderen et Bühl ;

Les deux bataillons du 59e et le quartier général du général Labassée à Beinheim.

Veuillez bien donner vos ordres, en conséquence de ces dispositions, aux troupes que vous commandez.

LEFOL.

Le chef d'escadron Decrabbé au maréchal Ney.

Durlach, le 3 vendémiaire an XIV (25 septembre 1885).

Monsieur le Maréchal,

J'ai l'honneur de vous faire savoir que je suis arrivé à Durlach : le commandant est un lieutenant-colonel âgé qui ne sait rien ; simplement, il m'a dit qu'il croit l'ennemi près Schorndorf, Essling, Plöchingen et poussant des patrouilles vers Tübingen ; il n'a rien pu me dire au sujet des troupes qui doivent se joindre à votre armée ; je suis obligé d'aller à Baden ; aussitôt que je serai instruit, je vous expédierai une estafette.

J'ai l'honneur d'être, Monsieur le Maréchal, votre très obéissant serviteur.

(A. M.) Decrabbé.

Le général Andréossy au maréchal Ney.

Strasbourg, le 3 vendémiaire an xiv (25 septembre 1805).

Monsieur le Maréchal,

Son Altesse Sérénissime le prince Murat me charge de vous prévenir que l'ordre formel de Sa Majesté est que vous ne laissiez passer le Rhin, sur le pont que vous avez établi, qu'aux seuls courriers du ministre de la guerre ou du prince Murat, et d'interdire le passage à tout autre courrier, même à ceux de la Malle, jusqu'à nouvel ordre.

Andréossy.

Le général Andréossy au maréchal Ney.

Strasbourg, le 4 vendémiaire an xiv (26 septembre 1805).

Monsieur le Maréchal,

Sa Majesté l'Empereur vous laisse maître de vous porter à Durlach avec une partie de votre corps d'armée ; mais votre avant-garde ne pourra s'étendre plus loin qu'une ou deux lieues au delà de Durlach.

Le 3e bataillon du 66e a eu ordre de rejoindre son régiment ; l'Empereur désirerait savoir s'il l'a rejoint.

Andréossy.

Ordre du jour du maréchal Ney, commandant le 6e corps.

Selz, le 4 vendémiaire an xiv (26 septembre 1805).

Le traité de Lunéville, monument éternel de la modération de Sa Majesté l'Empereur, semblait devoir être le gage d'une longue paix entre la France et l'Autriche.

Cependant cette puissance, séduite par les intrigues de l'Angleterre, faisait en secret des préparatifs hostiles, alors même qu'elle prodiguait au gouvernement français des protestations de bonne amitié. Après avoir épuisé tous les prétextes pour voiler ses desseins, elle vient enfin de les faire éclater en envahissant, sans déclaration de guerre, les États de l'Électeur de Bavière, ami et allié de la France

L'Empereur, indigné de cette violation de la foi des traités et du droit des gens, a été forcé de prendre, à son tour, une attitude menaçante. Ses armées ont quitté les bords de la Manche pour se porter sur le Rhin.

La marche du 6ᵉ corps d'armée, au travers d'une partie de la France, s'est faite avec un ordre digne des plus grands éloges et, dans les comptes que j'ai rendus à Son Excellence le ministre de la guerre, j'ai eu la satisfaction de pouvoir dire qu'aucune plainte n'a été portée, et que le soldat ne s'est jamais écarté des devoirs que lui impose la discipline militaire.

J'ai également dû donner de justes éloges au zèle et aux talents que M. l'ordonnateur en chef et les commissaires des guerres sous ses ordres ont déployés pour assurer les services dans toute l'étendue de la route.

C'est avec la plus grande confiance que j'invite les troupes du corps d'armée à tenir la même conduite dans leur marche sur la rive droite du Rhin ; elles auront à traverser des états neutres et alliés, et elles devront surtout regarder comme Français tous les habitants des pays dont les princes réunissent leurs forces aux nôtres pour repousser une injuste agression.

Ce sera pour moi un devoir bien doux à remplir que de faire valoir auprès de l'Empereur la bonne conduite des officiers et soldats qui auront mérité des récompenses. Je veillerai attentivement à ce qu'aucuns services ne soient oubliés.

Je ne parlerai point aux soldats de leurs devoirs comme guerriers ; je connais la noble ardeur qui les anime ; ils prouveront la différence qui existe entre des mercenaires se battant pour une cause étrangère et des hommes qui défendent leur pays injustement attaqué ; le sang français ne coule que lorsque l'honneur l'ordonne ; il est d'un prix que tout l'or des nations ne saurait payer.

NEY.

Le chef d'escadron Decrabbé au maréchal Ney.

Durlach, le 4 vendémiaire an xiv (26 septembre 1805),
à 2 heures du matin.

Monsieur le Maréchal,

Je m'empresse d'avoir l'honneur de vous donner connaissance du résultat de mon voyage de Baden; j'y ai vu M. le prince Louis de Baden, chargé de l'organisation des troupes.

Rien n'est encore prêt, vu qu'ils ont craint que l'ennemi, ayant connaissance de leurs préparatifs, ne soit entré dans l'Électorat. Je vous envoie copie de l'article du traité entre Sa Majesté l'Empereur et Son Altesse Sérénissime l'Électeur de Baden.

M. le prince Louis m'a assuré qu'il donnerait de suite l'ordre aux bataillons de se former au complet et de faire rentrer les semestriers, et il espère avoir réuni avant dix jours les 3,000 hommes qu'il doit fournir.

Il est très flatté de servir sous vos ordres, quoiqu'il me parait qu'il ne les commandera pas, car c'est lui qui tient la régence; il m'a chargé des choses les plus honnêtes pour vous, il m'a dit avoir eu l'avantage de vous voir à Paris, etc.....

J'ai vu aussi M. de Thiard, chambellan de Sa Majesté, qui m'a dit que Sa Majesté était informé du retard de ce rassemblement, qui n'en est pas un, vu que le traité le dit.

M. le prince Louis se propose d'aller aujourd'hui à Strasbourg pour présenter son hommage à Sa Majesté.

M. le maréchal Lannes couche cette nuit à Bühl, sa gauche à Steinbach; il vient aujourd'hui à Rastatt; les Autrichiens sont entrés hier à Friedesheim, ils occupent toute la vallée de la Kinzig. Je vais m'occuper de suite des cantonnements aux environs de Durlach. Votre quartier général à Durlach.

J'ai l'honneur d'être, avec profond respect, Monsieur le Maréchal, votre très humble serviteur,

(*A. M.*)   Decrabbé.

Le même au même.

Durlach, le 4 vendémiaire an xiv (26 septembre 1805).

Monsieur le Maréchal,

J'ai l'honneur de vous envoyer la répartition des cantonnements pour votre armée ; je ne sais si j'ai bien fait, mais elle est intervertie, pour les divisions seulement. La gauche, occupée par la 1re division, est en avant du bois de Durlach ; j'aurais pu la prolonger sur Weingarten, mais de Weingarten à Durlach il y a deux fortes lieues, et il est très difficile de marcher en avant ; il aurait fallu rétrograder vers Durlach. La gauche, devenue droite, est à Ettlingen.

J'ai établi, comme vous verrez, votre quartier général à *Carlsruhe*, où vous serez mieux qu'à *Durlach*.

J'ai concentré les troupes le plus possible pour ne pas leur faire faire du chemin de trop.

Tous les renseignements sur l'ennemi sont vagues ; s'il y avait ici quelques hussards du Prince, j'aurais pris quelques hommes avec moi pour battre l'estrade et avoir connaissance certaine de l'ennemi, mais ils n'ont rien et ne savent rien. Une fois, le commandant me dit qu'ils sont à cinq ou six lieues d'ici ; un instant après, il dit à quatorze lieues ; en un mot, je ne sais rien de positif ; on prétend même que M. le Prince, d'après une de ses lettres, dit que les Autrichiens dirigent une forte colonne sur *Heidelberg*.

J'ai communiqué au commandant et au grand baillif les noms des villages où je crois faire cantonner, sans rien lui dire de la force de chaque cantonnement ; même je mets dans ma série des noms de villages que nous n'occuperons pas ; il fera avertir ces communes afin qu'elles aient de quoi donner aux soldats logés chez eux, sans toutefois l'avoir ordonné, mais à l'amiable. J'ai logé le 3° de hussards en avant avec le 25° léger ; le village de *Langensteinbach* est très grand. Si vous avez quelque chose à m'ordonner, veuillez me faire passer vos ordres à *Durlach*, où je reste jusqu'à nouvel ordre.

J'ai l'honneur d'être avec profond respect, Monsieur le Maréchal, votre très humble serviteur,

(*A. M.*)   Decrabbé.

Note.

Les 3,000 hommes que doit fournir Son Altesse Sérénissime l'Électeur de Baden, sont composés :

De 4 bataillons d'infanterie de ligne, le bataillon à 560 hommes, chaque bataillon de 4 compagnies, fortes de 140 hommes, dont dix Scharfschützen ;

1 bataillon de chasseurs, fort de 300 hommes, formé de deux compagnies, la compagnie forte de 150 hommes, officiers et sous-officiers compris ;

24 hussards ;

8 canons ;

2 obusiers ;

D'après le traité, ils ne doivent fournir que six pièces, mais ils ont augmenté l'artillerie des bataillons.

4 bataillons d'infanterie de ligne..........	2.240 hommes
1 bataillon de chasseurs.................	300 —
Hussards montés......................	24 —
TOTAL, sans l'artillerie..........	2.564 hommes

(*A. M.*)

Note.

Strasbourg, le 4 vendémiaire an XIV (26 septembre 1805).

Le pont pour le passage du corps d'armée de M. le maréchal Ney doit être jeté un peu plus bas que Lauterbourg, à peu près à la hauteur de Durlach, dans l'emplacement où on en a construit un dans la dernière guerre (1). L'équipage a dû arriver hier à Lauterbourg, étant parti la veille de Strasbourg.

Les caissons pour compléter l'approvisionnement de l'artillerie ont dû arriver hier à Landau ; j'ai envoyé un officier pour les diriger directement sur Lauterbourg. Le surplus des munitions partira aujourd'hui de Strasbourg et se rendra aussi directement à Lauterbourg, où il arrivera demain.

Le Premier inspecteur général de l'artillerie,

SONGIS.

---

(1) C'est l'emplacement où l'on a construit, depuis, le pont de Max-Au.

Emplacements du 4 vendémiaire an XIV (26 septembre 1805).

Quartier général à Lauterbourg.

1re *division* (Hagenbach) *aux ordres du* général Dupont (1).

9e léger.............................	Hagenbach.
32e de ligne........................	
96e id................................	} Langenkandel.
1er régiment de hussards.................	{ Pforz, Wörth et Hagenbach.

2e *division* (Lauterbourg) *aux ordres du* général Loison.

6e léger.............................	Büchelberg.
39e de ligne (Général Villate)................	Lauterbourg.
69e id. (Général Roguet)................	{ Neeweiler, Scheibenhard.
76e id...............................	{ Niederlauterbach et Salmbach.

3e *division* (Selz) *aux ordres du* général Malher.

25e léger (1er et 2e bataillons)...............	Motheren.
25e id. (3e bataillon)....................	Münchhausen.
27e de ligne (Général Marcognet)............	Selz.
50e id...............................	Nieder-Röderen, Bühl.
59e id. (Général Labassée).............	Beinheim.

Cavalerie légère aux ordres du général Dupré.

3e régiment de hussards...................	{ Langenberg,
10e id. de chasseurs	Schaidt.

---

(1) A Lauterbourg, la division avait trouvé l'artillerie qui lui était destinée. (Journal des opérations militaires de la division Dupont.)

Ordre de marche du 6ᵉ corps de la Grande Armée, pour le passage du Rhin par le pont établi sur ce fleuve, vis-à-vis..... (1).

Le (1)   vendémiaire an xiv.

La troupe marchera la droite en tête et par front de section, s'il est possible. Dans le cas contraire, elle marchera par le flanc jusqu'à son arrivée sur la rive droite du Rhin, où les sections se formeront aussitôt.

1ʳᵉ division sous les ordres du général Dupont.

1ʳᵉ brigade (Général Rouyer).	9ᵉ légère....... 1ᵉʳ de hussards..	Le 1ᵉʳ escadron du 1ᵉʳ régiment de hussards. 1 compagnie de voltigeurs du 1ᵉʳ bataillon. 1 compagnie de carabiniers. 2 pièces d'artillerie : 1 de 4 et 1 obusier. 8 compagnies du 1ᵉʳ bataillon. Le 2ᵉ bataillon du 9ᵉ, ayant ses voltigeurs à la queue du bataillon. 3 escadrons du 1ᵉʳ régiment de hussards fermant la marche de la 1ʳᵉ brigade.
2ᵉ brigade (Général Marchand).		32ᵉ de ligne : 2 bataillons. 6 pièces d'artillerie : 1 de 4, 4 de 8, 1 de 12. 96ᵉ de ligne : 2 bataillons. 1 détachement de 10 gendarmes.

2ᵉ division sous les ordres du général Loison.

1ʳᵉ brigade (Général Villate).		1ᵉʳ bataillon du 6ᵉ légère. 2 pièces d'artillerie : 1 de 4 et 1 obusier. 2ᵉ bataillon du 6ᵉ légère. 39ᵉ de ligne : 2 bataillons.

---

(1) En blanc sur l'original.

2ᵉ brigade
(Général Roguet).
{
69ᵉ de ligne : 2 bataillons.
6 pièces d'artillerie : 1 de 4, 4 de 8, 1 de 12.
76ᵉ de ligne : 3 bataillons.
1 détachement de 12 hussards.
1 détachement de gendarmes.
}

3ᵉ division sous les ordres du général Malher.

1ʳᵉ brigade
(Général Marcognet).
{
1ᵉʳ bataillon du 25ᵉ légère.
2 pièces d'artillerie.
2ᵉ et 3ᵉ bataillons du 25ᵉ légère.
27ᵉ de ligne : 2 bataillons.
}

2ᵉ brigade
(Général Labassée).
{
50ᵉ de ligne : 2 bataillons.
6 pièces d'artillerie : 1 de 4, 4 de 8, 1 de 12.
59ᵉ de ligne : 2 bataillons.
1 détachement de 12 hussards.
1 détachement de 10 gendarmes.
}

Cavalerie sous les ordres du général Tilly.

Brigade
du général Dupré.
{
3ᵉ régiment de hussards.
12 pièces d'artillerie de la réserve : 6 de 8, 3 de 12, 3 obusiers.
10ᵉ régiment de chasseurs.
}

Le parc de réserve.

Les vivres et subsistances et le personnel de l'administration.

Les bagages de l'armée, en commençant par l'état-major général, et le surplus suivra d'après l'ordre des divisions et des régiments établi ci-dessus. Les quatre dernières compagnies du 59ᵉ régiment fermeront la marche et serviront d'escorte.

Les régiments ne laisseront que 12 hommes, commandés par un sergent, pour rester aux voitures. Chaque jour de marche, les bataillons fourniront alternativement à leur tour, d'après l'ordre établi, 4 compagnies.

L'escadron de gendarmerie fermera la marche absolue.

Le chef d'escadron Jameron, chargé de la police du quartier général, remplira provisoirement les fonctions de vaguemestre. Il maintiendra l'ordre le plus exact pendant la marche et désignera les lieux où les voitures devront parquer, toujours à portée du parc de réserve d'artillerie.

Un détachement de 20 hommes de la compagnie d'élite du 3e régiment de hussards suivra partout M. le maréchal commandant en chef. Ce détachement sera relevé tous les cinq jours par celui du 10e chasseurs, et alternativement par le 1er de hussards et 22e de chasseurs, lorsque ce dernier régiment aura rejoint le corps d'armée.

Signé : Maréchal Ney.

Ordre de la division.

Le 4 vendémiaire an xiv (26 septembre 1805).

Le général de division recommande expressément aux généraux de brigade et aux commandants des corps de n'accorder pour la suite aucune permission d'absence à qui que ce soit.

Il recommande également qu'il soit tenu la main, dans chaque régiment, à ce que les musiciens ne dépassent jamais, dans les marches, les sapeurs du corps.

L'Adjudant commandant,
Chef de l'état-major de la division,

Lefol.

Instruction de M. le maréchal Ney sur la manière de faire subsister la troupe sur la rive droite du Rhin.

Art. 1er. Lorsque les troupes ne pourront être nourries des magasins de l'armée, elles devront l'être par les habitants du pays, de la manière indiquée ci-après.

Art. 2. Si les troupes sont réparties chez les habitants, ceux-ci devront nourrir les hommes et les chevaux qui seront placés chez eux.

Art. 3. La ration à fournir à chaque sous-officier et soldat est pour chaque jour :

D'une livre et demie de pain ;
D'une demi-livre de viande ;
D'une once de riz ou deux onces de légumes secs ;
D'un trentième de livre de sel ;
Du bois nécessaire pour la cuisson de ces aliments.

Art. 4. Les officiers devront être nourris d'une manière décente et conforme à leur grade ; mais jamais ils ne pourront exiger rien qui soit exorbitant et trop à la charge des habitants.

Art. 5. Lorsque les troupes seront tellement réunies qu'il sera impossible d'exiger la totalité de leur nourriture dans le territoire qu'elles occuperont, M. l'ordonnateur en chef prendra les ordres de M. le maréchal pour assigner, soit à ce même territoire, soit à ceux environnants, la portion des diverses denrées que chacun devra fournir, les lieux sur lesquels elles devront être versées, et les corps ou employés d'administration à la dis position desquels elles devront être remises.

Art. 6. Dans les cas urgents, M. le maréchal autorisera MM. les généraux de division à faire subsister leurs troupes dans le pays qu'elles occuperont respectivement.

Dans ce cas, M. l'ordonnateur donnera à MM. les commissaires des guerres les instructions nécessaires sur la manière dont ils devront frapper la réquisition, sur les moyens de la régulariser et sur ceux qui pourront empêcher les abus.

Art. 7. Les réquisitions frappées par M. l'ordonnateur en chef devront toujours mentionner qu'elles sont faites par l'ordre exprès de M. le maréchal.

Toutes celles frappées par MM. les commissaires des guerres devront toujours mentionner qu'elles sont faites par l'ordre du général de division.

Art. 8. M. l'ordonnateur en chef et les commissaires des guerres auront, toutes les fois que les circonstances le permettront, le plus grand soin de prévenir à l'avance les autorités du pays du nombre d'hommes et de chevaux qu'ils auront à nourrir, de la quantité des diverses denrées qu'ils devront fournir, des points où elles devront être transportées, des corps auxquels elles devront être délivrées, ou des magasins dans lesquels elles devront être versées.

Art. 9. Lorsqu'une troupe quelconque quittera le pays dans lequel elle avait été nourrie, ainsi qu'il a été prévu par les articles 3 et 4, les quartiers-maîtres ou officiers chargés du détail pour les corps, compagnies, ou détachements auxquels ils appartiennent, le chef de l'état-major de chaque division pour les officiers de l'état-major, les commissaires des guerres pour les employés de l'administration, donneront un certificat qui constatera le nombre d'hommes et de chevaux qui auront été nourris, le nombre de jours pendant lequel ils l'auront été ; ce certificat devra mentionner avec soin les quantièmes de ces mois, jours. Il devra également distinguer le nombre d'officiers et le nombre des sous-officiers et soldats.

Art. 10. Il sera formé de toutes ces pièces des bordereaux qui, autant que possible, seront arrêtés par l'ordonnateur en chef de l'armée.

Toutes les fournitures ainsi constatées seront payées d'après le mode de liquidation arrêté entre le gouvernement français et les gouvernements des pays amis ou alliés.

Art. 11. Dans le cas prévu par l'article 5, les individus en l'article 8 devront donner, aux habitants du pays, un reçu de la fourniture qui aura été faite à la troupe sous leurs ordres.

Art. 12. Si les denrées sont versées dans les magasins, les employés d'administration donneront les mêmes reçus.

Art. 13. Tous les bourgmestres ou magistrats du pays devront, dans l'instant même où ils auront leurs certificats ou récépissés, les représenter aux commissaires des guerres de la division. Celui-ci, après en avoir reconnu la légitimité, les remettra aux dits bourgmestres ou magistrats ; mais il devra auparavant les viser, les numéroter et les enregistrer sur un registre conforme au modèle qui leur sera fourni par M. l'ordonnateur en chef.

Art. 14. Les mêmes formalités prescrites par les articles ci-dessus seront observées pour les voitures de transport que l'on sera dans le cas de requérir accidentellement sur le pays.

Art. 15. S'il devient nécessaire de former, sur les derrières de l'armée, des magasins de réserve, M. le maréchal le fera connaître à M. l'ordonnateur en chef et lui donnera les ordres et instructions particulières, soit sur la nature, la quantité des approvisionnements, soit sur les points où ils devront être réunis.

Art. 16. Toutes les dispositions de l'instruction adressée le 5 fructidor par l'ordonnateur en chef aux commissaires des guerres, et que M. le maréchal a approuvées, devront être rigoureusement exécutées dans tout ce qui peut s'appliquer au pays dans lequel l'armée veut entrer.

Art. 17. M. l'ordonnateur en chef et MM. les généraux de division sont chacun chargés, en ce qui les concerne, de l'exécution de la présente instruction.

NEY.

Pour copie conforme :

L'Adjudant commandant, Chef de l'état-major,

LEFOL.   (Sans date.)

Journée du 5 vendémiaire (27 septembre).

Quartier général : Carlsruhe.

L'armée a passé le Rhin près Lauterbourg. Le passage a commencé à 6 heures du matin pour les troupes et a été terminé à midi.

1re *division* (Ettlingen).

9e léger....................	Burbach, Schœllbronn.
32e de ligne (1er bataillon)........	Oberweier, Ettlingenweier.
32e id. (2e id.)..........	Ettlingen.
96e id....................	Ettlingen (1).

2e *division* (Durlach).

6e léger (1er bataillon)...........	Grünwettersbach.
6e id. (2e id.)..........	Stupferich, Söllingen.
39e de ligne (1er bataillon)........	Wolfartsweier.
39e id. (2e id.)..........	Grotzingen.
69e id....................	Durlach (2).
76e id....................	

---

(1) *Journal des opérations militaires de la division Dupont.*

« Le 5 vendémiaire (**27** *septembre*), à 6 heures du matin, le pont de bateaux est terminé. Aussitôt, la division, en grande tenue, traverse le fleuve, aux cris de : « Vive l'Empereur! » et par le plus beau temps du monde ».

« Le même jour, elle arrive à Ettlingen, ville de l'Électorat de Bade ».

(2)   *Journée du 5 vendémiaire (27 septembre).*

La division, composée des 6e régiment d'infanterie légère, 39e, 69e,

3ᵉ *division* (Carlsruhe).

25ᵉ léger (1ᵉʳ et 2ᵉ bataillons)..................	Bulach.
25ᵉ id. (3ᵉ bataillon).......................	Beiertheim.
27ᵉ de ligne...............................	Carlsruhe.
50ᵉ id.................................	
59ᵉ id.................................	Mühlburg, Grünnwinkel (1).

Cavalerie légère.

10ᵉ de chasseurs...........................	Durlach.
1ᵉʳ de hussards............................	Sulzbach.
3ᵉ id.................................	Langensteinbach.

Le général Dupont au maréchal Ney.

Au quartier général, à Ettlingen, le 5 vendémiaire an xiv
(27 septembre 1805).

Monsieur le Maréchal,

J'ai l'honneur de vous rendre compte que la 1ʳᵉ division est

---

et 76ᵉ régiments de ligne, et armée de 8 bouches à feu, est partie à 5 heures du matin pour ses cantonnements, près Lauterbourg, et marchant, la droite en tête, elle s'est dirigée vers le pont établi sur le Rhin, vis-à-vis du village d'Au, territoire de Bade, où elle a passé le fleuve. Elle s'est portée de suite sur Durmersheim, par une chaussée étroite, au milieu d'un bois, a continué sur un terrain cultivé et coupé de plusieurs ruisseaux.

Arrivés à Durmersheim, les 6ᵉ et 39ᵉ régiments, commandés par M. le général de brigade Villate, et 2 pièces d'artillerie, ont pris la route d'Ettlingen, et se sont rendus dans les villages de Grünwettersbach, Stupferich, Wolfartsweier et Grotzingen, où ils ont été cantonnés. Les 69ᵉ et 76ᵉ, et le reste de l'artillerie, sous les ordres de M. le général de brigade Roguet, ont suivi la route de Carlsruhe, et ont traversé cette résidence pour se rendre à Durlach, où ces troupes ont été logées.

Le quartier général de la division a été établi dans cette dernière ville. (Extrait du journal des marches, positions et opérations militaires de la division Loison.)

(1) A quitté ses cantonnements à 5 heures du matin, passé le Rhin vers 11 heures, et atteint Carlsruhe à 4 heures. (Le général Malher au maréchal Ney, le 6 vendémiaire.)

arrivée à Ettlingen à 11 heures et demie ; elle occupe maintenant les cantonnements que vous avez indiqués. J'ai trouvé à Ettlingen un escadron du 9ᵉ régiment de hussards ; le commandant de cet escadron m'a assuré qu'il avait rendu compte au général Oudinot, sous les ordres duquel il se trouve, que la 1ʳᵉ division de votre armée se trouvait à Ettlingen et occupait les villages environnants, afin qu'un nouveau cantonnement lui soit assigné.

L'adjoint à l'état-major Vaunot m'a rendu compte que, hier soir, étant à Pittersheim, il a reconnu une vingtaine de soldats de l'Électeur de Baden, qui lui ont dit qu'ils allaient en semestre dans leurs foyers. Ces hommes étaient montés sur des voitures et avaient leurs armes avec eux. J'ai cru devoir vous en instruire.

Les troupes ont observé, dans la marche, l'ordre le plus exact.

J'attends les ordres que vous aurez à me donner pour les mouvements ultérieurs de la division.

J'ai l'honneur de vous saluer.

(*A. M.*)　　　　　　　　　　　　　　　　Dupont.

Le général Dupont au maréchal Ney.

Au quartier général, à Ettlingen, le 5 vendémiaire an xiv
(27 septembre 1805).

Monsieur le Maréchal,

L'officier commandant l'escadron du 9ᵉ régiment de hussards, qui se trouve à Ettlingen, vient de me faire le rapport qu'une patrouille de ce régiment a rencontré l'ennemi en avant de Pforzheim, que les commandants des deux patrouilles ont communiqué ensemble et que les Autrichiens ont déclaré qu'ils avaient ordre de ne pas tirer les premiers. L'officier français ayant le même ordre, les deux détachements sont rentrés à leurs corps respectifs.

Il y a à Pforzheim 150 dragons de Latour.

J'ai l'honneur de vous saluer.

(*A. M.*)　　　　　　　　　　　　　　　　Dupont.

L'Empereur au Major général.

Strasbourg, le 5 vendémiaire an xiv (27 septembre 1805).

Mon Cousin, envoyez sur-le-champ un courrier au maréchal Ney, qui se mettra demain, à la pointe du jour, en marche pour Stuttgard. Mon intention est qu'il s'arrange de manière à enlever le poste de cavalerie ennemie qui est à Pforzheim ; j'espère donc qu'il m'enverra demain une soixantaine de prisonniers. Ces messieurs font les plaisants, saluent les patrouilles ; il faut que le maréchal Ney les trouve et les enlève. Faites-lui connaître qu'un ordre semblable a été donné au prince Murat pour enlever, de son côté, les postes de cavalerie légère des ennemis qui sont vers les débouchés de la Forêt-Noire, et que je suis fondé à croire que demain j'aurai en mon pouvoir plus de 200 prisonniers de cavalerie.

Je suis fâché que le maréchal Ney ne m'ait pas fait connaître sa position aujourd'hui ; écrivez-lui de vous donner de ses nouvelles deux fois par jour. Mon intention est qu'il ne se porte sur Stuttgard qu'à petites journées ; il me suffit qu'il y soit le 8. Vous le préviendrez que le maréchal Soult, avec son corps d'armée, sera le 7 à Heilbronn. Arrivées à Stuttgard, toutes ses divisions doivent être très près les unes des autres, afin que tout son corps d'armée puisse se réunir, en moins de deux heures, en ligne. Je ne veux point d'affaires partielles de divisions. Aussi mon intention est qu'il prenne une bonne position à Stuttgard, parce que je ne veux engager aucune affaire de ce côté-là.

NAPOLÉON (1).

Le maréchal Berthier au maréchal Ney.

A Strasbourg, le 5 vendémiaire an xiv (27 septembre 1805).

Monsieur le Maréchal,

L'intention de l'Empereur est que votre corps d'armée parte

---

(1) *Correspondance de Napoléon*, n° 9275.

demain, 6 vendémiaire, de Durlach pour se rendre à Stuttgard en trois jours de marche, savoir :

Le 6 (*28 septembre*), à Pforzheim ;
Le 7 (*29 septembre*), à Vaihingen ;
Le 8 (*30 septembre*), à Stuttgard.

Maréchal Berthier.

Le chef d'escadron Decrabbé au maréchal Ney.

Wilferdigen, le 5 vendémiaire an xiv (27 septembre 1805)

Monsieur le Maréchal,

J'ai l'honneur de vous donner connaissance que j'ai trouvé les Autrichiens en avant de *Singen* ; la vedette a crié *werda*, j'ai fait répondre : *patrouille impériale française;* après qu'il a eu répété lui-même : *française*, il a fait demi-tour pour avertir le petit poste ; j'ai continué de marcher, le brigadier autrichien s'est avancé, j'ai, à mon tour, fait crier : *qui vive?* il a répondu *Kaiserlich* et continuait à marcher, je lui ai crié : *halte-là!* et il a fait halte, sans tirer ni parler. Au même instant, l'on est venu m'avertir qu'on avait aperçu, à une demi-lieue de Durlach, sur la route de Weingarten, un poste d'un brigadier avec 6 hommes.

J'ai laissé un poste d'observation en avant de *Klein-Steinbach*, mes vedettes tout près des leurs, avec ordre de me faire avertir de suite du moindre mouvement que les Autrichiens feraient, mais mes ordres n'ont pas été suivis.

Je me suis dirigé sur le poste qu'on m'avait indiqué, mais c'est sans doute la peur qui l'avait fait naître, car je n'ai rien vu ; de retour à *Durlach*, j'ai fait rafraîchir les hommes et chevaux et voulais vous écrire au moment où une ordonnance m'est venue avertir que l'ennemi s'était retiré ; je suis à sa poursuite : il a fait halte à une lieue d'ici entre Pforzheim ; c'est du régiment de Latour, un lieutenant et 30 dragons ; il a placé des vedettes et moi les miennes ; il a un petit poste de 8 hommes et un brigadier ; on m'a dit qu'il avait 150 hommes à Pforzheim.

Hier, vers les 10 heures du soir, une patrouille d'un brigadier et 6 dragons a été à Durlach ; ils ont demandé si les Français ne leur avaient encore rien fait ; on leur a dit que, bien loin de leur avoir fait du mal, ils n'avaient pas encore paru, mais qu'on les attendait en grande force, vu le logement qui avait été préparé; sur quoi ils ont dit n'être pas en guerre avec nous et se sont retirés.

J'attends vos ordres et suis de Monsieur le Maréchal, le très humble serviteur.

(A. M.)
DECRABBÉ,
Aide de camp.

Ordre.

Gotha, le 6 vendémiaire an XIV (28 septembre 1805).

Aucun cheval de prise sur l'ennemi ne sera admis dans un escadron des régiments de cavalerie légère, qu'il n'ait été présenté au colonel commandant le corps et reconnu par lui propre à servir.

Les généraux de division, de brigade, colonels, chefs de bataillon et de compagnie iront, dans toutes les circonstances, reconnaître leurs positions de rassemblement des corps déterminé lorsque la troupe cantonnera. Si elle campe, les officiers généraux et particuliers reconnaîtront toutes les communications qui les avoisinent.

(A. M.)

Journée du 6 vendémiaire (28 septembre).

Quartier général : Carlsruhe.

1re *division.*

9e léger..	} Neuenburg.
1er bataillon du 32e............................	
2e id. 32e............................	Arnbach.
96e régiment de ligne......................	{ Salmbach, Waldrennach.
1er hussards (ayant un poste de 100 hommes à Birkenfeld, pour établir les communications avec Pforzheim (1).............	{ Langenbrand, Grünbach, Engelsbrand, Bücheubronn.

(1) Je suis arrivé à Neuenburg, à 6 heures 1/2, avec la brigade du

2° division.

En arrière de la Nagold, vers Pforzheim.

3° division.

A Pforzheim.

Cavalerie légère.

1ᵉʳ régiment de hussards, avec la 1ʳᵉ division (près de Weiler).
3ᵉ   id.   en avant de Pforzheim.
10ᵉ de chasseurs, en avant de la 2° division.

Le chef d'escadron Decrabbé au maréchal Ney.

D'Hinsberg (Enzberg ?), le 6 vendémiaire an XIV
(28 septembre 1805), à 3 heures de relevée.

Monsieur le Maréchal,

J'ai l'honneur de vous donner connaissance que je suis établi en face de l'ennemi qui est à *Vaihingen*. J'ai eu l'honneur de vous écrire deux lettres par les hussards du 1ᵉʳ régiment. Ne recevant aucune lettre de votre part, je ne savais que penser;

---

général Marchand; elle est cantonnée dans ce village, à l'exception du 1ᵉʳ bataillon du 32ᵉ, qui est à Arnbach, à une demi-lieue en arrière.

La brigade du général Rouyer a ordre d'occuper les cantonnements suivants, savoir : le 9ᵉ d'infanterie légère, à Salmbach et Waldrennach; le 1ᵉʳ régiment de hussards, à Langenbrand, Grünbach, Engelsbrand et Bücheubronn. Tous ces villages sont situés en avant et sur la droite de Neuenburg. Un poste de 100 hommes est établi à Birkenfeld, pour assurer la communication avec Pforzheim.

Le village de Neuenburg se trouve situé dans un vallon extrêmement profond et d'une issue très difficile. D'après les renseignements que j'ai pris, le chemin qui conduit de Neuenburg à Stuttgard, par Calmbach et Calw, traverse des montagnes très escarpées, que l'artillerie et les bagages auront beaucoup de peine à franchir. Je vous prie, en conséquence, de faire diriger la division par la route de Pforzheim; cette route a deux lieues de plus, mais cet inconvénient est bien moins grand que la difficulté de l'autre route.

J'ai l'honneur de vous saluer.

(A. M.)   Dupont.

après avoir poursuivi l'ennemi jusqu'à *Freihingen*, où il s'est retiré, je m'étais mis en route de ma personne pour vous aller rendre compte verbalement et vous remettre une lettre d'un homme que j'ai arrêté ce matin.

J'ai trouvé, près d'*Haidingen* (Eutingen?), M. Olosi faisant route avec un détachement pour reconnaître l'ennemi, ce qui m'a encore persuadé que vous n'aviez pas reçu mes lettres, car vous eussiez été instruit que l'ennemi avait, hier, évacué *Pforzheim*. Je le dis même, hier, à un hussard du 3ᵉ de la compagnie Olosi, qui le lui avait dit. Je retiens M. Olosi avec moi, car pour le 1ᵉʳ régiment, il ne vaut rien du tout : officier inapte à un degré inconcevable et hussard ignorant, mal monté et indiscret; je mettrai ce détachement en réserve à peu près comme nul. Je suis sur le territoire de *Wirtenberg*; je désirerais savoir la manière que nous sommes avec eux pour me restreindre comme dans le pays de Baden, si nous sommes en alliance.

Je vous marquais aussi, dans une de mes lettres, que j'avais parlé avec l'officier autrichien commandant, etc..... C'est un capitaine, un émigré; il a avec lui, non 150 hommes comme on m'avait dit, mais tout au plus soixante, et un jeune lieutenant qui est du pays. Le régiment, quoique portant le même uniforme, n'est pas Latour, mais *Rosenberg* : 6ᵉ régiment de chevau-légers, autrefois le 13ᵉ dragons.

Quant à la lettre ci-incluse, je la tiens d'un chasseur, domestique du prince de Wirtenberg; ce matin, poursuivant l'ennemi, j'arrêtai une voiture avec un officier wirtenbourgeois et ce chasseur; je leur demandai des renseignements et d'où ils venaient, ils me dirent : de Ludwigsburg et qu'ils allaient à Pforzheim. Mais, trois heures après, je vis arriver à franc étrier ce chasseur, je lui parlai et l'intimidai : effrayé, il me déclara être porteur d'une lettre qui regardait un échange de pays à faire entre le prince de Baden et celui de Wirtenberg. Je l'ai arrêté et attends vos ordres, etc.....

Je vous demanderai aussi de m'envoyer le restant de la compagnie Olosi qui sont restés : 5 hommes à Weingarten, 5 à Singen et 5 à Wössingen.

J'ai l'honneur d'être avec respect, DECRABBÉ.

Nota. — J'ai appris que l'armée bavaroise évacuait le *haut*

Palatinat et que les Autrichiens y sont entrés. Ce matin, une patrouille du corps d'armée de M. le maréchal Lannes a fait une reconnaissance par la rive droite du Neckar jusqu'à Nisen.

(*A. M.*)

Le général Du Taillis au général Dupont.

Le maréchal commandant en chef me charge de vous prévenir, Monsieur le Général, qu'il reçoit votre lettre d'hier datée de Neuenburg et par laquelle vous lui donnez connaissance de votre position.

Son intention est que, comme les chemins sont difficiles pour la direction de l'artillerie et des équipages, du pont de Neuenburg à Stuttgard, vous les dirigiez de suite sur Pforzheim, escortés par deux compagnies d'infanterie, avec ordre de serrer sur la 3ᵉ division de l'armée.

Votre infanterie devra marcher sur Liebenzell et Weil, mais si cette communication était trop mauvaise, vous pourriez la diriger par Calmbach, Calw sur Weil. Cette dernière route doit être meilleure mais plus longue que la première. Le Maréchal vous laisse libre de votre position près de Weil, il vous recommande de la prendre telle que vous puissiez demain, avant midi, vous rendre maître de Stuttgard.

Le Maréchal établit son quartier général à Vaihingen, où restera la 2ᵉ division.

La 3ᵉ et le parc d'artillerie seront à Pforzheim.

J'ai l'honneur de vous saluer.

Du Taillis.

P.-S. — Donnez l'ordre au 3ᵉ de hussards de marcher toujours à votre hauteur (1).

(*A. M.*)

---

(1) Les ordres donnés aux autres divisions et aux services se bornent à indiquer les points de direction de Vaihingen et de Pforzheim.

Journée du 7 vendémiaire (29 septembre).

Quartier général : Vaihingen.

1re *division* : Heimsheim (1).

1er hussards	Flacht, Weissach. Gebersheim.
9e léger (1er bataillon)	Heimsheim.
9e id. (2e id.)	Malmsheim, Rutesheim.
32e id	Mülhausen.
96e id	Tiefenbronn.

La difficulté des chemins de Neuenburg à Weil a obligé l'artillerie de passer par Pforzheim, pour aller à Weil.

2e *division* : Vaihingen (2).

La division en avant de Vaihingen.
Le 69e régiment, dans la ville.

---

(1) D'après le rapport de Dupont à Ney, c'est le 1er hussards qui est à Weil, et le 3e (colonel Lebrun), à Flacht, Weissach, Gebersheim : « Le colonel Lebrun m'ayant demandé des ordres, je lui ai dit que vous m'aviez seulement chargé de le prévenir qu'il devait marcher à ma hauteur. D'après les rapports du pays, il n'y a point d'Autrichiens à Stuttgard. Demain, je vous en donnerai des nouvelles certaines. Je vous prie de me dire quelle conduite je dois tenir à l'égard des troupes de Wurtemberg, dans le cas où j'en trouverais à Stuttgard. »

(2) J'ai l'honneur de vous rendre compte que j'ai donné l'ordre, à ma division, de partir aujourd'hui de ses cantonnements, savoir : le 6e d'infanterie légère, à 10 heures du soir, et les autres régiments, à 11 heures, et de se réunir à Wilferdingen, sur la route de Pforzheim; la réunion devra se faire à 1 heure du matin.

Votre intention étant d'approcher le plus près possible de Stuttgard, dans la marche de demain, je crois pouvoir vous assurer que je puis prendre position à Vaihingen, qui n'en est éloigné que de 5 lieues 1/2.

J'ai l'honneur de vous saluer avec la plus grande considération.

(*A. M.*)   O. LOISON.

La division est partie de ses cantonnements le 6, à 10 heures du soir, et elle s'est réunie, à minuit, au village de Wilferdingen, sur la chaussée de Durlach à Pforzheim.

3º *division* : Pforzheim (1).

La division à Pforzheim.

Cavalerie légère.

3º hussards, à la droite de Weil (Die Stadt).
10º chasseurs, avec la 2º division.
Le parc, à Pforzheim.

Les troupes ont continué leur route et, arrivées à Pforzheim, elles ont marché sur la rive gauche de l'Enz jusqu'à Enzweihingen, où le 6º régiment a été placé pour couvrir le pont. Les trois autres corps ont couché à Vaihingen.

Le 10º régiment de chasseurs à cheval, ayant été réuni momentanément à la division, a fait son avant-garde pendant cette marche.

Les avant-postes ont rencontré un détachement du corps des chevau-légers de Rosenberg. Cette cavalerie, ayant refusé de se retirer aux sommations qui lui ont été faites, a été chargée par quelques chasseurs, qui ont fait 8 prisonniers. (Journal de la division.)

(1) La 3º division est partie ce matin de Carlsruhe, à 1 heure; elle est arrivée à sa position de Pforzheim, à 11 heures. Le mauvais équipage des chevaux d'artillerie a tellement ralenti ma marche, que je n'ai pu faire mes cinq lieues qu'en onze heures. Toute ma division est cantonnée dans Pforzheim. J'ai fait établir des postes, qui ont parfaitement assuré mes derrières et couvert mes devants. J'ai fait une réquisition de 75 chevaux qui, j'espère, mettront mon parc à même de suivre le mouvement de l'infanterie. Je n'ai encore eu aucune nouvelle de l'ennemi.

J'ai reçu, Monsieur le Maréchal, la lettre par laquelle vous m'engagez à me servir de la manœuvre par quatre, pour raccourcir la profondeur de nos colonnes; je vais en essayer aujourd'hui, et suis persuadé d'avance de l'avantage que nous en tirerons.

Agréez, Monsieur le Maréchal, l'assurance de mon respect et de mon attachement.

MALHER.

(*A. M.*)

L'Empereur au maréchal Ney.

Strasbourg, le 7 vendémiaire an xiv (29 septembre 1805).

Je vous compte arrivé à Stuttgard. Le maréchal Lannes se porte à Ludwigsburg ; il sera prêt à voler à votre secours si vous en avez besoin. Le prince Murat se porte à Rastatt. Instruisez-le de ce qui se passe. Il n'attendra pas mes ordres pour marcher à vous si cela était nécessaire. Éclairez les mouvements de l'ennemi ; tâchez d'enlever ses patrouilles de cavalerie. Du reste, mon intention n'est pas que vous passiez à Stuttgard, ni que vous engagiez là aucune affaire sérieuse.

Napoléon (1).

Ordre à M. le maréchal Ney.

Strasbourg, le 7 vendémiaire an xiv (29 septembre 1805).

Que dans les journées du 8 et du 9 (*30 septembre* et *1er octobre*), il doit concentrer son armée à Stuttgard et placer son avant-garde en position, à 2 lieues en avant de cette ville, sur la route d'Esslingen.

Que le 10 (*2 octobre*), il doit être en mesure de faire distribuer à tout son corps d'armée pour quatre jours de pain, indépendamment des quatre jours de biscuit qu'il a avec lui, de manière à ce qu'il distribue du pain le 10 pour les 11, 12, 13 et 14, ce qui lui fera, à dater du 11, pour huit jours de vivres, dont quatre de pain et quatre de biscuit.

Qu'il est à présumer que son mouvement en avant commencera le 11 (*3 octobre*), ainsi qu'il en recevra l'ordre, et que ce mouvement ne doit pas être contrarié par le défaut de vivres.

Prévenir le maréchal Ney que le prince Murat sera le 10 (*2 octobre*) à Stuttgard avec trois divisions de dragons et avec la division de dragons à pied du général Baraguey-d'Hilliers, ce qui formera environ 15,000 hommes ; qu'il est donc nécessaire qu'il fasse les dispositions et qu'il s'arrange de manière que ces corps,

---

(1) *Correspondance de Napoléon*, n° 9288. Portée par le général Mouton (Lettre du général Mouton à l'Empereur, du 8 vendémiaire).

ainsi que le sien, trouvent le 10 (*2 octobre*), à leur arrivée à Stuttgard, du pain pour quatre jours.

Lui faire connaître que l'Empereur ne se dissimule pas toutes les difficultés qu'il éprouvera ; que dans cette circonstance, on aura besoin de toute son activité pour réussir dans cet approvisionnement, d'autant que le corps d'armée du maréchal Lannes, qui doit aussi déboucher par Ludwigsburg et suivre le chemin de Gmünd, s'approvisionnera également à Ludwigsburg de quatre jours de pain, ainsi que la Garde impériale ; qu'il faudra donc trouver entre Ludwigsburg, Stuttgard et les environs, 240,000 rations de pain, dont 140,000 sur Stuttgard et 100,000 sur Ludwigsburg.

Faire connaître à M. le maréchal Ney que le grand quartier général sera, le 10 (*2 octobre*) à Ludwigsburg, et que le 9 (*1er octobre*), à l'ordre de son armée, il fera lire la proclamation de l'Empereur qui lui sera envoyée par l'aide-major général, chef de l'état-major général.

Maréchal BERTHIER.

Le Commandant de la Légion d'honneur, Ministre plénipotentiaire de Sa Majesté l'Empereur des Français, près Son Altesse Sérénissime l'Électeur de Wurtemberg et le Cercle de Souabe, à Son Excellence M. le maréchal Ney.

Louisbourg, le 29 septembre 1805 (7 vendémiaire an XIV),
à 9 heures du soir.

Monsieur le Maréchal,

Du rapport parvenu, à l'instant, à Son Altesse Sérénissime l'Électeur, l'informant que votre division se porte sur Stuttgard où elle arriverait demain ou après, cette ville étant la principale résidence électorale, Son Altesse Sérénissime paraît fondée à demander qu'elle ne soit point occupée par nos troupes. J'ai, en conséquence, l'honneur de vous inviter à éviter à un prince ami et allié de Sa Majesté un désagrément qui paraît devoir lui être sensible.

Si les opérations militaires exigeaient le passage, des chemins établis autour de la ville peuvent le faciliter sans la traverser. Si ce point devait être un point d'opérations, la ville de Cannstatt, située à une demi-lieue de Stuttgard, sur les bords du Neckar, et réunissant les routes principales, offrirait, à cet égard, tous les avantages désirables.

Je crois, en vous transmettant cette réclamation, remplir, Monsieur le Maréchal, les instructions de Sa Majesté, et j'aurai sûrement prévenu les vôtres en vous mettant dans le cas de ne point faire une chose qui serait désagréable à un souverain ami de la France.

J'expédierai, demain, un courrier au prince Murat, avec lequel j'ai l'honneur d'être en correspondance, pour l'informer de ma demande auprès de vous.

J'ai l'honneur d'être avec la plus haute considération, Monsieur le Maréchal, votre très humble et très dévoué serviteur.

(*A. M.*). Charles DIDELOT.

Louisbourg, le 29 septembre 1805 (7 vendémiaire an XIV),
à 4 heures du soir.

Le soussigné, commandant de la Légion d'honneur, ministre plénipotentiaire de Sa Majesté l'Empereur des Français, Roi d'Italie, près Son Altesse Sérénissime l'Électeur de Wurtemberg et le cercle de Souabe, invite et requiert au besoin le commandant du corps français qui se porte sur Stuttgard, de ne point prendre la route de Louisbourg, résidence électorale habitée en ce moment par l'Électeur, mais à se diriger sur la chaussée qui conduit à Zuffenhausen et à Cannstatt, où est arrivé vers midi le détachement autrichien, car le commandant pourra, au surplus, avoir toute confiance dans ce que lui dira, à cet égard, l'officier électoral porteur de la présente.

Salut.

(*A. M.*). Charles DIDELOT.

6ᵉ CORPS DE LA GRANDE ARMÉE.

Rapport.

Vaihingen, le 7 vendémiaire an xiv (29 septembre 1805).

Les prisonniers faits aujourd'hui, 7 vendémiaire, près Vaihingen, sont au nombre de huit. Ils faisaient partie de l'armée commandée par le général Mack.

L'armée est du côté d'*Ulm* : ils la portent à 60,000 hommes.

Leur escadron appartient au régiment de Rosenberg-chevau-légers ; il est fort de 120 hommes environ et est commandé par le capitaine *Heldritt* et fait partie de la division aux ordres du général *Gottesheim*. Ci-joint la situation de cet escadron. Le régiment de Rosenberg vient de la Bohême. Il est en marche depuis deux mois et il n'est resté que quelques jours au camp d'Ulm. L'escadron qui était ici y restait depuis trois jours.

Ils ont ordre de ne pas tirer sur les Français et de se retirer après les avoir reconnus.

Ils rapportent, que l'on disait au camp, que les Français étaient en Angleterre et que Moreau était en marche avec les Russes, qu'il commandait.

Le Général, Chef de l'état-major général,

(*A. M.*).   Du Taillis.

Le maréchal Ney à l'Empereur.

Au quartier général, à Stuttgard, le 8 vendémiaire an xiv (30 septembre 1805).

Sire,

J'ai reçu la lettre que Votre Majesté a daigné me faire remettre par le général Mouton.

D'après des renseignements assez positifs qui me sont parvenus sur la position de l'ennemi, il paraît que la rapidité de notre marche lui en a tellement imposé qu'il désespère de pouvoir faire la retraite assez promptement pour atteindre Vienne. Les troupes autrichiennes sont fatiguées et harassées à un point extrême par les marches forcées que les généraux leur ont fait faire, tantôt sur le Vorarlberg, tantôt vers Stockach, Biberach, Ulm et Memmingen. Il paraît enfin qu'au milieu de cette indécision, elles ont pris la résolution de se retirer sur Vienne pour y attendre l'arrivée des Russes.

Mais si Votre Majesté juge convenable, pour ne point perdre cette belle occasion, de faire marcher sur-le-champ, soit sur Donauwœrth, soit sur Ulm ou Riedlingen, passer le Danube avec une partie de l'armée et attaquer l'ennemi partout où il se trouvera, j'ose lui assurer que l'armée autrichienne sera accablée.

Les troupes de Votre Majesté que j'ai l'honneur de commander, quoiqu'elles aient presque toujours fait dix lieues par jour depuis leur départ des côtes, sont assez en haleine pour faire des marches de dix à douze lieues ; le soldat est plein d'ardeur et s'inquiète de n'avoir pas encore rencontré l'ennemi.

J'ai l'honneur de rendre compte à Votre Majesté que les 1er et 3e régiments de hussards et le 10e de chasseurs à cheval sont établis, dans ce moment, au-dessus de Stuttgard sur la route de Tübingen, la gauche vers Esslingen, le centre en arrière de Grötzingen et la droite sur la direction de Böblingen ; ils communiquent par leur gauche avec la 2e division qui occupe le pont de Unter-Türkheim sur le Neckar, et par leur droite avec les troupes du prince Murat, vers Bulach, direction de Rastatt.

La 1re division, commandée par le général Dupont, occupe toute la partie droite de la ville de Stuttgard. La 3e division, aux ordres du général Malher, en occupe la partie gauche.

La 2e division, aux ordres du général Loison, est établie à Cannstatt ; elle a ordre de pousser des reconnaissances sur Esslingen et sur Gmünd et de communiquer, par sa gauche, avec les troupes du maréchal Lannes à Ludwigsburg.

Le parc d'artillerie est établi à Zuffenhausen et gardé par quatre compagnies d'infanterie.

J'ai l'honneur de représenter à Votre Majesté que la cavalerie de mon corps d'armée est beaucoup plus fatiguée que l'infanterie ; le 22e de chasseurs, qui m'est destiné, n'est point encore arrivé et ne pourra probablement plus atteindre le corps d'armée dans sa marche.

Les trois régiments ne forment ensemble que 800 à 900 hommes ; ils fournissent deux escadrons à la 1re division, un escadron à la 2e et un autre à la 3e. Cette force sera absolument insuffisante lorsque nous serrerons l'ennemi de près ; je demande donc en grâce à Votre Majesté de disposer, en faveur du 6ᵉ corps d'armée, de quelques corps de cavalerie de plus.

Daignez agréer...

Ney.

6ᵉ CORPS DE LA GRANDE ARMÉE.

Ordre du jour.

Au quartier général, à Vaihingen, le 7 vendémiaire an xiv
(29 septembre 1805).

Les corps de la Grande Armée s'avancent en ligne de colonnes ; bientôt ils seront assez près de l'ennemi pour lui livrer bataille, s'il ose les attendre.

Le maréchal commandant en chef recommande, en conséquence, la plus grande sévérité dans le service des avant-postes, camps et cantonnements qu'occuperont les troupes du 6ᵉ corps d'armée.

Il ordonne d'arrêter indistinctement toutes les personnes du pays qui tenteraient de traverser la ligne des avant-postes pour aller du côté de l'ennemi.

Le Français, naturellement généreux, et surtout confiant parce qu'il se repose sur sa valeur, commet souvent l'indiscrétion d'entrer, avec les habitants du pays, dans tous les détails de notre composition militaire, de notre force, de nos marches, et quelquefois des dispositions militaires qu'il est chargé d'exécuter. Cette confiance peut être très nuisible, en ce qu'elle donne à l'ennemi des lumières sur notre véritable situation et nos positions.

Il suffit d'indiquer ce danger aux soldats français, doués d'une intelligence qu'on ne trouve chez aucune autre nation, pour les engager à être très circonspects vis-à-vis des habitants de l'Allemagne, et à se méfier de ceux qui leur feront des demandes, soit sur les opérations de l'armée, soit sur la force des régiments, bataillons, etc. ; aucun d'eux ne voudrait exposer ses camarades par une indiscrétion.

Enfin, si les Allemands, en général, ne sont pas nos ennemis, nous ne devons pas moins être très réservés avec eux, surtout en ce qui est relatif aux opérations de la guerre.

Les soldats doivent surtout se méfier de ceux qui oseraient les engager à s'écarter du respect pour leurs chefs et de la bonne discipline qui règne dans les armées françaises, et qui a toujours si puissamment contribué à leurs succès ; ils doivent opposer à tous les propos perfides le sentiment de ce qu'ils valent, et surtout l'honneur qu'ils ont d'être commandés par notre auguste Empereur qui, après avoir rendu la France heureuse par la sagesse de ses lois, va l'illustrer encore par la gloire de ses armes.

Le Général, Chef de l'état-major général,

(A. M.). Du Taillis.

Ordre de marche, pour le 8 vendémiaire, du 6ᵉ corps de la Grande Armée.

La division du général Dupont quittera demain, à 6 heures du matin, sa position de Heimsheim pour se diriger à la droite de Stuttgard, à hauteur de Heslach, la droite sur la direction de Sindelfingen.

Pendant la marche de la division, il s'éclairera sur la direction de Nagold et Rottenbourg, occupés par l'ennemi, et par sa gauche sur Ludwigsburg, pour communiquer avec la 2ᵉ division, qui débouche par Enzweihingen. Dans le cas où le général Dupont trouverait devant lui des forces ennemies supérieures aux siennes, il changerait de direction à gauche, de manière à pouvoir prendre la tête des 2ᵉ et 3ᵉ divisions de l'armée, qui passent par Vaihingen et Enzweihingen, où il attendrait l'arrivée du renfort. Elle aura des postes au-dessus de cette ville, entre Valdenbuch, route de Tübingen et Möskirch, direction dans laquelle il enverra des reconnaissances, de même que sur Nagold et Rottenbourg. Il tâchera de communiquer avec les troupes du maréchal Lannes vers Bulach ; il fera aussi diriger des reconnaissances sur Grötzingen et Windlingen.

La 2ᵉ division partira à 6 heures du matin de Vaihingen pour se diriger par Ludwigsburg sur Stuttgard, où elle prendra position, la droite en arrière de cette ville, se liant à la 1ʳᵉ division, et la gauche vers Cannstatt, rive gauche du Neckar ; elle aura des postes en avant de Cannstatt, entre Schorndorf et au-dessous d'Esslingen. Ces reconnaissances se dirigeront sur Schorndorf et Gmünd, et par la droite sur Göppingen par Esslingen, grande route d'Ulm ; elle tâchera de communiquer avec les troupes de droite du maréchal Soult, dont le corps d'armée est arrivé aujourd'hui au-dessus de Heilbronn (1).

La 3ᵉ division partira à 5 heures du matin de Pforzheim et suivra la direction que tiendra la 2ᵉ division par Vaihingen et Ludwigsburg, et viendra se placer en seconde ligne et en arrière de Stuttgard. A compter de demain, il ne restera à la 1ʳᵉ division que deux escadrons du 1ᵉʳ régiment de hussards ; le surplus de ce corps s'établira à Ludwigsburg. Un escadron du 3ᵉ de hussards sera attaché à la 2ᵉ division, et le surplus se réunira également à Ludwigsburg. Enfin un escadron du 10ᵉ de chasseurs sera affecté à la 3ᵉ division ; le surplus en attente à Ludwigsburg, où sera le quartier général du général Tilly.

Le quartier général de l'armée sera à Stuttgard.

Le parc d'artillerie et les bagages de l'armée en arrière de Ludwigsburg (2). Le 50ᵉ régiment de ligne fournira quatre compagnies de fusiliers pour la garde des bagages.

(*A . M.*).

Le Chef de l'état-major général au général Tilly.

Au quartier général, à Stuttgard, le 8 vendémiaire an xiv
(30 septembre 1805).

L'intention du maréchal commandant en chef, mon cher Géné-

---

(1) « Si l'ennemi était éloigné de vous, et que vous soyez gêné pour l'établissement de votre troupe, vous pourrez étendre vos cantonnements vers Esslingen, en remontant la rive droite du Neckar, mais vous occuperez aujourd'hui le pont sur le Neckar, près de Gabelberg.

« La bouteille de vin promise sera délivrée par vos soins, à raison d'une par homme pour la journée de demain, et une autre sera délivrée demain au soir, si l'on marchait après-demain ». (Du Taillis à Loison.)

(2) « Contre-ordre a été donné, dans la journée, par le général Du Taillis, et le parc d'artillerie a été dirigé sur Zuffenhausen ».

(*Archives du prince de la Moskowa.*)

ral, est que vous établissiez votre cavalerie en avant de Stuttgard, jusqu'à une ou deux lieues de cette ville, de manière à pouvoir embrasser le front depuis Esslingen, Grötzingen, Nagold et Altensteig, point sur lequel il dirigera ses reconnaissances et patrouilles.

Vous communiquerez par votre gauche avec la 2ᵉ division, établie en totalité à Cannstatt, et qui garde le point de Unter-Türckheim, rive droite du Neckar.

Vous communiquerez avec les troupes du maréchal Lannes dans les environs de Bulach ; vous me ferez connaître le lieu où vous avez établi votre quartier général, et vous me rendrez compte des dispositions que vous aurez prises pour la réunion de vos troupes en cas d'attaque, ainsi que des nouvelles que vous aurez de l'ennemi et de ce que vous pourriez apprendre de nouveau.

La 1ʳᵉ et la 3ᵉ division seront à Stuttgard ; la 2ᵉ est à Cannstatt.

J'ai l'honneur de vous saluer.

(A. M.) Du Taillis.

6ᵉ CORPS D'ARMÉE.

Emplacements du 8 vendémiaire (30 septembre).

Quartier général : Stuttgard.

1ʳᵉ *division* (1). — Quartier général : Stuttgard.

Stuttgard.

---

(1) Le 8 (30 *septembre*), elle s'avance sur Stuttgard, en passant par Léonberg et la Solitude, maison de campagne charmante de l'Électeur de Wurtemberg ; les troupes de Wurtemberg refusent d'ouvrir les portes de la ville, en s'appuyant sur un traité qui exemptait de logements militaires les résidences du Prince. On parlemente.

L'aide de camp Morin est envoyé à Ludwigsburg pour rendre compte de cet incident au maréchal Ney et à l'Électeur. Le Maréchal arrive devant Stuttgard par la porte de Ludwigsburg ; il fait avancer l'artillerie ; les portes s'ouvrent aussitôt. Il entre. Le général Dupont en fait autant à la porte de France. L'aide de camp revient le soir. L'Électeur

2e *division* (1). — Quartier général : Cannstatt.

Cannstatt, Turkheim, Felbach.

3e *division* (2). — Quartier général : Stuttgard.

Stuttgard.

Cavalerie. — Quartier général : Degerloch.

En avant de Stuttgard.
Le parc à Zuffenhausen (3).

---

persistait toujours dans son refus de recevoir l'armée française dans Stuttgard. Toute la division se loge en ville, où elle est fort bien accueillie. (Journal des opérations militaires de la division Dupont.)

(1) La division est partie à 6 heures du matin ; elle a passé l'Enz à Enzweihingen, en laissant à droite la chaussée de Stuttgard ; elle s'est dirigée sur Ludwigsburg, en passant par Markgröningen.

Le chemin qui conduit de Enzweihingen à Markgröningen est étroit, mal entretenu, et il pourrait être difficile d'y faire passer de l'artillerie, après de très grandes pluies.

Les troupes ont laissé Ludwigsburg à gauche, et ont été gagner la chaussée d'Heilbronn à Stuttgard. Elles se sont dirigées sur cette dernière ville jusqu'à l'embranchement des routes, dont l'une conduit à Cannstatt.

La division a pris position sur le Neckar, de la manière suivante :
Le 6e régiment et 1 bataillon du 39e, à Esslingen.
Le 2e bataillon du 39e, à Unter-Türkheim.
Le 69e, à Felbach et le 76e, à Cannstatt.
2 pièces d'artillerie, à Esslingen, et le reste, en arrière de Cannstatt.
Le grand quartier de la division, dans cette dernière ville.

Les grand'gardes ont été placées sur les routes de Heilbronn, Vaihingen, Schorndorf, Göppingen et Tübingen. (Rapport du général Loison.)

(2) La 3e division est partie de Pforzheim, hier, à 5 heures du matin, et est arrivée à Stuttgard où elle est cantonnée à 10 heures du soir ; elle a fait les douze lieues de poste que l'on compte de Pforzheim à Stuttgard, avec assez de facilité, et n'a éprouvé aucun accident de route. (Le général Malher au maréchal Ney, le 9 vendémiaire.)

(3) N'arriva que le 9, à 6 heures du matin. (Journal des opérations de l'artillerie.)

Le général Seroux au maréchal Ney.

Au quartier général, à Stuttgard, le 9 vendémiaire an xiv
(1ᵉʳ octobre 1805).

Monseigneur,

J'ai l'honneur de vous rendre compte que je viens de recevoir avis qu'il est parti de Landau, le 6 vendémiaire au soir, pour nous joindre à marche forcée, un convoi d'artillerie, composé ainsi qu'il suit :

9 caissons de 12......................		
4 id. de 8......................	Tous complètement	
1 id. d'obusiers...................	chargés.	
28 id. d'infanterie et de parc.......		

Lorsque ce convoi nous sera parvenu, il ne manquera plus au complet de nos approvisionnements que 21 caissons de 8 et 20 caissons d'obusier, dont on m'annonce l'envoi le plus prochainement possible.

Au moyen des 42 voitures dont j'ai l'honneur de vous annoncer l'arrivée, Monsieur le Maréchal, je crois pouvoir vous assurer que nous sommes dès ce moment en mesure, et que les approvisionnements de l'armée en munitions de guerre sont au delà des besoins que pourraient nécessiter plusieurs affaires consécutives, mais je dois vous observer que l'arrivée de ces mêmes voitures rend insuffisante la demande de 250 chevaux de réquisition que j'ai eu l'honneur de vous faire hier et qui a son exécution aujourd'hui. Je suis dans la nécessité de renvoyer à Landau les attelages de ces 42 voitures, dont une partie a été prêtée par Lefévrier, des vivres de l'armée, et l'autre enlevée de force à toutes les voitures de paysans qui se sont trouvées dans Landau au moment du départ. Il est par conséquent nécessaire, Monsieur le Maréchal, que vous veuilliez bien autoriser M. le commissaire ordonnateur à frapper une nouvelle réquisition de 150 chevaux pour le service de l'artillerie, qui, joints aux 250 d'hier, portera à 400 le nombre de chevaux requis à Stuttgard. Au moyen de cette mesure dont je sollicite instamment l'adoption, le service de votre artillerie sera parfaitement assuré, Monsieur le Maréchal, et vous aurez concilié ce que la justice réclame, avec ce qu'exigent les besoins impérieux de l'armée.

J'ai l'honneur d'être respectueusement, Monsieur le Maréchal, votre très humble et très obéissant serviteur,

SEROUX.

P.-S. — Le colonel Bigueley est arrivé à 6 heures du matin à Zuffenhausen avec le parc; il me mande que beaucoup de ses chevaux sont sur les dents, ce qui rend la demande que j'ai l'honneur de vous faire d'autant plus instante.

Tout le parc a suivi dans le plus grand ordre.

(*A. M.*).

M. Didelot au maréchal Ney.

Louisbourg, le 30 septembre 1805 (8 vendémiaire an XIV).

Monsieur le Maréchal,

J'ai l'honneur de faire passer à Votre Excellence une lettre que lui écrit le Ministre des affaires étrangères de l'Électeur; elle jurera du degré d'intérêt qu'elle pourra accorder à cette nouvelle réclamation; mais je renouvellerai à Votre Excellence l'assurance que je lui ai donnée que tous les égards qui, sans nuire aux opérations militaires, pourront être témoignés à Son Altesse Sérénissime l'Électeur, auront l'assentiment de Sa Majesté l'Empereur.

J'ai l'honneur d'être, avec la plus haute considération, Monsieur le Maréchal, votre humble et très obéissant serviteur,

(*A. M.*).   Charles DIDELOT.

Louisbourg, le 30 septembre 1805 (8 vendémiaire an XIV).

Monsieur le Maréchal,

Ce que Votre Excellence vient d'accorder à la résidence électorale de Louisbourg ne peut, au moment même, être refusé à celle de Stuttgard.

J'ose, en lui faisant agréer l'assurance des sentiments reconnaissants de l'Électeur, d'avoir accordé les égards que Son

Altesse Sérénissime Électorale croit pouvoir attendre des intentions de l'Empereur, le prier de leur donner une extension d'autant plus prompte sur Stuttgard que la certitude dans laquelle on a dû être que ce ne pouvait jamais être que l'effet d'un malentendu si on y demandait le passage, a fait donner des ordres y relatifs.

Je prends en même temps la liberté d'observer que la position de Cannstatt à une demi-lieue de Stuttgard, ville située sur le Neckar et dans laquelle toutes les routes se croisent, doit à tous égards mieux convenir.

Agréez l'assurance des sentiments de ma considération haute et illimitée.

WINTZINGERODE,
Ministre d'État et des conférences électorales.

6º CORPS D'ARMÉE.

Emplacements du 9 vendémiaire (1ᵉʳ octobre).

Quartier général : Stuttgard.

1ʳᵉ *division* (Stuttgard).

9ᵉ léger.......................	Gaisburg, Gablenberg, Wangen.
32ᵉ id.......................	Stuttgard.
96ᵉ id.......................	

2ᵉ et 3ᵉ *divisions.*

Mêmes positions que le 8 (1).

Cavalerie.

1ᵉʳ hussards...................	
3ᵉ id.......................	Esslingen.
10ᵉ id.......................	

Le parc, à Zuffenhausen.

---

(1) « Des reconnaissances ont été portées jusqu'à Plôchingen; elles ont appris qu'un corps de 200 ou 300 dragons autrichiens se trouvait réparti entre Göppingen et Schorndorf. » (Journal des marches, positions et opérations militaires de la division Loison.)

6ᵉ CORPS D'ARMÉE.

Ordre du 9 vendémiaire (1ᵉʳ octobre).

Stuttgard, le 9 vendémiaire an xiv (1ᵉʳ octobre 1805).

Le général du Taillis donnera les ordres nécessaires au général Tilly pour que toute la cavalerie sous ses ordres se rende à *Esslingen*, où il établira son quartier général ; il poussera des reconnaissances sur Göppingen et Schorndorf.

Deux compagnies de voltigeurs et deux de carabiniers du 6ᵉ léger se rendront également aujourd'hui à *Esslingen*, où ils seront sous les ordres du général Tilly pour garder tous les débouchés en avant de cette ville.

Le 1ᵉʳ régiment de hussards ne laissera qu'un escadron à la 1ʳᵉ division ; l'autre rejoindra à Esslingen, de manière qu'il y aura neuf escadrons réunis. Si la totalité de cette troupe ne pouvait pas être logée dans Esslingen, le général Tilly la pousserait en avant jusqu'à Plöchingen et villages sur la gauche de ce point dans la direction de Gmünd.

Le général du Taillis invitera le général Malher de rectifier sur-le-champ le logement de sa division et à s'entendre pour cela avec le général Dupont, de manière à ce que le soldat soit parfaitement bien logé *aujourd'hui*.

Les prévenir que le général Tilly, avec toute la cavalerie, s'établit à Esslingen, de manière que MM. les généraux pourront faire occuper les villages de Gaisburg, Gablenberg et Wangen, Rohracker, Mettingen, par les deux bataillons du 9ᵉ d'infanterie légère ; ces villages se trouvent sur la route d'Esslingen et sur la rive gauche du Neckar.

Le général Dupont ajouterait à ces villages tous ceux à proximité de la route qui conduit à Esslingen ; il établira l'état-major de ce régiment à Wangen avec l'état-major du général Rouyer ; l'escadron du 1ᵉʳ de hussards, qui reste attaché à cette division, et les deux pièces attachées à cette brigade. Cette brigade se mettra en mouvement, à 2 heures après-midi, ou plus tôt, si le général Dupont le juge convenable.

Le grand parc reste à Zuffenhausen.

La deuxième bouteille ne sera pas donnée aujourd'hui.

(*A. M.*).

CHAPITRE VIII

Le 4ᵉ corps du Rhin au Neckar.

Ordre de marche pour le 4ᵉ corps de la Grande Armée (1).

Du 1ᵉʳ vendémiaire an xiv (23 septembre 1805).

Le général de division Saint-Hilaire donnera ordre aux régiments qui composent sa division de cantonner demain 2, savoir :

Le 10ᵉ régiment d'infanterie légère, en son entier, à Landau ;
Le 14ᵉ régiment à Dammheim, Bornheim et Mühldorf ;
Le 36ᵉ de ligne, en son entier, à Germersheim ;
Le 43ᵉ régiment, à Lingenfeld, Westheim, Schweigenheim et Weingarten.
Le 53ᵉ régiment, à Niederlustadt, Oberlustadt et Zeiskam.
Le 3, la division se rendra en son entier à Spire, où elle sera cantonnée et recevra de nouveaux ordres.

A son passage à Landau, cette division sera complétée en pain, pour jusqu'au 4 compris.

Le général Vandamme donnera ordre à la division de partir le 3 au matin des environs de Lembach, où elle arrive le 2, et de

---

(1) Les ordres de marche de ce corps d'armée se trouvent aux Archives, sous la double forme d'ordre (comme celui ci-dessus) et de lettre aux généraux de division ; aux formules près, le texte est le même. Nous prendrons indifféremment l'une ou l'autre leçon.

venir cantonner le même jour entre Bergzabern et Landau ; le régiment qui tient la tête de cette division logera à Landau.

Le 4, la division se rendra en son entier à Spire, où elle recevra de nouveaux ordres.

A son passage à Landau, elle sera pourvue en pain jusqu'au 6 compris.

Le général Legrand donnera ordre à la 3e division de partir de Lembach, le 4 au matin, et la fera cantonner le même jour entre Bergzabern et Landau ; il logera le régiment qui tient la tête de la colonne dans cette dernière ville.

Le 5, la division se rendra en son entier à Spire, où elle recevra de nouveaux ordres.

Cette division sera pourvue de pain à son passage à Landau, jusques et y compris la journée du 6.

Le général Suchet donnera ordre à la 4e division de partir, le 6 au matin, des environs de Lembach, et la fera cantonner, le même jour, entre Bergzabern et Landau, logeant le régiment qui tient la tête de la colonne dans cette dernière ville.

Le 7, la division se rendra en son entier à Spire, où elle recevra de nouveaux ordres.

A son passage à Landau, elle sera pourvue en pain, jusques et y compris la journée du 10.

Les 8e hussards et 10e de chasseurs à cheval précéderont la marche des 3e et 4e divisions, pour prendre à Spire la division de cavalerie légère à laquelle ils sont attachés ; à cet effet, le 8e de hussards partant, le 4, des environs de Lembach, viendra cantonner le même jour à Mühldorf, Dammheim, Bornheim et Esslingen ; le 5, il se rendra à Spire où il recevra de nouveaux ordres.

Le 11e de chasseurs, partant le 6 aussi des environs de Lembach, viendra cantonner le même jour dans les villages en avant de Landau, que le 8e de hussards aura occupés.

Le 26e régiment de chasseurs à cheval recevra ordre, à son passage à Oggersheim, de se rendre directement à Spire, où il joindra la division de cavalerie légère.

Ces trois régiments seront pourvus en pain, les deux premiers à Landau et le troisième à Spire, jusques et y compris la journée du 8.

L'ordonnateur en chef emploiera toutes les ressources que la manutention de Wissembourg peut lui offrir, jusqu'au passage des divisions, pour lui faire prendre le pain qui serait confectionné, et les fera ensuite compléter des magasins de Landau ainsi qu'il vient d'être dit.

Il donnera des ordres pour que le pain destiné à la 2ᵉ division, qui devait être fabriqué dans la manutention de Lauterbourg, soit transporté en totalité à Spire.

Il prendra aussi les mesures nécessaires pour que le 4, au soir, il soit fait une distribution de pain pour quatre jours à la 1ʳᵉ division.

Le 5, une distribution pour deux jours de pain à la 2ᵉ division, ce qui la complétera, ainsi que la 1ʳᵉ, jusqu'au 8 inclus.

Le 5 aussi, une distribution de pain pour deux jours à la 3ᵉ division.

L'ordonnateur en chef prendra aussi des mesures pour faire transporter à Spire tous les biscuits qui seront fabriqués à Landau. et se tiendra prêt à les mettre en distribution aussitôt que l'ordre en sera donné.

Le 4, il devra y en avoir 40,000 rations ;

Le 7, 44,000,

Et le 8, 48,000, ce qui fait en tout 172,000 rations.

Il prendra, à cet effet, toutes les mesures convenables pour que cette disposition, qui est de rigueur, soit remplie.

La viande sera distribuée à l'armée tous les deux jours.

Toutes les eaux de-vie qui se trouvent dans les magasins de Lauterbourg, Wissembourg et Landau, et qui sont destinées pour l'armée, seront transportées à Spire.

L'ordonnateur s'assurera si le magasin à fourrages de cette dernière place est suffisamment pourvu pour faire le service de l'armée, et, dans le cas contraire, il fera faire des magasins de Lauterbourg, Landau et Belheim, tous les magasins nécessaires, surtout en avoine.

Le 3, mon quartier général sera à Spire.

Le général Legrand donnera les ordres de mouvement nécessaires au 18ᵉ régiment de ligne qui fait partie de sa division.

Soult.

Du 1ᵉʳ vendémiaire an xiv (23 septembre 1805).

Monsieur le Général,

Le chef d'état-major vous adresse l'ordre de conduire votre division à Spire où elle devra arriver le   , cantonnera et recevra de nouveaux ordres.

Recommandez, je vous prie, aux chefs de corps, de tenir la main à ce que cette marche se fasse dans le plus grand ordre, et veuillez leur prescrire de faire avancer les souliers et capotes dont ils ont eu ordre de presser la confection, pour que la distribution puisse en être faite immédiatement.

A son passage à Landau, votre commandant d'artillerie devra prendre l'équipage de campagne qui vous est destiné, et à cet effet, vous voudrez bien laisser à sa disposition tout le personnel qu'il commande.

Mon quartier général sera, le 3, à Spire ; faites en sorte de ne laisser personne en arrière.

Soult.

Au colonel du génie Poitevin.

Du 1ᵉʳ vendémiaire an xiv (23 septembre 1805).

Monsieur,

Je vous préviens que mon quartier général sera établi le 3 à Spire ; je désire que vous vous y rendiez sur-le-champ et que vous reconnaissiez, de suite, l'endroit le plus avantageux dans cette partie pour jeter un pont sur le Rhin. J'ignore si le Premier inspecteur général d'artillerie nous fera parvenir un équipage de pont ; mais comme l'armée peut être dans le cas de passer le Rhin avant l'exécution des dispositions qui, sans doute, ont été prises à cet égard, il est convenable que, pour y suppléer, vous vous assuriez de tous les bacs, bateaux et nacelles qui sont sur la rive gauche et sur la rive droite du fleuve, et que vous les fassiez réunir pour le 3 au soir à Spire.

J'avais chargé le sieur Dagon Lacouterie, lieutenant d'ordre des douanes de Germersheim, de s'occuper de la réunion de tous les bâtiments, quelle que soit leur grandeur, qui sont depuis Wœrth jusqu'à Germersheim. Il me mande, par la lettre ci-jointe, qu'il est parvenu à en rassembler quelques-uns ; mais comme ils sont bien loin de suffire, il faudra donner plus de rigueur à la mesure, et l'étendre même jusqu'au delà de Spire, en y comprenant tout ce qui se trouve sur la rive droite du Rhin ; ces moyens nous serviront toujours pour porter du monde, ainsi que les chevaux et voitures d'artillerie, et, avec un peu plus de temps et de l'ordre, nous en viendrons à bout.

Vous pourriez même envoyer jusqu'à Lauterbourg, où deux grands bacs se trouvent établis, prendre celui de Neubourg, et enfin ceux de Schreick, vis-à-vis Leimersheim. Les employés des douanes et de la gendarmerie, établis sur les bords du Rhin, devront aider, dans cette opération, les officiers du génie que vous en chargerez.

La compagnie de sapeurs qui est attachée à la 1re division sera rendue, le 3, à Spire ; vous pourrez lui donner les ordres nécessaires.

Le 3, au matin, je serai moi-même à Spire ; je désire que vous puissiez m'y rendre compte de l'exécution de ces dispositions.

SOULT.

Au prince Murat.

Du 1er vendémiaire an XIV (23 septembre 1805).

Son Excellence le Ministre de la guerre m'a fait connaître, par courrier extraordinaire, que l'intention de Sa Majesté était que je dirigeasse sur Spire les divisions qui composent le 4e corps d'armée.

J'ai déjà expédié des ordres en conséquence, et j'ai l'honneur de vous rendre compte que la 1re division arrivera à cette destination le 3 ;

La 2e, le 4 ;

La 3e, le 5,

Et la 4e, le 7.

Le Ministre me prescrit aussi de faire jeter un pont sur le Rhin, en cette partie, dans la journée du 4, et de commencer immédiatement à faire passer les troupes.

Je me conformerai aussi à cette discipline, quoique je n'aie aucun équipage de pont ; mais, pour y suppléer, je fais ramasser tous les bacs, bateaux et nacelles qui se trouvent sur les deux rives du Rhin, depuis Lauterbourg jusqu'à Spire ; j'espère qu'ils me donneront assez de moyens pour pouvoir passer chaque jour une division avec toute son organisation. Si M. le Premier inspecteur général d'artillerie nous envoie un équipage, je renverrai à leurs propriétaires les bateaux que j'ai provisoirement fait retenir.

Je dois passer le Rhin et je suis sans artillerie ; je n'ai pas même d'état-major de cette arme ni de directeur du parc ; il est arrivé des voitures d'artillerie à Landau ; je ne sais si elles doivent me revenir, ni en quel nombre. Je ne sais pas non plus combien de bouches à feu je dois avoir ; j'en ai écrit au Premier inspecteur général d'artillerie ; j'attends encore sa réponse.

Je n'ai point de cartouches.

Je ferai en sorte que la troupe soit pourvue de pain pour quatre jours, en passant le Rhin ; mais je ne pourrai pas lui faire une pareille distribution de biscuit ainsi que le ministre le désire.

Dans mes précédentes, j'ai eu l'honneur de rendre compte à Votre Altesse des difficultés qu'on a opposées pour compléter ces approvisionnements.

Vous eûtes la bonté de me dire à Strasbourg que vous aviez arrêté le mouvement du 18e régiment de ligne, qui avait ordre de joindre la division du général Legrand ; j'ai l'honneur de vous prier, Monseigneur, de vouloir bien m'instruire si cette disposition est maintenue.

Les 1re et 2e divisions d'infanterie qui passeront, marcheront, ainsi que les autres, sur Heilbronn, comme il m'est prescrit dans les dispositions que j'ai reçues, mais elles seront sans cavalerie. Les deux régiments que j'amène de Boulogne sont aux deux dernières colonnes, et le 26e, qui m'est annoncé, n'est point encore arrivé.

J'ai l'honneur de vous prier, Monseigneur, de vouloir bien donner des ordres au Premier inspecteur général d'artillerie, pour qu'il m'envoie l'artillerie qui m'est destinée et me fasse connaître sa composition, pour qu'il y mette un général pour la commander et un directeur du parc. Il vous paraîtra sans doute extraordinaire, qu'à la veille d'entrer en campagne, je sois obligé de réitérer cette demande.

Soult.

Au général Songis.

Du 1ᵉʳ vendémiaire an xiv (23 septembre 1805).

J'ai eu l'honneur de vous écrire le 4 complémentaire, pour vous prier de me faire connaître l'organisation et composition de l'équipage de campagne qui est destiné pour le 4ᵉ corps, et je vous ai exposé, en même temps, que j'étais sans un seul officier d'état-major d'artillerie, sans général commandant de cette arme et sans directeur du parc.

Je regrette vivement que vos occupations ne vous aient pas permis de me faire réponse.

Vous êtes sans doute instruit que Sa Majesté m'a fait donner ordre de passer le Rhin; cette circonstance m'oblige encore à vous demander où je dois prendre l'artillerie qui m'est destinée, ainsi que les munitions que je dois faire délivrer à la troupe. J'ai vu arriver des voitures à Landau, elles ne sont plus attelées; je ne sais même pas si elles n'ont pas une autre destination.

Veuillez, je vous prie, m'en instruire et me mettre à même de remplir les intentions de Sa Majesté.

SOULT.

Le maréchal Soult au maréchal Berthier.

Landau, le 2 vendémiaire an xiv (24 septembre 1805).

La nuit dernière, à 10 heures, j'ai reçu les ordres que Votre Excellence m'a adressés le 3 complémentaire (*20 septembre*) et j'ai de suite expédié aux divisions ceux nécessaires pour changer leur direction.

La 1ʳᵉ division arrivera à Spire le 3 (*25 septembre*).

La 2ᵉ division sera rendue à la même destination le 4 (*26 septembre*).

La 3ᵉ division y arrivera le 5 (*27 septembre*).

La 4ᵉ le 7 (*29 septembre*).

Les 2ᵉ, 3ᵉ et 4ᵉ divisions gagnent une marche; elles passent par Wissembourg qui est la route.

Le 4 je ferai jeter un pont sur le Rhin, si toutefois M. le Premier inspecteur général d'artillerie a, pour cet effet, envoyé un équipage. Dans le cas contraire j'y suppléerai, en quelque sorte, au moyen de tous les bâtiments, bacs et nacelles qui se trouvent depuis Lauterbourg jusqu'à Spire, et qui, demain au soir, seront réunis à hauteur de cette dernière ville ; aussi je pourrai toujours passer les troupes, chevaux et artillerie à mesure que les divisions arriveront, et les intentions de Sa Majesté seront remplies.

L'équipage d'artillerie qui m'est destiné n'est point encore organisé, j'ignore même quelle doit être sa composition ; je n'ai point non plus de commandant d'artillerie, ni de directeur de parc ; j'ai écrit les lettres les plus pressantes à M. le général Songis et j'attends ses réponses.

J'ai fait l'exposé de cette situation à Son Altesse Sérénissime le prince Murat et je l'ai prié de vouloir bien donner des ordres pour qu'il y soit pourvu.

J'aurai du pain pour quatre jours en passant le Rhin, mais le biscuit nécessaire pour pouvoir faire une pareille distribution ne sera point encore fabriqué ; je ferai suivre celui que le munitionnaire général livrera. On force de moyens, depuis que la fabrication est commencée, pour remplir les quantités demandées.

Si le 26e régiment de chasseurs à cheval m'arrive avant le 4, il passera le Rhin avec la 1re division ; en cas de retard, je ne pourrai donner de cavalerie au général Saint-Hilaire, car le 8e de hussards et le 11e de chasseurs, que j'amène de Boulogne, ont suivi le mouvement des 3e et 4e divisions et ne peuvent les devancer.

J'ai prescrit aux chefs de corps de faire délivrer les souliers et capotes qu'ils ont eu ordre de faire confectionner, mais il n'en est pas qui les aient encore reçus. Il sera enjoint de les faire arriver promptement et de les faire suivre. Du reste, tous les rapports que j'ai reçu des généraux portent que la chaussure est encore en bon état et qu'il y a toujours une paire de souliers dans le sac.

Les ambulances ne sont point encore arrivées et j'apprends que les régiments, n'ayant rien reçu de Son Excellence le ministre directeur, n'ont pu faire l'achat du fourgon d'ambulance et des chevaux que l'ordre général de l'armée du ... leur prescrivait de se procurer. Je ferai en sorte d'y suppléer aussitôt que les troupes auront passé le Rhin.

Demain, mon quartier général sera à Spire.

SOULT.

P.-S. — Le général Lariboisière, qui a reçu des lettres de service pour le 4ᵉ corps, m'arrive à l'instant.

Organisation du parc d'artillerie du 4ᵉ corps.

Du 2 vendémiaire an XIV (24 septembre 1805).

L'équipage d'artillerie de chaque division d'infanterie du corps d'armée sera composé provisoirement de :

1ʳᵉ et 8ᵉ divisions, chacune............ { 2 pièces de 12.
6 id. de 8.
2 id. de 4.
2 obusiers de 6 pouces.

2ᵉ et 4ᵉ divisions, chacune............ { 2 pièces de 12.
6 id. de 8.
2 id. de 4.

A la réserve, dont le service sera fait { 4 pièces de 8.
par la compagnie d'artillerie légère.. { 4 obusiers de 6 pouces.

Chaque division aura en outre :

2 caissons par pièce de 12 ;
2 — par pièce de 8 ;
1 — par pièce de 4 ;
2 — par obusier ;
5 — de cartouches d'infanterie.

M. le général d'artillerie donnera aux divisions des affûts de rechange, caissons, chariots, forges et cartouches de divers calibres, dans les proportions ci-dessus établies, et portera tous ses soins à compléter les attelages.

Le 4 au matin, il fera délivrer 50 cartouches à balles, par homme, à la 1ʳᵉ division, y compris les compagnies de canonniers et de sapeurs qui y sont attachées, et 20 par homme au 26ᵉ régiment de chasseurs à cheval. Le 5, il sera fait pareille distribution à la 2ᵉ ; le 6, à la 3ᵉ, et, le 8, à la 4ᵉ.

Le 8ᵉ régiment de hussards et le 11ᵉ de chasseurs à cheval recevront aussi 20 cartouches par homme.

Ces munitions seront prises au parc et ne seront pas comptées dans celles d'approvisionnement que les divisions doivent avoir.

M. le général d'artillerie fera transporter de suite à Spire les bouches à feu, voitures d'armement, et tous autres objets d'approvisionnement destinés pour le parc d'artillerie du 4ᵉ corps, qui sont déjà rendus à Landau, et, à cet effet, il emploiera les chevaux de réquisition qui avaient désignation pour l'artillerie, qui sont dans cette dernière place.

En cas d'insuffisance, sur sa demande, le général Salligny requerra, dans les communes environnantes, le nombre de chevaux nécessaire pour compléter.

Dans la journée du 3, tous les transports devront être opérés, et le parc d'artillerie du corps d'armée établi à Spire, où sera mon quartier général.

Si M. le général d'artillerie prévoyait manquer de cartouches, il enverrait prendre à Lauterbourg celles qu'il m'a dit savoir y être déposées; il en préviendrait le Premier inspecteur général.

Soult.

Dispositions générales et emploi des généraux de brigade dans les quatre divisions d'infanterie du 4ᵉ corps de la Grande Armée.

Du 3 vendémiaire an XIV (25 septembre 1805).

1ʳᵉ division.
- Le général de brigade Morand, commandera l'infanterie légère.
- Le général Thiébault, la 1ʳᵉ de bataille.
- Le général Varé, la 2ᵉ de bataille.

2ᵉ division.
- Le général Candras, commandera l'infanterie légère.
- Le général Schinner, la 1ʳᵉ de bataille.
- Le général Ferey, la 2ᵉ de bataille.

3ᵉ division.
- Le général Levasseur, commandera l'infanterie légère.
- Le général Merle, la 1ʳᵉ brigade de bataille.
- Le général X..., la 2ᵉ brigade de bataille (en son absence, le plus ancien colonel).

4ᵉ division.
- Le général Claparède, commandera l'infanterie légère.
- Le général Beker, la 1ʳᵉ brigade de bataille.
- Le général Roger Valhubert, la 2ᵉ brigade de bataille

Le général de brigade Margaron la division de cavalerie

légère. Cette division sera toujours réunie et recevra directement des ordres de l'état-major général. Les régiments qui la composent ne seront détachés que momentanément sous les ordres de MM. les généraux commandant les divisions d'infanterie, et en vertu d'un ordre spécial.

Le général commandant la division de cavalerie légère (1) fera fournir un détachement de 10 chasseurs ou hussards, commandé par un maréchal des logis, aux états-majors de chacune des divisions d'infanterie, pour le service de la correspondance. Ces détachements seront relevés tous les huit jours.

La compagnie d'artillerie légère employée au corps d'armée comptera à la division de cavalerie légère et sera sous les ordres du général qui la commande.

Cette compagnie servira 6 bouches à feu, dont 4 pièces de 8 et 2 obusiers de 6 pouces; les deux obusiers de la réserve seront au parc, disponibles.

La première division formant tête de colonne pour le corps d'armée aura une avant-garde; elle sera commandée par le général de brigade Morand, sous les ordres du général de division Saint-Hilaire (2).

Composition :

Le 10e régiment d'infanterie légère;
Le 26e régiment de chasseurs à cheval.
Deux pièces de 4, qui seront prises dans l'équipage de campagne affecté à la division.

Dans les marches, le restant des bouches à feu de la division (la totalité pour les divisions qui n'ont pas d'avant-garde) seront suivies, chacune, par un caisson, et deux caissons d'infanterie, et marcheront entre les deux brigades de bataille. Le surplus des voitures d'approvisionnement du parc de la division suivront immédiatement la deuxième brigade d'infanterie. MM. les généraux y fourniront les gardes et piquets d'escorte nécessaires. Aucune voiture de vivandiers ni autres que celles de l'artillerie ne pourront être dans les colonnes; elles marcheront

---

(1) Le 16e chasseurs n'arrivera à Landau que le 21 vendémiaire.
(2) Voir les *Mémoires* de Thiébault, t. III, p. 412.

dans toutes les divisions immédiatement après la division d'ambulance, et les voitures d'ambulance après le parc d'artillerie des divisions.

A l'Ordonnateur.

Du 3 vendémiaire an XIV (25 septembre 1805).

Mon cher Ordonnateur,

Votre présence est nécessaire à Spire ; je vous prie d'y arriver et laisser un adjoint pour suivre à Landau l'exécution des ordres que vous aurez donnés. Il nous faut beaucoup de pain, et les trois fours de Spire, auxquels demain quatre autres seront ajoutés, ne donneront que 20,000 rations ; ainsi tenez-vous en mesure pour y suppléer ; depuis midi, on cuit ici pour notre compte. Je viens d'approuver une invitation au préfet de Spire, pour qu'il fasse cuire du pain de munition chez les boulangers bourgeois, à valoir sur la réquisition de 1000 quintaux de blé que l'ordonnateur Chambon avait faite ; j'espère que cette mesure produira quelque chose.

Ne comptez pas sur le biscuit qui devait venir de Mayence ; j'ai appris que le général Marmont en avait fait prendre 40,000 rations et le maréchal Davout 50,000. L'ordonnateur Chambon ne croit pas qu'il y en eût davantage ; ainsi, poussez autant que possible la fabrication de Landau.

Faites venir 200 fournitures d'hôpitaux ; nous pourrons les établir à Spire ; Germersheim et Wissembourg peuvent les fournir.

La troupe a grand besoin d'argent ; envoyez courrier sur courrier, pour faire arriver, enfin, ce maudit payeur. Je suis irrité contre lui. Il est, aussi, bien instant que les ambulances arrivent et que la poste militaire soit organisée. Occupez-vous, je vous prie, de ces deux objets. Vous êtes persuadé, sans doute, que le maréchal Davout a emmené la plupart des voitures de réquisition de cet arrondissement ; tenez-vous pour averti.

SOULT.

Au général Lariboisière.

Du 4 vendémiaire an XIV (26 septembre 1805).

J'apprends à l'instant que 47 bateaux, venant de Strasbourg, sont arrivés à 11 heures du soir en face de Rheinhausen. Je vous invite à donner les ordres les plus prompts et les plus précis pour que, sur-le-champ, on s'occupe de dresser le pont dans cette partie, et pour que l'on fasse remonter les bacs, bateaux et nacelles provenant de ceux requis sur le Rhin, qui se trouvent en face de Spire, ainsi que ceux que vous avez dû requérir dans le port de cette ville.

J'ai désigné le point de Rheinhausen pour y faire établir le pont, plutôt que celui du passage en face de Spire, parce que je craindrais que vous n'eussiez pas un assez grand nombre de bateaux pour le jeter dans cette dernière partie; mais je donnerai la préférence à celui-ci, comme étant dans la direction que la troupe doit prendre après avoir passé le Rhin, et d'ailleurs, comme aboutissant à la grande route, si vous pouviez, avec les moyens que vous avez et ceux que je vous ai autorisé à requérir ou que déjà j'avais fait réunir à Spire, y terminer le pont; faites à ce sujet les calculs les plus rigoureux et instruisez-moi si vous pouvez remplir cette dernière disposition.

J'invite M. le colonel du génie Poitevin à vous donner l'estimation que nous avons faite de la largeur du Rhin sur les deux parties, et je lui dis de se concerter avec vous, pour vous aider dans l'établissement du pont, par le concours d'une compagnie de sapeurs, arrivée à Spire, et par celui des officiers du génie.

Instruisez-moi, de suite, des mesures que vous aurez prises pour la prompte exécution de cette disposition.

On distribuera, ce matin, les 50 cartouches par homme qui ont été ordonnées, à la 1re division.

SOULT.

Le maréchal Soult au prince Murat.

Spire, le 4 vendémiaire an XIV (26 septembre 1805).

Le pont de Spire ne pourra être établi que ce soir même un peu tard; la nuit dernière, la partie de l'équipage venant de

Strasbourg est arrivée à hauteur de Rheinhausen, où le pont doit être jeté. Le restant de l'équipage et les agrès venant de Mayence me sont annoncés à l'instant, et pourront être rendus à 2 ou 3 heures après-midi à hauteur de Rheinhausen ; ainsi, demain matin seulement, je pourrai faire passer les 1re et 2e divisions.

J'ai choisi le point de Rheinhausen, quoique un peu à droite de Spire, attendu que le Rhin est moins large dans cette partie, et que plus bas je n'eusse pas eu assez de bateaux pour établir le pont ; il faudra même, pour celui de Rheinhausen, employer comme supplément indispensable les bateaux que j'ai fait enlever sur le Rhin.

Deux autres considérations m'eussent peut-être obligé à retarder le passage, quand bien même le pont eût été établi plus tôt. Le convoi d'artillerie ne pourra être que cet après-midi à Spire, étant arrivé la nuit dernière à Neustadt, et, ce soir seulement, je pourrai donner à la 1re et à la 2e division pour quatre jours de pain ; les cartouches venant de Strasbourg par le Rhin ne sont pas encore arrivées, mais nous les attendons à tout moment.

A midi, je ferai cependant passer le fleuve, sur des bacs et nacelles, au 10e régiment d'infanterie légère et au 26e de chasseurs à cheval.

Cette troupe, qui formera l'avant-garde de la 1re division, prendra poste jusqu'à demain matin en avant de Rheinhausen, couvrira le pont et éclairera les routes (1).

Je me dirigerai par Bruchsal et Eppingen sur Heilbronn où la 1re division arrivera le 7, ainsi que l'ordre du Ministre porte. Les autres divisions seront en arrière en échelons.

Je prends de préférence la route de Bruchsal pour éviter de donner dans les postes du maréchal Davout, qui m'a fait part qu'il devait également diriger sa tête de colonne sur Heilbronn, et aussi pour avoir la possibilité de nourrir les troupes du corps

---

(1) Positions occupées, le 4 vendémiaire, par l'avant-garde (26e chasseurs et 10e d'infanterie légère) :
En avant de Rheinhausen, gardant les routes de Bruchsal, Philippsbourg, Mingolsheim et Wiesloch. (Rapport du Chef d'état-major au Major général, le 9 vendémiaire.)

d'armée au moyen de réquisitions qui seront faites sur ma gauche.

M. le maréchal Davout a également reçu ordre de diriger son corps d'armée sur Heilbronn; il m'a dit qu'il allait écrire au Ministre pour lui faire des observations à ce sujet. Il craint qu'il n'y ait eu erreur, comme les deux corps d'armée ont reçu la même destination. Je lui ai représenté que je ne pouvais pas changer celle qui m'a été donnée, et je n'en parle à Votre Altesse que pour l'instruire des observations que le maréchal Davout m'a faites.

SOULT.

Ordre.

Du 4 vendémiaire an XIV (26 septembre 1805).

Le général de division Saint-Hilaire donnera ordre à la 1re division, qu'il commande, de lever ses cantonnements demain et de passer le Rhin à Rheinhausen, à 7 heures du matin; il la dirigera par Waghausel et Wiesenthal sur Bruchsal, et lui fera prendre position en avant de cette ville, éclairant les routes d'Eppingen, Sinsheim et Bretten, et se gardant militairement.

Son avant-garde sera portée vers Heidelsheim, se gardant sur la route d'Eppingen et sur toutes les communications qui aboutissent à son camp. Le général Vandamme donnera ordre à la 2e division de lever aussi ses cantonnements, et réglera le mouvement des régiments de manière à ce que toute la division soit réunie demain, à 10 heures du matin, aux portes de Spire; il lui fera faire halte à Waghausel et attendra de nouveaux ordres pour son établissement.

Ces deux divisions devront être pourvues en pain jusques et y compris la journée du 8, et en viande jusqu'au 6 inclus; il sera distribué 50 cartouches par homme.

Les deux divisions emmèneront avec elles leur équipage d'artillerie de campagne, organisé ainsi qu'il est dit dans l'ordre du 2 vendémiaire.

Le 8e régiment de hussards, arrivant demain à Spire, passera le Rhin immédiatement et se rendra à Wiesenthal, où il bivouaquera et recevra de nouveaux ordres.

Le 11e régiment de chasseurs aura ordre de partir, le 7, des cantonnements qui lui ont été destinés en avant de Landau, pour se rendre à Wiesenthal en passant le Rhin à Rheinhausen.

La compagnie d'artillerie légère se rendra demain à Wiesenthal, où la division de cavalerie légère sera réunie, et prendra les ordres du général Margaron, qui la commande.

Ces deux régiments, ainsi que la compagnie d'artillerie légère, seront pourvus en pain jusqu'au 8, et en viande jusqu'au 6 inclus ; ils emporteront du fourrage pour un jour, et il leur sera distribué 20 cartouches par homme.

La 3e division, arrivant le 5 à Spire, occupera les cantonnements que la 1re division aura quittés, et mettra un bataillon d'infanterie légère à Rheinhausen.

Le 6, à la pointe du jour, elle passera le Rhin et se dirigera sur Bruchsal, et établira son camp en avant de cette ville.

La 4e division, arrivant le 7 à Spire, occupera les mêmes logements et cantonnements que la 3e division ; le 8, à la pointe du jour, elle passera le Rhin et se dirigera aussi sur Bruchsal, pour camper également en avant de cette ville, où elle recevra de nouveaux ordres.

Ces deux divisions prendront, à leur passage à Spire, l'équipage de campagne qui leur est destiné, et elles seront complétées en pain pour quatre jours, en viande pour deux jours, et en cartouches d'infanterie à raison de 50 cartouches par homme.

Le parc d'artillerie du corps d'armée passera le Rhin, le 6, à la suite de la 3e division, et se dirigera sur Bruchsal, où il recevra de nouveaux ordres. M. le général Legrand y fera fournir les gardes nécessaires.

Les fourrages seront distribués aux chevaux du parc, ainsi qu'à ceux des 3e et 4e divisions, à leur arrivée à Bruchsal.

Le quartier général du corps d'armée sera le 5 à Bruchsal. M. le général Saint-Hilaire enverra une compagnie de grenadiers pour en faire la garde.

Les ambulances, administrations, et généralement tout ce qui dépend du quartier général, y seront établies pour ce jour.

Le payeur principal du corps d'armée restera à Spire jusqu'au passage de la 4e division, et viendra avec elle ; M. le général Suchet lui fera fournir la garde nécessaire. D'ici à cette époque le payeur acquittera, à toutes les divisions et états-majors du corps d'armée, ce qui peut être dû pour solde et gratification sur l'exercice de l'an xiii ; il donnera des acomptes aux régiments pour la première quinzaine de vendémiaire, autant que les moyens de sa caisse le permettront, réglant sa répartition de manière à ce que tous les régiments reçoivent à peu près la même somme.

Il ne sera accordé qu'une voiture par bataillon et par régiment de cavalerie pour le transport des équipages des officiers ; il en sera en outre accordé une par état-major de division, et une à chaque général de division et général de brigade. Chaque régiment d'infanterie aura en outre une voiture d'ambulance pour le transport des blessés et malades.

L'ordonnateur en chef comprendra le nombre de ces voitures dans les réquisitions qu'il sera dans le cas de faire sur la rive droite du Rhin, et en fera la répartition en conséquence.

Aucune réquisition, quelle que soit sa nature ou son objet, ne peut être faite pour le corps d'armée, sur la rive droite du Rhin, que par l'ordonnateur en chef, en vertu des ordres que le maréchal commandant en chef donne ; mais, dans les circonstances qui nécessiteraient la délégation de cette faculté pour un objet spécialement prévu, les commissaires des guerres des divisions seront autorisés, lorsqu'il y aura lieu, à faire eux-mêmes au nom de l'ordonnateur les réquisitions, et ils en rendront compte dans le jour même de leur exécution, en adressant copie de toutes les demandes qu'ils auraient faites.

Toute réquisition qui sera faite en contravention au présent ordre sera regardée comme non avenue, et restera pour la responsabilité personnelle de celui qui l'aura adressée.

Le maréchal commandant en chef invite MM. les généraux divisionnaires à faire observer la plus sévère discipline par les troupes sous leurs ordres, à punir avec rigueur tous excès ou désordres qui porteraient atteinte aux propriétés, à maintenir le plus grand ordre dans la troupe pendant la marche, et de l'instruire avec promptitude de tous les événements qui leur surviendront. Il se tiendra, jusqu'à nouvelle disposition, à la 1re division, où tous les rapports lui seront envoyés.

Soult.

Le maréchal Soult au prince Murat.

Spire, le 5 vendémiaire an xiv (27 septembre 1805).

Le pont de Spire n'a pu être fini que ce matin; une infinité de contrariétés ont retardé cette opération.

A 9 heures, la 1re division passera et ira camper en avant de Bruchsal.

La 2e passera à midi et campera à Wiesenthal (1).

L'avant-garde a passé hier au soir dans des bacs, et s'est portée sur la route de Bruchsal; ce soir, elle sera en avant d'Heidelsheim, sur la route d'Eppingen, où la 1re division arrivera demain.

La 3e division passera demain le Rhin et suivra la direction des 1re et 2e, pour camper en avant de Bruchsal.

Je dirigerai la 4e division par Wiesloch, Sinsheim, sur Fürfeld, où elle s'établira, formant le 4e échelon du corps d'armée.

Le convoi d'artillerie venant de Metz arrive seulement aujourd'hui à Spire et j'apprends que les cartouches qui nous ont été envoyées de Strasbourg sont rendues depuis ce matin seulement à hauteur du pont de Spire.

Les divisions portent du pain pour quatre jours en passant le Rhin, mais je ne compte pas pouvoir réunir 50,000 rations de biscuit.

SOULT.

Le maréchal Soult au maréchal Berthier.

Spire, le 5 vendémiaire an xiv (27 septembre 1805).

J'ai l'honneur de rendre compte à Votre Excellence, qu'en exécution des ordres que Son Altesse Sérénissime le prince

---

(1)   Monsieur le Maréchal,

La 2e division passe le Rhin, pour aller prendre position en avant de Waghausel; elle sera établie militairement et gardera sa gauche.

Le parc d'artillerie ne fait pas le mouvement ordonné par vos instructions, et n'a ni chevaux ni canonniers pour le conduire et le servir, de manière qu'il reste de l'autre côté du Rhin; j'ai cru devoir vous en rendre compte.

VANDAMME.

Murat m'a adressés, le passage du Rhin du 4º corps de la Grande Armée a été différé jusqu'à ce jour. Le pont établi à hauteur de Rheinhausen n'a pu d'ailleurs être fini qu'aujourd'hui à 9 heures du matin.

Hier, je fis passer le Rhin par le 10º d'infanterie légère et un escadron du 26º de chasseurs, qui, sous les ordres du général Morand, ont été prendre poste sur la route de Bruchsal.

Aujourd'hui cette avant-garde poussera jusqu'en avant d'Heidelsheim, sur la route d'Eppingen.

La 1re division campera aujourd'hui en avant de Bruchsal, demain en avant d'Eppingen.

La 2e division campe aujourd'hui en avant de Wiesenthal, et demain en avant d'Heidelsheim.

La 3º division sera demain en avant de Bruchsal.

Je dirigerai la 4e division par Wiesloch sur Fürfeld, où elle prendra poste et formera le 4º échelon du corps d'armée.

Ce soir, mon quartier général sera à Bruchsal, demain à Eppingen, et après-demain à Heilbronn, où la 1re division arrivera le même jour.

Le convoi d'artillerie venant de Metz arrive seulement aujourd'hui à Spire, et j'apprends qu'un transport de 1,600,000 cartouches, venant de Strasbourg, et qui nous sont destinées, arrive à hauteur de Rheinhausen.

Les divisions emportent du pain pour quatre jours, mais je ne compte pas pouvoir réunir 50,000 rations de biscuit.

Tous les comptes qui me sont rendus portent qu'il existe encore une paire de souliers neufs dans les sacs des soldats, et les régiments doivent recevoir incessamment les deux paires par homme qu'ils ont eu ordre de faire confectionner.

La plupart des corps ont reçu avis que déjà il y en aurait en route si les officiers qui ont reçu cette mission avaient pu se procurer des transports.

SOULT.

Le maréchal Soult au général Vandamme.

Wiesenthal, le 5 vendémiaire an XIV (27 septembre 1805).

Monsieur le Général,

J'ai dit à votre chef d'état-major que votre division bivouaquerait cette nuit entre Wiesenthal et Waghaüsel, s'adossant au bois de ce dernier endroit. Je vous invite à la placer en ordre d'échelons.

La division de cavalerie légère qui devait s'établir à Wiesenthal a ordre de se porter à Hambrücken. Ainsi, le premier de ces villages restera à votre disposition.

Demain matin vous mettrez en marche votre division et la dirigerez sur Eppingen, en passant par Bruchsal. Avant d'arriver à la première de ces deux villes, je vous aurai envoyé des ordres pour l'établissement de la division.

Maréchal SOULT.

Le commissaire des guerres Géant au général Vandamme.

Waghaüsel, le 5 vendémiaire an XIV (27 septembre 1805).

Mon Général,

Les instructions verbales que j'ai reçues de l'ordonnateur en chef me chargent de requérir, dans les communes où la 2ᵉ division s'arrêtera, le pain, la viande, les fourrages, le bois et la paille nécessaires à la troupe. Les mêmes instructions indiquent le mode de comptabilité à suivre pour assurer le payement de ces diverses fournitures, tant qu'elles seront faites par un pays allié.

En arrivant ici, je me suis empressé de requérir du bois, de la paille de couchage et du fourrage. Tout a été fourni, mais en moindre quantité que la force de la division l'exigeait, et la troupe n'a pas reçu tout ce qui lui était dû.

Cet inconvénient, mon Général, résulte de la rareté des communes près du camp.

Cependant, il a manqué peu de bois, et peut-être chaque régiment en aurait eu suffisamment, si la répartition eût été faite avec ordre. Mais il en a été donné neuf voitures à chacun des 4ᵉ, 57ᵉ et 46ᵉ régiments.

J'avais demandé 9,000 bottes de paille et je n'ai pu en obtenir que 4,000, attendu que les grains ne sont pas encore battus. J'ai la certitude que cette dernière quantité a été fournie.

Pour éviter qu'à l'avenir les livraisons demandées soient retardées comme l'ont été celles d'aujourd'hui, je crois, mon Général, qu'il conviendrait que vous missiez à ma disposition deux gendarmes, que je chargerais de faire exécuter mes réquisitions. Il est peut-être fâcheux d'employer des moyens de rigueur dans un pays allié que le gouvernement français veut ménager, mais l'indolence, pour ne pas dire la mauvaise volonté des baillis et bourgmestres, fera manquer tous les jours le service, si l'on ne réveille pas leur zèle par l'apparence de l'exécution militaire.

Je demanderai à l'ordonnateur en chef de me mettre à portée de fournir au soldat le sel dont il a besoin, car je crains qu'il ne s'en trouve privé souvent, si on l'attend des villages qu'il aura à traverser.

Il me reste à vous prier, mon Général, d'ordonner qu'aucune réquisition ne soit frappée que par moi. Je connais la fixation des fournitures à faire à la troupe et, comme l'Empereur a décidé qu'elles seront toutes payées, il importe qu'on ne les excède pas, ce qui arriverait nécessairement si chaque officier supérieur prenait sur lui d'en faire faire.

Je vous salue......

GÉANT.

Le maréchal Soult à l'Empereur.

Bruchsal, le 5 vendémiaire an XIV (27 septembre 1805).

Sire,

J'ai l'honneur de rendre compte à Votre Majesté que les 1re et 2e divisions du 4e corps, ainsi que le 8e régiment de hussards et le 26e de chasseurs à cheval, ont passé le Rhin aujourd'hui, sur le pont jeté à Rheinhausen, à droite de Spire.

La 1re division campe entre Bruchsal et Heidelsheim, ayant son avant-garde en avant de ce dernier endroit; demain, elle se portera sur Eppingen, et l'avant-garde, sous les ordres du général Morand, éclairera Heilbronn.

Le 7 (*29 septembre*), la division sera en avant de cette ville, couvrant les routes de Stuttgard, Gmünd et Aalen, portant une tête de colonne sur la route de Stuttgard et son avant-garde éclairant très en avant les trois directions.

La 2ᵉ division bivouaque en arrière de Wiesenthal, demain elle campera en avant de Gochsheim, et le 8 (*30 septembre*), elle prendra position en arrière d'Heilbronn.

La 3ᵉ division passe demain le Rhin et campe entre Bruchsal et Heidelsheim. Le 7 (*29 septembre*), elle se rendra à Eppingen.

Le 8, la 4ᵉ division passera le Rhin et campera à hauteur de Dielheim, entre Sinzheim et Wiesloch; le 9, elle se rendra à Fürfeld et se trouvera ainsi presque en ligne avec le corps d'armée, formant le 4ᵉ échelon.

Le parc d'artillerie du corps d'armée marche avec la 3ᵉ division (1).

Chaque division a un équipage de 10 bouches à feu; les 2ᵉ et 3ᵉ divisions ne peuvent recevoir que demain celles qui leur sont destinées, attendu que le convoi venant de Metz n'arrive qu'aujourd'hui à Spire.

Il faudrait 400 chevaux, non compris 700 de réquisition qu'on emploie, pour que toutes les voitures fussent attelées. Le général d'artillerie sera obligé de laisser des caissons derrière, jusqu'à ce qu'il soit arrivé des chevaux pour les prendre. Ceux du train qui viennent de l'armée des côtes sont extrêmement fatigués, et auraient besoin d'un double séjour pour se reposer. S'il entrait dans les dispositions de Votre Majesté qu'il leur fût accordé lorsque le corps d'armée sera sur le Neckar, il en résulterait non seulement un grand avantage sous ce rapport, mais les

---

(1) Positions occupées le 5 vendémiaire :

Avant-garde, en avant d'Heidelsheim, se gardant sur la route d'Eppingen et sur toutes les communications aboutissant au camp. Quartier général, à Heidelsheim.

1ʳᵉ division (Saint-Hilaire), sur la hauteur en avant de Bruchsal; 1ʳᵉ brigade, à droite de la grande route d'Eppingen; 2ᵉ brigade, à gauche, éclairant les routes d'Eppingen, Sickingen et Bretten. Le général Saint-Hilaire, à Bruchsal; les généraux de brigade, avec leurs brigades.

2ᵉ division. A passé le Rhin à midi, et a pris position en avant de Waghaüsel, où elle s'est gardée militairement. Les généraux de la division se sont établis dans ce village.

Division de cavalerie. Le 8ᵉ hussards a bivouaqué à Hamsbrücken, où le général Margaron a établi son quartier général (**Rapport du 9 vendémiaire, au Major général.**)

régiments en profiteraient pour rallier quelques traîneurs qu'ils ont en arrière.

La troupe marche parfaitement et conserve son ordre; il y a encore 30 ou 40 hommes qui ne sont pas rentrés et que le voisinage de leurs parents pendant la route a fait détourner; les chefs croient qu'aucun ne manquera, car tous les jours il en arrive.

La désertion a été peu conséquente. Le 28e régiment est celui qui a fourni le plus de déserteurs : il en compte 21. D'autres corps n'ont perdu aucun homme, que les malades qui sont entrés aux hôpitaux.

Dans la plupart des régiments, tous les soldats ont une paire de souliers neufs dans le sac; mais quelques corps n'ont pu conserver pour la totalité cet avantage : tous ont reçu avis que les deux paires par homme, qu'ils ont eu ordre de faire confectionner, devaient incessamment être livrées; les officiers qui en sont chargés attendaient des moyens de transport pour les mettre en route, et des ordonnances de payement pour solder les fournisseurs; les corps n'ont rien reçu à ce sujet.

Les nouvelles que j'ai pu recueillir sur les mouvements des ennemis de Votre Majesté, sont encore très incertaines; on m'a assuré, en arrivant à Bruchsal, qu'une patrouille de 4 ou 5 hussards autrichiens, dépendant d'un détachement qui était sur Pforzheim, avait paru ce matin à Bretten.

J'ai l'honneur.....

SOULT.

L'Empereur au maréchal Soult.

Strasbourg, le 5 vendémiaire an XIV (27 septembre 1805).

Mon Cousin, j'ai reçu votre lettre du 4 vendémiaire (*26 septembre*). Je désire avoir des détails sur votre position.

J'ai fait demander hier soir, par le général Andréossy, tous les détails que je désire avoir. Je ne puis concevoir comment le maréchal Davout croit devoir se diriger sur Heilbronn; c'est sur Heidelberg et Neckarelz. Arrivé à Heilbronn, placez une tête de colonne sur le chemin de Stuttgard; placez aussi des postes intermédiaires, afin de pouvoir vous porter rapidement au secours du corps d'armée qui serait à Stuttgard, si cela devenait nécessaire. J'imagine que votre cavalerie sera à Heilbronn avec votre première division. Marchez en règle, les divisions avec leur artillerie, à portée de se soutenir, et votre armée à portée de soutenir les corps des maréchaux Ney et Lannes.

NAPOLÉON (1).

Ordre.

A Bruchsal, le 5 vendémiaire an xiv (27 septembre 1805).

La 1re division du corps d'armée lèvera son camp en avant de Bruchsal, demain 6, à 7 heures du matin, et se mettra immédiatement en marche sur Eppingen, en passant par Gochsheim et Zaisenhausen. Elle campera en avant d'Eppingen et se gardera militairement. L'avant-garde partira à 6 heures du matin, et, prenant la même direction, se portera jusqu'à Schweigern, en avant d'Eppingen, fera éclairer Heilbronn, ainsi que les routes de Brackenheim, de Stalthausen et de Wimpfen.

La 2e division partira de son bivouac, en avant de Waghaüsel, aussi demain matin, et se portera sur Bruchsal et Heidelsheim, sur Gochsheim, campera en avant de cette ville, et se gardera militairement. Cette division a des ordres jusqu'à Bruchsal.

La division de cavalerie suivra la même direction et s'établira à Zaisenhausen.

La 3e division campera demain en avant de Bruchsal, et occupera la même position que la 1re division aura quittée.

Le 7, elle en partira pour se rendre, en passant aussi par Gochsheim et Zaisenhausen, en avant d'Eppingen, où elle campera.

Le parc d'artillerie du corps d'armée, suivra la direction de la 3e division.

La 4e division a des ordres jusqu'à Fürfeld.

Demain, le quartier général sera à Eppingen.

---

(1) *Correspondance de Napoléon*, n° 9273.

Le commandant du génie fera mettre en état et jalonner la route jusqu'à Zaisenhausen.

L'eau-de-vie sera distribuée demain matin aux 1re et 2e divisions, ainsi qu'à la division de cavalerie.

Soult.

Ordre.

Le 5 vendémiaire an xiv (27 septembre 1805.)

Le général Suchet regardera comme non avenue la disposition de l'ordre du 4 qui porte que la division à ses ordres, après avoir passé le Rhin à Rheinhausen, le 8, doit se rendre à Bruchsal.

Il la fera diriger, au contraire, ce même jour, sur Wiesloch, et l'établira au bivouac en avant de Dielheim, entre Wiesloch et Sinsheim. Le 9, il la dirigera par Sinsheim sur Fürfeld, et lui fera prendre position en arrière de cet endroit.

Le général Suchet sera prévenu que le quartier général du 4e corps sera à Heilbronn à compter du 7.

L'ordonnateur en chef fera réunir à Fürfeld les moyens de subsistance pour la 4e division, et, à cet effet, chargera le commissaire des guerres qui y est attaché, de faire verser sur ce point les denrées qu'il aurait requises dans les arrondissements de Wiesloch, Sinsheim et Waibstadt.

Il autorisera aussi le commissaire des guerres de la quatrième division, à requérir les fourrages, paille, voitures et bois de chauffage nécessaires à la division.

Soult.

Le maréchal Soult à l'Empereur.

Bruchsal, le 6 vendémiaire an xiv (28 septembre 1805).

Sire,

Je me conformerai, avec la plus grande exactitude, aux dispositions que Votre Majesté m'a fait l'honneur de me prescrire par sa dépêche du 5 (*27 septembre*) qui me parvient à l'instant : mon rapport de la nuit dernière, que j'allais faire partir, et dont je charge le courrier dont Votre Majesté m'a honoré, rend compte des positions que les divisions doivent occuper jusqu'au Neckar, et des directions qu'elles prennent; en ce moment, elles sont toutes en marche pour leur destination. Je fais recueillir tous les détails que Votre Majesté demande sur la situation des régiments, et je m'empresserai de les adresser au grand état-major général, aussitôt que je serai assuré de leur exactitude.

Dans mon premier rapport, je rends compte à Votre Majesté que les chevaux du train d'artillerie sont extrêmement fatigués; je m'en suis assuré par moi-même, et le général d'artillerie, que j'ai laissé à Spire jusqu'à l'arrivée de tout le parc, et pour organiser les équipages des divisions en l'absence du directeur, me mande qu'il est indispensable qu'un double séjour leur soit accordé pour les reposer, et aussi pour qu'on puisse réparer quelques parties du harnachement, qui ont souffert en route.

Le général d'artillerie comptait sur 1000 chevaux du train, mais il n'en a reçu que 600; ainsi il éprouve déjà un déficit de 400 qui le mettra dans la nécessité de laisser des voitures en arrière, ne pouvant les remplacer par des chevaux de réquisition, dont il emploie déjà 700.

Les deux premières divisions et la cavalerie ont reçu du pain pour quatre jours, en passant le Rhin; la 3ᵉ en aura, j'espère, aujourd'hui même quantité; mais la 4ᵉ éprouvera peut-être de la peine pour en être complétée, faute de denrées dans les magasins de Landau et de Spire; j'ai chargé l'ordonnateur de réunir, pour le 8 (*30 septembre*), 200,000 rations à Heilbronn, et de les requérir dans les baillages de Wurtemberg et de Bade à notre portée; je compte beaucoup sur l'effet de cette mesure.

Quant au biscuit, je n'ai pu en faire délivrer, la manutention de Landau n'en ayant fourni que 20,000 rations (aussi faute de denrées), je les fais suivre; le supplément qui devait arriver de Mayence n'est pas venu et j'ai appris que partie de l'approvisionnement qui s'y trouvait a été donnée aux corps de M. le maréchal Davout et du général Marmont.

La viande, l'eau-de-vie et les fourrages sont requis dans le pays, et je ne crois pas que ces trois objets d'approvisionnement nous manquent; à Landau, il ne s'est trouvé que 8,000 litres d'eau-de-vie (pour deux distributions), que je fais également arriver.

Le payeur du corps d'armée est arrivé, le 4, à Spire, et avait en caisse 170,000 francs ; je lui ai donné ordre de payer de suite ce qui était dû aux corps sur fructidor ; les fonds qu'il attendait de Mayence serviront à donner des acomptes sur vendémiaire ; à cet effet, je lui ai prescrit de rester jusqu'à ce que la dernière division soit passée, et de suivre ensuite son mouvement.

Les corps n'ont point reçu d'ordonnances pour le payement de la gratification que Votre Majesté a accordée sur la fourniture des souliers, ni sur celle du tiers des capotes à remplacer, et ils exposent que cela retarde les livraisons ; la plupart des entrepreneurs, avec lesquels ils ont traité, exigent d'être payés comptant, au moins en partie ; les officiers qui ont reçu la mission de ces deux objets mandent aussi qu'il leur manque des moyens de transport pour faire arriver les souliers et les capotes.

Les régiments n'ont pas reçu non plus l'ordonnance de payement pour la fourniture du caisson d'ambulance ; quelques-uns ont cependant acheté des chevaux.

Le 26e régiment de chasseurs à cheval est très mal armé, ses mousquetons sont mauvais et manquent de baïonnettes. J'aurai l'honneur de demander à Votre Majesté la permission de les lui retirer, et de lui donner en place des mousquetons des tambours des régiments d'infanterie, dont la plupart sont si jeunes qu'ils ne peuvent en faire usage en campagne, et exposeraient même à les perdre.

Les ambulances n'ont pas encore paru ; elles suivaient la marche de la 4e division ; mais en route, elles ont reçu ordre de passer par Strasbourg, sans doute pour y être organisées, quoiqu'elles l'eussent été à Boulogne, et que même elles fussent affectées.

L'ordonnateur manque de commissaires des guerres (il n'y en a qu'un par division) et n'a pas un adjoint ; il serait cependant dans le cas d'en employer sur divers points, pour la rentrée des réquisitions. Il écrit d'une manière très pressante sur tous ces points d'administration à l'intendant général de l'armée.

Le rapport du matin que le général Morand, commandant l'avant-garde, m'envoie, porte que ce matin, à 2 heures, une patrouille de six hussards ennemis s'est présentée à son poste avancé, sur la route de Bretten ; à 4 heures, la même patrouille a reparu sur celle de Pforzheim, et a été poursuivie par la grand'-garde du 26e régiment de chasseurs à cheval : la reconnaissance du matin a aussi vu quelques hommes d'infanterie dans le village d'Helmsheim, qui se sont enfuis.

Un rapport d'émissaire, que je reçois à l'instant, porte que le général autrichien de Klenau est arrivé hier à Pforzheim avec trois régiments de cavalerie ; c'est sans doute un peu exagéré.

J'ai l'honneur...

SOULT.

Le maréchal Soult au maréchal Berthier.

Au quartier général, à Eppingen, le 6 vendémiaire an XIV
(28 septembre 1805).

Les craintes que Votre Excellence témoigne par la lettre qu'elle m'a fait l'honneur de m'écrire le 5 (*27 septembre*) au sujet des ambulances, ne sont que trop fondées ; celles qui étaient attachées au 4ᵉ corps d'armée, et qui depuis Boulogne étaient affectées aux divisions, ont reçu ordre de passer par Sampigny et de là par Strasbourg ; depuis, nous n'en avons plus entendu parler.

L'ordonnateur en chef a vainement envoyé plusieurs courriers à ce sujet à l'intendant général de l'armée : aucun avis n'a été donné sur leur prochaine arrivée. A Heilbronn, où je serai demain, je ferai en sorte d'organiser provisoirement quelques ambulances, et j'y attacherai des chirurgiens des régiments. Jusqu'à cette ville, le pays ne m'eût offert aucune ressource à ce sujet ; du moment qu'il faudra se battre, nous serons fort embarrassés si d'ici à cette époque nous ne recevons pas les ambulances, car les instruments de chirurgie ne peuvent que difficilement se remplacer, et les chirurgiens mêmes seraient en trop petit nombre pour faire le service.

Le chirurgien principal du corps d'armée n'a pas quitté son poste d'un instant, mais il est à peu près seul ; aucun médecin n'a suivi, et cependant je serai dans le cas de fournir provisoirement un hôpital à Heilbronn.

J'ai l'honneur de vous prier avec instance, Monsieur le Maréchal et Ministre, de vouloir bien prendre des mesures à ce sujet afin que le soldat soit lui-même rassuré sur les secours qu'il recevrait en cas de maladie ou d'événement de guerre.

En partant de Boulogne, vous me prévintes, Monsieur le Maréchal et Ministre, qu'un escadron de 80 gendarmes serait attaché au corps d'armée; le lendemain, M. le maréchal Moncey en retira 20 et cet escadron se trouva réduit à 60 hommes ; je n'ai pas connaissance que d'autres gendarmes aient suivi le corps d'armée, et ceux-ci, qui sont répartis dans les divisions ou employés à la police du quartier général, sont les seuls que j'aie vus depuis notre arrivée sur le Rhin.

J'ai l'honneur.....

SOULT.

Le Maréchal Soult au maréchal Berthier.

Bruchsal, le 5 vendémiaire an XIV (28 septembre 1805).

J'ai l'honneur de rendre compte à Votre Excellence que le 18e régiment de ligne a joint la 3e division du corps d'armée.

Le 3e bataillon du 3e régiment, fort de 400 hommes, a aussi joint les deux premiers bataillons de ce corps.

Le 3e bataillon du 34e régiment de ligne, fort de 600 hommes, rejoint aujourd'hui à Landau les deux premiers bataillons de ce régiment.

SOULT.

P.-S. — Le 4e escadron du 26e régiment de chasseurs à cheval est encore en arrière et ne pourra joindre les deux premiers escadrons que dans quatre ou cinq jours.

Ordre à M. le maréchal Soult.
(Minute).

Strasbourg, le 7 vendémiaire an XIV (29 septembre 1805),
à 9 heures du soir.

Le prévenir que le grand parc de l'armée se rend à Heilbronn, escorté d'un régiment de dragons à cheval, qui lui restera spécialement affecté.

Que lorsque le maréchal Soult recevra l'ordre de se mettre en mouvement, le grand parc fera son mouvement entre sa 3e et sa 4e division, et qu'il doit faire toutes les dispositions nécessaires pour qu'il ne manque ni de vivres, ni de fourrages, et qu'enfin il doit lui porter un soin tout particulier.

Il doit également faire ses dispositions pour que toute son armée et tout ce qui tient au parc puissent recevoir pour quatre jours de pain, pour les 11, 12, 13 et 14 (*3, 4, 5, 6 octobre*), indépendamment des quatre jours de biscuit, ce qui, à dater du 11, fera un approvisionnement de huit jours de subsistances, dont quatre jours de pain et quatre jours de biscuit.

Lui donner l'ordre que, dans la journée du 9 (*1er octobre*), toute son armée soit concentrée autour d'Heilbronn.

Que probablement, le 10 (*2 octobre*) au matin, sa 1re division et sa cavalerie devront se mettre en marche conformément à l'ordre que je lui enverrai, et qu'il devra passer par le chemin de Hall, mais que l'Empereur désirerait qu'une de ses divisions puisse passer entre cette route, qu'il suivra avec son armée, et celle que suivra M. le maréchal Lannes, afin de flanquer la marche de ce maréchal quand il partira de Ludwigsburg pour aller en avant, et pouvoir, en deux ou trois heures de temps, venir à son secours si cela était nécessaire.

Le prévenir que le grand quartier général sera le 10 à Ludwigsburg, et qu'il doit le 9 (*1er octobre*), à l'ordre de son armée, faire lire la proclamation de l'Empereur que lui enverra l'aide-major général, chef de l'état-major général.

Le maréchal Soult au maréchal Davout.

Du 6 vendémiaire an xiv (28 septembre 1805).

Mon cher Général,

Je vous envoie un paquet à votre adresse, venant du grand état-major général.

Les patrouilles que j'ai envoyées sur la gauche n'ont pu rencontrer vos reconnaissances ; cependant j'imagine que vous êtes déjà à votre destination ; aujourd'hui, nous avons vu quelques patrouilles de dragons de la Tour ; un piquet de 25 chevaux de ce régiment s'est fait donner chasse par notre avant-garde sur la route d'Heilbronn, mais on n'a pu l'atteindre.

Demain, je compte prendre position à hauteur de cette ville, où je me flatte de recevoir de vos nouvelles.

SOULT.

Au maréchal Ney.

Du 6 vendémiaire an XIV (28 septembre 1805).

Mon cher Général,

Je croyais que votre corps d'armée était en avant de Pforzheim, lorsqu'un officier de votre état-major qui m'a apporté une dépêche de Son Excellence le Ministre de la guerre, m'a appris qu'à midi vous étiez encore à Durlach : peut-être trouverez-vous qu'il est à propos que nous convenions que vos postes de gauche et ceux de ma droite s'éclaireront réciproquement et lieront ainsi nos communications.

Aujourd'hui, nous avons vu quelques patrouilles ennemies sur notre droite, et ce soir, il s'est présenté un piquet d'une trentaine de chevaux, auxquels on a donné chasse sur la route d'Heilbronn.

Demain, à midi, je compte être à Heilbronn avec mes divisions.

SOULT.

Le Chef de bataillon commandant l'artillerie de la 2ᵉ division du 4ᵉ corps d'armée à M. le général de division Vandamme, commandant la 2ᵉ division du 4ᵉ corps d'armée.

Heidelsheim, le 6 vendémiaire an XIV (28 septembre 1805).

J'ai l'honneur de vous rendre compte que j'ai fait parquer l'artillerie de votre division près Heidelsheim, où elle est arrivée un peu avant la nuit. Elle n'a pu passer le Rhin qu'à 10 heures. Demain, à 4 heures et demie du matin, je me mettrai en marche et me dirigerai conformément à vos ordres sur Gochsheim. Les chevaux étant très fatigués ne m'ont pas permis de pousser plus loin. J'aurais bien désiré, mon Général, pouvoir rejoindre votre division aujourd'hui.

Votre artillerie, mon Général, est composée des bouches à feu et voitures ci-après :

Pièces de 12...............................	2	
— de 8................................	6	10
— de 4................................	2	
Caissons de 12...........................	4	
— de 8............................	12	23
— de 4............................	2	
— d'infanterie.....................	5	
Chariots à munitions.......................		2
Forge de campagne.........................		1

Les pièces de 12 sont attelées à six chevaux et toutes les autres voitures à quatre.

CABAN.

P.-S. — La 13ᵉ compagnie et une escouade de la 16ᵉ du 5ᵉ régiment d'artillerie à pied sont attachées à votre division.

Rapport à M. le Maréchal.

Gochsheim, le 6 vendémiaire an XIV (28 septembre 1805).

Monsieur le Maréchal,

J'ai l'honneur de vous rendre compte que la 2ᵉ division a levé son camp de Waghaüsel ce matin, et qu'elle est actuellement placée sur la hauteur en avant de Gochsheim, où elle bivouaquera cette nuit.

Hier, j'ai éprouvé beaucoup de difficultés pour obtenir la paille et le bois; aujourd'hui, elles ont été plus difficiles à vaincre par le peu de fermeté et de bonne volonté du bailli de Gochsheim, pair de Wurtemberg.

Je n'ai encore aucune nouvelle du parc d'artillerie. Je dois vous observer, mon Général, qu'il serait nécessaire qu'il eût de bons chevaux, pour passer le défilé en avant d'Heidelsheim. Le chemin y est fort mauvais et très étroit; les équipages de la 1ʳᵉ division y ont même arrêté un instant la marche de la 2ᵉ division;

de manière qu'il y a encore quelques hommes en arrière et qui cependant seront rentrés avant la nuit.

P.-S. — Il rentre des hommes qui étaient en permission, ce qui va réduire la perte de la 2ᵉ à peu de chose.

J'aurai l'honneur de vous envoyer, demain, les états de situation demandés par l'ordre du jour.

VANDAMME.

Positions occupées le 6 vendémiaire (28 septembre).

Quartier général à Eppingen.

L'avant-garde a quitté ses positions à 6 heures, s'est portée en avant de Steppbach, éclairant les routes de Brackenheim, Stattlaufen, Wimpfen. Quartier général à Steppbach.

La 1ʳᵉ division a levé son camp à 7 heures, s'est portée sur les hauteurs en arrière d'Eppingen (1ʳᵉ brigade à droite de la grande route, 2ᵉ brigade à gauche); elle s'est éclairée de chaque côté et gardée militairement. Le général Saint-Hilaire à Eppingen; les généraux de brigade avec leurs troupes.

La 2ᵉ division (Vandamme), s'est portée en avant de Gochsheim, où elle s'est établie militairement. Généraux à Gochsheim.

La 3ᵉ division (Legrand) a passé le Rhin et occupé les positions du 5 de la 1ʳᵉ division, en avant de Bruchsal. Généraux à Bruchsal.

La division de cavalerie a établi son quartier général à Zaisenhausen. Le 8ᵉ hussards, au bivouac, en avant du village, se gardant particulièrement sur son front et sa droite.

Le maréchal Soult au maréchal Berthier.

Eppingen, le 6 vendémiaire an XIV (28 septembre 1805).

J'ai l'honneur de rendre compte à Votre Excellence que la 1ʳᵉ division du corps d'armée est campée, depuis ce soir, en arrière d'Eppingen; son avant-garde est entre Steppbach et Schweigern;

La 2ᵉ division est campée en avant de Gochsheim;

La 3e division en avant de Bruchsal ;
La 4e division arrive à Landau ce soir ;
Le 8e de hussards est à Zaisenhausen.

Demain, la 1re division se portera en avant d'Heilbronn et aura sa tête de colonne sur la route de Stuttgard ;

La 2e prendra position en arrière d'Heilbronn ;
La 3e campera à Eppingen ;
La 4e arrivera à Spire.

Vous êtes instruit, Monsieur le Maréchal et Ministre, que trois escadrons seulement du 26e régiment de chasseurs à cheval ont joint le corps d'armée ; le quatrième est resté dans les environs de Bonn et ne doit rentrer que dans sept à huit jours.

Le 3e régiment de hussards, fort de 320 chevaux (la remonte de 250 qu'il a faite ne lui arrivera que dans trois semaines), a pu, en forçant sa marche, joindre la 1re division.

Quant au 11e de chasseurs à cheval qui marchait avec la 4e division, il ne pourra être rendu à Heilbronn que le 8 (*30 septembre*), même après avoir doublé deux marches.

Voilà toute une cavalerie qui, lorsqu'elle sera réunie, présentera un total d'à peu près 1000 chevaux ; je ne puis encore compter le 16e de chasseurs, puisqu'il ne doit arriver à Landau que le 21 vendémiaire (*13 octobre*).

Dans la circonstance où nous sommes et d'après la direction que le corps d'armée prend, peut être jugerez-vous, Monsieur le Maréchal et Ministre, qu'il y a lieu de me donner un renfort de cavalerie ; j'ai l'honneur de vous prier de vouloir bien en faire la demande à Sa Majesté, si vous croyez qu'il entre dans ses dispositions d'augmenter, sous ce rapport, le 4e corps.

Un officier du maréchal Ney, qui m'apporte à l'instant la dépêche de Votre Excellence, à laquelle je viens de répondre, m'apprend que le 6e corps d'armée était encore, à midi, à Durlach. Cela m'explique comment une patrouille ennemie a pu se présenter ce matin à Bretten, et pourquoi les reconnaissances que j'avais sur ma droite en ont vu pendant la journée.

Un parti de 25 chevaux des dragons de Latour s'est présenté ce soir à Schweigern, au moment où l'avant-garde prenait poste ; le piquet du 26e régiment de chasseurs à cheval lui a donné chasse, mais n'a pu l'atteindre.

SOULT.

Ordre.

Du 6 vendémiaire an XIV (28 septembre 1805).

L'avant-garde de la 1re division partira demain, à 4 heures du matin, du bivouac qu'elle occupe en avant de Steppbach et se dirigera sur Heilbronn, traversera la ville sans s'y arrêter pour se rendre à Sontheim, où elle s'établira en arrière du village, s'éclairera sur la route de Stuttgard, fera garder le village de Flein, et aura un poste de cavalerie entre Steinsfeld et Gruppen.

La 1re division partira à 6 heures du camp d'Eppingen et se dirigera sur Heilbronn; elle s'établira en avant de la ville, de manière à couvrir la route de Suttgard et celle de Hall, se gardant militairement et ayant des postes sur la route de Œhringen.

La division de cavalerie partira à 6 heures du matin de Zaisenhausen, et se dirigera également sur Heilbronn, où elle s'établira au bivouac en avant de la ville, fournissant une garde sur la route de Hall et éclairant celle d'Œhringen.

La 2e division partira à la même heure du camp qu'elle occupe en avant de Gochsheim, et se dirigera également sur Heilbron, en passant par Zaisenhausen, Eppingen et Schwaigern; elle prendra position entre Heilbronn et Gross-Gartach, et se gardera sur sa droite.

Le quartier général de la division sera à Gross-Gartach.

Le général Legrand sera prévenu que la position que la division qu'il commande doit occuper, le 7, à Eppingen, est en arrière de cette ville, plaçant une brigade à droite et une brigade à gauche de la route.

Il donnera ordre à la division d'en partir le 8, à 7 heures du matin, et de se diriger sur Schwaigern, pour prendre position en avant de cet endroit.

Le quartier général de la division sera à Schwaigern.

Le parc d'artillerie du corps d'armée, qui suit la 3e division, se rendra le même jour à Heilbronn et s'établira en arrière de la ville.

La 2e division fournira sa garde.

Le payeur du corps d'armée, qui suit la marche de la 4e division, aura ordre de se rendre avec sa caisse à Heilbronn.

Dans les marches, les équipages du quartier général du corps d'armée et ceux des divisions ne partiront jamais qu'après la troupe et prendront rang à la suite de la colonne, d'après les ordres que donneront, à ce sujet, le vaguemestre général ou les vaguemestres des divisions.

SOULT.

Rapport à M. le Maréchal.

Gochsheim, le 7 vendémiaire an XIV (29 septembre 1805).

Monsieur le Maréchal,

Conformément à vos ordres, la 2ᵉ division se mettra en marche, à 6 heures, pour se diriger sur Heilbronn, passant par Zaisenhausen, Eppingen et Schwaigern. Elle prendra position entre Heilbronn, Gross-Gartach et se gardera sur la droite.

Le quartier général de la division sera à Gross-Gartach. J'ai reçu une lettre, ce matin, à 1 heure, de M. Cabau (1). Il est avec le parc d'artillerie en avant d'Heidelsheim et m'annonce que les chevaux sont extrêmement fatigués. Ayant considéré les difficultés et la peine qu'il éprouverait pour passer le défilé qui se trouve devant lui, et étant bien persuadé qu'il ne pourrait y parvenir qu'en mettant hors de service plusieurs de ses chevaux, je lui en ai envoyé, cette nuit, trente de corvée, pour l'aider à passer le bois, dont les chemins sont extrêmement mauvais et où, peut-être, sans ce renfort, il pourrait embourber quelque pièce, ce qui retarderait singulièrement sa marche. Mais, avec cette mesure, j'espère qu'il sera, sur les 7 heures du matin, rendu à Gochsheim. Mon commissaire des guerres me rend compte que M. le grand bailli de Bruchsal, qui devait fournir à la division l'eau-de-vie pour un jour et la viande pour deux, a manqué à ces deux engagements. L'eau-de-vie n'a point été distribuée au 57ᵉ régiment et elle est due au deux bataillons du 46ᵉ régiment. La viande n'a été fournie à aucun de ces deux régiments. Pour réparer le tort du bailli de Bruchsal, il a été requis de celui de Gochsheim l'eau-de-vie et la viande qui ont manqué. On éprouve toujours mille difficultés pour obtenir le bois et la paille néces-

---

(1) Chef d'escadron d'artillerie, commandant l'artillerie de la 2ᵉ division.

saires au bivouac de la troupe. J'ai l'honneur de vous saluer respectueusement.

P.-S. — Cabau m'annonce à l'instant qu'il a reçu les chevaux que je lui ai envoyés et qu'il s'est mis en route pour joindre la division (1). J'ai l'honneur, Monsieur le Maréchal, de vous adresser la demande du général Caudras.

VANDAMME.

Le général Vandamme au maréchal Soult.

Du 7 vendémiaire an XIV (29 septembre 1805).

Monsieur le Maréchal,

J'ai l'honneur de vous rendre compte de la situation de la division, par régiment, ainsi qu'il suit :

	EFFECTIF à l'époque du départ.	EFFECTIF présent au 5 vendémiaire.	GAIN depuis le départ.	PERTE depuis le départ.	ENTRÉS aux hôpitaux depuis le départ.	OBSERVATIONS et MOTIFS DU GAIN et de la perte.
TOTAUX..	9,047	8,806	9	61	146	Le total des hommes déserteurs est de 42.

24ᵉ régiment. — 3,000 paires de souliers seront terminées à Strasbourg, le 15. Le tiers des capotes à renouveler se confectionne aussi à Strasbourg. Mais si les fonds n'arrivent pas, le corps craint que les marchés ne soient annulés.

Ce régiment n'a pu se procurer encore de fourgon.

4ᵉ régiment. — Les capotes et souliers se confectionnent aussi à Strasbourg et Nancy et sont attendus très incessamment ainsi que le fourgon. Il est dû au régiment 10,600 francs sur sa solde de fructidor et le troisième tiers de gratification accordée aux officiers.

---

(1) Un autre rapport écrit dans la soirée annonce que l'artillerie est arrivée.

28e régiment. — Il a reçu 400 paires de souliers, et 2,000 lui doivent être expédiées de Strasbourg. 600 capotes ont été expédiées de Lille pour Lauterbourg, le 27 fructidor, et sont attendues; ce corps n'a point encore de fourgon et il lui est dû 9,750 francs pour solde de fructidor, 3,050 francs pour gratifications des officiers et 2,772 francs d'indemnités de route.

46e régiment. — A passé marché à Strasbourg pour 2,050 paires de souliers, dont 1250 livrables du 5 au 10 vendémiaire et 800 du 15 au 30. Ils doivent être payés comptant, et le corps manque de fonds. Un officier est envoyé pour l'achat des capotes. La concurrence met beaucoup de difficultés dans cette opération. Ce régiment a un fourgon.

57e régiment. — A 2,400 paires de souliers confectionnées à Strasbourg. Le reste sera confectionné incessamment. Le colonel a donné ordre de faire parvenir le tout à Spire. Les capotes ne sont point encore faites. L'officier envoyé par ce régiment n'a pu trouver d'ouvriers pour les faire. Le drap est acheté, les chevaux de fourgons sont achetés, mais le fourgon ne sert pas encore. La deuxième quinzaine de fructidor est due à ce régiment.

Les régiments n'ont point encore reçu du Ministre les modèles et instructions pour le fourgon d'ambulance, ni les fonds affectés à cette dépense.

Les achats de souliers et capotes ont été très chers à raison de la concurrence.

Les corps ont emporté trois paires de souliers, la moitié de la totalité est usée par la route.

ÉVÉNEMENTS.

La division s'est parfaitement conduite dans la route. Deux soldats du train d'artillerie, prévenus d'insubordination et de voies de fait contre des officiers du 24e, sont traduits au conseil de guerre, qui les a condamnés à mort. Cette affaire est maintenant au conseil de révision.

VANDAMME.

Le général Vandamme au maréchal Soult.

Monsieur le Maréchal,

J'ai l'honneur de vous prévenir que la 2ᵉ division a fait aujourd'hui une longue et fatigante route pour se rendre entre Gross-Gartach et Heilbronn, où je devais lui faire prendre la position indiquée dans vos instructions. Mais l'adjudant-commandant Mériage et le capitaine adjoint Couture m'ont porté des ordres verbaux contraires, et je crains qu'ils n'aient mal rendu vos intentions, car il me paraît que la dernière position qu'ils m'ont indiquée n'est point aussi bonne que la première.

Le commandant Cabau n'est pas encore arrivé, mais je pense que demain matin il aura joint la division avec son parc. J'ai l'honneur de vous saluer.

Vandamme.

Le maréchal Soult à l'Ordonnateur.

Du 7 vendémiaire an xiv (29 septembre 1805).

Monsieur,

Le général Vandamme m'a rendu compte que le 57ᵉ régiment et un bataillon du 46ᵉ n'avaient point reçu d'eau-de-vie à Bruchsal, ni la viande qui était due aux deux régiments pour deux jours, et il m'instruit que pour y suppléer, il avait fait une demande au bailli de Gochsheim, qui est restée sans effet.

Le général Legrand me rend aussi compte que sa division n'a point reçu d'eau-de-vie à Bruchsal.

Pour prévenir, à l'avenir, l'inexécution des ordres qui seront donnés à ce sujet, je vous invite à prévenir les commissaires des guerres des divisions des réquisitions que vous ferez dans les communes à leur portée, pour qu'ils en assurent la rentrée et réclament même près de leurs généraux l'emploi de la force armée, si l'on est obligé d'avoir recours à ce moyen.

Il conviendrait même, afin d'éviter le déplacement des denrées et pour ne point perdre de temps, que vous affectassiez aux divisions la totalité ou partie de vos réquisitions, à moins que l'armée ne se trouvât réunie et que, dans ce cas, les versements dussent se faire au quartier général, mais l'application de cette mesure doit dépendre nécessairement de la situation des corps, et, tous les jours, l'ordre de mouvement vous indique quelle doit être la position des divisions.

Je vous ai invité, ce matin, à requérir dans la ville d'Heilbronn tous les objets nécessaires pour former des ambulances provisoires, et à vous occuper de l'établissement d'un hôpital; je désire que vous me fassiez connaître de suite où en sont ces deux objets, et que vous m'instruisiez si vous avez requis du sel et de l'eau-de-vie pour que la distribution en soit faite à la troupe.

La ville de Wimpfen, à trois lieues de Heilbronn, offre de grandes ressources; vous avez oublié d'y requérir du pain, ainsi que des denrées et des voitures, qu'elle peut fournir à la décharge des bailliages, auxquels vous avez peut-être trop demandé. Je vous invite à prendre des informations sur les facultés de cette commune, et à y envoyer de suite une réquisition, si déjà vous ne l'avez fait.

Je vous préviens que j'ai chargé le général de brigade Margaron, qui est établi à Weinsberg, de requérir dans cette commune 10,000 rations de pain et d'envoyer un parti jusqu'à Œhringen, pour y en requérir 20,000; si ces deux demandes sont remplies, elles doivent avoir produit leur effet demain dans l'après-midi.

Faites-moi connaître, je vous prie, si vous avez la certitude que toutes les réquisitions que vous avez frappées, et surtout celle du pain, seront remplies, car le retard forcé qu'on a été obligé de mettre dans les demandes me laissera de grandes inquiétudes à ce sujet.

Je vous prie aussi de m'instruire si le biscuit et l'eau-de-vie que vous faites venir de Landau sont en route, et l'époque à laquelle vous comptez sur leur arrivée.

Soult.

Au général Vandamme.

Le 7 vendémiaire an XIV (29 septembre 1805).

Monsieur le Général,

Je ne puis qu'applaudir à la disposition que vous avez prise d'envoyer 30 chevaux de relai à M. le chef de bataillon Cabau, pour aider l'artillerie de sa division à sortir du bois de Gochsheim.

Votre commissaire des guerres aurait dû assurer la rentrée de la réquisition que l'ordonnateur en chef avait frappée pour le service de votre division, et ainsi l'eau-de-vie n'aurait pas manqué aux 46e et 57e régiments, et, en cas d'impossibilité ou de retard qui compromît la subsistance de ces deux régiments, de faire au moins rentrer celle que, pour y suppléer, vous aviez frappée sur le bailliage de Gochsheim. Étant obligé de lever des denrées dans le pays, et l'ordonnateur en chef appliquant le produit de ces réquisitions aux divisions, il appartient aux commissaires des guerres d'en suivre l'exécution, et ils en sont même responsables.

J'ai vu avec plaisir, aujourd'hui, que vous aviez pris des dispositions pour que le bois et la paille ne manquassent pas à votre division, dans le camp qu'elle occupe en arrière d'Heilbronn; ces deux objets sont encore de la compétence de votre commissaire des guerres, qui doit en pourvoir les régiments toutes les fois qu'ils sont dans le cas de changer de position.

SOULT.

Au général Legrand.

Du 7 vendémiaire an XIV (29 septembre 1805).

Monsieur le Général,

Il n'existe point de magasins d'effets de campement à la suite de l'armée, et, par cette raison, je n'en puis faire distribuer au 18e régiment de ligne, pour lequel vous en demandez. Je charge cependant l'ordonnateur de faire en sorte de s'en procurer; mais, s'il ne pouvait en obtenir, vous pourriez, je crois, y suppléer en retirant aux quatre autres régiments de votre division une partie de leur excédent; je compte beaucoup, et j'ai appris avec bien du plaisir, les mesures que vous proposez de prendre pour réparer le chemin du bois en avant d'Heidelsheim, dans le cas où les sapeurs auxquels j'ai fait donner l'ordre de s'y rendre ne fussent pas encore arrivés.

Le général Lariboisière me mande que votre artillerie devait vous joindre aujourd'hui; je pense aussi que le parc du corps d'armée aura pu suivre le mouvement de votre division; je vous prie de m'instruire si le tout est arrivé.

J'espère que l'indisposition du général Levasseur n'aura pas de suite, et qu'il sera bientôt dans le cas de rejoindre; le chef d'état-major vous adresse l'ordre de faire camper demain votre division en avant de Gross-Gartach, la gauche à la grand'route, et la droite se prolongeant dans la direction de la tour de Nordheim, et mettant deux bataillons d'infanterie légère en avant de ce village, pour couvrir votre droite sur la rive gauche du Neckar. Le chef de bataillon Compère est chargé d'aller au-devant de vous pour vous indiquer cette position; je vous prie de m'instruire lorsque votre division y sera arrivée.

Soult.

Positions occupées par le 4ᵉ corps d'armée.

Du 7 vendémiaire an xiv (29 septembre 1805).

L'avant-garde a passé le Neckar à Heilbronn, a continué par Sontheim, et s'est établie en arrière du ravin de Thalheim, occupant ce village. Quartier général à Thalheim. Elle pousse des postes jusqu'à hauteur de Stadt-Lauffen.

La 1ʳᵉ division a levé son camp à 6 heures, a passé le Neckar à Heilbronn, et s'est établie : 1ʳᵉ brigade en arrière de Sontheim, occupant Flein; 2ᵉ brigade sur la route de Hall, en arrière de Weinsberg, s'adossant à un bois et se gardant militairement. Quartier général près du camp. Général de division à Heilbronn.

La 2ᵉ division a levé son camp à 6 heures, s'est établie sur les hauteurs en arrière d'Heilbronn : infanterie légère à Klingenberg, 1ʳᵉ brigade à droite de la grand'route, 2ᵉ brigade à gauche. Quartier général à Gross-Gartach. Généraux de brigade à Gross-Gartach.

La 3e division est venue occuper les positions que la 1re venait de quitter en arrière d'Eppingen. Général de division à Eppingen; généraux de brigade avec leurs troupes.

Division de cavalerie. Partie à 6 heures, a passé le Neckar à Heilbronn, s'est établie à Weinsberg. Le général Margaron a été chargé de pousser des reconnaissances du 8e hussards jusqu'à OEhringen et de communiquer avec l'avant-garde par Steinsfeld.

Parc. 72 voitures du parc d'artillerie ont passé le Rhin et se sont rendues à Bruchsal.

Ordre.

Du 7 vendémiaire an XIV (29 septembre 1805).

M. le général Legrand donnera ordre à la 3e division qu'il commande de camper demain en avant de Gross-Gartach, la gauche appuyée à la grand'route et la droite se prolongeant dans la direction de la tour de Nordheim. Il portera deux bataillons d'infanterie légère en avant de Nordheim, pour couvrir sa droite et s'éclairer sur la rive droite du Neckar.

Le chef de bataillon Compère ira au-devant de la division et indiquera au général Legrand la position que sa division doit prendre.

Le quartier général de la division sera à Gross-Gartach.

L'ordonnateur fera les réquisitions nécessaires pour pourvoir de marmites, gamelles et grands bidons, le 18e régiment de ligne, qui n'a pu en recevoir avant de passer le Rhin.

Nota. — Le général Saint-Hilaire a reçu directement ordre de porter l'avant-garde de sa division en arrière du ravin de Thalheim, occupant ce village, où sera le général Morand, et avoir des postes jusqu'à hauteur de Statthausen.

La 1re brigade de cette division est en position en arrière de Sontheim, faisant garder le village de Flein.

La 2e brigade est établie sur la route de Hall en arrière de Weinsberg, s'adossant au bois et couvrant ce débouché.

Le 8ᵉ régiment de hussards, sous les ordres du général Margaron, est à Weinsberg et est chargé de pousser des partis jusqu'à OEhringen, et de communiquer par Steinsfeld avec l'avant-garde.

SOULT.

Au général Suchet.

Du 8 vendémiaire an xiv (30 septembre 1805).

La position que votre division doit prendre, en arrivant à Heilbronn, est au débouché du bois de Kirchhausen, en arrière de Frankenbach, en faisant bivouaquer la troupe sur la lisière du bois, les deux premières brigades à droite de la route, et la troisième à gauche, le quartier général se plaçant à Kirchhausen.

Je vous invite à donner des ordres en conséquence et à établir la division dans la position que je viens d'indiquer, demain 9, si toutefois la marche ne vous paraît pas trop forte pour ce jour. Dans le cas contraire, vous ferez prendre position de route en arrière de Fürfeld, et le 10, de grand matin, à la tête du bois de Kirchhausen, ainsi que je viens de dire.

Dans cette position, la division se trouvera à la même hauteur que la troisième, qui est établie en avant et à droite de Gross-Gartach, et sera en seconde ligne avec la deuxième qui occupe la position en arrière d'Heilbronn.

Je fais la demande, au ministre de la guerre, de 400 fusils pour le 3ᵉ bataillon du 34ᵉ régiment; mais, en attendant qu'il soit donné des ordres à cet égard, il convient que vous fassiez employer les fusils des hommes aux hôpitaux, que le régiment a à sa suite.

Il convient aussi que vous preniez sur tous les régiments de votre division l'excédent d'effets de campement qu'ils pourraient avoir pour en pourvoir le 3ᵉ bataillon du 34ᵉ.

Instruisez-moi, je vous prie, de l'exécution de ces dispositions.

SOULT.

Ordre au Commissaire ordonnateur.

Du 8 vendémiaire an xiv (30 septembre 1805).

L'ordonnateur en chef du corps d'armée voudra bien s'occuper, de suite, de l'établissement d'un magasin à fourrages à Heilbronn, et à cet effet, il fera les réquisitions nécessaires dans les États de Son Altesse Sérénissime l'Électeur de Wurtemberg, ainsi que dans les bailliages de l'électorat de Baden et du landgraviat de Darmstadt, qui sont à portée d'Heilbronn, pour réunir dans cette ville les foins, pailles et avoines nécessaires pour 8,000 chevaux pendant un mois, ainsi que 150,000 bottes de paille de couchage.

Il réglera ses versements de manière qu'à compter de demain, le produit des réquisitions qu'il aura faites à ce sujet serve à alimenter les chevaux de toutes armes et du quartier général du corps d'armée; il s'assurera des moyens de transport nécessaires pour en approvisionner les magasins de distribution journalière qui sont aux divisions.

M. l'ordonnateur voudra bien me donner, aussitôt que son opération sera arrêtée, le relevé général de la répartition, par bailliage ou commune, et me faire connaître l'époque des versements.

Soult.

Au même.

Le 8 vendémiaire an xiv (30 septembre 1805).

L'ordonnateur en chef sera prévenu des réquisitions qu'en vertu de mon ordre, M. le général Margaron a faites dans les communes de Weinsberg et autres environs, et pourra les affecter à la 1re division, faisant à cet effet retenir une partie du pain requis à Weinsberg pour la seconde brigade de la division et le 8e de hussards, et faisant transporter le restant à Heilbronn pour la première brigade, l'avant-garde et le 26e de chasseurs à cheval.

L'ordonnateur peut faire des réquisitions en denrées à la ville de Statthausen, Brackenheim et aux communes ou bailliages qui sont jusqu'à la Zaber.

Soult.

Au Gouverneur d'Heilbronn.

Du 8 vendémiaire an xiv (30 septembre 1805).

Je regrette, Monsieur, de ne pouvoir transporter dans le village de Kochendorff, l'hôpital que j'ai désiré qui fut établi à Heilbronn. Le premier de ces endroits est trop éloigné de la route, et, sous ce rapport, offrirait l'inconvénient d'une communication lente et difficile.

J'ai l'honneur de vous prier, Monsieur le Baron, d'être persuadé des regrets que j'éprouve de n'avoir pu, en cette circonstance, remplir vos désirs.

Soult.

Le maréchal Berthier à M. le maréchal Soult.

A Strasbourg, le 8 vendémiaire an xiv (30 septembre 1805).

D'après les dispositions faites par l'Empereur, il est ordonné à M. le maréchal Soult de partir le 10, à la pointe du jour, d'Heilbronn, avec son corps d'armée, pour se rendre à Nördlingen, en passant par Œhringen, Hall et Ellwangen.

La première division de M. le maréchal Soult prendra la route de Hall, Gaildorf et Abstgmünd, afin que, si l'ennemi prenait l'offensive, et que de Ulm il se portât pour attaquer notre droite qui passe à Göppingen, cette division se trouvât en mesure de renforcer toute la droite.

Sa Majesté désirerait que M. le maréchal Soult puisse arriver à Nördlingen le 14 (*6 octobre*).

M. le maréchal Soult se nourrira par le pays qu'il parcourt, situé entre cette ligne et celle de M. le maréchal Davout, lequel a ordre de se nourrir par les pays qui sont à sa gauche.

M. le maréchal Soult fera marcher un régiment de chasseurs à sa première division qui ne saurait arriver trop tôt à Gaildorf, et cette division ne partira de Gaildorf que lorsqu'il aura reçu les ordres de l'Empereur et l'avis que Sa Majesté doit coucher à Gmünd.

Le général Saint-Hilaire, à peine arrivé à Gaildorf, expédiera un officier d'état-major à Gmünd pour y prendre les ordres, aussitôt que Sa Majesté y sera arrivée.

Si, comme tout le porte à penser, il n'y a rien en avant de la ligne que doit parcourir M. le maréchal Soult, l'Empereur verra avec plaisir que de sa personne il se porte à Gaildorf, afin que si Sa Majesté changeait ses dispositions, ou si elle était menacée par l'ennemi, il pût recevoir des ordres sur-le-champ pour donner une nouvelle direction à son armée.

Les autres divisions de l'armée de M. le maréchal Soult continueront toujours la route qui leur aura été indiquée.

Lorsque l'armée de M. le maréchal Soult sera arrivée à Nördlingen, l'intention de l'Empereur est que le parc soit placé à une journée en arrière de Nördlingen et dans la direction d'Ellwangen.

Le parc général de l'armée marchera toujours sous l'escorte d'une division du corps d'armée de M. le maréchal Soult.

Je le préviens qu'il aura sur sa gauche le corps de M. le maréchal Davout qui se porte sur OEttingen et qui a ordre de s'emparer du pont de Harburg sur la Wörniz.

M. le maréchal Soult enverra tous les soirs au grand quartier général un officier de son état-major pour rendre compte de sa position.

Je vous recommande, Monsieur le Maréchal, de remplacer chaque jour le pain consommé afin d'avoir toujours quatre jours en avance, indépendamment des quatre jours de biscuit.

Maréchal BERTHIER.

Positions occupées le 8 vendémiaire (30 septembre).

Quartier général, 1re et 2e divisions, comme la veille.

La 3e division est partie de ses positions en arrière du bourg d'Eppingen, a pris position en avant de Gross-Gartach, en seconde ligne de la 2e division, à la droite de la grand'route, occupant avec deux bataillons d'infanterie légère le village de Nordheim, quartier général du général Levasseur. Généraux à Gross-Gartach.

La 4e division, arrivée de la veille aux environs de Spire, a passé le Rhin et s'est établie au bivouac en arrière de Dielheim, se gardant militairement.

Le 11e chasseurs, qui avait reposé quelques heures en avant d'Heidelsheim, a gagné Weinsberg et rejoint la division de cavalerie.

Parc. 72 voitures du parc d'artillerie, de Bruchsal à Eppingen 115 voitures, formant le reste du parc d'artillerie, ont passé le Rhin et sont à Bruchsal.

Le maréchal Soult au maréchal Berthier.

Heilbronn, le 9 vendémiaire an xiv (1er octobre 1805).

Par mon rapport du 6 de ce mois, j'ai eu l'honneur de rendre compte à Votre Excellence des dispositions que les 1re et 2e divisions du corps d'armée devaient prendre en avant et en arrière d'Heilbronn; le mouvement s'est opéré le 7 (*29 septembre*) ainsi que je vous l'avais annoncé; la 1re division a porté son avant-garde en arrière du ravin de Thalheim, a fait occuper Lauffen et a poussé des postes jusqu'à Marbach (?)

La 1re brigade a campé en arrière de Sontheim; la 2e brigade s'est établie au revers des montagnes en arrière de Weinsberg, sur la grand'route de Hall; le 8e de hussards a éclairé cette route.

Le 11e de chasseurs a pris poste en avant d'Heilbronn.

La 2e division a occupé la position immédiatement en arrière de la ville.

La 3e division est arrivée le 8 (*30 septembre*) à Gross-Gartach et s'est établie en avant de ce village, la gauche à la grand'-route et la droite se prolongeant dans la direction de Nordheim.

La 4e division a passé le Rhin à Spire dans la journée du 8 (*30 septembre*) et est venue camper en arrière de Hoffenheim, entre Wiesloch et Sinsheim; aujourd'hui, elle arrive à Fürfeld et poussera même jusqu'au débouché du bois de Kirchhausen, en arrière de Frankenbach, pour y prendre position, si le général Suchet trouve que la troupe puisse faire cette journée, un peu forte, sans être trop fatiguée.

Je compte que le parc d'artillerie du corps d'armée sera réuni dans le jour en arrière d'Heilbronn, mais les chevaux qui le conduisent sont extrêmement fatigués; il en est même 150 qui sont dans le cas de rester en arrière et que je fais remplacer par 200 chevaux de réquisition.

Le général Lariboisière m'a rendu compte que, dans les divers mouvements que le parc d'artillerie a dû faire pour se réunir à Spire, 300 chevaux de réquisition avec leurs conducteurs, de ceux levés sur la rive gauche du Rhin, avaient déserté ; ce déficit l'a beaucoup contrarié et m'a mis dans la nécessité de demander sur la rive droite des chevaux pour y suppléer ; avec ces moyens, le général d'artillerie est parvenu à faire enlever de Spire toutes ses voitures.

Je reçois à l'instant la dépêche en date du 7 (*29 septembre*) que Votre Excellence m'a adressée ; je me conformerai aux dispositions qu'elle renferme et veillerai à ce que le grand parc de l'armée soit établi et pourvu des subsistances nécessaires sur tous les points où il devra se porter, mais je ne pourrai lui donner pour quatre jours de pain, car la mauvaise grâce que les autorités des États de Wurtemberg et de Bade mettent à remplir nos demandes et leur lenteur, qui m'obligent à des menaces, m'ont mis déjà dans le cas de faire donner aujourd'hui le pain pour un jour dans l'espérance que demain la distribution pour deux jours pourra être faite ; je ne crois pas cependant qu'il y ait d'interruption dans les distributions.

Votre Excellence compte toujours sur la fourniture de biscuit qui aurait dû être faite en vertu d'un premier ordre des magasins de Landau et de ceux de Mayence, mais elle n'a pas eu lieu, ainsi que j'ai eu l'honneur d'en rendre compte, et je n'ai pu obtenir qu'une fourniture de 25,000 rations, que je fais suivre. J'ai envoyé un aide de camp pour vérifier s'il y en avait encore de fabriqué et l'amener : il est fort incertain qu'il en trouve, car l'ordonnateur m'avait prévenu que la fabrication avait été suspendue faute de denrées.

Aussitôt que j'aurai reçu l'ordre de mouvement que Votre Excellence m'annonce, je mettrai en marche les divisions du corps d'armée, mais il sera très difficile de faire côtoyer à une distance de deux ou trois lieues, par une division, le corps de M. le maréchal Lannes ; car, dans la partie que cette division aurait à parcourir, les communications sont extrêmement dégradées. Le point le plus rapproché par où je pourrais faire passer une division serait d'Heilbronn sur Löwenstein et de là directement à Hall, tandis que le restant du corps d'armée prendrait la grand'route de cette ville par Œhringen, mais je pourrai peut-être remplir également les intentions de Sa Majesté, si cette disposition était approuvée, et surtout en forçant un peu la marche des colonnes, une fois qu'elles seraient rendues à Hall, pour être toujours à même de soutenir le corps de M. le maréchal Lannes.

J'ai l'honneur de vous prier, M. le Maréchal et Ministre, de vouloir bien me faire connaître à ce sujet les intentions de Sa Majesté.

J'ai l'honneur.....

SOULT.

Le général Vandamme à M. le Maréchal Soult.

Gross-Gartach, le 9 vendémiaire an XIV (1ᵉʳ octobre 1805).

Monsieur le Maréchal,

J'ai l'honneur de vous rendre compte de ce qu'ont produit les réquisitions en denrées faites pour la 2ᵉ division.

Wimpfen devait fournir 1500 rations et n'en a fourni que 1400.

Massenbach devait fournir 2,000 rations et n'en a fourni que 885.

Gross-Gartach devait fournir 3,000 rations et n'a rien fourni.

Il y a des détachements aux deux premiers villages pour fournir et envoyer à mesure.

Gross-Gartach se trouve fournir à deux états-majors divisionnaires et à une infinité de soldats de la 3ᵉ division qui achètent du pain, ce qui rend cette denrée extrêmement rare et difficile à trouver pour satisfaire à la réquisition de 3,000 rations. Cependant le bailli vient de me promettre qu'il allait faire ses efforts pour obtenir des habitants un acompte de 1500 rations sur ces fournitures.

VANDAMME.

Opérations du 9 vendémiaire an XIV (1ᵉʳ octobre 1805).

Réquisitions par l'artillerie :

Regen............................	25 chevaux.
Kirchhausen....................	25 —
TOTAL......	50 chevaux.

Munis de vivres pour un jour.

CHAUFFAGE.

Massenbach : 18 voitures à 4 colliers. 9 cordes de bois. Munis de vivres pour 2 jours.

Schluchtern : 18 voitures à 4 colliers.

Bailliage de Schwaigern : 20 cordes de bois à tenir prêtes pour demain.

Le maréchal Soult au maréchal Berthier.

Heilbronn, le 9 vendémiaire an XIV (1er octobre 1805).

Je reçois à l'instant l'ordre du 8 (*30 septembre*) sur le mouvement que le 4e corps d'armée doit faire, et je m'empresse de donner à Votre Excellence l'itinéraire que je lui ferai suivre pour me conformer aux intentions de Sa Majesté.

La 1re division se réunira demain à Löwenstein et prendra position le même jour à hauteur de Mainhardt.

Le 11 (*3 octobre*), elle campera en avant de Hall.
Le 12 (*4 octobre*), à Gaildorf.
Le 13 (*5 octobre*), entre Gaildorf et Abstgmünd.
Le 14 (*6 octobre*), à Abstgmünd.
Le 8e régiment de hussards marchera avec cette division.

Les 2e et 3e divisions, partant demain d'Heilbronn, iront camper le même jour en arrière d'OEhringen.

Le 11 (*3 octobre*), en arrière de Hall.
Le 12 (*4 octobre*), entre Hall et Ellwangen.
Le 13 (*5 octobre*), à Ellwangen.
Le 14 (*6 octobre*), à Nördlingen.

Le 11e régiment de chasseurs et trois escadrons du 26e (le 4e escadron de ce régiment n'est pas encore arrivé) marcheront avec ces deux divisions.

Je ne puis déterminer le mouvement de la 4e division, attendu que l'ordre du 7 (*29 septembre*) me prescrit de ne la faire marcher qu'après le grand parc d'artillerie de l'armée, et que je ne sais quand il arrivera. Lorsqu'elle se mettra en marche, son itinéraire sera celui des 2e et 3e divisions.

Si cette disposition que je rappelle est maintenue, il arrivera que la 4ᵉ division sera toujours d'un jour en arrière du corps d'armée, et que j'arriverai à Nördlingen avec deux divisions ; il en résultera encore que le retard qu'elle éprouvera jusqu'à l'arrivée du parc d'artillerie peut mettre la division au moins de trois marches en arrière. Ces deux considérations me paraissent devoir fixer votre attention et mériter d'être soumises à Sa Majesté ; je vous prie, Monsieur le Maréchal et Ministre, de me faire connaître ses intentions à ce sujet.

J'ai eu l'honneur de représenter à Votre Excellence que l'armement du 26ᵉ régiment de chasseurs à cheval devait lui être retiré ; il est indispensable que cette opération se fasse, car je ne puis le mener à l'ennemi avec les mousquetons qu'il a ; je prendrai donc le parti d'en retirer aux tambours d'infanterie ainsi que j'ai eu l'honneur de le proposer dans un précédent rapport, pour les donner au 26ᵉ, si, avant d'arriver à Nördlingen, Votre Excellence ne m'a pas fait connaître ses intentions à ce sujet.

Votre Excellence sait que la force de la division de cavalerie légère employée au corps d'armée est en ce moment de 1100 chevaux, dont 350 marcheront avec la 1ʳᵉ division et 750 avec les 2ᵉ et 3ᵉ.

Le général Suchet arrive à l'instant et m'expose qu'il est de toute impossibilité que le colonel Nerin, commandant le 64ᵉ régiment, fasse campagne ; ses blessures et ses infirmités le mettent hors d'état de se mouvoir. D'après sa demande, je vous prie de vouloir bien donner ordre au major Chauvet, du même régiment, de venir prendre le commandement des deux bataillons de guerre.

Dans le même régiment, il y a un emploi de chef de bataillon vacant par l'admission à la solde de retraite du chef de bataillon Lacroix, ainsi que dans le 34ᵉ régiment par le départ du chef de bataillon Boyer. J'ai l'honneur de vous prier, Monsieur le Maréchal et Ministre, de proposer à Sa Majesté des officiers pour occuper ces deux emplois, dont l'un pourrait être rempli avec distinction par le chef de bataillon Boy, sortant du 28ᵉ, pour lequel j'ai eu l'honneur de vous écrire dernièrement.

Je joins à ma dépêche l'extrait d'un rapport qu'un émissaire que j'avais envoyé sur Ulm, vient de me faire ; cet homme affirme l'exactitude des renseignements qu'il donne sur les mouvements de l'armée autrichienne sur la rive gauche du Danube.

Soult.

P.-S. — Mon quartier général sera demain à Œhringen; le 11, à Hall; le 13, à Gaildorf.

Ordre de marche pour le 4ᵉ corps de la Grande Armée.

Heilbronn, le 9 vendémiaire an xiv (1ᵉʳ octobre 1805).

La 1ʳᵉ division du corps d'armée lèvera son camp demain 10, à 5 heures du matin et se rendra à Löwenstein, où elle se réunira et se mettra immédiatement en marche pour aller prendre une position militaire à hauteur de Finsterroth sur la route de Hall.

Le 11, à 6 heures du matin, elle quittera cette position, et se dirigera sur Hall. Elle campera en avant de cette ville et recevra de nouveaux ordres.

De Löwenstein la division passe par Hirrweiler.

De Finsterroth, elle passe par Bubenorbis, Michelfeld et Hall.

L'avant-garde précédera la marche de la division et conservera ses deux pièces de 4. Le restant des bouches à feu et du parc d'artillerie de la division marchera après la 2ᵉ division et rejoindra à Hall la 1ʳᵉ.

Le général Saint-Hilaire rendra compte de son établissement à hauteur de Finsterroth, à Œhringen.

La 1ʳᵉ division a dû être pourvue, pour sa brigade de gauche, en pain pour le 10. L'infanterie légère et le 26ᵉ de chasseurs à cheval ont dû aussi en recevoir de Lauffen pour le 10. La brigade de droite recevra demain, à 4 heures du matin, le pain pour un jour, des magasins d'Heilbronn.

Le général Saint-Hilaire est autorisé à requérir, dans les communes sur sa route, le pain et la viande nécessaires pour en pourvoir sa division pour deux jours.

La 2ᵉ division lèvera son camp à 6 heures du matin et se dirigera par Heilbronn et Weinsberg sur Œhringen; elle prendra position en arrière de la ville.

L'artillerie de la 1ʳᵉ division et son parc marcheront à la suite de la colonne. Le 8ᵉ régiment de hussards sera sous les ordres du général Vandamme, qui le joindra à Œhringen. Le général Vandamme mettra à son avant-garde deux pièces de 4.

La 2ᵉ division sera pourvue en pain et en viande pour deux jours à prendre, soit des bailliages qui lui sont affectés, soit des magasins d'Heilbronn.

Le 11 (*3 octobre*), la 2ᵉ division se dirigera sur Hall et prendra position en arrière de la ville. Elle portera son avant-garde, composée du 8ᵉ régiment de hussards, de l'infanterie légère de la division et de deux pièces de 4, en avant sur la route d'Ellwangen.

La 3ᵉ division lèvera son camp à 7 heures du matin et se dirigera aussi par Weinsberg sur Œhringen. Elle prendra position en arrière de la Brettach et établira son quartier général à Schwabbach.

Le 11 (*3 octobre*), elle en partira à 6 heures du matin pour se diriger sur Hall, en passant par Œhringen, et prendra position en avant de Gelbingen, où sera son quartier général.

La 3ᵉ division sera pourvue en pain et en viande en partant d'Heilbronn, pour la journée du 10, et ce qui restera du produit des réquisitions, faites dans les bailliages affectés à la division, sera donné en sus aux régiments qui la composent, à valoir sur la journée du 11. Le général Legrand voudra bien faire part du produit de ces rentrées.

Le parc d'artillerie du corps d'armée suivra la marche de la 3ᵉ division jusqu'à Hall, et si les 200 chevaux requis dans l'arrondissement d'Heilbronn ne pouvaient suffire pour l'enlever, il serait fait une nouvelle réquisition tant dans cette ville que dans les communes sur la route d'Œhringen, de manière que toutes les voitures soient attelées et arrivent avec la 3ᵉ division dans les positions qui lui sont assignées.

La 4ᵉ division partira, demain, du bivouac qu'elle occupe en avant de Fürfeld et de Kirchhausen, et viendra s'établir le même jour aux débouchés du bois d'Heilbronn, en arrière de Weinsberg, établissant une brigade à la gauche de la route et le reste à droite (1).

---

(1) *Le général Suchet au général Beker.*

Heilbronn, le 9 vendémiaire an XIV.

D'après des nouvelles dispositions, vous partirez, mon cher Général,

Le quartier général de la division sera à Weinsberg.

Le général Suchet recevra de nouveaux ordres pour les jours suivants.

Les 21,000 rations de pain qui sont à la suite de la 4ᵉ division lui seront données et serviront à la payer pour les 11 et 12 (*3 et 4 octobre*). Le surplus sera à valoir sur la journée du 13 (*5 octobre*).

Le grand parc d'artillerie de l'armée a ordre de suivre les mouvements du 4ᵉ corps et sera alimenté de ses ressources.

L'ordonnateur en chef chargera le commissaire des guerres de la 4ᵉ division d'accélérer la rentrée de toutes les réquisitions qui ont été faites dans l'arrondissement d'Heilbronn, soit dans les États de Wurtemberg, soit dans ceux de Baden, de Linange ou de Darmstadt, ainsi que dans ceux de l'ordre teutonique, et d'en faire opérer immédiatement le transport à la suite de l'armée, en faisant suivre aux convois l'itinéraire des 2ᵉ et 3ᵉ divisions.

Ce commissaire pourra, au besoin, demander l'emploi de la force armée et requérir les voitures nécessaires.

Les trois ambulances que le commissaire ordonnateur en chef a organisées à Heilbronn suivront la marche des divisions. Les deux premières seront attachées aux 2ᵉ et 3ᵉ divisions, et la troisième à la 4ᵉ. Elles partiront ainsi qu'elles sont organisées, et le chirurgien en chef y attachera les officiers de santé nécessaires.

Il sera affecté un caisson d'infanterie par bataillon dans toutes les divisions du corps d'armée. L'ordonnateur en chef fera suivre l'eau-de-vie, le pain et le biscuit, venus de Landau et Spire, excepté les 21,000 rations qui étaient à la suite de la 4ᵉ division, ainsi que ce qu'il restera de bestiaux après que les distributions prescrites par cet ordre auront été faites.

SOULT.

---

avec la division, pour vous rendre à Heilbronn. Je m'y trouverai et conduirai les troupes dans la position où elles doivent s'établir, en avant d'Heilbronn, en arrière de Weinsberg, au débouché du bois.

Le quartier général de la division sera établi à Weinsberg.

Le 88ᵉ régiment occupera Heilbronn; en conséquence, vous ordonnerez au général Valhubert de faire partir en avant les fourriers de ce régiment, pour assurer le logement.

SUCHET.

CHAPITRE IX

Le 3ᵉ corps du Rhin au Neckar.

Le général de brigade Daultanne, chef de l'état-major général, à M. le général Gudin, commandant la 3ᵉ division.

Au quartier général, à Spire, le 5ᵉ jour complémentaire an XIII
(22 septembre 1805).

Mon Général,

J'ai l'honneur de vous adresser l'état des cantonnements de votre division, arrêté par M. le maréchal. Je vous invite à faire partir, quarante-huit heures à l'avance, votre chef d'état-major avec un adjoint, les officiers du génie de la division, un officier par régiment et un sous-officier par chaque compagnie, pour reconnaître les cantonnements et en faire la distribution dans chaque régiment.

Vous remarquerez que MM. les généraux de brigade devront être cantonnés avec leurs troupes et autant que possible au centre de leur brigade.

Le détachement de gendarmerie de votre division sera placé provisoirement à votre quartier général, à Spire, sauf à être réparti plus tard dans vos cantonnements suivant les circonstances.

Le 1ᵉʳ régiment de chasseurs à cheval, qui a voyagé avec vous, vous quittera à Dürkheim, pour se rendre dans ses cantonnements à Freinheim, Dackenheim et Erpolzheim et rentrer à la brigade de cavalerie sous les ordres du général Daultanne.

M. le maréchal me charge de vous inviter à lui faire connaître, par le retour de son courrier qui vous remettra cette dépêche, le nombre de malades et de déserteurs que chaque régiment de votre division a eu pendant la marche, ainsi que le degré de fatigue des troupes sous vos ordres, Sa Majesté désirant obtenir ces renseignements le plus promptement possible.

J'engage votre chef d'état-major à m'adresser, aussitôt l'arrivée de la division dans ses cantonnements, son état de situation au 1er vendémiaire.

Je vous salue de tout mon cœur.

(A. G.) DAULTANNE.

État des cantonnements de la 3ᵉ division.

NUMÉROS DES CORPS.	LIEUX DE CANTONNEMENTS.	NOMBRE de maisons.	LIEUX de distribution.	OBSERVATIONS.
Le général PETIT, 12ᵉ de ligne....	Otterstadt............ Waldsee............. Schifferstadt.........	80 120 311 511	Spire.	
Grand quartier général, état-major de la division, 21ᵉ de ligne......	Spire............... Berghausen......... Heiligenstein........ Mechtersheim....... Harthausen.........	778 63 77 42 117 1077	Spire.	A Spire 2 compagnies de grenadiers et 1 de fusiliers.
25ᵉ de ligne.....	Boeh................ Iggelheim............	206 212 418	Spire.	
Le général GAUTHIER, 85ᵉ de ligne.........	Haslach.............	559	Neustadt	

Au quartier général, à Spire, le 3ᵉ jour complémentaire an XIII (20 septembre 1805).

Le Général, Chef de l'état-major général,

(A. G.) DAULTANNE.

Le maréchal Davout au Ministre de la guerre.

Spire, le 1ᵉʳ vendémiaire an xiv (23 septembre 1805) (1).

J'ai l'honneur de mettre sous les yeux de Votre Excellence, à l'époque de ce jour, l'état des différents services du corps d'armée que j'ai l'honneur de commander. Je vous prie de vouloir bien le prendre en considération.

Vivres-Pain. — Les approvisionnements se font lentement. Le pain est provisoirement assuré, et je n'ai pas trop d'inquiétude pour l'avenir, par les mesures que je vois prendre à l'administration.

Légumes secs et riz. — Nous sommes dans la saison où les dysenteries sont assez communes sur les bords du Rhin, même parmi les habitants du pays; il est donc indispensable de faire de fréquentes distributions de riz, cette nourriture étant reconnue la meilleure pour prévenir cette maladie et indiquée par les officiers de santé. Des agents sont passés sur la rive droite pour en acheter; cette denrée est rare; les autres légumes sont communs.

Liquides. — Aucun approvisionnement d'eau-de-vie et de vinaigre; des agents sont passés et ont versé des fonds pour s'en procurer.

Sel. — Même observation que pour les liquides. Cet approvisionnement est facile dans le pays.

Vivres-Viande. — Les entrepreneurs mettent de l'activité à monter ce service.

Fourrages. — Ce service ne va qu'au jour le jour; il se fait par achat et par réquisition, et aussi mal que sur les côtes. Aucun agent supérieur de l'entreprise n'a encore paru. Quelques res-

---

(1) La lettre qui suit, de l'intendant général Petiet, qui répond à celle-ci, est datée du 4ᵉ jour complémentaire (21 *septembre*). L'une des deux dates est donc inexacte. Il semble que celle du 1ᵉʳ vendémiaire, attribuée à la lettre de Davout, soit à conserver, puisque le Maréchal annonce, vers la fin de sa lettre, l'arrivée de ses divisions pour le 3 et le 4, sans indications de mois, et qu'elles devaient arriver le 3 et le 4 vendémiaire.

sources qu'offre ce pays, ce service ne peut se soutenir par la voie des achats, les entrepreneurs étant sans crédit et sans intelligence. Il est instant qu'il soit pris une mesure efficace d'entreprise ou de régie. L'ordonnateur en chef n'a pu me donner des renseignements certains sur le mode d'exécution de ce service. Il ignore encore quelle est la compagnie qui en est chargée.

Chauffage. — Aucun agent ne s'est présenté. Il n'existe aucun moyen à la disposition de l'ordonnateur pour organiser ce service. Au surplus, il est à désirer, pour éviter les rachats de bons et autres abus, de ne pas distribuer de chauffage, les habitants fournissant, sans réclamation, les combustibles nécessaires pour la cuisson des aliments dans les cantonnements.

Hôpitaux. — Peu ou point de ressources ; la commission des hospices civils de Spire peut recevoir tout au plus vingt malades, celle de Frankenthal trente à quarante. Dans aucun autre endroit il n'existe de ces établissements.

La nullité de ces ressources m'a forcé d'inviter l'ordonnateur à transformer une caserne qui est à Spire, en hôpital ; on fait dans ce bâtiment les réparations nécessaires. On sera obligé d'employer les lits militaires, puisqu'il n'existe aucun effet d'hôpitaux. Il en a été demandé à l'intendant général ; tout fait croire qu'il n'a pas de moyens.

L'entrepreneur chargé du service des hôpitaux de la Grande Armée n'est pas connu et n'a envoyé aucun agent.

Le service de l'hôpital de la caserne sera confié à l'administration des hôpitaux, et les malades traités par les officiers de santé de l'armée. Je demande l'approbation de ces mesures dictées par la nécessité.

Équipages. — M. l'intendant général a prévenu l'ordonnateur qu'il devait être affecté au corps d'armée 150 voitures de réquisition à quatre roues ; cette quantité existe. Il y a un surplus de 25 voitures et 100 chevaux qui pourraient être destinés pour Mayence. Toutes ces voitures viennent du département de Rhin-et-Moselle, excepté 50 venant du Mont-Tonnerre.

Il est impossible de rendre un compte exact des hommes, des voitures et des chevaux envoyés par le département de Rhin-et-Moselle ; les conducteurs sont arrivés sans contrôle et dans le plus grand désordre avec leur convoi ; des charretiers ont abandonné leurs chevaux et ont déserté ; d'autres sont partis avec leurs chevaux et leurs voitures ; d'autres enfin ont échangé en route de fort bons chevaux contre de très mauvais.

Les voitures et les harnais ont besoin de beaucoup de réparations ; il est indispensable de faire fermer les voitures sur le devant et sur le derrière ; sans cette précaution, on ne pourrait pas les charger. Il est non moins nécessaire de les faire couvrir.

Le préfet de Rhin-et-Moselle a apporté beaucoup de négligence dans cette réquisition : aucune revue, aucun contrôle, aucun signalement n'ont été envoyés. Ce même préfet s'est borné à donner 150 francs au conducteur pour faire des avances aux charretiers ; cette ridicule avance, si insuffisante, est cause de la désertion des charretiers. J'ai fait donner, par l'ordonnateur, 745 francs d'acompte de son argent. Il est indispensable qu'on fasse des fonds et qu'on envoie en outre les employés annoncés par l'intendant général pour organiser ce service. L'ordonnateur est occupé à passer une revue des hommes, des chevaux et des voitures ; cette opération pourra être lente, l'ordonnateur étant encore seul et les chevaux et les voitures étant déjà journellement employés pour le service de l'armée.

Fabrication du biscuit. — A Mayence et Landau, cette fabrication est en activité, tandis qu'ici il n'existe ni fours ni farine : sous quatre jours il y aura 8 fours disponibles pour le biscuit. Ils pourront en fabriquer de 8,000 à 10,000 rations par jour, si l'on envoie de la farine, des boulangers et des ustensiles.

Si l'intention est de l'encaisser, il est instant que l'on pourvoie aux caisses.

Poste aux lettres. — Ce service est très mal fait. Aucune lettre n'est encore parvenue du ministre, des généraux et autres personnes ; je ne sais à quoi cela tient. Il est important de faire organiser ce service par l'administration des postes de l'armée.

Artillerie. — Il est arrivé depuis quelques jours 147 voitures d'artillerie emmenant des bouches à feu et munitions de guerre, venant de la route de Landau ; ces voitures sont parquées à Mussbach, sur la route de Neustadt. Je ne connais encore rien de ce qui est destiné en artillerie à ce corps d'armée.

Je désirerais savoir si les pontons nécessaires pour jeter un pont sur le Rhin me seront fournis. En attendant, j'ai fait reconnaître les moyens qui existent dans l'étendue de mon commandement. Jusqu'ici les ressources me paraissent insuffisantes ; en outre, les bateaux que l'on rencontre sont d'inégales dimensions et proportions.

Personnel des troupes. — Les 2e et 12e régiments de chasseurs arrivent le 3, la division du général Bisson le 4, et les autres successivement, conformément aux ordres du ministre. Les rapports de la marche des troupes, que j'ai reçus jusqu'à Deux-Ponts, sont des plus satisfaisants. Point de désertion, très peu de malades. Les troupes se sont comportées avec la meilleure discipline et n'ont donné lieu à aucune espèce de plainte.

Service de la trésorerie. — Une partie de la solde est arriérée. J'ignore si les fonds sont faits pour l'aligner, le payeur de ce corps d'armée n'étant pas encore rendu ici.

Le Maréchal,

L. Davout.

L'intendant général Petiet au général Daultanne, chef d'état-major général du 3e corps d'armée.

Au quartier général, à Strasbourg, le 4e jour complémentaire an XIII
(21 septembre 1805).

Monsieur le Général,

J'ai reçu, par le courrier extraordinaire que vous m'avez adressé, les réclamations de M. le maréchal Davout sur l'établissement des divers services administratifs du corps d'armée qu'il commande ; je m'empresse de vous informer des dispositions qui ont été prises à ce sujet :

1º Le délégué du munitionnaire général des vivres est parti d'ici depuis deux jours pour organiser son service sur toute la ligne de Strasbourg à Mayence, et doit être dans ce moment à Spire ; il donnera à M. Chambon tous les renseignements qu'il pourra désirer et se concertera avec lui sur les établissements qu'il conviendra de faire et sur les points de distribution ;

2º L'entrepreneur de la fourniture de la viande doit être également rendu à Spire et rendra compte des mesures qu'il a prises pour assurer ce service convenablement ;

3° L'entrepreneur du chauffage vient d'arriver ici; je lui ai donné l'ordre de faire partir sur-le-champ un préposé pour chaque corps d'armée ; j'espère que cet ordre a été exécuté hier dans la journée ;

4° Le directeur des hôpitaux attaché au corps d'armée de M. le maréchal Davout doit prendre les ordres de M. Chambon pour les établissements à réformer, et en rendre compte au régisseur qui y fera passer les effets et ustensiles nécessaires et chargera l'entrepreneur d'y faire le service ;

5° L'Empereur a ordonné la levée de 3,500 voitures de réquisition, dont 2,500 pour l'artillerie et 1000 pour les transports extraordinaires de l'armée ; j'écris à M. Chambon pour lui indiquer les quantités qui lui sont destinées, en lui prescrivant de ne rien changer à la destination des autres voitures qui doivent passer par Spire. Je l'aurais instruit plus tôt de cette levée si j'avais su où le prendre ;

6° Sa Majesté a ordonné également la fabrication d'une grande quantité de biscuit; son ordre paraît n'avoir pas encore été exécuté à Spire et autres places où l'on présumait pouvoir en fabriquer ; j'ai chargé le délégué du munitionnaire général des vivres de lever tous les obstacles et d'activer par tous les moyens possibles cette fabrication ;

7° Quant aux fourrages, je crains bien que l'entrepreneur Mayer Marx ne soit pas plus en mesure à votre armée qu'ici, où j'ai été obligé, à mon arrivée, de faire des appels de denrées aux départements. Je vais prendre la même mesure pour les corps d'armée qui se trouvent dans la 26° division; mes lettres aux préfets partiront aujourd'hui.

Petiet.

Le maréchal Davout au Ministre de la guerre.

Spire, le 2 vendémiaire an xiv (24 septembre 1805).

J'ai reçu ce matin à 6 heures les ordres de Sa Majesté, que Votre Excellence m'a fait l'honneur de me transmettre par sa lettre du 3° jour complémentaire (*20 septembre 1805*).

La première colonne du corps d'armée que j'ai l'honneur de commander, composée de la division du général Bisson, ne doit arriver que demain 3 (*25 septembre*), à Dürkheim. Votre Excellence se **rappellera** qu'il y a eu un jour d'intervalle entre le départ de cette division et celle du général Friant, et que, par conséquent, celle-ci ne devrait arriver que le 5 (*27 septembre*) à Dürkheim, la 3e division le 6 (*28 septembre*), et enfin l'artillerie le 7 (*29 septembre*).

Je fais venir sur des voitures 1000 hommes de la division Bisson, pour qu'ils puissent arriver demain 3 à Oggersheim.

Les 2e et 12e régiments de chasseurs à cheval sont déjà à Dürkheim.

Demain 3 (*25 septembre*) au soir je prendrai possession de Mannheim avec ces détachements.

Le 4 (*26 septembre*) de grand matin, le reste de la division du général Bisson passera le Rhin, et le détachement qui aura occupé Mannheim se portera le même jour sur Heidelberg.

Le 5 (*27 septembre*), la division du général Friant passera à Mannheim avec le 7e régiment de hussards et le 1er de chasseurs.

Enfin le 6 (*28 septembre*), la division du général Gudin fera son mouvement.

Les compagnies d'artillerie à cheval passeront avec les divisions auxquelles elles sont affectées, excepté celle de la 1re division qui ne pourra le faire qu'avec la 2e division; en attendant, les pièces de la 1re division seront servies par des soldat d'infanterie choisis parmi ceux qui ont l'habitude de cette arme.

J'ai lieu de penser que le général Songis m'enverra pour cette époque les soldats du train d'artillerie et les chevaux destinés à cette arme, dont je manque absolument.

J'ignore s'il pourra m'envoyer d'ici à quelques jours un équipage de pont; mais à tout événement, je ferai réunir ce soir toutes les barques et bateaux qui se trouvent sur les deux rives du Rhin, depuis Worms jusqu'à Germersheim et, par les reconnaissances que j'ai fait faire, j'espère obtenir de grands moyens de passage et peut-être même de quoi jeter un pont.

Il n'existe encore, à ce corps d'armée, aucun moyen d'ambulance. Une seule division de 18 caissons, venant d'Ambleteuse, suit la dernière colonne de l'armée. Les corps n'ont encore pu se procurer les caissons et moyens de premiers secours ordonnés par Votre Excellence.

Nous n'avons pas de biscuit; j'ai écrit de la manière la plus pressante à l'intendant général sur cet objet. Je ferai tout pour le mieux pour surmonter ces obstacles et exécuter les ordres de Sa Majesté.

J'adresse par courrier extraordinaire les ordres que le prince Murat m'a envoyés pour le général Nansouty. Je lui mande d'être rendu à Oggersheim pour le 7 (*29 septembre*).

Le Maréchal,
L. Davout.

Le maréchal Davout au prince Murat.

Spire, le 2 vendémiaire an XIV (24 septembre 1805).

J'ai reçu ce matin à 8 heures les dépêches que Votre Altesse m'a fait l'honneur de m'adresser le 1ᵉʳ vendémiaire (*23 septembre*). J'ai l'honneur de lui rendre compte que j'ai reçu les ordres de Son Excellence le Ministre de la guerre pour occuper Mannheim; demain 3 j'en prendrai possession, et, du 4 au 6 (*26 au 28 septembre*), tout le corps d'armée sous mes ordres aura effectué son mouvement sur la rive droite du Rhin. Depuis mon arrivée à Spire, j'ai fait reconnaître, par plusieurs officiers et même par des officiers généraux, tout le pays que je dois occuper et particulièrement la route de Heidelberg à Heilbronn. J'ai la certitude qu'il n'avait paru du côté de cette dernière ville, il y a deux jours, que des partis ennemis.

J'attends avec impatience les soldats du train, ainsi que les chevaux du train d'artillerie et les pontons que le général Songis doit m'envoyer d'après les ordres de Votre Altesse.

J'ai expédié par un courrier vos ordres au général Nansouty, et je l'invite à être rendu à Oggersheim le 7 de ce mois (*29 septembre*).

J'aurai soin de rendre compte à Votre Altesse de tous mes mouvements et de tout ce qui pourra se passer d'intéressant. J'ai l'honneur de lui observer que nous n'avons pas de biscuit. Le payeur n'a point encore rejoint ce corps d'armée, et je ne connais pas les moyens qui ont dû être pris pour aligner la solde qui est arriérée.

Le Maréchal,
L. Davout.

*Le maréchal Davout au général Songis,
premier inspecteur général de l'artillerie.*

Spire, le 2 vendémiaire an xiv (24 septembre 1805).

Vous avez sans doute connaissance, mon cher Général, des ordres que m'a adressés Son Excellence le ministre de la guerre pour commencer mes mouvements dès demain, et vous savez par conséquent qu'il n'y a pas un instant à perdre pour que je reçoive à temps les soldats du train, les chevaux d'artillerie et ce qui peut manquer de matériel d'artillerie pour ce corps d'armée. Je ne doute pas que vous n'ayez pris des mesures à cet égard; mais les événements me pressent et je n'ai encore reçu aucun avis. Je vous invite à prendre mes demandes en prompte considération.

Le Maréchal,

L. Davout.

Le maréchal Davout à M. Petiet, intendant général.

Spire, le 2 vendémiaire an xiv (24 septembre 1805).

Vous connaissez sans doute, Monsieur, les mouvements très prochains que Son Excellence le ministre de la guerre vient de m'ordonner de faire. Pour pouvoir les exécuter, il m'est prescrit de faire délivrer pour plusieurs jours de biscuit au corps d'armée que je commande, et il n'en existe pas une seule ration à ma disposition.

Les services de ce corps d'armée ne sont point encore organisés; je n'ai pas d'ambulances, et les corps qui sont encore en marche n'ont pu se procurer, jusqu'à présent, les caissons, caisses d'instruments et de médicaments ordonnées par Son Excellence le ministre de la guerre.

Le commissaire ordonnateur en chef doit vous avoir fait connaître ses besoins. Je vous invite à avoir égard à ses demandes.

Le Maréchal,

L. Davout.

Le maréchal Davout à M. le maréchal Soult.

Spire, le 2 vendémiaire an xiv (24 septembre 1805).

Je viens d'avoir l'avis, mon cher Maréchal, que votre armée doit venir à Spire et commencer son mouvement le 4 (*26 septembre*). Je dois vous prévenir que, jusqu'à cette époque, vous ne devez compter sur aucune ressource en pain dans ce pays ; je n'ai trouvé, à mon arrivée, que trois fours et quatre autres à moitié construits ; j'ai fait travailler de suite à les faire mettre en état et ordonné la construction de cinq autres ; sous deux ou trois jours, ou quatre au plus, ces douze fours seront en état.

Demain au soir, je pends possession de Mannheim ; le 4, la 1re division passera le Rhin ; le 5, la seconde, et le 6, la troisième. Il m'a fallu, pour l'exécution de ces ordres, faire faire deux marches forcées aux deux dernières divisions ; il faut que les divisions prennent, avant leur passage, le pain pour quatre jours. Vous voyez, mon cher Maréchal, qu'il faut user de toutes les ressources de ce pays pour remplir cet objet.

Je vous promets, lorsque je serai de l'autre côté, de m'étendre le moins possible sur ma droite pour vous donner plus de facilité pour vos subsistances.

L'ennemi n'a encore montré que des partis du côté de Heilbronn.

Le Maréchal,

L. Davout.

Le général de brigade Daultanne, chef de l'état-major général, au général de division Gudin, commandant la 3e division.

Au quartier général, à Spire, le 2 vendémiaire an xiv
(24 septembre 1805).

L'intention de M. le Maréchal, mon Général, est que vous vous rendiez, dans une seule marche, de Deux-Ponts à Kaiserslautern, où vous arriverez le 4, au lieu du 5 vendémiaire. Le jour de la double marche, vos troupes recevront double ration de viande et double ration d'eau-de-vie. Il sera peut-être nécessaire que vous preniez à Landshut les vivres qui auraient pu vous y être préparés, dans la crainte de n'en pas trouver une quantité suffisante à Kaiserslautern, où je donne cependant avis de l'avancement de votre mouvement. Je vous engage à vous y faire précéder par un officier de votre état-major pour assurer vos subsistances et vos moyens de transport.

Le général de brigade Vialannes reçoit l'ordre de vous précéder d'une marche afin d'arriver à Dürkheim le 4 avec le 1er régiment de chasseurs à cheval, et de se réunir à l'autre régiment de sa brigade qui marche avec la 2e division.

A votre arrivée à Dürkheim, le 5, vous voudrez bien faire prendre à toutes vos troupes des cartouches, à raison de 50 coups par homme et des pierres à feu en proportion; les troupes emploieront la journée du 5 à mettre leurs armes en bon état.

Le 6, votre division partira de Dürkheim, au moins une heure avant le jour, afin d'être rendue de très bonne heure à Oggersheim. En y arrivant, votre division prendra le pain pour quatre jours et la viande pour deux. Ces distributions faites avec le plus d'activité possible, vous continuerez votre marche en vertu des ordres qui vous seront alors transmis.

Tous les hommes que vous auriez détachés à l'avance pour reconnaître vos cantonnements, d'après les premières dispositions, rentreront à leur corps à Oggersheim. Ils prendront, dans ce dernier endroit, des cartouches et des pierres à feu dans la proportion ordonnée pour les corps. L'officier commandant chaque détachement fera les bons nécessaires.

Je préviens les municipalités des nouveaux ordres qui vous sont transmis, pour qu'elles puissent aviser aux moyens de suppléer aux ressources qui manqueraient aux entrepreneurs en raison de la précipitation du mouvement.

Je vous salue de tout mon cœur.

DAULTANNE.

P.-S. — Les colonels devront faire venir et diriger sur Oggersheim les souliers et les capotes qu'ils ont eu ordre de faire confectionner afin d'en faire faire, dans le plus bref délai, la distribution aux troupes. Les jours de marches forcées, M. le Maréchal vous autorise à faire distribuer un demi-boisseau d'avoine de plus par chaque cheval.

Ordre.

Le 3 vendémiaire an xiv (25 septembre 1805).

Le général Kister, ayant sous ses ordres l'adjudant commandant Marès, fera passer le Rhin, à minuit, à Ketsch, avec les barques et bacs qui s'y trouvent réunis, le 5e d'infanterie légère et le 12e de chasseurs.

Lorsque toutes ces troupes seront passées, il dirigera, en descendant le Rhin et laissant Schwetzingen à droite, sa colonne sur Mannheim. Il s'arrêtera entre cette ville et Neckarau, me fera prévenir, par un de ses officiers, de son arrivée (cet officier descendra le Rhin jusqu'au passage vis-à-vis Mannheim).

Le général Kister détachera quatre partis de 20 chasseurs :

1º Sur la route de Wiesloch à Heidelberg. Ce parti passera devant Heidelberg et enverra deux hommes pour avoir des renseignements. Il viendra ensuite à Wieblingen et prendra position en avant de ce village ;

2º L'autre parti se portera directement sur Neckarhausen et prendra position en avant de ce village. Il détachera cinq chevaux qui passeront le Neckar dans cet endroit et se porteront sur la route de Mannheim à Francfort ;

3º Le troisième parti sera intermédiaire entre Schwetzingen et le parti qui se porte à Neckarhausen. Il ira prendre position à Seckenheim, en avant de ce village.

Ces trois partis, situés à une heure les uns des autres, correspondront par des petites patrouilles ensemble et feront parvenir leurs rapports au général Kister, qui sera avec son détachement sur les routes de Heidelberg et de Schwetzingen. Le général Kister, de sa personne, sur la première route.

Le quatrième parti passera dans Schwetzingen et sera établi entre ce village et Neckarau.

Des postes seront placés pour empêcher, jusqu'à nouvel ordre, toute sortie de Mannheim ; on y laissera entrer librement.

Les postes et partis arrêteront tous les courriers, se feront remettre les dépêches et forceront les courriers à rétrograder, maintenant ceux qui viendraient et qui iraient à Mannheim ou de ce côté ; les autres, après avoir pris leurs dépêches, seront invités à y rentrer.

Si, contre toute vraisemblance, le général Kister avait affaire à des forces ennemies et supérieures, en se défendant à outrance, il se retirerait sur le pont volant de Mannheim.

La meilleure discipline sera maintenue, nos troupes seront prévenues que nos premières marches se font dans un pays ami et victime de la perfidie autrichienne. La sûreté des détachements isolés qui rejoindront la Grande Armée nous fait une loi de ménager les habitants. Tout vol, toute violence envers des habitants seront punis avec la dernière sévérité.

Le général Kister s'arrangera de manière à se mettre en marche à 4 heures et demie du matin (et plus tôt si faire se peut) sur Mannheim.

Le Maréchal,

L. Davout.

Le général Kister sera prévenu qu'à 6 heures du matin, la 1re division passera le Rhin à Mannheim.

Le 5e et le 12e (1), rassemblés à Otterstadt, devront arriver, vers les 5 heures ce soir, vis-à-vis le point de passage, c'est-à-dire vis-à-vis de Ketsch.

Les bacs, barques et nacelles qui feront le passage à Ketsch devront, aussitôt qu'il sera terminé, descendre le Rhin et s'arrêter vis-à-vis Mannheim pour coopérer au passage de la 1re division.

L'adjudant général Marès préposera deux officiers et vingt chasseurs chargés de faire partir, sur Mannheim, ces bâtiments aussitôt que possible; ils iront de leur personne sur ces bâtiments.

Le Maréchal,

L. Davout.

Les deux premiers partis pourront être envoyés de nuit, avec des guides : le premier, à Wiesloch et revenant par la route d'Heidelberg, et le deuxième, sur Neckarhausen, passant par Schwetzingen et Wieblingen, dont il ne partira qu'à l'arrivée du premier.

(*De la main du maréchal Davout.*)

---

(1) 5e d'infanterie légère; 12e de chasseurs.

Le général Kister, commandant la 2ᵉ brigade de cavalerie légère, au maréchal Davout.

Au quartier général, à la baraque de Ketsch, le 3 vendémiaire an XIV
(25 septembre 1805), à 9 heures du soir.

Monseigneur,

J'ai l'honneur de vous prévenir que je suis arrivé à 8 heures du soir à ma position vis-à-vis Ketsch. Les moyens d'embarcation sont assez considérables. Les 2 bacs et les 8 barques qui étaient sur la rive droite viennent d'arriver sur la rive gauche. Le maire bourgmestre a mis beaucoup de difficultés pour les délivrer. J'ai été obligé d'y envoyer un détachement de 50 hommes. Un instant après le débarquement de ce détachement, il est arrivé une ordonnance de cavalerie de M. le prince de Baden, qui lui a remis une lettre. Alors il s'est empressé de donner tout ce qu'il avait à sa disposition.

Je compte pouvoir faire passer à la fois 600 hommes d'infanterie et 40 chevaux.

Du moment que je serai sur la rive droite, je ferai partir de suite toutes les barques, bacs, etc., qui se trouvent ici et dont le nombre se monte, savoir :

Grandes barques	6
Bacs	3
Petites barques	17
TOTAL	26

Tel est, jusqu'à présent, le résultat de mes opérations.

KISTER.

P.-S. — Je m'embarquerai, à 10 heures, dès que toute ma troupe sera débarquée. J'aurai l'honneur de vous expédier un officier sur la rive droite.

Le maréchal Davout à l'Empereur.

Oggersheim, le 4 vendémiaire an xiv (26 septembre 1805).

J'ai l'honneur d'adresser à Votre Majesté le rapport d'un agent qui vient de m'arriver et qui a été tout près d'Ulm. Beaucoup d'inductions, les rapports du général Eppler et de plusieurs officiers, que j'ai envoyés par la route du Neckar à Heilbronn, me portent à croire à l'exactitude de ce rapport sur la position actuelle et les divers mouvements de l'ennemi.

Nous exécutons dans ce moment les ordres que Votre Majesté nous a fait donner par le Ministre de la guerre et le prince Murat.

Le général Eppler a pris ce matin possession de Mannheim et il va se porter aujourd'hui à Heidelberg avec 1000 hommes d'infanterie et 300 à 400 chevaux. Il poussera les avant-postes de corps en avant de Neckargemünd. La division du général Bisson va passer et s'établir à mi-chemin entre Heidelberg et Mannheim. Cette division n'a presque pas de déserteurs. Jusqu'ici, les rapports ne les font pas monter à plus de 15 à 20 ; quelques éclopés, que je laisserai à Frankenthal et qui nous rejoindront dans quelques jours.

La division du général Friant arrive et passe demain, celle du général Gudin après-demain, et la division du général Nansouty le 7 (*29 septembre*).

Les chevaux et les soldats du train affectés à ce corps d'armée ne sont pas encore arrivés.

Notre passage se fait avec tous les moyens que j'ai pu réunir dans le pays, n'ayant pas reçu de pontons pour jeter un pont. A midi, la division sera entièrement passée.

J'adresse au Ministre de la guerre mon rapport sur les services de cette armée.

J'attends ces jours-ci un homme que j'ai envoyé par Donauwörth jusqu'à Ratisbonne et qui m'a promis de revenir par la Bavière et par la Souabe.

Davout.

Le maréchal Davout au maréchal Berthier.

Oggersheim, le 4 vendémiaire an xiv (26 septembre 1805), au matin.

Monsieur le Maréchal,

J'ai l'honneur de rendre compte à Votre Excellence qu'en conséquence des ordres de Sa Majesté, qu'elle m'a transmis, j'ai pris possession de Mannheim ce matin. Le général Eppler se porte aujourd'hui avec 1000 hommes d'infanterie et 400 chevaux à Heidelberg, et poussera ses avant-postes au delà de Neckargemünd.

La division du général Bisson passe le Rhin à 9 heures du matin avec les moyens d'embarcation que j'ai réunis; elle sera au delà de Mannheim avant midi, et prendra position entre Heidelberg et Mannheim, à Neckarhausen.

La division du général Friant passera demain et viendra occuper cette position. La division du général Bisson occupera celle de Neckargemünd.

La 3e division passera le 6 (*28 septembre*), celle du général Nansouty le 7 (*29 septembre*), si elle arrive comme je l'espère.

Je ne parle pas à Votre Excellence d'artillerie jusqu'à ce moment-ci, parce que j'ai bien les pièces de canon, mais il me manque les soldats et les chevaux du train, qui m'ont bien été annoncés, mais que je n'ai pas encore reçus.

Les munitions d'infanterie et l'attirail du parc paraissent devoir être conduits par des charretiers et chevaux de réquisition; je crois devoir vous envoyer, Monsieur le Maréchal, un rapport qui m'a été fait par un sergent d'artillerie, chargé seul de la conduite de cette espèce de convoi; il y a eu désertion de chevaux et d'hommes, beaucoup de chevaux échangés et ce qu'il en reste ont besoin, pour la plupart, d'être ferrés; les promesses de paiement pour les charretiers sont sans exécution, aucuns fonds n'a été fait; enfin, il y a le plus grand désordre dans cette partie; j'ai la même réflexion à vous faire sur les voitures de réquisition affectées à cette armée par l'intendant général. Les hommes ne sont pas payés et il y a eu les mêmes abus que pour les chevaux de réquisition de l'artillerie.

Toutes les divisions arrivent beaucoup arriérées de solde et des gratifications et indemnités de route accordées par l'Empereur, ainsi que pour les sommes qui doivent être payées pour les capotes et souliers aussi accordés en gratification. M. Pei de Remsi n'est pas encore arrivé malgré tous les ordres que je lui ai donnés : tout le monde, dans ce corps d'armée, éprouve le plus grand besoin d'argent.

Nous devions prendre, en exécution de vos ordres, pour quatre jours de biscuit à notre suite, rien n'est encore arrivé ; je chercherai, à Mannheim et Heidelberg, à lever cet obstacle en faisant faire le plus possible de biscuit.

Il paraît que les mauvais chemins des Ardennes ont usé presque en entier la chaussure des divisions, et que de sitôt on ne peut compter sur la ressource des confections qui ont été ordonnées à toutes les divisions ; je ferai mon possible pour lever cet obstacle en faisant ressource des pays de ma gauche.

Les troupes arrivent dans le meilleur esprit, et la meilleure preuve, c'est le peu de désertion qu'il y a eu ; elles ne sont pas aussi fatiguées qu'on aurait dû s'y attendre.

J'ai promis de payer les journées de tous les bateliers des deux rives que j'emploie au passage des troupes ; je supplie Votre Excellence d'approuver cette mesure et de me mettre à même de tenir mes promesses. Je dois aussi lui faire observer qu'il est indispensable qu'elle mette des fonds à ma disposition pour le service des dépenses secrètes et pour tous les cas extraordinaires ; j'en userai avec économie et en même temps pour l'utilité du service de Sa Majesté.

Je vous supplie, Monsieur le Maréchal, de vouloir bien prendre en considération les différents objets de ma lettre.

Salut et respect.

DAVOUT.

P.-S. — J'ai 500 à 600 chevaux de réquisition pour le service de l'intendant ; les voitures sont toutes découvertes, la plupart en mauvais état et destinées à traîner du biscuit qu'elles n'ont point. Je prie Votre Excellence de me faire connaître si son intention est qu'elles nous suivent. J'ajouterai qu'alors, n'étant d'aucune utilité, elles augmenteront les obstacles, puisque ce sera des fourrages et des subsistances à se procurer.

DAVOUT.

Note de la main du colonel Vallongue : Rend compte de ses mouvements et de ses besoins.

Extraits à faire par l'artillerie et l'intendant général ; demande de fonds pour les dépenses secrètes.

6 vendémiaire.

Le maréchal Davout au maréchal Berthier.

Oggersheim, le 4 vendémiaire an XIV (26 septembre 1805).

J'ai l'honneur de rendre compte à Votre Excellence que j'ai lieu de craindre qu'il n'existe, entre le corps d'armée du maréchal Soult et le mien, beaucoup de confusion ; votre ordre du 3 complémentaire (*20 septembre*) porte que je dois avoir mes divisions en échelon depuis Mannheim à Heilbronn vers le 8 (*30 septembre*) ; d'un autre côté le maréchal Soult doit, pour cette même époque, occuper en échelon avec son armée depuis cette ville jusqu'à Spire. J'ai l'honneur de supplier Votre Excellence de vouloir bien nous fixer sur les routes que nous devrons prendre, pour éviter les plus graves inconvénients, d'engager dans des défilés de cette nature des corps d'armée aussi considérables et ceux qui pourraient avoir lieu pour les subsistances.

Le désir que j'ai d'avoir des réponses et des ordres sur les différents objets de mes lettres, m'a déterminé à vous les faire porter par un de mes aides de camp.

DAVOUT.

Note de la main du colonel Vallongue : M. le maréchal Davout rend compte de quelques inconvénients de la première position trop rapprochée de celle du maréchal Soult ; les mouvements ultérieurs ont changé l'état des choses.

3ᵉ CORPS D'ARMÉE.

Journée du 4 vendémiaire an XIV (26 septembre 1805).

Quartier général : Mannheim.

Avant-garde : Passage du Rhin.

On forme une brigade d'avant-garde composée du 13ᵉ d'infanterie légère, du 1ᵉʳ chasseurs (qui ne rejoint que le lendemain), sous les ordres du général Eppler.

1ʳᵉ division : Quartier général, Mannheim. Passage du Rhin.
2ᵉ division : Quartier général, Dürkheim.
3ᵉ division : Quartier général, Kaiserslautern.
Cavalerie légère : N'a pas rejoint.
Parc de réserve : Deux-Ponts. Le parc sur le bord du Rhin.

Le maréchal Davout au Major général.

Oggersheim, le 4 vendémiaire an xiv (26 septembre 1805).

Monsieur le Maréchal,

J'ai l'honneur de rendre compte à Votre Excellence qu'ayant reconnu la nécessité de créer un établissement provisoire pour les hommes et les chevaux éclopés ou extrêmement fatigués par les marches, j'ai désigné Frankenthal pour servir à ce dépôt ; j'ai prescrit aux généraux de division de diriger sur cette ville leurs hommes hors d'état d'entrer actuellement en campagne. Un officier par chaque régiment, choisi parmi ceux qui auraient eux-mêmes besoin de quelques jours de repos, sera chargé du commandement et de la surveillance des hommes de son corps ; un officier supérieur pris dans la 1ʳᵉ division va être chargé provisoirement de l'organisation de cet indispensable dépôt de rétablissement qu'il commandera pendant dix à douze jours pour y établir l'ordre et y assurer la marche des différents services.

Il ne pourra partir de ce dépôt, pour rejoindre l'armée, que des détachements forts au moins de 50 hommes de toutes armes et sous la conduite d'un officier. Ces détachements seront munis de 50 cartouches et 3 pierres à feu par homme d'infanterie et 30 cartouches et 3 pierres à feu par cavalier. J'ai à cet effet fait mettre à la disposition de l'officier supérieur commandant le dépôt un approvisionnement de 50,000 cartouches et 18,000 pierres à feu. Cet approvisionnement étant insuffisant, j'ai l'honneur de prier Votre Excellence de faire faire à Frankenthal une réserve de 150,000 cartouches et 50,000 pierres à feu pour être délivrées aux hommes à fur et mesure de leur départ ; 2,000 fusils neufs seraient également essentiels pour être donnés aux soldats des

3ᵉˢ bataillons rejoignant les bataillons de guerre et qui ne seraient point armés ou qui n'auraient que des armes défectueuses.

Le chef de bataillon détaché de la 1ʳᵉ division pour commander provisoirement ce dépôt devant, après l'avoir organisé, rejoindre son corps, j'ai l'honneur d'inviter Votre Excellence d'envoyer un officier supérieur commandant de place dans les environs pour prendre la direction et le commandement de ce dépôt, que vous ne manquerez pas de considérer comme un moyen efficace d'entretenir l'armée et de conserver les hommes que les circonstances forcent à laisser en arrière.

J'ai chargé le commissaire ordonnateur en chef de pourvoir à la subsistance des hommes et des chevaux laissés dans ces dépôts ; j'ai invité le maire de la commune de Frankenthal à remplir auprès de ce dépôt les fonctions d'inspecteur aux revues et de commissaire des guerres.

Le Maréchal,
Davout.

(*En marge :*

Général Andréossy : Il ne faut pas de dépôt.

Signé : Maréchal Berthier.

Répondu le 7 vendémiaire.)

Le général Daultanne, chef de l'état-major,
à M. le général de division Gudin, commandant la 3ᵉ division.

Oggersheim, le 4 vendémiaire an XIV (26 septembre 1805).

Mon cher Général,

J'ai l'honneur de vous prévenir que l'intention de M. le Maréchal est que vous établissiez, avant votre passage, un détachement de 1 officier et 25 hommes sur la rive gauche du Rhin, tant pour veiller à l'ordre pendant le passage que pour empêcher de passer les femmes (1) et autres personnes à la suite du corps que celles voulues par le règlement.

---

(1) Une autre lettre du même jour contient la prescription suivante :
« Vous voudrez bien donner l'ordre à la gendarmerie attachée à

Ce détachement y restera jusqu'à ce que celui de la colonne qui suit l'ait relevé. Alors il passera pour rejoindre sa division. Indépendamment de ce détachement, il y aura sept à huit gendarmes de votre division, chargés du même objet, qui relèveront ceux du général Friant, comme ils seront relevés par ceux de la 4e colonne.

J'ai l'honneur de vous saluer.   DAULTANNE.

Du même au même.

Mon cher Général,

J'ai l'honneur de vous prévenir que l'intention de M. le Maréchal est que vous donniez l'ordre à tous les colonels d'écrire à leurs officiers chargés de la confection des capotes et des souliers, de diriger de suite sur Frankenthal tout ce qu'ils auront de confectionné. Les effets arrivés à Frankenthal en partiront sous l'escorte d'un détachement qui rejoindra l'armée (1).

L'officier commandant le dépôt de cette ville aura l'ordre et l'instruction de prendre des mesures pour qu'il soit donné les voitures nécessaires pour le transport desdits effets.

J'ai l'honneur de vous saluer.   DAULTANNE.

Le général de brigade Daultanne, chef de l'état-major général, au général de division Gudin.

Au quartier général, à Oggersheim, le 4 vendémiaire an XIV
(26 septembre 1805).

Mon cher Général,

Conformément aux ordres de M. le Maréchal, je vous invite à donner ceux nécessaires pour que le 6 (*28 septembre*), deux

---

votre division, non seulement de faire arrêter, mais de faire couper les cheveux à toutes les femmes qui suivraient l'armée, en contravention aux règlements, et de faire prévenir que toute femme ayant les cheveux coupés, qui serait arrêtée une seconde fois, aurait les sourcils coupés et mâchourés. »

(1) Une autre lettre du même jour réclame un état numérique des hommes qui ont un besoin urgent de souliers.

des régiments de votre division soient rendus à Oggersheim, à la pointe du jour. Les autres partiront deux heures après de leurs cantonnements pour se rendre à la même destination et y être rendus le même jour entre 6 et 7 heures du matin.

Le 6, à minuit, le fourrier et deux hommes par compagnie partiront pour Oggersheim afin d'y recevoir les vivres et les cartouches, de manière à ce que les régiments n'aient plus qu'à les prendre à leur passage, pour qu'ils ne s'arrêtent qu'une demi-heure et puissent de suite continuer leur route sur Mannheim.

Veuillez bien prévenir les corps que la nécessité force à ne laisser à leur suite que le nombre de voitures prescrit par les règlements, c'est-à-dire deux par régiment. Le nombre des cartouches est fixé à cinquante par homme et trois pierres à feu, conformément aux ordres de l'Empereur. Le pain sera pris jusqu'au 9 inclusivement, et la viande jusqu'au 8 inclusivement. Les cartouches, les pierres à feu et les vivres seront pris à Oggersheim, au passage des régiments.

Vous ferez connaître à la municipalité de Dürkheim et aux colonels qu'ils doivent diriger sur Frankenthal tous les militaires en retard appartenant à la 3e division du 3e corps de la Grande Armée. Il sera donné, à l'officier supérieur commandant à Frankental, une instruction particulière pour faire rejoindre ces hommes.

Vous laisserez à Oggersheim, pour être dirigés sur Frankenthal, tous les hommes qui auraient besoin de quelque repos.

Avant d'entrer en campagne, ils rejoindront après leur rétablissement, conformément à l'instruction qui sera donnée.

Les colonels tiendront la main à ce qu'il ne passe que le nombre de femmes accordé par le règlement. Ils y tiendront la main sous leur responsabilité personnelle.

Je vous embrasse.

DAULTANNE.

Le maréchal Davout au général Marmont.

Mannheim, le 5 vendémiaire an xiv (27 septembre 1805).

Mon cher Général,

L'Empereur me recommande de me concerter avec vous, pour que, aussitôt que possible, nous communiquions par des postes à toutes nos couchées ; j'attends que vous me donniez connaissance de votre marche pour remplir cet ordre si utile pour tous deux ; enfin je ne négligerai rien de mon côté pour être toujours à portée ou de vos secours ou de vous secourir.

L'Empereur me prévient que je recevrai l'ordre de me porter sur Nördlingen par Neckarelz, Möckmühl, Crailsheim et Dinkelsbühl.

Ma première division sera demain à Neckarelz. Je vous prie de ne pas trop vous appuyer sur votre droite, parce que si les chemins le long de la Kocher sont impraticables, je serai obligé de suivre la communication qui, de Sindringen par Langenbourg et Kirchberg, joint la route de Crailsheim (1).

Toutes mes divisions suivent la première par échelons à très petite distance d'une demi-journée.

Le Maréchal,

L. Davout.

Le maréchal Davout au général Marmont.

Mannheim, le 5 vendémiaire an xiv (27 septembre 1805).

Mon cher Général,

Je profite d'un courrier qui vous porte la nouvelle de l'arrivée de l'Empereur à Strasbourg, pour vous donner connaissance de ma position comme votre voisin de droite. J'ai pensé qu'il vous était utile de la connaître ; ma 1re division a passé le Rhin à Mannheim hier ; elle est aujourd'hui à Neckargemünd, son avant-garde à Helmstadt.

La 2e division prend position aujourd'hui entre Heidelberg et Mannheim.

---

(1) C'est en effet le chemin qu'il suivit.

Demain, la 3ᵉ passera et occupera cette même position, que quittera la 2ᵉ pour aller prendre celle de la 1ʳᵉ, qui ira à Helmstadt et l'avant-garde à Neckarelz.

La 1ʳᵉ division de cavalerie, du général Nansouty, me rejoint.

Toutes les nouvelles m'annoncent que l'ennemi est derrière l'Iller et à Ulm. Il se retranche dans ces positions.

Je vous prie, mon cher Marmont, de me tenir aussi au courant de vos marches. Cette communication est utile et elle me donnera de fréquentes occasions de vous assurer de toute mon amitié.

Je vous fais passer aussi, de la part du Ministre, la série des mots d'ordre pour la première quinzaine du courant.

Le Maréchal,

L. Davout.

Ordre du jour du 5 vendémiaire.

Au quartier général, à Mannheim, le 5 vendémiaire an xiv
(27 septembre 1805).

M. le maréchal commandant en chef le 3ᵉ corps de la Grande Armée autorise le commissaire ordonnateur en chef et les commissaires des guerres attachés aux divisions de l'armée et à l'avant-garde, à faire des réquisitions pour pourvoir aux besoins de l'armée.

C'est au commissaire ordonnateur en chef à faire les réquisitions générales pour l'établissement des magasins qui pourront alimenter toute l'armée ou la plus grande partie. Dans ce cas, il sera établi des gardes-magasins, qui recevront les denrées sur procès-verbal dressé par un commissaire des guerres et dont il sera donné une expédition à l'autorité du pays qui aura fait la fourniture. Le même garde-magasin sera chargé de faire à la troupe la distribution des subsistances.

Lorsque les circonstances ne permettront pas à l'ordonnateur en chef de faire préparer d'avance la subsistance nécessaire à l'armée, les commissaires des guerres attachés aux divisions feront les réquisitions. S'il arrive qu'un régiment soit trop éloigné du quartier général de la division, le colonel est autorisé à frapper des réquisitions, mais il sera tenu d'adresser, dans les vingt-quatre heures, copie de la réquisition et l'état des denrées reçues au général commandant la division. Celui-ci enverra les pièces au chef de l'état-major, qui les transmettra à l'ordonnateur en chef.

Dans les cas extraordinaires, les commandants des détachements, munis d'une autorisation par écrit de leur colonel, jouiront de la même prérogative, aux mêmes conditions prescrites dans le paragraphe précédent.

Quant aux détachements venant du dépôt de Frankenthal, il sera arrêté et désigné des journées de marche. Le commissaire ordonnateur en chef y fera faire autant que possible des rassemblements de denrées par voies de réquisition. Si pour des cas imprévus ces détachements ne pouvaient recevoir leurs vivres dans ces lieux de passage, les officiers commandant seront autorisés à requérir la quantité de vivres nécessaires à leur troupe, et, pour pouvoir le faire légalement, leur ordre de départ fera toujours mention du droit qu'il leur est accordé à cet égard.

Il est bien entendu que ces officiers rendront compte comme il est dit ci-dessus.

Les réquisitions faites par l'ordonnateur en chef seront approuvées par M. le Maréchal, celles des commissaires des guerres par les généraux commandant les divisions, ou par le général commandant l'avant-garde pour ce qui le concerne.

Tous les bons de fournitures seront faits par nature de service et visés, à moins de circonstances extraordinaires, par le commissaire des guerres.

Les commissaires des guerres seront tenus d'envoyer à l'ordonnateur en chef, les 1er, 6, 11, 21 et 26 de chaque mois, l'état détaillé par nature de service des réquisitions qu'ils auront frappées et le relevé des distributions; ils seront responsables de l'exactitude de ces pièces.

L'ordonnateur en chef est chargé de comparer, dans le mois qui suivra les fournitures, les rations distribuées à l'armée avec les revues; il en transmettra le résultat à M. le Maréchal; au moyen de ces dispositions, il est expressément défendu à tout autre qu'à ceux désignés au présent ordre de faire des réquisitions.

Le Général, Chef de l'état-major général,

DAULTANNE.

3ᵉ CORPS D'ARMÉE.

Journée du 5 vendémiaire (27 septembre 1805).

Quartier général : Mannheim.

Avant-garde : En arrière de Helmstadt, sur les hauteurs.

Elle observe Waibstadt et Neunkirchen et envoie un parti sur Sinsheim.

(Le 1ᵉʳ chasseurs rejoint l'avant-garde.)

Un parti de 15 chevaux, escortant le colonel Marès et l'officier du génie détaché à l'avant-garde, pousse jusqu'au Neckar. On emploie la nuit à rassembler des bateaux pour faire un pont près d'Obrigheim. On n'a pas de nouvelles de l'ennemi. Une escouade de sapeurs arrive pendant la nuit.

1ʳᵉ division : Quartier général, Heidelberg.

Se porte sur Neckargemünd et prend position sur deux lignes :

La première sur les hauteurs en arrière du ruisseau de l'Elsenz, la droite à Ramenthal, la gauche à Neckargemünd.

La deuxième ligne sur les hauteurs de Wolfsbrünn, entre Heidelberg et Neckargemünd.

2ᵉ division : Quartier général, Mannheim.

Passe le Rhin et prend position :

33ᵉ et 48ᵉ, Neckarhausen.

108ᵉ et 111ᵉ, Seckenheim.

(Le 15ᵉ d'infanterie légère n'a pas rejoint [1].)

3ᵉ division : Quartier général, Dürkheim.

Cavalerie légère : Le 1ᵉʳ de chasseurs et le 7ᵉ de hussards arrivent à Mannheim à 7 heures du matin.

Parc de réserve : Kaiserslautern.

---

(1) Le 3ᵉ corps a passé le Rhin à Mannheim, sur un pont volant et plusieurs barques, et a passé le Neckar sur un pont de bateaux, à la sortie de la ville. (Journal de marche de la division Friant.)

Grande Armée : 3ᵉ corps. — Historique de l'artillerie.

Le 27 vendémiaire an xiv (19 octobre 1805).

Le corps d'armée aux ordres de M. le maréchal Davout, composé de trois divisions dont la 1ʳᵉ est commandée par le général Bisson, la 2ᵉ par le général Friant et la 3ᵉ par le général Gudin, d'une avant-garde aux ordres du général de brigade Eppler, et d'un petit corps de cavalerie légère commandé par le général Vialane, passe le Rhin, à Mannheim, le 7 vendémiaire. L'artillerie, aux ordres du général de division Sorbier, est répartie, le 8, dans les trois divisions et à l'avant-garde, une réserve est formée et placée sous les ordres du directeur du parc.

Composition du personnel et du matériel de chaque division, de l'avant-garde et de la réserve.

L'état détaillé en a été envoyé au général Pernetty le 20 vendémiaire dernier.

Le manque de chevaux de trait oblige M. le maréchal commandant en chef de donner l'ordre à M. le général Sorbier de laisser à Mannheim des bouches à feu avec leurs caissons et un certain nombre de voitures ; on attache au service de ce parc la 14ᵉ compagnie du 7ᵉ régiment d'artillerie à pied et la 1ʳᵉ du 5ᵉ à cheval (1).

Le 9, le corps d'armée se met en marche de Mannheim. Le corps de cavalerie légère est en tête de la colonne ; immédiatement après, l'avant-garde, et les divisions suivant leur ordre de bataille ; l'artillerie marchant en arrière de la division à laquelle elle est attachée. Le corps d'armée arrive le même jour à Heidelberg où est établi le quartier général. L'avant-garde est placée sur les hauteurs en avant ; les trois divisions sont campées à la droite, à la gauche et en arrière de cette ville.

Le 10, l'armée passe le Neckar sur un pont de bateaux, s'avance jusqu'au village de Mösbach et campe autour de ce village dans le même ordre que ci-dessus, l'artillerie parquée en arrière de chaque division et de l'avant-garde.

---

(1) Voir la lettre du général Songis, t. Iᵉʳ, p. 516.

Le 11, à Sindringen, en passant par Mœckmühl ; les colonnes ayant dû quitter la grande route à ce dernier village et suivre un chemin très détérioré à travers un bois touffu, les pièces et caissons ont eu beaucoup de peine à arriver dans le courant de la nuit à Sindringen.

Le 12, le corps d'armée, en passant le Kocher près Ingelfingen, est venu établir ses bivouacs sur les hauteurs d'Ilshofen et le 13 à Nesselsbach ; pendant ces deux journées l'artillerie a eu beaucoup à souffrir, ayant à traverser un pays très montueux et où les chemins creux n'ont pas la voie ordinaire.

Le 14, le corps d'armée est passé sur le pays prussien et sur les glacis de Crailsheim et de Dinkelsbühl, et n'a pu établir que fort tard ses bivouacs à Mönchsroth, village de la principauté d'Œttingen. L'artillerie des 2e et 3e divisions n'a pu rallier le corps d'armée que le lendemain à environ 3 heures du matin, à raison des mauvais chemins et de la longueur de la route.

Le 15, le parc de réserve qui était resté en deçà du Neckar a rallié le corps d'armée qui s'est porté ce jour-là à Œttingen.

Le 16, l'armée a pris position autour du village de Rennertshofen après avoir passé la Wörnitz. La cavalerie légère, aux ordres du général Vialanne, a eu le soir un engagement avec un corps d'houlans, dont quelques-uns ont été faits prisonniers. Le même jour, d'après les intentions de M. le maréchal, M. le général Sorbier, commandant l'artillerie, donne l'ordre au colonel Charbonnel de rassembler toutes les pièces de 8 et obusiers des divisions et de la réserve, de se porter le lendemain à 3 heures du matin sur la rive gauche du Danube, vis-à-vis Neubourg, afin de protéger les travailleurs qui devaient rétablir le pont en partie détruit par les Autrichiens et faciliter le passage de vive force, dans le cas où cela serait nécessaire, des troupes du corps d'armée, pendant que les pièces de 4 se rendraient à Steppberg et passeraient le Danube avec l'avant-garde sur des radeaux construits par les officiers du génie.

Le 17, trois régiments d'infanterie ayant passé le Danube à Steppberg, les Autrichiens, aux ordres du général Kienmayer, évacuent la ville de Neubourg, où ils laissent des malades et des blessés. L'armée prend position près de cette ville, l'avant-garde et la 1re division à environ trois quarts de lieue sur la route de Munich, les 2e et 3e divisions sur la rive droite du Danube.

L'artillerie, réunie sur les glacis de Neubourg, est rendue aux divisions.

Le 18, le corps d'armée s'étant portée sur Aicha, le 2ᵉ régiment de chasseurs, faisant partie de l'avant-garde, a chargé, en avant de cette ville, les hussards de Blankenstein, qui ont perdu environ 40 hommes tués ou blessés, dont un officier.

Le 19, l'armée reste dans la position d'Aicha; M. le général Sorbier a profité de ce séjour pour faire marquer et incorporer dans le train tous les chevaux de réquisition abandonnés par leurs conducteurs, et il a obtenu de M. le maréchal Davout que tous les chevaux autres que ceux accordés pour les équipages des officiers généraux, ceux des corps et des administrations militaires, seraient mis à la disposition de l'artillerie. Cette mesure, n'ayant pas reçu dans toutes les divisions son exécution pleine et entière, n'a pas produit autant de chevaux qu'on aurait pu l'espérer.

Le 20, la cavalerie légère ayant rencontré près du village d'Oberroth l'arrière-garde du général Kienmayer, lui a fait des prisonniers. L'armée a bivouaqué en avant, à droite et en arrière de ce village.

Le 21, l'avant-garde s'est portée à 2 lieues de Munich et les divisions ont pris position à Dachau, où est établi le quartier général. Le 22, d'après des nouvelles dispositions, une partie du corps d'armée a fait un mouvement coordonné avec celui des autres corps; l'avant-garde a pris, en conséquence, position à Germering; la 1ʳᵉ division se porte à Greifenberg et trois régiments de la 2ᵉ, aux ordres du général Kister, ont établi leur bivouac sur la route de Landsberg; l'artillerie, dans tous ces mouvements, a suivi ceux des divisions auxquelles elle est attachée.

Le parc de réserve a toujours suivi, dans les marches, les mouvements de la 3ᵉ division.

Les 23, 24, 25, 26 et 27 on a occupé les mêmes positions.

A Dachau, le 27 vendémiaire an XIV.

Le Colonel,
Chef de l'état-major de l'artillerie du 3ᵉ corps,

(A. A.) V. CHARBONNEL.

L'Empereur au maréchal Davout.

Strasbourg, le 5 vendémiaire an xiv (27 septembre 1805).
(Reçue le même jour.)

Mon Cousin, je reçois votre lettre du 4 vendémiaire (*26 septembre*). J'en reçois une, en même temps, du maréchal Soult, qui me dit que votre ordre porte de vous rendre à Heilbronn. Vous avez dû recevoir, du ministre de la guerre, l'ordre de passer à Mannheim, Heidelberg, et de vous rendre à Neckarelz. Vous recevrez des ordres pour votre marche par Möckmühl, Ingelfingen, Geislingen, Crailsheim, Dinkelsbühl, Fremdingen et Nördlingen ; et le maréchal Soult suivra la route de Spire, Wiesloch, Sinsheim, Heilbronn, OEhringen, Hall, Gaildorf, Abstgmünd, Aalen ; ainsi vous l'aurez toujours à peu de chemin sur votre droite. Le maréchal Bernadotte et le général Marmont doivent être sur votre gauche, devant se rendre de Würtzbourg sur le Danube. Je désire que vous envoyiez un officier d'état-major au général Marmont, et que vous placiez des postes de manière à communiquer à toutes vos couchées, soit pour lui faire passer des renseignements de la gauche, soit pour le secourir et en être secouru. On m'avait assuré que l'on avait fait un pont de bateaux à Mannheim. Envoyez-moi tous les jours un officier, afin que je puisse bien connaître votre situation, non seulement sous le point de vue du nombre de vos troupes et de leur armement, mais aussi de vos approvisionnements de bouche et de guerre, et de votre artillerie.

NAPOLÉON (1).

Ordre de marche pour le 6 vendémiaire (*28 septembre*).

Au quartier général, à Mannheim, le 5 vendémiaire an xiv
(27 septembre 1805).

L'avant-garde prendra position sur les hauteurs de Neckarelz, la droite au Neckar. Elle poussera des avant-postes sur la route de Mergentheim et s'éclairera par la rive droite du Neckar sur Wimpfen.

---

(1) *Correspondance de Napoléon*, n° 9272.

Le général Eppler emploiera tous les moyens qui sont à sa disposition, tant par les sapeurs que par les autres troupes à ses ordres, pour hâter la construction du pont que l'adjudant-commandant Marès est chargé de faire construire près le village d'Obrigheim.

Le corps du général Bisson prendra position en avant de Neunkirchen, la gauche au Neckar et la droite vers Helmstadt qu'il fera occuper et poussera des avant-postes et des reconnaissances sur la route de Wimpfen.

La division du général Friant prendra position à Neckargemünd, la gauche au Neckar et la droite à Bammenthal.

La cavalerie légère de réserve, composée du 7ᵉ régiment de hussards et du 1ᵉʳ régiment de chasseurs à cheval, aux ordres du général Vialanne, viendra s'établir près de Heidelberg sur la rive gauche du Neckar, sans dépasser cette ville.

La division du général Gudin passera le Rhin demain 6.

La brigade du général Petit sera établie à Neckarhausen et celle du général Gautier à Seckenheim.

Le quartier général de M. le maréchal sera établi à Heidelberg.

Les ordonnances envoyés au quartier général s'adresseront à l'état-major général pour prendre les renseignements sur les logements des personnes pour lesquelles elles sont chargées de dépêches.

Le payeur principal de l'armée restera à Mannheim jusqu'à ce qu'il ait fait la distribution des fonds qui lui sont annoncés. Les officiers payeurs des corps sont autorisés à y rester, jusqu'à ce qu'ils aient touché les fonds que le payeur aura à leur compter.

Les généraux commandant les divisions établiront des postes de correspondance entre leurs divisions respectives.

La 1ʳᵉ division recevra, demain, la viande pour deux jours. Le commissaire ordonnateur en chef est chargé de désigner les points de distribution et d'en donner connaissance au général de division.

Organisation de la division de cavalerie légère.

Le 2ᵉ régiment de chasseurs à cheval fournira à chacune des trois divisions 50 chevaux. Ces détachements seront commandés chacun par un chef d'escadron ou un capitaine.

Indépendamment de ces détachements, le 12° régiment de chasseurs à cheval fournira 6 ordonnances près de chacun des généraux de division Bisson, Friant et Gudin, 10 et 1 maréchal des logis à l'état-major général, 2 près de chacun des généraux de brigade.

1re division. { Eppler. Demont. Debilly.

2e division. { Heudelet. Grandeau. Lochet.

3e division. { Petit. Gautier.

Le reste du régiment se réunira à la réserve de cavalerie légère sous les ordres du général Vialanne.

Il est expressément défendu aux officiers d'état-major de se faire suivre par des ordonnances ; lorsqu'il y aura des reconnaissances ordonnées, il leur sera fourni un détachement de cavalerie qui devra être pris dans celui de 50 hommes détaché aux divisions.

Tous les régiments de cavalerie légère qui n'auraient point encore fourni les 10 hommes d'élite pour la garde particulière de M. le maréchal, les enverront à Heidelberg.

Le général Vialanne est chargé de l'exécution du présent ordre, et donnera tous ceux nécessaires pour faire rentrer tous les autres ordonnances détachés soit près des généraux ou toute autre personne.

Organisation de la gendarmerie.

Il sera détaché à l'avant-garde 10 gendarmes et 1 brigadier ou maréchal des logis très intelligent et parlant l'allemand ainsi que ses gendarmes.

A la 1re division, 10 hommes et 1 maréchal des logis.

A la 3e division, 10 hommes et 1 officier.

Près le commissaire ordonnateur en chef, 12 hommes et 1 brigadier.

Le reste de la gendarmerie, ainsi que le capitaine Saulnier, à l'état-major général.

Les gendarmes seront non seulement chargés de la police, mais encore de porter et de faire mettre à exécution les diverses réquisitions ordonnées par les commissaires des guerres.

La cavalerie légère ne sera jamais employée à ce genre de service, à moins de nécessité et sur un ordre exprès du général de division.

Le capitaine Saulnier est chargé de l'exécution du présent ordre.

M. le maréchal prévient les corps d'armée que Sa Majesté l'Empereur est arrivé à Strasbourg le 4 vendémiaire (*26 septembre*) et qu'il vient prendre en personne le commandement de ses braves et fidèles soldats.

Le Général, Chef de l'état-major général,

(A. G.)   Daultanne.

Le Major général au maréchal Davout.

Strasbourg, le 6 vendémiaire an xiv (28 septembre 1805).

Monsieur le Maréchal,

Je vous préviens que je viens d'écrire au Landgrave de Hesse-Darmstadt pour que son corps d'armée, composé de 4,000 hommes, soit rendu à Mergentheim le 12 vendémiaire (*4 octobre*), pour être à vos ordres.

Vous donnerez à ce corps d'armée des ordres ultérieurs, lorsqu'il sera arrivé à sa destination.

Maréchal Berthier.

Écrire à Son Altesse Sérénissime le Landgrave de Hesse-Darmstadt que je me félicite de la nouvelle qui m'annonce que son corps d'armée doit, avec celui que j'ai l'honneur de commander, concourir au triomphe de la plus juste des causes, que je ne doute point que ses officiers et ses soldats ne rivaliseront de zèle et de courage avec les nôtres.

Que voulant mettre de l'ensemble dans les opérations, je le prie de me faire part des mouvements de ses troupes, du chemin qu'elles prendront pour se rendre à leur destination.

Pour ne point retarder les opérations, je le prie de donner ses ordres pour que le 12 (*4 octobre*) les hommes, à Mergentheim, aient des vivres, pain et viande, pour jusqu'au 16 inclus (*8 octobre*), la cavalerie de l'avoine pour jusqu'au 5 inclus, et du foin pour deux jours.

Qu'il est à désirer aussi que son corps d'armée ait à sa suite pour huit jours de biscuit et autant de viande sur pied, pour, par des distributions régulières, ôter tout prétexte à la maraude et de prendre des mesures pour, autant que possible, approvisionner en munitions de guerre et de bouche ses troupes.

Le prier d'ordonner à ses généraux de communiquer à celui que j'ai l'honneur de lui adresser tous les renseignements qui peuvent concourir de mettre de l'ensemble dans nos opérations.

Donner une instruction au général Kister, porteur de cette lettre, pour qu'il prenne connaissance du nombre de troupes; qu'il réclame un état de situation de ce corps d'armée, le nom des généraux, colonels, officiers d'état-major, leur organisation, l'état de leur artillerie en canons, comme en munitions, etc., de leur ambulance, de leur administration, de leurs munitions d'infanterie, en un mot, de tout ce qui est nécessaire à un corps d'armée en campagne.

Qu'il engage fortement le Landgrave à prendre les mesures pour remplir les vues de notre Empereur.

Le général Kister mettra dans cette mission cet esprit de conciliation qui lui est propre et qui est *nécessaire avec des alliés.*

Il me rendra compte *des marches* et de toutes les dispositions de ces troupes, avec qui il restera jusqu'à notre jonction.

Le Maréchal,
L. Davout.

Si on parle au général Kister de ces ordres comme motifs de cesser nos réquisitions et, par conséquent, de ne point les exécuter, il observera que, sans mettre l'armée dans le cas de vivre irrégulièrement, il ne faut pas les retarder d'un seul jour; qu'au surplus, que cette manière d'exister n'est que pour le moment; que d'immenses approvisionnements doivent arriver de France.

Le Maréchal,
L. Davout.

Le général Kister devra reconnaître toutes les ressources que nous pourrions retirer de Mergentheim, s'il serait possible d'y établir des ambulances, des hôpitaux, etc.

Donner au général Kister l'officier du génie qui sera chargé particulièrement d'examiner si, avec peu de travaux, on peut mettre Mergentheim à l'abri d'un coup de main de troupes légères et de reconnaître cette position.

Le Maréchal,

L. DAVOUT.

Le général de brigade Daultanne, chef de l'état-major général, à M. le général de division Gudin.

Au quartier général, à Mannheim, le 6 vendémiaire an XIV
(28 septembre 1805).

La 3e division a reçu, à Oggersheim, le pain jusqu'au 10 inclus et la viande jusqu'au 9 inclus.

Les détachements de cavalerie légère détachés près les divisions prendront le pain et la viande, de manière à être au courant des subsistances avec les divisions auxquelles ils sont attachés.

Lorsque l'artillerie des divisions aura rejoint, les hommes et les chevaux seront mis, pour les vivres et fourrages, au courant des divisions auxquelles elle est attachée.

Le Général,
(A. G.) *Chef de l'état-major général.*

DAULTANNE.

3e CORPS D'ARMÉE.

Journée du 6 vendémiaire (28 septembre).

Quartier général : Mannheim.

Avant-garde : Quartier général, Neckarelz.

Sur les hauteur de Neckarelz, la droite au Neckar, éclairant Wimpfen et la route de Mergentheim.

Le pont, commencé à 8 heures du matin, fut achevé à 3 heures après midi.

L'avant-garde passa, aussitôt qu'elle fût arrivée, le Neckar. Il a environ 160 mètres de large et est assez rapide dans cet endroit.

1re *division :* Quartier général, Neunkirchen.

En avant de Neunkirchen, la gauche au Neckar, la droite à Helmstadt.

2e *division :* Quartier général, Neckargemünd.

Le 111e dans les rues de Neckargemünd, les autres régiments en colonne dans la vallée de Heidelberg à la rive gauche du Neckar.

3e *division :* Quartier général, Mannheim.

Passe le Rhin et s'établit à Neckarhausen, la gauche à Seckenheim.

Cavalerie légère : Le régiment de chasseurs, qui avait passé le Rhin à Spire, rejoint la cavalerie à Heidelberg.

Parc : Dürkheim.

Journal de marche de la division Friant.

De Seckenheim à Neckargemünd, le 6 vendémiaire an XIV
(28 septembre 1805).

De Mannheim à Heidelberg, la route est belle, large, ferrée, presque plane, et ne commence à monter (d'une manière peu forte d'ailleurs) qu'une lieue avant Heidelberg. Le pays est aussi fertile, varié par ses riches productions, que l'Alsace : de gros et nombreux bourgs et villages annoncent la bonté du pays ; les revers des montagnes voisines d'Heidelberg, couverts de champs bien cultivés, de vignes et couronnés de bois et de ruines de vieux châteaux, offrent un coup d'œil enchanteur.

De Heidelberg à nos bivouacs, le chemin, quoiqu'étroit, est bon et bien ferré ; il a peu de montées et descentes, il est presque toujours à mi-côte du revers gauche du vallon. La gauche de nos bivouacs s'appuyait au Neckar et notre droite à l'Elsenz, très petite rivière qui se jette dans le Neckar au-dessous de Neckargemünd, et qui coulait derrière nous. Notre position n'était donc pas militaire puisque, outre cet inconvénient, la vallée et le chemin sont étroits ; mais l'ennemi n'était point en présence.

Ordre de marche pour le 7 vendémiaire (29 septembre).

Au quartier général, à Mannheim, le 6 vendémiaire an XIV
(29 septembre 1805).

L'avant-garde prendra position à trois lieues en avant de Neckarelz sur la route de Möckmühl, qu'elle fera occuper par des avant-postes de cavalerie.

Le général Eppler recevra l'ordre d'établir deux postes sur la route de Wimpfen et d'Heilbronn et tâchera, par son parti, de communiquer avec les troupes du maréchal Soult, qui est en marche sur ce point.

Il fera occuper Adelsheim et poussera quelques partis sur la route de Mergentheim pour avoir des nouvelles du général Marmont, qui se porte sur ce point.

Le corps du général Bisson passera le Neckar à Obrigheim, et prendra position sur les hauteurs de Neckarelz, la droite au Neckar; il établira de forts postes entre lui et son avant-garde.

La division du général Friant prendra position en avant de Neunkirchen, la gauche au Neckar et la droite vers Helmstadt, qu'il fera occuper, s'il ne l'est déjà par les troupes aux ordres de M. le maréchal Soult.

Il poussera des reconnaissances sur la route de Wimpfen et communiquera par sa droite avec les troupes de M. le maréchal Soult et par sa gauche avec la division du général Bisson.

Le général Friant ne commencera son mouvement qu'après que la cavalerie légère aura dépassé la position qu'il occupe maintenant.

La division du général Gudin prendra position à Neckargemünd, la gauche au Neckar, la droite à Ramenthal; il communiquera par sa droite et par des reconnaissances avec les troupes de M. le maréchal Soult, qui sont à Sinsheim.

La cavalerie légère de réserve aux ordres du général Vialanne prendra position sous Obrigheim, la gauche au Neckar, et se trouvera placé entre les divisions des généraux Bisson et Friant.

(A. G.)

Le Général,
Chef de l'état-major général,

DAULTANNE.

P.-S. — Les généraux de division préviendront les autorités civiles des lieux où ils passeront que tous les habitants qui dépasseraient les avant-postes s'exposeraient à être traités comme espions.

Le maréchal Davout à l'Empereur.

Mannheim, le 7 vendémiaire an XIV (29 septembre 1805).

Sire,

J'ai l'honneur d'adresser à Votre Majesté les comptes qu'elle me demande par sa lettre du 4 (*26 septembre*) (1).

L'avant-garde se porte aujourd'hui entre Neckarelz et Mœckmühl, qu'elle fait occuper par des avant-postes.

Le général Eppler, qui commande cette avant-garde, composée du 2ᵉ régiment de chasseurs à cheval, du 13ᵉ régiment d'infanterie légère et de deux pièces de 4, poussera des reconnaissances sur les routes de Wimpfen, d'Heilbronn et de Mergentheim, pour communiquer avec les troupes du maréchal Soult et du général Marmont.

La division du général Bisson prendra position aujourd'hui à une lieue en avant de Neckarelz, la droite à Neckarzimmern, sur la route de Heilbronn.

Demain, la division du général Friant, qui est à Neunkirchen, ralliera la première ; elle se placera à sa gauche, à cheval sur la grande route de Mergentheim, et occupera par sa gauche le vallon de l'Elzbach ; le même jour, la 3ᵉ division occupera, en deuxième ligne, les villages de Diedesheim, Neckarelz, Mösbach ; ainsi toute l'armée se trouvera ralliée demain.

Le personnel et le matériel de l'artillerie rejoignent aujourd'hui les différentes divisions auxquelles ils sont attachés.

La division de cavalerie du général Nansouty. dont je n'ai pas encore reçu de nouvelles, doit, d'après les ordres du prince Murat, que je lui ai envoyés par un officier, arriver aujourd'hui à Oggersheim. Elle passera aussitôt le Rhin et se portera dans la plaine d'Heidelberg.

---

(1) *Correspondance de Napoléon*, n° 9272. Elle est datée du 5.

Le corps d'armée attendra dans cette position les ordres que Votre Majesté me fera donner.

J'ai fait connaître ma marche au maréchal Soult et au général Marmont; je me lierai à eux par des postes et par des partis.

L'armement des soldats est bon, à l'exception de 500 armes qui manque au 15ᵉ d'infanterie légère qui est arrivé ici dans le plus mauvais ordre, n'ayant que des armes défectueuses et aucun effet de campement.

Les soldats ont reçu 50 cartouches; comme il s'en est trouvé beaucoup d'avariées, je les ai fait remplacer aujourd'hui. Ces avaries viennent de ce qu'elles ont été envoyées sur des voitures découvertes. Il est nécessaire que le général Songis nous en envoie, pour les remplacer, de deux à trois cent mille, le nombre des avaries se portant à cette quantité.

Nos approvisionnements de bouche sont très satisfaisants, malgré que l'intendant général n'ait fait fournir que vingt-deux mille rations de biscuit. Mannheim et Heidelberg nous en fournissent cent quarante mille. J'ai l'espérance que Worms nous en confectionnera, dans très peu de jours, cent mille; ainsi mes approvisionnements dans ce genre seront de sept à huit jours.

Le pays que nous occupons nous fournira, par la voie des réquisitions, pour quatre jours de pain pour l'armée, qui en aura jusqu'au 12 (*4 octobre*).

Tous les pays exécutent ces réquisitions sans difficulté, excepté la régence de Darmstadt, mais qui fournira, quoique de mauvaise grâce.

Le service de la viande n'éprouve aucun retard.

Le service des fourrages est assuré par les mêmes voies.

Les troupes reçoivent leurs distributions régulièrement, comme en France; aussi se conduisent-elles avec la meilleure discipline.

Ainsi que j'ai eu l'honneur de rendre compte à Votre Majesté, il y a eu très peu de désertions dans les corps; peu de malades; quelques permissionnaires se trouvent encore en arrière à cause des dernières marches forcées; ils se réuniront à Frankenthal avec les éclopés que les différents régiments y ont envoyés, et qui serviront d'escorte aux convois de biscuit et autres.

On n'a point jeté de pont de bateaux à Mannheim, et aucun ponton n'y a été envoyé. Mais, par la réunion de tous les bacs qui se trouvaient depuis Worms jusqu'à Philippsbourg, le passage a été très prompt.

Nous n'avons, sur la rive gauche, que la division de grosse cavalerie..

Depuis deux jours, il nous est arrivé de 600,000 à 700,000 fr.; la solde est alignée jusqu'au 15 vendémiaire (*7 octobre*); les officiers ont reçu leur indemnité de route, et les corps de très forts acomptes sur les journées dues pour le confectionnement des souliers et des capotes. Ils vont se servir de cet argent pour retirer ce qui est confectionné, ce qu'ils n'ont pu faire jusqu'à présent, faute de fonds.

Tous les états qu'a demandés le ministre vont lui être adressés incessamment.

J'ai été obligé de faire jeter un pont sur le Neckar à Obrigheim, où l'on est obligé de passer pour aller à Neckarelz. Ce pont a été jeté avec beaucoup de zèle et d'intelligence par l'adjudant commandant Marès, secondé par les habitants du pays. Mais comme nous ne les trouverions pas toujours en aussi bonne disposition, je prie Votre Majesté de donner des ordres afin qu'il soit attaché une compagnie de pontonniers à ce corps d'armée, où il n'en existe pas un seul.

Nous avons deux compagnies de sapeurs qui sont entièrement dépourvus d'outils. Il serait extrêmement essentiel qu'il leur fût envoyé un caisson chargé d'un assortiment d'outils.

La route que Votre Majesté a ordonnée à ce corps d'armée me rendra le service des sapeurs et des pontonniers très fréquent.

Il y a quarante-huit heures que les Autrichiens avaient un parti de 400 à 500 chevaux à Pforzheim; le même agent m'a confirmé que l'Empereur était à Ulm et qu'il se faisait quelques mouvements de troupes en avant. Ce qui le prouverait, c'est que plusieurs baillis du côté de Mosbach ont refusé, jusqu'à l'arrivée de nos troupes, d'obtempérer aux réquisitions qui ont été portées par nos estafettes, sous le prétexte qu'ils avaient reçu des ordres de préparer des vivres pour les Autrichiens.

L'ennemi n'a point paru jusqu'à dix ou douze lieues sur toute l'étendue de notre front.

J'ai fait partir dans la nuit du 4 au 5 (*25-26 septembre*) un parti de 40 chevaux, qui se divisera sur quatre routes de postes de Würtzbourg à Ulm, où j'ai appris que les Autrichiens avaient de fréquents courriers; ils doivent rentrer le 9 (*1er octobre*). J'espère qu'ils auront pris quelques dépêches, que j'aurai l'honneur d'envoyer de suite à Votre Majesté.

J'ai l'honneur.....

DAVOUT.

Le maréchal Davout au maréchal Berthier.

Mannheim, le 7 vendémiaire an XIV (29 septembre 1805).

Monsieur le Maréchal,

J'ai reçu les diverses dépêches que Votre Excellence m'a fait l'honneur de m'adresser, notamment celle par laquelle vous me faites connaître la jonction qui doit s'opérer, avec le corps que j'ai l'honneur de commander, des troupes de Son Altesse Sérénissime le Landgrave de Hesse-Darmstadt.

Je vais écrire à ce prince pour lui donner connaissance des ordres que m'a donnés Votre Excellence relativement à son corps d'armée ; pour pouvoir mettre de l'ensemble dans les opérations, je le prie de me faire part des mouvements de ses troupes et du chemin qu'il se propose de leur faire tenir pour qu'elles se rendent à la destination que vous leur avez fixée ; je l'engage en outre à pourvoir à la subsistance de son corps d'armée, afin de lui assurer des distributions régulières, ainsi qu'elles ont lieu pour les troupes de Sa Majesté ; enfin je l'invite à lui procurer un approvisionnement de huit jours de biscuit.

J'envoie près de ce prince le général Kister, que je charge de prendre connaissance de la force, de la composition de son corps d'armée, tant en personnel qu'en matériel en tout genre. J'ai l'honneur de faire observer à Votre Excellence que ma dépêche pour le Landgrave, ainsi que le général Kister, ne partiront qu'après le retour de l'aide de camp que vous avez dépêché près de ce prince.

Le service des ambulances étant dans un entier dénuement à ce corps d'armée, j'ai l'honneur de rendre compte à Votre Excellence des mesures que je viens de prendre pour l'assurer autant qu'il est en moi.

J'ai chargé le commissaire ordonnateur en chef d'organiser en brigade des voitures de réquisition, et pour empêcher la désertion des charretiers, je l'ai autorisé à leur faire payer des acomptes sur le traitement qui leur est accordé par l'Empereur et à les faire jouir d'une ration de viande, indépendamment des deux rations de pain auxquelles ils ont droit. J'ai en outre, autorisé l'ordonnateur à faire des réquisitions de linge, de médicaments et généralement de tout ce qui peut être nécessaire pour les premiers secours à donner à 600 blessés.

Dès demain, les équipages d'ambulance des deux premières divisions seront organisés et partiront pour les rejoindre ; ceux de la 3e partiront également après-demain.

Des ordres ont été donnés pour faire mettre les officiers de santé des corps, les chirurgiens-majors exceptés, à la disposition des officiers de santé principaux pour le service de ces ambulances, conformément à l'ordre général de l'armée.

L'avant-garde s'est portée, aujourd'hui, entre Neckarelz et Möckmühl, qu'elle fait occuper par des avant-postes ; cette avant-garde, composée du 2e régiment de chasseurs à cheval, du 13e régiment d'infanterie légère et de 2 pièces de 4, le tout aux ordres du général Eppler, doit pousser des reconnaissances sur les routes de Wimpfen, d'Heilbronn et de Mergentheim, pour communiquer avec les troupes du maréchal Soult et du général Marmont.

La division du général Bisson a pris position, aujourd'hui, à une lieue en avant de Neckarelz, la droite à Neckarzimmern sur la route d'Heilbronn.

Demain 8 (*30 septembre*), l'avant-garde prendra position sur les hauteurs en arrière de Möckmühl, ayant des postes sur la rive gauche de la Jagst et poussant des reconnaissances sur Sindringen ; elle continuera à faire observer les routes de Mergentheim et de Neuenstadt.

Le corps aux ordres du général Bisson passera le Neckar à Obrigheim et prendra position en avant de Mosbach, la droite au Neckar à la hauteur de Neckarzimmern et la gauche vers la route de Mergentheim.

La division aux ordres du général Friant prendra position en avant de Mosbach, à cheval sur la grande route de Mergentheim, appuyant sa droite à la gauche du général Bisson et occupant par sa gauche la vallée de l'Elzbach.

La brigade de cavalerie légère, commandée par le général Vialanne, passera le Neckar et prendra position près le village de Neckarelz.

La division aux ordres du général Gudin prendra position près d'Obrigheim sur la rive gauche du Neckar.

La division de grosse cavalerie du général Nansouty est aujourd'hui à Oggersheim ; demain elle passera le Rhin à Mannheim et viendra s'établir à Seckenheim et villages environnants.

Nos approvisionnements de bouche sont très satisfaisants ; le pays que nous occupons fournira, par voie de réquisition, quatre jours de pain ; Mannheim et Heidelberg nous fournissent 140,000 rations de biscuit. J'ai l'espérance d'en tirer 100,000 de Worms sous très peu de jours, et par ce moyen, mes approvisionnements en ce genre pourront être de sept à huit jours, quoique l'intendant général ne m'ait fait fournir que 22,000 rations.

Le service de la viande marche avec beaucoup de facilité ; celui des fourrages est également assuré.

Je n'ai qu'à me louer de la bonne discipline des troupes.

Au moyen des fonds qui ont été versés dans la caisse du payeur principal du corps d'armée, la solde arriérée a été alignée et celle courante assurée dans la caisse des corps jusqu'au 15 (*7 octobre*) du courant.

De forts acomptes ayant été payés aux corps pour l'achat des souliers et des capotes, je leur ai ordonné d'en faire prendre livraison dans le plus court délai et de les faire transporter sur-le-champ à l'armée.

On me rend compte, à l'instant, que 38,000 rations de biscuit viennent d'arriver ; je les fais transporter à Mosbach avec les autres ; ces 50,000 rations y seront rendues après-demain.

J'ai donné des ordres pour qu'on transporte sans délai, dans cet endroit, tout le biscuit qui se confectionne à Worms, Mannheim et Heidelberg.

J'ai été obligé de laisser à Mannheim 6 pièces de 12 et leurs caissons, 6 pièces de 8, 3 obusiers avec des caissons ; le rapport ci-joint du général Sorbier fera connaître à Votre Excellence notre situation pour ce qui tient à l'artillerie.

J'attends les états des divisions que vous avez demandés ; j'aurai l'honneur de vous les adresser incessamment.

N'ayant point reçu de Votre Excellence de réponse à la lettre que j'ai eu l'honneur de lui écrire d'Oggersheim le 4 de ce mois, sur l'établissement des dépôts de Frankenthal (1), je la prie de nouveau de vouloir bien la prendre en considération.

Salut et respect.

L. DAVOUT.

P.-S. — La division de cavalerie étant passée, et ayant achevé tout ce qui pouvait me retenir ici, j'ai l'honneur de prévenir Votre Excellence que ce soir je pars pour Heidelberg et demain, de grand matin, à Mosbach où l'armée s'est réunie aujourd'hui.

L. DAVOUT.

Je reçois, au moment où je me rendais à Heidelberg, les différentes dépêches, du 7 vendémiaire, de Votre Excellence ; j'ai l'honneur de vous en accuser réception.

Le compte que je vous rends, par cette lettre, donnera l'assurance à Votre Excellence que les intentions de l'Empereur sont déjà remplies.

Depuis deux jours j'ai des officiers d'état-major en reconnaissance sur la route de Möckmühl et d'Ingelfingen ; je vous en adresserai le résultat.

Pour ce qui regarde les troupes du Landgrave, je crois devoir vous envoyer une lettre, que je reçois à l'instant, de l'officier que vous m'avez dépêché.

L. DAVOUT.

Le maréchal Davout au grand écuyer de l'Empire Caulaincourt.

Mannheim, le 7 vendémiaire an XIV (29 septembre 1805).

Monsieur le Grand Écuyer,

J'ai reçu la lettre que vous m'avez fait l'honneur de m'écrire le 4 de ce mois pour me faire connaître les intentions de Sa Majesté, relativement au logement qui doit lui être marqué à mon quartier général.

---

(1) D'après la note en marge de la lettre de Davout, du 4 vendémiaire, le Ministre n'a répondu que le 7, en déclarant inutile ce dépôt de convalescents.

J'ai donné des ordres en conséquence, et pour qu'il soit préparé des écuries pour 100 chevaux, j'aurai soin de faire suivre les mouvements du quartier général, aux chevaux qui y seront envoyés.

Agréez, etc..... *Le Maréchal*,

L. DAVOUT.

Le maréchal Davout
à Son Altesse Sérénissime le prince de Hesse-Darmstadt.

Mannheim, le 7 vendémiaire an XIV (29 septembre 1805).

Je m'empresse de témoigner à Votre Altesse Sérénissime combien j'ai à me féliciter de la nouvelle qui m'annonce que votre corps d'armée doit, avec celui que j'ai l'honneur de commander, concourir au triomphe de la plus juste des causes. Je ne doute point qu'officiers et soldats ne rivalisent de zèle et de courage avec les nôtres.

Désirant mettre de l'ensemble dans les opérations, je prie Votre Altesse Sérénissime de me faire part des divers mouvements de ses troupes, du chemin qu'elles tiendront pour se rendre à leur destination.

Afin de ne point retarder les opérations, j'invite Votre Altesse Sérénissime de donner les ordres nécessaires pour que le 12 vendémiaire (*4 octobre*), époque de l'arrivée de vos troupes à Mergentheim, elles aient du pain et de la viande jusqu'au 16 (*8 octobre*).

La cavalerie, de l'avoine pour trois jours et du foin pour deux jours.

L. DAVOUT.

Le maréchal Davout au général Nansouty.

Mannheim, le 7 vendémiaire an XIV (29 septembre 1805).

Monsieur le Général,

J'ai lu avec étonnement une lettre de votre commissaire des guerres à un de ses collègues de cette armée établi à Oggersheim pour assurer les services, qui annonce que l'on peut disposer des approvisionnements qui ont été faits pour votre division, attendu qu'il a reçu l'ordre de vous de faire vivre les troupes dans les cantonnements que vous leur avez assignés. Cette manière de faire subsister des troupes, surtout dans l'intérieur, est contraire aux intentions et aux ordres de Sa Majesté. Je ne la tolérerai pas un quart d'heure.

Les mesures pour assurer la subsistance des hommes et des chevaux sur la rive droite sont prises ; tous les ordres qui ont été donnés à cet égard vous seront transmis par mon chef d'état-major. Vous voudrez bien vous y conformer. Je sais qu'il est des circonstances à la guerre où il est impossible d'assurer des distributions régulières. Dans ces cas, que je m'appliquerai à rendre les plus rares possible, les généraux de division ont toute la latitude pour y pourvoir. Je ne puis trop vous inviter, Général, à faire tenir à vos troupes dans le pays que nous allons parcourir, la plus exacte discipline ; l'intention de l'Empereur est de les traiter comme des amis, la sûreté des soldats isolés qui rejoindront la Grande Armée fait une loi à leur camarades de ne pas donner au peuple des motifs de vengeance.

Je dois vous témoigner, Général, mon étonnement de n'avoir point reçu de nouvelles de votre marche, ni d'accusé de réception des ordres du Prince Murat, que j'ai été chargé de vous faire passer.

Le Maréchal,

L. DAVOUT.

Le général de brigade Gautier à M. le général de division Gudin.

Wiesenbach, le 7 vendémiaire an XIV (29 septembre 1805).

Mon Général,

J'ai établi mon quartier au point de réunion des troupes de ma brigade pour marcher demain sur Langenzell-Schloss, où je me trouverai réuni à 7 heures et demie du matin, conformément à vos ordres. J'occupe les villages de Bammenthal, Reilsheim et Mauer qui se trouvent dans un rayon d'une demi-lieue ; les corps sont établis militairement.

La reconnaissance que j'ai envoyée sur Sinsheim me rapporte que le corps aux ordres de M. le maréchal Soult n'a point tenu cette direction ; que trente chasseurs du 2ᵉ régiment et quelques fantassins y ont passé et que le quartier général du corps du centre doit être établi aujourd'hui à Heilbronn. Je n'ai aucune nouvelle de l'ennemi.

Voilà, mon Général, les seuls renseignements que j'ai pu me procurer.

Agréez mon sincère et respectueux attachement,

(A. G.)   ───────────   Gautier.

3ᵉ CORPS D'ARMÉE.

Journée du 7 vendémiaire (29 septembre).

Quartier général : Mannheim.

Avant-garde : Quartier général, Mosbach.

Trois lieues en avant de Neckarelz, sur la route de Möckmühl. On occupe cette ville par un poste de cavalerie.

Le reste de la cavalerie à Mosbach.

Des officiers d'état-major et du génie poussent une reconnaissance jusque sous Crailsheim.

Les Prussiens paraissent très jaloux de conserver leur neutralité.

1ʳᵉ division : Quartier général, Neckarelz.

Passe le Neckar et prend position sur les hauteurs de Neckarelz, la droite au Neckar.

2ᵉ division : Quartier général, Neunkirchen.

En avant de Neunkirchen, la gauche au Neckar, la droite vers Helmstadt, communiquant, par sa gauche, avec la 1ʳᵉ division, et, par sa droite, avec le 4ᵉ corps, à la hauteur de Sinsheim, sur la route d'Heilbronn.

Le 15ᵉ d'infanterie légère, parti de Strasbourg, rejoint la division à Neunkirchen.

3ᵉ division : Quartier général, Neckargemünd.

En avant de Nekargemünd.

Cavalerie légère : La gauche appuyée au Neckar, à la hauteur d'Obrigheim.

Parc : L'artillerie passe le Rhin et marche après la 3ᵉ division.

Ordre de marche pour le 8 vendémiaire (30 septembre).

Au quartier général, à Mannheim, le 7 vendémiaire an XIV
(29 septembre 1805).

L'avant-garde prendra position sur les hauteurs en arrière de Möckmühl, ayant des postes sur la rive gauche de la Jagst et poussant des reconnaissances sur Sindringen, et continuant à faire observer les routes venant de Mergentheim et de Neuenstadt.

Le corps aux ordres du général Bisson passera le Neckar à Obrigheim et prendra position en avant Mosbach, la droite au Neckar, à la hauteur de Neckarzimmern, et la gauche vers la route de Mergentheim.

La division aux ordres du général Friant prendra position en avant de Mosbach, à cheval sur la grande route de Mergentheim, appuyant sa droite à la gauche du général Bisson, occupant par sa gauche la vallée de l'Elzbach.

La brigade de réserve de cavalerie légère aux ordres du général Vialanne passera le Neckar et prendra position près du village de Neckarelz.

La division aux ordres du général Gudin prendra position près d'Obrigheim, sur la rive gauche du Neckar.

La division de grosse cavalerie aux ordres du général Nansouty passera le Rhin à Mannheim et viendra s'établir à Seckenheim et villages environnants.

(A. G.)   *Le Général,
Chef de l'état-major général,*
DAULTANNE.

Journal de marche de la division Friant.

Le 7 vendémiaire an XIV (29 septembre 1805).

L'avant-garde occupe Neckarelz, sur la rive droite du Neckar, et établit des postes d'éclaireurs de cavalerie trois lieues en avant et sur la route de Wimpfen et d'Heilbronn; elle communique par ses partis, sur sa droite, avec la gauche du

4ᵉ corps, et, sur sa gauche, avec la droite du 2ᵉ corps, commandé par M. le maréchal (*sic*) Marmont.

La 1ʳᵉ division passe le Neckar, au-dessous de Neckarelz, sur un pont fait avec des bateaux du pays, et se met aussi en communication avec le corps du maréchal Marmont. Le Neckar a, dans cette partie, quarante à cinquante mètres de largeur; il est assez profond et ses rives, peu élevées, ont à peu près même hauteur.

La 2ᵉ division établit ses bivouacs en avant de Neunkirchen, son quartier général, petit village sur le revers d'une hauteur médiocre, à gauche et à une bonne lieue de la grand'route, sur laquelle l'artillerie se logea à Aglasterhausen. Notre gauche s'appuyait au Neckar, et notre droite, à Helmstadt, que nous occupâmes; le 4ᵉ corps n'y était point encore. Le chemin de traverse que nous parcourûmes, de Neckargemünd à Neunkirchen, est étroit, mais bon et bien ferré; il a beaucoup de montées et de descentes; nous passâmes par Aichach (?) et Schwanheim, nous traversâmes beaucoup de bois, et particulièrement en quittant Neckargemünd. Le pays est riche en pâturages, bois, fruits.

Ordre à M. le maréchal Davout.

Strasbourg, le 7 vendémiaire an xiv (29 septembre 1805),
à 9 heures du soir.

Le prévenir des mouvements que j'ai ordonnés à M. le maréchal Bernadotte et à M. le général Marmont. (Voir la lettre au maréchal Bernadotte.)

Ordonner au maréchal Davout d'envoyer des hommes du pays, comme voyageurs, pour suivre la première marche que fera M. le maréchal Bernadotte et revenir sur-le-champ près de lui pour le prévenir.

Lui dire que si le Landgrave de Hesse-Darmstadt a envoyé ses 4,000 hommes à Mergentheim, le maréchal Davout doit en former une colonne intermédiaire, qui marchera à sa hauteur.

Qu'il doit concentrer son armée sur Neckarelz, sur le Neckar.

Que de Mannheim, Heidelberg et de tous les autres pays voisins, il doit se pourvoir de pain, de manière à pouvoir faire une distribution le 10 (*2 octobre*), pour les 11, 12, 13 et 14, indépendamment des quatre jours de biscuit qu'il doit avoir, ce qui lui fera, à dater du 11 (*3 octobre*), pour huit jours de vivres, dont quatre en pain et quatre en biscuit.

Observer au maréchal Davout que la route qu'il doit suivre par Mergentheim l'éloigne beaucoup, et qu'il doit faire reconnaître sur-le-champ la route de Möckmühl, Ingelfingen, où l'on rentre dans la route de poste; qu'il doit m'envoyer le plus tôt possible la reconnaissance de cette route au quartier général de Ludwigsburg, où l'Empereur sera le 10.

Qu'il doit, le 9, à l'ordre de son armée, faire lire la proclamation (1) de l'Empereur, qui lui sera envoyée par l'aide-major général, chef d'état-major général.

Maréchal Berthier.

Rapport à M. le général de division Gudin.

Du 7 au 8 vendémiaire an xiv (29 au 30 septembre 1805).

La brigade de droite, composée des 12ᵉ et 21ᵉ régiments, est partie ce matin, 8 du courant, de Neckargemünd. Deux bataillons de ces régiments ont été cantonnés dans ce village et les deux autres ont bivouaqué en avant du même village. Il a été distribué aux troupes bivouaquées 900 bottes de paille de couchage et le bois nécessaire. Il n'a été fait aucune distribution de subsistances, une distribution de sel a été faite à la brigade.

Rien de nouveau sur les mouvements de l'ennemi. Les deux colonels et trois chefs de bataillon sont présents, l'emploi de M. Fischer, chef de bataillon qui a quitté le 12ᵉ régiment avec retraite, est vacant.

Ci-joint les états demandés par la lettre du général de division en date du 6 vendémiaire.

(1. G.)   *Le Général de brigade,*

Petit.

---

(1) Dans la *Correspondance de Napoléon*, la proclamation est datée du 8; on voit qu'elle était déjà faite le 7.

Ordre du jour.

Au quartier général, à Heidelberg, du 8 au 9 vendémiaire an XIV
(30 septembre au 1er octobre 1805).

L'intention de Sa Majesté est que l'on paye aux différents corps tout ce qui leur est dû pour caissons d'ambulance et pour gratification de souliers et de capotes, ainsi que pour remonte aux cuirassiers, carabiniers, dragons. Les corps doivent donc envoyer, sur-le-champ, un officier au payeur général de l'armée qui, sur les pièces en règle dont il sera porteur, les payera de suite, soit en numéraire, soit en traites ou obligations de receveur, payables à quelques jours d'échéance. Sa Majesté ayant spécialement ordonné que ces dépenses soient acquittées, les corps ne doivent pas perdre un moment pour envoyer un officier chez le payeur.

Le quartier général sera établi, demain 10, à Ludwigsburg, près Stuttgard, où les corps s'adresseront, si toutefois le payeur du corps d'armée n'avait pas les fonds nécessaires pour les dépenses envoyées dans l'ordre de ce jour.

Les généraux de division recevront une proclamation de l'Empereur Napoléon à son armée. Ils en feront faire la lecture devant eux à la tête des corps.

Les fidèles soldats de l'Empereur se montreront dignes de leur Illustre Souverain.

Les soldats français étaient déjà connus dans ce pays par leur bravoure. Ils viennent d'y laisser la plus haute idée de leur bonne discipline dont les militaires isolés qui rejoignent leurs corps recueilleront le fruit.

Après la lecture de la proclamation, les colonels donneront les ordres nécessaires pour que les soldats se préparent au combat.

Le Général, Chef de l'état-major général,
DAULTANNE.

6e CORPS D'ARMÉE.

Journée du 8 vendémiaire (30 septembre 1805).

Quartier général : Heidelberg.
Avant-garde : Quartier général, Möckmühl.

Sur les hauteurs en arrière de Möckmühl.
Des postes sur la rive gauche de la Jagst.
La cavalerie à Möckmühl.
Reconnaissance sur Adelsheim et Mergentheim.

1re division : Quartier général, Mosbach.
La droite au Neckar à la hauteur de Neckarzimmern.
La gauche vers la route de Mergentheim, couvrant Mosbach dont elle est éloignée d'un quart de lieue et séparée par un petit bois.

2e division : Quartier général, Mosbach.
A cheval sur la route de Mergentheim en avant de Mosbach.
La droite appuyée à la gauche de la 1re division.
La gauche dans la vallée de l'Elzbach.

3e division : Quartier général, Obrigheim.
La gauche au Neckar à hauteur d'Obrigheim.

Cavalerie légère : Passe le Neckar et prend position près de Neckarelz, la droite au Neckar.

Grosse cavalerie : La division de cuirassiers Nansouty passe le Rhin et s'établit à Seckenheim et villages voisins.

Artillerie, parc : L'artillerie de campagne est répartie à l'avant-garde et aux divisions.

Journal de marche de la division Friant.

Le 8 vendémiaire an XIV (30 septembre 1805).

L'avant-garde prend position sur le revers droit du vallon du Seckach, qui se jette dans la Jagst à Möckmühl, sa droite à cette petite ville. Elle établit des postes sur la rive gauche de la Jagst et pousse des reconnaissances sur Sindringen ; elle observe toujours les routes de Mergentheim, Neuenstadt, etc.

La 1re division a séjour à Mosbach le 9.

La 2e division établit ses bivouacs à cheval sur la route de Mergentheim et sur le revers droit du vallon du Schefflenz, gros ruisseau qui traverse les villages d'Ober, Mittel et Unter-Schefflenz. Elle a son quartier général au village de Neckarburken, une lieue plus loin que Mosbach. Notre position était bonne et militaire. Nous avions un gros ruisseau sur notre front ; le revers que nous occupions commandait l'autre ; notre droite s'appuyait à la gauche de la 1re division et à un autre gros ruisseau et notre gauche à la vallée de Laibach ; pour venir de nos bivouacs à ceux-ci, où nous séjournâmes le 9, nous fîmes d'abord une grande lieue dans un chemin de traverse étroit, encaissé, rempli de montées et descentes, pour gagner la grande route qui est belle, large, bien ferrée, s'éloigne peu des plateaux et descend au petit village d'Obrigheim par une pente assez rapide, longue d'une demi-lieue et dans une forêt. Le cours du Neckar se dessine sur la gauche au moyen des crêtes, des vallons qu'il arrose et fertilise et qui sont couronnés de bois et de beaux villages. Nous passâmes le Neckar à Obrigheim sur le même pont qui avait servi la veille à notre avant-garde et à la 1re division. Nous suivons la rive droite en montant jusqu'à Neckarelz, très petite ville à l'embouchure et sur la petite rivière dite l'Elzbach. De Neckarelz à Mosbach, la route est belle, plane, bien ferrée et près la rive gauche de l'Elzbach.

Mosbach est aussi une très petite ville mal bâtie ; on y voit plusieurs fontaines. Le maréchal y établit son quartier général à la sortie de la ville et près l'Elzbach, où il y a une sortie.

Ordre à M. le maréchal Davout.

Strasbourg, le 8 vendémiaire an xiv (30 septembre 1805).

En conséquence des dispositions arrêtées par l'Empereur, il est ordonné à M. le maréchal Davout de se mettre en marche avec son corps d'armée le 10 vendémiaire (*2 octobre*), à la pointe du jour ; il se dirigera sur Œttingen en tenant une avant-garde sur le chemin de Donauwörth et il s'emparera, aussitôt que cela sera possible, du pont sur la Wörnitz à Harbourg. Il passera par Möckmühl, Ingelfingen, Crailsheim, Dinkelsbühl, Œttingen.

M. le maréchal Davout me fera connaître, en m'envoyant un officier d'état-major, en combien de jours il pourra faire cette marche. L'Empereur désire qu'il puisse arriver à Œttingen le 14 ou le 15 (*6 ou 7 octobre*) au plus tard.

Il fera marcher toutes les colonnes qui composent son armée sur le même chemin et à deux heures de distance l'une de l'autre ; il enverra des officiers et des agents sûrs pour communiquer avec le général Marmont qui marche sur sa gauche, et sur les derniers jours, il communiquera avec ce général par des patrouilles.

M. le maréchal Davout nourrira son armée par les pays qui sont à sa gauche.

M. le maréchal m'enverra tous les soirs, au quartier général impérial, un officier de son état-major pour me rendre compte de sa position et de tout ce qui peut intéresser sous les rapports des services et d'administration.

Je préviens M. le maréchal Davout qu'il aura sur sa droite M. le maréchal Soult, et il communiquera avec lui pour lui donner de ses nouvelles, tant de ce qui se passera à sa droite que de ce qui se passera à sa gauche.

Je préviens aussi que l'Empereur a l'intention de suivre la route de Ludwigsburg, Schörndorf, Gmünd et Aalen.

M. le maréchal Davout aura soin de m'envoyer fréquemment la situation de son armée.

Je vous recommande, Monsieur le Maréchal, de remplacer chaque jour le pain consommé, afin d'avoir toujours quatre jours d'avance indépendamment des quatre jours de biscuit.

Maréchal BERTHIER.

3ᵉ CORPS D'ARMÉE. — 3ᵉ DIVISION.

Ordre du jour de la division.

Au quartier général, à Obrigheim, le 9 vendémiaire an XIV
(1ᵉʳ octobre 1805).

La viande sera distribuée aujourd'hui à Obrigheim pour un jour.

Les régiments qui n'ont point assez de cartouches pour le complet de 50 par homme feront prendre, sur-le-champ, ce qui leur manque au parc d'artillerie établi au pont du Neckar près d'Obrigheim et échangeront en même temps celles qui se trouvent avariées.

M. Thirbaudet, officier au 12ᵉ régiment, a été condamné aux arrêts forcés pendant huit jours pour n'avoir point empêché des militaires du régiment de dévaster un arbre fruitier situé à proximité du camp.

MM. les colonels sont invités à faire mettre dans leurs rapports journaliers qu'ils adressent à MM. les généraux de brigade une case où il sera fait mention du nombre d'hommes en état de combattre.

L'Adjudant-commandant, Chef de l'état-major,

Delotz.

3ᵉ CORPS D'ARMÉE.

Journée du 9 vendémiaire (1ᵉʳ octobre 1805).

Quartier général : Mosbach.

Avant-garde : Quartier général, Sindringen.

Se porte en avant et prend position sur les hauteurs en arrière de Sindringen.

L'artillerie arrive (rejoint l'avant-garde) à Mosbach.

Elle est composée de 2 pièces de 4.

1ʳᵉ division : Quartier général, Mosbach.

L'artillerie de la division composée de 4 pièces de 8 et de 2 obusiers de 6 pouces arrive à Mosbach.

2ᵉ division : Quartier général, Neckarburken.

L'artillerie composée de 4 pièces de 8, 1 de 4 et 1 obusier arrive à Mosbach.

3ᵉ division : Quartier général, Obrigheim.

Est rejointe par son artillerie.

Cavalerie légère.

Grosse cavalerie : Quartier général, Mannheim.

Parc : On attache au service du parc les 14ᵉ et 15ᵉ compagnies du 7ᵉ régiment d'artillerie à pied et la 1ʳᵉ du 5ᵉ à cheval.

Le manque de chevaux fait laisser à Mannheim quelques bouches à feu et leurs caissons.

*Le général de brigade Daultanne, chef de l'état-major général,
au général de division Gudin.*

Au quartier général, à Aglasterhausen, le 9 vendémiaire an XIV
(1er octobre 1805).

Mon cher Général,

Votre division doit garder la position qu'elle occupe.

Envoyez à Mosbach prendre pour un jour de viande.

Si, contre toute vraisemblance, il n'y en avait point, procurez-vous-en dans le pays le plus voisin.

Quant à l'eau-de-vie, il y a un ordre de l'armée qui autorise les généraux de division de faire des réquisitions pour les distributions autant que les ressources du pays le permettent.

M. le maréchal et moi nous vous rejoignons une heure après la réception de la lettre. Son quartier général sera à Mosbach.

A dater de demain, toutes les divisions seront de niveau pour leurs distributions.

J'ai l'honneur de vous saluer.   DAULTANNE.

(*A. G.*)

---

*Rapport
de la brigade de gauche à M. le général de division Gudin.*

Le 9 vendémiaire an XIV (1er octobre 1805).

La brigade bivouaque sur une ligne, la gauche au village d'Obrigheim, le centre devant Neubourg et la droite dans la vallée de Hochhausen derrière le Neckar.

Les communications principales en avant de la position consistent en deux routes, celle de Mergentheim pour la Franconie et celle de Neuenstadt et environs pour le Wurtemberg. Elles sont également praticables pour l'artillerie, la dernière se trouve à droite, à une lieue de Neckarelz.

D'après tous les renseignements des habitants, l'ennemi n'a point paru dans le pays que nous occupons, mais il a montré de la cavalerie dans le Wurtemberg, il doit se trouver réuni dans les environs d'Ulm et avoir porté un corps considérable vers les frontières des Grisons et le lac de Constance.

Le 25ᵉ régiment a en ligne. .... 1,580 baïonnettes.
Le 85ᵉ   id.. 1,450   —

                      TOTAL..... 3,030 baïonnettes.

(A. G.)   *Le Général de brigade*,
                                         GAUTIER.

État des bestiaux requis le 9 vendémiaire an XIV (1ᵉʳ octobre 1805) et livrés le 10 du même mois.

VILLES.	BESTIAUX requis.	BESTIAUX rentrés.	Leur POIDS.	OBSERVATIONS.
			kilog.	
Neckarelz............	4	4	1,000	Signé et remis le reçu.
Obrigheim............	6	7	967	2 bœufs, 3 vaches et 2 veaux (viande de mauvaise qualité).
Schwarzach..........	12	11	2,350	Signé et remis le reçu.
Asbach..............	4	4	850	Id.
Kalbertshausen......	4	4	855	Id.
Hüffenhardt.........	6	6	1,312½	Id.
Hochhausen..........	4	4	862½	Id.
Helmstadt...........	10	10	2,220	Id.
Eberbach............	10	»	»	
Aglasterhausen......	4	4	880	Id.
Gundelsheim.........	15	15	3,292	Id.
TOTAUX........	79	69	14,589	

Hüffenhardt a été requis de fournir deux pièces d'eau-de-vie, lesquelles ont été livrées le 10 vendémiaire an XIV, et contenaient 500 litres.

(A. G.)

Le maréchal Davout au maréchal Berthier.

Mosbach, le 9 vendémiaire an XIV (1ᵉʳ octobre 1805).

Monsieur le Maréchal,

J'ai l'honneur de rendre compte à Votre Excellence des diverses positions que le corps d'armée à mes ordres occupera demain.

L'avant-garde se portera sur Sindringen et prendra position sur les hauteurs en arrière de cette ville ; occupera Ingelfingen par des avant-postes et poussera de fortes reconnaissances sur OEhringen en se faisant fortement éclairer sur son front.

Le corps du général Bisson se portera sur la Seckach, la droite à la hauteur du village de Roigheim et la gauche se prolongeant vers Sennfeld.

La division du général Friant suivra le mouvement de la 1re division et prendra position, la droite à la gauche du général Bisson, sa gauche se prolongeant à Adelsheim.

La division du général Gudin se portera en avant de Mosbach, prendra la position qu'occupaient celles des généraux Bisson et Friant en se plaçant à cheval sur la grande route de Mergentheim.

La réserve de cavalerie légère, aux ordres du général Vialannes, partira demain, de très grand matin, de la position qu'elle occupait et viendra s'établir 2 lieues en avant d'Adelsheim sur la grande route de Mergentheim, poussera une forte reconnaissance vers cette ville.

La division de grosse cavalerie, aux ordres du général Nansouty, s'établira en colonne sur la route de Neckargemünd à Neckarelz de manière à ce que la tête de la colonne occupe Aglasterhausen où le général Nansouty s'établira de sa personne.

Le parc de réserve d'artillerie suivra le mouvement de la division du général Gudin et s'établira en arrière de ses troupes.

Conformément aux ordres de Votre Excellence, j'ai envoyé près le maréchal Bernadotte, mais au lieu d'y dépêcher un simple voyageur, j'ai fait partir l'adjudant-commandant Cœhorn. Je joins ici un extrait de la reconnaissance qui a été faite sur la route de Möckmühl, j'ai donné les ordres nécessaires afin que les chemins soient réparés, j'espère qu'avec quelques travaux je viendrai à bout de vaincre les difficultés.

Salut et respect

DAVOUT.

Ordre de mouvement pour le 10 vendémiaire (2 octobre).

Au quartier général, à Mosbach, le 9 vendémiaire an XIV
(1er octobre 1805).

L'avant-garde se portera sur Sindringen et prendra position sur les hauteurs en arrière de cette ville, occupera Ingelfingen par des avant-postes, et poussera de fortes reconnaissances sur OEhringen, en se faisant fortement éclairer sur son front.

Le corps du général Bisson se portera sur la Seckach, la droite à la hauteur du village de Ruchsen et la gauche se prolongeant sur Sennfeld.

La division du général Friant suivra le mouvement de la 1re division et prendra position : la droite, à la gauche du général Bisson ; sa gauche, se prolongeant vers Adelsheim.

La division du général Gudin se portera en avant de Mosbach et prendra la position qu'occupaient celles des généraux Bisson et Friant, en se plaçant à cheval sur la grande route de Mergentheim.

La réserve de cavalerie légère, aux ordres du général Vialannes, partira demain, de très grand matin, de la position qu'elle occupe, et viendra s'établir deux lieues en avant d'Adelsheim, sur la grande route de Mergentheim, et poussera une forte reconnaissance vers cette ville.

La division de grosse cavalerie, aux ordres du général Nansouty, s'établira en colonne sur la route de Neckargemünd à Neckarelz, de manière à ce que la tête de la colonne occupe Aglasterhausen, où le général Nansouty s'établira de sa personne.

Le parc de réserve d'artillerie suivra le mouvement de la division du général Gudin, et s'établira en arrière de ses troupes.

Les généraux de division feront parvenir journellement à M. le Maréchal leur rapport par un officier, lequel sera chargé de leur rapporter les ordres que M. le Maréchal aurait à leur donner.

Supplément à l'ordre du jour.

La 3e division prendra demain, à Mosbach, le pain pour deux jours.

La 1re division frappera des réquisitions de viande dans tout le pays occupé par son avant-garde et le pays situé sur sa droite jusqu'à Wimpfen. Elle assurera les subsistances en viande pour les 10, 11, 12, 13 et 14 du courant.

La 2e division assurera également ses fournitures en viande jusqu'à la même époque. Elle fera les réquisitions sur sa gauche à Bichofsheim, et ses derrières, sans s'étendre dans la partie où le général Gudin frappera ses réquisitions.

La 3e division frappera des réquisitions sur Helmstadt, sur ses derrières jusqu'à Neckargemünd, et sur la rive droite du Neckar, en le descendant jusqu'à Ebersbach, et il s'étendra vers les montagnes.

La division de cavalerie, aux ordres du général Nansouty, frappera une réquisition dans le pays de Darmstadt, particulièrement pour assurer le service de la viande jusqu'au 16 inclus.

La réserve de cavalerie légère assurera, par voie de réquisition, le service de la viande et celui des fourrages, jusqu'au 14 inclus.

L'ordonnateur réservera les villages des environs du quartier général, pour assurer la subsistance du parc, ainsi que celle des personnes attachées au quartier général.

Les voitures de réquisition seront toujours parquées près le quartier général.

Le Général, Chef de l'état-major général,

(A G.) DAULTANNE.

CHAPITRE X

2 Octobre.

6ᵉ CORPS D'ARMÉE.

Emplacements du 10 vendémiaire (2 octobre).

Quartier général : Stuttgard.

L'armée (1) a gardé la même position du 9, à l'exception de la cavalerie.

La cavalerie s'est portée à Plöchingen et villages en arrière.

Le maréchal Berthier au maréchal Ney.

Ludwigsburg, le 10 vendémiaire an XIV (2 octobre 1805).

D'après les ordres de l'Empereur, M. le maréchal Ney partira de Stuttgard pour se rendre à Heidenheim, en passant par Esslingen, Göppingen et Weissenstein. Sa Majesté désire qu'il puisse y être rendu avec son corps d'armée le 14 (*6 octobre*), et qu'il commence son mouvement dès demain (2).

---

(1) « Le 10, la 1ʳᵉ division passe la revue du maréchal Ney, et défile devant le prince Murat ». (Journal des opérations militaires de la division Dupont.)

(2) Soit le 11 ; l'ordre de l'Empereur du même jour à Murat porte que le maréchal Ney doit partir le 12.

M. le maréchal Ney enverra, tous les jours, un officier prendre des ordres au quartier général impérial, qui suivra la route de Ludwigsburg, Schörndorf, Gmünd.

M. le maréchal Ney suivra dans sa marche l'itinéraire ci-joint.

L'Empereur ne partira de Ludwigsburg que le 12 (*4 octobre*).

Maréchal BERTHIER.

Le maréchal Berthier au maréchal Ney.

Esslingen, le 10 vendémiaire an xiv (2 octobre 1805),
à 10 heures du matin.

Monsieur le Maréchal,

L'Empereur approuve les dispositions que vous avez faites, et dont vous rendez compte par votre dernière lettre; il n'y a que l'occupation de Cannstadt qui doit être changée, parce que ce poste doit être laissé à M. le maréchal Lannes.

Je vous remets une note relative à des bons qui n'avaient pas été donnés pour votre corps d'armée; veuillez faire régler cet objet.

Vous avez bien fait de faire distribuer une bouteille de vin à vos soldats.

J'ai l'honneur de vous saluer.

Le Ministre de la guerre, Major général,

(A. M.) A. BERTHIER.

Le chef d'escadron Decrabbé au maréchal Ney.

Göppingen, le 10 vendémiaire an xiv (2 octobre 1805).

Monsieur le Maréchal,

J'ai l'honneur de vous donner connaissance qu'ayant poussé une reconnaissance sur Göppingen, Schörndorf et Gmünd, nous avons trouvé l'ennemi en avant de Göppingen; à notre approche, il s'est retiré au delà de la ville et a placé deux vedettes sur le pont de la Fils, l'officier même s'y plaça ; aussitôt que nous fûmes arrivés, nous les chargeâmes ; le résultat de cette charge a été de faire l'officier prisonnier et 12 dragons ; nous restâmes maîtres de Göppingen, et des postes furent placés au delà du pont, sur les points de Schörndorf et Gmünd il ne se trouva rien.

J'ai appris par des émissaires que l'ennemi se retranchait à Ulm ; ils arrêtent tous les paysans pour travailler au retranchement ; il a environ 5,000 hommes dans la place ; les alentours de la place sont gardés par de la cavalerie : à Geislingen, il y a des hussards de Barco (?) ; à Metzaros, à Hubersbach, le reste de l'escadron des chevau-légers de Rosenberg ; à Blau-Beuren et environs, des hussards.

L'archiduc Ferdinand commande en personne, en l'absence de l'Empereur, qui est en Hongrie, pour la fête des Comitates. Son quartier général est à Memmingen ; le maréchal Mack y est aussi ; tous les environs sont garnis de troupes ; avant-hier, Memmingen était si encombré, qu'il fût impossible à mon homme de s'y loger.

J'ai l'honneur d'être, avec le plus profond respect, de M. le Maréchal, le très obéissant serviteur,

DECRABBÉ.

Le maréchal Berthier au maréchal Ney.

Louisbourg, le 10 vendémiaire an XIV (2 octobre 1805), à minuit.

Monsieur le Maréchal,

Je vous envoie des instructions par lesquelles vous verrez que vous devez commencer dès demain vos mouvements, de manière à faire passer une de vos divisions au delà d'Esslingen.

J'ai l'honneur de vous saluer,

(A. M.) BERTHIER.

Itinéraire pour le corps de troupes aux ordres de M. le maréchal Ney, partant de Stuttgard pour se rendre à Heidenheim en quatre marches, savoir :

Le 12. De Stuttgard à Göppingen, en passant par Esslingen (7 lieues). — Très bonne route, grande chaussée d'Ulm, sur la rive droite de la Fils.

Le 13. De Göppingen à Weissenstein (3 lieues 1/2).

Il y a jusqu'à Weissenstein depuis Göppingen, une route qui s'éloigne de la Fils en s'élevant sur les coteaux, mais il n'y a point de chemin bien praticable qui soit direct entre Weissenstein et Heidenheim. Il faut descendre jusqu'à Geislingen et remonter ensuite par la communication de Geislingen à Giengen ; ainsi, il faut présenter les deux routes de Göppingen sur Heidenhem, savoir :

1º Celle par Weissenstein qu'on fera reconnaître pour la partie de Weissenstein à Heidenheim et qu'on ne peut répondre être praticable pour l'artillerie.

Le 14. De Weissenstein à Heidenheim (4 lieues).

De Geislingen à Heidenheim, on traverse la chaîne de hauteur moyenne qui sépare le bassin de la Fils de celui de la Brenz, et ce point est remarquable, parce que la première de ces rivières verse dans les eaux du Neckar ; la seconde (la Brenz), dans les eaux du Danube.

2º La route de Göppingen à Heidenheim par Geislingen.

Le 14, de Göppingen à Geislingen (4 lieues).

Le 15, de Geislingen à Heidenheim (5 lieues 1/2.

Nota. — Geislingen est à 6 lieues d'Ulm.

Au grand quartier général, à Strasbourg, le 8 vendémiaire an XIV.

Le Général aide-major général maréchal des logis,

Mathieu Dumas.

2 OCTOBRE. 617

Le prince Murat à l'Empereur.

Stuttgard, le 10 vendémiaire an XIV (2 octobre 1805).

J'arrive à l'instant de Stuttgard, et j'apprends que les ministres d'Autriche et de Russie y sont encore, et reçoivent ou expédient sans cesse des émissaires ; c'est là, pour l'ennemi, un moyen bien sûr de connaître nos mouvements et nos forces. Comme je ne pense pas qu'il soit dans l'intention de Votre Majesté de laisser ces agents au centre de son armée, je m'empresse de lui demander ses ordres pour la conduite que je dois tenir à leur égard.

Je viens de voir défiler 13 bataillons, dont M. le maréchal Ney a passé la revue. Ils sont d'une tenue superbe, et tout le corps d'officiers, qui m'a été présenté, m'a assuré que les troupes brûlaient d'impatience de combattre sous les yeux de Votre Majesté.

Demain, j'occuperai Göppingen et je pousserai des reconnaissances sur tous les points. Je compte avoir ce soir des renseignements utiles par un homme sûr, qui a été envoyé à Ulm. On persiste à croire que les Autrichiens sont en retraite ; ils avaient cependant, ce matin, un poste de dragons de Rosenberg à Tübingen.

Je joins à ma lettre un état de l'armée russe que je viens de recevoir.

Votre Majesté aura été informée, sans doute, que les portes avaient été refusées à M. le maréchal Ney lorsqu'il se présenta devant Stuttgard ; il fut forcé d'user de menaces pour les faire ouvrir. Celles de Ludwigsburg furent aussi refusées à M. le maréchal Lannes, qui consentit à faire arrêter un moment ses troupes, en demandant une audience à l'Électeur. Elle lui fut accordée sur-le-champ et, après quelques minutes, non seulement les portes lui furent ouvertes, mais l'Électeur, en l'embrassant, lui dit : « Vous êtes l'ami de l'Empereur, je veux l'être aussi, mais volontairement, de bonne grâce, comme de bonne foi, et sans que l'Europe puisse dire que j'aie cédé à la crainte. Je périrais plutôt que de souffrir des menaces. Je regrette que mes infirmités ne me permettent pas de faire la guerre comme je l'ai faite autrefois ; je marcherais moi-même à la tête de mes troupes, et l'Empereur verrait combien je lui suis attaché. J'ai 7,000 hommes armés; bientôt j'en aurai 10,000; que l'Empereur en dispose. » Depuis ce moment, l'Électeur montre les meilleures dispositions. Il m'a fait faire toute sorte d'offres et de prévenances.

MURAT.

J'adresse à Votre Majesté le rapport d'Ulm que je viens de lui annoncer; Elle peut compter qu'il est exact.

(En entier de la main de Murat.)

Le prince Murat au maréchal Berthier.

Pforzheim, le 10 vendémiaire an XIV (2 octobre 1805),
1 heure après minuit.

Monsieur le Maréchal Ministre, Major général,

Je reçois à l'instant, 1 heure après minuit, votre dépêche du 8. Je ferai exécuter les mouvements que Sa Majesté m'ordonne. Je dois néanmoins exprimer à Votre Excellence combien les dispositions de sa lettre sont difficiles à remplir. Je m'explique. Je ne m'arrête point sur la méprise, qui fera que la division Bourcier n'arrivera que deux jours plus tard, et qui a pu compromettre Sa Majesté. Vous l'aurez sans doute sentie, et j'aime à me persuader, pour ma tranquillité sur le voyage de l'Empereur, que vous vous en serez aperçu à temps pour faire exécuter par le général Bourcier les mesures de précaution que devait prendre le général Beaumont. Je passe maintenant au contenu de votre lettre. Vous me prescrivez de faire occuper Göppingen le 11 et Geislingen le 12, et d'envoyer le 13 à Heidenheim, seulement une division, et de me tenir de ma personne à Göppingen, tandis que dans le dernier paragraphe de votre lettre, vous vous exprimez ainsi : *La position d'Heidenheim étant un poste très important pour l'ennemi, il est nécessaire que M. le maréchal Murat y arrive en force, et que du moment qu'il y sera, il envoie des nouvelles de tout ce qu'il apprendra aux maréchaux Soult et Davout, etc., etc.....* Monsieur le Maréchal, avec la meilleure volonté du monde, il est impossible, dans cette circonstance, de bien exécuter les ordres de

Sa Majesté. Je ne saurais me tenir, de ma personne, à Göppingen, quand vous m'ordonnez d'arriver en force à Heidenheim, et je ne puis arriver en force à Heidenheim, quand vous me dites de m'y envoyer qu'une seule division et de laisser ma division de dragons à pied à la suite d'une de celles du corps d'armée du maréchal Ney. De grâce, Monsieur le Maréchal, expliquez-vous plus clairement, car, qu'arriverait-il, si nous venions à être attaqués sur Heidenheim avant l'arrivée de Sa Majesté? Vous ne me parlez pas de la division d'Hautpoul qui est arrivée, hier au soir, à Vaihingen ; continue-t-elle à rester sous mes ordres?

Je serai ce soir à Stuttgard, où je vous prie de me faire passer vos ordres, et une réponse explicative sur votre dépêche du 8.

MURAT.

Rapport sur les marches de la Réserve de cavalerie.

Le 10 vendémiaire an XIV (2 octobre 1805).

Le 10, le corps d'armée du Prince est venu s'établir dans les environs de Stuttgard, la 1re division occupant..... (1).

La 2e division de grosse cavalerie n'a pas bougé (2).

Le quartier du prince à Stuttgard, occupé par les troupes de M. le maréchal Ney. Le Prince a pris le commandement des deux corps d'armée (3).

Le prince Murat à l'Empereur.

Je reçois l'ordre de me porter demain 11 sur Göppingen ; le 12 sur Geislingen, et le 13 sur Heidenheim. Les ordres de Votre Majesté seront exécutés, mais, pour bien les remplir,

---

(1) Leonberg. (Marches et rapports historiques de la 1re division de dragons montés.)

(2) Erreur. Le Journal des marches de cette division porte : « Le 10, à Markgröningen ; le 11, séjour ».

(3) Le parc de réserve d'artillerie ne peut pas arriver à Stuttgard ; il s'arrêtera à une lieue de la ville, à l'embranchement des routes de Ludwigsburg. (Ordre du général Belliard.)

j'ai besoin qu'ils soient plus clairement annoncés, et j'écris à M. le Major général, pour le prier de me donner des éclaircissements sur sa dépêche (1). Sire, il n'y a nullement de ma faute si on a cru le général Beaumont à Willstett; j'avais eu la précaution d'instruire M. le Major général que j'y avais laissé la 4ᵉ division, commandée par le général Bourcier. Il me tarde beaucoup de vous savoir arrivé à Ettlingen.

J'espère recevoir, à Stuttgard, des rapports de mes espions; je ne perdrai pas une minute pour les adresser à Votre Majesté. On me disait hier, qu'on commençait à croire que l'ennemi était en retraite; une fois en avant, j'espère le savoir bientôt.

Si Votre Majesté arrive ce soir à Ludwigsburg, je lui demande la permission de m'y rendre. Je pars à l'instant pour Stuttgard; nos chevaux sont un peu fatigués; voilà de grandes marches que nous venons de faire.

Il nous est resté un bataillon de dragons à pied en arrière, celui que j'avais dirigé sur Huningue; je crains que le général Leval le garde; j'écris à M. le Major général pour le prier de le faire rejoindre.

La division d'Hautpoul reste-t-elle à Vaihingen? Je ne reçois pas d'ordre de mouvement pour elle. Ma division de dragons à pied a ordre de suivre une de celles du maréchal Ney; passe-t-elle dans son corps d'armée? Enfin, Sire, voulant tout faire pour répondre à vos bontés infinies pour moi, je serais bien aise de connaître la conduite que j'aurais à tenir, si l'ennemi nous attaquait avant l'arrivée de Votre Majesté; me trouvant réuni avec le maréchal Ney, certainement nous nous battrions bien, mais encore, je désirerais bien savoir qui commanderait. Si ce cas arrive avant une réponse, Votre Majesté peut être tranquille, je sais bien que je dois commander, mais les ordres transmis à nous tous laissent bien des doutes.

Les Maréchaux continuent à tirer des vivres sur leur droite, de manière que nous sommes fort embarrassés, mais nous allons néanmoins, et il nous tarde de rencontrer ces messieurs.

MURAT.

(*Écrit tout entier de sa main. Sans lieu ni date.*)

---

(1) Ordre du 8. *Registre du maréchal Berthier*, n° 9, p. 42.

L'Empereur au prince Murat.

Ettlingen, le 10 vendémiaire an xiv (2 octobre 1805).

Mon Cousin, je reçois votre lettre. Je porte, ce soir, mon quartier général dans la petite ville de Münchingen (1); je désire vous y voir pour vous dire tout ce que j'attends de vous dans la mission que vous allez remplir. N'épargnez rien pour bien nourrir vos chevaux; ralentissez plutôt votre marche de six heures que de les fatiguer. Votre bataillon de dragons à pied (2) a couché ce soir à Rastatt; il ne s'est pas arrêté à Strasbourg; enfin, il est en marche pour vous rejoindre. Le général Bourcier a couché à Rastatt et va également vous rejoindre avec sa 4e division de dragons. Vous allez flanquer toute ma marche, qui est délicate, en ce que c'est une marche oblique sur le Danube. Il faut donc, si l'ennemi voulait prendre l'offensive, que je sois averti à temps pour prendre un parti et ne pas être obligé de prendre celui qui conviendrait à l'ennemi. La division d'Hautpoul ne doit pas suivre votre mouvement; ce serait encombrer votre manœuvre. Mon intention est qu'elle suive ma marche, et elle arrivera rapidement à Aalen, en même temps que votre avant-garde arrivera à Heidenheim. Les dragons à pied doivent être bien fatigués; je ne les ferai pas passer avant le maréchal Ney; ce serait exposer un corps que je veux ménager. Le maréchal Ney ne partira que le 12 (*4 octobre*) de Stuttgard; il vous suivra donc samedi (3). Les dragons à pied viendront après le maréchal Ney, formant votre réserve. Ainsi, par ce débouché, vous vous trouverez avoir 6,000 dragons à cheval, le corps du maréchal Ney, de 20,000 hommes, et les dragons à pied, ce qui vous formera un corps d'armée de 30,000 à 35,000 hommes. Je serai, de ma personne, avec le corps du maréchal Lannes, qui passera par Gmünd; ma Garde et la division d'Hautpoul feront la réserve de ce corps d'armée, qui sera de 26,000 hommes. Vous voyez donc que, si l'ennemi débouchait d'Ulm pour m'attaquer sur mon flanc, ces

---

(1) Au nord-ouest de Stuttgard.
(2) Venant d'Huningue.
(3) 13 vendémiaire.

deux corps, que je pourrais lui opposer, seraient facilement renforcés par une partie du corps de Soult que j'ai disposé en conséquence. Je vous expliquerai tout ceci dans la journée, avec plus de détails ; ainsi, attendez-moi à Münchingen.

Napoléon (1).

Le maréchal Berthier au prince Murat.

Ludwigsburg, le 10 vendémiaire an xiv (2 octobre 1805), à minuit.

L'Empereur a reçu votre lettre, il désire que vous suiviez vos instructions et, en conséquence, que vous fassiez le mouvement prescrit, que vous enleviez quelques patrouilles et fassiez connaître ce que fait l'ennemi.

Il est très important à l'Empereur de savoir ce que fait l'ennemi sur la rive gauche du Danube.

Employez donc tous vos soins pour que demain, avant midi, l'Empereur sache si l'ennemi est toujours derrière l'Iller et quelle direction il a prise.

Donnez ordre à toutes vos patrouilles que si on trouve des malles de Vienne et d'Augsbourg, on les ouvre, afin de connaître réellement ce que fait l'ennemi.

Berthier.

Le général Belliard aux Généraux de division.

A Stuttgard, le 10 vendémiaire an xiv (2 octobre 1805).

Vous partirez demain de vos cantonnements, de manière à être rendus à 7 heures du matin sous les murs de Stuttgard, où se réuniront les trois divisions de dragons. Le prince Murat ira les prendre et marchera avec elles pour se porter à la position qu'elles devront occuper ; l'artillerie suivra chaque division et sera placée à son ordre de bataille.

Tous les équipages du parc de réserve, ainsi que les chevaux blessés qui seront conduits par les hommes à pied, passeront

---

(1) *Correspondance de Napoléon*, n° 9313.

hors de la ville pour se rendre à leur destination et seront conduits par un adjoint à l'état-major, qui veillera à ce qu'ils marchent en ordre.

Le prince Murat ne veut voir à cheval que les hommes en état de combattre.

La 1re division occupera Plöchingen et les villages sur la rive droite de la Fils, jusqu'au village de Holzhausen (1). Elle gardera le pont par un poste de dragons à pied.

La 2º division occupera Holzhausen et les villages en avant et sur sa gauche jusqu'à Göppingen, gardant le pont de Farndau.

La 3e division s'établira à Göppingen, ayant un régiment dans la partie de Esslingen qui se trouve sur la rive droite de la Fils, gardant par un fort détachement de dragons à pied le pont sur la Fils et poussant des reconnaissances sur la rive droite jusqu'à la hauteur de Süssen et s'éclairant aussi par sa gauche sur Reichenbach et Hohenstaufen. Les divisions de dragons sont prévenues qu'elles n'auront plus de troupes en avant d'elles, qu'elles sont très près de l'ennemi et qu'elles doivent se garder avec le plus grand soin. Les officiers généraux veilleront à ce que le service se fasse avec la plus grande exactitude.

Le quartier général partira à 7 heures du matin. Les équipages seront escortés par le bataillon de dragons à pied de service au quartier général.

Les quartiers-maîtres des régiments seront rendus demain à 6 heures du matin à Stuttgard pour recevoir le pain, l'eau-de-vie et le vin destinés à leurs régiments. Chaque division enverra un détachement de six hommes commandés par un maréchal des logis, pour servir d'escorte aux voitures et les conduire au quartier général de la division. Demain, aussitôt l'arrivée aux cantonnements, on fera la distribution du pain et du vin; on ne touchera pas à l'eau-de-vie sans un ordre du prince Murat.

P.-S. — Le quartier général sera à Plöchingen sur la Fils, en avant de Stuttgard (2).

---

(1) Un kilomètre au nord d'Uihingen.
(2) Le 1er bataillon du 1er régiment de dragons à pied se rend, le 11, de Pforzheim à Stuttgard. (Avis donné par Andréossy à Belliard.)

M. Massias, chargé d'affaires auprès de l'Électeur de Bade, au prince Murat.

Carlsrühe, le 10 vendémiaire an XIV (2 octobre 1805).

Monseigneur,

Je viens de parler à une personne qui était, il y a quelques jours, à Ulm; il résulte des informations qu'elle m'a données :

1º Que les Autrichiens paraissent se concentrer vers Stockach;

2º Que la marche rapide des armées de Sa Majesté a répandu l'épouvante parmi les troupes ennemies, mécontentes, d'ailleurs, d'être payées en papier; que le mécontentement est chez le soldat beaucoup plus que chez l'officier;

3' Que l'incertitude sur la conduite de la Prusse, dont on appréhendait même les décisions ultérieures depuis son refus formel de donner passage aux troupes russes, répandait dans l'armée autrichienne une consternation générale, présage certain de nos succès.

J'ai l'honneur.....

MASSIAS.

Le général Tilly à M. le maréchal Ney, commandant en chef le 6ᵉ corps de la Grande Armée.

Göppingen, le 10 vendémiaire an XIV (2 octobre 1805).

Monsieur le Maréchal,

J'ai l'honneur de vous rendre compte que j'ai poussé des reconnaissances jusqu'à Göppingen, où j'établis mon quartier général. J'ai rencontré l'ennemi, qui a tenu ferme devant nous; je l'ai fait charger; il en est résulté que nous avons pris 12 hommes et 1 officier.

M. Crabbé, qui était présent et acteur à tout ce qui s'est passé, aura l'honneur de vous rendre compte des détails.

J'ai fait pousser des reconnaissances en avant et garder tous les débouchés.

Je vous prie, monsieur le Maréchal, d'agréer mon profond respect.

(A. M.)

TILLY.

5ᵉ CORPS D'ARMÉE.

Rapport du 10 au 11 vendémiaire an XIV (2 au 3 octobre).

Le corps d'armée a quitté le 10 (*2 octobre*), à 10 heures du matin, ses cantonnements de la veille pour prendre les suivants :

Division de grenadiers.

Bataillons des 28ᵉ et 31ᵉ..................	Hastenbeck, Hochspeier
Id. 12ᵉ et 15ᵉ..................	Sargröningen.
Bataillon du 13ᵉ..................	Schmiden.
Id. 58ᵉ..................	Hofen.
Id. 81ᵉ..................	Œffingen.
Bataillons des 2ᵉ et 3ᵉ..................	Osweil.

Bataillon du 9ᵉ, toujours détaché à Freudenstadt.

Sapeurs.

Les 3 compagnies 1/2, provisoirement attachées à la division de grenadiers, à Osweil.

Artillerie.

L'artillerie, à Osweil.

Cavalerie légère.

9ᵉ régiment de hussards..................	Waiblingen, Neustadt,
10ᵉ id..................	Beinstein.

Un escadron du 13ᵉ régiment de chasseurs à cheval, à Ludwigsburg, pour garde d'honneur de Sa Majesté l'Empereur.

Un escadron du 13ᵉ et le 21ᵉ régiment de chasseurs à cheval, à Waiblingen.

COMPANS.

NOTA. — On vient d'apprendre la rentrée du bataillon détaché à Freudenstadt.

Le général Compans au général Oudinot.

Ludwigsburg, le 10 vendémiaire an XIV (2 octobre 1805).

M. le maréchal commandant en chef désire que vous mettiez de suite à la disposition du général Macon, gouverneur du palais impérial à Strasbourg, le bataillon de grenadiers qu'il vous a chargé de laisser à Ludwigsburg, et d'y envoyer un escadron de cavalerie légère, outre le régiment que vous devez disposer sur la route de cet endroit à Cannstatt.

Au moyen de cette disposition, le général Macon pourra faire toutes celles que l'arrivée de Sa Majesté Impériale exigera.

COMPANS.

Le général Compans au général Oudinot.

Ludwigsburg, le 10 vendémiaire an XIV (2 octobre 1805).

Monsieur le Général,

J'ai l'honneur de vous informer que, d'après les ordres de M. le maréchal, je viens d'écrire au commissaire ordonnateur pour qu'à compter de demain inclusivement, les troupes soient pourvues de quatre jours de pain, de deux jours de viande et de deux jours d'avoine pour les chevaux. L'artillerie devra avoir le foin pour deux jours et la cavalerie pour un jour. Veuillez, je vous prie, mon Général, ordonner que les corvées des corps se présentent dans l'après-midi à Osweil pour recevoir la distribution ; c'est là où elle doit être faite (1).

COMPANS.

Le général Compans au général Oudinot.

Le 10 vendémiaire an XIV (2 octobre 1805).

M. le maréchal commandant en chef désire que vous réunissiez sur-le-champ le 21ᵉ régiment de chasseurs et que vous lui ordonniez de rejoindre le général Fauconnet, et de reprendre les cantonnements qu'il doit occuper sur la rive droite du Neckar.

COMPANS.

---

(1) Elle devait l'être primitivement à Altengen. (Lettre de Compans à l'ordonnateur.) Compans prie en outre Oudinot de fournir 12 hommes à cheval pour faire les réquisitions de foin aux environs. Il réclame à l'adjudant-commandant Jarry, chef d'état-major de la division Oudinot, l'état de ses cantonnements, que l'ordonnateur ne connaît pas.

Le général Andréossy aux Maréchaux et Commandants.

Ettlingen, le 10 vendémiaire an XIV (2 octobre 1805).

Monsieur le Maréchal,

Je vous fait connaître que l'Empereur couche ce soir à Markgröningen, près Stuttgard. Je vous réitère l'ordre que je vous ai donné pour que tous les soirs, il arrive près de moi soit un officier d'état-major, soit un aide de camp de votre armée, pour me rendre compte de tout ce qui intéressera le corps que vous commandez, sur le rapport militaire et sur ceux de l'administration. N'y aurait-il rien de nouveau, vous ne devez pas moins me l'envoyer et m'adresser une lettre. Cet officier sera porteur d'un ordre du chef de l'état-major, qui mentionnera l'heure à laquelle il est parti, le nombre de postes qu'il a à parcourir pour aller et revenir, quand cette distance sera plus de quatre lieues (parce qu'alors il se servirait de chevaux). Dans le premier cas, je lui ferai rembourser, avant son départ, à mon état-major, 7 francs par poste, qui lui serviront à payer les chevaux de poste ou ceux de réquisition.

Dans la lettre que vous m'enverrez chaque jour, faites-moi connaître l'emplacement de votre quartier général et celui de chaque division et du parc d'artillerie.

Je vous réitère encore l'ordre que je vous ai donné, de faire partir pour Stuttgard tous les gendarmes qui excéderont 50 hommes, y compris les maréchaux des logis et brigadiers.

ANDRÉOSSY.

---

*Le général Andréossy à M. Petiet,
intendant général de la Grande Armée.*

Pforzheim, le 10 vendémiaire an XIV (2 octobre 1805).

Monsieur l'Intendant général,

De tous les corps de l'armée, celui qui a le plus besoin de biscuits, c'est le grand parc de l'artillerie, et il en manque. L'Empereur vous avait recommandé de lui en faire donner pour six jours. Il doit être facile d'en faire parvenir de Spire, qui n'est éloigné que de deux ou trois lieues de Bruchsal, où le parc couche ce soir, sans cela il se trouverait essentiellement compromis. Je vous répète qu'il couche ce soir à une lieue de Bruchsal et demain, 11 (*3 octobre*), à Heilbronn ; le parc n'étant composé que d'environ 3,000 hommes, il n'est pas difficile de l'approvisionner.

L'Empereur a décidé que tous les quartiers d'artillerie et de réquisition recevraient la viande ; donnez vos ordres en conséquence.

Je vous prie de m'envoyer tous les soirs, où sera l'Empereur, un agent quelconque de l'administration, pour me rendre compte de ce qui intéressera le service.

ANDRÉOSSY.

M. Lezay-Marnesia au maréchal Berthier (?)

Salzbourg, le 10 vendémiaire an XIV (2 octobre 1805).

Monsieur le Maréchal,

On m'annonce à l'instant qu'une avant-garde de cavalerie russe doit passer le 4 à Braunau.

Cet avis n'est point garanti, mais en le rapprochant de ceux qu'on a de Krems, annonçant que le 20 septembre une colonne russe y a paru, il devient vraisemblable ; c'est 80 lieues en quinze jours, temps plus que suffisant.

Depuis que l'on est informé de l'entrée d'une armée française en Franconie, il se fait de grands mouvements à la droite de l'armée autrichienne ; et déjà l'on annonce que les colonnes russes que l'on attendait à Wels, tireront, en droiture, de Lintz à Passau et Auberg, par Schärding. Il se confirme qu'une des colonnes russes sortira par Pilsen ; ce qui, d'après la marche de notre armée de Franconie est tout à fait probable.

Voici qui est fort singulier : le lieutenant-colonel du génie Pürrell, qui était employé aux retranchements que l'on élève ici, a reçu l'ordre de se rendre à Ingolstadt, pour fortifier cette place.

Je vous prie, Monsieur le Maréchal, d'agréer l'hommage de mon respect.

ADRIEN LEZAY-MARNESIA.

Le général Andréossy au Colonel du 21ᵉ régiment de dragons.

Ettlingen, le 10 vendémiaire an xiv (2 octobre 1805).

Pour lui témoigner le mécontentement de sa conduite, en quittant le quartier général sans ordres et ne donnant de ses nouvelles qu'à 9 heures du matin, tandis qu'il était établi à 11 heures du soir, ce qui a empêché de lui adresser les ordres de mouvement pour son régiment. On a rendu compte de sa conduite au Ministre de la guerre et au général Beaumont.

ANDRÉOSSY.

Le général Andréossy au 2ᵉ régiment de dragons.

Ettlingen, le 10 vendémiaire an xiv (2 octobre 1805).

Ordre à l'escadron du 2ᵉ régiment de dragons, qui escorte le parc général, de suivre les mouvements du parc jusqu'à....., d'où il se rendra à Stuttgard, où il recevra de nouveaux ordres.

ANDRÉOSSY.

Le général Mouton à l'Empereur.

Louisbourg, le 10 vendémiaire an xiv (2 octobre 1805).

Sire,

Les troupes de Sa Majesté occupent cette ville et ses environs.

M. le maréchal Lannes a eu une conférence avec Son Altesse Royale, qui a produit les meilleurs résultats et calmé les inquiétudes d'un prince qui, par la présence des troupes étrangères, se croyait humilié. Votre Majesté mettra le sceau à la négociation, dont son envoyé s'occupe.

J'ai l'honneur d'être, etc.

MOUTON.

L'Empereur à M. Didelot.

Quartier impérial, à Ettlingen, le 10 vendémiaire an XIV
(2 octobre 1805).

Monsieur Didelot,

J'ai reçu votre lettre. Vous avez eu tort de faire, vis-à-vis du maréchal Ney, la démarche que vous avez faite. Vous avez compromis votre caractère et vous vous êtes exposé à ce qui vous est arrivé. Vous vous êtes mêlé des affaires de guerre qui ne sont pas de votre compétence et, en vous traitant mal, le maréchal Ney vous a rendu service. Ce qu'il vous a dit est juste, car mes officiers pour la guerre et mes officiers pour la paix ont des fonctions distinctes et n'ont rien de commun entre eux; ils ne parlent même pas la même langue. Il y a plusieurs jours que j'ai passé le Rhin. Je n'ai pas entendu parler d'un traité d'alliance offensive et défensive entre l'Électeur de Wurtemberg et moi. Aucun traité n'est signé, ou, du moins, je n'en ai pas de nouvelles. Au surplus, un traité n'est rien sans ma ratification. Non seulement l'Électeur ne m'a rien fait dire, mais il a laissé envahir son pays par l'ennemi, et le maréchal Ney est arrivé à Stuttgard en marche de guerre. Cependant 700 ou 800 hussards ne devaient pas en imposer à l'Électeur, et si son territoire eût été maintenu intact, je n'eusse pas permis que nos troupes y arrivassent avant les notifications d'usage, dont j'ai été dispensé par la présence des ennemis. L'esprit de la guerre ne comporte aucune modification, et je ne ratifierai aucun traité dans lequel mon allié m'interdirait le séjour d'un point quelconque de ses États, à moins qu'il n'y ait la clause : « Autant que les circonstances ne s'y opposeraient pas. » En effet, en cas de bataille devant Stuttgard, si la position était importante, on ne la laisserait pas occuper par l'ennemi. Le métier d'un ministre est un métier de circonspection, surtout dans les circonstances compliquées du moment actuel. L'Électeur m'a écrit. Le maréchal Berthier, comme Major général, a répondu dans le sens de la présente lettre. Présentez une note au ministre de l'Électeur, dans laquelle vous lui direz que son territoire ayant été violé par les Autrichiens, mes troupes y sont entrées ayant devant elles les patrouilles ennemies, et qu'aucun traité n'existait. M. Talleyrand vous a envoyé un projet de traité ; n'en sortez pas, car vous seriez désavoué. Voyez l'Électeur, faites-lui sentir qu'il a tort et que, s'il eût montré contre l'Autriche autant de fermeté qu'il en a montré contre le maréchal Ney, de misérables patrouilles n'auraient pas parcouru son territoire ; et il eût eu raison de crier si j'eusse passé sans m'entendre avec lui. Expliquez-vous-en dans ce sens avec tout le corps diplomatique et, par votre contenance, ne me faites pas avoir tort quand j'ai raison. Blâmez-vous vous-même hautement, en disant que vous saviez que le maréchal Ney ne ferait rien de ce que vous lui demandiez, mais que vous avez poussé jusqu'à l'excès l'esprit de conciliation qui vous caractérise.

Napoléon (1).

Le maréchal Berthier
à Son Altesse électorale le prince de Wurtemberg.

Ettlingen, le 10 vendémiaire an XIV (2 octobre 1805).

L'Empereur m'a fait passer les plaintes que Votre Altesse a faites sur la conduite de M. le maréchal Ney. Devant faire un rapport à Sa Majesté sur ce sujet, j'ai dû me mettre au fait de ce qui s'est passé : Le maréchal Ney a eu ordre de se porter, avec son corps d'armée, sur Stuttgard ; il n'avait été communiqué à l'état-major général aucun traité qui établît d'une manière certaine les relations de Votre Altesse avec la France ; cependant, tous les différents points du territoire de Votre Altesse étaient occupés par des patrouilles ennemies, composées entièrement de cavalerie et ne montant pas au total d'un demi-régiment.

D'un autre côté, on assurait que les Autrichiens marchaient sur Stuttgard par Rottenbourg.

La non-existence d'un traité entre l'Empereur et Votre Altesse, le nuage qu'elle avait laissé sur ses intentions en laissant occuper son territoire par une quantité de troupes aussi faible, tout a porté à marcher sur les États de Votre Altesse, comme sur des États occupés par l'ennemi.

---

(1) *Correspondance de Napoléon*, n° 9310.

Votre Altesse est trop bon militaire pour ne pas savoir que la guerre ne comporte aucune considération, lorsque ces considérations peuvent compromettre le succès des opérations militaires; le maréchal Ney n'ayant donc reçu aucune instruction que d'occuper Stuttgard, il est difficile de lui faire un reproche d'avoir rempli ses ordres.

L'état-major général mériterait un reproche d'avoir fait occuper Stuttgard s'il existait des stipulations pour ne pas occuper cette ville; mais Votre Altesse sait qu'aucun traité n'a été signé à cet égard et que, même encore aujourd'hui, il n'en existe aucun.

Sans doute, l'état-major serait blâmable d'avoir fait entrer une armée sur le territoire d'un Prince souverain sans s'entendre avec lui et sans démarche préalable; mais ce reproche ne saurait lui être fait quand le territoire de Votre Altesse avait été violé par l'ennemi et que les patrouilles de celui-ci en occupaient les différents débouchés.

Je ne dois pas cacher à Votre Altesse que le maréchal Lannes, avec son armée, a eu l'ordre d'occuper Ludwigsburg, n'ayant eu égard, dans cette marche, qu'à des considérations militaires; mais Sa Majesté vient d'ordonner qu'on ne fasse plus passer aucun corps de troupes dans la résidence de Votre Altesse; en conséquence, M. le maréchal Lannes va se rendre à Cannstatt.

Je désire que ces explications satisfassent Votre Altesse. Cela tient d'ailleurs à des circonstances qui ne se présenteront plus (1).

Maréchal BERTHIER.

Au Landgrave de Hesse-Darmstadt.

Ettlingen, le 10 vendémiaire an XIV (2 octobre 1805).

J'ai reçu la lettre de Votre Altesse du 1er octobre. J'ai causé longuement avec votre aide de camp, M. de Moranville; je lui ai fait connaître tout ce que je pensais sur les circonstances actuelles. Lorsque les armées de Bavière, de Wurtemberg et de

---

(1) *Registre de correspondance du maréchal Berthier*, n° 9, p. 49.

Bade se réunissent à mon armée, je ne saurais penser que l'armée de Darmstadt s'en éloignât. Votre Altesse ne veut pas mettre un terme à une amitié de deux siècles, dans les circonstances où elle est plus nécessaire que jamais au bien et à la gloire de sa Maison. Si des circonstances de révolution ont mis un instant de l'interruption dans l'ancien système, tout, étant revenu aux mêmes principes, doit se replacer de même, et je me flatte que Votre Altesse et sa Maison auront pour moi les mêmes sentiments qu'elles ont eus pour la troisième dynastie.

Une fois que nos liens seront reformés, Votre Altesse peut être persuadée qu'Elle me trouvera prêt à protéger ses droits et à lui donner des preuves constantes de mon amitié.

NAPOLÉON (1).

L'Empereur à Talleyrand.

Quartier impérial, à Ettlingen, le 10 vendémiaire an XIV
(2 octobre 1805).

Monsieur Talleyrand, je vous envoie la lettre de M. Helflinger. J'ai reçu un aide de camp du Landgrave de Hesse-Darmstadt; je lui ai fait connaître qu'il me fallait 3,000 hommes; je lui en ai démontré la nécessité pour le Landgrave même; je crois l'avoir persuadé, et j'espère, qu'à son tour, il persuadera à son maître de ne pas trahir les intérêts de sa Maison et démentir tout d'un coup une amitié de plus de deux cents ans. Son pays ne peut être garanti par la Prusse, qui n'a pu garantir la Bavière.

Mon intention est de comprendre Darmstadt dans ma fédération germanique, composée de la Bavière, de Darmstadt, de Wurtemberg et de Bade. En un mot, il me faut 3,000 hommes de Darmstadt, ou le Landgrave renoncera pour toujours à ma protection, et rompra brusquement ce qu'il a droit d'attendre

---

(1) *Correspondance de Napoléon*, n° 9308.

de deux cents ans de liaisons. C'est dans ce sens que vous devez écrire à mon ministre, à Darmstadt.

Napoléon.

Note sans signature venant de Dresde.

Dresde, le 10 vendémiaire an xiv (2 octobre 1805).

La nouvelle du débarquement d'un corps de 12,000 Russes à Stralsund, sous les ordres du général d'Essen, se soutient ici, et cependant, la *Gazette de Hambourg* du 25 septembre n'en parle pas encore.

De même, quoique aucune gazette jusqu'à ce jour, quoique aucune lettre dont on fasse mention, n'ait noté la date précise du passage des Russes à Teschen, à Olmütz, à Brünn, on assure que la marche de ce premier corps d'armée, fort de 50,000 hommes, et commandé par le général Kutusow, se continue par la Moravie vers le Danube, et qu'il doit être rendu au camp de Wels, dans la Haute-Autriche, du 4 au 8 octobre; on ajoute que le second corps d'armée, commandé par le général Michelhov, et fort aussi de 50,000 hommes, suivra, en plus grande partie, la même direction.

De Teschen à Wels, il y a 64 milles d'Allemagne, c'est au moins 22 jours de marche.

Le corps d'armée du général Kutusow doit être composé de 40,000 hommes infanterie, 3 régiments de hussards, 3 de dragons, 3 de cosaques.

Au nombre des généraux qui servent dans l'armée russe, il faut compter le général Beningsen, gouverneur de la Livonie, Hanovrien de naissance, l'un des assassins de Paul Ier.

Il n'est question dans le moment que de l'armée anglaise, forte de 46,000 hommes, qui doit passer sur le continent. Les subsides que doit payer l'Angleterre pour cette année sont de près de 8,000,000 livres sterling, dont 2,000,000 à la Suède, pour une armée effective de 24,000 hommes; le reste à l'Autriche et à la Russie.

Quoi qu'il en soit, la cour de Vienne commence la guerre sous de singuliers auspices. Son papier perdait déjà 30 p. 100, et une nouvelle ordonnance qui rend la circulation encore plus forcée, n'en relèvera pas le crédit. Ses provinces sortent à peine d'une disette absolue, et l'Empereur vient de faire les réquisitions suivantes, comme impôts extraordinaires :

BLÉS.	Boisseaux.	AVOINES.	Boisseaux.
Gallicie	400,000	Gallicie	455,000
Bohême	391,552	Bohême	587,398
Moravie	177,632	Moravie	266,448
Silésie	24,850	Silésie	37,276
Basse-Autriche	174,804	Basse-Autriche	262,206
Haute-Autriche	89,272	Haute-Autriche	133,809
Styrie	77,824	Styrie	116,736
Carinthie	38,608	Carinthie	57,912
Carniole	19,962	Carniole	29,943
Gorice	5,499	Gorice	8,244
TOTAL	1,400,003	TOTAL	2,054,902

A M. le maréchal d'Empire Ney,
commandant en chef le 6ᵉ corps de la Grande Armée.

Au quartier général de Louisbourg, le 10 vendémiaire an XIV
(2 octobre 1805).

Mon cher Maréchal,

J'ai reçu vos deux lettres hier, et j'ai l'honneur de vous remercier des détails que vous avez bien voulu me fournir. Une partie de mon corps d'armée a passé Rems. D'après les renseignements qui me sont parvenus, il paraît qu'il n'y a pas un Autrichien en avant d'Ulm ; je doute même qu'ils aient l'intention de défendre cette position. Nous attendons à Louisbourg, dans la journée, Sa Majesté Impériale et Royale.

Je reçois à l'instant une lettre de M. le maréchal Berthier, par laquelle il m'ordonne de me porter sur Cannstatt ; je ne ferai pas ce mouvement, attendu que toutes les difficultés qui existaient entre le Prince Électeur et nous sont levées.

Recevez, mon cher Maréchal, l'assurance de mon amitié.

Le Maréchal d'Empire,
LANNES.

*Bulletin historique
de la marche de la division de la Garde impériale.*

Le 10 vendémiaire an xiv (2 octobre 1805).

Elle entra dans l'Électorat de Wurtemberg et parcourut un pays coupé, et alla à Illingen (11 lieues).

Cantonnements : Illingen, Vaihingen, Aurich, Rietle, Rosswaag, Wiernsheim, Mühlbach, Dürrmenz, Lienzingen, Pinache, Lomersheim.

Quartier général, à Illingen (1).

Le général Andréossy au maréchal Soult.

Ettlingen, le 10 vendémiaire an xiv (2 octobre 1805).

Monsieur le Maréchal,

Je vous préviens que le grand parc n'arrivera que le 12 (*4 octobre*) à Heilbronn. Il serait donc fâcheux de retarder le départ de toute une division pour l'attendre. L'intention de l'Empereur est que vous laissiez un seul régiment de votre 4º division qui attendra le parc, l'escortera et fera son arrière-garde.

Andréossy.

Le maréchal Soult au général Vandamme.

Heilbronn, le 10 vendémiaire an xiv (2 octobre 1805).

Monsieur le Général,

J'ai vu que, dans votre division, l'artillerie était répartie par brigade; croyant préférable de la conserver réunie, je vous invite à donner des ordres pour qu'elle soit toujours formée en une seule batterie, et marche entre la 1re et 2e brigade de

---

(1) Le grand quartier général est à Pforzheim, et l'Empereur couche à Markgröningen. (Lettre d'Andréossy à Petiet.)

bataille, conformément à l'ordre général qui a été donné à ce sujet. Lorsque votre division forme tête de colonne, comme aujourd'hui, vous affectez deux pièces de 4 à l'infanterie légère, et les huit autres bouches à feu forment la batterie, à laquelle il ne reste, pendant les marches, qu'un caisson par pièce, et le surplus des voitures de munitions suit la 2e brigade de ligne.

Je vous prie de renouveler vos ordres pour qu'aucune voiture d'équipage ou de vivandiers ne puisse rester dans la colonne, et marche immédiatement après le parc, qui suit toujours le mouvement de la 2e brigade.

J'ai l'honneur.....

Soult.

Note de M. le maréchal Soult.

Le 11e régiment de chasseurs à cheval passe sous les ordres du général Vandamme, et fera partie de son avant-garde.

Le général Vandamme donnera ordre à son avant-garde de partir demain, à 4 heures du matin, pour se diriger sur Hall. Elle prendra position en avant de la ville, sur la route d'Ellwangen, en attendant la division.

Il fera requérir 20,000 rations de pain à Hall, pour être livrées à 6 heures du soir.

(*Sans date.*)

Ordre.

Du 10 vendémiaire an XIV (2 octobre 1805).

Le colonel du 26e de chasseurs à cheval aura ordre de réduire les équipages de son régiment au strict nécessaire en campagne, et de renvoyer le superflu sur la rive gauche du Rhin, se conformant à cet effet aux divers ordres de l'armée.

L'ordonnateur en chef, en arrivant à Hall, demandera un emplacement convenable pour y former un hôpital et le pourvoira, dans le jour, des effets et ustensiles nécessaires pour 200 malades.

Il fera la demande, au magistrat, de 1200 paires de souliers, première qualité, qui seront données aux régiments qui en ont le plus besoin, et dont ils paieront la valeur.

Le maréchal Soult au maréchal Berthier.

OEhringen, le 10 vendémiaire an XIV (2 octobre 1805).

J'ai l'honneur de rendre compte à Votre Excellence que la 2ᵉ division du corps d'armée a pris position, aujourd'hui, en arrière d'OEhringen.

La 3ᵉ division en arrière de la Brettach.

La 1ʳᵉ division a eu ordre de prendre position à hauteur de Finsterroth ; son mouvement s'est opéré mais j'attends encore le rapport du général Saint-Hilaire.

La brigade de cavalerie est en avant d'OEhringen. La 4ᵉ division est restée en avant d'Heilbronn conformément à l'ordre que Votre Excellence m'a adressé le 7 de ce mois (*29 septembre*), elle y attendra le grand parc général de l'armée et suivra son mouvement, à moins que, d'après les observations que ma lettre du 9 (*1ᵉʳ octobre*) renferme, il ne vous ait paru, Monsieur le Maréchal-Ministre, que cette disposition pouvait être modifiée en remplissant toujours le même objet.

Les reconnaissances que j'ai poussées jusqu'auprès de Hall ne m'ont donné aucune nouvelle de l'ennemi.

J'ai l'honneur.....   Soult.

P.-S. — Je reçois, à l'instant, le rapport du général Saint-Hilaire : il rend compte que la 1ʳᵉ division a parfaitement exécuté le mouvement qui lui a été ordonné et qu'elle a pris position sur le Ammerstsweiler ayant son avant-garde en avant de Mainhardt ainsi qu'il lui avait été prescrit.

Le général Salligny au Commissaire ordonnateur en chef.

Le 10 vendémiaire an XIV (2 octobre 1805).

Mon cher Ordonnateur,

Je vous préviens que l'intention de M. le maréchal est que le pain soit distribué aux 2ᵉ et 3ᵉ divisions, à la division de cavalerie et à l'artillerie pour jusques et compris le 12 de ce mois.

La 2ᵉ division, la division de cavalerie et l'artillerie, pourront envoyer sur-le-champ au magasin ; la 3ᵉ division prendra son pain demain en passant par Œhringen. Donnez vos ordres pour l'exécution de ces dispositions.

SALLIGNY.

Le général Salligny au Général commandant la cavalerie.

Le 10 vendémiaire an xiv (2 octobre 1805).

Général,

Je vous remets ci-joint une réquisition du commissaire ordonnateur en chef adressée à M. le bailli de Valdenbourg qui doit faire fournir par son bailliage des subsistances pour l'armée.

M. le maréchal ordonne que cette réquisition soit notée par un officier de votre division à M. le bailli, que cet officier ait un détachement subsistant à ses ordres pour faire fournir les objets requis et que vous lui prescriviez de les faire escorter jusqu'au quartier général à Hall.

SALLIGNY.

Le général Salligny à M. l'Ordonnateur en chef.

Le 10 vendémiaire an xiv (2 octobre 1805).

Mon cher Ordonnateur,

M. le maréchal commandant en chef a reçu votre lettre d'hier par laquelle vous lui rendez compte que l'état de répartition des réquisitions faites par M. le commissaire..... vous a été remis.

M. le maréchal vous charge de vous conformer aux dispositions de l'ordre du 9 pour la rentrée des réquisitions, et d'en donner l'état au commissaire des guerres de la 4ᵉ division pour qu'il m'assure la rentrée et le transport sur Œhringen et Hall, en prenant à ce sujet les ordres du général Suchet.

M. le maréchal vous charge de frapper une réquisition de 80 quintaux de sel sur la commune de Necker-Ulm et en faire la distribution pour 10 jours aux 3ᵉ et 4ᵉ divisions et aux troupes de cavalerie.

Les réquisitions de dix mille rations de pain frappées sur les communes d'Ingelfingen, Sindringen, ont été réduites à six mille pour chacune et le général Margaron est chargé de les faire verser pour ce soir à..... dans les magasins.

SALLIGNY.

Le général Salligny au général Andréossy, aide-major général de la Grande Armée.

Le 10 vendémiaire an XIV (2 octobre 1805).

Général,

J'ai l'honneur de vous adresser un officier autrichien qui était en permission dans la Belgique et qui est venu se présenter à nous pour obtenir celle de rejoindre son régiment.

SALLIGNY.

4° CORPS D'ARMÉE.

Ordre de marche pour le 3 octobre.

Œhringen, le 10 vendémiaire an XIV (2 octobre 1805).

Le 8ᵉ régiment de hussards partira demain, à 3 heures du matin, du bivouac qu'il occupe en avant d'Œhringen pour se rendre à Hall en suivant la grande route. Il réglera sa marche de manière à arriver de bonne heure devant la ville ; il la traversera et se portera sur la route de Gaildorf et s'établira à une lieue en avant de Hall, éclairant parfaitement le pays et prenant toutes les informations possibles sur les forces, positions et mouvements de l'ennemi.

Le 8ᵉ régiment de hussards sera sous les ordres du général Saint-Hilaire, du moment que la 1ʳᵉ division sera arrivée en avant de Hall.

Le 11ᵉ régiment de chasseurs à cheval est mis sous les ordres du général de division Vandamme et fera partie de son avant-garde.

Le général Vandamme donnera ordre à son avant-garde, composée du 24ᵉ d'infanterie légère, du 11ᵉ de chasseurs à cheval et de 2 pièces de 4, sous les ordres du général Candras, de partir demain, à 3 heures et demie du matin, d'OEhringen pour se rendre à Hall et prendre position en avant de Michelsbach, sur la route d'Ellwangen, éclairant parfaitement le pays et prenant également des informations sur les forces, positions et mouvements de l'ennemi.

Le général Vandamme fera partir sa division du camp qu'elle occupe en arrière d'OEhringen, à 4 heures du matin, pour la diriger sur Hall et lui faire prendre position en arrière de la ville, ainsi qu'il est dit dans l'ordre du 9 (*1er octobre*).

La compagnie d'artillerie légère de la division de cavalerie marchera immédiatement après la 2e division pour se rendre à Hall, et elle s'établira en avant de la ville sur la route d'Ellwangen, où le 26e régiment de chasseurs à cheval, qui est retiré au général Saint-Hilaire, aura ordre de la joindre et s'établira avec elle au bivouac.

Les bouches à feu et équipages d'artillerie de la 1re division suivront encore la 2e jusqu'à Hall et joindront la 1re à son passage pour suivre ses mouvements.

Le général Legrand sera invité à faire partir la 3e division demain, à 6 heures du matin très précises, pour la diriger sur Hall, ainsi qu'il est dit dans l'ordre du 9 de ce mois (*1er octobre*); mais, M. le général Legrand lui fera prendre position en arrière de la Kocher, à hauteur de Munkheim, mettant son quartier général dans ce village, au lieu de l'apporter à Gelbingen comme il était dit dans le premier ordre.

Le parc d'artillerie du corps d'armée suivra la marche de la 3e division et s'établira à Gelbingen, en arrière de Hall; la 3e division fournira sa garde.

La 1re division, en arrivant à Hall, aura ordre de traverser cette ville et d'aller prendre une position en avant, sur la route de Gaildorf, qui lui sera indiquée par le colonel Franceschi.

Le quartier général sera, demain, à Hall.

L'ordonnateur en chef fera partir un employé d'administration avec le 8e de hussards pour porter, au magistrat de Hall, une réquisition de 60,000 rations de pain, 60,000 rations de viande, 60,000 rations d'eau-de-vie, 200 quintaux de sel, un complément des ambulances de campagne, les foins, pailles et avoines nécessaires pour 8,000 chevaux pendant un mois, du chauffage pour l'armée, 100,000 bottes de paille de couchage, les voitures de transport nécessaires au corps d'armée et 200 chevaux de train pour l'artillerie, et préviendra que tous ces objets devront être versés dans les magasins ou réunis à Hall, demain, avant 6 heures du soir.

La paille de couchage et le bois de chauffage seront transportés au camp, immédiatement après l'arrivée de la troupe, et les versements qui seront faits au magasin de fourrages, dans le jour, serviront aux distributions qui devront être faites aux divisions.

(Le restant de cette partie de réquisition ne devra être versé que dans deux jours.)

M. le général Vandamme sera prévenu de cette réquisition et voudra bien en faire accélérer la rentrée.

L'ordonnateur en chef, en arrivant à Hall, demandera un emplacement convenable pour y placer un hôpital, et le fera pourvoir, dans le jour, d'effets et ustensiles nécessaires pour 200 malades.

Il fera la demande, aux magistrats, de 1200 paires de souliers de la première qualité, qui seront donnés aux régiments qui en ont le plus besoin et qui en payeront la valeur.

La 4e division quittera ses positions, en arrière de Weinsberg, le même jour que le grand parc d'artillerie de l'armée, qui suivra sa marche. Elle prendra position en arrière d'Œhringen, et le lendemain en arrière de Hall, où de nouveaux ordres lui seront adressés.

SOULT.

3e CORPS D'ARMÉE.

Le général de brigade Daultanne, chef de l'état-major général,
à M. le général de division Gudin, commandant la 3e division.

Au quartier général, à Sindringen, le 10 vendémiaire an XIV
(2 octobre 1805).

Mon Général,

J'ai l'honneur de vous prévenir, de la part de M. le maréchal, que les villes et territoires de Crailsheim et Dinkelsbühl, faisant partie du territoire prussien, on doit s'abstenir de frapper aucune espèce de réquisition. J'ai l'honneur de vous saluer.

(A. G.) DAULTANNE.

Le général Daultanne au général Gudin.

Au quartier général, à Mosbach, le 10 vendémiaire an XIV
(2 octobre 1805).

Mon cher Général,

M. le maréchal vous charge de faire vivre votre division pendant les marches que nous allons faire. Vos réquisitions en viande et fourrages porteront sur Neckarsulm, Neudenau, Widdern. Vous êtes invité à vous faire suivre, autant qu'il vous sera possible, par des bestiaux provenant des réquisitions que vous avez dû frapper, en vertu de l'ordre d'hier, et à suivre les mêmes mesures pendant le reste de la marche.

Je vous salue de tout mon cœur.

(A. G.) DAULTANNE.

Nouvel ordre de marche.

Au quartier général, à Mosbach, le 10 vendémiaire an XIV
(2 octobre 1805).

L'avant-garde, sans perdre un seul instant, quittera la position qu'elle occupe et se portera sur Sindringen où elle prendra la route qui, de cette ville, conduit à Langenbourg et s'y portera le plus avant possible, en tâchant d'arriver à la hauteur du village de Bodenhof.

Les divisions Bisson et Friant, en passant par Möckmühl, se porteront le plus près possible de Sindringen et prendront position sur les hauteurs en arrière de cette ville, Pfitzhöhe.

La division Gudin prendra position sur les hauteurs en arrière de Möckmühl.

La brigade de cavalerie légère, aux ordres du général Vialanne, passant par Möckmühl et Sindringen, s'établira dans le village le plus à portée et qui se trouve sur la route de Sindringen à Langenbourg, chemin que tient l'avant-garde.

Le parc d'artillerie, de même que les voitures chargées de biscuit suivront, jusqu'à nouvel ordre, la marche de la 3ᵉ division et se placeront en arrière d'elle.

Les sapeurs attachés aux deux premières divisions, et 300 soldats munis d'outils, précéderont la marche pour faire aux routes les plus urgentes réparations. Les officiers du génie de ces divisions seront chargés de la direction de ces travaux.

Jusqu'à nouvel ordre, la 3ᵉ division gagnera tous les jours sur la marche de celles qui la précèdent, de manière à les rallier le 13 (*5 octobre*).

Il sera formé, pour la garde du parc d'artillerie et du convoi de biscuit, un corps de troupe pris dans tous les régiments d'infanterie, à raison de 15 hommes par régiment et choisis parmi ceux les plus fatigués. Il sera affecté à ces détachements deux officiers par division; un officier supérieur, pris dans la 3ᵉ division, en aura le commandement. La moitié de ce détachement sera particulièrement chargée de la garde du parc d'artillerie, sous les ordres immédiats de l'officier supérieur qui s'y tiendra de sa personne; l'autre partie suivra le convoi de biscuit. Les généraux de division ordonneront sur-le-champ cette formation; l'officier supérieur sera désigné de suite par le général Gudin, pour qu'il puisse s'occuper du rassemblement des hommes.

La 3ᵉ division prendra, à Mosbach, le pain pour les 11, 12, 13 et 14 (*3, 4, 5 et 6 octobre*).

Les généraux Bisson, Friant, Gudin, Vialanne et, jusqu'à nouvel ordre, le général Eppler sont invités de nouveau à envoyer chaque jour le rapport de leur marche à M. le maréchal, par un officier d'état-major.

Le quartier général du corps d'armée sera établi, aujourd'hui 10 (*2 octobre*), à Sindringen.

Le Général, Chef de l'état-major général.

DAULTANNE.

Journal de marche de la division Friant.

Le 10 vendémiaire an XIV (2 octobre 1805).

L'avant-garde occupe les petites villes de Sindringen et Ingelfingen, toutes deux dans un fond et sur la rive droite de la Kocher. Son centre est à Weisbach, à l'embouchure d'un gros ruisseau dans la Kocher; elle s'éclaire fortement sur son front, envoie des troupes sur la rive gauche de la Kocher et se rend ainsi maîtresse de sept à huit ponts qui sont sur la Kocher, entre ces deux petites villes. Elle pousse de bonnes reconnaissances sur OEhringen. La Kocher à Sindringen, où le grand quartier général du 3ᵉ corps s'établit, a 9 à 10 mètres de largeur et 1ᵐ30 de profondeur; son lit est bon et en cailloux; il reçoit dans ses eaux la Sall, gros ruisseau sur la rive gauche.

La 2ᵉ division fait un mouvement sur sa droite, pour se rendre à ses bivouacs de Pfitzhof à Schönthal, en passant par Möckmühl. La journée fut très forte, nous n'eûmes que des chemins de traverse, généralement mauvais, étroits, encaissés; a 10 heures du soir, un bon nombre de soldats fatigués n'avaient pas encore rejoint leurs camarades; nous étions précédés par la 1ʳᵉ division. La longue descente à Möckmühl est si rapide, si remplie de grosses pierres, que les cavaliers eux-mêmes durent mettre pied à terre. Petit pont en bois sur un ruisseau avant d'arriver à Möckmühl, et pont en pierre sur le Iagst à la sortie. Cette petite ville est située à l'embouchure dudit ruisseau, dans le Iagst. Elle est mal bâtie, mal pavée; on y trouve un bon nombre de fontaines; les environs sont arides, pierreux et presque stériles.

La montée pour gagner le haut du revers opposé à celui que nous avions descendu si difficilement est rapide et mauvaise. Arrivés sur le plateau, nous fîmes plus de deux lieues de très mauvais chemins dans les bois; l'artillerie eut peine à s'en tirer, quoique j'y eusse fait travailler tout le jour les sapeurs de la 7ᵉ compagnie du 2ᵉ bataillon et ceux des régiments. Tous les chemins seraient impraticables en hiver et dans les temps de pluie. Nous devions établir nos bivouacs en ligne avec la 1ʳᵉ division, dont la droite se prolongeait vers Möglingen et sur la crête des hauteurs, dont le pied est arrosé par la rive droite du Jagst; mais nous dûmes reculer notre gauche de près de trois quarts de lieues, à la hauteur de Schönthal, pour avoir de l'eau et du bois; nous appuyâmes notre droite à un très grand bois et au hameau de Pfitzhof. Le hameau de Neuhof était sur notre centre et le général établit son quartier général à Iagsthausen, gros village près le Iagst, et sur sa droite, pont en pierre et château avec parc. Le Iagst a 10 à 12 mètres de largeur et est assez rapide; son fonds est pierreux; il a, en ce point, 1ᵐ30 à 1ᵐ45 de profondeur; le vallon est très sinueux.

La division Gudin se porta en avant de Mosbach et occupa notre position de la veille. Le grand parc d'artillerie resta à Mosbach, la réserve de cavalerie légère s'établit à deux lieux en avant d'Adelsheim, et la division de grosse cavalerie, commandée par le général Nansouty, s'établit en colonne sur la route de Neckargemünd et Obrigheim.

3° CORPS D'ARMÉE.

*Itinéraire du corps de M. le maréchal Davout :
de Mosbach et de Neckarelz au pont de Harbourg et à Œttingen.*

1re *journée*. — Le 10 vendémiaire (*2 octobre*).

Quartier général, à Sindringen.

Les 1re et 2e divisions prendront position sur les hauteurs, en arrière de Möckmühl (5 lieues 1/2), et plus en avant vers Sindringen, si cela se peut.

La 3e division, sur la position entre Roigheim et Adelsheim, la droite.

Le parc de réserve suit le mouvement de la 3e division, ainsi que les voitures chargées de biscuit.

La cavalerie légère se placera entre Möckmühl et l'avant-garde.

L'avant-garde se portera de Möckmühl à Ingelfingen et à Langenbourg, en passant de Möchmühl à Sindringen par Seehaus, Trautin, Pfitzhof, et rentrant à Sindringen par la route de Langenbourg.

2e *journée*. — Le 11 vendémiaire (*3 octobre*).

L'avant-garde ira des cantonnements ou bivouacs, en arrière de Langenbourg à Crailsheim. Distance : 7 lieues.

Les divisions iront de Möckmühl et Sindringen à Bodenhof, et autres points en arrière de Langenbourg.

Le quartier général, à Langenbourg.

3e *journée*. — Le 12 vendémiaire (*4 octobre*).

L'avant-garde, de Crailsheim à Dinkelsbühl Distance : 5 lieues.

Les divisions de Langenbourg à Crailsheim. Distance : 6 lieues, passant par Kirchberg.

Le quartier général, à Crailsheim.

4ᵉ journée. — Le 13 vendémiaire (*5 octobre*).

L'avant-garde, de Dinkelsbühl à Œttingen. Distance : 7 lieues.
Les divisions de Crailsheim à Dinkelsbühl. Distance : 5 lieues.
Le quartier général, à Dinkelsbühl.

5ᵉ journée. — Le 14 vendémiaire (*6 octobre*).

L'avant-garde, au pont de Harbourg. Distance : 7 lieues.
Les divisions de Dinkelsbühl à Œttingen. Distance : 7 lieues.
Le quartier général, à Œttingen.

(*Sans date. De la main du général Mathieu Dumas.*)

3ᵉ CORPS D'ARMÉE.

Journée du 10 vendémiaire (2 octobre 1805).

Quartier général : Sindringen.

Avant-garde : Quartier général, Langenbourg.

Se porte sur Lassbach et bivouaque en avant de ce village, à cheval sur la route.

1ʳᵉ division : Quartier général, Sindringen.

La droite en avant de Sindringen, la gauche à Pfitzhof entre le Iagst et la Kocher.

2ᵉ division : Quartier général, Iagsthausen.

La droite appuyée à la gauche de la 1ʳᵉ division, la gauche dirigée sur Schönthal.

3ᵉ division : Quartier général, Mosbach.

A cheval sur la route de Mergentheim, la droite au Neckar, à la hauteur de Neckarzimmern.

Cavalerie légère : Une demi-lieue en avant d'Adelsheim.

Elle poussera une forte reconnaissance sur la route de Mergentheim.

Grosse cavalerie : Quartier général, Aglasterhausen.

En colonne sur la route de Neckargemünd à Neckarelz.

La tête occupant Aglasterhausen.

Parc : L'artillerie du parc marche immédiatement après la division.

Le mouvement du 3ᵉ corps a été un peu ralenti par le passage du Rhin, qui ne s'est fait qu'avec un pont volant et quelques barques; cependant il est à peu près en ligne avec le 4ᵉ corps. Quelques marches forcées le porteront bientôt en avant, pour arriver conjointement avec les 1ᵉʳ et 2ᵉ corps sur le bas Danube et tourner le corps à Ulm ou le séparer des Russes.

Le maréchal Davout au maréchal Berthier.

Sindringen, le 10 vendémiaire an XIV (2 octobre 1805).

Monsieur le Maréchal,

J'ai l'honneur d'adresser à Votre Excellence un de mes aides de camp suivant ses intentions, pour lui donner connaissance que les ordres de Sa Majesté sont remplis. Le 3ᵉ corps d'armée, réuni à Mosbach, en est parti ce matin. Les deux premières divisions et la cavalerie légère occupent les hauteurs de l'endroit où je suis. La 3ᵉ division est sur les hauteurs de Möckmühl et la grosse cavalerie à Neckarelz.

L'avant-garde est au delà d'Ingelfingen du côté de Nesselbach près Langenbourg.

Demain, 11 (*3 octobre*), l'avant-garde sera près de Crailsheim, les deux premières divisions à Nesselbach et les autres successivement à quelques heures de marche.

L'itinéraire du général Dumas portait Langenbourg; mais ce village se trouvait à 1 lieue de la route; j'y ai substitué Nesselbach, qui est à même hauteur. Je suivrai pour le reste l'itinéraire que le général Dumas a dû vous remettre et dont, au surplus, je vous envoie un double.

Les distributions vont très bien. J'espère que nous nous trouverons le 14 (*6 octobre*) en avance de trois ou quatre jours de pain, indépendamment du biscuit qui me suit. Les troupes ont fait, aujourd'hui, la plus mauvaise partie des routes de traverse qu'elles auront encore à parcourir pendant 8 lieues. Elles n'étaient pas aussi mauvaises que je m'y étais attendu.

Je dois vous faire connaître, Monsieur le Maréchal, les difficultés que j'éprouverai pour passer a Crailsheim et Dinkelsbühl, territoire prussien, où il existe quatre bataillons prussiens et un ou deux escadrons.

La déclaration, ci-jointe, de l'adjudant-général Romeuf vous mettra au courant de ces difficultés. Demain, l'avant-garde s'établira sur la limite de ce territoire, ce qui me donnera le temps de connaître les intentions de Sa Majesté. Si le 11 (*3 octobre*) au soir je n'ai pas de réponse de vous à ce sujet, l'avant-garde passera outre et successivement l'armée, nonobstant toute réclamation. J'ai employé plusieurs officiers à reconnaître si on ne pourrait pas éviter ce passage, tous leurs rapports s'accordent à dire que les routes sont réellement impraticables. Dans tous les cas, l'armée traversera ce pays sans avoir rien à y demander.

Nos reconnaissances se confondent avec celles du maréchal Soult; nous ne pouvons pas être plus près.

Les rapports que j'ai sur l'ennemi sont trop vagues pour en parler.

DAVOUT.

Ordre de marche du 11 vendémiaire an XIV (3 octobre 1805).

Au quartier général, à Sindringen, le 10 vendémiaire an XIV
(2 octobre 1805).

L'avant-garde ira placer ses postes à 500 ou 600 pas du territoire prussien près de Crailsheim. Le corps de l'avant-garde prendra position à un quart de lieue, au plus, de ses avant-postes.

La réserve de cavalerie légère aux ordres du général Vialanne prendra position à 1 lieue et demie en arrière de l'avant-garde suivant le terrain.

Les 1re et 2e divisions occuperont une position à la hauteur de Lassbach en prenant la route d'Ingelfingen.

La 3e division et le parc s'établiront sur les hauteurs au delà d'Ingelfingen en suivant la même route.

La division de cavalerie, aux ordres du général Nansouty, se portera à Möckmühl.

Attendu qu'il existe à Ingelfingen de grands versements des denrées, les 1re et 2e divisions enverront, de très grand matin, leurs fourriers et quelques hommes par compagnie pour y prendre le pain jusqu'au 15 inclusivement et la viande jusqu'au 13. Il en sera de même de la brigade de cavalerie légère.

La division du général Gudin et le parc prendront les mêmes distributions à leur passage à Ingelfingen.

Le commissaire ordonnateur en chef prendra des mesures pour que ces distributions soient faites au moment du passage de troupes afin de ne pas retarder leur marche. On y apportera le plus grand ordre pour éviter les abus.

Ce qui restera de foin et d'avoine dans le magasin d'Ingelfingen après les distributions faites aux premières colonnes demeurera à la disposition du général Nansouty.

Il est nécessaire que la 1re division se mette en marche à la pointe du jour et la 2e division deux heures après.

Le quartier général du corps d'armée sera transféré, le 11, à Nesselbach.

Le commissaire ordonnateur en chef prendra des mesures pour faire transporter à Ilshofen les denrées versées à Geislingen.

Le Général, Chef de l'état-major général,

Daultanne.

En note: D'Ingelfingen pour Geislingen on passe par Kunsbach, à Rüblingen, à Iungelshausen, à Rückertshausen, à Arnsdorf et à Geislingen.

(*A. G.*)

L'Empereur au maréchal Bernadotte.

Ettlingen, le 10 vendémiaire an XIV (2 octobre 1805).

Mon Cousin, je reçois votre lettre du 6 vendémiaire. J'ai vu avec plaisir votre arrivée à Würtzbourg, et votre jonction avec le maréchal Marmont. Le croquis du mouvement de l'armée que vous envoie le major général, vous fera connaître mes projets. L'ennemi a une armée assez considérable dans le Tyrol; il en fortifie tous les débouchés. Une autre armée se fortifie sur l'Iller. Mon projet, s'il hésite et s'il s'amuse, est d'arriver derrière le Lech avant lui, de lui couper la retraite et de le pousser sur le Rhin ou dans le Tyrol. Nous allons voir quel parti va prendre l'ennemi. Expédiez-moi tous les jours quelqu'un. Je suis la route de Stuttgard, Schörndorf, Gmünd, Aalen, afin de diriger moi-même les mouvements de la droite, si l'ennemi passe le Danube et nous attend à Heidenheim. Les 3,000 hommes du contingent de Bade marchent aujourd'hui; les 7,000 hommes de Wurtemberg marchent également. Donnez ces nouvelles à l'Électeur, elles lui feront plaisir.

Je ne suis point étonné que vous ayez trouvé beaucoup d'agitation : l'Électrice a été de tout temps notre ennemie, et l'Électeur lui-même se trouve dans une position si extraordinaire, qu'il n'est pas étonnant qu'il s'en trouve ébranlé. Rassurez-le; causez avec lui, en général, des mouvements de l'armée, et faites-lui naître l'espoir d'être rétabli promptement dans sa position naturelle. Mais, je ne pense pas que, quand vous lirez cette lettre, vous serez déjà à deux marches de Würtzbourg. Maintenez toujours intacte la communication du général Marmont avec le maréchal Davout; vous verrez par le croquis (1) que ce général sera, le 15 (*7 octobre*), sur la Wörniz; si l'ennemi débouchait de Donauwörth pour l'attaquer, faites marcher le général Marmont à son secours.

Moquez-vous de tout ce que peuvent faire les ennemis, soit à Hanovre, soit ailleurs. Ils ne sont pas encore en mesure. Quand nous nous serons défaits de ces 100,000 Autrichiens que nous avons devant nous, nous pourrons nous porter ailleurs. Il y a en France un bon mouvement; la réserve arrive sur le Rhin. J'ai grande envie de vous voir, et je le ferai, du moment que je me serai assuré de ce que l'ennemi peut faire. Mes dernières nouvelles sont qu'il était encore sur l'Iller, où il fortifiait Memmingen.

Quant à l'Électeur de Hesse, il fera toujours, et dans tous les cas, ce que je voudrai. Vous l'avez un peu gâté, s'il est vrai, comme on me l'assure, que vous avez payé argent comptant. Si je l'avais prévu, je vous aurais fait dire de le payer avec des bons : Je m'en expliquerai là-dessus avec lui. Il sait très bien que sans la France, il ne serait qu'un sujet de la Prusse; il sait aussi que seul, j'ai pu le faire Électeur, et que je puis, seul, lui faire beaucoup de bien ou beaucoup de mal.

---

(1) N'a pas été retrouvé.

Il n'y a plus à parlementer avec les Autrichiens qu'à coups de canon.

Napoléon (1).

Le maréchal Berthier au maréchal Bernadotte.

Ettlingen, le 10 vendémiaire an XIV (2 octobre 1805).

Monsieur le Maréchal,

Je vous envoie un croquis qui vous fera connaître la direction que prennent dans leurs marches les divers corps d'armée.

Je compte que, d'après les instructions que vous avez reçues, vous devez vous être remis en marche aujourd'hui, ainsi que le général Marmont et le corps bavarois.

Aujourd'hui, tous les corps de l'armée passent le Neckar et se mettent en mouvement.

Par la proclamation que vous avez reçue, vous avez vu que nous sommes en pleine guerre : Vous devez attaquer tout ce qui se rencontrera devant vous.

M. le général Marmont doit, comme je vous l'ai dit, se tenir en communication avec le corps de M. le maréchal Davout et par ce moyen, l'armée se trouvera toujours sans interruption.

L'Empereur sera ce soir à Stuttgard ; Sa Majesté suivra ainsi les mouvements des deux corps de droite ; il serait possible que l'ennemi voulût déboucher par Ulm et nous attaquer, ou nous offrir une belle occasion de l'être lui-même.

Le corps qui a débouché de la Bohême sur la Rednitz, n'est composé que d'un ou deux régiments de cavalerie et quelques bataillons d'infanterie.

Si l'ennemi passait le Danube pour se porter devant vous, vous l'attaqueriez en ayant soin de maintenir toujours votre communication avec le maréchal Davout et, dans ce cas, toute l'armée ferait un mouvement sur vous.

Du moment que notre droite aura passé Heidenheim, l'Empereur se portera de sa personne à votre corps d'armée, et sera bien aise de voir vos troupes.

Quant aux subsistances, il est impossible de vous nourrir par

---

(1) *Correspondance de Napoléon*, n° 9312.

les magasins; cela n'a jamais été, et c'est à ne pas s'être servie de magasins que l'armée française doit en partie ses succès. Vous devez vous nourrir par les réquisitions faites aux baillis, laisser des bons en règle, et l'Empereur fera payer ce qui aura été fourni.

Sa Majesté a fait préparer quelques magasins de biscuit à Würtzbourg, mais c'est en cas d'événement.

Toute l'armée française, même l'armée autrichienne, ne vit pas autrement que par réquisitions.

Tous les pays qui sont amis de l'Autriche sont nos ennemis et doivent être traités ainsi. L'évêché d'Eichstädt, le pays de Mergentheim, qui appartiennent à l'ordre teutonique, sont dans ce cas. Je vous en enverrai un état; mais dans ce moment, ce dont nous avons principalement à nous occuper, c'est de chasser l'ennemi de la Bavière, de rester maîtres du pays, et d'écraser les Autrichiens avant l'arrivée des Russes.

Par les renseignements que l'Empereur reçoit journellement, la nouvelle de l'arrivée des troupes dans l'île de Rügen et à Stralsund, est fausse : C'est la grande tactique, l'arme habituelle des Russes et des Anglais, de vouloir nous effrayer par de faux bruits : A les croire, ils débarquent en Hollande, à Boulogne, en Bretagne, en Provence, à Naples, à Ancône, etc... De tous les débarquements, le moins dangereux pour nous, serait le débarquement en Hanovre, parce que le roi de Prusse le garantit.

Quant à la solde, je croyais que le Hanovre vous avait fourni toute celle du mois de vendémiaire. Quand l'armée sera réunie, on y pourvoira.

Le Landgrave de Hesse-Cassel accorde le passage à nos troupes, et tout ce qui doit venir de Hanovre passera sans difficulté.

Maréchal Berthier.

1er CORPS D'ARMÉE.

Marche préparatoire du 10 vendémiaire.

Würtzbourg, le 9 vendémiaire an XIV (1er octobre 1805).

La division de cavalerie se réunira, en entier, à Kittzengen et aux environs en se prolongeant sur la route d'Uffenheim ; le lendemain, 11, elle se dirigera sur Rudelshofen en avant de Bucheim. Le quartier général de la division et l'artillerie seront, le 11, à Rudelshofen.

La 1re division, commandée par le général Rivaud, se réunira sur la rive gauche du Mein ; elle pourra cantonner dans la ville d'Ochsenfurth et, dans le rayon d'une demi-lieue, se prolongeant sur la route d'Uffenheim, laissant entièrement libre la rive droite du Mein à la 2e division.

La 2e division, aux ordres du général Drouet, se réunira le plus près possible de la rive droite du Mein pour passer de bonne heure, le 11, sur le pont d'Ochsenfurth. Les cantonnements les plus près qu'elle pourra occuper, sont :

Sommershausen, où sera le quartier général de la division, Klem-Ochsenfurth et Erlbach.

Le général Éblé donnera des ordres pour que les 6 pièces d'artillerie attachées aux dragons, qui sont aujourd'hui à Gramschatz, les rejoignent le 11. Si cependant la journée était trop forte, elles ne rejoindraient que le 12.

Cantonnements du 10 vendémiaire.

1re division : Aub.
2e division : Grünsfeld.
3e division : Mergentheim.
Quartier général : Bütthard.

Journal de marche du corps bavarois du général de Wrède.

Réunion de l'armée française et du corps bavarois. — Les troupes françaises et bavaroises se rencontrèrent pour la première fois à Bibergau : c'était, d'une part, des hussards du 2e régiment et, de l'autre, du 2e chevau-légers.

On s'occupa de la construction d'un pont de bateaux à Schwarzenau.

9 vendémiaire (1er octobre). Le maréchal prend le commandement en chef des Bavarois. — Par une lettre, datée de Würtzbourg, le maréchal Bernadotte informa le lieutenant général baron de Wrède, que lui, maréchal et commandant le 1er corps de la Grande Armée, avait obtenu le commandement de toutes les troupes bavaroises destinées à faire partie du 1er corps, conformément à la demande de Sa Majesté l'Empereur et Roi de France et d'Italie, et à l'assentiment de Son Altesse l'Électeur de Bavière.

Le lieutenant général baron de Wrède obtint le commandement de l'avant-garde. En même temps, les deux corps bavarois reçurent l'ordre de se réunir, le 5 octobre, à Schwabach.

10 vendémiaire (2 octobre). *Marche à Weissembourg.* — Ce mouvement commença, le lieutenant général baron de Wrède établit son quartier à Stadtschwarzach.

Deuxième augmentation de l'avant-garde. — L'avant-garde fut renforcée, avant son départ, par le 12e régiment d'infanterie de ligne (le 5e bataillon d'infanterie légère et le 3e régiment de chevau-légers, provenant des garnisons de Franconie, sont cités plus haut).

11 vendémiaire (3 octobre). — Le général-major François, comte de Minucci, qui venait de prendre le commandement d'une brigade, la conduisit à Hœchstedt, sur l'Aisch, et le colonel prince de Solms, brigadier provisoire, conduisit la seconde à Gross-Neuses. Le lieutenant général se rendit à Bamberg pour s'y concerter, avec le lieutenant général de Deroy, sur différents objets.

Le quartier général du maréchal partit d'Ochsenfurth et se rendit à Uffenheim. Le corps du lieutenant général de Deroy se posta à Vorchheim.

Le général Éblé à Son Excellence le Ministre de la guerre.

Le 10 vendémiaire an XIV (2 octobre 1805).

Monsieur le Ministre,

J'ai déjà eu l'honneur d'entretenir plusieurs fois Votre Excellence sur l'impossibilité où je me trouve d'approvisionner, en munitions, le corps d'armée de M. le maréchal Bernadotte. La communication avec Hanovre étant fermée, je ne puis en tirer aucun objet pour le service de l'artillerie hanovrienne et lorsque le double approvisionnement dont elle est pourvue sera consommé, je ne vois aucun moyen d'assurer le service.

J'ignore également comment remplacer les cartouches d'infanterie : aucun dépôt n'a été mis à ma disposition, et, quand il y en aurait, le défaut de chevaux m'empêcherait d'en tirer.

Je renouvelle à Votre Excellence la prière de me faire fournir les moyens de faire face aux besoins de l'artillerie qui m'est confiée.

ÉBLÉ.

*Le général Éblé au général Songis,
1er inspecteur général d'artillerie.*

Le 10 vendémiaire an XIV (2 octobre 1805).

Général,

Je viens de recevoir la lettre que vous m'avez fait l'honneur de m'écrire le 14 fructidor dernier ; on s'occupe de former les états que vous demandez, et sous peu, j'aurai l'honneur de vous les adresser.

Voici, en gros, comment est composée l'artillerie du corps d'armée commandé par le maréchal Bernadotte :

3 compagnies du 8e régiment d'artillerie à pied (3 sont restées au Hanovre) ;

4 compagnies du 3e régiment d'artillerie à cheval ;

1 compagnie du 1er bataillon de pontonniers ;

La moitié de la 8e compagnie d'ouvriers ;

94 bouches à feu approvisionnées à peu près à 400 coups ;

1,200,000 cartouches d'infanterie.

Lorsque l'approvisionnement des bouches à feu sera consommé, elles deviendront, je pense, inutiles, attendu que la communication avec Hanovre est fermée, que je n'aurais d'ailleurs aucun moyen de transport, faute de chevaux, et qu'en France, il n'existe point de munitions de ce calibre.

Mon embarras est à peu près le même pour les cartouches d'infanterie ; j'ai, en conséquence, l'honneur de vous prier de m'indiquer le dépôt d'où je pourrai en tirer, ainsi que des pierres à feu, et comment je pourrai les faire transporter ; je ne puis attendre aucun secours du 2e bataillon du train qui a à peine 800 chevaux attelés aux bouches à feu et aux canons destinés à suivre le mouvement des troupes. Le parc est conduit par 400 à 500 chevaux requis en Hanovre et dont le mauvais état ne permettra bientôt plus d'en tirer aucun parti.

J'attends vos ordres et vos instructions avec anxiété.

ÉBLÉ.

Le général Éblé à M. Humbert, commandant l'artillerie dans l'Électorat de Hanovre.

Le 10 vendémiaire an XIV (2 octobre 1805).

Dans le cas où le général Barbou recevrait l'ordre de lever un certain nombre de chevaux pour le service de l'artillerie, il est bien essentiel, Monsieur, que vous preniez les mesures nécessaires pour les faire harnacher avant leur départ de Hanovre. Je sais que les selliers qui ont vendu des colliers à M. Lentz ont encore des harnais que je n'ai pas voulu recevoir à mon arrivée à l'armée à cause du prix qu'ils en demandaient, et parce qu'ils ne sont pas de première qualité; aujourd'hui, nous ne pouvons plus être aussi difficiles, vu le besoin que nous en avons. Faites donc l'impossible pour vous en procurer, de manière à ce que les chevaux qu'on pourrait encore lever arrivent garnis.

Le général Barbou aura sans doute aussi l'ordre de vous fournir le nombre de soldats nécessaires pour les conduire et auxquels vous pourrez faire payer 7 à 8 francs par jour.

Vous prendrez, dans la compagnie de canonniers, quelques sergents et des canonniers intelligents sachant écrire, que vous emploierez comme maréchaux des logis et brigadiers de manière à organiser ces soldats à peu près comme une compagnie du train. Les sergents auront 12 sols par jour et les canonniers 8 ou 9.

S'il vous restait des vieux panneaux, vous en feriez délivrer, dans le cas contraire, vous en ferez acheter.

Les voitures que vous pourrez aussi faire atteler, seront chargées, savoir: un tiers en cartouches à boulets de 6, un quart en cartouches à boulets de 3 et le reste en cartouches d'infanterie; vous y ajouterez des pierres à feu, des lances et des étoupilles autant que possible. Ce chargement de voitures aura lieu ainsi dans le cas où vous pourriez n'envoyer que 24 voitures; mais, si le nombre est plus considérable, vous laisserez le chargement des caissons à canon comme il est dit ci-dessus et le surplus portera des cartouches d'infanterie ; ne permettez pas qu'il en soit mis moins de 19,000 à 20,000 dans chaque caisson.

Vous pourrez profiter de cet envoi pour vous faire passer des armements et autres attirails que nous avons laissés à Hanovre et que vous présumerez vous être le plus nécessaire.

P.-S. — Nous avons peu d'affûts de rechange : 2 de chacun des calibres de 6, 3 et d'obusiers nous feront grand bien. Faites charger les coffrets en cartouches à boulets ; faites-y placer des roues de rechange et des essieux ferrés provenant des affûts démolis ou que vous ferez démonter.

S'il vous reste des ferrures de rechange envoyez-les aussi dans des caisses que vous pourrez peut-être attacher sur les affûts.

Il sera également nécessaire d'approvisionner le tout d'une bonne quantité de graisse, car elle chère et rare sur la route.

Je suis fâché que vous n'ayez pas envoyé une plus grande quantité de munitions avec les convois confiés à MM. Pinoudelle et Lentz si toutefois il vous eût été possible de le faire.

On m'a dit que les 14 caissons tournants que vous avez fait mettre en route depuis mon départ sont arrivés sans pierres à feu : je parle de ceux qui étaient chargés de cartouches d'infanterie et confiés à un sergent du 8e régiment d'artillerie à pied.

Le convoi que vous avez remis à M. Hurlaux n'est pas encore arrivé, non plus que ceux partis le 1er et le 2e jour complémentaire.

ÉBLÉ.

Le général Éblé à M. Navalet,
colonel, commandant le 3e régiment d'artillerie à cheval.

Würtzbourg, le 10 vendémiaire an XIV (2 octobre 1805).

Le commandement de l'artillerie de l'Électorat de Hanovre ayant été donné à M. Humbert, la Direction du parc d'artillerie de l'armée reste vacante ; personne mieux que vous, Monsieur, ne peut remplir ces fonctions ; vous voudrez donc bien vous en charger et vous rendre, sans délai, au parc, qui se trouve aujourd'hui entre Arnstein et Würtzbourg.

ÉBLÉ.

Le général Éblé à M. Navalet,
colonel, directeur provisoire du parc d'artillerie.

Le 10 vendémiaire an XIV (2 octobre 1805).

Les 100 chevaux que vous venez de recevoir des mains du commissaire bavarois, devront être rendus au parc aujourd'hui ; vous les ferez sur-le-champ signaler, et marquer de la lettre A et du n° 2. Vous chargerez ensuite le capitaine du 2ᵉ bataillon du train de les répartir dans les compagnies, de manière à ce que vous puissiez en envoyer sept à huit attelages dans chaque division de l'infanterie de l'armée : il restera, en conséquence, environ 40 chevaux que vous conserverez dans les compagnies employées au parc.

Les 10 chevaux que je vous fait remettre et qui proviennent d'achat, seront également signalés et répartis dans les compagnies, et de préférence, dans celle commandée par M. Guéret, qui se trouve à la suite de la division de cavalerie.

Vous renverrez autant de chevaux hanovriens que possible, en faisant choisir les moins propres à servir.

Il m'a été rendu compte qu'il existait, à la suite du parc, des voitures hanovriennes. Veillez, je vous prie, à ce qu'on les renvoie avec les chevaux ci-dessus.

ÉBLÉ.

CHAPITRE XI

3 octobre

Répartition des troupes au 3 octobre 1805.

Aux ordres du feld-maréchal-lieutenant Klenau, *à Waldsee.*

BRIGADIERS.	RÉGIMENTS.
Le prince de Liechtenstein, à Stockach.	Klenau (chevau-légers, à Stockach et Engen.
Mecséry, à Stockach.	Schwartzenberg (uhlans), à Pfüllendorf et Stockach.
Fresnel, à Waldsee.	Chasteler (chasseurs), à Rudolfzell.
	Fröhlich (grenadiers).. \} Waldsee
	Kollowrath (grenadiers) \} et
	Manfredini (grenadiers) \} Biberach.
	Archiduc-Rainier (gr.). \}
	Mack (cuirassiers), à Wurzach, Münchsroth et Ochsenhausen.

Aux ordres du feld-maréchal-lieutenant Gottesheim, *à Ravensberg.*

BRIGADIERS.	RÉGIMENTS.
Sticker, à Hengen.	Fröhlich (infanterie), à Sigmaringen.
Weidenfeld, à Salmannsweiller.	Archiduc-Rainier, à Mengen,
Speth, à Schussenried.	Kollowrath, à Ravensbourg.
	Manfredini, à Markdorf.
	Hohenlohe (dragons), à Eulendorf.

Aux ordres du feld-maréchal-lieutenant RIESCH, *à* Weissenhorn.

	BRIGADIERS.
Feld-maréchal-lieutenant Hessen-Hombourg, à Weissenhorn. Feld-maréchal-lieutenant Gyulay, à Ulm. Feld-maréchal-lieutenant Kerpen, à Weissenhorn.	Asner, à Weissenhorn. Weber, à Mähringen. Odonel, à Leipheim. Szenassy (absent). Ulm, à Ulm.

RÉGIMENTS.

CAVALERIE.	INFANTERIE.
Nassau (cuirassiers), à Weissenhorn. Hohenzollern, à Roggenbourg. Rosenberg (chevau-légers), à Schelkingen.	Riese, à Ulm. Archiduc-Maximilien, à Ulm. Reuss-Plauen, à Mähringen. Kaunitz, à Leipheim. Jellachich, à Günzbourg. Erbach, à Weissenhorn. Stuart, à Ichenhausen.

Aux ordres du feld-maréchal-lieutenant RIESCH.

	BRIGADIERS.
Feld-maréchal-lieutenant Auffenberg, à Zusmarshausen. Feld-maréchal-lieutenant Loudon, à Memmingen.	Vogel, à Welden. Genedegg, à Burgau. Zinzendorff, à Memmingen. D'Aspre, à Memmingen. Auersberg, à Güntz.

RÉGIMENTS.

CAVALERIE.	INFANTERIE.
Latour (chevau-légers), à Welden. Archiduc-François (cuirassiers), à Günzbourg.	Reuss-Greitz, à Wertingen. Würzbourg, à Burgau. Spork, à Zusmarshausen. Archiduc-Louis, à Memmingen. Froon, à Memmingen. Auersperg, à Frickenhausen. Archiduc-Charles, à Güntz.

Aux ordres du feld-maréchal-lieutenant WERNECK, *à Türkheim.*

	BRIGADIERS.
Feld-maréchal-lieutenant Hohen-zollern, à Buchloë.	Hohenfeld, à Buchloë. Mayer, à Buchloë. Dinersberg (absent).

RÉGIMENTS.

CAVALERIE.	INFANTERIE.
Albert (cuirassiers), à Schwabmünchen.	Bataillons de grenadiers : Auersperg........ Archiduc-Charles.. Louis............ } Entre Froon............ Buchloë, Sporck........... Türkheim Erbach........... et Prince-Jellachich... Mindelheim. Stuart........... Reuss-Greitz..... Reuss-Plauen..... Jos.-Colloredo....

NOTA. — Cette *dislocation* de l'armée autrichienne, en Souabe, ayant été perdue par un officier autrichien du corps de l'archiduc Ferdinand, pendant sa fuite à Eschenau, trouvée par les habitants, elle fut envoyée à Potsdam.

6ᵉ CORPS D'ARMÉE.

Emplacements du 11 vendémiaire (3 octobre).

Quartier général : Stuttgard.

1ʳᵉ *division* (Oberesslingen) : Le 9ᵉ léger, à Dezisau; le 32ᵉ de ligne, à Altbach, Zell et Aichschies; le 96ᵉ de ligne, à Oberesslingen.

2ᵉ *division* (Esslingen) : La division, réunie à Esslingen.

3ᵉ *division :* Occupe les villages sur la rive gauche du Neckar, de Wangen à Esslingen.

Cavalerie légère : Göppingen.
Le parc, à Esslingen (1).

Le général Dupont au maréchal Ney.

A Oberesslingen, le 11 vendémiaire an XIV (3 octobre 1805).

La 1re division est établie dans les cantonnements suivants :

La 1re brigade, à Dezisau.
Le 32e régiment, à Alpach, Zell et Aichschies.
Le 96e   id.   à Oberesslingen.

Le général Rouyer me prévient que le 1er escadron du 1er régiment de hussards, qui se trouvait à Plöchingen, en est parti ce matin, d'après un ordre transmis par un aide de camp, et qu'il ignore où il est allé. La division se trouve ainsi privée de l'escadron que vous y aviez attaché.

Mon quartier général est à Oberesslingen.

J'ai l'honneur de vous saluer.

(*A. M.*)   Dupont.

Le général de division Malher à M. le maréchal d'Empire Ney, commandant le 6e corps de la Grande Armée.

Au quartier général de Hedelfingen, le 11 vendémiaire an XIV
(3 octobre 1805).

Monsieur le Maréchal,

J'ai l'honneur de vous rendre compte qu'en conséquence des ordres que m'a transmis votre chef d'état-major, je suis parti de Stuttgard à midi, et suis venu m'établir :

Le 59e régiment et le général Labassée, à Wangen.
Le 50e régiment, mon état-major, le parc et les administrations, à Hedelfingen.

---

(1) *Journal des opérations de l'artillerie :*

..... Le 11 vendémiaire, trois obusiers servis par l'artillerie légère allèrent joindre, à Plöchingen, la division de cavalerie.

Le général Marcognet et le 27ᵉ régiment, à Rohracker.
Les 1ᵉʳ et 2ᵉ bataillons du 25ᵉ régiment, à Heumaden.
Le 3ᵉ bataillon du 25ᵉ régiment, à Sillenbuch.
L'escadron du 10ᵉ de chasseurs, à Weil.

J'ai ordonné que, dans chaque cantonnement, on se garde militairement, plutôt pour l'instruction de nos jeunes militaires, que pour la sûreté de la division, puisque je suis couvert par les autres divisions.

Ci-joint le croquis de la marche d'aujourd'hui.

Agréez, Monsieur le Maréchal, l'assurance de mon respect et de mon attachement.

(*A. M.*) MALHER.

Le général de division Tilly à M. le maréchal Ney, commandant en chef le 6ᵉ corps de la Grande Armée.

Göppingen, le 11 vendémiaire an XIV (3 octobre 1805).

Monsieur le Maréchal,

J'ai l'honneur de vous rendre compte que les reconnaissances poussées sur Schörndorf et Gmünd, n'ont eu aucune connaissance de l'ennemi; celles qui ont été sur Geislingen l'ont rencontré. — C'étaient quelques patrouilles des dragons de Rosenberg, et l'on m'a assuré en avoir vu composées de hussards de Blankenstein. — Il résulte de divers renseignements qui paraissent avoir assez de rapport entre eux, que les forces portées sur Ulm et environs se composent de 11 régiments, dont 8 d'infanterie et 3 de cavalerie, lesquels sont placés ainsi qu'il suit :

Régiments d'infanterie.

1º Fürst-Veyr, en avant d'Ulm.
2º Riese, garnison d'Ulm.
3º Kaunitz, 2 lieues en arrière d'Ulm.
4º Joseph-Colloredo. } Sur la droite d'Ulm.
5º Stuttgard. . . . . . }
6º Frölich, 6 lieues en arrière d'Ulm.
7º Manfredini, 8 lieues en arrière d'Ulm.
8º Erbach, 10 lieues en arrière d'Ulm.

Régiments de cavalerie.

Blankenstein........ } Cantonnements aux environs d'Ulm.
Rosenberg.......... }

Les uhlans étaient également, il y a quelques jours, aux environs d'Ulm; ils ont quitté leurs cantonnements sans que l'on sache où ils se sont portés.

DÉFENSE D'ULM.

Les paysans des environs, de tout âge, sont contraints de travailler aux fortifications, conjointement avec la troupe.

Un déserteur du régiment de Riese, qui arrive à l'instant, rapporte que la place d'Ulm n'est défendue par d'autre artillerie que celle de campagne; ce même déserteur dit que les troupes se sont rendues à Ulm, à marche forcée; qu'elles ignorent encore la raison pour laquelle elles y ont été envoyées et que, s'il y a guerre, l'on peut être assuré que la désertion sera considérable : 1° parce que le soldat est très mal nourri; 2° parce qu'il n'est pas payé; et 3° parce que tout est d'un prix exorbitant.

Ce déserteur rapporte en outre que les Russes sont attendus à Lintz, demain 4 octobre, arrivant également à marche forcée.

Je vous prie, Monsieur le Maréchal, d'agréer l'hommage de mon profond respect.

(*A. M.*) TILLY.

Le général Seroux à M. le maréchal d'Empire Ney, commandant en chef le 6ᵉ corps.

Stuttgard, le 11 vendémiaire an XIV (3 octobre 1805).

Monseigneur,

J'ai l'honneur de vous rendre compte qu'une partie du convoi qui était resté à Pforzheim, étant arrivée dans la nuit à Zuffenhausen, je me suis trouvé en mesure pour former, suivant vos désirs, la demi-batterie d'artillerie légère que vous attachez à la division de cavalerie; j'ai, en conséquence, donné ordre qu'il soit envoyé à cette division, trois obusiers de 6 pouces, avec leurs neuf caissons, servis par 30 hommes à cheval, et commandés par 1 officier et 2 sous-officiers.

Comme je ne sais encore, ainsi que j'ai eu l'honneur de vous le dire, quand pourront nous parvenir les vingt caissons d'obusier et les vingt et un de 8 qui sont encore à Landau, je vous prie de recommander à MM. les généraux des divisions, de ménager surtout ces deux espèces de munitions.

J'ai l'honneur d'être, avec respect et attachement, votre très humble serviteur.

Le Général commandant l'artillerie,

(*A. M.*) Seroux.

Le 11 vendémiaire an xiv (3 octobre 1805).

Monsieur le maréchal Ney,

L'Empereur ordonne que vous retiriez les gardes que vous avez placées au logement des agents diplomatiques des cours de Vienne et de Pétersbourg, et que vous les laissiez en toute liberté, du moment où M. Didelot vous fera parvenir cette lettre, ayant pris les arrangements convenables pour remplir le but que se proposait Sa Majesté.

J'ai l'honneur de vous saluer.

(*A. M.*) Berthier.

A M. le maréchal Ney.

Louisbourg, le 11 vendémiaire an xiv (3 octobre 1805).

Monsieur le Maréchal,

L'Empereur a lu avec beaucoup de plaisir le rapport que vous a fait votre aide de camp Crabbé, sur la prise qu'il a faite d'un officier et douze dragons. Vous m'enverrez sans doute ce que vous aurez pu apprendre par ces douze dragons. Quant à l'officier, envoyez-le à l'état-major.

J'ai l'honneur de vous saluer.

Le Ministre de la guerre, Major général,

(*A. M.*) Berthier.

Dispositions de marche pour le 6ᵉ corps de la Grande Armée.

Les 12, 13 et 14 vendémiaire an xiv (2, 3 et 4 octobre 1805).

La division de cavalerie légère du général Tilly ouvrira toujours la marche; elle sera disponible pour l'une ou l'autre des colonnes, suivant le besoin; elle quittera Göppingen le 12, à l'arrivée de la 1ʳᵉ division, et bivouaquera à Siessen et Salach, où elle sera soutenue par des compagnies d'infanterie placées dans les villages.

Mouvement du 12. — La 1ʳᵉ division prendra les armes à 5 heures du matin, et se rassemblera en arrière de Stockingen à 6 heures; elle marchera jusqu'à Göppingen et bivouaquera sur les hauteurs, en avant de cette ville, la gauche couverte par le bois, la droite par la Fils, et le front, par le ruisseau qui coule au pied des hauteurs mentionnées; on établira des postes en avant du bois et du ruisseau, à Sauffleneck, Sallach et Walden, et un, au delà de la Fils, à Klein et Gross-Siessen.

La 2ᵉ division prendra les armes à 5 heures du matin, et se rassemblera à Esslingen, à 6 heures, pour marcher de là à Göppingen; elle fera halte pendant une heure à Ebersbach, et bivouaquera à son arrivée, en arrière de Göppingen; un bataillon du 76ᵉ régiment sera établi dans la ville avec le quartier général des deux divisions; un bataillon du 6ᵉ régiment d'infanterie légère, bivouaquera au delà du bois, à Bartenbach et Hohenreuth; un autre bataillon bivouaquera au delà de la Fils, à Klein-Esslingen et Holzheim, poussant des postes à droite sur les bois en avant, et le long de la Fils, pour communiquer avec les postes de la cavalerie qui sont à Siessen.

La 3ᵉ division prendra les armes à 5 heures du matin, et se rassemblera en deçà du Neckar, vis-à-vis d'Esslingen, d'où elle partira à 6 heures, faisant halte de deux heures à Reichenbach; elle marchera de là à Faurndau, et bivouaquera sur les hauteurs, à gauche de ce village. Un poste à Rechberghausen, un à Wangen, et un autre en avant de Faurndau, sur la rive gauche de la Fils, pour éclairer les hauteurs boisées qui s'y trouvent.

L'artillerie partira d'Esslingen à 6 heures, après la 2ᵉ division, et se portera à Göppingen, au delà de Faurndau; elle sera parquée le long de la route, derrière le poste.

Le parc des vivres suivra celui de l'artillerie, et restera parqué en arrière de Göppingen, le long de la route.

L'état-major général, à Göppingen.

Les différents terrains pour les bivouacs et les parcs, devront être reconnus d'avance par les soins des généraux de divisions.

Mouvement du 13. — Toutes les divisions du 6⁰ corps d'armée se remettront en mouvement le 13, au matin; elles quitteront à Siessen, la grande route qui va à Geislingen, et changeront de direction à gauche, pour se porter à Weissenstein.

La cavalerie légère ouvrira toujours la marche. Un escadron partira à 4 h. 1/2; le reste à 5 heures.

Elle se dirigera par Donzdorf à Weissenstein et à Söhnstetten; elle bivouaquera en avant de ce village, et placera des postes sur toutes les communications à un quart de lieue en avant, un à Heuchstettern et un à Neuselhalden.

La 1ʳᵉ division prendra les armes à 6 heures du matin, et partira de ses bivouacs, pour en occuper de nouveaux, entre Böhmenkirch et Söhnstetten; elle placera des postes sur les hauteurs boisées, en avant de son front et de ses flancs; au centre de ses postes, on placera un bataillon pour les soutenir.

La 2⁰ division prendra les armes à 5 h. 1/2; elle se portera par la même route que la 1ʳᵉ division, en avant de Böhmenkirch; quatre compagnies resteront dans ce village avec l'état-major.

L'artillerie se dirigera sur le même point, et sera parquée en arrière de Böhmenkirch.

La 3⁰ division prendra les armes à 5 heures du matin, et se portera par la même route; elle fera une halte d'une heure à Siessen, d'où elle se dirigera sur Weissenstein; elle bivouaquera sur les hauteurs, entre cette ville et Treffelhausen; Weissenstein sera occupé par un bataillon avec l'état-major.

Le parc des vivres et administration seront parqués du côté opposé à la route, en avant de Weissenstein.

L'état-major général sera à Weissenstein.

Mouvement du 14. — La cavalerie légère partira à 4 h. 1/2 du matin, et se portera sur Heidenheim. Elle établira le

1er régiment de hussards à Herbrechtingen, à droite; le 3e régiment, à Nattheim, à gauche. Le 10e régiment de chasseurs en réserve, en avant de Heidenheim, derrière la 2e division. Les régiments de hussards établiront des postes en avant du front et des flancs, et pousseront des reconnaissances en avant de ces postes.

La 1re division prendra les armes à 4 h. 1/2, et partira à 5 h. 1/4 pour Heidenheim; elle bivouaquera en avant, sur les hauteurs à gauche de la route.

La 2e division partira à 5 heures, et se dirigera aussi sur Heidenheim; elle liera ses bivouacs à la gauche de la 1re division et les prolongera de là, sur les hauteurs, jusqu'à la croisée de la route qui conduit à Neresheim; quatre compagnies du 3e bataillon du 76e, à Nattheim; le reste du bataillon, à Schnaitten, avec un poste sur Aufhausen.

La 3e division partira à 5 heures moins un quart, et viendra prendre position en deuxième ligne, à droite de Heidenheim; la gauche, appuyée à la ville où sera placé un bataillon et l'état-major. On aura halte d'une heure à Söhnstetten.

L'artillerie et le parc des vivres partiront à 5 heures, et seront parqués à gauche de Heidenheim.

(*A. M.*) Ney.

A M. le maréchal Ney.

Louisbourg, le 11 vendémiaire an XIV (3 octobre 1805).

Monsieur le Maréchal,

J'ai communiqué à l'Empereur votre projet de mouvement, en exécution de l'ordre que je vous ai donné ce matin.

Sa Majesté désire qu'au lieu d'arriver le 14 à Heidenheim, vous y arriviez le 13, si vous n'y voyez pas d'inconvénient.

Mais, dans tous les cas, faites-moi connaître, par l'officier que vous m'enverrez cette nuit, ce que vous aurez décidé et où vous vous trouverez demain et après-demain.

Toutes les dispositions que vous faites sont bonnes et les comptes que vous me rendez satisfaisants.

J'ai l'honneur de vous saluer.

(*A. M.*) *Le Major général,*
Berthier.

Ordre de marche du 6ᵉ corps d'armée
pour le 12 vendémiaire an XIV.

Esslingen, le 11 vendémiaire an XIV (3 octobre 1805),
à 11 heures du soir.

La cavalerie légère, aux ordres du général Tilly, les deux compagnies de voltigeurs et les deux de carabiniers du 6ᵉ régiment d'infanterie légère et les trois obusiers se mettront en marche demain, 12 vendémiaire, à 10 heures précises du matin, pour se diriger sur Weissenstein, par Esslingen et Klein-Siessen, où il passera sur la rive droite de la Fils, il laissera, en arrière de ce village, un obusier, un escadron de cavalerie légère et deux compagnies de carabiniers qui établiront des postes sur la route de Geislingen, rive gauche de la Fils.

Aussitôt que la tête de la 1ʳᵉ division s'approchera de ce point, ce détachement rejoindra à Weissenstein.

La 1ʳᵉ division partira de ses cantonnements, en arrière de Plöchingen, à 5 heures précises du matin, pour se diriger sur Weissenstein, par Göppingen, Esslingen, Gross-Siessen, où elle passera sur la rive droite de la Fils, changera de direction à gauche pour aller prendre position en avant de Weissenstein, grande route de Heidenheim.

La 1ʳᵉ division laissera un détachement à Gross-Siessen pour garder les débouchés de Geislingen, jusqu'à l'arrivée de la tête de colonne de la 2ᵉ division et ce détachement rejoindra aussitôt la 1ʳᵉ division.

La 2ᵉ division partira à 5 heures précises du matin, demain 12, suivra la même direction que la 1ʳᵉ, laissera un détachement à Gross-Siessen et prendra position à la droite et en arrière de Weissenstein, la droite vers Treffelhausen et la gauche se prolongera sur Nenningen.

La 3ᵉ division partira des ses cantonnements de Wangen, à 5 heures précises du matin, le 12, passera le Neckar à Esslingen et suivra la même direction que les 1ʳᵉ et 2ᵉ divisions, pour se rendre à la gauche de Weissenstein, ayant sur son front la ferme de Meister, la gauche se prolongeant vers Degenfeld.

Le parc de l'artillerie et les voitures de l'administration partiront, à 10 heures du matin, d'Esslingen et viendront s'établir en arrière de Donzdorf, en passant par Plöchingen, Göppingen, Esslingen et Gross-Siessen.

Le général Malher donnera des ordres pour que le 27ᵉ régiment d'infanterie laisse quatre compagnies à Gross-Siessen avec un détachement de 15 chasseurs, ce détachement gardera, par des postes, les débouchés de Geislingen jusqu'à ce que le grand parc ait passé par Gross-Siessen ; alors les quatre compagnies du 50ᵉ rentreront à leur corps et les quatre du 27ᵉ suivront le mouvement du parc, ainsi que le détachement de chasseurs.

Le quartier général sera à Weissenstein ; les généraux de division régleront la marche et la halte de leurs troupes de manière à ne pas trop fatiguer le soldat et à ce que les divisions puissent au besoin, se soutenir en cas de combat.

Prévenir l'ordonnateur et le général Seroux.

Lettre à l'ordonnateur pour qu'il mette en réquisition 8 caissons d'ambulance vurtembergeois et qu'il les envoie, savoir : 2 à chaque division d'infanterie et 2 au quartier général, et pour qu'il se procure du riz pour qu'il en soit mis en réserve pour chaque division au moins 3 rations par homme.

Ce riz ne sera délivré que dans un besoin pressant.

(*A. M.*)

Le prince Murat à l'Empereur.

Stuttgard, le 11 vendémiaire an XIV (3 octobre 1805).

L'aide de camp de M. le maréchal Ney (1) a fait prisonniers 1 officier et 12 chevau-légers de Rosenberg sur le pont de Göppingen. Cet officier va être conduit à Votre Majesté.

J'ai beaucoup engagé cet officier, qui est un émigré français, à vous donner, sur la force et la direction de l'armée, tous les renseignements qu'il doit avoir et je lui ai laissé entrevoir que vous sauriez reconnaître et récompenser son zèle. De tout ce qu'il m'a dit, on pourrait conclure que l'ennemi fait un mouvement rétrograde pour se porter derrière le Lech ou bien pour faire un changement de front sur le Danube. Ce qu'il y a de certain, c'est qu'il quitte ses positions en avant de l'Iller et l'Iller même....

---

(1) Crabbé.

Cet officier m'a donné à entendre qu'on s'était d'abord porté en force sur la position de Stockach et que leur projet était de pénétrer en France, en marchant par la Suisse..... Au reste, cet officier, interrogé délicatement, se décidera peut-être à en dire davantage..... J'ai l'honneur d'écrire, à Votre Majesté, de Plöchingen (1).

MURAT.

Le général Belliard au colonel-général Baraguey-d'Hilliers.

A Plöchingen, le 11 vendémiaire an XIV (3 octobre 1805).

Le prince Murat a ordonné que le parc d'artillerie de réserve du corps d'armée marcherait avec votre division ; il vous prie, en conséquence, de vouloir bien, lorsque vous vous mettrez en mouvement, lui faire donner vos ordres et lui tracer sa marche avec votre division.

BELLIARD.

Du même au même.

L'intention de Son Altesse Sérénissime le prince Murat est que vous partiez de suite avec toutes les troupes sous vos ordres pour vous rendre à Stuttgard, où vous vous établirez avec toute votre division, et où le prince Murat vous enverra de nouveaux ordres.

Les trois divisions de dragons à cheval sont établies depuis Plöchingen, où est le grand quartier général, jusqu'à Göppingen.

Les troupes de M. le maréchal Lannes occuperont Cannstatt et environs ; une partie de celles de M. le maréchal Ney sont en en avant et sur votre droite.

BELLIARD.

Le général Belliard au général Tilly.

L'intention du prince est que vous poussiez, demain, deux reconnaissances, l'une sur Weilheim, l'autre sur Wiesensteig.

---

(1) Il faut lire sans doute : « J'aurai l'honneur », car la lettre est datée de Stuttgard.

Son Altesse Sérénissime désire que la seconde soit commandée par l'aide de camp de M. le maréchal Ney, qui devra partir de manière à arriver à la pointe du jour.

Les officiers commandant ces deux reconnaissances devront prendre des renseignements, tant sur la position de l'ennemi que sur sa force et ses projets.

S'il y avait quelque chose de nouveau, il faudrait en prévenir le prince bien vite.

BELLIARD.

Le même à M. le Colonel-général.

J'ai l'honneur de vous prévenir que MM. les généraux Boussard et Milet doivent quitter les dragons à pied pour passer dans les dragons à cheval; ils seront remplacés par MM. les généraux Le Suire et Vonderweidt (1) qui joindront votre division à Stuttgard.

M. le maréchal Ney fait garder, par des officiers de son corps d'armée, les ambassades d'Autriche et de Russie. Le prince désire que vous les fassiez relever par des officiers de votre division.

Le prince désire aussi, Monsieur le Colonel-général, que vous donniez des ordres pour que votre troupe arrive en bon ordre dans la ville de Stuttgard.

BELLIARD.

Rapport de la Réserve de Cavalerie.

Le 11 (*3 octobre*), les divisions de dragons à cheval se sont réunies à 7 heures du matin sous les murs de Stuttgard, et sont parties de là pour aller sur la route d'Ulm.

La 1re division s'est établie à Plöchingen et dans les villages en avant sur la rive droite de la Fils, jusqu'à Holzhausen exclusivement, portant un régiment à Pfauhausen et faisant garder les ponts sur la Fils et sur le Neckar.

La 2e division occupa Holzhausen et les villages en avant et

---

(1) Il y a dans le texte Fimderberg.

sur sa gauche, jusqu'à Göppingen inclusivement, gardant le pont de Faurndau.

La 3ᵉ prit position à Göppingen, ayant un régiment dans Gross-Esslingen, gardant le pont sur la Fils et poussant des reconnaissances sur la rive droite de cette rivière jusqu'à la hauteur de Süssen en s'éclairant, sur sa gauche, sur Reichenbach et Hohenstaufen.

Les dragons à pied du général Baraguey-d'Hilliers vinrent s'établir à Stuttgard.

Les troupes de M. le maréchal Ney se portèrent en avant sur la route d'Ulm et s'établirent depuis Stuttgard jusqu'à Zell, dans le Neckarthal.

Celles de M. le maréchal Lannes occupaient Cannstatt et environs.

La division du général d'Hautpoul ne bougea pas de sa position.

Le quartier général s'établit à Plöchingen.

Le parc de la réserve reçut l'ordre de suivre les mouvements de la division de dragons à pied.

Le prince Murat à l'Empereur.

Göppingen, le 11 vendémiaire an XIV (3 octobre 1805),
à 11 heures du soir.

J'arrive à l'instant à Göppingen. Demain à la pointe du jour de fortes reconnaissances se porteront sur Geislingen et sur Weissenstein et, dans la journée, deux divisions de dragons occuperont l'un et l'autre. Une reconnaissance sera dirigée en même temps sur Wiesensteig. Je donne l'ordre au général Walther, qui doit occuper Geislingen, de faire reconnaître dans la journée Ulm. Je n'ai pas de l'ennemi d'autres nouvelles que celles que j'ai annoncées à **Votre Majesté**. Environ 80 chevau-légers de Rosenberg occupent Geislingen ; on fera en sorte de les enlever demain au matin. J'ai fait partir pour Ulm plusieurs émissaires. Je m'empresserai de faire passer à Votre Majesté les renseignements qu'ils me procureront. J'irai moi-même demain reconnaître Geislingen. Les chevaux de dragons, malgré les marches forcées, sont dans un état satisfaisant et j'espère qu'au moyen de la permission que Votre Majesté m'a donnée de faire changer les mauvais chevaux contre ceux qu'on trouvera chez les paysans, j'espère, dis-je, pouvoir mettre toute votre cavalerie en état de se mesurer avec avantage avec celle de l'ennemi.

Murat.

Au moment de fermer ma lettre j'apprends par un agent qui arrive d'Heidenheim que ce poste n'est pas occupé et que l'ennemi se porte en grande hâte par Günzbourg vers Donauwörth et Ingolstadt. Demain Ulm sera reconnu.

(*En entier de la main de Murat.*)

Le prince Murat au maréchal Berthier.

Göppingen, le 11 vendémiaire an xiv (3 octobre 1805),
à 11 heures du soir.

Monsieur le Major général,

Je viens d'arriver à Göppingen avec la 3e division de dragons. La 1re occupe en arrière Plöchingen et la 2e est établie à Uihingen. Demain la 1re se portera sur Weissenstein et la 2e sur Geislingen. Ces deux divisions ont ordre de pousser des reconnaissances le plus loin qu'elles pourront sur leur front et sur leurs flancs. Elles doivent se lier entre elles par des postes de communication de l'une à l'autre ville. Nous trouvons des fromages en abondance, même de l'avoine.

Murat.

(*En entier de la main de Murat.*)

Le maréchal Lannes au maréchal Berthier.

Ludwigsburg, le 11 vendémiaire an XIV (3 octobre 1805).

Monseigneur,

D'après les avis que vous m'avez fait l'honneur de me donner, la division aux ordres du général Gazan, celle aux ordres du général d'Hautpoul et la Garde impériale, arrivent aujourd'hui aux environs de Ludwigsburg.

Ce pays étant déjà épuisé par les réquisitions qui lui ont été faites, je vous demanderai, Monseigneur, de m'autoriser à pousser la division de grenadiers sur Schörndorf et en avant, afin de pouvoir faire prendre les cantonnements qu'elle occupe actuellement sur la rive droite du Neckar à celle du général Gazan.

Par ce moyen, la Garde impériale et la division d'Hautpoul auraient plus de facilité à se loger et à vivre dans les environs de Ludwigsburg.

J'ignore, Monseigneur, et je vous prie de vouloir bien m'expliquer si, d'après votre ordre du 7 (1) du courant, ces deux dernières troupes sont à la suite de mon corps d'armée pour les subsistances seulement, ou si je dois leur donner des ordres en cas de mouvement.

Recevez, Monseigneur.....

LANNES.

Ludwigsburg, le 11 vendémiaire an XIV (3 octobre 1805).

Le général Compans au commissaire des guerres Vast.

Monsieur l'Ordonnateur,

M. le maréchal me charge de vous prévenir que la division de grenadiers (*sic*) aux ordres du général d'Hautpoul et la Garde impériale, étant destinées à suivre le mouvement de son corps d'armée, qui doit être réuni aujourd'hui, vous ferez vos dispositions pour que toutes ces troupes, montant ensemble à environ

---

(1) N'a pas été retrouvé.

26,000 hommes, soient constamment pourvues, soit pendant leur séjour ici, soit en marche, lorsqu'elles se mettront en mouvement, de pain pour quatre jours et de viande pour deux.

Il désire aussi qu'autant qu'il sera possible, la cavalerie reçoive l'avoine un jour d'avance dans les marches.

Veuillez m'informer de l'état actuel des distributions et me faire connaître ce qui reste en magasin.

COMPANS.

Le général Compans au commissaire des guerres Vast.

Ludwigsburg, le 11 vendémiaire an XIV (3 octobre 1805).

Monsieur l'Ordonnateur,

Je vous préviens que le corps d'armée de M. le maréchal Lannes se mettra en route demain au point du jour pour se porter sur Schörndorf et successivement sur Gmünd et Aalen, où il arrivera le 14 (1).

Prenez tous les moyens possibles pour que la division de cavalerie, celle de grenadiers, celle du général Gazan qui va arriver, et toute l'artillerie du corps d'armée soient pourvues dès ce soir de pain pour quatre jours, de viande pour deux et d'avoine pour un.

Prenez aussi vos mesures pour entretenir journellement cette fourniture, en sorte que les troupes aient la même avance devant elles.

Prévenez du départ du corps d'armée les chefs de tous les services administratifs et notifiez-leur que M. le maréchal entend qu'aucun d'eux ne s'en écarte.

La poste s'organise difficilement : recherchez les causes de ce retard et faites-les disparaître.

COMPANS.

(1) Même avis au général commandant l'artillerie, au colonel commandant le génie, et au payeur général. On ne sait pas à quelle heure le maréchal montera à cheval.

Le général Compans au général Gazan.

Ludwigsburg, le 14 vendémiaire an xiv (3 octobre 1805).

M. le maréchal commandant en chef a arrêté que la division à vos ordres occuperait ce soir les cantonnements suivants : Altingen, Mühlhausen, Kornvestheim, Wiesenhauserhof et Stumen.

Elle sera peut-être gênée un peu dans les cantonnements, mais comme elle doit repartir demain vers les 6 heures, d'après les ordres que j'aurai l'honneur de vous adresser ultérieurement, pour se porter sur Schörndorf, M. le maréchal a pensé qu'il convenait de la faire avancer ce soir le plus possible et de renoncer aux cantonnements qu'on aurait pu prendre en arrière de ceux qu'il assigne.

M. le maréchal est très impatient de savoir, mon Général, où vous en êtes pour le pain. Pour combien de jours d'avance vos troupes sont-elles pourvues ? Si elles ne l'étaient pas pour quatre jours, le commissaire des guerres, Vast, faisant fonctions d'ordonnateur, vous ferait fournir du magasin de Ludwigsburg tout ce dont vous auriez besoin pour mettre votre division à ce complet.

Veuillez me dire aussi, je vous prie, mon Général, où vous en êtes pour la distribution de la viande.

COMPANS.

Le général Compans au commissaire des guerres Vast.

Ludwigsburg, le 11 vendémiaire an xiv (3 octobre 1805).

M. le maréchal commandant en chef n'ayant encore, à 3 heures du soir, aucune nouvelle de la division Gazan qui aurait dû arriver ici vers les 3 heures de l'après-midi, il change presque totalement ses dispositions concernant les subsistances.

D'après celles que vient de prendre M. l'ordonnateur, tout le pain qui peut être en magasin, soit à Louisbourg, soit à Osweil, doit être chargé sur des voitures et mis à la suite de la division de grenadiers qui part au point du jour de ses cantonnements pour se porter par Waiblingen sur Schörndorf.

La même disposition doit avoir lieu pour le biscuit et l'eau-de-vie. M. le général Oudinot est chargé de donner des ordres pour qu'une garde soit commandée pour l'escorte de ce convoi. La division aux ordres du général Gazan se nourrira ce soir dans ses cantonnements par ses propres soins.

M. le maréchal désire, M. l'Ordonnateur, qu'après avoir exécuté ses intentions concernant le transport du pain, de l'eau-de-vie et du biscuit, que vous vous mettiez en marche avec le commissaire des guerres Panichot, pour précéder la division de grenadiers à Schörndorf et faire, tant sur votre route qu'aux environs de cet endroit, tous les préparatifs convenables pour assurer l'approvisionnement en pain, tant pour ces divisions et pour celle du général Gazan qui, si elle n'y arrive demain, y arrivera au plus tard après-demain.

Votre marche se trouvera couverte par une brigade de cavalerie qui part ce soir vers les 10 heures.

Les chefs et employés pour les services administratifs qui ne vous accompagneront pas, devront marcher à la suite de la division de grenadiers.

COMPANS.

Le général Compans au commissaire des guerres Vast.

Ludwigsburg, le 11 vendémiaire an XIV (3 octobre 1805).

M. le maréchal reçoit à l'instant une lettre du général de division Gazan : La division sera rendue aux portes de Ludwigsburg demain matin à 6 heures.

Cette circonstance exige des modifications aux dispositions de la lettre que je vous ai écrite à 8 heures au soir concernant les subsistances.

M. le maréchal désire que cette division, à son passage ici et à Osweil, y reçoive le pain pour quatre jours et l'eau-de-vie pour un. Calculez d'avance la quantité de pain et d'eau-de-vie nécessaire pour cette distribution et retenez-la. Conformez-vous pour le reste à ma lettre précitée.

COMPANS.

Le général Compans au général Foucher.

Ludwigsburg, le 11 vendémiaire an XIV (3 octobre 1805).

J'ai l'honneur de vous prévenir que la division aux ordres de M. le général Gazan sera demain matin à 6 heures aux portes de Ludwigsburg.

COMPANS.

Le général Compans au général de division Gazan.

Ludwigsburg, le 11 vendémiaire an XIV (3 octobre 1805).

D'après les dispositions arrêtées par M. le maréchal commandant en chef, la division à vos ordres et le parc d'artillerie qui la suit, après avoir reçu ici, à Osweil où nos magasins sont établis, du pain pour le séjour et de l'eau-de-vie pour un, continueront leur marche par Neckar-Gröningen, Neckar-Rems et Waiblingen sur Schörndorf. Avant que d'arriver à ce dernier endroit, vous recevrez des ordres ultérieurs pour vos cantonnements de demain.

Je vous préviens, mon Général, que le commissaire ordonnateur Vast a reçu des ordres pour les distributions qui doivent être faites à votre troupe ; votre commissaire des guerres peut s'adresser à lui pour cet objet.

COMPANS.

5ᵉ CORPS D'ARMÉE.

Rapport du 11 au 12 vendémiaire (3 au 4 octobre).

Schörndorf, le 12 vendémiaire an XIV (4 octobre 1805).

J'ai l'honneur de vous rendre compte des mouvements qui ont eu lieu dans le corps d'armée, dans la journée du 11 (*3 octobre*).

Division de grenadiers. — Point de changements dans les cantonnements.

Le bataillon d'élite du 9ᵉ régiment, détaché depuis plusieurs jours à Freudenstadt, a rejoint la division.

Artillerie. — Point de mouvement.

Sapeurs. — Point de changement dans les cantonnements.

La 4ᵉ compagnie du 2ᵉ bataillon de sapeurs, détachée depuis plusieurs jours à Freudenstadt avec le bataillon du 9ᵉ, a rejoint la division.

2ᵉ *division.* — La division aux ordres de M. le général Gazan, a rejoint le 11 (*3 octobre*), le corps d'armée. Elle a pris, en arrière de Ludwigsburg, les cantonnements qui lui avaient été assignés par Votre Excellence.

Artillerie. — L'artillerie de cette division et le parc du corps d'armée sont arrivés en même temps qu'elle.

Cavalerie. — La division de cavalerie n'a point fait de mouvement le 11 (*3 octobre*).

Point de nouvelles de l'ennemi.

COMPANS.

Le 11 vendémiaire an xiv (3 octobre 1805).

Ordonne, en vertu des instructions de M. le maréchal commandant en chef, au capitaine du génie Cossigny (1), de se rendre à Stuttgard, à l'effet de s'y procurer, par la voie d'achat, différents outils relatifs à son arme. Cet officier fera toute la diligence possible pour remplir promptement sa mission, et il se mettra aussitôt en route pour rejoindre le corps d'armée par Schörndorf et Gmünd à Aalen.

COMPANS.

Ordre de marche du 11 vendémiaire an XIV.

La division de grenadiers aux ordres du général Oudinot partira demain matin, 12 vendémiaire (*4 octobre*), à la pointe du jour, de Ludwigsburg, pour se rendre le même jour à Schörndorf, en passant par Waiblingen; elle établira ses cantonnements dans les villages environnants, à une lieue au plus en avant de cette ville, sur la route de Gmünd. Il recevra une continuation de route à Schörndorf.

---

(1) Attaché à la division de cavalerie du 5ᵉ corps.

Le corps d'armée marchera dans l'ordre suivant :

La division de cavalerie, aux ordres du général Oudinot, partira une heure avant celle des grenadiers, ayant avec elle un bataillon d'infanterie pour éclairer la marche.

La division commandée par le général Gazan partira trois heures après celle du général Oudinot, avec tout le parc d'artillerie et les administrations du corps d'armée, à l'exception, néanmoins, de l'ordonnateur en chef et des commissaires des guerres, qui marcheront avec la division du général Oudinot pour faire préparer les subsistances. Dans le cas où la division aux ordres du général Gazan fût pourvue de pain pour quatre jours, celui qui se trouve en magasin partirait avec la division du général Oudinot. Une garde sera chargée de veiller à sa conservation dans la route. Personne ne pourra disposer de ce pain sans un ordre formel de M. le maréchal Lannes. L'eau-de-vie et le biscuit suivront constamment la division de M. le général Oudinot.

Le général Compans au général de division Oudinot.

Ludwigsburg, le 11 vendémiaire an XIV (3 octobre 1805).

D'après les dispositions arrêtées par M. le maréchal commandant en chef, les troupes à vos ordres devront exécuter le mouvement suivant :

Deux régiments de cavalerie légère, commandés par un officier général, se mettront en marche pour se diriger sur Schörndorf, aussitôt la réception de l'ordre que vous leur adresserez sur-le-champ. Ces deux régiments, qui devront marcher avec précaution, partiront de Schörndorf après y avoir fait halte, et marcheront sur la route de Gmünd pour aller s'établir à mi-chemin entre ces deux endroits, de manière à arriver à ce point demain, le plus de bonne heure possible.

M. le général commandant cette brigade de cavalerie, après l'avoir établie, poussera un escadron en avant d'elle, à une lieue sur la route de Gmünd.

L'objet de ce mouvement est d'avoir des renseignements sur l'ennemi, et particulièrement de savoir s'il est à Nördlingen ou à Heidenheim, ou s'il est vrai qu'après avoir occupé Nördlingen, il l'ait évacué depuis deux jours.

A cet effet, M. le général commandant tâcherait, si elle rencontrait des partis ennemis, de faire des prisonniers, sans cependant se trop compromettre ; il prendrait aussi ces renseignements des habitants du pays et notamment des baillis, et aurait l'attention de vous adresser, le plus rapidement possible, ceux qu'il parviendrait à se procurer, et vous voudriez bien, mon Général, les transmettre aussitôt à M. le maréchal commandant en chef.

Les deux autres régiments de cavalerie et un bataillon de grenadiers que vous leur adjoindrez, partiront une heure avant le jour, et se porteront par Waiblingen sur Schörndorf. Le reste de la division de grenadiers et son artillerie partiront au point du jour et se dirigeront aussi, par la même route, sur Schörndorf.

M. le maréchal commandant en chef désire, mon Général, que vous établissiez vos cantonnements dans les villages environnant ce dernier endroit, à une lieue au plus en avant sur la route de Gmünd. Il vous adressera, à Schörndorf, des ordres ultérieurs sur la continuation de la marche.

M. le commissaire ordonnateur est chargé de faire marcher, à la suite de votre division, l'eau-de-vie, le biscuit et tout le pain qui pourra rester dans le magasin, après que la division du général Gazan en aura été pourvue à raison de quatre rations par homme. M. le maréchal vous invite à donner des ordres pour qu'une garde soit commandée pour servir d'escorte à ce convoi.

La division aux ordres du général Gazan partira trois heures après la vôtre, pour se diriger sur la même route.

COMPANS.

Le maréchal Soult au maréchal Berthier.

Hall, le 11 vendémiaire an XIV (3 octobre 1805).

J'ai l'honneur de rendre compte à Votre Excellence du mouvement que les divisions du 4° corps d'armée ont fait aujourd'hui.

La 1re division est partie du camp qu'elle occupait entre les sources de la Brettach et de la Roth, s'est dirigée sur Hall ; en arrivant près de cette ville, a pris immédiatement à droite et s'est établie en position à hauteur d'Hagenbach, sur la route de Gaildorf, ayant son avant-garde à Westheim et portant des postes jusqu'auprès de Gaildorf.

La 2ᵉ division est partie d'Œhringen, est venue prendre position en avant de Hall, sur la route d'Ellwangen, ayant son avant-garde à Zimmern qui est chargée d'éclairer Bühlerthann et même d'avoir un poste à ce dernier endroit.

La 3ᵉ division a quitté aussi, ce matin, le camp qu'elle occupait en arrière de la Brettach et s'est portée, par Œhringen, à Münckheim, où elle a pris position sur la rive gauche de la Kocher.

La brigade de cavalerie légère, composée du 26ᵉ chasseurs à cheval (le 8ᵉ de hussards est avec la 1ʳᵉ division, le 11ᵉ de chasseurs avec la 2ᵉ), s'est portée à Hessenthal en avant de Hall.

Le parc d'artillerie du corps d'armée a été établi à Gelbingen en arrière de Hall.

La 4ᵉ division est restée en position en arrière de Weinsberg.

Demain, la 1ʳᵉ division se rendra à Gaildorf et poussera son avant-garde jusqu'à hauteur de Laufen.

La 2ᵉ division prendra position en arrière de Roth, son quartier général sera à Frohnroth, elle poussera son avant-garde jusqu'à Rosenberg.

La 3ᵉ division prendra position en arrière de la Bühler, son quartier général sera à Bühlerthann.

Le parc d'artillerie du corps d'armée suivra le mouvement de cette division.

Le 26ᵉ de chasseurs à cheval bivouaquera en arrière de Frohnroth.

La 4ᵉ division se rendra à Œhringen.

Mon quartier général sera à Sontheim, d'où je me rendrai à Gaildorf.

J'ai donné ordre au général Suchet de laisser à Heilbronn, pour y attendre le grand parc d'artillerie de l'armée, le 64ᵉ régiment. Ce régiment en fera l'escorte jusqu'à Ellwangen, où il recevra de nouveaux ordres.

Je n'ai encore aucune nouvelle du grand parc d'artillerie, sinon ce que Votre Excellence a eu la bonté de m'en dire.

Je suis toujours en avance de deux jours de pain, mais c'est tout ce que je puis faire que de m'y maintenir, et je n'ai que 25,000 rations de biscuit qui suivent.

L'ordre du 8 (*30 septembre*) dit que la 1re division doit se diriger de Hall sur Gaildorf et Abstgmünd (deuxième paragraphe).

Dans le 4°, il est dit qu'elle attendra de nouveaux ordres, à Gaildorf, pour se porter en avant s'il y a lieu.

Les paragraphes suivants et le reste des dispositions laissent entendre que cette division devrait avoir le moins possible d'espace à parcourir pour donner secours au corps d'armée de droite s'il était nécessaire.

Mais, si elle reste à Gaildorf, ainsi que l'ordre le porte expressément, elle sera de deux marches en arrière même du corps d'armée et l'objet ne pourra être rempli par elle ; il me paraît donc qu'il y a erreur de nom dans le quatrième paragraphe de l'ordre, et que Votre Excellence a entendu désigner Abstgmünd au lieu de Gaildorf pour faire attendre la division.

Abstgmünd est à 3 lieues d'Ellwangen, et à la même hauteur ; la 1re division y sera rendue le 13 (*5 octobre*) (à moins que Votre Excellence ne m'envoie des ordres contraires), tandis que les 2e et 3e divisions seront, le même jour, à Ellwangen et entretiendront communication avec elle.

Si j'anticipe cette disposition, je croirai avoir rempli les intentions de Sa Majesté et saisi l'esprit de l'ordre du 8 (*30 septembre*) de ce mois.

Je vous prie donc, Monsieur le Maréchal-Ministre, de vouloir bien me marquer si cette disposition doit être maintenue.

Deux déserteurs autrichiens, du régiment de Beaulieu, nous sont arrivés aujourd'hui ; il paraît qu'il y a déjà quelques jours qu'ils ont quitté leur corps ; ils rapportent qu'à leur passage à Donauwörth (il y a trois jours), ils virent rétrograder le corps d'armée autrichien qui était à Ulm, et prétendent que cette dernière place a été, par eux, évacuée.

Vous avez sans doute, Monsieur le Maréchal-Ministre, des renseignements positifs à ce sujet.

200 uhlans sont arrivés hier à Ellwangen ; j'ai fait pousser un parti du 11e de chasseurs pour les reconnaître et prendre des renseignements précis à leur égard ; cette reconnaissance et une autre, que j'ai portée sur Gaildorf, pour m'assurer si la route qui

conduit à Abstgmünd est praticable, ne sont point encore rentrées.

J'ai l'honneur.....

SOULT.

4° CORPS D'ARMÉE.

Ordre.

Le 11 vendémiaire an XIV (3 octobre 1805).

Il est ordonné au chef de bataillon Boyer de se rendre à Heilbronn et de prendre le commandement de la place. Il aura la surveillance des magasins qui y sont établis ; il remplira les fonctions de commissaire des guerres, et assurera la rentrée des réquisitions qu'il fera faire. Immédiatement après cette mission remplie, il sera appelé à l'armée.

SALLIGNY.

*Le général Salligny au Général commandant l'artillerie
et à l'Ordonnateur.*

Je vous préviens, Général, que M. le maréchal commandant en chef a décidé que les conducteurs des chevaux de réquisition recevraient, à compter de ce jour, une ration de viande en remplacement de la seconde ration de pain qui leur était allouée.

SALLIGNY.

Le général Salligny au général Legrand.

Hall, le 11 vendémiaire an XIV (3 octobre 1805).

Mon cher Général,

M. le maréchal désire que vous fassiez prendre à votre division, à son passage dans cette place, tout le pain qui y restera, ainsi que les 2,000 rations qui ont été fabriquées à Neuenstein. Il pense qu'à ce moyen, elle sera complétée pour le 11 et pour le 12 (*3 et 4 octobre*).

SALLIGNY.

Le général Salligny au général commandant la cavalerie.

Le 11 vendémiaire an xiv (3 octobre 1805).

Donnez l'ordre, Général, au colonel du 26ᵉ régiment de chasseurs à cheval, de réduire les équipages du corps qu'il commande au strict nécessaire en campagne, et de renvoyer le superflu sur la rive gauche du Rhin, en se conformant à ce sujet aux divers ordres de l'armée.

SALLIGNY.

Le général Salligny à l'Ordonnateur en chef.

Le 11 vendémiaire an xiv (3 octobre 1805).

Mon cher Ordonnateur,

Veuillez bien comprendre M. Duliège, payeur principal du corps d'armée, pour 8 chevaux dans le nombre de ceux que vous requerrez, attendu qu'il n'en a aucun pour le service de la Trésorerie.

SALLIGNY.

Le général Vandamme au maréchal Soult.

Pfedelbach, le 11 vendémiaire an xiv (3 octobre 1805).

Monsieur le Maréchal,

L'avant-garde de la 2ᵉ division est parti ce matin, à 4 heures, pour se diriger sur Hall, où elle prendra position, et enverra des partis de cavalerie par Ellwangen. Elle a ordre aussi de faire cuire 20,000 rations de pain à Hall, et de remplir entièrement vos intentions, pour qu'elles soient délivrées à la troupe à 6 heures du soir.

La 1ʳᵉ et la 2ᵉ brigade de ligne de la division ont levé leur camp à 5 h. 1/2, le parc d'artillerie à 5 h. 1/2, de manière que toute la division passera à Œhringen vers les 6 heures, ayant l'avant-garde à deux lieues en avant d'elle.

La division prendra son camp, ce soir, aux environs de Hall.

J'ai l'honneur de vous saluer respectueusement.

VANDAMME.

Le général Andréossy à M. Petiet.

Mühlbach, le 11 vendémiaire an XIV (3 octobre 1805).

J'ai l'honneur de vous prévenir que le major général m'a autorisé à ne faire arriver le quartier général à Ludwigsburg que demain matin, à 10 heures, et j'ai fixé le village de Markgröningen pour le lieu de la couchée; mais il a recommandé expressément que vous fussiez rendu de votre personne à Ludwigsburg, ce soir (1).

ANDRÉOSSY.

Bulletin historique des marches de la division de la Garde impériale.

Le 11 vendémiaire an XIV (3 octobre 1805).

Elle parcourut un pays coupé et alla à Ludwigsburg (9 lieues).
Cantonnements : Ludwigsburg, Stammheim, Kornwestheim, Zutzenhausen, Mühlhausen, Pflugfelden, Unter-Asberg, Mogglingen.

Le maréchal Soult au général Vandamme.

Hall, le 11 vendémiaire an XIV (3 octobre 1805).

Monsieur le Général,

La ville de Hall se trouvant au débouché du défilé, il serait difficile d'établir avantageusement en arrière la division que vous commandez, ainsi que l'ordre du 10 (*2 octobre*) le porte. Je Je vous invite à lui faire passer la ville, et à lui faire prendre position en avant, sur la route d'Ellwangen.

La reconnaissance que vous ferez vous mettra dans le cas de déterminer jusqu'à quelle hauteur l'avant-garde peut être

---

(1) L'Empereur couche à Ludwigsburg.

portée, pour qu'elle remplisse son objet de couvrir la division et de défendre, au besoin, ses débouchés.

J'ai l'honneur. ...

SOULT.

Ordre du maréchal Soult.

Le 11 vendémiaire an XIV (3 octobre 1805).

Le général Vandamme fera partir son avant-garde en avant de Zimmern, où elle prendra position, occupera par un parti le bourg de Vellberg, et s'éclairera sur la route d'Ellwangen. Le général Vandamme donnera ordre au général Candras de faire parvenir, aux magistrats de Vellberg et de Bühlerthann, les deux réquisitions ci-jointes, et de veiller à leur exécution.

Il est prévenu que le général Margaron a ordre d'établir le 26ᵉ régiment de chasseurs, ainsi que la compagnie d'artillerie légère, au bivouac, en avant de Hessenthal, où le général Margaron aura son quartier.

SOULT.

Le maréchal Soult au général Suchet.

Du 11 vendémiaire an XIV (3 octobre 1805).

Mon cher Général,

L'ordre du 10 ne contient aucune contradiction et était parfaitement exécutable, malgré ce que vous pensez; comme votre mouvement était subordonné à celui du grand parc de l'armée, votre division ne devait partir d'Heilbronn et du bivouac, en arrière de Weinsberg, que le jour même que le parc partirait d'Heilbronn, et vous observerez, que dans l'ordre, l'époque n'en est pas précisée.

D'après de nouvelles dispositions, la division que vous commandez partira d'Heilbronn et du bivouac, en arrière de Weinsberg, demain 12, à 5 heures du matin, et viendra occuper, le même jour, la position en arrière d'Œhringen; le lendemain 13, aussi à 5 heures du matin, vous dirigerez la division sur Hall et lui ferez prendre position en avant de la ville, sur la route d'Ellwangen. Je désirerais même que cette dernière position fût assez avancée pour que, dans la journée du 14, la division pût se rendre à Ellwangen et prendre position en arrière de la ville ; mais, en partant d'Heilbronn, vous laisserez le 64ᵉ régiment de ligne dans cette ville pour y attendre l'arrivée du grand parc et suivre ses mouvements jusqu'à Ellwangen en lui servant d'escorte ; dans cette dernière ville, le régiment recevra de nouveaux ordres.

En partant d'Heilbronn, votre division doit être pourvue en pain pour quatre jours, et avoir de la viande à sa suite, aussi pour quatre jours ; faites accélérer, pour cet effet, la rentrée des réquisitions qui ont été faites dans l'arrondissement de cette ville, et donnez ordre à votre commissaire des guerres d'affecter le surplus de ce produit à la subsistance des troupes du parc et du 64ᵉ ; mais, faites-nous filer religieusement tout ce qui arrivera de Spire ou des bailliages de la rive droite éloignés d'Heilbronn, car je compte sur ces rentrées pour la subsistance des autres divisions.

Si je puis, je vous ferai laisser du pain à Ellwangen.

Soult.

Le général Vandamme au maréchal Soult.

A l'abbaye de Combourg, le 11 vendémiaire an xiv (3 octobre 1805).

Monsieur le Maréchal,

J'ai l'honneur de vous rendre compte que, conformément à vos ordres, les deux régiments de ligne de la 2ᵉ division ont pris leur camp entre la ville de Hall et le village d'Hessenthal. L'artillerie est arrivée de deux brigades ainsi que les équipages de la division et un demi-bataillon du 4ᵉ régiment et une compagnie de grenadiers sont à Hall. L'avant-garde a pris position en avant du village de Zimmern, où le général Candras est établi de sa personne. Il doit envoyer un parti de cavalerie à Vellberg et s'éclairer sur Ellwangen, ayant l'ordre de se garder militairement et de faire exécuter les réquisitions qui lui sont remises.

J'ai l'honneur de vous saluer respectueusement.

Vandamme.

Le général Salligny au général Vandamme.

Hall, le 11 vendémiaire an xiv (3 octobre 1805).

Mon cher Général,

D'après l'ordre de M. le maréchal, le 4e corps d'armée continuera demain son mouvement.

La 1re division partira à 6 heures du matin et se portera sur Gaildorf en passant par Westheim. Elle prendra position en arrière de la ville et portera son avant-garde jusqu'à hauteur de Wangen ou Lauffen, sur la route d'Abstgmünd.

Le général Saint-Hilaire poussera immédiatement un parti sur ce dernier endroit, pour prendre connaissance de la route qui y conduit, éclairera le pays pour obtenir des renseignements sur les mouvements de l'ennemi.

L'artillerie de la division restera jusqu'à nouvel ordre à la suite de la 2e et partira avec elle demain matin, si d'ici à cette époque il n'y a pas d'autres ordres.

Votre division partira à 6 heures du matin et se rendra par Zimmern et Bühlerthann en arrière de la Roth, sur la route d'Ellwangen, où elle prendra position.

L'avant-garde de votre division se portera à Rosenberg, où elle prendra poste. Vous éclairerez la route d'Ellwangen et vous pousserez un parti peu nombreux aussi près que possible de cette ville pour prendre connaissance des mouvements de l'ennemi et en rendre immédiatement compte.

Le quartier général de votre division sera à Frohnroth.

La 3e division partira à la même heure du camp qu'elle occupe à hauteur de Münchheim et se portera, par Hall et Zimmern, en arrière de Bühlerthann, où elle prendra position.

Son quartier général sera à Bühlerthann.

Le parc d'artillerie du corps d'armée suivra la marche de la 3e division et s'établira entre Hausen et Bühlerthann.

La brigade de cavalerie légère partira après la 2e division, suivra sa marche, et s'établira en bivouac en arrière de Frohnroth.

La 4e division partira demain d'Heilbronn et viendra prendre position en arrière de Œhringen.

Le quartier général du corps d'armée sera demain à (*le mot est en blanc*).

J'ai l'honneur..... **SALLIGNY.**

Le maréchal Davout au maréchal Berthier.

Nesselbach, le 11 vendémiaire an XIV (3 octobre 1805).

Monsieur le Maréchal,

J'ai l'honneur d'annoncer à Votre Excellence que le corps d'armée à mes ordres occupe aujourd'hui la position suivante :

L'avant-garde et la brigade de cavalerie légère sont placées en avant de Ilshofen, les 1re et 2e divisions à la lisière du bois en avant de Lassbach, la 3e à Ingelfingen, ainsi que les parcs en arrière de cette division, la division de grosse cavalerie à Möckmühl.

Demain 12 (*4 octobre*), à moins de contre-ordre, l'avant-garde et la brigade de cavalerie traverseront le territoire prussien et prendront position en avant de Dinkelsbühl.

Les 1re et 2e divisions seront placées à une demi-lieue du territoire prussien près Crailsheim, la 3e division à Ilshofen ainsi que les parcs, la division de grosse cavalerie à Lassbach.

En cas que les Prussiens fassent quelques difficultés et voulussent s'opposer au passage des troupes, les généraux Vialanne et Eppler ont ordre d'en attendre de nouveaux et de représenter que, conformément aux articles additionnels du traité de Bâle, les armées françaises peuvent traverser le territoire prussien et ne peuvent y prendre de positions retranchées qui dussent attirer le théâtre de la guerre sur les possessions de Sa Majesté prussienne.

Je serai à portée pendant ces explications et je ferai passer outre, de manière cependant à éviter les coups de fusil. Les bruits qui circulent depuis deux jours me font croire que les observations ne seront que pour la forme.

Le général prussien Hohenlohe a mandé qu'il ne pouvait point venir, la Russie venant, par ses mauvais procédés, de mettre la cour dans le cas de lui faire la guerre.

Les vivres vont bien : aujourd'hui toutes les divisions de

l'armée ont pris le pain pour jusqu'au 14 (*6 octobre*) ainsi que la viande ; j'ai encore à Ilshofen du pain pour jusqu'au 17 (*9 octobre*).

Je dois la facilité de l'exécution des réquisitions à la bonne discipline de ce corps d'armée ; je lui dois la justice qu'aucune plainte ne m'a été portée ; les plus petits hameaux ont été respectés, aussi nous trouvons les habitants partout.

Je comptais sur 100,000 rations de biscuit que j'avais fait demander à Mergentheim ; le général hollandais Dumonceau occupe cette ville ; il paraît que la réquisition ne recevra pas son exécution. J'en ai près de 200,000 qui courent après moi, mais nous allons vite et dans de mauvais chemins : ce biscuit ne me rejoindra que du 15 au 16 (*7-8 octobre*).

Je suis sans moyens pour les premiers secours à donner aux blessés ; je dois espérer que je recevrai ce que j'ai laissé en arrière.

Nous sommes maintenant dans des routes de poste. Le général (1) autrichien Walmoden a été vu à Ellwangen avec 400 chevaux.

Hier soir, un détachement que l'on présume de ce corps, a été vu à Bühlerthann.

Nos reconnaissances communiquent fréquemment avec celles du maréchal Soult.

Il est arrivé ici un colonel hollandais venant de Mergentheim où est cantonnée la division ; elle y était encore ce matin.

Demain mon quartier général sera à Ilshofen.

Salut et respect.

DAVOUT.

Rapport de l'adjudant-commandant Marès.

Hohofen, le 11 vendémiaire an XIV (3 octobre 1805),
à 9 heures du soir.

Le général Eppler a porté son régiment d'infanterie légère à cheval sur la route de Crailsheim, à demi-portée de fusil d'Ilshofen, éclairant les routes de Kirchberg, Crailsheim et Geislin-

---

(1) Colonel des uhlans de Merveldt, et non général.

gen. La cavalerie est en arrière d'Ilshofen, fournissant des postes à toutes les grand'gardes.

Par cette disposition, nous sommes à un quart de lieue du territoire prussien, nos grand'gardes de 500 à 600 pas.

Les habitants du pays nous annoncent que le général autrichien de Walmoden était ces jours derniers à Ellwangen avec 500 uhlans, où il a frappé des réquisitions pour sa troupe et peut-être pour l'armée autrichienne; qu'hier soir un détachement de uhlans a été vu à Bühlerthann, sur la route d'ici à Ellwangen, et qu'il y remplissait le même objet que le général Walmoden à Ellwangen.

Il est très possible que cela soit vrai et que les Autrichiens, instruits de notre manière de subsister, aient poussé de forts partis pour enlever tout ce qu'ils pourront et nous en priver. Si l'avant-garde eût été plus forte en cavalerie légère, il me paraît qu'il eût été à propos de pousser un fort parti en avant pour empêcher, autant que possible, l'effet des réquisitions des Autrichiens et assurer les nôtres pour notre armée. Il paraît que l'on pourrait faire le mouvement sans rien compromettre encore, puisque les Autrichiens paraissent y être sans infanterie et que de rapports moins authentiques à la vérité, mais qui ne sont pas moins vraisemblables, il résulte que des corps d'infanterie ont été vus en marche rétrograde sur Donauwörth.

Le général Eppler a déjà envoyé plusieurs reconnaissances qui ont cependant l'ordre de ne pas se compromettre. Ces reconnaissances ont encore pour objet d'avoir des nouvelles du général Soult.

On apprend que les troupes du général Soult sont en avant de Hall.

Il arrive de Geislingen environ 90 voitures de diverses denrées. Il paraît qu'on s'est trompé de route et qu'on est venu ici au lieu de se porter au point de jonction des routes de Nesselbach, Geislingen et Ilshofen, près de Nesselbach, où le général Eppler avait placé, par l'ordre de M. le maréchal, la garde de 25 hommes. Le général Eppler met à ces voitures une garde de 25 hommes pour les conserver, et les laisser ici à la disposition de l'armée.

L'Adjudant-commandant,

Marès.

Journal de marche de la division Friant.

Le 11 vendémiaire an xiv (3 octobre 1805).

L'avant-garde se mit à cheval sur la route de Hall à Crailsheim et 500 mètres environ en arrière de cette petite ville prussienne ; la réserve de cavalerie légère se porta environ une lieue et demie en arrière du général Eppler.

La 1re division, dont le quartier général était à Lassbach, à gauche et près la route, bivouaqua dans les bois et en avant, sur la crête des hauteurs du revers de gauche du vallon assez profond dans lequel coule le Jagst.

La 2e division prit son quartier général à Steinkirchen, gros village sur la rive droite du Jagst, sur lequel il y a un pont en pierre. La droite de ses bivouacs s'appuyait au bois sur le plateau, en avant de Steinkirchen, la gauche au petit village de Mausdorf. Notre ligne se trouvait coupée par un vallon, à la vérité peu profond.

La 3e division et les parcs bivouaquèrent dans le bois entre Garnberg et Steinbach, la grosse cavalerie en avant de Möckmühl, le grand quartier général à Nesselbach.

La 2e division eut une marche longue et difficile. Nous arrivâmes à Ernsbach, assez gros village baigné par la rive droite de la Kocher et traversé par un petit ruisseau, par des chemins vicinaux très mauvais ; le sol est ingrat, on y voit beaucoup de bois et de fonds : des hauteurs, peu considérables à la vérité, mais presque toutes perpendiculaires à l'axe du chemin, donnent beaucoup de montées et de descentes. La descente pour arriver à Ernsbach, situé dans le fond du vallon peu varié de la Kocher, est très rapide. Il y a à Ernsbach une église, un cimetière avec enceinte de murailles, plusieurs moulins, et un pont en bois sur la Kocher. Le vallon commence à s'élargir à partir d'un moulin qui est en face d'une petite ville appelée Forchtenberg sur l'autre rive, au pied d'une montagne au haut de laquelle il y a un château. Le chemin devient meilleur, sans être large, et côtoie la rive droite de la Kocher ; le fond du vallon est presque tout en prairies ; les revers du vallon ont 60 à 80 mètres d'élévation et sont couverts de vignes, particulièrement celui que nous avions à notre gauche ; les sommets de l'autre revers sont couverts de bois et le reste du revers est planté en vignes ; il est moins accidenté que l'autre qui est coupé par quatre à cinq vallons dans lesquels coulent des ruisseaux ; celui de Weisbach est le plus considérable de tous. Il y a plusieurs moulins dans ce village, médiocrement grand, des salines en face sur l'autre rive, un pont en pierre sur la Kocher. D'Ernsbach à Ingelfingen, il y a six ponts, dont le plus grand nombre est en pierre ; on trouve de nouvelles salines en face de la petite ville de Niedernhall sur l'autre rive. Le petit village de Creisbach, à mi-distance de Niedernhall à Ingelfingen, n'offre rien de remarquable ; nous dûmes plusieurs fois passer sur l'autre rive, parce que le chemin y était meilleur.

Ingelfingen est une petite ville avec mauvaise enceinte et fossés, au débouché d'un petit vallon arrosé par un ruisseau qui traverse la ville et se jette dans la Kocher, qui a 15 à 20 mètres de largeur et est agréable. On voit près de la ville les ruines d'un château. 500 toises au-delà d'Ingelfingen, pont sur un ruisseau et pont en pierre sur la Kocher pour aller à Küngelkau, petite ville sur la rive opposée et dans laquelle il y a un château et plusieurs moulins. La montée qui conduit du vallon de la Kocher sur le plateau de Nagelsberg est longue et bonne, et sa pente est bien calculée ; des pilotis couverts de chapeaux, retenus par des tirants dans le plan de la route, retiennent les terres de la droite ; elle devient plus large sur le plateau et traverse Amrichshausen, gros village avec église et cimetière muré. La route continue à être belle et nous la quittâmes près une ferme dite Kugelhof pour établir nos bivouacs à sa droite.

3ᵉ CORPS D'ARMÉE.

Journée du 11 vendémiaire (3 octobre 1805).

Quartier général : Nesselbach.

Avant-garde : Quartier général, Ilshofen.

A une demi-lieue du territoire prussien et un quart de lieue en avant d'Ilshofen.

A droite de la grande route, ayant des avant-postes sur la route même et à gauche de la route. Elle s'éclaire fortement sur la droite.

1re division : Quartier général, Lassbach.

En avant de Lassbach, dans la prairie adossée au bois de Lassbach. Ayant en avant d'elle un autre bois d'une demi-lieue de longueur. Elle est à cheval sur la route.

2e division : Quartier général, Steinkirchen.

A droite de la 1re division, entre Steinkirchen et Lassbach. L'ordre de bataille est interverti parce que le lendemain il fallait marcher par la gauche, la route étant sur le bord du ravin du Jagst.

3e division : En avant d'Ingelfingen, dans la plaine, entre ce village et Nagelsberg.

Cavalerie légère : A l'ordre de se porter sur Ilshofen.

Elle ne peut y arriver que le lendemain.

Grosse cavalerie : A Möckmühl et environs.

Parc : En arrière de la 3e division.

Observations : Cette position de Lassbach n'est pas mauvaise ; elle est appuyée, aux deux ailes, aux ravins de la Kocher et du Jagst, et a derrière soi des bois traversés par plusieurs chemins et par une grande route. Mais il valait encore mieux se porter une demi-lieue plus en avant et tenir la tête des bois.

Ce n'est, après tout, qu'une position d'un jour. Le Jagst et la Kocher sont des rivières trop faibles et trop près l'une de l'autre pour que cette position ne soit pas facilement tournée.

Rapport à M. le général de division Gudin.

Du 11 au 12 vendémiaire an XIV (3 au 4 octobre 1805).

La brigade est partie ce matin, à 10 heures, des bivouacs qu'elle occupait en avant de Künzelkau pour se rendre à Ober-Steinbach, où est établi le quartier général de la brigade et le 21e régiment.

Le 12e régiment occupe le village de Brächbach, où est cantonné le 2e bataillon, et le village de Hurlebach, dépendant du premier, où est établi le 1er régiment et l'état-major.

La brigade a reçu, ce matin, le pain pour un jour ; d'Ingelfingen, 4 sapeurs et le caporal condamnés à 8 jours de prison pour ne s'être pas trouvés à la tête du régiment au moment du départ, étant pris de boisson.

Rien de nouveau sur les mouvements de l'ennemi.

Le Général de brigade,

Petit.

Le général de brigade Petit à M. le général de division Gudin.

Künzelkau, le 11 vendémiaire an xiv (3 octobre 1805).

Mon Général,

J'ai l'honneur de vous rendre compte que, conformément à vos ordres de ce jour, je me suis rendu à Künzelkau, à l'effet de cantonner les troupes de la brigade que je commande. Rien de plus étonné qu'en me présentant à la tête de mes troupes pour entrer dans cette ville que de trouver la porte fermée avec un refus formel de la part de M. le bailli disant pour raison que, quoique allié et neutre, il ne pouvait, sans se compromettre, donner le logement aux troupes passantes, que M. le maréchal Davout, commandant en chef le corps d'armée, en avait lui-même fait la défense et que pour preuve, c'est qu'il avait ordonné à ce que deux gendarmes à la suite de l'état-major général fussent mis en sauvegarde à la porte de la ville.

M. le bailli allégua même de plus, que quand même les premières difficultés n'existeraient pas, il lui était impossible de recevoir dans la ville un corps de troupe aussi nombreux, manquant de maisons pour les placer tous. Les observations que j'ai pu faire sur la position de mes troupes ont été vaines et M. le bailli a persisté dans son refus, disant que j'étais le maître de forcer les portes de la ville et que je pouvais me loger militairement, mesure que je n'ai pas cru devoir employer. Mes troupes étaient fatiguées, il faisait nuit, je me suis décidé à les faire bivouaquer : le 12ᵉ régiment sur les hauteurs en avant de la ville et le 21ᵉ dans une prairie à gauche de la ville sur les bords de la Kocher. Je n'ai pu obtenir de paille ; quant au bois, M. le bailli m'en a accordé autant que j'en ai désiré.

J'ai l'honneur de vous saluer respectueusement.

Petit.

Les deux gendarmes qui ont déclaré avoir été placés en sauvegarde, d'après les ordres de M. le maréchal, sont les nommés Magnier et Garaudey, que je me suis vu forcé de faire remplacer par une garde de 8 grenadiers, dont la surveillance a été confiée à un officier, vu que ces deux gendarmes, pris de boisson, ont tenu des propos indécents à M. Laluge, officier commandant la garde des grenadiers (1).

3º CORPS D'ARMÉE.

Ordre de marche du 12 vendémiaire (4 octobre).

Le 11 vendémiaire an xiv (3 octobre 1805).

Le général Bisson et le général Friant partiront, le 12, et prendront position près Crailsheim, une portée de canon avant d'entrer sur le territoire prussien, dans le même lieu qu'occupait

---

(1) Nous donnons, à titre d'exemple, l'adresse portée sur l'enveloppe de cette lettre ; elle est ainsi conçue :

Service militaire très pressé.

Parti à minuit et demi.

A Monsieur le Général

de division Gudin

à Ingelfingen.

Le Général Petit.

An der Division-General

Gudin

zù

Ingelfingen.

Im Schloss.

l'avant-garde. Ils feront des défenses particulières pour qu'il ne soit rien pris sur ce territoire et veilleront à ce que les troupes y tiennent la meilleure discipline.

Le général Gudin et les parcs continueront leur marche, le 12, et se conformeront aux instructions précédemment données.

DAULTANNE.

Le général Gudin est invité à communiquer le présent ordre aux commandants des parcs d'artillerie et des vivres pour les inviter à suivre constamment sa marche.

Le maréchal Davout au général Nansouty.

Ilshofen, le 12 vendémiaire an XIV (4 octobre 1805).

Monsieur le Général,

Hier, vous avez déjà dû être prévenu, par un officier d'état-major, de l'ordre de marche que Sa Majesté l'Empereur a définitivement arrêté. Mon avant-garde a traversé, aujourd'hui, le territoire prussien, et demain mes divisions, qui sont ici, le traverseront aussi pour se réunir, en avant de Dinkelsbühl, à la gauche du maréchal Soult. Le désir de Sa Majesté l'Empereur est que la cavalerie que vous commandez se montre alors, à cause des plaines qui nous font face du côté de Nördlingen. Ainsi, Monsieur le Général, mettez-vous en marche aussitôt la réception de la présente et veuillez me faire prévenir par un officier de votre état-major, du moment où vous pourrez nous rallier.

Le Maréchal,
L. DAVOUT.

Le général Marmont au maréchal Berthier.

Weykersheim, 11 vendémiaire an XIV (3 octobre 1805).

Monsieur le Maréchal,

J'ai l'honneur d'adresser à Votre Excellence l'itinéraire que suit mon corps d'armée. Demain, toutes mes troupes seront réunies à Rothenbourg et elles ne se sépareront plus que nous n'ayons rencontré l'ennemi (1).

Les officiers prussiens nous font mille difficultés et même des menaces pour nous empêcher de pénétrer sur leur territoire. Ma 1re division en a traversé, ce matin, une langue de terre ; mais elle couche sur le territoire bavarois. Après-demain et le jour suivant, nous serons forcés de coucher tous sur le territoire prussien. Je ferai en sorte que notre passage soit le moins à charge possible au pays et, s'il faut y prendre des subsistances, j'emprunterai en mon nom de l'argent, pour les payer comptant.

La nullité des dispositions faites d'avance à Würtzbourg pour nous faire vivre nous a mis dans une position tout à fait fâcheuse sous le rapport des subsistances. Tant que nous avons été loin de l'ennemi, j'ai réparti mes troupes de manière que les habitants puissent les nourrir ; mais maintenant qu'il faudra qu'elles soient réunies, nous ne pourrons plus nous passer de distributions régulières, et il ne sera pas facile de se les procurer. Cependant j'ai fait et fais en ce moment tout ce qu'il est humainement possible pour cela.

Je suis également très pauvre en munitions ; cependant, si les relais que j'ai établis exécutent régulièrement les transports que j'espère, nous n'en manquerons pas en ce moment ; mais plus tard, nous aurons grand besoin des secours du grand parc.

Je prie Votre Excellence.....

MARMONT.

1er CORPS D'ARMÉE.

Marche du 11 vendémiaire.

Würtzbourg, 10 vendémiaire an XIV (2 octobre 1805).

L'armée bavaroise se mettra en marche le 11 vendémiaire (*3 octobre*), à 6 heures du matin ; elle se dirigera, en partant de Forchheim, sur la rive gauche de la Rednitz, sur Herzogen-

---

(1) Le 3, la 1re division du 2e corps est à Rothenbourg ; la 2e à Lautenbach, la 3e, avec le quartier général, à Weykersheim.

Aurach. La division du lieutenant général de Wrède formera l'avant-garde. Le lieutenant général de Deroy suivra le mouvement de la division d'avant-garde, à une lieue de distance.

Le 1er corps de la Grande Armée française partira d'Ochsenfurth le même jour, 11 vendémiaire. Il ira prendre poste à Uffenheim, où il s'établira militairement.

BERNADOTTE.

Le maréchal Bernadotte au maréchal Berthier.

Uffenheim, 11 vendémiaire an XIV (3 octobre 1805).

Monsieur le Maréchal,

J'ai l'honneur de vous rendre compte que le 1er corps de la Grande Armée s'est mis en marche aujourd'hui pour se rendre à Uffenheim. L'officier chargé de reconnaître un emplacement pour les troupes a été arrêté, avant d'arriver à cette ville, par un major au service de Sa Majesté prussienne, qui s'était rendu avec un peloton de hussards à la frontière du pays d'Ansbach ; il a déclaré avoir, de sa cour, les ordres les plus positifs de s'opposer au passage des troupes étrangères de quelques nations qu'elles fussent ; il a dit que le roi venait de mobiliser son armée, afin de prévenir toute infraction au système de neutralité qu'il avait adopté ; il a ajouté que son maître avait fait connaître aux souverains de l'Europe sa résolution de soutenir ce système de toutes ses forces. Sur la déclaration qui a été faite au major prussien que l'armée avait ordre de se rendre à Uffenheim, il a protesté contre la violation du territoire de son souverain, et a annoncé qu'il allait ranger sa troupe en bataille sur la ligne de neutralité ; le major a effectivement rempli cette formalité, mais ayant vu défiler les colonnes sur ses flancs, il s'est retiré à Uffenheim.

Ce même major prussien avait pris des mesures pour qu'il ne fût fourni ni vivres ni fourrages à l'armée ; les habitants, d'après l'ordre qu'ils en avaient reçu, refusaient de rien donner, quoiqu'on offrît le payement comptant ; ce n'est qu'après les plus vives instances, faites par l'administration de l'armée et par l'officier chargé du placement des troupes et surtout d'après l'observation que ce refus obstiné pourrait causer des désordres et même des malheurs, qu'on est parvenu à faire lever cette défense.

J'ai aussi reçu, aujourd'hui, une note de M. de Schuckmann ; je vous l'envoie.

Ce matin, avant mon départ, M. le comte de Schladen, ministre de Sa Majesté prussienne près l'Électeur de Bavière, est venu chez moi pour protester contre notre passage sur le territoire de son maître ; après une conversation très longue, j'ai obtenu qu'il ne ferait point de protestation par écrit.

Je m'empresse, Monsieur le Maréchal, de vous transmettre tous ces détails ; nous sommes exposés à éprouver pareilles difficultés sur toute la route ; sur cinq journées, nous en avons encore quatre à faire sur le pays prussien, et je pense qu'à Ansbach je trouverai de grands obstacles.

Je vous expédie un officier afin qu'il puisse me rapporter, de suite, votre réponse.

J'ai l'honneur.....

BERNADOTTE.

P.-S. — A l'instant où je fermais ma lettre, M. de Schuckmann, premier président en Franconie et conseiller privé de Sa Majesté prussienne, le général-major comte Tauentzien et les officiers de l'état-major d'Ansbach, se sont présentés ; ils m'ont déclaré que Sa Majesté prussienne avait donné les ordres les plus exprès, sous la date du 1er octobre, pour faire respecter la ligne de neutralité et empêcher le passage d'aucune troupe étrangère. Ils m'ont répété tout ce que le major prussien avait dit à l'officier chargé de l'emplacement des troupes. Je suis parvenu, après avoir causé quelque temps avec eux, à lever beaucoup de difficultés ; d'après le désir qu'ils m'en ont témoigné, je tournerai Ansbach et n'entrerai pas dans la ville. J'irai, ensuite, rejoindre la route.

BERNADOTTE.

3 OCTOBRE.

1er corps d'armée. — Marche de l'armée.

TROUPES FRANÇAISES.

11 vendémiaire (3 *octobre*). Quartier général : Uffenheim.

Infanterie, à Uffenheim..............	5 lieues (Prusse).
Cavalerie, à une demi-lieue en avant de Buchheim.......................	7 lieues (Prusse).

12 vendémiaire (4 *octobre*). Quartier général : Ober-Dachstetten.

Infanterie, à Ober-Dachstetten.........	5 lieues 1/2 (Prusse).
Cavalerie, à Lahrbach................	5 lieues (Prusse).

13 vendémiaire (5 *octobre*). Quartier général : Ansbach.

Infanterie, à Ansbach.................	4 lieues (Prusse).
Cavalerie, à Burg et Oberbach.........	3 lieues 1/2 (Prusse).

14 vendémiaire (6 *octobre*). Quartier général : Günzenhausen.

Infanterie, à Günzenhausen............	6 lieues (Prusse).
Cavalerie, à une lieue et demie en avant de Günzenhausen.................	4 lieues 1/2 (Prusse).

15 vendémiaire (7 *octobre*). Quartier général : Weissembourg.

Infanterie, à Weissembourg............	5 lieues (Prusse).
Cavalerie, à Staffersheim..............	6 lieues (... de Pappenheim).

16 vendémiaire (8 *octobre*). Quartier général : Eichstädt.

Infanterie, à Eichstädt	5 lieues (Salzbourg).
Cavalerie, à Eichstädt	4 lieues (Salzbourg).

TROUPES BAVAROISES.

11 vendémiaire (3 *octobre*). De Forchheim à Herzogenaurach.
12 vendémiaire (4 *octobre*). De Forchheim à Furth.
13 vendémiaire (5 *octobre*). De Forchheim à Schwabach.
14 vendémiaire (6 *octobre*). De Forchheim à Spalstadt.
15 vendémiaire (7 *octobre*). De Forchheim à Weissembourg ; jonction pour marcher sur Eichstädt.

CHAPITRE XI.

Fred. Schuckmann, premier président en Franconie et conseiller privé du roi de Prusse.

Le 10 vendémiaire an xiv (2 octobre 1805).

Le soussigné vient d'être averti dans ce moment qu'un corps de l'armée impériale française, de 20,000 hommes, sous les ordres de Son Excellence M. le maréchal d'Empire Bernadotte, se prépare à marcher pour le pays d'Ansbach sur la route qui conduit d'Uffenheim à Ansbach, de Günzenhausen. Quoique M. le major de Stohe, chef de garnison à Uffenheim, ait déjà pris soin de faire des représentations à ce sujet à Son Excellence, le soussigné étant chargé spécialement du Cabinet de son souverain, de pourvoir aux mesures qui doivent maintenir la plus stricte neutralité de ses États, doit avoir l'honneur de s'adresser à Son Excellence M. le Maréchal, pour lui observer que ladite marche, si réellement elle devait avoir lieu, serait en opposition auxdits principes de neutralité prescrites par son maître, aussi particulièrement pour cette province, reconnues par l'armée autrichienne et dont, par les relations d'amitié existantes entre nos souverains, le soussigné doit espérer que Son Excellence soit informée.

Quelque frappé qu'il fût d'apprendre une intention si peu conforme à ces principes contraires à tous passages, quartiers, fournitures, etc., de troupes étrangères pour les États du roi, son maître, il aime à se flatter de l'espoir que Son Excellence ne se refusera pas à l'instance la plus pressante du soussigné de vouloir bien retirer les ordres, qui, assurément, par un mésentendu ont été donnés à cet égard, et de daigner accorder un accueil favorable à M. de Genz, lieutenant au service du roi, qui aura l'honneur de lui remettre la présente; le soussigné, en témoignant à Son Excellence l'importance où il est d'avoir bientôt une réponse satisfaisante, qu'il s'empressera d'envoyer à sa Cour, le prie d'agréer l'assurance de sa plus haute considération.

FRED. SCHUCKMANN.

3 OCTOBRE.

Le maréchal Bernadotte au maréchal Berthier.

Uffenheim, le 11 vendémiaire an xiv (3 octobre 1805).

Monsieur le Maréchal,

J'avais emporté quelque argent du Hanovre, je le destinais à une partie de la solde de vendémiaire ; mais la nécessité de nous procurer des vivres, l'argent à la main, le besoin de payer quelque chose sur l'arrivée et l'achat des chevaux ont absorbé entièrement ces fonds ; j'ai laissé le receveur général à Hanovre pour faire rentrer la solde de fructidor ; j'espère qu'elle me parviendra sous quinze jours. Mais je n'ai rien pour vendémiaire. Je vous prie donc, Monsieur le Maréchal, de vouloir bien donner des ordres pour que les fonds soient faits, au moins, pour la première quinzaine de ce mois ; le Hanovre ne peut plus rien fournir, et ce serait chose inutile que de compter sur cette ressource.

J'ai l'honneur.....

BERNADOTTE.

Le maréchal Bernadotte au maréchal Berthier.

Uffenheim, le 11 vendémiaire an xiv (3 octobre 1805).

Monsieur le Maréchal,

J'ai l'honneur de vous prévenir que ce matin, avant de quitter Würtzbourg, j'ai reçu une dépêche du lieutenant général Deroy, commandant l'armée bavaroise ; il m'annonce que, malgré la meilleure volonté, il est impossible à ses troupes de se mettre de suite en mouvement ; il me dit qu'elles ont dû faire des marches forcées pour se rendre dans les environs de Forchheim ; les semestriers, ajoute-t-il, sont à peine rentrés et ils n'ont ni vêtements ni fusils, les armes et l'habillement ayant été évacués précipitamment de Munich et dirigés sur Würtzbourg. Malgré ce compte peu satisfaisant, j'ai ordonné formellement au général Deroy de faire partir tout ce qui était susceptible de se mettre en marche.

D'après ce que m'a dit l'officier que m'a dépêché ce général, le corps bavarois pourra encore se porter à 10,000 ou 12,000 hommes ; j'ai pris conjointement avec le Ministre de la guerre, de l'Électeur, toutes les mesures pour que tout rejoigne l'armée dans le plus court délai ; j'ai prêté des chevaux que j'avais achetés pour notre artillerie, afin de faire transporter promptement des fusils et des habits ; j'ai prié l'Électeur de vouloir bien faire donner quelques avances à beaucoup d'officiers qui sont privés de leurs bagages depuis longtemps, enfin, Monsieur le Maréchal, au moyen des dispositions prises, j'ai lieu d'espérer que les militaires bavarois, qui ne peuvent point suivre l'armée pour le moment, ne tarderont pas à la rejoindre.

J'ai l'honneur.....

BERNADOTTE.

Relation des mouvements de l'armée bavaroise.

(11 *vendémiaire*, 3 *octobre*). — Le corps quitta Bamberg et marcha à Forchheim, excepté le 6ᵉ régiment de ligne qui, avec un nouveau régiment qui se forma à Würtzbourg et les dépôts des régiments qui étaient entrés en campagne, restèrent à Würtzbourg pour être employés à la défense de la citadelle nommée Marienbourg au cas où cela fut nécessaire. Ces deux régiments restèrent à Würtzbourg jusqu'à vers la moitié d'octobre où les progrès de la Grande Armée française ne laissant plus rien à craindre pour la Franconie, ils marchèrent sous le commandement du général Harg en Bavière et se rendirent de là à l'armée en Bohême, où ils ne joignirent cependant le corps du général baron de Wrède qu'après l'affaire d'Iglau.

(12 *vendémiaire*, 4 *octobre*). — A Furth.

(13 *vendémiaire*, 5 *octobre*). — A Schwabach.

Le général Éblé à M. Navelet.

Uffenheim, le 11 vendémiaire an XIV (3 octobre 1805).

Monsieur,

Demain vous mettrez en mouvement le parc de grand matin afin d'arriver de bonne heure à Buchlein et Schwebheim ; le 54ᵉ régiment, qui vous escorte, suivra le même mouvement.

Aujourd'hui, j'ai remarqué des sous-officiers, des canonniers et des voitures de votre parc sur toute la route de Würtzbourg à Ochsenfurth.

Veillez, dorénavant, à ce que ce désordre n'ait pas lieu ; punissez sévèrement ceux qui s'écarteront de leur poste.

Si vous n'avez pas envoyé aujourd'hui à chaque division le nombre de chevaux qu'elles doivent recevoir des 100 que je vous ai fait remettre, faites en sorte qu'elles les reçoivent demain.

Mandez-moi si M. Hurlaux vous a rejoint avec son convoi.

Envoyez-moi sans délai la situation du parc. Je l'avais demandé à M. Juvigny ; il a négligé de me la faire passer, j'en ai absolument besoin.

Éblé.

Le général Éblé au capitaine Ferrin,
commandant au convoi d'artillerie, à Ahrnstein.

Uffenheim, le 11 vendémiaire an XIV (3 octobre 1805).

Monsieur,

Au lieu de suivre la route que tient le corps d'armée que commande M le maréchal Bernadotte, vous prendrez celles que tiennent les troupes aux ordres du général Marmont ; en conséquence, en partant d'Ahrnstein vous irez à Würtzbourg, si, toutefois, vous ne pouvez faire une plus longue marche ; mais les fourrages et les vivres étant très difficiles à obtenir dans cette ville, il est essentiel que vous fassiez l'impossible pour aller au delà, une ou deux lieues. Envoyez en avant, afin de vous assurer des gîtes et des subsistances.

De la première station après Ahrnstein, vous irez à Buthard et de là à Veckerren, le jour suivant à Rothenbourg, ensuite à Feuchtwang, à Wassertrudingen, à Truchlingen.

Dans ce dernier lieu vous trouverez probablement le quartier du général Marmont et des renseignements sur celui de M. le général Bernadotte, où vous vous rendrez.

Dans le cas où le général Marmont se serait porté, vous le suivrez jusqu'à ce que vous ayez des renseignements positifs sur le lieu où vous pourrez rejoindre le quartier général du maréchal Bernadotte.

Vous me donnerez, pendant votre marche, des nouvelles de votre convoi aussi souvent qu'il vous sera possible.

Veillez à ce que dans toute sa route la discipline la plus sévère soit observée.

Faites graisser tous les deux ou trois jours les voitures; toutes les dépenses que vous ferez pour l'entretien des voitures et des chevaux vous seront remboursées.

P.-S. — Dites à M. Petit de faire en sorte de réaliser à Würtzbourg environ la moitié de la lettre de change qu'il a sur Francfort, s'il trouve à le faire sans une très grande perte.

Éblé.

Le général Éblé à M. Navalet,
colonel commandant le 3ᵉ régiment d'artillerie à cheval.

Würtzbourg, le 11 vendémiaire an XIV (3 octobre 1805).

Monsieur,

Je vous préviens que deux convois d'artillerie venant de Hanovre sont prêts à joindre le parc; la plupart des chevaux qui y sont attachés proviennent d'achat ou de la levée que M. le maréchal Bernadotte a fait faire en Hanovre; ils sont tous destinés pour le 2ᵉ bataillon du train d'artillerie, mais ils ne sont pas encore classés par compagnie. Dès qu'ils seront arrivés au parc, vous ferez faire cette opération afin de pouvoir établir le plus tôt possible l'ordre, que le départ précipité, la marche forcée et la levée des chevaux ont empêché d'établir.

M. Juvigny devait envoyer la situation du parc, je ne l'ai pas reçue, faites-la-moi parvenir le plus tôt possible.

Il sera nécessaire de m'en envoyer une nouvelle, lorsque les convois ci-dessus vous auront rejoint et à laquelle vous ajouterez les objets dont ils sont composés.

Éblé.

Le général Éblé à M. Wallart,
commandant l'équipage de pont, à Windecken.

Le 11 vendémiaire an xiv (3 octobre 1805).

Monsieur,

M. Villemain, adjoint à l'état-major général, est porteur de cette lettre, il vous remettra 50 frédérics d'or pour servir à faire transporter, à Mayence, l'équipage de pont dont le commandement vous est confié ; vous traiterez, en conséquence, de gré à gré pour obtenir des moyens de transport et vous rendrez compte de l'emploi de la somme ci-dessus à votre retour à l'armée.

Le susdit équipage sera remis, à Mayence, au directeur d'artillerie ; vous en tirerez reçu ; aussitôt après cette remise vous vous mettrez en route avec le détachement que vous commandez et vous rejoindrez le 1er corps de la Grande Armée en passant par Mannheim et suivant la route qu'aura tenue le corps d'armée commandé par M. le maréchal Davout ; là, vous connaîtrez l'emplacement du corps d'armée de M. le maréchal Bernadotte et le rejoindrez.

Éblé.

L'Empereur au maréchal Lannes.

Quartier impérial, à Ludwigsburg, le 11 vendémiaire an xiv
(3 octobre 1805).

Mon Cousin, poussez des partis le plus loin que vous pourrez, sur Gmünd, sur Heidenheim, sur Aalen, et tâchez de me faire savoir, demain, si l'ennemi est à Nördlingen ou à Heidenheim, ou s'il est vrai qu'après avoir occupé Nördlingen, il l'ait évacué depuis deux jours. Il est probable que vos hussards trouveront quelques partis ennemis. Un bon moyen d'avoir des renseignements serait d'enlever quelques prisonniers. Vous les feriez interroger avec soin et vous me feriez parvenir leur interrogatoire.

Le maréchal Soult aura, demain, la division de Saint-Hilaire à Gaildorf. Elle a ordre d'envoyer des patrouilles de cavalerie sur vous. Faites-en marcher à sa rencontre et convenez d'un poste intermédiaire avec cette division, soit pour demain, soit pour après-demain, où cette division doit être à Abstgmünd, afin que, si j'avais quelque ordre pressé à lui transmettre, je puisse le faire sans perdre de temps et par votre moyen.

Napoléon (1).

Le maréchal Berthier à M. le maréchal Lannes.

Ludwigsburg, le 11 vendémiaire an xiv (3 octobre 1805).

En conséquence des dispositions arrêtées par l'Empereur, il est ordonné à M. le maréchal Lannes de partir le 12 (*4 octobre*), à la pointe du jour, pour se rendre à Aalen, où il sera arrivé le 14 (*6 octobre*).

M. le maréchal Bessières avec la garde impériale et l'Empereur marcheront à trois heures en arrière de la division Gazan.

Le quartier général suivra la garde impériale à deux heures de distance.

La division de cavalerie du général d'Hautpoul fera l'arrière-garde de cette colonne, marchant à deux heures de distance du quartier général.

M. le maréchal Lannes ordonnera que la division du général Oudinot et celle du général Gazan marchent à trois heures de distance l'une de l'autre. Il ordonnera également qu'une avant-garde, composée de sa division de cavalerie et de deux bataillons d'infanterie légère, marche à deux heures en avant de la division Oudinot.

Il est donc nécessaire que, le 11 (*3 octobre*), le corps d'avant-garde, dont il vient d'être parlé ci-dessus, et la division Oudinot se mettent en marche pour faire, savoir : le 1er corps, 4 à 5 lieues, et la division, 3 lieues.

M. le maréchal Lannes suivra, dans sa marche, l'itinéraire ci-joint.

Il enverra, deux ou trois fois par jour, des nouvelles au quartier général impérial, qui suivra la même direction.

Maréchal Berthier.

---

(1) *Correspondance de Napoléon*, n° 9321.

Le général Andréossy au général d'Hautpoul.

Louisbourg, le 11 vendémiaire an XIV (3 octobre 1805).

Ordre de revenir cantonner le 12 en arrière de Ludwigsburg et le plus près possible de la ville.

ANDRÉOSSY.

Le maréchal Berthier au général Gazan.

Ludwigsburg, le 11 vendémiaire an XIV (3 octobre 1805).

Il est ordonné au général Gazan de partir demain à 10 heures du matin pour aller coucher à environ moitié chemin de Ludwisburg à Schörndorf, sur la route de Gmünd.

Le 13 (*5 octobre*), il partira de cette position pour aller coucher à deux lieues au delà de Schörndorf.

Le 14 (*6 octobre*), il ira coucher à deux ou trois lieues au delà de Gmünd.

Le 15 (*7 octobre*), il rejoindra le corps d'armée de M. le maréchal Lannes à Aalen.

Je rappelle au général Gazan qu'il doit toujours avoir pour quatre jours de pain et quatre jours de biscuit.

Le général Gazan préviendra M. le maréchal Lannes, qui est devant lui, du présent ordre.

P.-S. — Comme vous êtes fatigué, il suffit que vous alliez deux lieues en avant de Ludwigsburg, sur la route de Schörndorf (1).

Maréchal BERTHIER.

L'Empereur au maréchal Soult.

Quartier impérial, à Ludwigsburg, le 11 vendémiaire an XIV
(3 octobre 1805).

Mon Cousin, je vous ai fait donner l'ordre de faire filer votre 4ᵉ division en laissant seulement un détachement pour suivre le mouvement du parc.

---

(1) Ce *post-scriptum* s'applique à la journée du 12.

Comme le 13 (*5 octobre*), je serai à Gmünd, je verrai si j'aurai besoin de la division qui passe à Gaildorf; elle sera, toutefois, à portée, dans la position où elle sera le 14 (*6 octobre*) à Abtsgmünd, de marcher sur Nördlingen et de se joindre à vos autres divisions qui partiront le 13 (*5 octobre*) d'Ellwangen?

Le maréchal Davout arrive le 13 à OEttingen. Il a avec lui six régiments de grosse cavalerie formant la division du général Nansouty. Il doit se porter à Harbourg le 14 (*6 octobre*); mais je lui fais connaître que, si l'ennemi se trouvait en force à Nördlingen, il se dirigerait sur ce point, de manière à se lier à votre gauche et à tomber ensemble sur l'ennemi. Si, au contraire, l'ennemi se portait sur Neubourg pour marcher sur Bernadotte, le maréchal Davout marcherait à grands pas au secours de Marmont et de Bernadotte, et vous-même, de Nördlingen, vous vous porteriez rapidement sur la Wörnitz pour garder le débouché de Donauwörth et servir de réserve à ces trois premiers corps d'armée, assez près cependant de l'ennemi, qui serait, par là, menacé de perdre sa communication avec Neubourg.

Mon intention est, quand nous nous rencontrerons avec l'ennemi, de l'environner de tous côtés. Je désire que vous communiquiez souvent avec moi, pour me faire connaître soit ce que vous apprendrez de Davout, soit ce que vous saurez du côté de Nördlingen.

NAPOLÉON (1).

L'Empereur au maréchal Davout.

Quartier impérial, à Ludwigsburg, le 11 vendémiaire an xiv
(3 octobre 1805).

Mon Cousin, le Ministre de la guerre vous répond par ce courrier pour ce qui est relatif au territoire prussien.

Prodiguez tous les témoignages de considération et de bonne amitié pour le roi de Prusse.

Il serait possible que l'ennemi fît quelques manœuvres; il pourrait marcher au-devant de quelqu'un des corps d'armée, soit du côté de Heidenheim, dans ce cas, vous êtes trop loin et

---

(1) *Correspondance de Napoléon*, n° 9323.

vous n'y pouvez rien ; soit en occupant Nördlingen et c'est dans cette intention que j'ai attaché une brigade (1) de grosse cavalerie à votre corps d'armée.

Arrivez le plus de bonne heure qu'il vous sera possible à Œttingen. Si l'ennemi a passé le Danube et occupé Nördlingen, prenez position et communiquez avec le maréchal Soult, qui couche le 13 (5 *octobre*) à Ellwangen et doit être rendu le 14 (6 *octobre*) à Nördlingen ; par ce moyen, vos corps d'armée donneront ensemble et votre grosse cavalerie vous sera très utile dans la belle plaine de Nördlingen.

Si, au contraire, l'ennemi n'avait point passé le Danube depuis Ulm jusqu'à Donauwörth et prenait position sur l'Altmühl en débouchant par Neubourg ou Ingolstadt, et attaquait les généraux Marmont et Bernadotte, passez la Wörnitz et portez-vous par le plus court chemin au secours de ces corps d'armée, en prévenant le maréchal Soult, qui a ordre de suivre le même mouvement. Envoyez des courriers au général Marmont ; je suppose qu'il devra avoir passé demain Rothenbourg. Faites-lui connaître les ordres que vous avez.

Napoléon (2).

Le maréchal Berthier à l'Aide-Major général.

Ludwigsburg, le 11 vendémiaire an XIV (3 octobre 1805).

Général,

Il faut que vous fassiez toutes les dispositions nécessaires pour organiser, sur-le-champ, la route du Rhin sur l'armée ; cette route partira de Spire, passera par Heilbronn, Œhringen, Hall, Ellwangen et Nördlingen.

Le général Rheinwald commandera, à Spire, conformément aux ordres que je lui donnerai.

Tout ce qui partira de Spire ne se mettra en marche que d'après un ordre du général Rheinwald et en conséquence d'une feuille de route qu'il fera délivrer.

Vous réglerez les stations de journées d'étapes, de Spire à

---

(1) C'est une division (division Nansouty).
(2) *Correspondance de Napoléon*, n° 9,122.

Nördlingen, de manière à ne faire que cinq ou six lieues par jour.

Il sera placé dans chaque station un commandant d'armes de 4ᵉ classe et un adjudant, de deux en deux journées.

Il sera aussi placé dans tous les endroits où il y aura un adjudant un commissaire des guerres ou un adjoint faisant fonctions. Les vivres seront donnés, pour deux jours, où sera le commissaire.

Il sera organisé, sur cette route, un service de gendarmerie et tout y sera disposé de manière à assurer le service des troupes et détachements de conscrits qui seront dans le cas de rejoindre l'armée, sous le rapport des convois, sous celui des évacuations d'hôpitaux et enfin sous celui des prisonniers de guerre.

Il faut que l'intendant général de l'armée organise le service des vivres et des fourrages sur cette ligne.

Il sera nécessaire de prévoir comment le service des différentes colonnes de l'armée pourra se réunir sur la route désignée, cela devra toujours se faire le plus près possible de la ligne de bataille, le partage se faisant en arrière du centre.

Les prisonniers de guerre seront escortés par des détachements commandés par des officiers qui en répondront. Arrivés à 4 lieues de Spire, ils feront prévenir le général Rheinwald qui enverra un détachement au-devant de la colonne pour prendre les prisonniers.

Dans aucun cas on ne souffrira que les soldats de la Grande Armée puissent passer le Rhin.

M le général Andréossy consultera M. Tabarié (1) afin de me proposer, sur-le-champ, le choix des commandants d'armes et adjudants : il y a beaucoup d'officiers hors d'état de faire la campagne qu'on peut prendre dans les corps et qu'il serait avantageux de remplacer.

Il est à désirer que cette organisation soit déterminée dans la journée de demain puisqu'il ne faut que des décisions de moi et des ordres de M. l'intendant général de l'armée.

Maréchal Berthier.

---

(1) M. Tabarié, sous-inspecteur aux revues, chef du bureau des nominations (2ᵉ Division du Ministère de la guerre).

3 OCTOBRE.

Le général Songis à l'Empereur.

Ludwigsburg, le 11 vendémiaire an XIV (3 octobre 1805).

Sire,

Il n'y a pas encore d'approvisionnements à Spire et il ne pourra y en avoir avant huit jours. Les chevaux qui restaient à Strasbourg et ceux qui ont dû y arriver depuis étant insuffisants pour amener à l'armée toutes les munitions qu'on a pu confectionner jusqu'à présent, j'ai préféré de les faire suivre que d'en former des dépôts. Maintenant on versera à Spire tout ce qui se confectionnera à Landau et à Strasbourg. J'ai laissé des ordres pour faire travailler avec activité dans ces deux places, et j'y envoie un officier pour accélérer encore, s'il est possible, ce travail.

Une partie des approvisionnements sera tirée de Metz et de Mayence et doit remonter le Mein jusqu'à Würtzbourg. Je prie Votre Majesté de me faire savoir si elle ne trouverait pas préférable de les envoyer aussi à Spire en remontant le Rhin.

Je suis, Sire.....

SONGIS.

L'Empereur au Major général.

Louisbourg, le 11 vendémiaire an XIV (3 octobre 1805).

Demander à l'Électeur de Bavière 3,000 outils et 2,000,000 de cartouches. On tiendra à sa disposition, à Strasbourg, pareille quantité de ces approvisionnements. Quelles cartouches à canon pourrait fournir cet Électeur pour en faire une réserve à Heilbronn?

NAPOLÉON.

Le maréchal Berthier a M. Otto.

Ludwigsburg, le 11 vendémiaire an XIV (3 octobre 1805).

Monsieur,

M. le maréchal Bernadotte m'a fait passer la lettre que vous lui avez écrite; l'Empereur, à qui je l'ai communiquée, m'a chargé de vous dire qu'en vertu des conventions qui existaient dans la dernière guerre relativement à la neutralité de la Prusse, la principauté d'Ansbach, et, en général, les possessions prussiennes en Franconie n'étaient pas considérées comme étant comprises dans la ligne de neutralité qui avait été tracée, et qu'elles ont pu être traversées par nos troupes, ainsi que le comté de la Marck ....., etc..... Sa Majesté a dû calculer que pendant la guerre actuelle les choses resteraient sur le même pied que celui de la dernière guerre, pour cet objet : c'est pourquoi les divisions de l'armée française ont traversé quelques portions du territoire prussien en Franconie, comme l'ont fait aussi les troupes de l'Électeur de Bavière pendant leur retraite, et comme l'a fait pareillement le corps autrichien qui vient de se présenter sur la Rednitz et qui a passé sur le territoire prussien dans plusieurs endroits.

Le maréchal Bernadotte devra traverser ce même territoire et éviter d'y séjourner ; ainsi que je lui ai dit hier, il faut beaucoup de protestations en faveur de la Prusse et témoigner beaucoup d'attachement pour elle et le plus d'égards qu'on pourra ; puis, traverser ses possessions avec rapidité, en alléguant l'impossibilité de faire autrement, parce que cette impossibilité est réelle.

Maréchal BERTHIER.

Le maréchal Berthier au général Andréossy.

Ludwigsburg, le 11 vendémiaire an XIV (3 octobre 1805).

Général,

Je vous ai chargé, par ma lettre du 6 vendémiaire, de donner les ordres nécessaires pour que le 22° régiment de chasseurs, venant de Niort, suive, à son arrivée sur le Rhin, le mouvement du quartier général de la Grande Armée, auquel il doit être attaché.

Vous voudrez bien aussi donner l'ordre au 16° régiment de **chasseurs, qui fait partie de la division de cavalerie du 4° corps, commandé par le maréchal Soult, et qui doit arriver à Landau** le 21 vendémiaire, qu'il passe le Rhin à Spire et qu'il se dirige sur la Grande Armée, afin de rejoindre sa division.

Instruisez-moi de l'arrivée de ces deux régiments à leur destination respective.

Maréchal BERTHIER.

Garde Impériale. — Ordre du jour.

Ludwigsburg, le 11 vendémiaire an XIV (3 octobre 1805).

Chaque corps de la garde aura, en marche, une avant-garde et une arrière-garde.

L'avant-garde ne laissera passer aucun individu devant elle.

L'arrière-garde ramassera tous les traîneurs. L'officier qui le commandera ramènera ces hommes à son arrière-garde et il les renverra à leur corps à la première halte; à moins que ce ne soient des hommes blessés et dans ce cas ils monteront sur des voitures avec les équipages.

Les équipages de tous les corps marcheront derrière le parc, chaque corps fournira une garde à ses équipages, qui devra être prise parmi les hommes les plus fatigués.

Les équipages seront placés dans l'ordre suivant :

Ceux de l'état-major général, ceux de la cavalerie, de l'infanterie et de la garde royale.

Il y aura toujours une garde d'infanterie pour le parc d'artillerie.

Il sera attaché plusieurs bouches à feu à chaque brigade, dont le nombre sera déterminé.

Chaque brigade marchera avec son artillerie. A dater de demain, l'ordre de colonne sera établi tel qu'il doit être en état de guerre.

La brigade des chasseurs à cheval fournira l'avant-garde.

La brigade des grenadiers à cheval et la gendarmerie d'élite formeront l'arrière-garde.

Chaque corps aura, dans la colonne, deux pelotons de tirailleurs.

100 hommes de la garde royale et 25 de la gendarmerie d'élite marcheront après l'arrière-garde et ramasseront tous les hommes qui seraient en arrière.

La division en bataille sera composée de deux lignes :

La première ligne sera formée du 1er régiment de chasseurs à cheval et des Mamelucks, de la brigade des chasseurs à pied et du 1er régiment de grenadiers à cheval.

La deuxième ligne sera formée du 2e régiment de chasseurs à cheval, du régiment de la garde royale, du 2e régiment de grenadiers à cheval et de la gendarmerie d'élite.

Les commandants des différents corps de troupes à cheval sont autorisés à faire acheter des chevaux partout où ils en trouveront, pour remplacer ceux qui seraient hors de service. Ils confieront les chevaux qu'ils seraient obligés de laisser en arrière aux bourgmestres des villages où ils se trouvent. Le quartier-maître général de la garde aura des fonds à leur disposition pour cet achat.

Néanmoins, rien ne devra être payé sans l'ordre de M. le maréchal.

Chaque corps d'infanterie devra avoir à sa suite une voiture de réquisition pour transporter les hommes auxquels il arriverait des accidents en route.

Les généraux commandant les brigades emploieront toute leur sollicitude pour que la troupe ait tout ce qui lui est nécessaire Ils feront donner des bons de tout ce que les villes ou villages fourniront.

Roussel.

Les chefs de corps enverront chercher aujourd'hui à midi, à Ludwigsburg, de la viande pour deux jours et du pain pour quatre. On s'adressera, pour cette distribution, au commissaire des guerres Charmant, logé près de l'hôtel de ville.

Roussel.

CHAPITRE XII

4 octobre

RÉSERVE DE CAVALERIE.

Rapport du 3 au 12 vendémiaire.

Le 12 (*4 octobre*) le corps d'armée quitta sa position et se porta en avant.

La 1re division Klein s'établit à Böhmenkirch, Söhnstetten et Steinenkirch, ces deux derniers villages occupés seulement chacun par un régiment et s'éclairant : celui de Söhnstetten sur la route de Heidenheim, Steinheim, Heuchstetten et Gussenstadt ; celui de Steinenkirch sur Gerstetten par Gussenstadt, qui devait être occupé par un fort détachement. Le général Klein avait, de même, l'ordre d'éclairer toutes les routes sur sa droite.

La 2e division est venue occuper, dans la vallée de la Fils, Gingen, Kuchen et Altenstadt, s'éclairant, par sa droite, sur Wiesensteig et Anhausen par Haussen et Uberkingen et, en avant, sur Urspring par Geislingen, que le prince ordonna d'occuper après l'avoir fait reconnaître.

La 3e division prit position à Weissenstein, Nenningen, faisant éclairer et reconnaître la vallée d'Eybach, par laquelle il avait ordre de communiquer avec les reconnaissances de la division Walther.

Le général Baraguey-d'Hilliers eut ordre de quitter Stuttgard pour venir s'établir, avec sa division, à Plochingen.

La division Bourcier, qui était restée sur le Rhin, arriva à Stuttgard (1).

Le quartier du prince fut à Süssen.

Les reconnaissances ne trouvèrent point l'ennemi.

Le corps d'armée de M. le maréchal Ney se porta sur Göppingen, Süssen et Donzdorf; l'avant-garde occupait Grünbach.

Ordre de marche du 12 vendémiaire.

A Göppingen, le 12 vendémiaire an xiv (4 octobre 1805).

Les dispositions de l'ennemi et celles arrêtées avec Son Altesse Sérénissime le prince Murat, pour l'emplacement de nos corps d'armée, me permettent de modifier la marche qui avait été déterminée pour aujourd'hui 12, datée d'Esslingen, 11 heures du soir.

En conséquence, la 1re division continuera sa marche jusqu'à Gross et Klein-Siessen, où s'établira le général Dupont; il occupera, par son infanterie légère, Donzdorf, où sera le général Rouyère avec son artillerie et l'escadron de hussards, Winzingen et Wisgoldingen et fermes environnantes.

La 2e brigade à Gross et Klein-Siessen, Giengen et Reichenbach.

Le lieu de rassemblement pour cette division, en cas d'événement sur la route de Heidenheim, serait à la gauche de Donzdorf et, au contraire, en arrière de Giengen s'il s'agissait d'attaque ou de marche à l'ennemi dans la direction d'Ulm.

Le parc en arrière de Gross-Siessen.

La 2e division, quartier général à Klein-Eislingen.

La 1re brigade occupera Ursenwang, Holzheim, Saint-Gothard et Klein-Eislingen et fermes environnantes.

L'artillerie de cette brigade restera, ainsi que le parc de la division, en arrière d'Eislingen.

---

(1) Elle y reçut, du général Andréossy, l'ordre de se rendre en deux marches à Heidenheim, pour rejoindre Murat. Le 15e régiment de dragons suivrait le reste de la division, à un jour d'intervalle.

La 2ᵉ brigade à Gross-Eislingen, Salach, Ottenbach, Hohenstauffen et fermes environnantes.

Le rassemblement général de cette division serait sur les hauteurs, en arrière de Gross-Eislingen.

La 3ᵉ division, quartier général à Göppingen avec la 1ʳᵉ brigade occupant de plus Albershausen, Uhingen.

La 2ᵉ brigade, Oberwalden, Wangen, Rechberghausen et Bartenbach.

L'artillerie de cette division restera parquée en arrière de Göppingen.

La cavalerie, aux ordres du général Tilly, restera à Göppingen.

L'escadron de cavalerie légère, attaché à chaque division, sera chargé de pousser des reconnaissances, savoir : pour la 1ʳᵉ division, sur Heubach et Mögglingen ; pour la 2ᵉ, sur Geislingen.

Le rassemblement serait sur les hauteurs, à la gauche de Göppingen.

Le parc d'artillerie de l'armée et celui des administrations, à la gauche de la route, vis-à-vis du village de Faurndau, à trois quarts de lieue en arrière de Göppingen.

Les troupes se garderont militairement dans leurs cantonnements respectifs et vivront chez l'habitant. Les commissaires des guerres donneront des bons valables.

Par suite de ces dispositions, les généraux conserveront l'approvisionnement de vivres qu'ils ont à leur suite ; ils auront le plus grand soin de se compléter, pendant la nuit, du nombre de rations de vivres qui a été précédemment fixé pour chaque division.

Le quartier général à Göppingen.

NEY.

Le général Belliard au colonel général Baraguey-d'Hilliers

Le 12 vendémiaire an XIV (4 octobre 1805).

D'après les intentions de Son Altesse Sérénissime le prince Murat, vous voudrez bien partir de suite, avec votre division, de Stuttgard pour vous rendre, ce soir, à Plochingen, où sera votre quartier général, occupant Reichenbach et Hegenlohe et poussant des reconnaissances sur Hochdorf, Steinbach et Wendlingen.

Demain, à 5 heures du matin, les intentions du prince sont que vous quittiez Plochingen pour venir vous établir à Göppingen.

Ce soir, la 3e division de M. le maréchal Ney sera en avant d'Ebersbach.

BELLIARD.

Le même au général Walther.

D'après les intentions du prince Murat, vous voudrez bien quitter la position de Uhingen pour aller occuper, en arrière de Geislingen, les villages de Gingen, Kuchen et Altenstadt. Vous vous éclairerez, sur votre droite, sur Wiesensteig par Böhringen et Hausen.

La 1re division occupera, en avant de vous, Geislingen; le grand quartier général sera établi à Süssen.

Vous voudrez bien ordonner que votre artillerie se parque à Süssen. L'intention du prince est qu'à commencer d'aujourd'hui les troupes bivouaquent.

BELLIARD.

A M. le général Beaumont.

D'après les ordres de Son Altesse Sérénissime le prince Murat, vous partirez de suite, avec votre division, des cantonnements que vous occupez pour aller vous établir à Weissenstein, vous occuperez, par un régiment, Böhmenkirch et vous pousserez des reconnaissances sur Heidenheim, en avant de Söhnstetten. Vous observerez aussi les routes de Gussenstadt, vous ferez éclairer la vallée de Lauter, par laquelle vous communiquerez avec la 1re division qui occupera Geislingen.

Les intentions du prince sont qu'à dater d'aujourd'hui les troupes bivouaquent; vous laisserez votre artillerie à Süssen, où sera le grand quartier général.

Je vous prie de prendre des renseignements pour savoir si la route de Weissenstein à Geislingen, par Eybach, est praticable pour les voitures.

BELLIARD.

Le même au général Klein.

D'après les instructions du prince Murat, vous voudrez bien quitter vos positions de Plochingen, Reichenbach et Ebersbach, pour aller vous établir à Geislingen. Vous porterez un régiment à Eybach et un autre à Uberkingen.

BELLIARD.

Au général Beaumont.

L'intention de Son Altesse est que vous ordonniez à la compagnie d'élite du 8e régiment de rester au service, aujourd'hui, auprès du prince ; elle sera relevée dans huit jours. Le commandant se présentera au chef de l'état-major général.

BELLIARD.

Au général Klein.

D'après les ordres du prince Murat, vous quitterez votre position de Plochingen pour aller occuper Böhmenkirch, Söhnstetten et Steinenkirch. Ces deux derniers villages seront occupés, seulement, chacun par un régiment et s'éclaireront, savoir : celui de Söhnstetten, sur la route de Heidenheim et Steinheim et sur Gussenstadt; celui de Steinenkirch, sur la route de Gerstetten, Gussenstadt ; vous ferez aussi éclairer toutes les routes que vous pouvez avoir sur votre droite.

La 2e (1) division de dragons s'établit à Weissenstein.

La 1re division du corps d'armée de M. le maréchal Lannes occupera Heidenheim et vous serez chargé de le soutenir.

BELLIARD.

---

(1) La 3e division. (Journal des marches de la réserve de cavalerie.)

Au général Beaumont.

D'après de nouvelles dispositions, vous n'occuperez pas Böhmenkirch ; c'est la 1re division qui doit venir s'y établir ainsi qu'à Söhnstetten et à Steinenkirch. Vous devrez donc, mon cher Général, concentrer vos forces à Weissenstein.

L'avant-garde du corps d'armée de M. le maréchal Ney a ordre d'occuper Heidenheim. La 1re division de dragons ainsi que la vôtre devront la soutenir, s'il en est besoin, et seront soutenues, elles-mêmes, par la 1re division de M. le maréchal Ney qui prend position à Nenningen.

BELLIARD.

A M. le général Klein.

Les troupes de l'avant-garde de M. le maréchal Ney, qui devaient se trouver en avant de vous, ne s'y trouveront pas. Ainsi, vous devrez, mon cher Général, vous garder avec plus de soin et pousser des reconnaissances, savoir : par Söhnstetten, sur Heidenheim et Steinheim et par Böhmenkirch, sur Gussenstadt. Vous éclairerez les différentes routes, en avant et sur votre droite. Tâchez d'avoir des renseignements et la force des ennemis.

BELLIARD.

A M. le général Beaumont.

L'avant-garde de M. le maréchal Ney ne se portera point en avant. Ainsi, doublez de surveillance et soutenez Klein s'il en avait besoin. Nous arrivons de Geislingen, où on a laissé un régiment. Les Autrichiens l'ont abandonné ; faites toujours reconnaître la route de Geislingen, par Eybach, pour savoir s'il faut absolument passer par Böhmenkirch, ou bien si l'on ne pourrait pas venir directement dans la vallée de l'Eybach. Prenez des renseignements aussi sur les ennemis, leur position et leur force.

BELLIARD.

Le général Belliard au général Walther.

Le prince désire que vous fassiez reconnaître, demain matin, Wiesensteig et Aufhausen avec précaution et que les officiers qui commanderont les reconnaissances prennent des renseignements sur la position de l'ennemi, sa force et les mouvements qu'il fait faire.

Belliard.

Au général Bourcier.

Le prince désire, mon cher Général, que vous partiez, demain, de Stuttgard avec votre division pour vous rendre à Göppingen, le même jour. Faites votre possible, mon cher Général, pour prendre du pain et de l'avoine, à Stuttgard, pour quatre jours ; demain, je vous enverrai le nom de l'endroit où vous devrez venir nous joindre.

Belliard.

Le général Belliard au Commandant des deux bataillons de dragons à pied.

Le 12 vendémiaire an xiv (4 octobre 1805).

Vous partirez demain avec votre bataillon, de Stuttgard, pour venir coucher, le même jour, à Reichenbach, sur la route de Göppingen. Le lendemain 14, vous vous rendrez à Göppingen, où vous recevrez de nouveaux ordres. Avant de quitter Stuttgard, tâchez de prendre du pain pour quatre jours, que vous porterez avec vous ou que vous ferez suivre sur des voitures. Si votre troupe n'était pas fatiguée et qu'elle pût venir à Göppingen, cela vaudrait mieux.

Quoique vous ayez du pain, faites-vous nourrir dans les villages pour conserver les vivres que vous aurez eus.

Belliard.

Le général Belliard au général Beaumont.

Le 12 vendémiaire an XIV (4 octobre 1805).

Mon cher Général,

Demain, aussitôt que la tête du corps d'armée de M. le maréchal Ney arrivera à Nenningen, vous vous mettrez en mouvement pour vous porter à Heidenheim, où vous établirez votre division, poussant des postes assez forts sur Oggenhausen et Mergelstetten.

La 1re division, que vous ferez prévenir de l'arrivée de l'avantgarde du maréchal Ney, quittera de même sa position et ira en prendre une autre à Bolheim, Anhausen, Herbrechtingen.

Dans le cas où l'ennemi serait en force, ce que vous saurez après le retour des reconnaissances du général Klein, il ne faudra pas trop vous commettre; vous préviendrez, de suite, le prince Murat de ce qu'on aura su ou pu découvrir, tant sur la position de l'ennemi que sur sa force.

Le prince établira, demain, son quartier général à Heidenheim.

BELLIARD.

Le général Belliard au général Klein.

Le 12 vendémiaire an XIV (4 octobre 1805.)

Demain, aussitôt que la tête de l'avant-garde de M. le maréchal Ney arrivera à Nenningen, vous vous mettrez en mouvement pour vous porter à Bolheim, en avant d'Heidenheim. Vous ferez occuper le village d'Anhausen; vous ferez bivouaquer un régiment sur la rive gauche de la Brenz, en arrière du village de Herbrechtingen, d'où vous tirerez vos fourrages et vos subsistances, si l'ennemi ne l'occupe pas. Vous garderez, avec un détachement d'hommes à pied, le pont qui est sur la Brenz; vous pousserez des reconnaissances sur Giengen, Hürben et sur Hausen, par Dettingen.

Dans le cas où l'ennemi serait en force à Dettingen, ce que vous saurez après le retour de vos reconnaissances, il ne faudra pas trop vous commettre; vous préviendrez, de suite, le prince

Murat, de ce qu'on aura su ou pu découvrir, tant sur la position de l'ennemi que sur sa force.

Le général de division Beaumont, auquel j'écris de suivre votre mouvement et de prendre position à Heidenheim et Mergelstetten, vous fera prévenir de l'arrivée, à Nenningen, de l'avant-garde du maréchal Ney.

Le prince établira, demain, son quartier général à Heidenheim,

BELLIARD.

Le prince Murat à l'Empereur.

Süssen, le 12 vendémiaire an XIV (4 octobre 1805),
à 11 heures du soir.

Je m'empresse de faire passer à Votre Majesté les renseignements que j'ai pu me procurer sur la position de l'ennemi.

Une reconnaissance poussée, ce matin, sur Geislingen a trouvé de l'autre côté de cette ville, sur la route d'Ulm, une patrouille de chevau-légers de Rosenberg qui s'est retirée aussitôt sur Urspring.

Un caporal déserteur du régiment de Friès (?) parti, ce matin, d'Ulm rapporte qu'il n'y a dans la ville que son régiment composé de quatre bataillons de 800 hommes avec 2 petites pièces de campagne par bataillon. Il assure en même temps que le général Mack est dans cette ville et que, suivant ce qu'il a ouï dire, l'armée, qui s'était portée sur Stockach, fait des mouvements rétrogrades. Deux voyageurs partis avant-hier de Donauwörth, l'un arrivant par la route de Gmünd, l'autre par celle de Giengen disent n'avoir vu que quelques hussards à Donauwörth et n'avoir rencontré aucun Autrichien sur toute leur route.

Un chef des chasseurs de l'Électeur de Bavière, à Geislingen, a affirmé que le capitaine de chevau-légers de Rosenberg, dont la patrouille fut prise en avant de Göppingen, écrivit en apprenant la perte qu'il venait de faire pour demander des renforts, en annonçant que les Français allaient arriver, et qu'on lui répondit qu'on ne pouvait lui rien envoyer, qu'il n'avait qu'à se retirer sur Ulm. Le même homme assure qu'il n'y avait hier, à Ulm, que le régiment de Friès, mais qu'hier et aujourd'hui il y arrivait beaucoup de troupes venant de Memmingen, qu'on craignait beaucoup pour Ulm, parce que presque toute l'armée s'était portée sur Stockach. Un rapport, que je reçois à l'instant de M. le général Bourcier, semble confirmer cette dernière assertion. Le commandant d'une reconnaissance qu'il avait dirigée sur Fribourg, le jour de son départ, fut informé qu'il venait d'arriver dans cette ville et aux environs trois régiments de cavalerie et que tout le pays était inondé de troupes légères qui faisaient des réquisitions de vivres et de chevaux. Un nouveau rapport, qui m'arrive à 8 heures du soir, s'accorde avec celui du déserteur et du chef de chasseurs sur la force de la garnison d'Ulm et assure qu'il n'y avait pas de cavalerie dans la ville, tandis que, d'un autre côté, un homme arrivé, il y a quelques heures, de Günzbourg rapporte que ce matin, de bonne heure, six régiments d'infanterie et beaucoup de cavalerie ont suivi le Danube et se sont dirigés sur Lauingen, que d'ailleurs, il y avait peu de troupes à Ulm. Le même homme était, il y a trois jours, sur le chemin de Kempten, où il dit avoir rencontré beaucoup de monde. Votre Majesté peut voir par tous ces rapports que l'ennemi paraît faire sa retraite ; mais je crois que ses principales forces se trouvent encore sur l'Iller, étant persuadé qu'elles s'étaient portées sur les débouchés de la Forêt-Noire.

J'aurai d'autres informations aujourd'hui ou demain et je ne tarderai pas un instant à les transmettre à Votre Majesté.

Deux divisions de dragons couchent ce soir à Weissenstein occupant Böhmenkirch et Söhnstetten. La troisième occupe Geislingen ayant un escadron en avant de cette ville sur la route d'Ulm observant les débouchés d'Albeck, de Weissenstein et de Türkheim, par Uberkingen. Des régiments de cette division sont établis en arrière de Geislingen, sur Altenstadt, Kuchen et Giengen. Tous ces corps doivent pousser des reconnaissances sur des débouchés situés à leur droite. La division de dragons à pied est, aujourd'hui, à Plöchingen. Elle viendra, demain, prendre position à Süssen. La 4º division de dragons, qui couche à Stuttgard, arrivera demain à Göppingen.

Demain, les deux divisions qui occupent Weissenstein se porteront, de bonne heure, en avant d'Heidenheim où tout le corps d'armée du maréchal Ney sera réuni. Elles porteront de fortes reconnaissances sur Giengen, Oggenhausen et Anhausen. La 2º division, qui occupe Geislingen, conservera cette position et continuera à éclairer les mêmes points. Après-demain je la réunirai aux deux premières, à moins que je ne reçoive d'ordre contraire de Votre Majesté, et je la ferai remplacer par la 4º.

Je serai, moi-même, demain soir à Heidenheim.

Les divisions de dragons et le corps d'armée du maréchal Ney, recevant leurs ordres de mouvements de deux chefs différents, marchent pour ainsi dire confondus, de sorte que souvent les troupes de l'un des deux corps ont ordre d'aller s'établir dans un village qu'elles trouvent occupé par des troupes de l'autre. Elles se disputent les logements et s'enlèvent mutuellement leurs subsistances. Il en résulte beaucoup de confusion. Lorsque, d'après la lettre de Votre Majesté qui place le corps d'armée du maréchal Ney sous mes ordres, j'ai voulu y remédier en prescrivant des mesures d'ensemble, M. le maréchal Ney m'a donné à entendre qu'il n'avait reçu, ni de Votre Majesté, ni du ministre de la guerre, l'ordre de recevoir les miens.

Sire, je n'ai aucune autre ambition que celle de vous servir, mon dévouement vous est connu et je laisse à Votre Majesté le soin de ne pas laisser compromettre la dignité à laquelle Elle m'a élevé. Sire, un tel état de choses ne peut pas durer plus longtemps, surtout en présence de l'ennemi et vous sentirez mieux que personne que dans une semblable circonstance, il est nécessaire que je connaisse d'une manière positive l'étendue de mon commandement. Je suis, au reste, bien loin de me plaindre du maréchal Ney, qui sert avec beaucoup de zèle ; je n'ai d'autre but que de savoir à quoi m'en tenir un jour de bataille et de faire cesser le désordre qui existe dans nos marches.

MURAT.

(*En entier de sa main.*)

Le général Dupont au maréchal Ney.

A Klein-Süssen, le 12 vendémiaire an XIV (4 octobre 1805).

Monsieur le Maréchal,

La division est établie dans les cantonnements que vous avez fixés.

Ayant trouvé le village de Gross-Süssen occupé par le quartier général du prince Murat, j'ai, d'après votre autorisation, placé un bataillon du 96ᵉ régiment à Salach et j'en ai prévenu le général Loison.

J'ai l'honneur de vous saluer.

(A. M.) DUPONT.

Le général Malher au maréchal Ney.

Au quartier général, à Göppingen, le 12 vendémiaire an XIV
(4 octobre 1805).

Monsieur le Maréchal,

En conséquence des ordres que vous m'avez transmis par le chef de l'état-major général, j'ai l'honneur de vous rendre compte que j'ai placé le 25ᵉ d'infanterie légère et le 2ᵉ bataillon du 27ᵉ à Göppingen, le 1ᵉʳ bataillon du 27ᵉ à Albershausen, le 50ᵉ régiment à Rechberghausen et Barlenbach, le 59ᵉ à Wangen et Oberwalden, l'escadron du 10ᵉ de chasseurs à Iebenhausen, le parc et les administrations ont parqué et bivouaqué en arrière de Göppingen.

Vous connaissez, Monsieur le Maréchal, la marche de ma division, toujours occupant les cantonnements qui sont épuisés par les besoins des autres divisions, et malgré notre activité, tous les soins de mon commissaire et les ordres de l'ordonnateur, nous ne pouvons à peine nous procurer des subsistances, particulièrement du pain. J'ai l'honneur de vous prier, Monsieur le Maréchal, de nous accorder votre protection particulière.

Agréez, Monsieur le Maréchal, l'assurance de mon respect et de mon attachement.

MALHER.

J'ai l'honneur de joindre à la présente, le tracé des cantonnements occupés par ma division.

(A. M.)

Le prince Murat au maréchal Ney.

Au quartier général de Siessen, le 12 vendémiaire an XIV
(4 octobre 1805).

Monsieur le Maréchal,

Je viens de recevoir votre lettre ; j'ai besoin, pour y répondre, que vous ayez la bonté de me faire connaître si vous avez reçu de Sa Majesté ou du ministre de la guerre l'ordre de recevoir les miens ; car, Monsieur le Maréchal, il est impossible que deux corps d'armée puissent marcher ainsi confondus, si les ordres de marche n'émanent point d'un seul.

Je vous renouvelle, Monsieur le Maréchal, l'assurance de ma haute considération.

*Le Prince grand amiral de l'Empire,
lieutenant de l'Empereur.*

(*A. M.*) MURAT.

6ᵉ corps. — *Ordre du 12 vendémiaire.*

Au bivouac, à Stuttgard, le 12 vendémiaire an XIV
(4 octobre 1805).

La cavalerie légère placée à Göppingen et en arrière de ce point ne fera point de mouvement aujourd'hui.

La 1ʳᵉ division qui avait déjà sa 1ʳᵉ brigade sur la rive gauche du Neckar à la hauteur d'Esslingen part ce matin, à 10 heures, de ce point et de Stuttgard par les ponts d'Esslingen et de Unter-Türkheim pour aller s'établir en arrière de Plochingen.

La 2ᵉ division qui avait déjà sa 1ʳᵉ brigade à Esslingen, rive droite du Neckar, part ce matin, à 10 heures, de Cannstatt avec sa 2ᵉ brigade pour se réunir à la 1ʳᵉ.

La 3ᵉ division part ce matin, à la même heure, de Stuttgard pour aller s'établir à la hauteur d'Esslingen, rive gauche du Neckar.

Le parc d'artillerie, en arrière d'Esslingen ; mon quartier général restera à Stuttgard jusqu'à demain.

(*A. M.*)

Journal des opérations de la division Dupont.

Le 12 (*4 octobre*), elle se porte sur Klein et Gross-Eislingen ; un détachement de 15 hommes du 1er de hussards, qui faisait l'avant-garde, rencontre à Göppingen un détachement de 15 hussards autrichiens commandés par un officier, qui refuse le passage du pont. Le colonel Rouvillois arrive de sa personne ; il représente à l'officier autrichien qu'il passera de force, s'il ne veut pas se retirer de bonne grâce. Le colonel Rouvillois le charge et le prend avec ses 15 hommes.

Le maréchal Berthier au maréchal Ney.

Ludwigsburg, le 12 vendémiaire an xiv (4 octobre 1805).

Monsieur le Maréchal,

Vous voudrez bien ordonner les dispositions nécessaires pour tenir des postes à Gingen, pour éclairer les débouchés venant de Gundelfingen pendant tout le temps que vous serez en position à Heidenheim.

L'Empereur me charge de vous réitérer l'ordre de m'envoyer tous les soirs un officier de votre état-major ou aide de camp.

BERTHIER.

6e CORPS D ARMÉE.

Emplacements du 12 vendémiaire (4 octobre).

Quartier général : Göppingen.

1re *division* (Kleinsüssen).

9e léger.	Donzdorf.
32e de ligne	Kleinsüssen.
96e id	Gingen et Salach.

2ᵉ *division* (Kleineislingen).

1ʳᵉ brigade.................... { Ursenwang. / Holzheim. / Kleineislingen.

2ᵉ brigade .... { Groseislingen. / Sulach. / Ottenbach.

La division a marché sur la rive droite du Neckar jusqu'à Plöchingen, où elle a passé la Fils et traversé.

3ᵉ *division* (Göppingen).

1ʳᵉ brigade.................... { Göppingen. / Albershausen. / Uhingen.

2ᵉ brigade .... { Oberwalden. / Wangen.

Cavalerie légère : Göppingen (1).
Le quartier général du prince Murat, à Grossüssen.

Le général Compans au général Oudinot.

Schörndorf, le 12 vendémiaire an xiv (4 octobre 1805).

Mon Général,

D'après les dispositions arrêtées par M. le Maréchal commandant en chef, les troupes à vos ordres quitteront demain matin, à 6 heures, leur cantonnement pour exécuter le mouvement suivant :

La brigade de cavalerie, aux ordres du général Treillard, se portera à mi-chemin de Gmünd à Aalen et s'y établira, poussant devant elle, en reconnaissance, un escadron jusqu'à une lieue de ce dernier endroit.

Cette brigade continuera à prendre des renseignements sur l'ennemi, et particulièrement sur ce que vous avez dû exiger d'elle par vos instructions d'hier.

---

(1) Le parc d'artillerie était en arrière de Faurndau. (Journal des opérations de l'artillerie du 6ᵉ corps.)

La brigade de cavalerie légère, aux ordres du général Fauconnet, marchera sur la même route avec le bataillon que vous avez dû lui adjoindre, et ira cantonner à une lieue en arrière de celle du général Treillard.

L'infanterie et l'artillerie se porteront sur Gmünd, et cantonneront dans cet endroit et dans les villages environnants, à droite, à gauche et en avant, jusqu'à ceux occupés par la cavalerie du général Fauconnet.

Je vous préviens, mon Général, que la division, aux ordres du général Gazan, sera cantonnée immédiatement en arrière de Gmünd.

Veuillez, je vous prie, mon Général, donner des ordres pour que les escortes, dont le commandant ordonnateur pourrait avoir besoin pour ses convois de vivres, lui soient fournies.

COMPANS.

Le général Compans au général Gazan.

Ludwigsburg, le 12 vendémiaire an XIV (4 octobre 1805).

M. le Maréchal commandant en chef, a arrêté vos cantonnements ainsi qu'il suit :

Le quartier général, à Heppach ; vos quatre régiments, votre artillerie et le parc d'artillerie, à Heppach, dedans les quatre ou cinq villages environnants, d'après la répartition qu'il veut laisser le soin d'en faire. L'intention de M. le Maréchal commandant en chef, est, mon Général, que vous réunissiez dans vos cantonnements une quantité suffisante de pain pour la distribution d'un jour, tant à vos troupes qu'au parc d'artillerie, afin de conserver celui qui vous a été distribué pour quatre jours d'avance. Il désire aussi que vous fassiez faire une distribution de vin à raison d'une ration par homme, à moins que vous ne préfériez régler avec les autorités locales, que le vin soit fourni par l'habitant aux soldats logés chez lui.

M. le Maréchal vous charge, mon Général, de partir de vos cantonnements demain, au point du jour, avec votre division et le parc d'artillerie qui la suivra jusqu'à nouvel ordre, pour vous diriger par Schörndorf sur Gmünd ; des cantonnements vous seront assignés à environ deux lieues, en arrière de ce dernier endroit.

M. le Maréchal désire qu'un de vos officiers d'état-major soit rendu auprès de lui à Schörndorf, au point du jour, pour l'accompagner dans sa route, et prendre les ordres qu'il aura à vous transmettre pour vos cantonnements de demain et votre marche d'après-demain.

On a rapporté à M. le Maréchal, qu'il avait été distribué, à Strasbourg, à vos troupes, des cartouches avariées ; il vous invite à lui adresser, par l'officier que vous lui enverrez demain, un état exact par régiment de celles qui y existent, afin qu'il en ordonne le remplacement.

COMPANS.

Le général Compans au général Oudinot.

Schörndorf, le 12 vendémiaire an XIV (4 octobre 1805).

M. le Maréchal, commandant en chef, désire que vous conveniez, avec le général Saint-Hilaire qui sera aujourd'hui à Gaildorf et demain à Abstgmünd, d'un poste de communication pour chacun de ces jours, qu'il devra faire placer entre sa division et la vôtre, pour recevoir les dépêches que Sa Majesté Impériale ou Monseigneur le Major général auraient à adresser aux corps d'armée, commandés par M. le maréchal Soult ou celles qui viendraient de ce corps d'armée, à leur adresse.

M. le Maréchal désire que vous chargiez de vos dépêches pour le général Saint-Hilaire, un de vos officiers d'état-major, à qui vous pourrez donner une escorte de cavalerie.

COMPANS.

Le général Compans à M. Vast.

Schörndorf, le 12 vendémiaire an XIV (4 octobre 1805).

Monsieur l'Ordonnateur,

Je vous préviens que le corps d'armée quittera, demain matin, à 6 heures, ses cantonnements, pour marcher sur la route de Gmünd et prendre les suivants :

La brigade, aux ordres du général Treillard, s'établira à mi-chemin, entre Gmünd et Aalen ; celle aux ordres du général Fauconnet, sur la même route, à une lieue de la précédente.

La division de grenadiers et son artillerie, à Gmünd et dans les villages environnants, et en avant, jusqu'aux villages occupés par les troupes du général Fauconnet.

La division aux ordres du général Gazan, son artillerie et le parc d'artillerie du corps d'armée, dans les villages immédiatement en arrière de Gmünd.

L'intention de M. le Maréchal est, Monsieur l'Ordonnateur, que vous fassiez suivre, à la queue de chaque division, le pain qui aura resté dans les villages après la distribution que vous avez dû faire aujourd'hui, pour entretenir l'avance de quatre jours, et que vous vous portiez en avant, pour faire les réquisitions que vous croirez nécessaires.

Il est inutile de vous rappeler que le biscuit et l'eau-de-vie doivent toujours suivre la colonne.

Le général Oudinot est prévenu qu'il doit continuer de vous fournir les gardes dont vous pourriez avoir besoin.

COMPANS.

Rapport du voyage d'un homme envoyé de Strasbourg.

Le 6 vendémiaire an XIV (28 septembre 1805).

Il a trouvé, le 7 (*29 septembre*), un poste avancé du régiment des dragons de La Tour, à Biberach, près de Gengenbach, dans la vallée de la Kinzig (25 hommes).

Le même jour, à Hornberg, il en a trouvé encore.

Le 8 (*30 septembre*), à Schildech, il a trouvé un autre poste du même régiment.

Le même jour, il est venu à Villingen ; il a rencontré en chemin, 52 hommes des dragons de La Tour, et il a appris dans un village, peu après cette rencontre, que les troupes qui étaient campées à Rottweil, en étaient parties pour Ulm, avec les chevau-légers de Rosenberg.

Le 9 (*1er octobre*), il est arrivé à Donaueschingen, où il y avait 300 hommes du régiment de La Tour, et environ 30 pièces de petits canons.

Ils ont reçu, dans le même moment, l'ordre du général Mack, par un nommé Mairer, de se retirer sur Ulm, en faisant des découvertes dans la Mintzingen-Thal (1) (vallée de la Mintzingen).

Il les a vus se mettre en marche et il est parti aussitôt pour venir en rendre compte ; il est venu à travers la montagne par Freudenstadt, Minbis (2) à Ludwigsburg, où il est arrivé le 12 (*4 octobre*), à 8 heures du soir.

Il a vu des paysans à Donaueschingen, qui venaient de la Corrée, et qui lui ont appris qu'un équipage de bateaux, qui était à trois lieues derrière Donaueschingen, en était parti pour Ulm l'avant-veille.

Le même homme est reparti sur-le-champ pour Ulm, par le plus court chemin, et doit être de retour après-demain à Gmünd ou Ellwangen.

Le Général de division,

SAVARY.

Le général Lemarois à l'Empereur.

D'après les ordres de Votre Majesté, je me suis rendu à Bâle, et voici ce que j'y ai appris.

Que l'Empereur d'Autriche était arrivé sur le Lech, vers le 20 septembre, et qu'après son arrivée, l'archiduc Charles était parti pour l'Italie.

On était surpris que Votre Majesté eût tant tardé à faire marcher ses troupes ; que depuis trois mois, les Autrichiens se préparaient pour entrer en campagne, que toutes leurs forces étaient réunies sur l'Inn et le Lech, où ils attendraient l'armée française, et qu'il fallait que les ambassadeurs de Votre Majesté ne l'eussent pas averti à temps de la disposition du Cabinet de Vienne.

Il n'avait pas passé de troupes dans la Forêt-Noire, à l'époque du 3 vendémiaire (*25 septembre*).

---

(1) Ou Kintzingen.
(2) Route de la Kniebis à Ludwigsburg.

A Stackoch, il y avait au moins 12 régiments, mais il y a un mouvement continuel dans l'armée autrichienne ; une partie de ces troupes avait ordre de marcher vers Mosskirsch et Ertingen.

On prétendait que le Vorarlberg était rempli de troupes ; qu'à Lindau, les Autrichiens y avaient fait construire des fours, et que deux jours après, on les avait démolis.

Il devait y avoir, à Lindau, vers 800 hommes de garnison et 400 à Bregenz.

Les lettres de commerce annonçaient l'arrivée de 160,000 Russes dans la Pologne autrichienne.

Je suis parti mercredi soir de Bâle pour Schaffhouse, mais, d'après mes instructions, je ne pouvais quitter le territoire suisse ; j'ai été obligé de passer par Zurich et Winterthür.

J'ai su, en passant à Stein, que le prince Ferdinand était, le 22 septembre, à Memmingen, où il y avait, ainsi que dans les environs, 6 régiments de cavalerie et un plus grand nombre d'infanterie. C'est un négociant de Strasbourg qui a donné cette nouvelle à Stein, le 3 vendémiaire. Les Autrichiens l'avaient arrêté à Augsbourg ; on l'envoya à Constance, auprès du général Klenau, qui s'y trouvait, et après d'assez mauvais traitements et l'avoir strictement visité, le quatrième jour, on le conduisit par Waldshut jusqu'au Rhin.

Le 24 septembre, à 2 heures après-midi, une patrouille autrichienne s'est avancée jusqu'à Waldshut, et sitôt après son arrivée, le bourgmestre a fait monter la garde aux bourgeois, et il donna l'ordre d'arrêter et de lui conduire tous les Français qui passeraient.

Je suis arrivé le 4 octobre, au soir, à Schaffhouse ; on y disait que Stockach et les environs étaient remplis de troupes ; leur avant-garde était à Bissingen, village situé à une demi-lieue de Schaffhouse, et à Friedingen, se trouvait tout le régiment de chevau-légers de Kinsky. On disait qu'il y avait un mouvement continuel de troupes, que le soldat était bien nourri, bien habillé et bien payé, que les officiers n'étaient pas contents, parce qu'ils étaient payés en papier et parce que la guerre leur déplaisait.

Il devait partir des environs de Zollhaus, dans la nuit du 25 septembre, plusieurs régiments pour la Forêt-Noire.

On attendait à Stockach, vers le 10 vendémiaire, cinq régiments qui venaient du Tyrol ; ils passent la montagne d'Arlberg, mais il leur faut douze heures pour la traverser.

J'ai quitté Schaffhouse dans la nuit du 4 au 5 vendémiaire (*26-27 septembre*) et j'ai été obligé de repasser par Winterthür et Saint-Gall ; ici j'ai appris que les lettres de commerce annonçaient l'arrivée de 80,000 Russes dans la Pologne autrichienne, on y disait que l'armée autrichienne était très forte et que l'armée française n'était pas encore à Strasbourg.

De Saint-Gall, j'ai passé par Rheinech pour longer le Rhin et me rendre à Coire. J'ai appris, à Rheinech, que les Autrichiens avaient fait construire quatre fours à Lindau ; comme à Bâle, on m'avait dit qu'on les avait fait détruire, je me suis convaincu du contraire, il se trouvait vers 800 hommes de garnison à Lindau et 400 à Bregenz.

On m'a assuré que le Vorarlberg était rempli de soldats, qu'il y en avait dans tous les villages qui bordent le Rhin.

Le 12 septembre ils ont renvoyé un négociant français qui allait, pour son commerce, en Allemagne. Il faut aussi aux Suisses des passeports pour passer le Rhin.

Il y avait à Feldkirch et dans les environs cinq régiments dont Beaulieu, Stein, un de Tyroliens, les hussards de Blankenstein et un autre régiment d'infanterie dont on n'a pas pu me dire le nom.

600 à 700 paysans travaillent à construire des redoutes aux environs de Feldkirch.

Il y a deux officiers généraux à Feldkirch.

Le Vorarlberg a levé 6,000 hommes de troupe qui sont armés et habillés, ils attendent l'ordre pour partir ; en outre, le Vorarlberg a promis à l'Autriche de se lever en masse à l'approche de l'armée française ; tout ce qui est en état de porter les armes, sans exception, depuis l'âge de 18 à 30 ans est déjà enrégimenté et, s'ils ne suffisent pas, on prendra depuis 30 jusqu'à 50 ans.

J'ai quitté Rheinech la nuit du 5 au 6 vendémiaire et je me suis rendu à Coire, où je suis arrivé le dimanche 7 vendémiaire, à 8 heures du matin. Je n'ai rien appris dans cette ville ; on y disait seulement que l'armée autrichienne était très forte.

Je suis parti de Coire le même soir et, en passant à Ragatz, j'ai appris que Sa Majesté l'empereur d'Autriche était arrivé le 5 ou le 6 vendémiaire à Memmingen ; que l'archiduc Jean était, depuis plusieurs jours, à Feldkirch, qu'il devait partir dimanche soir pour Bregenz et qu'il devait retourner à Feldkirch dans la nuit. Les officiers de la suite de l'archiduc avaient dit que 80,000 Russes arrivaient sur deux colonnes et qu'ils les auraient bientôt rejoints.

De Coire, pour me rendre à Berne, j'ai passé par le lac de Walenstadt, celui de Lucerne et je suis arrivé à Berne le mercredi 10 vendémiaire, à 7 heures du matin. Je n'y ai pu avoir aucun renseignement de l'armée autrichienne.

M. l'ambassadeur Vial était à Strasbourg. J'ai quitté Berne, à 3 heures après-midi, et je suis arrivé à Bâle le jeudi 11 vendémiaire. On y disait qu'il n'y avait que quelques détachements de cavalerie qui parcouraient la Forêt-Noire pour savoir où étaient les Français, ils en demandaient des nouvelles partout et à tous ceux qu'ils rencontraient.

On disait que l'empereur d'Autriche était à Memmingen, que plusieurs milliers de paysans travaillaient à y construire des redoutes, qu'on avait coupé la route et fait des abatis.

Les lettres de commerce, arrivées le 10 vendémiaire, annonçaient que l'empereur de Russie avait demandé au roi de Prusse quel parti il prenait, qu'il fallait qu'il se décidât ; le roi de Prusse a répondu qu'il allait faire marcher ses armées pour soutenir sa neutralité.

Partout où j'ai passé en Suisse j'ai vu qu'on était généralement fâché de voir renaître la guerre continentale, les uns disaient que la France et l'Autriche auraient bien mieux fait de se partager leur pays, les autres prétendaient qu'ils serviraient à payer les frais de la guerre du vainqueur et, qu'en ce cas, ils deviendraient Français. On hait autant l'Autrichien que le Français, mais le bruit qui a couru, il y a vers trois mois, qu'ils allaient être réunis à la France, les a singulièrement indisposés contre elle ; ils sentent très bien leur nullité et leur faiblesse, aussi sont-ils tout à fait découragés.

La Diète a ordonné une première levée de 15,200 hommes. Une partie de ces troupes sont déjà armées et habillées, mais le landmann n'en a fait marcher que 5,000 pour la frontière. On prétend qu'on ne pourra pas les solder six mois, ils n'ont ni pain, ni argent. Le soldat reçoit, par jour, 9 sols de France, une livre et demie de pain et une demi-livre de viande, mais il est obligé de s'habiller et de s'armer.

Une seconde levée a été ordonnée; chaque canton a déjà désigné les hommes qui doivent marcher, mais on ne croit pas qu'on la lève, ils disent publiquement que c'est ridicule de vouloir qu'ils s'opposent à une troupe qui se présenterait pour entrer chez eux.

Tels sont, Sire, les renseignements que je me suis procuré.

J'ai l'honneur d'être de Votre Majesté Impériale et Royale, Sire, le très humble, très obéissant et fidèle serviteur.

LEMAROIS.

Renseignements.

Les Autrichiens ne défendront pas les gorges de Geislingen; ce matin, il n'y avait pas un homme, ni à Weidenstetten, ni à Geislingen, pas un seul Autrichien.

A Göppingen, un petit détachement de cavalerie. Ils ont fait trois redoutes près d'Ulm qui sont presque achevées, mais très mal faites, et on y travaille avec une lenteur inconcevable.

Ils ont fait une réquisition de 400,000 briques et de beaucoup de bois de construction.

Des réquisitions de chevaux. Le seul bailliage de Schwabmünchen a dû fournir 400 chevaux et celui de Söflingen, 100.

Le ministre autrichien qui était à Würtzbourg, en est sorti à l'arrivée des Français; on l'a vu passer à Donauwörth, pour se rendre au quartier général autrichien.

Les Autrichiens ont toujours beaucoup de désertions, par 20 et 30.

L'empereur d'Allemagne a arrêté un logement à l'auberge du Cerf, à Ulm, pour son quartier général, où il doit arriver le 10 ou le 15.

Le régiment de Colloredo a quitté Dillingen, pour se rendre sur Donauwörth, avec beaucoup de munitions. Les Autrichiens se fortifient particulièrement à Donauwörth et Ingolstadt.

6,000 Autrichiens se sont portés sur les frontières de la Bohême et du Haut-Palatinat.

Les Russes ne peuvent être à Braunau que le 10 ou 12 octobre. Ils y sont attendus pour cette époque-là.

(*Sans date ni signature.*)

5° CORPS D'ARMÉE.

Rapport du 12 au 13 vendémiaire an XIV (4-5 octobre).

Gmünd, le 13 vendémiaire an XIV (5 octobre 1805).

J'ai l'honneur de vous rendre compte que le corps d'armée a quitté le 12 (*4 octobre*), à 6 heures du matin, les cantonnements qu'il avait pris la veille, pour se diriger par Waiblingen sur Schörndorf; il a pris le soir du 12 (*4 octobre*), les cantonnements suivants :

DIVISION DE CAVALERIE.

Brigade de hussards, aux ordres du général Treillard, à Lorch
Brigade de chasseurs, aux ordres du général Fauconnet, à Vezeilwer.

Le général de brigade Treillard, chargé de pousser en avant des reconnaissances ordonnées par Sa Majesté, a fait le rapport que l'ennemi a 1 escadron de Blankenstein, à Aalen; 2 escadrons de uhlans, à Ellwangen; le régiment de hussards de Szeckler, à Heidenheim, et qu'il n'y a point d'infanterie à Nördlingen.

DIVISION DE GRENADIERS.

Brigade aux ordres du général DUPAS.

3° régiment............................	Plüderhausen.
4° id................................	Waldhausen.

Brigade aux ordres du général RUFFIN.

5° régiment........................ Unter-Urbach.

Brigade aux ordres du général MORTIÈRES.

1ᵉʳ régiment........................	} Schörndorf.
2° id...............................	

4 OCTOBRE.

ARTILLERIE.

L'artillerie de la division, à Ober-Urbach.

SAPEURS.

Les sapeurs, à Ober-Urbach.

2ᵉ DIVISION.

Bataillon du	4ᵉ	régiment..........	} Grünbach.
Id.	100ᵉ	id.............	
Id.	4ᵉ	id.............	Geradstetten.
Id.	100ᵉ	id.............	} Beutelsbach.
Id.	58ᵉ	id.............	
Id.	58ᵉ	id.............	Endersbach.
Id.	100ᵉ	id.............	Schmieden.
Id.	100ᵉ	id.............	Grünbach.
Id.	103ᵉ	id.............	Buoch.
Id.	103ᵉ	id.............	Gross-Heppach.
Id.	103ᵉ	id.............	Klein-Heppach.

ARTILLERIE.

L'artillerie de la division, à Endersbach.

PARC D'ARTILLERIE DU CORPS D'ARMÉE.

Le parc et artillerie, à Endersbach.

COMPANS.

Le maréchal Lannes au maréchal Berthier.

Schörndorf, le 12 vendémiaire an XIV (4 octobre 1805).

Monsieur le Maréchal,

Sa Majesté Impériale m'ayant demandé, hier, des renseignements sur l'ennemi, j'ai l'honneur de lui faire passer, par un officier de mon état-major, le résultat d'un interrogatoire prêté par un négociant wurtembergeois. Comme je suis très pressé et que Votre Excellence pourrait puiser des renseignements sérieux en interpellant ce voyageur, je me fais un devoir de vous le faire conduire, par un officier, à votre quartier général.

Mon chef d'état-major vous adresse son rapport concernant nos cantonnements par le même officier qui part, à l'instant même, en poste avec le négociant Meuter.

Agréez, Monsieur le Maréchal.....

Le Maréchal,

Lannes.

Le maréchal Lannes à l'Empereur.

Schörndorf, le 12 vendémiaire an xiv (4 octobre 1805).

J'ai l'honneur d'adresser à Votre Majesté Impériale et Royale le résultat de l'interrogatoire d'un négociant du lieu de Plieningen (1), dans l'électorat de Wurtemberg.

Ce négociant, qui me dit s'appeler Meuter, a déclaré qu'il était parti de Stuttgard mardi dernier, il y eut huit jours. Il coucha le soir à Geislingen et se rendit le lendemain, mercredi, à Ulm, où il séjourna jusqu'au vendredi soir ; qu'un corps de 3,000 à 4,000 Autrichiens était réuni en cette ville ; qu'un grand nombre de paysans avait été mis en réquisition, pour travailler à des fortifications aux environs de cette place.

Que le samedi soir, il arriva à Memmingen ; qu'il trouva cette position occupée par les Autrichiens et que plusieurs de leurs détachements étaient cantonnés dans les villages environnants.

De Memmingen, il se rendit à Babenhausen, où il ne trouva qu'un très petit poste.

De Babenhausen à Krumbach et à Thannhausen, l'ennemi n'avait personne dans ces trois positions.

De Thannhausen, il se rendit, le lundi, à Burgau ; environ 200 Autrichiens occupaient ce poste.

De Burgau, il passa le Danube à Günzbourg ; il y avait, mardi dernier, un poste d'environ 150 hommes d'infanterie dans ce dernier endroit.

De Günzbourg, il arriva à Lauingen, où il n'y avait personne.

---

(1) Au sud de Stuttgard.

Hier, jeudi, il passa par Heidenheim, pour se rendre à Aalen. Dans cette dernière position, il a laissé un escadron de hussards autrichiens.

Selon les rapports que le général Treillard vient de m'adresser, de Plüderhausen, l'ennemi n'est point à Nördlingen, il paraît même qu'il n'a point du tout occupé cette position.

J'ai envoyé un officier au général Saint-Hilaire pour qu'il fixât le poste intermédiaire entre sa division et celle du général Oudinot afin de faciliter nos rapports, conformément aux intentions de Votre Majesté Impériale et Royale.

LANNES.

Le maréchal Soult au maréchal Berthier.

Ober-Sontheim, le 12 vendémiaire an XIV (4 octobre 1805).

Aujourd'hui, le 4e corps d'armée a continué son mouvement.

La 1re division a pris position en arrière de Gaildorf et a porté son avant-garde, à hauteur de Laufen, sur la Kocher.

La 2e division s'est établie en arrière des sources de la Roth, son avant-garde a pris poste, en avant de Rosenberg, sur la route d'Ellwangen.

La 3e division a campé, sur la rive gauche de la Bühler, en arrière de Bühlerthann.

La brigade de cavalerie légère a bivouaqué entre Sontheim et Bühlerthann ; le parc d'artillerie du corps d'armée, en arrière de ce dernier endroit.

La 4e division a occupé la position en arrière d'OEhringen. Demain, 13 (*5 octobre*), la 1re division s'établira sur la rive gauche de la Lein, occupera Abstgmünd et portera son avant-garde à Wasseralfingen et Hüttlingen ; elle fera reconnaître Lauchheim.

La 2e division prendra position sur la rive droite du ruisseau dit Sechta, en arrière de Röhlingen. Elle aura son avant-garde à Zöbingen, sur la route de Nördlingen, occupera Walxheim et fera aussi reconnaître Lauchheim.

La brigade de cavalerie sera à Neunstadt. La 3e division sur la rive gauche du Jagst, en arrière d'Ellwangen.

Le parc d'artillerie du corps d'armée aussi en arrière d'Ellwangen.

La 4e division arrivera, demain, à Hall.

Je n'ai reçu aucun rapport qui annonce l'arrivée du grand parc d'artillerie à Heilbronn, mais j'imagine que M. le général Faultrier a des ordres sur ses mouvements ultérieurs.

J'ai fait retirer à la 1re division son artillerie, mais, demain, elle lui sera rendue ; elle n'aurait pu l'emmener sans s'exposer à perdre des voitures depuis Gaildorf jusqu'à Abstgmünd.

300 uhlans du 2e régiment étaient, hier, à Ellwangen et ont eu jusqu'à ce matin un poste de 25 chevaux à Dettenroden ; à la pointe du jour ils se sont retirés vers Nördlingen, où on dit qu'un corps de troupe autrichien se réunit ; malgré cette assertion, que quelques rapports confirment, le mouvement rétrograde des hulans me fait penser que ce corps de troupe, sur la force duquel je n'ai pu encore avoir des renseignements positifs, s'est également retiré.

J'ai l'honneur..... Soult.

Ordre.

Du 12 vendémiaire an xiv (4 octobre 1805).

En exécution des ordres de Son Excellence le ministre de la guerre, M. le général Faultrier, directeur général du parc d'artillerie de l'armée, donnera tous les ordres nécessaires pour que le parc parte demain, 13, d'Heilbronn et vienne, le même jour, s'établir en avant d'Œhringen. Le 14, il se rendra en avant de Hall et le 15, à Ellwangen, où il recevra de nouveaux ordres. M. le général Faultrier fera précéder l'équipage de bateaux qui se trouve au grand parc et fera tout son possible pour que cet équipage soit rendu à Nördlingen le 14, dans l'après-midi ; à cet effet, il sera établi les relais nécessaires à Œhringen, à Hall et à Ellwangen, pour faire accélérer le convoi.

Dans le cas que tout l'équipage ne pourrait être envoyé avec cette rapidité, M. le général Faultrier en ferait partir au moins 10 bateaux dont l'arrivée à Nördlingen est expressément ordonnée par Sa Majesté.

Le général Lariboisière enverra un officier porter cet ordre au général Faultrier, et le même officier sera chargé d'établir dans les lieux indiqués les relais nécessaires ; le chef de l'état-major lui remettra, à cet effet, des réquisitions en chevaux pour les autorités locales de chacun des gîtes.

Le 64º régiment suivra le mouvement du grand parc d'artillerie ; les troupes d'artillerie, d'infanterie et de cavalerie, ainsi que les hommes de réquisition, conducteurs des chevaux emporteront du pain pour quatre jours en partant d'Heilbronn et prendront, pour cet effet, le produit des réquisitions qui ont été frappées dans cet arrondissement et dont M. le général Suchet a dû faire opérer la rentrée.

En passant à Hall, le général Faultrier fera enlever le restant de la réquisition en pain, viande et eau-de-vie frappée sur cette ville, et le produit servira à mettre en avance de subsistances, les troupes de toutes armes qu'il commande ; à cet effet, l'ordonnateur en chef donnera note au général Faultrier de ce qu'il reste à rentrer sur les réquisitions frappées dans les villes d'Heilbronn, de Hall et dans les bailliages et communes à portée sur la route.

M. le général Faultrier voudra bien m'instruire du produit de ces rentrées et me rendre compte, chaque jour, de l'arrivée du parc général à la destination qui lui est donnée.

Soult.

Le général Salligny au général Vandamme.

Ober-Sontheim, le 12 vendémiaire an XIV (4 octobre 1805).

Mon cher Général,

D'après l'ordre de M. le maréchal, les divisions du corps d'armée continueront demain, 13 (*5 octobre*), leur mouvement et se mettront en marche à 6 heures du matin.

La 1re division partira de Gaildorf et se rendra à Abstgmünd. Elle prendra position sur la rive gauche de la Lein, prolongeant sa gauche sur la Kocher.

Le général Saint-Hilaire portera son avant-garde à Wasseralfingen et fera occuper, par un poste, Hüttlingen. Il donnera ordre au général Morand d'envoyer un parti sur Lauchheim pour avoir des nouvelles de l'ennemi et en faire immédiatement rapport.

Il donnera aussi ordre au général Morand de communiquer avec le poste qui sera établi à Neuler, par la 3º division.

L'artillerie de cette division, qui a suivi la marche de la vôtre, partira de Frohnroth pour se rendre à Abstgmünd, en passant par Adelmannsfelden.

Votre division se dirigera des hauteurs de Frohnroth, qu'elle occupe, sur Ellwangen et vous prendrez position sur la rive droite du ruisseau dit Sechta, en arrière de Röhlingen, où sera votre quartier général. Vous porterez votre avant-garde en arrière de Zöbingen, faisant occuper ce village.

Vous enverrez, aussitôt que vous aurez pris position, un parti de cavalerie vers Nördlingen pour prendre des nouvelles de l'ennemi et en rendre immédiatement compte. Vous ferez occuper par un poste de l'avant-garde le village de Walxheim et par un autre poste, fourni par le régiment de gauche de la division, celui de Pfahlheim et vous éclairerez la route qui conduit à Aalen, par Lauchheim.

La 3ᵉ division se dirigera de Bühlerthann sur Ellwangen et prendra position, en arrière de la ville, sur la rive gauche du Jagst. Elle portera un poste à Scherzheim pour lier communication avec le détachement qui sera à Neuler et Ellwangen.

Le détachement, aux ordres du général Margaron, établi à Adelmannsfelden se portera à Neuler pour lier communication entre Abstgmünd et Ellwangen et se gardera militairement. Aussitôt que ce détachement sera établi, le général Margaron rejoindra, en avant d'Ellwangen, la division de cavalerie.

La division de cavalerie légère se dirigera également sur Ellwangen et s'établira à Neuenstadt, en avant de la ville.

Le parc d'artillerie du corps d'armée suivra la marche de la 3ᵉ division et s'établira, en arrière d'Ellwangen, dans la position la plus convenable. Il sera gardé par la 3ᵉ division.

Le quartier général du corps d'armée sera à Ellwangen.

La 4ᵉ division partira, demain, d'Œhringen pour se rendre en avant de Hall, où elle prendra position.

Le 14, à 6 heures du matin, elle lèvera son camp pour se rendre à Ellwangen, en passant par Bühlerthann, où elle prendra position, en arrière de la ville, sur la rive gauche du Jagst.

L'ordonnateur en chef prendra les mesures nécessaires pour monter un hôpital de 200 malades, à Ellwangen. Cet établissement devra être en état et pourvu de tous les objets nécessaires demain, dans la journée.

Les ambulances du corps d'armée qui ne seraient pas pourvues d'instruments de chirurgie ou autres objets nécessaires, en seront complétées, demain, à Ellwangen ; l'ordonnateur est autorisé à faire, à cet effet, toutes les demandes et réquisitions nécessaires.

J'ai l'honneur.....

SALLIGNY.

Le général Vandamme à M. le maréchal Soult.

A Rosenberg, le 12 vendémiaire an xiv (4 octobre 1805).

Monsieur le Maréchal,

J'ai l'honneur de vous rendre compte que l'avant-garde de la 2e division est partie ce matin, à 6 heures, de la position de Zimmern pour se porter sur Rosenberg, où elle prendra poste, en s'éclairant soigneusement, sur la route d'Ellwangen. Elle portera un parti de 40 chasseurs sur cette ville et le plus près possible, afin d'avoir des nouvelles de l'ennemi. Les deux brigades d'infanterie et d'artillerie partiront également à 6 heures, pour se porter par Hessenthal, Zimmern et Bühlerthann, sur le ruisseau de la Roth. Vous trouverez ci-joint, mon Général, une réquisition faite par le capitaine Lochard, pour l'armée du maréchal Davout. Elle est frappée sur les bailliages où mon avant-garde devait prendre ses subsistances, ce qui met de grands obstacles pour s'en procurer.

J'ai l'honneur de vous saluer respectueusement.

VANDAMME.

Le général Salligny au Commissaire ordonnateur.

Le 12 vendémiaire an xiv (4 octobre 1805).

Mon cher Ordonnateur,

Je vous préviens que le parc général d'artillerie de la Grande Armée a ordre de partir demain, pour venir coucher en avant de Œhringen. Le 14 (*6 octobre*), il se rendra en avant de Hall, et le 15 (*7 octobre*), à Ellwangen, où de nouveaux ordres seront adressés au général Faultrier, qui le commande.

Au moins dix voitures du parc, chargées de pontons, seront rendues, le 14 de ce mois, à Nördlingen ; j'ai donné des réquisitions pour que les relais nécessaires soient fournis ; les troupes d'infanterie, de cavalerie et d'artillerie qui marchent devant le grand parc, ainsi que les conducteurs des chevaux de réquisition, emporteront du pain pour quatre jours, en avant d'Heilbronn, et prendront pour cet effet le produit des réquisitions qui ont été frappées, et dont M. le général Suchet a dû faire opérer la rentrée.

En passant à Hall, le général Faultrier fera enlever le restant des réquisitions en pain et en viande, frappées sur cette ville, et le produit servira à mettre en avance de subsistances les troupes de toute arme qu'il commande ; à cet effet, vous donnerez une note au général Faultrier, de ce qu'il reste à rentrer sur les réquisitions frappées, tant dans les villes d'Heilbronn et de Hall, que dans les bailliages ou communes à portée sur la route.

Le général Faultrier instruira M. le maréchal de ces dispositions.

SALLIGNY.

Le général Salligny au Général commandant la 1re division.

Le 12 vendémiaire an xiv (4 octobre 1805).

Mon cher Général,

Je vous préviens que le quartier général sera établi, ce soir, à Bühlerthann ou à Ober-Sontheim, suivant que M. le maréchal s'arrêtera en route.

Bühlerthann est sur la grande route de Hall à Ellwangen, et Ober-Sontheim, un peu à la droite de cette route. On indiquera toujours à Bühlerthann où sera M. le maréchal.

SALLIGNY.

Le général Salligny au général Vandamme.

Ober-Sontheim, le 12 vendémiaire an xiv (4 octobre 1805).

Mon cher Général,

L'intention de M. le maréchal est que vous arrêtiez l'effet de toutes les réquisitions faites par le corps du maréchal Davout, dans les bailliages à la portée de la marche du 4e corps.

Ces bailliages devront nous fournir nos subsistances.

SALLIGNY.

4 OCTOBRE.

Le général Salligny au commissaire des guerres Lenoble.

Le 12 vendémiaire an XIV (4 octobre 1805).

Monsieur le Commissaire,

L'intention de M. le maréchal est que vous pourvoyez désormais à la subsistance de l'avant-garde de la division de cavalerie, comme à celle de toutes les divisions de l'armée.

SALLIGNY.

Le général Salligny au Colonel commandant le 26ᵉ régiment de chasseurs.

Le 12 vendémiaire an XIV (4 octobre 1805).

Colonel,

Le rapport m'a été fait que des officiers de votre régiment rappelaient dans leurs compagnies des chasseurs qui sont détachés comme ordonnances à l'état-major général. Il m'est assez démontré que le fait est constant, puisqu'il ne reste plus personne à l'état-major, et que le service en souffre.

Veuillez bien m'envoyer de suite un détachement de vingt hommes, commandé par un officier, et faire rentrer les chasseurs qui ont servi d'ordonnances jusqu'à ce jour.

Le maréchal des logis, auquel j'ai reconnu de l'intelligence, sera compris dans ce nouveau détachement.

SALLIGNY.

Le général Salligny au Commissaire ordonnateur.

Le 12 vendémiaire an XIV (4 octobre 1805).

Mon cher Ordonnateur,

Le général Suchet a fait diriger sur Hall 23 voitures, contenant 16,000 à 17,000 rations de pain, qui ont été confectionnées et conduites par les soins de son commissaire des guerres. M. le maréchal désire que vous donniez vos ordres aux employés du service des vivres-pain, de veiller à ce que ce pain soit directement envoyé à Ellwangen.

SALLIGNY.

Le général Salligny au Commissaire ordonnateur.

Le 12 vendémiaire an XIV (4 octobre 1805).

Mon cher Ordonnateur,

Faites distribuer à la 3ᵉ division tout le pain qui existe dans les magasins de Hall ; le général Legrand a ordre de le faire prendre de suite.

SALLIGNY.

Le général Salligny aux Chefs d'état-major des divisions et armes.

Le 12 vendémiaire an XIV (4 octobre 1805).

Monsieur le Commandant,

Vous voudrez bien joindre à l'état de situation que je vous ai demandé par ma lettre du 6, pour aujourd'hui, celui nominatif des officiers supérieurs des corps qui pourraient être absents de leur poste, en faisant connaître la date et les motifs de leur absence. Si un emploi d'officier supérieur était vacant, vous feriez connaître, par le même état, le motif et depuis quand celui qui l'occupait n'y est plus.

N'oubliez pas de comprendre dans votre récapitulation les officiers de l'état-major de la division ; encore bien qu'ils soient désignés nominativement, ils doivent y être portés, ainsi que leurs chevaux.

SALLIGNY.

3ᵉ CORPS D'ARMÉE.

Journée du 12 vendémiaire (4 octobre 1805).

Quartier général : Ilshofen.

Avant-garde. — Quartier général : A 500 pas du territoire prussien, appuyant sa droite au bois d'Ober-Schmerach, et occupant Unter-Schmerach.

1ʳᵉ *division.* — Quartier général : Ilshofen. La gauche, à la hauteur de Dörrmenz et la droite, un peu en avant de Ilshofen, tenant la tête du bois et ayant en avant son front à Gross et

Klein-Allmerspann. Elle forme, avec la 2ᵉ division, une ligne brisée.

2ᵉ division. — Quartier général : Herboldshausen. Le 15ᵉ régiment d'infanterie légère, en avant d'Herboldshausen. Les autres régiments, à la hauteur de Dörrmenz, appuyant la droite à hauteur de la route de Kirchberg, où était la gauche de la 1ʳᵉ division, et la gauche, au Jagst.

3ᵉ division. — Quartier général : Nesselbach. En avant de Nesselbach, dans la prairie, entre les deux bois, et à cheval sur la route.

Cavalerie légère. — Traverse Ilshofen, et se porte en avant pour soutenir l'avant-garde. Elle éclaire sa droite.

Grosse cavalerie. — Suit le mouvement des divisions d'infanterie.

OBSERVATIONS. — Cette position des 1ʳᵉ et 2ᵉ divisions n'est pas appuyée à la droite, et elle présente la droite à l'ennemi, mais on n'en avait pas encore de nouvelles.

Journal de marche de la division Friant.

Le 12 vendémiaire an XIV (4 octobre 1805).

La 2ᵉ division va bivouaquer trois quarts de lieue en arrière de Kirchberg, petite ville neutre, appartenant au prince de Hohenlohe, et à l'extrémité d'un plateau, dont le revers est baigné par le Jagst. Nous envoyâmes en sauvegarde deux compagnies du 108ᵉ régiment. Nous eûmes notre gauche à Léofels, notre centre à Dörrmenz, gros village dans un fond, et notre droite à Herboldshausen, où nous eûmes notre quartier général et où venait s'appuyer la gauche de la 1ʳᵉ division, dont la droite s'étendait jusqu'à 500 mètres de Crailsheim. Notre artillerie était à Rüppertshofen : cette position était bonne.

De nos bivouacs à Nesselbach, nous fîmes près d'une lieue dans les bois, sur le chemin de Dottingen ; Nesselbach, petit village à l'embranchement dudit chemin, avec la route d'Ingelfingen à Kirchberg, est à l'extrémité du plateau terminé par le vallon du Jagst. Le chemin était bon, bien ferré, et avait 6 à

7 mètres de largeur. Nous trouvâmes deux à trois petits ruisseaux jusqu'à Dünsbach, et le terrain est en conséquence légèrement ondulé par des vallons peu profonds.

De Dünsbach à Rüppertshofen, le chemin continue à être bon; il est presque plan. Notre artillerie reste dans ce dernier village, arrosé par un ruisseau. Il y a, à Dörrmenz : moulins, ponts en bois, église, cimetière avec enceinte, etc.

Le quartier général du maréchal était à Ilshofen.

Ordre du jour du 12 vendémiaire (4 octobre).

Au quartier général, à Ilshofen, le 12 vendémiaire an XIV
(4 octobre 1805).

M. le maréchal, commandant en chef le corps d'armée, ordonne à toutes les divisions de laisser toutes les voitures et bagages qui suivent en arrière. Elles marcheront immédiatement après le parc d'artillerie, suivant l'ordre de leur division, c'est-à-dire que les bagages des généraux et de la 1re division marcheront en tête, ainsi de suite.

Les équipages du quartier général du corps d'armée marcheront en tête du convoi des bagages.

Chaque division fournira à son tour une garde pour les bagages, indépendamment des éclopés qui les suivent. La 3e division commencera par fournir une garde de 400 hommes et un chef de bataillon. Le général Nansouty y détachera 100 chevaux, sous les ordres d'un capitaine. Cette garde sera relevée au bout de quatre jours, par la 2e division, ainsi de suite.

Le chef de bataillon veillera à ce que tous les convois marchent en ordre. La cavalerie fournira de petits détachements pour éclairer la marche de cette colonne.

200 hommes et 50 chevaux marcheront avec le parc d'artillerie de réserve; les autres, derrière les convois de l'armée.

Les éclopés marcheront avec les bagages de leurs divisions respectives et seront réunis, dans le besoin, sous les ordres du chef de bataillon. Chaque division désignera un sous-officier capable, pour faire les fonctions de vaguemestre pour sa division. Il sera alloué à ces vaguemestres une indemnité de 40 francs par mois.

Le chef de l'état-major général désignera un vaguemestre général; il fera connaître son nom par l'ordre du jour. Il sera alloué 100 francs par mois à ce vaguemestre, trois rations de vivres et deux de fourrages par jour. Il aura sous ses ordres les vaguemestres des divisions et veillera à ce que, dans la marche, les voitures gardent le rang qui leur est désigné.

Cette organisation sera mise à exécution dès demain. Il importe qu'en marchant à l'ennemi, on observe le plus grand ordre, et que l'armée n'ait pas l'air d'une colonie.

Les généraux sont invités à tenir la main à l'exécution de ces dispositions. La division et les parcs de l'armée prendront, à leur passage à Ilshofen, le foin pour un jour d'avance, et l'avoine pour deux.

L'ordonnateur en chef chargera particulièrement un employé de veiller à cette distribution. Le surplus des fourrages sera mis à la disposition du général Nansouty, commandant la division de cavalerie.

(*A. G.*) DAULTANNE.

Le général de brigade Gautier à M. le général de division Gudin.

A Morstein-Forst, le 12 vendémiaire an XIV (4 octobre 1805).

Mon Général,

A mon arrivée à Dünsbach, j'ai trouvé un commissaire des guerres de la 2ᵉ division, accompagné de 30 chasseurs à cheval, faisant enlever tous les bestiaux du village. Je l'ai prié de rentrer dans son arrondissement, mais trop tard, car il avait déjà pris 6 voitures attelées et 12 bœufs, qu'il faisait escorter vers le quartier du général Friant.

Je travaille à force pour avoir du pain; nous emploierons tous les moyens, mais je doute que nous puissions parvenir à en rassembler pour deux jours. Nous ferons tout ce qui sera possible, et nous prendrons des farines pour compléter les fournitures, dans le cas où le pain ne serait pas fourni.

Je vous prie, mon Général, de me donner l'heure de la réunion, en arrière d'Ilshofen, afin que je me règle en conséquence ; les soldats préfèrent se mettre en route un peu tard, quand ils arrivent tard dans leur position, par la raison qu'ils sont obligés de veiller jusqu'à 10 heures du soir pour faire leur soupe, et qu'ils dorment le matin.

Les mesures que vous avez prises jusqu'à ce moment dans la division pour maintenir l'ordre et la discipline, ont été suffisantes, et les soldats ont commis peu de désordre dans la marche ; mais l'exemple entraîne facilement. J'ai remarqué, aujourd'hui, plus d'hommes que de coutume en arrière et sur les flancs ; à la vérité, la plus grande partie appartenait à la 2ᵉ division ; cependant, j'ai trouvé des flanqueurs de la 3ᵉ. Je vous propose, mon Général, de faire marcher la gendarmerie à quelque distance en arrière et sur les flancs de la division, avec ordre d'arrêter et de conduire garrottés à leurs corps, tous les hommes qui seraient reconnus coureurs ; peut être obtiendrez-vous par là des résultats que le conseil de guerre ne pourrait donner, quand le nombre des maraudeurs sera plus considérable. Je vous prie, mon Général, de prendre tel moyen que vous jugerez convenable ; c'est avec peine que je crois devoir vous dire qu'il est instant de remédier au mal.

Agréez l'assurance de mon respectueux attachement.

(*A. G.*)   GAUTIER.

Le général de brigade Daultanne, chef de l'état-major général, à M. le général de division Gudin, commandant la 3ᵉ division.

Au quartier général, à Nesselbach, le 12 vendémiaire an XIV
(4 octobre 1805).

Mon Général,

M. le maréchal me charge de vous prévenir que votre division devant, ainsi que les deux premières, traverser demain, 13, sans s'arrêter, tout le terrain qui se trouve entre Crailsheim et Dinkelsbühl, territoire prussien, il importe que vous vous rapprochiez aujourd'hui le plus qu'il vous sera possible de ces deux divisions, qui prendront position, aujourd'hui, entre Ilshofen et Crailsheim ; vous êtes autorisé, mon Général, à faire prendre à votre infanterie une autre route que celle des voitures, pour n'être pas retardé dans votre marche par les bagages des deux premières divisions.

M. le maréchal vous invite à lui faire connaître à Ilshofen où il établit son quartier général, par un officier, la position que aurez prise.

J'ai l'honneur de vous saluer.

Pour le Général, Chef de l'état-major général :
L'*Adjudant-commandant sous-chef*,

(A. G.)   Hervo.

1er CORPS D'ARMÉE.

Marche du 12 vendémiaire.

Le 12 vendémiaire (*4 octobre*), l'armée bavaroise se mettra en mouvement dans le même ordre. Elle ira prendre poste à Furth, où elle s'établira militairement. La division du lieutenant général de Deroy, toujours à une demi-lieue en arrière de celle du général de Wrède.

Le 1er corps de la Grande Armée se mettra en marche à 6 heures du matin et ira prendre poste à Ober-Dachstetten.

Le général Kellermann s'établira à une demi-lieue en avant de ce dernier endroit.

Le maréchal Bernadotte à l'Empereur.

Ober-Dachstetten, le 12 vendémiaire an xiv (4 octobre 1805).

Sire,

Aussitôt que j'ai reçu la lettre que Votre Majesté m'a fait l'honneur de m'adresser, j'ai écrit au général Marmont (1) pour qu'il établisse sa communication avec M. le maréchal Davout et qu'il prenne les moyens d'empêcher qu'elle soit jamais interrompue ; j'ai aussi prévenu le général Marmont que l'intention

---

(1) Le 2e corps de sa 1re division, à Diebach ; les deux autres, en avant et en arrière de Rottenbourg.

de Votre Majesté était qu'il marchât au secours de M. le maréchal Davout dans le cas où l'ennemi déboucherait en force de Donauwörth pour l'attaquer.

Selon les ordres de Votre Majesté, j'ai fait part à l'Électeur que les troupes de Baden et celles de Wurtemberg marchaient avec l'armée française ; cette nouvelle lui aura fait grand plaisir ; en quittant Würtzbourg, j'ai laissé Son Altesse Électorale bien rassurée ; l'Électrice elle-même était dans une assez bonne situation d'esprit ; la promesse que Votre Majesté a daigné leur faire, de revoir bientôt leur capitale, a produit les plus heureux effets ; j'ai souvent entretenu l'Électeur des mouvements des armées de Votre Majesté ; il ne peut se lasser d'admirer la rapidité miraculeuse de nos marches et il a la plus entière confiance dans les bonnes dispositions de Votre Majesté pour lui.

Dans la marche d'aujourd'hui, j'ai vu tous les régiments qui composent le 1er corps de la Grande Armée ; je leur ai annoncé qu'ils auraient bientôt le bonheur de voir Votre Majesté ; ils ont reçu cette nouvelle aux cris répétés de « Vive l'Empereur ! » ; je crois pouvoir assurer Votre Majesté qu'il est difficile d'avoir de meilleures troupes, plus disciplinées, animées d'un meilleur esprit et surtout plus dévouées à la gloire et aux succès des des armes de Votre Majesté.

L'armée a su, aussi, qu'elle devait, sous peu, rencontrer les Autrichiens ; elle a témoigné le plus grand désir d'en venir bientôt aux mains et a, de nouveau, manifesté sa joie par les cris de « Vive l'Empereur ! »

La proclamation de Votre Majesté a été lue à l'ordre de chaque régiment ; elle a excité le plus ardent enthousiasme.

J'ose prendre la liberté d'offrir à Votre Majesté l'hommage de ma respectueuse reconnaissance pour les témoignages de confiance qu'Elle m'accorde ; j'ai l'honneur de l'assurer que je ferai tout ce qui dépendra de moi pour la justifier.

Bernadotte.

Le maréchal Bernadotte au maréchal Berthier.

Ober-Dachstetten, le 12 vendémiaire an xiv (4 octobre 1805).

Monsieur le Maréchal,

J'ai reçu la lettre par laquelle vous me prescrivez de faire partir pour le quartier général impérial tous les gendarmes excédant le nombre de 50, y compris les maréchaux des logis et les brigadiers. J'ai l'honneur de vous rendre compte que je n'ai pas même ce nombre, actuellement, au corps d'armée que je commande. La nécessité où je me suis trouvé d'en laisser un détachement au général Barbou en Hanovre et aussi les convois restés en arrière, auxquels plusieurs gendarmes sont attachés, ont réduit au tiers l'effectif de la gendarmerie existant aujourd'hui aux divisions et à mon quartier général. Dès que tous seront rentrés, je me conformerai à vos ordres.

J'ai l'honneur.....

BERNADOTTE.

Le maréchal Bernadotte au maréchal Berthier.

Ober-Dachstetten, le 12 vendémiaire an xiv (4 octobre 1805).

Monsieur le Maréchal,

Je viens de recevoir la lettre que vous m'avez fait parvenir par l'entremise de M. Otto.

En vous transmettant l'ordre de marche pour le 1er corps de la Grande Armée, j'ai eu l'honneur, Monsieur le Maréchal, de vous observer qu'en passant par la route d'Ansbach, j'étais obligé de gîter pendant quatre jours de suite sur le territoire prussien ; j'ai bien recommandé à tous les généraux et officiers d'apporter la plus grande surveillance, pour empêcher les désordres. J'ai fait tout payer et jusqu'à présent je n'ai aucune plainte ; toutes les fois que je rencontre quelque territoire de princes amis de l'Autriche, j'en profite pour en tirer des vivres, fourrages, des chevaux et, généralement, tout ce qui est nécessaire à l'armée.

Le 1er corps de la Grande Armée est aujourd'hui à Ober-Dachstetten ; deux bataillons bivouaquent en avant de ce bourg, les autres troupes sont derrière, très serrées et gardées militairement. Je serai demain en avant d'Ansbach. J'espère pouvoir communiquer avec l'armée bavaroise.

J'ai l'honneur.....

BERNADOTTE.

Journal du corps bavarois.

Réunion des deux corps bavarois, 12 vendémiaire (*4 octobre*). — Le corps de l'avant-garde fut placé à Niderndorf en avant des landes de Furth, sur lesquelles celui du lieutenant général de Deroy se trouvant établi, la jonction des deux corps était faite. Le maréchal fut à Dachstetten.

Protestations prussiennes. — Durant la nuit qui précédait cette marche, les Prussiens avaient renouvelé les aigles qui désignent les frontières ; de tous côtés ils protestèrent contre le passage des troupes, lesquelles ne passèrent pas moins partout.

Le 12 vendémiaire (*4 octobre*), moyennant ses patrouilles, l'avant-garde se mit en communication avec le maréchal.

On forma le corps entier des Bavarois en brigades.

Organisation du Corps bavarois.

DÉSIGNATION des RÉGIMENTS.	NOMBRE d'hommes.	NOMBRE de chevaux.	NOMS ET GRADES des CHEFS DE CORPS.
\multicolumn{4}{c}{1re *brigade* : Général-major comte MUTIUS MINUCCI.}			
1er rég. d'inf. de ligne	1,398	»	Colonel baron DE RECHBERG.
2e rég. d'inf. de ligne.....	1,398	»	Colonel LESSEL.
1er bat. d'inf. légère	706	»	Lieut.-colonel DE METZEN.
1er rég. de dragons.......	444	355	Colonel baron DE VIEREGG.
\multicolumn{4}{c}{2e *brigade* : Général-major comte MARSIGLI.}			
4e rég. d'inf. de ligne.....	1,398	»	Colonel baron DE BUSCH.
5e rég. d'inf. de ligne	1,398	»	Colonel BIERINGER.
5e bat. d'inf. légère	706	»	Lieut.-colonel DELAMOTTE.
2e rég. de dragons.......	479	390	Colonel comte SEYDEVIZ.
\multicolumn{4}{c}{3e *brigade* : Général-major comte MEZZANELLI.}			
3e rég. d'inf. de ligne	1,398	»	Colonel DE NEUMANS.
7e rég. d'inf. de ligne.....	1,398	»	Colonel PIERRON.
2e bat. d'inf. légère	706	»	Lieut.-col. comte DITTFURT.
1er rég. de chevau-légers..	469	390	Colonel comte PAPPENHEIM.
\multicolumn{4}{c}{4e *brigade* : Général-major baron HARG.}			
6e rég. d'inf. de ligne.....	1,398	»	Colonel comte BEKERS.
13e rég. d'inf. de ligne....	1,398	»	Colonel DE DROUIN.
3e bat. d'inf. légère	706	»	Lieut.-col. comte PREYSING.
2e rég. de chevau-légers..	469	380	Colonel PUNES DE SOLMS.
\multicolumn{4}{c}{5e *brigade* : Général-major comte François MINUCCI.}			
8e rég. d'inf. de ligne	1,398	»	Colonel WAGNER.
12e rég. d'inf. de ligne	1,398	»	Colonel comte POMPÉI.
4e bat. d'inf. légère	706	»	Lieut.-col. baron STENGEL.
3e rég. de chevau-légers..	464	375	Colonel baron ZANDT.
\multicolumn{4}{c}{6e *brigade* : Général-major SIBEIN.}			
9e rég. d'inf. de ligne.....	1,398	»	Colonel VINCENTI.
10e rég. d'inf. de ligne....	1,398	»	Colonel DE RAGLOWICH.
6e bat. d'inf. légère	704	»	Lieut.-col. baron WEINBACH.
4e rég. de chevau-légers..	449	360	Colonel comte PREYSING.
Artillerie	609	»	Major COLONGE l'aîné.
TOTAL.........	24,405	2,250	

Pièces d'artillerie : 8 canons de 12 ; 8 obusiers ; 32 canons de 6.

NOTA. — Toute l'infanterie se trouve au complet, elle envoya même de son surplus aux dépôts. Pour la cavalerie, il fut impossible de se procurer à temps les chevaux manquants.

Le général Éblé à M. Navelet.

Ober-Dachstetten, le 12 vendémiaire an xiv (4 octobre 1805).

Monsieur,

Vous ferez délivrer des cartouches d'infanterie aux corps qui en demanderont, en les inscrivant sur leur livret et en en retirant reçu.

J'ai laissé, à Uffenheim, un canonnier qui devait me rapporter la situation que je vous ai demandée hier, ainsi que l'assurance que vous avez envoyé aux divisions sept à huit attelages des 100 chevaux achetés à Würtzbourg ; je n'ai encore rien reçu. Ne laissez pas revenir l'ordonnance que je vous ai expédié sans qu'il me rapporte ce que je vous ai demandé.

Que sans faute, les chevaux soient dans les divisions demain.

ÉBLÉ.

Le général Éblé à M. Navelet.

Ober-Dachstetten, le 12 vendémiaire an xiv (4 octobre 1805).

Monsieur,

Demain vous vous porterez, avec le parc que vous dirigez, en avant d'Ansbach ; mettez-vous en marche de très grand matin, afin que vous puissiez arriver à 1 lieue ou 1 lieue et demie au delà de cette ville, vers 2 heures après-midi ; vous ne la traverserez pas mais vous la tournerez ; je laisserai près de la ville un officier qui vous indiquera la route que vous aurez à tenir.

Envoyez-en un en avant pour recevoir les instructions que j'aurai à vous transmettre et que je donnerai à l'officier qui attendra.

ÉBLÉ.

Le général Éblé à M. Cachardy.

Uffenheim, le 12 vendémiaire an xiv (4 octobre 1805).

Monsieur,

Vous chargerez le fourrier de la compagnie que vous commandez de remplir les fonctions de garde d'artillerie de votre parc et, en conséquence, à former les états de situation que vous devez fournir; il recevra des fonds du parc, à dater du 11 de ce mois, 1 franc par jour à titre d'indemnité.

ÉBLÉ.

Le général Éblé à M. Navelet.

Uffenheim, le 12 vendémiaire an XIV (4 octobre 1805).

Monsieur,

A compter du 11 de ce mois vous ferez payer au fourrier de la 4e compagnie du 3e régiment d'artillerie à cheval, à raison de 1 franc par jour pris sur les fonds du parc, à titre d'indemnité, pour les fonctions de garde d'artillerie qu'il remplit à la division de cavalerie.

ÉBLÉ.

Le général Éblé à M. Laurent,
commandant l'artillerie de la 1re division.

Ober-Dachstetten, le 12 vendémiaire an XIV (4 octobre 1805).

Monsieur,

J'ai oublié de vous dire que ce matin je me suis aperçu que les écouvillons placés à vos affûts de rechange ont la hampe cassée et que la douille, probablement, est perdue; cela provient d'un défaut commun à presque tous les soldats du train de garder trop peu de distance entre les voitures, ce qui les empêche d'arrêter assez tôt pour qu'il n'arrive pas des accidents aux chevaux et des avaries aux attirails. Donnez des ordres pour que dorénavant cela n'ait plus lieu, les officiers et sous-officiers doivent vous en répondre.

Faites réparer, sans retard, les écouvillons rompus.

ÉBLÉ.

Circulaire à MM. Navelet, Laurent, Raulot et Cachardy.

Uffenheim, le 12 vendémiaire an XIV (4 octobre 1805).

Monsieur,

Je me suis aperçu que les chevaux du train blessés ou malades sont, pendant la marche, attachés derrière les voitures, ce qui les fatigue et les tourmente.

Prévenez, en conséquence, les commandants des compagnies qu'ils seront sévèrement punis si, dorénavant, je m'aperçois d'une pareille négligence ; donnez ordre aux officiers d'artillerie d'y tenir la main.

Vous ferez tenir en main les chevaux qui ne pourront être attelés et ils marcheront toujours à la suite du parc.

Les compagnies du train ayant une voiture pour contenir les harnais non employés, vous ne souffrirez pas qu'on en suspende derrière les voitures. Je vous rends personnellement responsable de l'exécution de cette disposition.

ÉBLÉ.

L'Empereur au maréchal Berthier.

Quartier impérial, à Ludwigsburg, le 12 vendémiaire an XIV
(4 octobre 1805).

Mon Cousin, le quartier général se rendra, demain, à Schörndorf. La cavalerie de la garde, avec sa division d'artillerie, partira demain, à la petite pointe du jour, et se rendra, à mi-chemin de Schörndorf, à Gmünd. La cavalerie du général d'Hautpoul partira demain, à 10 heures du matin, et ira coucher à 1 lieue en arrière de Schörndorf. La garde à pied, avec les bagages et avec l'artillerie, partira à 6 heures du matin et ira s'établir en avant de Schörndorf. Vous ferez connaître au général d'Hautpoul qu'il fait l'arrière-garde, qu'il doit laisser un régiment pour pousser devant lui les traînards, les convois et les détachements. Ce régiment pourra coucher demain, 13, à 2 lieues en arrière de Schörndorf. Donnez l'ordre au général Bourcier de partir demain, à 10 heures du matin, de Stuttgard, pour coucher à Eislingen. Vous lui direz qu'il fait l'arrière-garde et qu'il faut pousser les traînards, les convois et les détachements quelconques devant lui, afin que rien ne reste en arrière. Le 14, le général Bourcier se rendra à Geislingen pour éclairer tous les débouchés d'Ulm et couvrir tous les mouvements. Le prince Murat réunira les autres divisions à Heidenheim. La cavalerie légère du maréchal Ney tiendra des postes à Giengen, pour éclairer les débouchés de Gundelfingen pendant le temps qu'il sera à Heidenheim. En donnant ces ordres au prince Murat et au maréchal Ney vous leur direz, je pense, que l'ennemi est encore derrière le Danube et ne fait encore aucun mouvement offensif, comme tout porte à le penser.

NAPOLÉON (1).

Le maréchal Berthier au prince Murat.

Ludwigsburg, le 12 vendémiaire an XIV (4 octobre 1805).

Monsieur le Maréchal,

L'intention de l'Empereur est que vous réunissiez vos trois divisions de dragons à Heidenheim.

L'Empereur pense que l'ennemi est encore derrière le Danube et qu'il ne fait aucun mouvement offensif, comme tout porte à le penser.

Je vous préviens, mon Prince, que j'ai donné l'ordre à la division Bourcier de partir, demain, de Stuttgard, pour coucher à Eislingen et le 14 à Geislingen, afin de pouvoir éclairer, de là, tous les débouchés d'Ulm et couvrir tous les mouvements.

Malgré les ordres que j'ai donnés à ce général, je pense que Votre Altesse doit y joindre ses instructions sur ce qu'il aura à faire dans la position qui lui est prescrite à Geislingen.

Maréchal BERTHIER.

Le maréchal Berthier au général Andréossy.

Ludwigsburg, le 12 vendémiaire an XIV (4 octobre 1805).

Donnez l'ordre à la division du général d'Hautpoul de partir

---

(1) *Correspondance de Napoléon,* n° 9336.

demain, à 10 heures du matin, de ses cantonnements, pour aller coucher à 1 lieue en arrière de Schörndorf.

Vous préviendrez ce général qu'il fait l'arrière-garde de la colonne que suit l'Empereur, qu'il doit laisser un régiment en arrière, pour pousser devant lui les traînards, les convois et les détachements.

Autorisez-le à faire coucher ce régiment demain, 13, à 2 lieues en arrière de Schörndorf.

Donnez l'ordre au général Bourcier de ne partir de Stuttgard, demain, qu'à 10 heures du matin, pour coucher à Eislingen. Vous lui ferez connaître qu'il fait l'arrière-garde et qu'il doit pousser devant lui tous les traînards, les convois et les détachements quelconques, soit artillerie, soit de tout autre service, afin que rien, absolument rien, ne reste en arrière.

Le 14, le général Bourcier se rendra à Geislingen, pour éclairer tous les débouchés d'Ulm et couvrir tous les mouvements (1).

M. le général Andréossy fera connaître au vaguemestre général que deux voitures à moi, porteuses d'ordres particuliers, seront autorisées à devancer la colonne ; elles montreront l'ordre que je leur aurai donné.

Maréchal BERTHIER.

Le maréchal Berthier à M. le maréchal Bessières.

Ludwigsburg, le 12 vendémiaire an XIV (4 octobre 1805).

Il est ordonné à M. le maréchal Bessières de partir demain, 13, à la pointe du jour, avec la cavalerie de la Garde et toute sa division d'artillerie, pour se rendre à mi-chemin de Schörndorf, à Gmünd.

M. le maréchal Bessières donnera l'ordre à la garde à pied, à son artillerie et à tous ses bagages, de partir à 6 heures du matin, pour s'établir en avant de Schörndorf.

---

(1) Andréossy expédie à d'Hautpoul et à Bourcier des ordres textuellement conformes à celui-ci, et en donne avis à l'intendant général.

M. le maréchal Bessières fera connaître les cantonnements qu'il aura désignés pour sa cavalerie.

Je le préviens que l'Empereur couche demain à Schörndorf (1).

Maréchal BERTHIER.

L'Empereur au prince Murat.

<small>Quartier impérial, à Ludwigsburg, le 12 vendémiaire an XIV
(4 octobre 1805).</small>

La division de dragons du général Bourcier doit flanquer la marche de l'armée du côté de Geislingen. Avec vos trois divisions, portez-vous rapidement sur Heidenheim, afin d'éclairer la plaine de Nördlingen. Je suppose que l'ennemi n'a fait aucun mouvement offensif, car, en ce cas, vous vous conduiriez suivant les circonstances, en attendant de nouveaux ordres.

Le maréchal Soult me fait savoir que l'ennemi a plusieurs escadrons entre Nördlingen et Ellwangen; pendant qu'ils feront le coup de sabre avec les hussards du 3e corps d'armée, il vous serait facile de les couper en leur barrant le chemin de Donauwörth. Je suppose que l'ennemi n'a pas de forces considérables à Nördlingen, et qu'il n'a qu'une tête de colonne pour éclairer la plaine; en un mot, que son projet continue a être de rester derrière le Danube. Si cela était ainsi, et que l'ennemi n'eût qu'un ou deux régiments d'infanterie et autant de cavalerie, voyez si, avec vos 8,000 dragons, vous ne pourriez pas les couper conjointement avec la cavalerie légère des maréchaux Lannes et Ney; en en prévenant le maréchal Soult, toute sa cavalerie légère viendrait se trouver aussi à l'affaire. Mais mon intention est qu'on ne tente cette opération qu'autant que l'ennemi aurait là moins de 6,000 hommes d'infanterie. Ce qui m'importe, c'est d'avoir des nouvelles. Envoyez donc des agents et des espions, et surtout, faites des prisonniers.

NAPOLÉON (2).

---

(1) L'Empereur ayant changé d'avis dans la soirée, Andréossy prévient les aides-majors généraux, etc., que l'Empereur ira jusqu'à Gmünd.

Le grand quartier général doit partir à 6 heures du matin, de Ludwigsburg pour Gmünd.

L'Empereur fit en voiture le trajet de Ludwigsburg à Gmünd.

(2) *Correspondance de Napoléon*, n° 9339.

L'Empereur au maréchal Soult.

Quartier impérial, à Ludwigsburg, le 12 vendémiaire an XIV
(4 octobre 1805).

Mon Cousin, le maréchal Berthier vous fait connaître aujourd'hui quelle est la situation de l'armée. Il vous donnera l'ordre de faire arriver mon équipage de pont à Nördlingen, pour le 14 ou le 15 (*6 ou 7 octobre*). N'allez pas me dire que cela est impossible. Requérez tout ce qu'il vous faut de chevaux pour cet objet. Mettez les pontonniers sur les voitures ; faites marcher l'équipage jour et nuit et faites en sorte, au moins, que j'aie, pour le 14 ou le 15, 5 ou 6 bateaux à Nördlingen, si je n'y puis avoir la totalité de mon équipage de pont. Il y a sur la Wörniz, des bois, des bateaux en construction, des nacelles. Tâchez de faire surprendre tout cela, afin de m'en faire d'autres moyens de passage qui me mettront à même, s'il est possible, de surprendre également quelques ponts de bois, dont l'ennemi aurait rompu deux ou trois arches, et de les réparer en peu d'heures. Prenez tous les renseignements nécessaires et méditez attentivement sur cette opération. Je n'ai pas besoin de vous dire que je préfère passer le Danube entre le Lech et Ingolstadt. Cependant il me serait fort utile d'avoir quelques moyens de passage du côté de Donauwörth, tant pour occuper l'ennemi que pour y faire passer ma droite (1).

NAPOLÉON (2).

3ᵉ CORPS D'ARMÉE.

Ordre de marche du 13 vendémiaire an XIV (5 octobre 1805).

Au quartier général, à Ilshofen, le 12 vendémiaire an XIV
(4 octobre 1805).

La 1ʳᵉ division partira demain, à 6 heures du matin, de la position qu'elle occupe pour aller en prendre une en avant de Din-

---

(1) Andréossy prévient le maréchal Soult que des ordres sont donnés au 16ᵉ régiment de chasseurs, pour passer le Rhin le 23 vendémiaire, à Spire, et se rendre par Bruchsal, Eppingen, Heilbronn, Œhringen et Hall à Gaildorf, en prenant le pain de deux en deux jours.

(2) *Correspondance de Napoléon*, n° 9340.

kelsbühl, passant par Crailsheim. La 2ᵉ division partira à 7 heures du matin et suivra le mouvement de la 1ʳᵉ. La 3ᵉ division partira également à 7 heures du matin, pour se rendre vers Dinkelsbühl.

La division de cavalerie aux ordres du général Nansouty suivra le mouvement de celle qui la précède.

M. le maréchal commandant en chef indiquera sur le terrain à chaque général de division le terrain que ses troupes doivent occuper.

Le parc d'artillerie suivra immédiatement la marche de la 3ᵉ division.

Les divisions sont prévenues que la marche de demain aura lieu sur le territoire de Sa Majesté prussienne, que l'on évitera l'entrée des villes de Crailsheim et Dinkelsbühl. Les troupes traverseront le territoire prussien en voyage, c'est-à-dire sans faire sonner les caisses et trompettes, et conserveront les sabres et baïonnettes dans les fourreaux.

M. le maréchal rappelle à MM. les généraux l'ordre de ce jour, relatif aux équipages.

M. Zadera, officier d'état-major attaché au corps d'armée, remplira provisoirement les fonctions de vaguemestre général.

La 3ᵉ division prendra à Ilshofen le pain pour un jour.

Le quartier général de M. le maréchal sera indiqué, demain, par un ordre particulier.

Le Général, Chef de l'état-major général,
DAULTANNE.

Supplément.

M. le maréchal, en répétant l'ordre du jour relatif à la formation de la colonne des équipages, autorise MM. les généraux de division à faire marcher immédiatement à la suite de leurs divisions deux voitures par régiment, ainsi que celles des vivandières autorisées par les régiments. Toutes les autres seront réunies par les vaguemestres divisionnaires et prendront rang dans la colonne des équipages ainsi qu'il est réglé par l'ordre du jour.

Le Général, Chef de l'état-major général,
DAULTANNE.

L'Empereur au maréchal Davout.

Quartier impérial, à Ludwigsburg, le 12 vendémiaire an XIV
(4 octobre 1805).

Mon Cousin, on m'assure qu'il serait possible de trouver à OEttingen quelques nacelles et bateaux et peut-être s'en trouve-t-il sur l'Altmühl. Si l'ennemi se tient sur la défensive derrière le Danube, voyez à vous procurer des nacelles et des bateaux, soit sur la Wörniz, soit sur l'Altmühl.

NAPOLÉON (1).

L'Empereur au général Marmont.

Quartier impérial, à Ludwigsburg, le 12 vendémiaire an XIV
(4 octobre 1805).

Monsieur le général Marmont, vous sentez de quelle importance il doit être pour votre corps d'armée d'avoir avec lui les moyens de passer les rivières et le Danube. Vous ferez bien, en conséquence, de rassembler tous les bateaux et toutes les nacelles qui pourraient se trouver dans votre arrondissement et de les tenir disposés à être transportés partout où besoin sera.

NAPOLÉON (2).

L'Empereur au maréchal Bernadotte.

Quartier impérial, à Ludwigsburg, le 12 vendémiaire an XIV
(4 octobre 1805).

Mon Cousin, le maréchal Berthier vous envoie la position de l'armée aujourd'hui. Tout marche bien ; une quarantaine d'hommes du régiment à cheval de Latour ont été enlevés par notre cavalerie. Le prince Murat, avec ses divisions de dragons, balaye aujourd'hui la plaine d'Ulm ; cela nous donnera probablement des nouvelles. Il paraît que l'ennemi a déjà fait filer quelque chose sur Donauwörth et Ingolstadt ; cependant son mouvement

---

(1) *Correspondance de Napoléon*, n° 9341.
(2) *Correspondance de Napoléon*, n° 9338.

est faible, et je ne le crois pas entier. Il occupe toujours Stockach, Memmingen et le Tyrol. Voyez à préparer les moyens de jeter un pont sur le Danube et concertez-vous avec les généraux bavarois ; je voudrais le jeter entre Neubourg et Ingolstadt, au point le plus favorable au passage. Le quartier général sera, le 16 (*8 octobre*), à Nördlingen. Si je puis me procurer, d'une manière ou d'une autre, des moyens pour passer le Danube, je voudrais le passer à la fois sur trois points. Faites-moi connaître ce que disent les officiers bavarois et les renseignements du pays et, répondez-moi à ces deux questions :

1º Entre Neubourg et Ingolstadt, quel est le point le plus favorable pour passer le Danube ?

2º Quels moyens pourriez-vous avoir ?

Pourrez-vous vous saisir de quelques bateaux sur le Danube ou en amener quelques-uns des petites rivières voisines ?

Le 7ᵉ corps d'armée, commandé par le maréchal Augereau, sera dans huit jours sur le Rhin. Tous les rapports, que j'ai, portent que l'ennemi est fort déconcerté de ces mouvements.

Je regrette bien que vous n'ayez pu amener quelques bateaux avec vous.

NAPOLÉON (1).

Le général Andréossy à MM. Burrest, Hannort, Bidat, Blondeau, Armanet, chefs de bataillon; Vionnet, Delouche, Lefebvre, Barron, capitaines.

Ludwigsburg, le 12 vendémiaire an XIV (4 octobre 1805).

Conformément aux instructions du ministre de la guerre, major général, il est ordonné à M.   de partir, au reçu de la présente, pour se rendre, sans délai, à   , où il restera comme commandant de place. Il correspondra avec le général Rheinwald, qui réside à Stuttgard, et avec le commandant Chevalier, qui commande à Spire.

M.   est prévenu que la seule route de communication entre l'armée et la rive gauche du Rhin est établie par Spire, Bruchsal, Eppingen, Heilbronn, OEhringen, Hall, Gaildorf,

---

(1) *Correspondance de Napoléon*, nº 9337.

Ellwangen, Bopfingen et Nördlingen et c'est de ce dernier point que les différents détachements rejoindront leurs corps, soit d'infanterie, de cavalerie, etc.

Tout ce qui partira de Spire ne pourra marcher que par un ordre de l'adjudant-commandant Chevalier et sur une feuille de route qu'il fera délivrer.

L'intention de Sa Majesté est que, dans aucun cas, aucun soldat de la Grande Armée ne puisse passer le Rhin et ne s'écarte de la route indiquée à dessein.

Des postes de gendarmerie sont placés dans les communes de la nouvelle route et des commissaires des guerres sont établis à Eppingen, Œhringen, Gaildorf et Bopfingen, pour y faire délivrer les vivres. Enfin, M.   prendra toutes les mesures nécessaires pour maintenir rigoureusement l'exécution de ces dispositions. Il voudra bien m'accuser la réception de la présente.

Andréossy.

Le général Andréossy à M. Petiet.

Ludwigsburg, le 12 vendémiaire an xiv (4 octobre 1805).

L'intention de Sa Majesté est qu'il soit établi, sans délai, une route de communication entre l'armée et la rive gauche du Rhin, par Nördlingen, Bopfingen, Ellwangen, Gaildorf, Hall, Œhringen, Heilbronn, Eppingen, Bruchsal et Spire et qu'il faut, par conséquent, un service de subsistances assuré sur cette route.

Le major général désire qu'il y ait un commissaire de guerre ou un adjoint de deux en deux gîtes, savoir : à Bopfingen, Gaildorf, Œhringen et à Eppingen.

Le pain se délivrera pour deux jours dans chacun de ces endroits. Veuillez bien je vous prie, Monsieur l'Intendant, faire vos dispositions pour assurer de suite ce service et faire connaître les commissaires ou adjoints que vous aurez disposés.

Je vous prie également de m'instruire du moment où ces commissaires de guerre seront rendus à leur poste et où le service sera établi, afin que j'en rende compte à M. le major général.

Andréossy.

Le maréchal Berthier au maréchal Moncey.

Ludwigsburg, le 12 vendémiaire an XIV (4 octobre 1805).

Monsieur le Maréchal,

Je vous préviens que j'ai décidé qu'il serait établi une route de communication entre l'armée et Spire, par Nördlingen, Bopfingen, Ellwangen, Gaildorf, Hall, OEhringen, Heilbronn, Eppingen et Bruchsal.

Il doit, en conséquence, être placé sur cette route la gendarmerie nécessaire pour assurer le service des troupes du détachement de conscrits rejoignant l'armée, celui des convois, l'évacuation des hôpitaux et le transport des prisonniers de guerre.

Je pense qu'il faudrait à chacun de ces points un détachement de 15 hommes, compris un brigadier ou un maréchal des logis, chaque détachement commandé par un lieutenant, excepté ceux de Nördlingen, Hall et de Bruchsal qui le seraient par un capitaine.

Pour remplir les intentions de Sa Majesté, la gendarmerie destinée à faire ce service doit être prise dans l'intérieur et indépendante de celle employée à l'armée qui est déjà insuffisante.

Je vous prie, Monsieur le Maréchal, de vouloir bien donner les ordres les plus prompts pour cet objet qui est extrêmement pressant et me faire connaître les dispositions que vous avez prises (1).

J'ai l'honneur d'être votre serviteur.

BERTHIER.

---

(1) Le même jour, Andréossy prévient le commandant de la force publique et l'intendant général, du départ de 25 prisonniers ou déserteurs autrichiens, dont 1 officier, escortés par 6 gendarmes. L'officier aura le choix du moyen de transport, et sera traité avec égard; les soldats, avec humanité. L'officier sera laissé libre sur parole, après avoir été remis au commandant de Spire, l'adjudant-commandant Chevalier. Le chef de l'escorte rapportera un reçu.

Le maréchal Berthier au Payeur général, à Strasbourg.

Ludwigsburg, le 12 vendémiaire an xiv (4 octobre 1805).

Il est ordonné au payeur général de la Grande Armée de faire partir le 15 vendémiaire, de Strasbourg pour Heilbronn, la somme de 2,000,000 de francs destinés pour la solde de l'armée.

Le payeur général est prévenu que j'écris au prince Louis de Bade, pour qu'il fasse escorter ce convoi. Il partira de Strasbourg pour se rendre à Spire, où il sera le 17 ; là, les troupes de Bade le prendront pour l'escorter sur Heilbronn, où il devra être arrivé le 20.

Le payeur général de la Grande Armée m'accusera réception du présent ordre.

En partant de Strasbourg, le convoi sera escorté par un officier et un détachement jusqu'à Spire.

Ordres d'exécution pour assurer la mise en route et la sécurité du convoi :

1º Prince Louis de Bade ;

2º Général commandant les troupes de Son Altesse l'Électeur de Bade ;

3º Général Leval, commandant la 5e division militaire à Strasbourg ;

4º Commandant d'armes à Spire.

Maréchal Berthier.

Le maréchal Berthier à M. le Général commandant les troupes de Son Altesse l'Électeur de Wurtemberg.

Ludwigsburg, le 12 vendémiaire an xiv (4 octobre 1805).

Monsieur le Général,

L'Empereur et Roi vient de me faire connaître que Son Altesse l'Électeur de Wurtemberg devait fournir quelques troupes de chasseurs ou d'infanterie légère, destinées à suivre Sa Majesté Impériale et Royale.

Le désir de Sa Majesté est que ces troupes se mettent en marche, demain, pour se rendre à Schörndorf où elle transfère son quartier général.

Je vous prie, Monsieur le Général, de donner vos ordres en conséquence et de m'envoyer l'état de ces troupes en me faisant connaître l'officier à qui vous en aurez confié le commandement.

Veuillez aussi, Monsieur le Général, conformément à l'intention de Sa Majesté, ordonner qu'un officier wurtembergeois soit toujours près de moi au quartier général de la Grande Armée, afin de rendre mes relations plus faciles et plus promptes. Il importe que cet officier prenne dès demain son service, vienne recevoir mes ordres et se tienne prêt à partir, demain, avec l'état-major général.

A mesure que la Grande Armée marche en avant, il devient nécessaire que les troupes wurtembergeoises soient mobiles et prêtes à se porter sur tous les points de l'État de Son Altesse Électorale où leur présence pourrait être nécessaire pour les mettre à l'abri des patrouilles ennemies.

Veuillez, Monsieur le Général, prendre à cet égard les ordres de Son Altesse Électorale et faire les dispositions que vous jugerez nécessaires dans ces circonstances. Je vous prie de m'en faire part, afin que ces diverses mesures soient concertées avec les nôtres.

Maréchal Berthier.

CHAPITRE XIII

5 Octobre.

A Heidenheim, le 13 vendémiaire an xiv (5 octobre 1805).

Ordre aux généraux Dupont, Loison et Malher qu'en conséséquence des nouvelles dispositions du maréchal, ils doivent se diriger d'Heidenheim sur Giengen ; ils recevront de nouveaux ordres sur la position qu'ils devront occuper et où ils bivouaqueront.

Ordre au général Tilly de se porter de suite, avec sa cavalerie, sur Giengen.

(A. M.)   Du Taillis.

Dispositions de marche et de positions du 6º corps de la Grande Armée pour le 13 vendémiaire (5 octobre 1805).

La cavalerie légère du général Tilly partira à 4 heures précises, pour être réunie à 8 heures en arrière de Weissenstein ; elle attendra là que la 1re division ait atteint sa hauteur ; elle poussera alors en avant, sur Heidenheim, en faisant éclairer sur toutes les directions et en faisant halte de temps en temps afin de garder sa distance avec la 1re division.

Les escadrons détachés aux 2e et 3e divisions y resteront et en fermeront la marche.

L'escadron détaché à la 1re division ouvrira, au contraire, la marche de cette division.

Lorsque la cavalerie sera arrivée à Heidenheim, elle poussera de suite sur Herbrechtingen, Giengen, Hohe-Memmingen, Stauffen, Oggenhausen et Nattheim.

La 1re division prendra les armes dans ses cantonnements assez tôt pour être réunie en avant de Donzdorf, d'où elle partira à 6 heures du matin pour Heidenheim.

La 2e division devra être réunie en arrière de Klein-Siessen, à 6 heures du matin; elle suivra la même direction que la 1re, par Heissenstien sur Heidenheim.

La 3e division devra être réunie, à 6 h. 1/2, en avant de Klein-Esslingen, pour tenir la même direction.

Le parc d'artillerie devra partir de Faurndau, à 6 heures du matin; il marchera sous l'escorte de quatre compagnies du 27e régiment.

Les trois divisions feront une halte d'une heure à Seisistetten.

Le parc s'arrêtera deux heures à Weissenstein.

POSITIONS DE BIVOUACS.

La 1re division prendra position sur les hauteurs, en avant d'Heidenheim : la droite, vers Mergelstetten; la gauche, sur la direction d'un chemin de traverse qui joint la grande chaussée; un bataillon dans la vallée, en avant de la croisée de ce chemin; un autre bataillon en avant, sur la direction d'Herbrechtingen.

La 2e division prendra position à gauche de la 1re, et s'étendra depuis l'embranchement de deux petits chemins de traverse, situés en avant d'Heidenheim, jusque près de la Brenz, à la hauteur de Schnaittheim. Un bataillon en avant, sur la direction de Nattheim. Quatre compagnies de chasseurs à Schnaittheim.

Les bivouacs auront soin de placer des petits postes sur toutes les communications et de se bien garder.

La 3e division bivouaquera à droite de Heidenheim, la gauche à cette ville.

En cas d'événements imprévus, la cavalerie se rassemblerait à la droite de la 1re division, en seconde ligne.

Le parc d'artillerie se répartira de Weissenstein, pour venir se parquer à un quart de lieue en arrière de Heidenheim, là où le chemin de Kupfendorf joint à la chaussée.

Les administrations parqueront en arrière de l'artillerie et à gauche de la route.

Les bagages des corps seront parqués à gauche de Heidenheim, près de la jonction des deux chemins avec la chaussée.

Le quartier général s'établira à Heidenheim.

POSITIONS DE CANTONNEMENTS.

Si la 1re division devait cantonner pour prendre la direction de Gundelfingen, elle occuperait Herbrechtingen, Bochayn, Hürben, Mergelstetten et Giengen.

La 2e division à Oggenhausen, Nattheim, Aufhausen, Itzelberg et Schnaittheim.

La 3e division à Heidenheim, Steinheim, Sontheim, Kupfendorf et Heuchstetten.

Si le corps d'armée devait prendre la route de Neresheim, la 1re division cantonnerait sur cette direction jusqu'à Königshof.

(A. M.)   NEY.

Mouvement définitif pour le 6e corps de la Grande Armée, se dirigeant sur Giengen par Heidenheim, en suivant la grande route qui conduit à Herbrechtingen et, de ce village, les 2e et 3e divisions, ainsi que celle de cavalerie, prennent à gauche, pour se rendre au camp tracé à cet effet.

Mergelstetten, le 13 vendémiaire an XIV (5 octobre 1805).

La 1re division ira bivouaquer en arrière de Herbrechtingen, rive gauche de la Brenz ; la droite, près la chaussée de Heidenheim, sur la direction d'Anhausen ; la gauche, sur Barnau. Les points d'Anhausen, Saint-Nicolas, Falskenstein et le château d'Éselsbourg seront occupés par des postes de l'infanterie légère.

L'escadron de l'infanterie légère, attaché à cette division, fournira un poste d'avertissement en arrière de Dellingen, et dirigera ses patrouilles sur Hausen ; un second poste sera établi en arrière de Hürben, poussant ses patrouilles sur Hausen et Louthal.

La 2ᵉ division bivouaquera en arrière de Giengen : la droite à la Brenz et la gauche sur Hohe-Memmingen; l'escadron de cavalerie légère sera placé derrière Hermaringen, poussera ses reconnaissances sur Brenz et Gundelfingen.

La 3ᵉ division sera campée à la gauche de la 2ᵉ division; elle occupera, avec son infanterie légère, Faxenhausen, où elle placera un piquet de cavalerie légère, chargé de pousser des patrouilles sur Medlingen.

Le surplus de l'escadron de cavalerie légère sera placé en arrière de Bachagel, et s'éclairera sur Oberboëchingen-Bürghagel et Stauffen.

La cavalerie légère, aux ordres du général Tilly, se mettra au bivouac, en arrière de Giengen; elle fera pousser des reconnaissances sur Gundelfingen et, pendant la nuit, sur Stauffen, village derrière lequel elle établira un poste de 30 hommes; ce détachement pourra s'y rendre par Heidenheim. Ce poste enverra ses patrouilles sur la direction de Neresheim.

Le parc d'artillerie et l'administration de l'armée, en arrière de Herbrechtingen.

Le quartier général, à Giengen.

Le Maréchal d'Empire, Commandant en chef,

(*A. M.*) NEY.

Le prince Murat à l'Empereur.

Sur la route, en arrière de Geislingen, le 13 vendémiaire an XIV
(5 octobre 1805).

J'ai l'honneur d'annoncer à Votre Majesté que la reconnaissance que j'avais ordonné d'envoyer sur Ulm, a déjà fait 10 prisonniers et qu'on est encore à la poursuite de l'ennemi, qui se retire sur cette ville. Tout ce que j'apprends, confirmerait que les Autrichiens se retirent sur Donauwörth, ce que j'ai peine à croire. Il est plus raisonnable de supposer que les troupes qu'ils font filer sur la rive droite du Danube, n'ont d'autre destination que de masquer leurs mouvements par Augsbourg. On m'informe que l'ennemi fait couper tous les ponts. Il y a à Ulm, suivant d'autres rapports, beaucoup de troupes, et cela doit être. Si l'armée s'était portée en avant de l'Iller, comme il est à présumer, l'ennemi a dû réunir sur ce point le plus de forces qu'il aura pu, pour nous empêcher de tomber, par cette ville, sur ses derrières. Il a dû aussi le faire, s'il a le projet de prendre l'offensive, de déboucher par Ulm et de venir nous attaquer dans notre marche de flanc.

Par ma reconnaissance, je dois réussir à démasquer l'ennemi. S'il occupe Ulm en force et qu'il paraisse décidé à défendre ce poste, on doit croire qu'il veut protéger la retraite des troupes qui se seraient portées sur Stockach et il l'évacuera sans doute, si véritablement il se retire, et qu'il ne se fût point porté dans ses anciennes positions de Stockach et de Mösskirch.

Je garde avec moi un officier d'état-major de la Grande Armée, qui portera à Votre Majesté le rapport de la reconnaissance de ce matin, lorsqu'elle sera rentrée, et les renseignements ultérieurs que j'aurai reçus ; en attendant, je vous envoie par votre courrier, tout ce qui est venu à ma connaissance.

Si M. le maréchal Ney avait envoyé, hier, ses troupes légères à Heidenhiem, ainsi que je l'en avais prié, elles auraient pu facilement reconnaître aujourd'hui Gundelfingen. Elles étaient reposées et conséquemment en état de faire cette reconnaissance. Nous ne pouvons espérer d'être bien instruits des mouvements de l'ennemi, que lorsque nous serons sur le Danube.

Ce soir, mes trois divisions de dragons seront réunies en avant d'Heidenheim, sur la route de Neresheim. En les faisant poster sur la route de Giengen, ainsi que je l'annonçai hier au soir à Votre Majesté, j'avais pour but de continuer à masquer la marche du maréchal Ney, que je savais devoir se diriger sur Nördlingen par Neresheim, et ensuite, de jeter quelques partis sur le Danube. La division qui occupait Géislingen, se portera sur Heidenheim à la rentrée de sa reconnaissance sur Ulm, par le débouché d'Eybach à Böhmenkirch, et laissera un régiment pour garder le débouché de Geislingen jusqu'à l'arrivée de la division Bourcier. J'ordonnerai à ce général de ne conserver qu'un poste en avant de Geislingen, en se tenant en échelon jusqu'à Süssen, et s'il venait à être forcé dans sa position, de se retirer, par sa gauche, par les défilés d'Eybach et de Donzdorf sur le corps du maréchal Ney, c'est-à-dire sur la division de dragons à pied qui en fait la réserve. L'artillerie de cette division filera par la grande route de Süssen à Heidenheim et j'ai le projet d'ordonner au général Bourcier, lorsque je recevrai l'ordre de le rallier, de suivre les mêmes routes ; par ce moyen, l'armée sera constamment flanquée.

Je ne quitterai, moi-même, Geislingen pour me porter à Heidenheim, qu'à la rentrée de la reconnaissance.

MURAT.

Au moment de fermer ma lettre, je reçois le rapport des deux espions envoyés à Ulm, l'un de Plöchingen, l'autre de Geislingen. J'ai l'honneur de les envoyer à Votre Majesté.

(*Écrit en entier de la main de Murat.*)

Le général Belliard au colonel-général Baraguey-d'Hilliers.

Le 13 vendémiaire an XIV (5 octobre 1805).

Son Altesse Sérénissime le prince Murat désire, si votre troupe n'est pas trop fatiguée, que vous veniez coucher ce soir à Süssen, et que demain, vous continuiez votre marche pour vous rendre à Söhnstetten.

Le prince vous laisse néanmoins le maître d'organiser votre départ et votre arrivée comme vous le jugerez le plus convenable, en ayant soin de le prévenir de votre arrivée à l'endroit que vous aurez choisi pour l'établissement de vos troupes.

BELLIARD.

Le général Belliard au général Klein.

Le 13 vendémiaire an XIV (5 octobre 1805).

D'après les nouvelles dispositions arrêtées par Son Altesse Sérénissime le prince Murat, vous irez vous établir, avec votre division, à Nattheim, faisant occuper par un régiment, Auernheim et Fleinheim, qui se gardera par sa droite, sur Dischingen, et éclairera les différentes routes qui se trouveront sur sa droite. Vous ferez reconnaître ce soir Neresheim; vous ferez occuper, par un escadron d'un des régiments établis à

Nattheim, le hameau de Steinweiler, en avant sur la route de Neresheim. La 3e division sera en arrière de vous, à Schnaittheim, et la 2e, à Heidenheim.

Belliard.

Le général Belliard à M. le général Dutaillis,
chef d'état-major du maréchal Ney.

A Süssen, le 13 vendémiaire an xiv (5 octobre 1805).

Je vous préviens que, d'après les ordres de Son Altesse Sérénissime le prince Murat, la 1re division de dragons à cheval occupera, aujourd'hui, Nattheim, la 2e, Schnaittheim, et la 3e sera établie en avant de Heidenheim, sur la route de Nattheim.

Belliard.

Le même au général Walther.

D'après les ordres du prince Murat, vous quitterez aujourd'hui la position que vous occupez et vous viendrez vous établir à une demi-lieue en avant de Heidenheim, sur la route de Nattheim; vous prendrez la route la plus courte et la plus commode qui, je crois, est celle par Gussenstadt. Vous laisserez à Geislingen le régiment qui s'y trouve; il sera retiré demain par la division Bourcier; vous lui donnerez l'ordre de venir se réunir à vous, sur Heidenheim, en suivant la même route que vous. Dans votre marche, vous vous ferez éclairer sur votre droite.

Si vos reconnaissances ne sont pas rentrées au moment de votre départ, vous pourrez leur ordonner de se réunir au régiment qui restera à Geislingen, pour venir vous joindre avec lui. Vous ordonnerez que le régiment que vous laisserez, se garde avec beaucoup de soin (1).

Belliard.

---

(1) L'artillerie de la 2e division de dragons part le jour même, derrière les équipages du quartier général.

Le même au général Beaumont.

D'après de nouvelles dispositions, votre division doit aller s'établir, aujourd'hui, à Schnaittheim ; la 1re division sera en avant de vous à Nattheim et la 2e à Heidenheim avec l'avant-garde du corps d'armée de M. le maréchal Ney. Vous vous établirez militairement, mon cher Général, et vous vous éclairerez sur votre gauche.

Vous laisserez votre artillerie à Heidenheim.

BELLIARD.

Le même au général Bourcier.

D'après les intentions du prince Murat, vous partirez demain matin pour venir occuper les villages de Süssen, Giengen, Kuchen, Altenstadt et Geislingen. Votre quartier général sera à Altenstadt et vous ne laisserez qu'un escadron à Süssen.

Vous ferez relever un régiment de la division Walther, qui se trouve à Geislingen, par un régiment de votre division qui occupera les mêmes positions. Vous ferez faire de fortes reconnaissances sur la route d'Ulm ; vous voudrez bien ordonner que tous les régiments se gardent avec le plus grand soin et s'éclairent sur la droite.

Vous recevrez sûrement des ordres demain, mon cher Général, de faire un mouvement. La mission que vous allez avoir à remplir sera très délicate : votre division est destinée à couvrir les mouvements de la Grande Armée.

Le quartier du prince sera, ce soir, à Heidenheim ; demain, vous pourrez communiquer avec lui par Eybach.

Vous aurez à votre gauche le corps d'armée de M. le maréchal Ney et les dragons à pied.

BELLIARD.

Le général Belliard au général Walther.

A Heidenheim, le 13 vendémiaire an XIV (5 octobre 1805).

Mon cher Général, vous ordonnerez, je vous prie, qu'on pousse demain des reconnaissances sur Dettingen et Heldenfingen. Dites-moi, je vous prie, demain matin, si vos vivres et vos fourrages sont assurés et pour combien de jours.

BELLIARD.

Le même au général Klein.

Ordonnez, je vous prie, que demain matin on pousse des reconnaissances avec beaucoup de précaution sur Nördlingen, où il est possible que l'ennemi se trouve en force ; aussitôt la rentrée des reconnaissances, je vous prie de me faire part de ce qu'il y aura de nouveau. Prenez des renseignements sur la route de Neresheim à Donauwörth, à Dischingen et à Gundelfingen. Poussez aussi des reconnaissances, mon cher Général, sur toutes les routes, soit en avant sur votre droite et même sur votre gauche si vous avez connaissance que l'ennemi puisse s'y trouver.

Je vous prie de prendre des renseignements sur la force et la position des ennemis. Tâchez de savoir s'il y a beaucoup de troupes à Donauwörth.

BELLIARD.

Le même au général Baraguey-d'Hilliers.

Le prince a reçu votre lettre et l'état des nouveaux cantonnements que devait occuper votre division ; il me charge de vous dire que, d'après de nouvelles dispositions, vous ferez momentanément partie du corps d'armée de M. le maréchal Lannes et, alors, il vous prie de ne plus envoyer à son quartier général un officier d'ordonnance, mais d'avoir soin, cependant, de lui adresser exactement l'état de vos mouvements et positions jour par jour, ainsi que vos situations aux époques fixées.

BELLIARD.

Le prince Murat à l'Empereur.

Sur la route, en arrière de Geislingen, le 13 vendémiaire an xiv
(5 octobre 1805), à 1 heure.

La reconnaissance que le général Walther avait poussée sur Ulm rentre à l'instant. Elle a poussé jusque derrière Dornstatt les avant-postes des chevau-légers de Rosenberg ; elle n'a pas fait 10 prisonniers, comme on me l'avait annoncé, mais un seul. Il rapporte que les Autrichiens ont trois régiments dans Ulm et qu'on leur a annoncé, hier, l'arrivée de plusieurs régiments de cavalerie. M. Lanusse, mon aide de camp, qui conduisait cette patrouille, assure, d'après les divers renseignements qu'il a pris, que l'ennemi est en grande force à Ulm. Tous les rapports confirment cette assertion. Il est constant que depuis deux jours l'ennemi réunit sur ce point des forces qu'il avait à Memmingen et sur l'Iller. Le maître de poste de Denkenthal, qui a servi les Français dans la dernière guerre, assure que l'armée presque entière se trouve dans ce moment à Ulm. Le maître de poste a promis de venir trouver aujourd'hui le général Walther, qui a logé chez lui autrefois et qui le connaît particulièrement. L'ennemi se déciderait-il à prendre l'offensive et à marcher sur nous ? Dans ce cas, la division de dragons à pied et la 4ᵉ de dragons à cheval se trouveraient un peu compromises par l'éloignement où elles sont du corps d'armée du maréchal Ney. En conséquence, j'ordonne au général Baraguey-d'Hilliers, qui ne devait coucher ce soir qu'à Göppingen, de venir à Süssen et de se rallier demain à M. le maréchal Ney. J'ordonne aussi au bataillon qui marche à une journée en arrière, de se serrer sur la division. Il sera chargé d'observer le débouché de Geislingen sur Weissenstein et Böhmenkirch, par où devrait se retirer le régiment que je laisse à Geislingen. Je fais donner au colonel de ce régiment l'ordre de tenir le plus en avant qu'il pourra, sur la route d'Ulm, des postes composés des hommes les mieux montés, afin d'être averti à temps et de pouvoir informer le général Bourcier à Göppingen des mouvements que l'ennemi ferait sur lui. Par ce moyen, ce général aurait le temps de gagner Gmünd, où je dois supposer que se trouve encore la Garde de Votre Majesté. Toujours dans cette supposition, j'engagerai ce soir le maréchal Ney à prendre une position en avant d'Heidenheim, à cheval sur la route d'Ulm, ayant bien soin d'éclairer tous les débouchés de Geislingen, d'Ulm, d'Albeck et de Giengen, par où l'ennemi pourrait se décider à marcher sur lui en apprenant son mouvement sur Heidenheim et le départ de ma division de dragons de Geislingen. Si Votre Majesté n'approuvait pas ces dispositions, Elle aura le temps d'en prescrire de nouvelles. Cependant, je persiste à croire que les Autrichiens ne se décideront pas à marcher sur nous et qu'ils n'ont réuni sur Ulm le plus de forces qu'ils ont pu que parce qu'ils ont été fortement persuadés que le corps du maréchal Ney était destiné à pénétrer sur ce point et d'un autre côté pour protéger la retraite des troupes qui se sont portées en avant.

Je pars à l'instant pour Heidenheim, où j'attendrai les ordres de Votre Majesté.

Si l'ennemi se décidait à marcher sur Göppingen pour venir attaquer le corps de la garde impériale, ce qui serait absurde, Votre Majesté pense bien que nous tomberions sur les flancs par tous les débouchés qui nous mèneraient à lui. S'il marchait pour nous attaquer à Heidenheim, j'en préviendrais sur-le-champ les maréchaux Lannes et Soult, car il ne pourrait se décider à un mouvement semblable qu'avec toutes ses forces réunies. Dans tous les cas, Votre Majesté peut compter que nous ferons de notre mieux pour le bien recevoir.

MURAT.

(*En entier de la main de Murat.*)

Le prince Murat à l'Empereur.

Heidenheim, le 13 vendémiaire an XIV (5 octobre 1805),
à 11 h. 1/2 du soir.

De nouveaux rapports, faits par des voyageurs qui arrivent d'Ulm, confirment ceux que j'ai déjà communiqués à Votre Majesté, sur la réunion des troupes autrichiennes sur cette ville. Ainsi que j'ai eu l'honneur de vous l'annoncer, je comptais, à mon arrivée ici, donner connaissance de tous ces renseignements à M. le maréchal Ney, et l'engager à prendre position en avant de Heidenheim, à cheval sur la route d'Ulm. Mais j'ai été fort étonné d'apprendre que M. le maréchal Ney s'était porté sur Giengen, ayant une division à Sachsenhausen, une autre à Herbrechtingen, et la troisième à son quartier général. J'ignore où se trouve sa cavalerie. Il est 10 heures, et la tête de sa troisième division, partie aujourd'hui de Göppingen, ne paraît pas encore, quoique elle ait l'ordre d'aller occuper Sachsenhausen, à quatre lieues d'Heidenheim. Les équipages ne seront pas rendus demain à 10 heures. Je ne puis pas concevoir pourquoi M. le maréchal Ney, qui m'écrivit hier au soir qu'il occuperait Heidenheim avec tout son corps d'armée, a changé ses dispositions. Nous sommes, par ce moyen, bien décousus, et ma division de dragons bien éloignée de moi; elle arrivera néanmoins demain à Heidenheim, où je lui ferai prendre position et où elle restera jusqu'à de nouveaux ordres de Votre Majesté.

En conséquence des ordres que j'ai reçus, la nuit dernière, de Votre Majesté, de me porter sur Nördlingen, pour y combattre la cavalerie qui se trouve en avant du corps du maréchal Soult, et tâcher de lui couper sa retraite sur Donauwörth, j'ai fait diriger sur Neresheim mes divisions de dragons. La 1re occupe, ce soir, cette ville, avec deux régiments, ainsi que Nattheim, Oggenhausen, Fleinheim, Auernheim. La 2e est établie à Mergelstetten et Bolheim. La 3e bivouaque à Schnaittheim. Le quartier général, à Heidenheim. Demain, je ferai reconnaître Nördlingen et j'agirai d'après les renseignements qui me parviendront. Cependant, je crois ne pas devoir faire de mouvements vers Nördlingen, avant de m'être bien assuré que l'ennemi ne marche point sur Heidenheim, car nous devons nous rallier sur ce point, au lieu de nous en éloigner.

Le major Frelich (1), qui occupait Neresheim avec 150 hussards du 7e régiment, s'est retiré, à l'approche de nos troupes, sur Nördlingen, tandis que les troupes autrichiennes, qui occupaient Heidenheim, se sont repliées sur Ulm. Demain, des reconnaissances seront poussées sur tous les points.

Sire, il m'en coûte infiniment de vous parler encore de ma position, mais je serais coupable si je ne vous priais pas de faire cesser l'état pénible où me jette mon incertitude sur ce que je puis faire. A une si grande distance de Votre Majesté, il

---

(1) Major du régiment de hussards Liechtenstein.

pourrait en résulter de grands inconvénients. Deux corps confondus, ne peuvent recevoir d'ordres que d'un seul chef; ordonnez, et je suis prêt à prendre ceux de M. le maréchal Ney.

J'ai fait connaître à M. le maréchal Ney, ainsi qu'à M. le maréchal Lannes, les renseignements que j'ai eus hier sur l'ennemi, et la position de mes troupes.

MURAT.

Au moment où j'allais faire partir ma lettre, mon aide de camp arrive. Je prends à l'instant des mesures pour l'exécution des ordres que vous m'avez fait donner par M. le Major général. En conséquence, la 1re division de dragons couchera demain à Deggingen, la 2e à Ringingen, et la 3e à Amerdingen. Je m'emparerai le 15 (*7 octobre*), de Donauwörth, s'il y a possibilité. La 4e division sera demain à Heidenheim, et suivra mon mouvement.

(*En entier de la main de Murat.*)

CORPS D'ARMÉE DE RÉSERVE.

Journée du 13 vendémiaire (5 octobre 1805).

D'après les avis qu'avait reçus Sa Majesté qu'un corps de 10,000 hommes se trouvait à Nördlingen, en présence de M. le maréchal Soult, le corps d'armée de réserve, aux ordres de Son Altesse Sérénissime le prince Murat, dut changer de direction et se porter sur Heidenheim, pour soutenir le corps de M. le maréchal Soult.

Le 13 (*5 octobre*), les 1re, 2e et 3e divisions de dragons marchèrent sur Heidenheim, quartier général du prince, et prirent position, savoir :

La 1re, à Nattheim, Fleinheim et Neresheim ;

La 2e, à Mergelstetten et Bolheim ;

La 3e, à Schnaittheim.

Un bataillon de dragons à pied occupait Heidenheim.

La division de dragons à pied était à Süssen.

Un régiment de dragons, à Geislingen.

Les deux divisions de cavalerie ne recevaient plus d'ordres du prince.

Le régiment qui se porta sur Neresheim, rencontra un détachement d'ennemis, qui prit la fuite.

Le prince Murat, instruit qu'il n'y avait à Nördlingen qu'un parti de 300 à 400 hommes de troupes légères, jugea inutile de se porter sur ce point; il dirigea sa marche sur Donauwörth par Amerdingen. Il voulait, à marche forcée, se rendre maître de ce point important, couper la retraite aux différents partis qui se trouvaient entre son corps d'armée et celui de M. le maréchal Soult, et s'emparer du pont avant que l'ennemi pût le détruire, pour pouvoir de suite jeter des troupes sur la rive droite du Danube.

Journal des marches de la réserve de cavalerie du 3 au 13 vendémiaire.

Le 13 (*5 octobre*), les deux corps d'armée se mirent en mouvement pour se porter sur Heidenheim.

Les 1re et 3e divisions de dragons formèrent l'avant-garde avec la cavalerie légère de M. le maréchal Ney.

La 2e division quitta aussi sa position de la vallée de la Fils, et vint se réunir au corps d'armée à Söhnstetten, par Eybach, Waldhausen et Gussenstadt; cette division avait fait pousser une reconnaissance sur Ulm, d'après les ordres du prince; elle était commandée par le chef d'escadron Lanusse, qui rencontra les premiers postes ennemis à trois lieues. Il y eut quelques coups de pistolets tirés, et la reconnaissance rentra. Un régiment de la division resta à Geislingen, pour garder le débouché, en attendant la 4e division de cavalerie.

Le prince, qui était venu à Geislingen, partit après la rentrée de la reconnaissance, et se dirigea par Eybach, Waldhausen et Gussenstadt sur Heidenheim, où il établit son quartier.

L'ennemi, qu'on croyait être à Heidenheim, ne s'y trouva pas.

La division Walther fut prendre position à Bolheim, faisant occuper Anhausen; un régiment eut l'ordre de bivouaquer sur la rive gauche de la Brenz. Le général Walther poussait des reconnaissances sur Giengen, Hürben et Hausen par Dettingen.

Le général Beaumont s'établit à Schnaittheim, sur la route de Aalen, et poussant des reconnaissances sur Königsbronn.

La division Klein occupa Nattheim, poussant un régiment sur Auernheim et Fleinheim, se gardant et s'éclairant sur Dillingen, ainsi que sur les routes à sa droite.

Le général Klein eut ordre d'envoyer un escadron à Steinweiler, sur la route de Neresheim, et de faire reconnaître, le même soir, Neresheim; la reconnaissance n'y trouva pas l'ennemi et s'y établit (1).

La division du général Bourcier reçut l'ordre de partir de Stuttgard, pour se rendre à Göppingen et en avant.

La division de dragons à pied cantonna en arrière de Göppingen.

Le quartier général du prince s'établit à Heidenheim.

Le corps d'armée de M. le maréchal Ney prit position en avant et en arrière de Heidenheim.

D'après les avis qu'avait reçus Sa Majesté, qu'un corps de 10,000 hommes se trouvait à Nördlingen, en présence de M. le maréchal Soult, le corps d'armée de réserve, aux ordres de Son Altesse Sérénissime le prince Murat, dût changer de direction et se porter sur Heidenheim, pour soutenir le corps de M. le maréchal Soult.

6° CORPS D'ARMÉE.

Emplacements du 13 vendémiaire (5 octobre 1805).

Quartier général : Giengen.

L'armée a marché sur Heidenheim où elle a fait une grand'-halte et a continué de marcher sur Giengen et pris les positions suivantes :

1re division (2) : Herbrechtingen.

La division en arrière d'Herbrechtingen, la droite à la chaussée d'Heidenheim, la gauche sur Bernau.

---

(1) On apprit à Neresheim « qu'un détachement de 200 hussards autrichiens en était parti le matin, et se retirait sur Donauwörth ». (Marches et rapports historiques de la 1re division de dragons montés.)

(2) Le 13 vendémiaire, la division marche sur Herbrechtingen; elle bivouaque sur les hauteurs, en arrière de la Brenz. Dans la marche, les éclaireurs du 1er de hussards font quelques prisonniers. (Journal des opérations militaires de la division Dupont.)

2e division : Giengen.

La division en arrière de Giengen, la droite à la Brenz et la gauche dans la direction de Hohen-Memmingen.

La division partant de Klein-Süssen a pris la route d'Heidenheim, en passant par Weissenstein. Les troupes en sortant de Weissenstein ont marché par un défilé très étroit, au pied d'une montagne escarpée qu'elles ont gravie pour déboucher dans la plaine et qui serait impraticable pour l'artillerie après de grandes pluies. Le parc et les équipages ont mis sept heures pour sortir de ce défilé, long d'environ 500 toises.

3e division : Giengen.

A la gauche de la 2e division.

Cavalerie légère : Giengen.

En arrière de Giengen, poussant des reconnaissances sur Gundelfingen.

Parc : Giengen.

6e CORPS D'ARMÉE.

Journal des opérations de l'artillerie.

..... Le 13 vendémiaire, le corps d'armée quitta la grande route d'Ulm et marcha sur Giengen, par Weissenstein et Heidenheim.

6 pièces de 8 qui étaient au parc partirent dans la nuit du 12 au 13 pour les trois divisions, à raison de deux pour chacune. Le parc partit de Faurndau à 6 heures du matin, sous l'escorte de quatre compagnies d'infanterie.

L'artillerie éprouva dans cette longue et pénible marche de 12 lieues des difficultés considérables. Une montagne que l'on rencontre en sortant de Weissenstein l'arrêta pendant une journée. Il fallut doubler les attelages; elle n'arriva à Giengen que le lendemain dans la journée.

(A. A.)

Note.

Le 13 vendémiaire an XIV (5 octobre 1805).

Le 1er bataillon du 1er régiment de dragons à pied est arrivé hier au soir à Stuttgard, vers les 4 heures ; il part aujourd'hui, 13, pour se rendre à Reichenbach ou à Gaprangen (1).

Le général Bourcier a traversé hier, 12, vers les 4 heures du soir, Stuttgard, se portant en avant avec une partie de sa division ; il ne reste en arrière que la grosse cavalerie, aux ordres du général d'Hautpoul.

Il est parti ce matin, 13, un détachement de 80 à 90 hommes de vingt régiments différents, qui ont été fournis à Lauterbourg par les soins du commandant d'armes de Lauterbourg. Ce détachement marche en ordre, il est commandé par un sergent, et un fourrier est en avant pour préparer le logement et les subsistances.

(Sans signature.)

Note.

Le 13 vendémiaire an xiv (5 octobre 1805).

Un ouvrier qui a travaillé aux fortifications d'Ulm en est arrivé à 4 heures après-midi ; il avait entendu dire qu'on attendait, à Ulm, beaucoup de cavalerie et que l'archiduc Jean devait y arriver.

Le dernier poste autrichien était à Lärh, qui n'est éloigné d'Ulm que d'une lieue.

L'homme envoyé ce matin du côté de Blaubeuren, est passé par Nellingen, Merklingen, Machtolsheim et Berghühlen. Dans tous ces endroits, il n'a point vu de soldats autrichiens et on lui a même dit qu'il n'y en avait point encore paru. Il n'a pu parvenir que jusqu'à la hauteur qui domine Blaubeuren, où il a rencontré un piquet de 10 hussards habillés de vert (2). Un garçon d'auberge de sa connaissance, qu'il a rencontré près de là, lui a dit qu'à Blaubeuren il n'y avait que 30 hussards.

Il a entendu dire que beaucoup de troupes françaises venaient d'Urach vers Blaubeuren.

---

(1) Göppingen, probablement.
(2) Kienmayer.

Un homme des environs de Söflingen, village qui n'est qu'à une demi-lieue d'Ulm, lui a raconté que 400 hommes y étaient arrivés aujourd'hui et s'y étaient établis.

L'espion envoyé à Langenau, Günzbourg et Leipheim est arrivé ce soir et rapporte :
Qu'à Langenau il n'a point rencontré d'Autrichiens, mais qu'un messager de la chancellerie de Stuttgard lui a raconté que 30,000 Autrichiens étaient marchés vers Ulm, venant de la Forêt-Noire et par le chemin de Riedlingen, Ehingen, etc.

Il a trouvé les ponts de Leipheim et de Günzbourg coupés, et on ne donnait de permissions pour passer le Danube qu'aux gens de la campagne dont le domicile n'était pas éloigné de plus de 2 lieues. Il a entendu dire à une femme, qui dans la journée avait passé le Danube, que beaucoup de troupes passaient par Leipheim, venant de Günzbourg et allant à Ulm ; que cette nuit, un parc d'artillerie devait s'y rendre.

A Leipheim même, 600 hommes s'étaient établis.

Sur le Michelsberg on a conduit, hier, 50 pièces de canons, à ce qu'un voiturier a raconté.

Un paysan venu sur une charrette, de Günzbourg à Langenau, lui a dit que hier il avait vu 30 hussards près d'Ellwangen.

Hier au soir l'archiduc Ferdinand, avec beaucoup de troupes, a été de Günzbourg à Ulm.

Un autre homme envoyé à Leipheim, n'y est pas arrivé tout à fait, a dit que le pont y était coupé ; qu'il a vu, à 10 heures du matin, des troupes venant du Blauthal à Ulm.

A Ettlenschies et Hausen il a entendu dire, et une femme, venant d'Ulm, lui a raconté à Langenau qu'à Ulm on avait fait entrer des Français blessés et que tout de suite après on avait fermé les portes de la ville.

Premier rapport.

Le 13 vendémiaire an xiv (5 octobre 1805).

Un des hommes envoyés à Ulm en revient à l'instant ; il en est parti hier, 4 octobre, à 4 heures du soir et rapporte :

Il y a deux jours qu'il n'y avait peut-être pas plus de 1000 hommes dans la ville; depuis, il en est entré considérablement qui sont venus de Dillingen et des environs de Günzbourg.

Il a entendu dire qu'on ne savait ce qu'était devenu un corps considérable qui se trouvait à Blaubeuren.

On a reçu hier la nouvelle, à Ulm, qu'une partie de l'armée française s'avançait sur Ulm par le chemin de Geislingen et aussitôt on a fait garder les portes plus sévèrement qu'auparavant, et placé des piquets de cavalerie sur ladite route, de distance en distance.

3,000 paysans travaillaient aux fortifications. Il a vu des canons sur le Michelsberg et le Collenberg (?).

Cet espion n'a pu s'introduire dans Ulm qu'à la faveur d'un déguisement de travailleur aux fortifications.

Deuxième rapport.

Un autre homme envoyé hier à Ulm a rapporté :

Que hier après-midi, vers 3 heures, il a trouvé à la Chaussée-Haus (1), près Dornstatt, un piquet de dragons autrichiens qui l'ont arrêté et conduit à Ulm, où il a vu beaucoup de nouvelles fortifications.

Vers 6 heures, beaucoup de cavalerie et d'infanterie sont entrées à Ulm, venant du chemin d'Ehingen.

Remis en liberté, il a trouvé, en revenant, des postes d'infanterie, de distance en distance, depuis Ulm jusqu'à Dornstatt, et des piquets de cavalerie, depuis Dornstatt jusqu'à Denkenthal.

Cet espion était déguisé en messager et porteur de lettres insignifiantes qui lui ont été enlevées.

(*Sans indication de lieu et sans signature.*)

Vial, ministre plénipotentiaire de France en Suisse, à Schaffhouse.

Schaffhouse, le 13 vendémiaire an XIV (5 octobre 1805).

Deux voyageurs arrivés ici aujourd'hui à midi, rapportent que toutes les troupes autrichiennes qui étaient à Stockach et envi-

---

(1) Dornstatt n'est pas exactement sur la grande route. Chaussée-Haus doit être le relais de poste de Dornstatt.

rons sont parties ce matin, en grande hâte, pour se porter dans les environs d'Ulm. Ils assurent, en outre, que le 2 du courant plusieurs divisions de l'armée française avaient dépassé Stuttgard et Würtzbourg ; que le 3, un détachement d'environ 40 dragons français avaient paru à une demi-lieue d'Ulm et que dans ce mouvement cette place était vraisemblablement bloquée ; puisque l'aile gauche de l'armée française l'avait déjà dépassé pour tourner le flanc droit de l'armée autrichienne concentrée à Memmingen et empêcher la jonction de l'armée russe, dont la première colonne doit arriver ces jours ci à Passau.

Ces mêmes voyageurs (dont l'un est Vaudois) rapportent que lors de leur passage à Ulm, il ne s'y trouvait pas plus de 1200 hommes de garnison, mais qu'un grand nombre de travailleurs y étaient occupés à construire des redoutes et autres ouvrages encore très imparfaits (ceci est du 3 vendémiaire à midi, jour de leur départ d'Ulm) ; ils m'ont assuré, en outre, que toute l'armée autrichienne se réunit à Memmingen, ayant rencontré tout le long de leur route beaucoup de troupes qui s'y portaient. Ils disent, de plus, qu'il existe un grand découragement dans l'armée autrichienne et que la plus grande partie ne fera pas de résistance, que d'ailleurs ils craignent d'en venir aux mains, surtout vu la force et la valeur de l'armée française qui l'entoure à ne lui laisser d'autre retraite que le Tyrol. Indépendamment de plusieurs raisons qui me font croire très positivement à ces rapports, je crois devoir ajouter une circonstance qui me paraît en confirmer l'authenticité, la voici :

Il y a ici à l'auberge de la Couronne, où je suis logé, deux étrangers qui y sont depuis quelques jours (l'un est Russe et l'autre Autrichien) qui vivent dans la plus grande intimité et qui ont toujours été assez gais, excepté hier et aujourd'hui ; un air triste et rêveur est répandu sur tous leurs traits, aujourd'hui surtout. Le premier qui se dit avoir été militaire et aujourd'hui voyageur pour son plaisir, parlant allemand et français, faisant diverses promenades à cheval dans tous les environs ; il va souvent dans les petits cantons et autres endroits de la Suisse ; il devait partir demain, mais il s'est décidé à rester encore, disant qu'il attendait un prince de ses amis. Le second me paraît aussi militaire, mais plus fait et plus réservé que le premier. Je les observe et les fais observer.

Il vient d'arriver aujourd'hui, dans cette ville, une compagnie d'artillerie bernoise avec 4 pièces de campagne.

Saint-Gall, le 13 vendémiaire an xiv (5 octobre 1805).

D'après les nouvelles que j'ai recueillies à mon arrivée et les lettres de Bolzen, les troupes et le parc d'artillerie qui étaient à Innspruck sont avancés en partie par Reutty et partie par Feldkirch pour la Souabe. Les ouvrages de Feldkirch ont été suspendus (ce fait est certain); l'on prétend, aujourd'hui, qu'ils sont repris et que l'on construit surtout beaucoup du côté de Memmingen.

D'autres bruits disent que l'archiduc Jean a filé sur nos frontières, mais tout est incertain à ce sujet.

Theobald Ganzlmain à Münsingen.

Le 12 vendémiaire an xiv (4 octobre 1805).

Voici les nouvelles que j'ai reçues d'Ulm la nuit passée :

L'Électeur Ferdinand et le général Mack sont arrivés à Ulm. Le général a dit que les Français voulaient passer par cette ville, mais qu'on les en empêcherait bien. Il y avait déjà beaucoup de troupes, la plupart d'infanterie, qu'on avait tiré d'Ottobeuren, Memmingen, Günzbourg; les batteries du Michelsberg, du Ziegelstadt (la Tuilerie) furent garnies de canons et de troupes; on envoya des patrouilles vers Blaubeuren, et la ligne s'étendait jusqu'à l'endroit nommé Kalteherberg; les dragons de Rosenberg étaient à Herrlingen.

Il y a deux camps à Ulm, l'un devant la porte des femmes (Frauenthür) et l'autre devant celle d'Herbrückesen.

On dit que des troupes sont allées à Albeck; d'autres ont passé par Donauwörth pour aller à Nördlingen et marcher contre l'aile gauche des Français.

Les derniers ont retenu le courrier qui allait à Ulm.

En général, les hostilités ont commencé à avoir lieu depuis hier; cette nouvelle a été confirmée par des gens de Rosenberg.

On ne sait ce qui se passe de l'autre côté du Danube.

On n'a pas encore vu ici de troupes françaises.

Note.

La rapidité de la marche de l'Empereur n'a pas permis d'écrire ces deux jours passés.

Le 12, dans l'après-midi, l'Empereur est allé à Stuttgard avec le prince Paul, second fils de l'Électeur de Wurtemberg, dans les voitures de la cour. Il a assisté, au retour, à l'opéra allemand de *Don Juan ;* après le spectacle, il a soupé en présence de toute la cour, avec l'Électeur et sa famille.

La cour de Wurtemberg paraît être noble et grande. L'Électrice est aimable et n'est pas bien traitée, à ce que l'on assure, par l'Électeur, auquel elle paraît cependant fort attachée. Les deux plus belles princesses sont la fille du prince Eugène de Wurtemberg, frère de l'Électeur, et l'épouse du prince Paul, née princesse de Saxe-Hildeburghausen et nièce de la reine de Prusse, mariée depuis trois jours.

Le 13, au matin, l'Empereur est allé voir la forteresse d'Asperg, à 1 lieue de Ludwigsburg, accompagné du prince Paul. Au retour, il a conféré pendant deux heures avec l'Électeur. Il est ensuite monté en voiture pour se rendre à Gmünd, où il a couché. L'Électeur et toute sa cour l'ont reconduit jusqu'à la porte.

Le 14, Il est parti de Gmünd, à 6 heures du matin, s'est rendu à Aalen, où Il a déjeuné ; Il a donné là quelques ordres et est parti pour Nördlingen à cheval.

Il y a couché et en est parti le 15 pour Donauwörth, à 8 heures du matin, accompagné seulement du ministre de la guerre et de deux ou trois de ses officiers. Il doit revenir à Nördlingen.

L'armée est en pleine marche sur le Danube et depuis Aalen nous soupons et couchons dans les maisons où l'ennemi était la veille. Il n'y a pas encore eu un coup de canon de tiré.

L'Empereur se porte très bien et paraît fort content de son armée et de l'ennemi.

MENEVAL.

Rapport du 13 au 14 vendémiaire (5 au 6 octobre).

Donauwörth, le 15 vendémiaire an xiv (7 octobre 1805).

Le 13 (*5 octobre*) le corps d'armée a quitté ses cantonnements de la veille et a pris les suivants :

Cavalerie.

La brigade de hussards à Aalen ;
— de chasseurs à Mögglingen.

Division de grenadiers.

La brigade aux ordres du général Mortières, à Gmünd ;
— — Dupas, à Böbingen ;
— — Ruffin, à Hussenhofen.

Artillerie.

L'artillerie à Gmünd.

Sapeurs.

Les sapeurs à Gmünd.

2ᵉ division.

Cette division a pris ses cantonnements à Lorch et villages environnants à 1 lieue à droite et à gauche et en avant, jusqu'à Hangen inclusivement ;
L'artillerie de cette division à Lorch.

Grand parc.

Le grand parc à Lorch.

L'éloignement où le chef d'état-major de cette division s'est trouvé de celui du corps d'armée ne lui a pas permis de faire passer un état détaillé des cantonnements du 13.

Les reconnaissances de cavalerie n'ont pas vu l'ennemi et les renseignements qu'elles ont recueillis sur sa position confirment ceux de la veille.

COMPANS.

Le général Compans à M. le général Oudinot.

Gmünd, le 13 vendémiaire an xiv (5 octobre 1805).

Mon Général,

M. le maréchal désire que les troupes à vos ordres se mettent en marche demain matin, à 4 heures, pour se rendre à Aalen, où il vous adressera des instructions ultérieures sur la manière dont elles devront être disposées dans la soirée.

COMPANS.

Le général Compans au général Gazan

Lorch, le 13 vendémiaire an xiv (5 octobre 1805).

L'intention de M. le maréchal, commandant en chef, est que votre division, son artillerie et le parc d'artillerie du corps d'armée cantonnent aujourd'hui à Lorch, où vous établirez votre quartier général, et dans les villages environnants jusqu'à Hangen inclusivement.

Demain, à 6 heures du matin, ces troupes devront se mettre en marche pour se diriger sur Aalen, où elles recevront une désignation de cantonnements. M. le maréchal désire, mon Général, que vous fassiez vivre vos troupes dans les cantonnements, de manière à conserver constamment l'avance de quatre jours de pain et celle de deux jours de viande, c'est-à-dire que vous devez faire faire tous les jours une nouvelle distribution. M. le maréchal attend l'état des cartouches avariées qu'on lui dit avoir été distribuées à vos troupes.

COMPANS.

L'adjudant-commandant Decoux au Grand Bailli d'Aalen.

Aalen, le 13 vendémiaire an xiv (5 octobre 1805).

D'après les ordres de M. le maréchal Lannes, commandant en chef le 5ᵉ corps de la Grande Armée, M. le grand bailli d'Aalen est requis de fournir pour demain, 14 vendémiaire, 30,000 rations de pain, 30,000 rations de viande et 30,000 rations de riz, pour fournir à la subsistance dudit corps d'armée.

M. le grand bailli pourra faire contribuer à cette fourniture tous les villages dépendant de son bailliage ; il pourra même s'adresser au bailli de Kœnigsbronn dans le cas où il n'y aurait pas de troupes dans ce village, mais il lui est expressément recommandé de faire en sorte que les subsistances demandées soient prêtes demain, à 2 heures après-midi.

Decoux.

Le général Compans à M. Vast, commissaire des guerres.

Gmünd, le 13 vendémiaire an xiv (5 octobre 1805).

Monsieur le Commissaire,

M. le maréchal vous charge de partir demain matin, avant le jour, pour vous rendre à Aalen où son corps d'armée doit se réunir et y faire, ainsi que dans tous les environs, des réquisitions de pain ; il vous réitère que toute votre sollicitude doit se porter vers cet objet. Il appréhende les conséquences du retard où nous nous trouvons pour votre avance de quatre jours de pain, et il est d'autant plus inquiet sur les subsistances pour l'avenir que notre approvisionnement en biscuit est incomplet. Il vous engage à déployer tout votre zèle et toute votre activité.

L'ordre de marche est toujours le même, la division de grenadiers partira à 4 heures du matin.

Compans.

Le général Compans à M. Vast, commissaire des guerres.

Gmünd, le 13 vendémiaire an xiv (5 octobre 1805).

Monsieur le Commissaire,

M. le maréchal, convaincu que la ville de Gmünd a de grandes ressources en subsistances, vous charge d'y faire une forte réquisition en pain qui suffise, non seulement à entretenir l'avance de quatre jours que le corps d'armée doit avoir constamment, mais encore à nourrir les divisions qui marchent derrière lui.

M. le maréchal désire que vous fassiez faire aujourd'hui une distribution de vin à raison d'une bouteille par homme, et que vous vous assuriez que la troupe ait reçu la viande pour demain.

Il vous charge aussi de donner vos ordres pour que les paysans requis pour le transport de notre biscuit reçoivent les vivres comme la troupe, et leurs chevaux le fourrage comme ceux des équipages militaires.

Veuillez, Monsieur l'Ordonnateur, donner vos ordres pour l'exécution de ces dispositions.

COMPANS.

Le général Compans au Bailli de Gmünd.

Gmünd, le 13 vendémiaire an xiv (5 octobre 1805).

J'invite M. le bailli de Gmünd à se prêter aux demandes qui lui seront faites par M. Roussel, médecin en chef du corps d'armée, pour l'organisation du service de santé de ce corps. M. Vast, commissaire des guerres faisant fonction d'ordonnateur, régularisera les fournitures que M. le bailli pourrait ordonner en vertu de mon invitation.

COMPANS.

M. le général Compans à M. Vast, commissaire ordonnateur.

Gmünd, le 13 vendémiaire an xiv (5 octobre 1805).

Monsieur le Commissaire,

M. le maréchal désire que vous fassiez relever les deux paysans venant de Pforzheim et conduisant chacun un attelage par deux paysans de cette commune ou lieux environnants. Vous voudrez bien remettre à ces deux hommes, porteurs de ma lettre, une autorisation pour retourner dans leurs foyers.

COMPANS.

Le général Compans à l'adjudant-commandant Delaage.

Gmünd, le 13 vendémiaire an xiv (5 octobre 1805).

Monsieur l'Adjudant-commandant,

Je vous préviens que d'après les intentions de M. le maréchal, commandant en chef, vous serez employé, jusqu'à nouvel ordre, à l'état-major général du corps d'armée, que vous voudrez bien rejoindre à Aalen dans la journée de demain.

COMPANS.

Le général Compans à l'Adjudant-commandant, chef d'état-major de la 2ᵉ division.

Gmünd, le 13 vendémiaire an xiv (5 octobre 1805).

Monsieur l'Adjudant-commandant,

Veuillez bien prévenir M. le général Gazan qu'il est inutile qu'il envoie demain un officier de son état-major auprès de M. le maréchal Lannes.

COMPANS.

Le général Compans aux Adjudants commandants, chefs d'état-major des divisions, et à MM. les Commandants du génie et de l'artillerie.

Gmünd, le 13 vendémiaire an xiv (5 octobre 1805).

Monsieur l'Adjudant-commandant,

Vous voudrez bien m'adresser exactement, après-demain 15 du courant, et à l'avenir, le 1ᵉʳ, le 8, le 15 et le 21 de chaque mois, le livret de situation qui, jusqu'à ce jour, n'a été adressé que par quinzaine; M. le major général l'exige aux mêmes époques.

Vous voudrez bien y comprendre les corps de toutes les armes qui se trouvent actuellement sous les ordres de M. le général Gazan.

Vous voudrez bien aussi, à compter du 16 du courant inclusivement, m'adresser journellement, avec le rapport des mouvements, emplacements des troupes et reconnaissances, un rapport des mutations survenues dans les divers corps de la division, dans les vingt-quatre heures. Ce rapport est également exigé par M. le major général de la Grande Armée. Vous voudrez bien vous conformer, pour la rédaction, à l'instruction qui est jointe au modèle que je vous fais passer.

Compans.

P.-S. — Je saisirai la première occasion pour faire imprimer des exemplaires de ce rapport, et vous en envoyer pour votre usage.

Bulletin historique de la marche de la division de la Garde impériale du 13 vendémiaire (5 octobre).

Elle passa le Neckar à Cannstatt et parcourut un pays coupé, en suivant la grande route (10 lieues). Elle établit son quartier général à Lorch. Cantonnements : à Lorch, Waldau, Rattenharz, Waschenbeuren, Rückerbronn, Plüderhausen, Ober et Unter-Berken, Ober et Unter-Urbach (1).

Le prince Louis de Bade au Major général

Carlsruhe, le 13 vendémiaire an XIV (5 octobre 1805).

Monsieur le Maréchal,

J'ai l'honneur d'informer Votre Excellence, en réponse à sa lettre du 12 vendémiaire, par laquelle elle a bien voulu me demander une escorte de troupes badoises pour un convoi d'argent portant deux millions, que M. de Heimrodt, capitaine

---

(1) Ordre au grand quartier général de partir le 14, à 4 heures du matin, pour Aalen, où l'Empereur sera vers 9 heures. Le 15, le grand quartier général doit être de bonne heure à Nordlingen ; les chevaux de main une heure avant les équipages.

du régiment de dragons légers, qui commandera cette escorte, sera rendu demain 6 octobre au soir, à Spire, avec un détachement de cavalerie composé de 1 lieutenant, de 2 bas-officiers, de 1 trompette et de 50 chevaux, et un détachement d'infanterie de 1 lieutenant, de 2 bas-officiers, de 1 tambour et de 40 tirailleurs. L'escorte badoise attendra, à Spire, l'arrivée du convoi d'argent; elle mettra deux jours pour se rendre à Heilbronn, en passant la première nuit à Sinsheim. M. le capitaine Heimrodt aura les ordres les plus précis de mettre son convoi à l'abri de tout événement, et de le remettre contre un reçu à Heilbronn à l'officier des troupes de Wurtemberg, qui sera chargé d'en continuer l'escorte.

Toujours empressé à remplir les ordres de Sa Majesté l'Empereur, je me féliciterai toujours, Monsieur le Maréchal, de saisir l'occasion pour prouver en même temps à Votre Excellence, l'hommage des sentiments de la considération la plus distinguée que je lui ai invariablement voués.

LOUIS, PRINCE DE BADEN.

Le général Songis, commandant en chef l'artillerie de la Grande Armée, à Ludwigsburg, au général Éblé, commandant en chef l'artillerie du 1er corps.

Le 13 vendémiaire an XIV (5 octobre 1805).

Monsieur le Général,

Je réponds à votre lettre du 10 du courant, que je viens de recevoir.

M. Otto, ministre plénipotentiaire de Sa Majesté près l'Électeur de Bavière vient, comme vous le savez, de passer un marché avec le sieur Liers, négociant à Würtzbourg, pour une fourniture de 2,000 chevaux de trait, que ce dernier doit livrer à l'artillerie dans un intervalle de quarante jours, à compter de la date du marché, le 10 vendémiaire (*2 octobre 1805*), à Pforzheim, Électorat de Baden. Vous voudrez bien envoyer de suite, dans cette place, un officier du 2e bataillon principal, avec tous les soldats dont vous pourrez disposer, pour y recevoir de l'officier que le général Faultrier doit charger de la réception de ces chevaux, tous ceux nécessaires pour remplacer dans ce bataillon les chevaux manquants et ceux hors de service.

Ces chevaux seront harnachés au moyen des harnais des chevaux morts ou hors de service qui ont dû être conservés, et de l'approvisionnement que chaque bataillon doit avoir.

Il va être établi un dépôt à Würtzbourg, qui alimentera votre corps d'armée en cartouches d'infanterie; quant aux munitions à canons, si dans le pays où nous allons entrer, il ne s'en trouve pas du calibre de vos bouches à feu, il vous sera fourni des pièces françaises ou l'on emploiera celles autrichiennes qui pourraient tomber entre nos mains.

J'ai l'honneur, etc.

SONGIS.

Bacher, chargé d'affaires de France à Ratisbonne.

Le 13 vendémiaire an XIV (5 octobre 1805).

Il existe jusqu'ici plusieurs versions sur la composition du premier corps d'armée russe, dont l'avant-garde a passé depuis deux jours dans les environs de Lintz, pour se rendre au camp de Wels.

La 1re colonne du corps d'armée est arrivée à Lemberg ou Leopol, le 30 août; elle était suivie de 226 voitures, tant fourgons que caissons. Elle ne devait arriver que le 9 octobre à Brünn, en Moravie; mais par des marches forcées, et à l'aide d'un très grand nombre de voitures, elle y a été rendue le 26 septembre.

La 1re colonne, sous les ordres du prince Bagration, est composée des régiments d'Azow (infanterie), de Kiew (grenadiers), du 6e bataillon (chasseurs), de Pawlograd (hussards), arrivés à Lemberg le 30 août 1805).

Deux compagnies d'artillerie, 24 pièces de campagne.

La 2e colonne, sous les ordres du général d'Essen, est composée des régiments d'Apcheron (infanterie de ligne), de Smolensk (infanterie de ligne), de Malorossy (grenadiers), de Tchernigow (dragons).

Deux compagnies d'artillerie, une de pionniers, 24 pièces de campagne.

La 3ᵉ colonne, sous les ordres du général Doktorow, est composée des régiments de Moscou (infanterie de ligne), de Butirsk (infanterie de ligne), du 1ᵉʳ bataillon (8ᵉ chasseurs), de Marianpol (hussards).

Une compagnie d'artillerie, une de bombardiers, une de pionniers et 24 pièces de campagne.

La 4ᵉ colonne, sous les ordres du général Chepelew, est composée des régiments de Nowgorod (infanterie de ligne), de Narwa (infanterie de ligne), de Podolie (infanterie de ligne).

Deux bataillons de grenadiers, deux compagnies d'artillerie et 24 pièces de campagne.

La 5ᵉ colonne, sous les ordres du général commandant Kutusow, est composée de deux régiments d'infanterie de ligne, un de grenadiers, un de cuirassiers et l'impériale et un de chasseurs à cheval.

Deux compagnies d'artillerie et 24 canons.

La 6ᵉ colonne, sous les ordres du général Dukow. On ne connait pas la composition de cette colonne.

La 7ᵉ colonne, sous les ordres du général Maltitz. Cette colonne est entièrement composée de cosaques.

Le général Rosen est aussi employé dans cette armée.

Ces colonnes sont de 6,000 à 8,000 hommes, et tout le corps d'armée peut être évalué de 50,000 à 56,000 hommes.

Le second corps d'armée, de pareille force, ne tardera pas à se diriger vers la Moravie et l'Allemagne.

Frédéric II, duc de Wurtemberg, au général-major, baron de Geismar.

Le 13 vendémiaire an XIV (5 octobre 1805).

Nous, Frédéric Second, par la grâce de Dieu, duc de Wurtemberg, archibanner et Électeur du Saint-Empire romain, duc de Teck, landgrave de Tubingue, prince d'Ellvangen et Zwiefalten, comte et seigneur de Limbourg-Gaildorff-Sontheim, Schmiedelfeld et de Haut-Sontheim, seigneur de Heidenheim, Justingen, Rothweil, Heilbronn, Hall et Adelmansfelden, à notre ami Général-Major et aide de camp général, baron de Geismar, salut.

D'après les conventions qui ont eu lieu avec Sa Majesté Impériale l'Empereur des Français, Roi d'Italie, nous avons pris l'engagement d'envoyer un de nos officiers d'état-major au quartier général impérial de la Grande Armée française, pour y être employé au grand état-major général, sous les ordres de M. le Ministre de la guerre, major général, maréchal Berthier :

Ayant fait choix à cet effet de vous, notre général-major aide de camp général, baron de Geismar, nous vous ordonnons, par les présentes, de vous rendre de suite au quartier général impérial de la Grande Armée française, pour y faire le service d'officier d'état-major, sous les ordres immédiats de M. le major général, maréchal Berthier, Ministre de la guerre.

Mandons, etc.

Donné en notre résidence à Louisbourg, le 5 octobre 1805.

FRÉDÉRIC.

Le général Vandamme au maréchal Soult.

Rosenberg, le 13 vendémiaire an XIV (5 octobre 1805).

Monsieur le Maréchal,

En exécution de vos ordres, j'avais envoyé à Ellwangen un détachement de 40 hommes du 11° de chasseurs ; à l'approche de la ville, un chasseur se porta en avant avec rapidité et courut sur un officier de uhlans du 2° régiment (1) qu'il somma de se rendre. Cet officier le pria d'appeler le commandant du détache-

---

(1) Schwarzenberg.

ment, avec qui il causa quelque temps. Il résulte des rapports de cet officier que la ville reste occupée par quelques uhlans qui étaient en bataille sur la place (sans doute prêts à partir puisqu'il n'y avait plus de poste). L'officier autrichien prétend qu'il n'y a pas encore de déclaration de guerre et offrit d'évacuer la ville si le commandant français l'exigeait; ils se sont quittés après quelques pourparlers. Informations prises, il paraît qu'il y a dans les environs d'Ellwangen 400 à 500 uhlans que commande M. Walmoden, commandant une portion de flanqueurs du général Klenau. L'officier autrichien dit savoir combien est forte l'armée française et que Sa Majesté l'Empereur dîna, il y a un ou deux jours, à Stuttgard, chez le duc de Wurtemberg. Mon premier aide de camp, ayant rencontré l'officier du 11ᵉ de chasseurs avec son détachement, a cru devoir revenir près de moi. J'ai désapprouvé la conduite de l'officier de chasseurs de n'avoir pas fait l'officier autrichien prisonnier, vu la proclamation de notre Empereur, qui annonce la déclaration de la guerre par l'ordre du jour de l'armée, et j'ai de suite renvoyé M. Serron (1) avec un nouveau détachement pour signifier les réquisitions que M. le maréchal a ordonnées. Par ce moyen, nous aurons de nouveaux renseignements qui nous apprendront sans doute l'évacuation de la ville. Je viens aussi de faire partir un homme sûr pour Nördlingen et pays voisins. L'on dit à Ellwangen que les Autrichiens fortifient encore le camp, ce qui ne paraît pas probable, quand ils seraient plus en force de ce côté là. Du reste, Monsieur le Maréchal, nous sommes ici prêts à tout ce qu'il vous plaira d'ordonner.

J'ai l'honneur de vous saluer respectueusement.

Vandamme.

Le maréchal Soult à l'Empereur.

Ober-Sontheim, le 13 vendémiaire an XIV (5 octobre 1805).

Sire,

J'ai l'honneur de rendre compte à Votre Majesté que, pour me conformer à ses intentions, j'ai fait partir un officier d'artil-

---

(1) Chef d'escadron, aide de camp du général Vandamme.

lerie pour aller porter au général Faultrier l'ordre de mettre en marche ce matin le grand parc d'artillerie, et de le faire précéder par tout l'équipage de pont, s'il est possible, ou au moins par dix ou douze bateaux; un autre officier est chargé d'établir des relais sur la route, de manière que ce premier convoi soit rendu à Nördlingen le 14 (*6 octobre*), au soir. Le grand parc, s'il est arrivé à Heilbronn le 12 (*4 octobre*), ainsi que le Ministre de la guerre me l'a annoncé, sera rendu pour le 15 (*7 octobre*) à Ellwangen.

Je me conformerai avec exactitude aux dispositions que Votre Majesté me fait l'honneur de me prescrire dans sa dépêche du 12 (*4 octobre*).

En ce moment, les divisions du corps d'armée se mettent en marche.

La 1re division se dirige sur Abtsgmünd, et prendra position en arrière de cet endroit; elle portera son avant-garde à Wasseralfingen et Hüttlingen, et fera éclairer Lauchheim.

La 2e division s'établira en arrière de Röhlingen, aura son avant-garde à Zöbingen et poussera ses postes aussi loin que possible sur la route de Nördlingen.

La brigade de cavalerie légère sera à Neuenstadt.

La 3e division sera en arrière d'Ellwangen, et aura le bataillon corse, avec 50 chevaux du 26e, à Neuler, pour lier communication avec Abtsgmünd.

Le parc d'artillerie du corps d'armée sera aussi en arrière d'Ellwangen.

La 4e division arrive aujourd'hui à Hall, et demain, sera rendue à Ellwangen.

Hier, en établissant l'avant-garde de la 2e division à Rosenberg, il me fut rendu compte qu'un parti de 300 uhlans, qui était la veille à Ellwangen, en était parti le matin. Pour m'en assurer, j'ordonnai au général Vandamme de pousser un détachement du 11e de chasseurs jusqu'à cette ville. L'officier qui le commandait trouva, en approchant d'Ellwangen, des postes ennemis, et un officier de uhlans vint à sa rencontre, pour lui dire que la guerre n'étant point déclarée, il ne pouvait se battre avec lui, et ils pourparlèrent ensemble jusqu'à l'arrivée du premier aide de camp du général Vandamme, qui somma l'Autrichien d'évacuer la ville; celui-ci promit de le faire ce matin.

J'ai fait partir de suite un officier, pour dire au général Vandamme d'entrer dans Ellwangen et d'en chasser l'ennemi, qu'il poursuivra avec son avant-garde aussi loin que possible sur la route de Nördlingen et prendra, avec le restant de sa division, la position qui lui est indiquée; je serai moi-même, à 8 heures, à son avant-garde, pour diriger les mouvements.

Il paraît qu'aux environs d'Ellwangen, il y avait encore, hier au soir, 400 ou 500 uhlans, et ce qui me fait croire que l'ennemi a réuni un corps de troupe à Nördlingen, c'est qu'hier, le général Klenau est passé dans la première de ces villes.

L'officier autrichien a dit à l'aide de camp du général Vandamme qu'un officier supérieur français, venant de Würtzbourg, et porteur de dépêches pour Votre Majesté, était passé, hier au matin, à Ellwangen, et se rendait à Ludwigsburg; il a ajouté qu'on savait à l'armée autrichienne que, depuis deux jours, Votre Majesté était dans cette ville; et enfin, en voyant à l'aide de camp du général Vandamme une réquisition de subsistances pour le magistrat d'Ellwangen, il a dit que rien n'était plus simple, qu'il fallait que tout le monde vive.

D'Ellwangen, j'aurai l'honneur de rendre compte à Votre Majesté des mouvements de l'ennemi et des dispositions que j'aurai prises, d'après celles que je devrai faire pour remplir les intentions de Votre Majesté.

J'ai l'honneur..... Soult.

Le maréchal Soult à l'Empereur.

Ellwangen, le 13 vendémiaire an XIV (5 octobre 1805),
à 1 heure après midi.

Sire,

L'avant-garde la 2ᵉ division du corps d'armée est entrée à Ellwangen ce matin, à 6 heures; les uhlans autrichiens au nombre de 300, en étaient partis à 5 et se dirigeant sur Bopfingen. Après avoir rendu compte à Votre Majesté du mouvement du corps d'armée, je me suis rendu à l'avant-garde de la 2ᵉ division; je l'ai trouvée en bataille, à hauteur de Neuenstadt, en avant d'Ellwangen. Le comte de Walmoden, commandant les avant-postes autrichiens, cherchait encore à parlementer et le général Candras l'ayant accueilli, il a témoigné son étonnement de voir la

Grande Armée de Votre Majesté aussi avancée, et lui a répété qu'aucune déclaration de guerre n'étant faite, il désirait connaître le motif qui appelait les troupes françaises.

Le général Candras lui a répondu qu'il n'était pas plus étonnant de voir l'armée de Votre Majesté en ce pays que de les y voir eux-mêmes.

En cet instant, je suis arrivé à l'avant-garde et le général Vandamme m'a rendu compte de ce qui se passait ; je lui ai donné aussitôt ordre de faire cesser ce pourparler et de signifier au commandant des uhlans que nous ne voyions dans les troupes autrichiennes que les ennemis de Votre Majesté, et qu'il pouvait régler là-dessus sa conduite.

Le général Vandamme a eu en même temps ordre de faire avancer sa division et d'occuper la position en arrière de Röhlingen que l'ordre du 12 lui avait indiquée, de poster son avant-garde à Zöbingen et de pousser un parti aussi près de Nördlingen que possible, en éclairant Bopfingen. Le mouvement s'est continué et j'ai quitté l'avant-garde lorsqu'elle arrivait sur sa position.

La 3ᵉ division est déjà rendue à Ellwangen.

Je pars dans l'instant même pour voir à Abstgmünd l'établissement de la 1ʳᵉ division et être plus à portée de recevoir les ordres de Votre Majesté.

Ce soir seulement, je pourrai avoir le rapport des reconnaissances qui ont été envoyées sur Nördlingen et celui des émissaires que j'ai jetés en avant.

Demain, de bonne heure, je mettrai en marche les 2ᵉ et 3ᵉ divisions, ainsi que la brigade de cavalerie légère, pour Nördlingen ; la 4ᵉ division arrivera à Ellwangen, et j'attendrai les ordres de Votre Majesté pour disposer de la 1ʳᵉ division, qui pourrait, dans une marche, se rendre à Bopfingen et être aussi à portée de joindre le corps d'armée, si elle n'avait pas d'autre destination.

L'avant-garde commandée par M. le général autrichien Kienmayer était annoncée depuis deux jours à Ellwangen, mais elle n'a pas paru ; les uhlans qui y étaient hier appartiennent au corps du général Klenau, mais ce général n'y est pas venu de sa personne, ainsi qu'on l'avait annoncé ; il se confirme qu'un corps de 5,000 à 6,000 Autrichiens, dont les hussards de Blankenstein font partie, est à Nördlingen, et on dit même que d'autres troupes doivent s'y réunir, mais je ne puis croire qu'ils veuillent défendre cette position ni celle de Donauwörth, sur la rive gauche de la Wörniz, où on dit que le général Klenau se concentre ; au reste, j'aurai, demain, l'honneur d'en rendre compte à Votre Majesté, car après m'être emparé de Nördlingen, je pousserai aussi près que possible de Donauwörth.

J'ai l'honneur..... SOULT.

Le général Vandamme au maréchal Soult.

Röhlingen, le 13 vendémiaire an XIV (5 octobre 1805).

Monsieur le Maréchal,

J'ai l'honneur de vous rendre compte que d'après vos ordres, ma division est établie dans l'ordre suivant : l'avant-garde a 2 bataillons à la sortie du bois, 2 pièces de 4 à leur gauche, en arrière de Zöbingen ; 1 régiment de chasseurs à cheval en arrière de ce village. Le général commandant l'avant-garde a ordre de s'éclairer sur Nördlingen et Bopfingen, en exerçant la plus grande surveillance dans la position qu'il occupe. Les deux autres brigades sont établies sur la hauteur en arrière de Röhlingen, à cheval sur la route d'Ellwangen, et le parc d'artillerie de la division, en arrière, à quelque distance. Je suis allé établir moi-même mon avant-garde à Zöbingen. Les renseignements que j'ai pu recueillir par mes éclaireurs et par des gens du pays m'ont convaincu que l'ennemi n'est point en mesure et qu'il se retire avec beaucoup de précipitation. Je compte en recevoir de nouveaux dans la nuit et j'aurai l'honneur de vous en faire part. Permettez-moi, Monsieur le Maréchal, de vous observer que Zöbingen est entouré de plaines très vastes et conduit à d'autres plus étendues encore, si l'ennemi n'était en pleine retraite, comme je le pense, je vous demanderais d'avoir la bonté de me renforcer de quelques escadrons, si cela vous est possible. Cependant, je vous aurais infiniment d'obligation de me l'accorder.

J'ai l'honneur de vous saluer très respectueusement.

VANDAMME.

Le maréchal Soult au maréchal Berthier.

Abstgmünd, le 13 vendémiaire an xiv (5 octobre 1805).

Le 4ᵉ corps d'armée a opéré aujourd'hui son mouvement, ainsi que, par mon rapport du 12 (*4 octobre*), j'ai eu occasion de l'annoncer à Votre Excellence.

La 1ʳᵉ division s'est établie en arrière d'Abstgmünd, appuyant sa gauche à la Kocher et ayant la Lein sur son front; son avant-garde est à Wasseralfingen et Hüttlingen.

La 3ᵉ division a un bataillon (les tirailleurs corses) et 20 chevaux du 26ᵉ de chasseurs à cheval, à Neuler.

La 2ᵉ division a pris position en arrière de Röhlingen, son avant-garde est à Zöbingen.

La 3ᵉ division est en position en arrière d'Ellwangen.

Le parc d'artillerie du corps d'armée est aussi en arrière d'Ellwangen; la brigade de cavalerie légère est à Neuenstadt, à portée de la 2ᵉ division. La 4ᵉ division est arrivée à Hall.

Le parc général d'artillerie a dû partir d'Heilbronn et se rendre à Œhringen.

J'ai donné des ordres pour faire avancer en toute diligence tous les bateaux de l'équipage de pont qu'on pourrait amener et des relais ont été établis sur la route; je compte que demain au soir ils arriveront à Nördlingen.

Demain, les divisions du corps d'armée continueront leur mouvement sur Nördlingen, mais la 1ʳᵉ, dont la destination était pour Abstgmünd, restera en position jusqu'à ce que Sa Majesté daigne m'autoriser à la faire avancer.

Hier au soir, 300 uhlans autrichiens étaient à Ellwangen J'avais envoyé un parti de 15 chevaux du 11ᵉ de chasseurs; en arrivant près de la ville, le commandant autrichien demanda à parlementer; après s'être récrié sur notre approche et avoir prétendu que la guerre n'était pas déclarée, il céda aux chasseurs la moitié de la ville et, avec ses 300 hommes, garda l'autre partie. Pendant la nuit, nous avons profité de cet avantage pour faire cuire du pain.

Ce matin, à 5 heures, les Autrichiens se sont retirés en arrière de la ville; à 6, notre avant-garde y est entrée et la 2ᵉ division a suivi immédiatement. Le commandant des uhlans a demandé de nouveau à parlementer et a encore témoigné son étonnement de nous voir toujours avancer. Le général Candras, qui l'a reçu, lui a répondu que c'était bien moins étonnant que de les voir eux-mêmes dans ce pays ; J'arrivai en cet instant à l'avant-garde. J'ai donné aussitôt l'ordre au général Vandamme de faire cesser ces pourparlers et de signifier au commandant des uhlans, que nous ne voyions dans les troupes autrichiennes que des ennemis de Sa Majesté l'Empereur et Roi notre souverain et qu'il pouvait régler là-dessus sa conduite ; il s'est alors retiré et a dit qu'il allait en rendre compte à ses chefs.

Les ennemis se sont effectivement retirés sur Bopfingen et j'ai fait pousser des reconnaissances, tant sur cet endroit que sur Nördlingen, où on assure que 7,000 à 8,000 hommes du corps du général Klenau se trouvent réunis, on prétend même qu'on y en attend d'autres pour cette nuit.

A Aalen il n'y a rien paru.

L'avant-garde, commandée par le général autrichien Kienmayer, était annoncée depuis deux jours à Ellwangen, mais elle ne s'est pas présentée.

En retournant à Ellwangen je trouverai sans doute d'autres rapports. Je les ferai parvenir à Votre Excellence s'ils offrent quelque détail intéressant.

Je m'étais rendu à Abstgmünd pour y recevoir les ordres de Sa Majesté, mais comme l'ennemi a fait des mouvements sur la 2e division et qu'il n'en existe aucun sur celui de la 1re, je vais me rendre à Ellwangen, d'où, en arrivant, je donnerai les ordres nécessaires pour le mouvement de demain.

Je laisse ordre au général Saint-Hilaire de partir demain pour Bopfingen, mais je lui prescris d'attendre, pour se mettre en mouvement, que Votre Excellence lui ait fait connaître directement que Sa Majesté approuve cette disposition et de se conformer, d'ailleurs, aux instructions qu'il vous plaira de lui adresser.

Il me paraît que la division du général Saint-Hilaire doit se diriger sur Bopfingen, puisque les ennemis semblent concentrer des forces à Nördlingen et Donauwörth et que, d'ailleurs, la division des grenadiers doit se porter, demain, sur Aalen, ainsi que le général Oudinot l'a annoncé au général Saint-Hilaire.

Je vous prie, Monsieur le Maréchal-Ministre, de me faire connaître à ce sujet les intentions de Sa Majesté.

J'ai l'honneur.....   SOULT.

Le maréchal Davout à l'Empereur.

Ilshofen, le 13 vendémiaire an xiv (5 octobre 1805),

Sire,

J'ai l'honneur de rendre compte à Votre Majesté que l'avant-garde est partie hier pour prendre position en avant de Dinkelsbühl.

A Crailsheim, le commandant prussien a fait quelques difficultés en paroles, ce qui n'a pas empêché de continuer la route. Ayant su que quelques officiers prussiens prenaient la chose avec beaucoup d'aigreur, je m'y suis transporté : ils se sont beaucoup radoucis ; ils ont dû faire connaître la déclaration que j'ai faite, que ce malentendu venait entièrement de moi et de ce que la promptitude avec laquelle j'étais obligé d'exécuter les ordres de marche ne me permettait pas d'écrire à mon souverain pour prendre ses ordres.

Plusieurs sont venus à mon quartier général ; ils attendent avec beaucoup d'impatience le résultat du voyage à Vienne de M. Haugwitz ; ils désirent et espèrent faire cause commune avec nous.

Les trois divisions partent à l'instant pour prendre la position de l'avant-garde que je ferai porter à Œttingen, selon les circonstances.

Hier au soir, une colonne de 18 bataillons et de 4 régiments de cavalerie était à Neresheim. Une autre colonne moins forte était en avant d'Harbourg.

Il y a beaucoup de mouvement ; jeudi dernier 4 régiments ont débouché à Donauwörth en descendant le Danube ; ils devaient être suivi d'un corps de 16,000 hommes, pour lesquels ils frappaient des réquisitions. L'armée réunie à Œttingen, je remplirai les ordres que Votre Majesté m'a donnés dans toutes les hypothèses, soit que l'ennemi occupe Nördlingen, soit qu'il se porte sur les généraux Marmont et Bernadotte, avec qui je communiquerai par de fréquents partis que je leur enverrai pour leur faire connaître les nouvelles que j'aurai. Je vais précéder l'armée de quelques heures à Dinkelsbühl, d'où j'aurai l'honneur d'envoyer à Votre Majesté un de mes aides de camp.

J'ai l'honneur..... DAVOUT.

Le maréchal Davout au maréchal Berthier.

Ilshofen, le 13 vendémiaire an xiv (5 octobre 1805).

Monsieur le Maréchal,

J'ai l'honneur de rendre compte à Votre Excellence que le corps d'armée à mes ordres sera tout réuni aujourd'hui en avant de Dinkelsbühl, ayant sur son front une branche de la Wörniz.

J'aurai l'honneur d'envoyer ce soir à Votre Excellence, de Dinkelsbühl, un de mes aides de camp, pour vous donner de plus amples connaissances sur les positions qu'occupera l'armée, ainsi que sur les mouvements de l'ennemi : ceux-ci sont encore obscurs. L'ennemi est en mouvement sur tous les points, sur Nördlingen, Harbourg et Donauwörth.

DAVOUT.

A Sa Majesté l'Empereur et Roi.

Ludwigsburg, le 13 vendémiaire an xiv (5 octobre 1805).

Sire,

Le corps de M. le maréchal Davout a laissé à Mannheim :

    6 pièces de 12 ;
    6 — 8 ;
    3 obusiers ;
    27 caissons de 12 ;
    14 — de 8 ;
    9 — d'obusier ;
    60 — d'infanterie ;
    3 — de parc ;
    9 forges ;
    21 chariots ;

TOTAL..... 158 voitures.

Il n'a emmené que 12 pièces de 8, 6 pièces de 4 et 3 obusiers, au total 124 voitures. Cependant le général Sorbier avait, de son aveu, 750 chevaux d'artillerie dont 100 blessés ou trop fatigués, par conséquent 650 en état qui pouvaient atteler bien au delà de 124 voitures. Son directeur du parc m'avait annoncé, par une lettre du 3 vendémiaire, qu'il avait les chevaux de réquisition venus de Mayence pour atteler ses voitures et, en outre, d'autres destinés pour le parc. Je ne puis donc concevoir pourquoi une si grande quantité de voitures ont pu être laissées. M. le maréchal Davout et le général Sorbier étaient bien prévenus que je ne pouvais leur faire donner des chevaux du train pour tout conduire et, quand ils n'en auraient pas eu suffisamment de réquisition, ils pouvaient en faire requérir.

J'ai envoyé à Mannheim un officier en poste pour faire prendre cette artillerie, si elle s'y trouve encore, et pour la conduire au corps de M. le maréchal Davout. Votre Majesté peut être persuadée que si elle n'a pas suivi, la faute ne peut m'en être imputée, ce corps étant pourvu comme les autres de l'armée qui n'ont rien laissé en arrière. Il est à regretter particulièrement que les 60 caissons de cartouches d'infanterie n'aient pas suivi.

Je suis, etc.....

(A. A.) Songis.

Journal de marche de la division Friant.

Le 13 vendémiaire an xiv (5 octobre 1805).

Le 3ᵉ corps marche sur Dinkelsbühl, petite ville prussienne ainsi que Crailsheim ; nous devions traverser tout ce pays en voyageurs, sans battre la caisse, sabres-baïonnettes dans les fourreaux ; mais les autorités civiles et militaires nous invitèrent, au nom de leur souverain, à déployer tout l'appareil militaire. Les troupes gagnèrent par la traverse, et près Erkenbrechtshausen, le chemin de Kirchberg à Crailsheim ; l'artillerie dut passer par Kirchberg.

Le chemin n'est généralement point bon et le terrain est très accidenté ; il devient meilleur près Erkenbrechtshausen ; nous passâmes à Tiefenbach, assez gros village.....

De Crailsheim à Dinkelsbühl, le chemin est bon et ferré ; quelques bois en quittant Crailsheim.....

Nous traversâmes trois à quatre petits villages ; pont et moulin sur un assez gros ruisseau à Unter-Radach.....

De Dinkelsbühl aux bivouacs, les chemins sont assez mauvais, parce que la route de cette petite ville à Nördlingen passe sur l'autre rive de la Wörniz.

Le maréchal Davout à M. le maréchal Soult.

Münchsroth, le 13 vendémiaire an XIV (5 octobre 1805).

Mon cher Maréchal,

Je vous préviens que l'avant-garde marche d'Œttingen, où elle a pris position hier, sur Augsbourg (*Harbourg?*). Le corps d'armée se porte à Œttingen.

Il paraît qu'un corps ennemi assez considérable a descendu le Danube pour se porter contre le maréchal Bernadotte; dans ce cas, j'exécuterai les ordres de Sa Majesté, qui sont de me porter à son secours, et je vous en préviendrai.

Le Maréchal,
L. DAVOUT.

3ᵉ CORPS D'ARMÉE.

Journée du 13 vendémiaire (5 octobre 1805).

Quartier général : Münchsroth.

Avant-garde. — Quartier général : En avant de Münchsroth.

1ʳᵉ *division.* — Quartier général : Münchsroth. La droite, à Dürenstetten; la gauche, à droite de la route de Dinkelsbühl à Münchsroth, en avant de la chapelle Saint-Ulrich. Le front couvert par la Roth, et tenant la tête des bois qui couronnent le plateau du versant de gauche de la Roth.

L'artillerie ne rallie la division que le lendemain, à 3 heures du matin.

2ᵉ *division.* — Quartier général : Haselbach. La droite, appuyée à la gauche de la 1ʳᵉ division, et la gauche à la Wörniz. Devant son front, la Roth. Le pont de la Wörniz, sur la route de Nördlingen à Dinkelsbühl, est gardé par un bataillon.

L'artillerie n'arrive qu'à 3 heures du matin, le lendemain.

3e division. — Quartier général : En deuxième ligne, entre les routes de Haselbach au moulin de Kaltenwaag, et de Diederstetten à Münschroth.

L'artillerie ne rallie que le lendemain matin.

Cavalerie légère. — A Œhringen, sur la droite d'Œttingen. Elle envoie de forts partis sur Wallerstein et la route de Nördlingen.

Le 12e régiment de chasseurs envoie 50 chevaux à Fremdingen, et le reste de ce régiment est porté à Thannhausen.

Grosse cavalerie. — La droite, à Haselbach ; la gauche, en arrière de Diederstetten, le long du vallon et en arrière du rideau.

Un parti de 100 chevaux est envoyé sur la route de Dinkelsbühl à Ellwangen, pour éclairer la droite.

Parc. — Le parc n'arrive que le lendemain, à 4 heures du matin. Il parque un moment au delà de Diederstetten, entre la deuxième ligne et la Wörniz.

Observations. — Cette position est bonne et militaire. La rapidité avec laquelle on a marché n'a pas toujours permis de les choisir avec autant de soin.

On marchait toute la journée et une partie de la nuit, et lorsqu'on ne pouvait plus aller, il fallait s'arrêter où l'on se trouvait; car souvent, il a été impossible aux divisions de se rendre à leurs destinations; mais comme on a presque toujours marché sur une seule colonne, toutes les divisions étaient couvertes par l'avant-garde, qui devait choisir plus attentivement ses positions.

Le maréchal Davout à l'Empereur.

Münchsroth, le 13 vendémiaire an xiv (5 octobre 1805).

Sire,

M. le maréchal Soult vient de m'envoyer les ordres que Votre Majesté me donne par sa lettre du 12 (*4 octobre*).

Par les renseignements que j'ai, je ne présume point qu'il puisse se trouver des nacelles sur la Wörniz, ni sur l'Altmühl; mais je me tiendrai toujours en mesure d'exécuter les ordres de Votre Majesté.

L'avant-garde est en marche pour OEttingen, et le reste du 3ᵉ corps de la Grande Armée prend aujourd'hui position en avant de Dinkelsbühl. La journée a été extrêmement forte, et cela pour ne point séjourner sur le territoire prussien. En traversant Dinkelsbühl, le directeur du Cercle m'a appris qu'il venait de recevoir l'ordre de bien recevoir l'armée du maréchal Bernadotte, et même de l'assister de vivres, etc... Hier, à Crailsheim, on m'a tenu un autre langage.

Les nouvelles de l'ennemi ici sont vagues. Il ne paraît point qu'il se battra sur la rive gauche du Danube; au moins de ces côtés.

Nos reconnaissances ont rencontré ce matin, à Ellwangen, 200 ou 300 uhlans qui se sont retirés.

J'attends, ce soir ou demain matin, des nouvelles positives sur les mouvements de l'ennemi; j'aurai l'honneur de les faire passer à Votre Majesté.

J'ai l'honneur.....

DAVOUT.

Sire,

J'ai l'honneur de faire part à Votre Majesté qu'à l'instant, je reçois un rapport du général Eppler, qui m'annonce qu'une de ses reconnaissances a rencontré un parti de 80 Autrichiens entre OEttingen et Harbourg. Je saurai, ce soir, si le rapport qui m'a été fait hier, et que j'ai eu l'honneur de communiquer à Votre Majesté, sur l'existence de ces côtés de quelques bataillons et de quelques régiments autrichiens, était exact.

J'ai l'honneur.....

DAVOUT.

Le général Marmont au maréchal Berthier.

Feuchtwang, le 13 vendémiaire an XIV (5 octobre 1805).

Monsieur le Maréchal,

J'ai l'honneur de vous rendre compte que les troupes à mes ordres sont arrivées ici aujourd'hui (1). La difficulté des

---

(1) La 1ʳᵉ division bivouaque à Dentheim; la 2ᵉ, en avant de Feuchtwang; la 3ᵉ, en arrière.

routes, la pénurie des subsistances ont rendu notre marche très pénible. Nous serons demain, de bonne heure, à Wassertrüdingen.

Mes patrouilles ont rencontré ce matin celles du maréchal Davout. Ainsi que vous me le prescrivez, quelque chose qui arrive, j'aurai soin de conserver ma communication libre avec lui.

Les Prussiens qui, hier encore, faisaient toutes sortes de difficultés et de menaces pour empêcher de pénétrer sur leur territoire, ont reçu, hier au soir, l'ordre de nous recevoir et de nous assister de tous leurs moyens. L'officier qui commande ici a fait, pour nous procurer des subsistances, tous les efforts imaginables, et montre à nous servir le zèle le plus ardent.

J'ai l'honneur de vous adresser un rapport général et un tableau de mouvement de mes troupes, depuis notre départ du Helder jusqu'à aujourd'hui.

Je prie Votre Excellence.....

MARMONT.

Le maréchal Bernadotte au maréchal Berthier.

Detmansdorf, le 13 vendémiaire an XIV (5 octobre 1805).

Monsieur le Maréchal,

J'ai l'honneur de vous rendre compte que je suis aujourd'hui à Detmansdorf, à 1 lieue en avant d'Ansbach; mes troupes sont serrées, en avant d'ici, à gauche et à droite de la route. Demain je serai à Günzenhausen.

Mon passage sur le territoire prussien me suscite mille difficultés; aujourd'hui, avant d'arriver à Ansbach, le général qui y commande est venu au-devant de l'armée avec tout son état-major. Il m'a tenu le même langage que le major prussien à Uffenheim. Il m'a déclaré avoir reçu du roi, sous la date du 1er octobre, les ordres les plus positifs de ne laisser passer aucune troupe étrangère; ce n'est qu'après une longue conversation, et à force de protestations d'amitié, que le général s'est décidé à nous laisser continuer notre route; il était, ainsi que tous ses officiers, vraiment affligé de la position où il se trouvait. Je fais tout ce qui dépend de moi, Monsieur le Maréchal, pour rendre notre passage le moins onéreux possible ; je fais bivouaquer sur les terres dont la récolte est rentrée ; je fais payer exactement et au poids de l'or tout ce qu'on nous fournit ; enfin, je ne néglige rien, argent, caresses, amitiés, j'emploie tout pour mécontenter le moins possible les sujets de Sa Majesté prussienne ; jusqu'à présent, j'ai assez bien réussi ; je n'ai reçu aucune plainte ; j'ai été assez heureux pour trouver ici M. de Cademberg, conseiller de guerre et des finances de Sa Majesté prussienne ; je l'avais connu, il y a huit ans ; il m'a beaucoup aidé et sa connaissance m'a été d'un grand secours.

J'ai l'honneur.....

BERNADOTTE.

1er CORPS D'ARMÉE.
Marche du 13 vendémiaire.

Le 13 vendémiaire (*5 octobre*), l'armée de Bavière se dirigera sur Schwabach. Le général de Wrède enverra des patrouilles sur la route de Neumarck et le général de Deroy placera quelques bataillons parallèlement à la rivière faisant face au Haut-Palatinat.

Le 1er corps de la Grande Armée se mettra en mouvement et ira prendre poste en avant d'Ansbach. Le général Kellermann se placera à une demi-lieue en avant et communiquera avec des patrouilles bavaroises qui devront aller à sa rencontre.

Journal du corps bavarois.

Le 13 vendémiaire (*5 octobre*), l'avant-garde prit une position près le village de Staag, en avant de Schwabach, où le lieutenant général de Deroy fut placé, elle poussa de fortes patrouilles sur la route de Neumarck.

Le maréchal Berthier au général Andréossy.

Gmünd, le 13 vendémiaire an XIV (5 octobre 1805),
à 10 heures du soir.

Donnez l'ordre au quartier général de partir demain de Gmünd, à 4 heures du matin, pour aller coucher à Aalen.

Donnez l'ordre au général Rheinwald de commander entre le Rhin et le Neckar, qu'il se rende demain à Stuttgard. Prévenez-le qu'il ne doit plus laisser passer aucune espèce de troupe, artillerie, convois, ni aucun individu quelconque tenant à l'armée française, sur les routes de Cannstatt à Schörndorf, Gmünd, ainsi que sur celles de Cannstatt, Esslingen et Göppingen ; tout ce qui serait en arrière et qui arriverait sur Stuttgard, Cannstatt et Ludwigsburg doit gagner Heilbronn pour suivre la seule route destinée à l'armée par OEhringen, Hall, Ellwangen et Nördlingen ; c'est de ce dernier point que les différents détachements d'infanterie, cavalerie, artillerie, etc..... rejoindront leurs corps.

Vous donnerez au général Rheinwald l'ordre que vous avez donné pour établir la route de l'armée sur Nördlingen par Heilbronn. Les commandants d'armes placés sur cette route lui rendront compte, et lui, de sa personne, restera à Stuttgard jusqu'à nouvel ordre.

Prévenez de ces dispositions M. Didelot.

Donnez l'ordre, par un courrier, que le pont de Lauterbourg soit levé, qu'il ne reste que celui de Spire sur la route de l'armée.

Voyez M. Petiet afin qu'il soit, sur-le-champ, établi des évacuations de Nördlingen à Spire.

Faites connaître au général Rheinwald les ordres donnés à l'adjudant commandant Chevalier qui sera sous ses ordres et qui lui rendra compte de Spire en même temps qu'il m'en rendra directement.

Prévenez de la levée du pont de Lauterbourg et de la seule route destinée pour l'armée les sénateurs Kellermann et Lefebvre.

Prévenez tous les commandants en chef des différents corps que toute autre route que celle de Spire à Nördlingen est proscrite et que sous aucun prétexte on ne peut s'écarter de ces dispositions, soit pour ce qui appartient aux dragons ou à tous autres corps.

L'établissement des hôpitaux d'évacuation de Nördlingen à

Spire est de la dernière importance : voyez, cette nuit même, M. Petiet.

L'Empereur sera demain, à 9 heures du matin, à Aalen. Venez demain matin prendre connaissance, sur mon registre, des mouvements que j'ai ordonnés.

Que le général Rheinwald parte à la pointe du jour, il est à Gmünd.

Maréchal Berthier.

Le maréchal Berthier au maréchal Ney.

Ludwigsburg, le 13 vendémiaire an xiv (5 octobre 1805).

Monsieur le Maréchal,

L'intention de l'Empereur est que le 15 (*7 octobre*) vous vous mettiez en marche pour vous diriger sur Donauwörth, en passant par Neresheim.

Le général Dumas, que je vous envoie, arrangera avec vous la route que vous devez tenir, vu que c'est une route de traverse qu'il faut reconnaître.

Si vous rencontrez l'ennemi à Donauwörth et qu'il vous oppose de la résistance, l'intention de l'Empereur est de l'attaquer dans la journée du 16 (*8 octobre*) et, dans ce cas, vous devriez vous porter à 1 lieue de Donauwörth et vous mettre en position de couper la chaussée de Donauwörth à Ulm, au village que l'on présume être Erlingshofen, ayant des avant-postes jusqu'au village d'Höchstädt.

L'Empereur, qui sera au corps de M. le maréchal Soult et dont le quartier général sera, le 15, à Nördlingen, vous fera passer de nouveaux ordres et des instructions en conséquence.

Maréchal Berthier.

Le maréchal Berthier à Son Altesse Sérénissime le prince Murat.

Ludwigsburg, le 13 vendémiaire an xiv (5 octobre 1805).

L'intention de Sa Majesté l'Empereur est que vous attiriez à vous vos quatre divisions de dragons le plus tôt que faire se pourra.

Vous devez être, aujourd'hui 13, à Heidenheim. L'Empereur désire que le 15 (*7 octobre*), de bonne heure, vous puissiez arriver sur Donauwörth. Si l'ennemi y est en force, vous attendrez les maréchaux Soult et Ney, qui ont ordre de l'y attaquer. S'il n'est pas en force et qu'avec vos 6,000 ou 8,000 dragons vous puissiez enlever Donauwörth et surprendre le passage, vous êtes autorisé à le faire. Vous placeriez, sur-le-champ, votre artillerie pour défendre le pont et vous y feriez faire les travaux indispensables. Vous ne vous exposeriez, toutefois, qu'autant qu'il le faudrait pour défendre le pont jusqu'à l'arrivée du maréchal Soult qui sera le 14 (*6 octobre*) à Nördlingen et le 15 (*7 octobre*) sur Donauwörth.

Vous instruirez le maréchal Soult de tout ce que vous apprendrez dans la journée du 14 et dans la nuit du 14 au 15.

Il est préférable que vous arriviez à Donauwörth plutôt l'après-midi qu'avant midi, parce qu'alors, deux divisions du maréchal Soult auront eu le temps d'arriver.

Vous instruirez le maréchal Davout, qui le 13 (*5 octobre*) arrive à Œttingen, de tout ce que vous apprendrez ; et enfin, vous tiendrez également au fait de tout ce que vous saurez au sujet de l'ennemi, le maréchal Ney qui part le 15 (*7 octobre*) de Heidenheim, pour se diriger sur Neresheim.

Si l'ennemi se trouvait en force de l'autre côté du Danube et qu'il fût impossible de surprendre le pont, vous ferez border le Danube par vos troupes et vous établirez vos postes jusqu'à 2 lieues plus bas que Donauwörth.

Vous rassemblerez tout ce qu'on pourra trouver de nacelles et de bateaux et vous reconnaîtrez tous les points sur le Danube, afin que le 16 (*8 octobre*) on puisse aviser aux moyens de passer ce fleuve.

Vos partis doivent se lier avec ceux du général Marmont qui, le 15 (*7 octobre*), se trouvera à Treuchtlingen. Tâchez d'envoyer, soit des gens du pays, soit des Bavarois, soit des officiers à vous pour en avoir des nouvelles, cela est d'une grande importance.

Je vous préviens que j'ai donné ordre au général Baraguey-d'Hilliers d'être rendu le 15 (*7 octobre*) à Heidenheim et le 16 (*8 octobre*) de prendre position à Neresheim.

J'ai ordonné au général d'Hautpoul d'être rendu avec sa division le 15 (*7 octobre*) au soir à Nördlingen.

Maréchal Berthier.

Le maréchal Berthier au général Baraguey-d'Hilliers.

Ludwigsburg, le 13 vendémiaire an xiv (5 octobre 1805).

Il est ordonné au général Baraguey-d'Hilliers d'être rendu avec sa division, dans la journée du 15 (*7 octobre*), à Heidenheim et dans la journée du 16 (*8 octobre*) il prendra position à Neresheim.

Maréchal Berthier.

Le prince Murat au maréchal Berthier.

Heidenheim, le 13 vendémiaire an xiv (5 octobre 1805), à minuit.

Monsieur le Major général,

J'ai l'honneur de vous prévenir que, suivant tous les rapports que je reçois, les Autrichiens ont réuni leurs forces sur Ulm.

Je reçois à l'instant votre dépêche de ce jour, et je donne des ordres pour l'exécution des dispositions qu'elle renferme. Demain, la 1re division de dragons couchera à Deggingen, la 2e à Ringingen et la 3e à Amerdingen. Je m'emparerai, le 15 (*7 octobre*), de Donauwörth, s'il y a possibilité. La 4e division de dragons sera, demain, à Heidenheim, et suivra mon mouvement. La division de dragons à pied arrivera aussi demain à Heidenheim, et aura ordre d'aller prendre position à Neresheim.

Murat.

(*En entier de la main de Murat.*)

Le général Belliard au général Bourcier.

Heidenheim, le 13 vendémiaire an xiv (5 octobre 1805).

Mon cher Général,

Le prince me charge de vous dire de regarder, comme non avenu, l'ordre que je vous ai transmis de venir à Geislingen.

L'intention de Son Altesse est que vous vous rendiez, demain, par la route de Süssen à Heidenheim, où vous recevrez de nouveaux ordres.

BELLIARD.

Le même au général Walther.

L'intention de Son Altesse Sérénissime le prince Murat est que vous envoyiez, par un officier, l'ordre au 10e régiment de se rendre demain à Heidenheim, en prenant la route.

Vous ordonnerez au colonel de quitter sa position dans le plus grand ordre, de ne laisser personne derrière, et de faire couvrir sa marche par un fort piquet d'arrière-garde. Il ne devra laisser en arrière ni chevaux blessés, ni bagages.

BELLIARD.

Le même au général Klein.

D'après de nouvelles dispositions arrêtées par Son Altesse Sérénissime, vous quitterez demain, à 7 heures du matin, vos cantonnements, pour vous porter sur Deggingen. Vous marcherez, avec la plus grande précaution, en avant et sur votre droite. Dès le moment de votre établissement, vous pousserez des reconnaissances sur Harbourg, et vous aurez la bonté de me faire parvenir les renseignements qui auraient pu vous parvenir sur la force et les mouvements de l'ennemi.

La 2e division occupera, sur votre droite, Ringingen; le quartier général du prince sera établi à Amerdingen.

BELLIARD.

Le même au général Walther.

D'après de nouvelles dispositions ordonnées par Son Altesse Sérénissime, vous partirez demain, à 6 heures du matin, des cantonnements que vous occupez, pour vous rendre à Ringingen. Vous marcherez militairement, en vous éclairant en avant et sur votre droite. Arrivé dans votre cantonnement, vous pousserez des reconnaissances sur votre front. Vous voudrez bien me faire parvenir les renseignements que vous aurez pu avoir sur la force et les mouvements de l'ennemi.

Vous prendrez, en passant à Heidenheim, votre artillerie qui suivra votre division.

Le général Klein occupe, sur votre gauche, Deggingen, et le général Beaumont, en arrière de vous, à Amerdingen, où sera établi le quartier général du prince.

BELLIARD.

Le même au général Beaumont.

D'après de nouvelles dispositions ordonnées par Son Altesse Sérénissime, vous partirez des cantonnements que vous occupez demain à 6 heures du matin, pour vous porter sur Amerdingen, en passant par Nattheim, Fleinheim et Dischingen. Vous marcherez militairement, en vous éclairant sur votre front et sur votre droite. Arrivé dans cette position, vous aurez à faire des reconnaissances sur la droite. Vous m'enverrez tous les renseignements qui pourraient vous parvenir. La division Walther s'établit en avant de vous, à Ringingen. Le quartier général du prince sera à Amerdingen. Ayez soin de vous lier, par des patrouilles, avec le général Walther qui est à Ringingen.

BELLIARD.

Le maréchal Berthier à Son Altesse Sérénissime le prince Murat

Gmünd, le 13 vendémiaire an XIV (5 octobre 1805),
à 10 heures du soir.

Monsieur le Maréchal,

L'Empereur est arrivé à Gmünd; il sera demain, à 9 heures du matin, à Aalen; de là, il se dirigera sur Nördlingen.

Vous aurez sûrement reçu les ordres que je vous ai adressés sur ce que vous avez à faire. Tâchez que l'Empereur trouve demain de vos nouvelles à son arrivée à Aalen. Il paraît que l'ennemi est à Nördlingen; si cela est, il sera demain aux prises avec le maréchal Soult; faites tout ce qui vous sera possible pour inquiéter la retraite de l'ennemi de Nördlingen sur Donauwörth.

Il est probable que, demain même, M. le maréchal Soult se trouvera sur Donauwörth. Il faut tâcher de surprendre le passage le 15 (*7 octobre*); telles sont les intentions de l'Empereur.

Maréchal BERTHIER.

L'Empereur au prince Murat.

Quartier impérial, à Gmünd, le 13 vendémiaire an XIV
(5 octobre 1805), à 10 h. 1/2 du soir.

Je serai demain à Aalen à 8 ou 9 heures du matin. Faites-moi parvenir des nouvelles de ce qui se sera passé. Le maréchal Soult me mande qu'il pense qu'il y a 5,000 ou 6,000 hommes à Nördlingen; au reste, il y sera demain, à la pointe du jour, avec son armée. J'ai rencontré à mon passage à Cannstatt un dépôt de la division du général Klein avec des chevaux à la main qui suivaient la route de Göppingen : en suivant cette route, ces chevaux s'exposaient à être pris. J'ai changé les routes, mais les généraux de dragons devraient rendre compte des ordres qu'ils donnent et des dépôts qu'ils forment, afin que l'état-major général puisse les diriger dans les lieux convenables et selon la direction générale de l'armée.

Du moment que l'ennemi aurait évacué Nördlingen et qu'on serait sûr qu'il se serait dirigé sur Donauwörth, je pense que tout ce qui est dépôt de dragons et de cavalerie doit se diriger sur Nördlingen.

Le général Bourcier, avec sa division de dragons, peut être difficilement forcé par la cavalerie, et ne doit se retirer que quand il voit l'infanterie en force. L'ennemi ne peut être en mesure de prendre position du côté d'Ulm. Le général Bourcier doit prendre les positions du général Walther, non seulement pour demain 14 (*6 octobre*), mais après-demain 15 (*7 octobre*). Donnez-lui donc l'ordre de cerner Ulm par des postes à 3 lieues de distance et sur tous les débouchés, soit sur ceux d'Heidenheim, soit de Geislingen. Il est assez important de masquer nos mouvements à l'ennemi. Faites-moi connaître d'avance les routes que vous comptez prendre pour vous rendre de Heidenheim à Donauwörth. Ménagez les chevaux, qui sont déjà un peu faibles, en faisant vos reconnaissances par des piquets de chevaux forts et en bon état.

Napoléon (1).

Le maréchal Berthier au maréchal Lannes.

Ludwigsburg, le 13 vendémiaire an xiv (5 octobre 1805).

Dans la journée du 15 (*7 octobre*), le corps de M. le maréchal Lannes se portera à Bopfingen.

Il est prévenu que le quartier général de l'Empereur sera aujourd'hui à Gmünd et le 15 (*7 octobre*) à Nördlingen.

Maréchal Berthier.

Le maréchal Berthier au général d'Hautpoul.

Ludwigsburg, le 13 vendémiaire an xiv (5 octobre 1805).

Il est ordonné au général d'Hautpoul de diriger sa marche de manière que d'aujourd'hui 13 (*5 octobre*) et dans les journées des 14 et 15 (*6 et 7 octobre*), il soit rendu avec sa division le 15 (*7 octobre*) au soir à Nördlingen.

Il enverra tous les soirs à l'état-major les noms des villages où il couchera, afin que je sois à même de lui donner des ordres s'il est nécessaire.

Maréchal Berthier.

Le maréchal Berthier au maréchal Bessières.

Ludwigsburg, le 13 vendémiaire an xiv (5 octobre 1805).

Monsieur le Maréchal,

Je vous préviens que la cavalerie de la Garde impériale doit être rendue le 14 entre Aalen et Nördlingen.

---

(1) *Correspondance de Napoléon*, n° 9345.

L'infanterie, qui couche aujourd'hui en dehors de Schörndorf, se portera, demain, le plus près possible d'Aalen, afin d'arriver le 15 au soir à Nördlingen.

Maréchal BERTHIER.

Le maréchal Berthier au maréchal Bessières.

Gmünd, le 13 vendémiaire an XIV (5 octobre 1805),
à 10 heures du soir.

Monsieur le Maréchal,

L'Empereur, par la marche qu'il va faire demain, se trouvera au milieu des postes ennemis, et il est convenable qu'il soit fortement escorté : faites partir le général Ordener avec un escadron de chasseurs et un escadron de grenadiers demain, à 4 heures du matin. On aura soin de ne mettre dans ces escadrons que de bons chevaux ; on laissera avec le reste de la troupe les chevaux qui seraient faibles.

Le général Ordener se dirigera avec ses 200 hommes de cavalerie sur Aalen, où il est convenable qu'il soit rendu à 8 heures du matin : si Sa Majesté était déjà partie d'Aalen, il la suivrait sur Nördlingen.

La Garde à pied partira à 8 heures du matin.

On formera un peloton, sous les ordres d'un officier, de tous les hommes fatigués, afin que tous les grenadiers et chasseurs se trouvent à Aalen de bonne heure et, s'il est possible, à midi.

Maréchal BERTHIER.

Le maréchal Berthier au général Saint-Hilaire.

Ludwigsburg, le 13 vendémiaire an XIV (5 octobre 1805).

Général,

Votre présence n'est plus nécessaire dans la direction que vous avez prise ; vous devez donc quitter Abstgmünd demain pour vous diriger sur Nördlingen, où il est possible que M. le maréchal Soult ait une affaire.

Maréchal BERTHIER.

Le maréchal Berthier au maréchal Soult.

Ludwigsburg, le 13 vendémiaire an XIV (5 octobre 1805).

Il est ordonné à M. le maréchal Soult d'être rendu le 14 (*6 octobre*) à Nördlingen. L'intention de l'Empereur est qu'il active autant qu'il pourra la marche de ses divisions, si cependant il n'y trouve pas de trop grands inconvénients, de manière à s'y trouver avec le plus de forces possibles.

L'intention de Sa Majesté est que le maréchal Soult se porte le 15 (*7 octobre*) sur Donauwörth, qu'il s'empare de cette ville et qu'il force le passage du Danube.

L'Empereur compte placer son quartier général le 15 à Nördlingen.

Maréchal Berthier.

4ᵉ CORPS D'ARMÉE.

Ordre du 13 vendémiaire an XIV (5 octobre 1805).

Le 4ᵉ corps d'armée continuera demain son mouvement; les troupes se mettront en marche à 6 heures du matin.

La 1ʳᵉ division partant d'Abstgmünd se dirigera par Hüttlingen, Westhausen, Laucheim et Aufhausen, sur Offingen; elle prendra position en arrière d'Oberndorff.

Son avant-garde se portera en avant de Trochtelfingen et s'éclairera parfaitement dans la direction de Neresheim et sur toutes les routes qui conduisent à Donauwörth.

Le général Saint-Hilaire réglera le mouvement de son avant-garde, de manière à ce qu'elle soit rendue avant midi à Trochtelfingen et soit en mesure de protéger le mouvement que les 2ᵉ et 3ᵉ divisions doivent faire sur Nördlingen pour en chasser l'ennemi dans le cas qu'il veuille défendre ce poste. Le restant de la division devra suivre de près la marche de l'avant-garde, pour la soutenir s'il était nécessaire. L'artillerie de la division la joindra à Offingen et, à cet effet, quittera la 2ᵉ division, qu'elle suit, à Kerchingen, pour se rendre à sa destination. Le général Saint-Hilaire enverra un piquet au-devant d'elle pour la conduire et reconnaître la route qu'elle doit tenir.

Le général Saint-Hilaire fera occuper Offingen et y aura son quartier général.

La 2ᵉ division se dirigera de la position de Rohlingen, où elle est établie, sur Nördlingen, occupera cette ville et prendra position en avant sur la route de Donauwörth. Le général Vandamme portera son avant-garde sur cette route pour avoir des nouvelles de l'ennemi et s'emparer des ponts, barques, radeaux ou trains de bois qui se trouveraient sur la Wörniz, depuis Harbourg jusqu'à Donauwörth. M. le général Vandamme est prévenu que les troupes du 3ᵉ corps d'armée, sous les ordres du maréchal Davout, ont ordre de s'emparer demain du pont de Harbourg. Il aura soin de les protéger s'il était nécessaire, dans le cas que l'ennemi serait en force dans la position de Nördlingen et paraîtrait vouloir y faire résistance. Le général Vandamme, avant d'attaquer, attendrait que la 3ᵉ division, qui suit son mouvement, l'eût rallié et, pour cet effet, ferait prendre position à celle qu'il commande en avant de Goldburghausen, éclairerait les mouvements de l'ennemi et attendrait de nouveaux ordres.

Le général Vandamme portera un parti sur Bopfingen pour s'assurer que l'ennemi a évacué ce poste et pour protéger la prise de position de la 1ʳᵉ division. La brigade de cavalerie légère suivra le mouvement de l'avant-garde de la 2ᵉ division, et recevra de nouveaux ordres à Goldburghausen.

La 3ᵉ division se mettra également en marche à 6 heures du matin, et se dirigera sur Nördlingen en suivant immédiatement la 2ᵉ division ; elle prendra position en avant de Goldburghausen, où elle recevra de nouveaux ordres si les dispositions de l'ennemi y donnent lieu.

Le parc d'artillerie du corps d'armée suivra immédiatement la 3ᵉ division et recevra de nouveaux ordres pour son établissement en arrivant à Goldburghausen.

Aucune voiture d'équipage quelconque, que celles de l'artillerie ne pourront marcher entre les 2ᵉ et 3ᵉ divisions, mais suivront le mouvement du parc général d'artillerie. MM. les généraux Vandamme, Legrand et Lariboisière voudront bien, chacun en ce qui le concerne, donner des ordres en conséquence. Les ambulances des divisions marcheront immédiatement après elle.

La 4ᵉ division arrivera demain à Ellwangen; elle a des ordres en conséquence.

Le 15, elle en partira et se dirigera sur Nördlingen, où elle recevra de nouveaux ordres.

Soult.

Le maréchal Soult au général Saint-Hilaire.

Du 13 vendémiaire an xiv (5 octobre 1805).

Pour assurer les subsistances de la division que vous commandez, je vous invite à requérir 10,000 rations de pain et 10,000 rations de viande sur pied sur le bailliage de Laucheim, où votre division doit passer demain, et de demander 15,000 rations complètes de pain et de viande à la ville d'Offingen, où vous devez vous rendre. Vous ordonnerez que ces quantités soient versées dans les magasins d'Offingen, pour être distribuées à votre division, ou soient à ma disposition en faveur des autres divisions qui éprouveraient un besoin plus pressant.

Je vous prie de m'instruire de la rentrée de ces deux réquisitions et de tenir la main à ce qu'elles soient opérées demain au soir.

Soult.

Le maréchal Berthier au maréchal Soult.

Gmünd, le 13 vendémiaire an xiv (5 octobre 1805),
à 10 heures du soir.

Monsieur le Maréchal,

Je vous ai expédié ce matin, de Ludwigsburg, des ordres pour vos opérations ultérieures.

M. le maréchal Murat, qui est aujourd'hui à Heidenheim, sera le 15 (*7 octobre*) à Donauwörth avec tous ses dragons.

L'ennemi ne commence que d'aujourd'hui à s'apercevoir de notre mouvement et il se réunit à Ulm.

L'Empereur sera demain à Nördlingen ; il approuve que vous vous approchiez le plus possible de Donauwörth.

Si l'ennemi était assez imprudent pour vous attendre à Nördlingen, l'Empereur espère que vous le traiterez de la bonne manière. Dans le cas où il serait en force à Nördlingen, vous aurez sûrement écrit au maréchal Davout, qui vous aurait envoyé la réserve de cavalerie du général Nansouty, sa cavalerie légère et une partie de son corps d'armée ; en longeant d'ailleurs la Wörniz, vers le pont d'Harbourg, le maréchal Davout se trouverait couper l'ennemi.

Vous pouvez, Monsieur le Maréchal, diriger la division Saint-Hilaire sur Nördlingen, ou comme il vous plaira ; cette division n'est plus nécessaire pour appuyer la droite de la Grande Armée.

L'Empereur qui se trouvera demain à 9 heures du matin à Aalen, désire y trouver de vos nouvelles et, comme il y sera assez peu escorté, les renseignements que vous pourrez lui envoyer lui seront utiles.

Maréchal BERTHIER.

Le maréchal Berthier au maréchal Davout.

Ludwigsburg, le 13 vendémiaire an xiv (5 octobre 1805).

Monsieur le Maréchal,

Je vous préviens que, d'après les renseignements parvenus à l'Empereur et ceux parvenus à mon état-major, il est certain que l'ennemi occupe Eichstädt avec 12,000 ou 15,000 hommes. Le maréchal Bernadotte ou le général Marmont n'auront pas manqué de vous instruire si ce corps s'était augmenté ou diminué : dans tous les cas, l'intention de Sa Majesté est qu'aussitôt que vous serez certain que l'ennemi n'a pas de corps en position dans la place de Nördlingen capable d'arrêter la marche du maréchal Soult, vous devez vous diriger de suite d'OEttingen sur Monheim et, par là, vous trouver en position de remplir l'un des deux buts ci-après :

Le premier serait de vous trouver plus près du corps du général Marmont et du maréchal Bernadotte et, si cette armée avait besoin de votre assistance, vous feriez toutes vos dispositions pour la soutenir.

Le second, s'il ne se passait rien d'extraordinaire à Eichstädt et que l'ennemi se fût reployé derrière le Danube, vous placeriez dans la journée du 15 (7 octobre) des postes sur le bord de cette rivière, depuis Neubourg jusqu'à l'embouchure du Lech. Vous tâcheriez de surprendre le pont de Neubourg ou tout autre passage, pourvu que ce soit entre le confluent du Lech et Neubourg.

Le 15, le quartier général impérial sera à Nördlingen, et l'Empereur vraisemblablement au corps du maréchal Soult.

Si vous parveniez à avoir un passage sur le Danube, vous passeriez sur-le-champ avec tout votre corps, et vous en préviendriez le maréchal Bernadotte et le général Marmont pour qu'ils activent leur marche sur ce fleuve et le passent sur-le-champ, soit sur le pont de Neubourg, soit sur un pont voisin que vous auriez bientôt fait établir une fois maître de la rive droite du Danube.

Je vous préviens que M. le maréchal Murat sera le 15 (7 octobre) avec tous ses dragons le long du Danube et sera en circonstance de pouvoir venir promptement à votre secours pour soutenir le passage que vous auriez pu vous procurer.

Donnez-moi tous les soirs de vos nouvelles.

Maréchal BERTHIER.

3ᵉ CORPS D'ARMÉE.

Ordre de marche du 14 vendémiaire (6 octobre).

Quartier général, à Münchsroth, le 13 vendémiaire an XIV
(5 octobre 1805).

Les trois divisions d'infanterie composant le corps d'armée partiront demain 14, à 9 heures du matin, des positions qu'elles occupent, pour se porter sur OEttingen, en marchant par trois routes différentes.

La 1ʳᵉ division suivra la grande route. Tous les parcs d'artillerie des divisions, et généralement toutes les voitures quelconques, marcheront à la suite de cette colonne, les autres routes étant moins propres aux voitures.

Le parc de la 1re division marchera immédiatement après elle : viendront ensuite ceux des 2e et 3e divisions, le parc de réserve, s'il est à hauteur d'entrer en ligne, enfin les voitures de bagages.

La 2e division formera la colonne du centre et se portera sur Œttingen, en suivant l'itinéraire qui sera joint au présent ordre.

La 3e division formera la colonne de gauche et marchera suivant l'itinéraire particulier qui lui sera transmis.

La division de grosse cavalerie sera divisée en deux brigades, la 1re marchera en tête de la 1re division commandée par le général Bisson.

La 2e brigade de cavalerie marchera à la suite de la 2e division commandée par le général Friant.

MM. les généraux de division enverront demain, à 7 heures du matin, un officier de leur état-major ou tout autre officier monté auprès de M. le maréchal à son quartier général de Münchsroth, d'où ils l'accompagneront à Œttingen.

Pour reconnaître la position de leurs divisions respectives et être ensuite chargés de les conduire sur le terrain, MM. les généraux se pourvoieront de guides pour les conduire par les routes de traverse qui leur sont indiquées.

Le Général, Chef de l'état-major général,

DAULTANNE.

Au général Gudin : Lorsque la tête de votre colonne arrivera à Schaffhausen, elle y fera halte et laissera filer la 1re division.

(A. G.)

Le général Andréossy au général Rheinwald.

Gmünd, le 13 vendémiaire an xiv (5 octobre 1805).

En conséquence des ordres du ministre de la guerre, major général, il est ordonné à M. le général de partir demain matin 14, à la pointe du jour, pour se rendre à Stuttgard, où il restera de sa personne jusqu'à nouvel ordre. Il commandera entre le Rhin et le Neckar.

La route de communication entre l'armée et la rive gauche du Rhin est établie par Nördlingen, Bopfingen, Ellwangen, Gaildorf, Hall, Œhringen, Heilbronn, Eppingen, Bruchsal et Spire.

C'est par cette seule route et du premier point que les différents détachements rejoindront leurs corps, soit d'infanterie, de cavalerie, etc. En conséquence, aucune espèce de troupe, artillerie, convoi, ni aucun individu quelconque appartenant à l'armée française ne pourra plus passer sur les routes de (Stuttgard) à Esslingen, ni sur celle de (Ludwigsburg) à Schörndorf. Tout ce qui serait en arrière et qui arriverait sur Stuttgard, (Cannstadt) et Ludwigsburg devra gagner Heilbronn, pour suivre la seule route destinée à l'armée et indiquée ci-dessus (1).

Le général Rheinwald donnera les ordres les plus prompts et les plus stricts pour l'exécution littérale de ces dispositions.

Dans tous les lieux désignés pour la route de communication de l'armée, il sera établi des commandants de place qui correspondront directement avec le général Rheinwald et lui rendront compte. Les ordres sont donnés en conséquence, des détachements de gendarmerie sont également placés sur cette route pour assurer le service du détachement de convois et le transport des prisonniers de guerre.

Il y a des commissaires des guerres à Eppingen, Œhringen, Gaildorf et Bopfingen pour assurer les subsistances.

M. l'adjudant-commandant Chevalier est parti ce matin pour se rendre à Spire et y commander (2). Il est prévenu qu'il doit également correspondre avec le général et son instruction porte que rien ne doit partir de Spire sans un ordre de lui et une feuille de route qu'il fera délivrer. Il doit surtout apporter la plus grande surveillance à ce qu'aucun soldat de la Grande Armée ne puisse, dans aucun cas, passer le Rhin.

Le général Rheinwald correspondra directement avec le major général et lui rendra, jour par jour, un compte exact de ce qui se passera dans l'étendue de son commandement, comme aussi

---

(1) Les mots entre parenthèses sont douteux. Ils remplissent des blancs laissés dans l'original.

(2) Les ordres donnés à l'adjudant-commandant Chevalier, ainsi qu'aux autres commandants de place, MM. Burrest, Hannort, Bidat, Blondeau, Armanet, chefs de bataillon; Vionnet, Delouche, Lefebvre, Barron, capitaines, contiennent des prescriptions analogues à celles de l'ordre au général Rheinwald. Des instructions sont adressées dans le même sens à MM. Petiet, Didelot, etc.

de ce qu'il pourrait apprendre sur les mouvements de l'ennemi et, en général, sur tout ce qui pourrait intéresser l'armée.

M. Didelot, chargé d'affaires de Sa Majesté l'Empereur des Français près de Son Altesse l'Électeur de Wurtemberg, est prévenu de ces dispositions. Il est également instruit que M. le général Rheinwald doit rester de sa personne à Stuttgard jusqu'à nouvel ordre.

ANDRÉOSSY.

Le général Andréossy au général Mathieu Dumas.

Gmünd, le 13 vendémiaire an xiv (5 octobre 1805).

Général,

Je vous préviens que le quartier général partira demain, 14 du courant, à 4 heures du matin, pour aller coucher à Aalen. L'Empereur sera à Aalen à 9 heures du matin.

ANDRÉOSSY.

Le quartier général devra être le 15, de bonne heure, à Nördlingen ; les chevaux de main partiront une heure avant les équipages.

ANDRÉOSSY.

CHAPITRE XIV

6 octobre

Le maréchal Berthier au général Bourcier.

Aalen, le 14 vendémiaire an xiv (6 octobre 1805).

Il est ordonné au général Bourcier de prendre position dans les journées du 14 et du 15 (*6-7 octobre*), pour couvrir jusqu'au 15 les débouchés d'Ulm et servir d'avant-garde au corps du général Baraguey-d'Hilliers, qui est en position à Heidenheim, et de la division du général Gazan, qui est en position à Aalen.

Le général Bourcier aura soin d'envoyer directement et fréquemment de ses nouvelles au quartier général à Nördlingen ; il aura également soin de prévenir les généraux d'Hilliers et Gazan de tous les mouvements que l'ennemi ferait sur eux. Il aura soin de renvoyer ses chevaux blessés, ses bagages et ses embarras à Nördlingen.

Si le général Bourcier a l'occasion de tirer quelques coups de canon sur l'ennemi, de manière cependant que ce soit naturel, il le ferait : le but serait de lui faire croire qu'il a avec lui un gros corps et de l'infanterie.

Soyez exact, Général, à me faire parvenir des nouvelles deux fois par jour à Nördlingen.

Maréchal BERTHIER.

Le maréchal Berthier au général Baraguey-d'Hilliers.

Aalen, le 14 vendémiaire an XIV (6 octobre 1805).

Général,

Le prince Murat vous aura donné l'ordre de prendre position à Heidenheim pendant toute la journée de demain, 15 (*7 octobre*).

L'intention de l'Empereur est que votre division bivouaque dans une position très militaire et propre à bien recevoir l'ennemi qui, d'Ulm ou d'Elchingen, se porterait sur vous. M. le maréchal Ney a l'ordre de vous laisser un de ses régiments de troupes légères à cheval pour vous éclairer.

La division de dragons à cheval du général Bourcier a ordre d'occuper, pendant les journées du 14 et du 15, les débouchés d'Ulm, ayant son quartier général à *Giessen* ou *Gotzenheim* (1). Mettez-vous en communication avec ce général, envoyez-lui un de vos aides de camp afin de connaître les mouvements que l'ennemi pourrait faire pour vous attaquer.

Vous aurez soin de m'expédier deux fois par jour des nouvelles à Nördlingen, où est le quartier général.

Je vous recommande d'avoir une position très militaire.

Instruisez-moi de tous les détachements qui auront passé à Heidenheim dans la journée du 15, afin que je juge s'il reste quelque chose en arrière.

Le général Gazan, avec sa division, reste toute la journée du 15 en position à Aalen afin de donner également le temps, à tout ce qui a débouché par cette route, de filer. Mettez-vous en communication avec ce général.

Maréchal BERTHIER.

Le maréchal Berthier au maréchal Ney.

Aalen, le 14 vendémiaire an XIV (6 octobre 1805).

Je préviens M. le maréchal que le maréchal Soult sera ce soir à Donauwörth, l'ennemi n'ayant pas tenu à Nördlingen.

---

(1) Nous n'avons pas l'original de cette lettre. Sur le registre de Berthier, où nous l'avons prise, les mots Giessen et Götzenheim ont été ajoutés au crayon. Il n'existe pas, près de Geislingen et d'Heidenheim, de localités dont les noms ressemblent à ceux-ci.

Le maréchal Davout est à Neubourg et le maréchal Bernadotte avec les Bavarois et le général Marmont seront demain sur Ingolstadt. Dirigez-vous, comme je vous l'ai mandé, sur Donauwörth. Le général Dumas, qui a été vous trouver, me fera connaître la route que vous devez suivre, afin que je puisse savoir où vous trouver.

Comme il serait possible que l'Empereur soit de sa personne à Donauwörth, écrivez-moi par duplicata à Donauwörth et à Nördlingen.

L'équipage de pont doit être arrivé, à l'heure qu'il est, à Nördlingen.

Je vous préviens que j'ai donné l'ordre au maréchal Murat de laisser la division de dragons à pied en position à Heidenheim.

L'Empereur ordonne que vous laissiez à cette division, commandée par le général Baraguey-d'Hilliers, un de vos régiments de troupes à cheval, afin qu'il puisse s'éclairer sur sa gauche et sur tous ses débouchés.

Maréchal Berthier.

6ᵉ CORPS D'ARMÉE.

Emplacements du 14 vendémiaire (6 octobre).

Quartier général : Giengen.
L'armée a séjourné dans sa position du 13.

Le général Dupont au maréchal Ney.

Au camp de Herbrechtingen, le 14 vendémiaire an xiv
(6 octobre 1805), à 5 heures du matin.

Monsieur le Maréchal,

J'ai l'honneur de vous rendre compte que la 1re division est campée, ainsi que vous l'avez ordonné, en arrière d'Herbrechtingen, et qu'elle occupe tous les points que vous avez indiqués sur son front et sur son flanc droit. Les reconnaissances qui ont été poussées en avant n'ont encore donné aucune nouvelle de l'ennemi.

J'attends vos ordres pour aujourd'hui si la division doit faire quelque mouvement.

J'ai l'honneur de vous saluer.

DUPONT.

Le général Malher au maréchal Ney.

Au quartier général, à Giengen, le 14 vendémiaire an XIV
(6 octobre 1805).

Monsieur le Maréchal,

La division que je commande est partie de Göppingen à 6 heures du matin, hier 13 vendémiaire, et est arrivée à Giengen aujourd'hui 14, à 3 heures et demie du matin ; les défilés que nous avons dû passer et surtout la rencontre des équipages, des dragons et des autres divisions nous ont tellement retardés qu'il nous a été impossible d'arriver plus tôt. Les 27e, 50e et 59e régiments sont bivouaqués en arrière de Hohe-Memmingen et le 25e léger en arrière de Saxenhausen ; ce régiment est arrivé à son bivouac à 3 heures et demie du matin.

Ci-joint le croquis de la marche du 13.

Agréez, Monsieur le Maréchal, l'assurance de mon respect et de mon attachement.

MALHER.

Le général Malher au maréchal Ney.

Au quartier général, à Giengen, le 14 vendémiaire an XIV
(6 octobre 1805).

Monsieur le Maréchal,

Depuis vingt-quatre heures, officiers ni soldats de ma division n'ont mis une bouchée de pain sous les dents ; j'ai eu quelques rations sur les équipages, j'ai quelques réquisitions qui ne sont pas rentrées. Je vous supplie, Monsieur le Maréchal, de dire à l'ordonnateur qu'il fasse l'impossible pour m'en faire donner ou prêter par ceux qui en ont, ne fût-ce qu'un quart de ration pour les faire déjeuner.

Jamais ma division n'a autant souffert dans la marche ; il était 3 heures et demie lorsque la brigade de gauche a pu arriver à sa position, il pouvait aussi être 7 heures du matin, lorsque les chasseurs sont arrivés à Saxenhausen avec le général Marcognet, qui s'y est établi ; aussitôt qu'il m'aura fait parvenir le rapport de la reconnaissance qu'il s'est chargé de faire lui-même sur Medlingen, j'aurai l'honneur de vous le transmettre.

Agréez, Monsieur le Maréchal, l'assurance de mon respect et de mon attachement.

MALHER.

Rapport de la Réserve de cavalerie.
Journée du 14 vendémiaire (6 octobre 1805).

Les trois divisions de dragons s'établirent :
La 1re division à Deggingen (1) ;
La 2e division à Ringingen, Thalheim, Diemantstein ;
La 3e division à Amerdingen, quartier général du prince avec un bataillon de dragons à pied.

La 4e division occupa, dans la vallée de la Fils, Gingen, Küchen, Altenstadt et Geislingen, et releva à Geislingen le régiment de la 2e qu'on y avait laissé. Le général Bourcier avait ordre du prince de tenir, par de forts postes, Amstetten, Ursprung et Uberkingen et de pousser des reconnaissances sur Ulm, où se réunissait l'armée ennemie. Cette division était placée pour couvrir la marche de la Grande Armée et l'éclairer sur sa droite. La première reconnaissance rencontra une patrouille ennemie ; elle fut chargée, on prit l'officier qui la commandait avec quelques hommes et 2 chevaux. Nous eûmes 2 hommes blessés.

La division de dragons à pied vint à Heidenheim.

Au quartier général de Zusmarshausen, le 17 vendémiaire an XIV (*9 octobre 1805*).

Le Général de division,
Chef de l'état-major général,
BELLIARD.

---

(1) En se prolongeant dans la vallée jusque près de Harbourg ; on a envoyé tous les chevaux blessés et les hommes démontés à Wallerstein, près de Nördlingen. (Marches et rapports historiques de la 1re division de dragons montés.)

Le général Belliard au colonel général Baraguey-d'Hilliers.

Le 14 vendémiaire an XIV (6 octobre 1805), à 2 heures du matin.

J'eus l'honneur de vous communiquer, hier, l'intention du prince, qui me charge de vous la rappeler. Je désire que vous veniez vous établir, dans la journée, à Heidenheim, où vous recevrez de nouveaux ordres. Je vous prie, dès le moment de votre arrivée, de m'en prévenir de suite à Amerdingen, où va s'établir le quartier général.

BELLIARD.

Le même au Général commandant l'artillerie.

Monsieur le Général,

Je vous préviens que le quartier général part aujourd'hui 14, à 6 heures du matin, pour se rendre à Amerdingen.

La division Walther prendra, en passant ici, son artillerie. Ordonnez, je vous prie, que celle de la division Beaumont suive le mouvement de la division Walther jusqu'à Amerdingen, où s'établit le général Beaumont.

BELLIARD.

Le maréchal Berthier à Son Altesse Sérénissime le prince Murat.

Aalen, le 14 vendémiaire an XIV (6 octobre 1805).

L'ennemi, qui paraissait vouloir tenir à Nördlingen, s'est retiré pendant la nuit. Le général Vandamme est déjà entré à Nördlingen et marche à grands pas sur Donauwörth, où il compte arriver ce soir. Vous êtes donc le maître de vous porter de votre personne et d'arriver le plus tôt possible à Donauwörth.

Faites border le Danube à votre cavalerie; emparez-vous de tous les bateaux que vous pourrez rencontrer, afin de pouvoir jeter un pont.

Donnez ordre au général Baraguey-d'Hilliers de prendre position d'abord à Heidenheim et ensuite à Neresheim et d'y attendre de nouveaux ordres. Il enverra tous les jours des rapports au quartier général qui se trouve à Nördlingen.

Maréchal BERTHIER.

Le général Belliard au général Bourcier.

Le 14 vendémiaire an xiv (6 octobre 1805).

L'Empereur vient de changer ses ordres, et vous ne devez plus venir à Heidenheim; ainsi, le prince Murat ordonne que vous alliez prendre position dans la vallée de la Fils que vous deviez occuper.

Vous tiendrez avec deux régiments à Altenstadt; vous ferez occuper Geislingen, Hausen, Uberkingen, Amstetten et même Urspring, ainsi que Weidenstetten. Vous devrez jeter quelques troupes jusque sur la route d'Heidenheim à Ulm. Vous ne devrez abandonner ces différents postes, mon Général, qu'autant que vous y seriez forcé par l'infanterie, et alors, votre retraite se ferait sur Heidenheim. Vous laisserez filer votre artillerie et vos bagages avec la division de dragons à pied. Dans le cas où elle serait partie de Süssen, vous ferez escorter jusqu'à Heidenheim les bagages et l'artillerie par un escadron de votre division. L'officier commandant ralliera le convoi avec le général Baraguey-d'Hilliers, et partira demain matin avec sa troupe, pour aller vous joindre à Geislingen. Ce convoi devra arriver ce soir, sans faute, à Heidenheim.

Comme votre mouvement avait été changé, vous ne trouverez plus à Geislingen le 10ᵉ régiment de dragons (1).

La mission que vous avez à remplir, mon cher Général, est on ne peut plus délicate. Vous allez vous trouver séparé de l'armée et très près de l'ennemi, qui paraît s'être réuni à Ulm. Vous ne pouvez alors que redoubler de surveillance et de soins. Si votre division était commandée par un autre officier, Son Altesse ne serait pas aussi tranquille; mais elle connaît vos talents, votre zèle et votre dévouement, et Elle est assurée que cette mission sera bien remplie.

Vous voilà chargé de couvrir le flanc droit de la Grande Armée et de cacher autant que possible ses mouvements.

Ayez soin, je vous prie, de correspondre avec moi et de

---

(1) D'après le rapport des mouvements, marches et combats du corps d'armée de réserve (Belliard), Bourcier, à Geislingen, « releva » le 10ᵉ régiment.

me donner souvent de vos nouvelles par Heidenheim sur Amerdingen, à trois lieues sur la droite de Neresheim. C'est là que sera ce soir le quartier général du prince. Les dragons à pied coucheront ce soir à Heidenheim.

BELLIARD.

Le prince Murat à l'Empereur.

Heidenheim, le 14 vendémiaire an XIV (6 octobre 1805),
à 6 h. 1/2 du matin.

D'après les ordres de Votre Majesté qui me furent transmis, hier, par M. le major général, j'avais fait mes dispositions pour me trouver aujourd'hui à cinq ou six lieues de Donauwörth, avec mes trois divisions de dragons.

J'ai déjà eu l'honneur de vous faire connaître, hier au soir, que j'occuperais aujourd'hui Deggingen, Ringingen et Amerdingen, où sera mon quartier général. La 1re division, qui sera établie à Deggingen, fera reconnaître ce soir Sorheim et appuiera ses postes, s'il est possible, jusque sur la grande route de Nördlingen à Donauwörth. Demain, je m'emparerai de ce dernier poste, si l'ennemi n'y est point avec des forces supérieures. Les divisions Klein et Beaumont pourront prendre part à l'action, qui aurait lieu aujourd'hui ou demain dans les plaines de Nördlingen, si j'apprends que le maréchal Soult soit aux prises avec l'ennemi.

D'après les mêmes ordres du Ministre, j'avais ordonné moi-même au général Bourcier de se rendre avec sa division à Heidenheim (1). D'après ceux que je reçois maintenant de Votre Majesté, je lui donne contre-ordre et des instructions conformes à vos intentions.

Votre Majesté verra, par les divers rapports que j'ai l'honneur de lui adresser, que l'armée ennemie paraît concentrée aux environs d'Ulm. Aucun de nos espions ne veut retourner

---

(1) Le prince reçut les dépêches de l'Empereur et du major général, datées de Gmünd, 13 (5 *octobre*), à 10 heures et 10 h. 1/2 du soir. C'est en conformité des ordres qu'elles contenaient, demandant de donner de ses nouvelles à Aalen vers 8 à 9 heures, que le prince écrit.

chez les Autrichiens. La terreur est à son comble dans tout ce pays, tant on y croit à une bataille prochaine. Je pars à l'instant pour Amerdingen, où j'espère recevoir des rapports de Donauwörth.

MURAT.

(*En entier de la main de Murat.*)

M. Raymond au prince Murat.

Geislingen, le 13 vendémiaire an XIV (5 octobre 1805),
à 5 heures du soir.

J'ai l'honneur de vous envoyer trois rapports :

1º Hier, 3 octobre, il y avait à Ulm 4 bataillons du régiment de Riese. Le soir, on attendait 3 bataillons d'infanterie.

Il n'y avait point de cavalerie dans la ville.

Il y avait 6 pièces de campagne.

Après-midi, vers 2 heures, des troupes de la garnison d'Ulm sont sorties le sac sur le dos, ont passé devant Söflingen par le Blauthal et pris la route de Blaubeuren.

Les fortifications nouvellement faites sont très insignifiantes ;

2º Un homme arrive à l'instant de Günzbourg et rapporte que ce matin, de bonne heure, 6 régiments d'infanterie et beaucoup de cavalerie ont suivi le Danube et se sont dirigés vers Lauingen, que dans ce moment il y a très peu de troupes à Ulm.

Le même homme était, il y a trois jours, sur le chemin de Kempten, où il avait rencontré beaucoup de troupes ;

3º L'homme envoyé aujourd'hui à Ettlenschies et Urspring dit que de la journée on n'a vu à Ettlenschies aucun soldat autrichien, et que les 4 soldats qui se trouvaient à Urspring en sont partis à 11 heures pour retourner à Ulm.

Sur la route il n'a vu aucun Autrichien.

J'ai encore 7 hommes dehors, dont voici les itinéraires :

1ᵉʳ Turkheim, Nellingen, Oppingen, Amstetten ;
2º Lutzhausen, Denkenthal ;
3º Ulm ;

4e Heidenheim, Herbrechtingen ;
5e Suppingen, Blaubeuren, Urspring ;
6e Günzbourg, Leipheim, Elchingen, Dornstatt ;
7° Ulm. Celui-ci est adressé directement au président de la province bavaroise en Souabe et, selon toutes les apparences, rapportera des nouvelles intéressantes et sûres.

Je vais encore expédier sur Dillingen et Ulm. 3 de mes hommes doivent rentrer ce soir, les 4 autres demain.

Je prie Votre Altesse d'avoir la bonté de m'envoyer de l'argent et de me faire dire s'il faut que j'attende ici les rapports de demain et, dans ce cas, où je dois aller la joindre et donner rendez-vous à mes éclaireurs.

D'après l'inspection d'une bonne carte, Votre Altesse verra que j'ai fait reconnaître absolument toutes les routes qui approchent, se dirigent ou avoisinent son quartier général.

J'ai l'honneur d'être avec tous les sentiments de respect que je dois à Votre Altesse Sérénissime, Monseigneur.

RAYMOND.

L'homme envoyé hier au soir de Göppingen à Ulm a rapporté avoir trouvé 400 hommes d'infanterie sur la montagne de Saint-Michel et 8 pièces de canon ; sur la grande route de Stuttgard, près des portes, un piquet de 50 hommes de cavalerie.

Le chemin de Memmingen à Ulm est couvert de troupes, qui se retirent de la Souabe méridionale.

A Denkenthal, sur les hauteurs, quelques troupes.

RAYMOND.

Note.

Le 14 vendémiaire an XIV (1).

Le bruit s'était répandu que l'avant-garde de l'armée autrichienne, forte de 30,000 hommes, avait passé dans les environs

---

(1) Date ajoutée postérieurement et d'une autre écriture que la note. D'après le texte même, la véritable date est le 7 octobre. L'auteur n'est pas Français, et écrit de Fremdingen ou Œttingen.

d'Augsbourg venant, soit de l'intérieur de l'Autriche, soit de Bregenz, avait posé son quartier général à Memmingen et poussé ses avant-postes jusqu'à Stockach. Les dragons de Rosenberg avaient poussé jusqu'à Hechingen et l'on dit qu'ils ont ont étendu leurs reconnaissances jusqu'à Pforzheim, où ils se sont rencontrés avec les dragons français, du (sic); depuis, des troupes sont successivement arrivées sur Augsbourg et alors ils se sont jetés sur Ulm, où l'on dit le régiment d'infanterie de Riese resté en garnison. Ils ont poussé des uhlans jusqu'à Nördlingen, par Dillingen et Dischingen, et, successivement, l'on dit que de proche en proche leur infanterie, en nombre considérable, a pris une position à Bopfingen et poussé des détachements dans ces gros villages qui s'étendent sur des hauteurs, depuis ce dernier point jusqu'à Wallerstein, 3 lieues d'ici. L'on dit que hier, 6, ils se sont rencontrés ou ont été reconnus par des hussards ou dragons français et que la personne qui a vu la rencontre m'a rapporté que près de Nördlingen des hussards français avaient paru, qu'ils s'étaient avancés au galop jusqu'à vingt pas de distance, avaient ensuite tourné bride et étaient retournés de leur côté, réciproquement, au pas.

Il y avait des uhlans et des dragons de Levenstein (1), au nombre de 250. L'on dit ces troupes retirées sur Donauwörth; ce n'est pas de là qu'elles venaient, mais d'Ulm, distant de 12 lieues de Nördlingen et de Bopfingen et tous les pays qui se trouvent entre ces villes jusqu'à Ulm ayant le Danube à droite; Ulm, dans le fond, est un pays, par sa position, à recéler une armée considérable, pays de montagnes, de forêts, et, excepté la grande route d'Ulm, impraticable à l'artillerie et qui dans la dernière guerre a souvent servi de théâtre à des actions sanglantes; je croirais plutôt les Autrichiens en forces dans ces pays et n'ayant montré que des faibles postes en avant, car de Nördlingen et d'OEttingen le pays jusques au Danube n'offre aucune de ces positions où les Autrichiens aiment à se loger; d'ailleurs, la diligence avec laquelle ils ont fait travailler à relever les fortifications d'Ulm, au moins en faire une tête de pont, prouverait que leur plus grande force est de ce côté là, car au bout de la plaine du Ries (2)

---

(1) N'existe pas. Levenehr, probablement.
(2) Plaine de Nördlingen.

jusques au Danube, il n'y a que le château d'Harbourg qui offre un site de défense.

Le général Mack a passé à Ulm le 27, se dirigeant sur Memmingen ; l'empereur d'Autriche a été de sa personne dans cette ville, mais il est promptement retourné à Vienne ; ses troupes ont été les premières à arriver dans la Haute-Souabe, peut-être comptaient-elles sur les Russes dont la marche paraissait être la rive gauche du Danube, passés par ruse à Neubourg, et qui, s'étendant dans le pays qu'à présent l'armée française occupe, appuyait leur droite.

Les Russes ne sont point en forces et depuis quelques jours les Autrichiens, dit-on, ont passé le Danube à Neubourg, occupent Monheim et ont poussé, dit-on, jusqu'à Waiblingen et Aalen, 4 lieues d'ici. Depuis deux jours, l'on ajoute que les Autrichiens ont été renforcés à Neubourg jusqu'au nombre de 15,000 hommes.

Le chemin d'ici à Neubourg n'est que chaussée de Monheim à Neubourg ; d'ici à Waiblingen le chemin est passable, mais de Waiblingen à Monheim il est ferme mais mauvais, mais très praticable à la cavalerie et à l'infanterie.

Le pays, j'ajouterai, est boisé, partie plaine, partie colline ; la rivière de Wörniz, traversant le Ries et se jetant dans le Danube à Donauwörth, est une faible barrière offrant des gués, dont on ne peut s'assurer qu'en les faisant sonder. Les (*illisible*) sans être à pic, sont très dangereuses et parfois couvrent de grandes profondeurs. Le terrain de ses bords, quoiqu'il paraisse marécageux, est ferme partout, il n'y a ni fondrières ni marais mouvants.

P.-S. — L'on dit l'armée de Hanovre ayant pénétré ou étant attendue à Pappenheim ; ce bruit pourrait être vrai d'après les répétitions.

Bulletin du 6 octobre 1805.

Une personne arrivée de Lindau dément la nouvelle, qui s'était faussement répandue, de l'occupation de Coire par les Autrichiens. Tout est tranquille depuis Lindau, Feldkirch, Mayenfeld, Coire, etc. A Coire, il y a environ 6 compagnies de troupes suisses, bernoises, lucernoises, baloises.

A Feldkirch, on travaille aux fortifications.

6 OCTOBRE.

Bulletin.

Dresde, le 14 vendémiaire an XIV (6 octobre 1805).

D'après des nouvelles de Pétersbourg, le général Kutusoff, avec son corps d'armée, aurait eu l'ordre de se rendre à Salzbourg pour y attendre sa destination ultérieure.

Les lettres de Ratisbonne et de Bayreuth continuent à dire que ces troupes seront à Linz d'ici à deux jours, c'est-à-dire du 6 au 8 octobre. On assure à Berlin que l'empereur Alexandre n'a dû quitter Pétersbourg que le 21 septembre.

Le corps d'armée russe qui se trouve dans les îles Ioniennes vient encore d'être augmenté de 5,000 hommes et le ministre de Russie à Constantinople doit avoir informé le Divan qu'un corps de 14,000 hommes, rassemblé près de Sébastopol, allait être embarqué sur une flotte de huit vaisseaux de ligne, quatre frégates et beaucoup de transports destinés pour les îles Ioniennes. On fait partir pour la même destination, de Sébastopol, 58 chaloupes canonnières.

On dit que l'armée anglaise qui doit être embarquée a pour but de descendre dans la basse Allemagne et de reprendre possession du pays de Hanovre.

L'empereur d'Allemagne est retourné à Vienne.

La masse des impositions, dans les États héréditaires, vient d'être considérablement augmentée et de plus, on a établi une taxe personnelle et progressive qui doit atteindre toutes les fortunes et qui sera fixée suivant les déclarations des revenus de toute espèce.

Le régiment de Gemmingen, le dernier qui restait en Bohême, est parti de Prague le 16 septembre avec six compagnies et un train considérable d'artillerie. Il se rend directement à Straubing. Il ne reste plus en Bohême que quatorze bataillons et quatre escadrons de réserve.

Il est passé à Dresde, hier et avant hier, un courrier de Berlin pour Linz et deux courriers anglais, l'un, M. Faukener, pour Vienne; l'autre, le capitaine Graham, pour Naples.

Le prince Murat à l'Empereur.

Du château de Deggingen, en route pour Amerdingen,
le 14 vendémiaire an XIV (6 octobre 1805), à 2 heures après-midi.

Ainsi que j'ai eu l'honneur de l'annoncer à Votre Majesté, il est constant que l'ennemi a concentré ses forces à Ulm. Il n'y avait personne hier au soir à Donauwörth. J'espère l'occuper cette nuit, si je n'y suis pas prévenu par les Autrichiens, que je dois supposer en marche pour l'occuper, s'ils ont pénétré enfin les projets de Votre Majesté. M. le général Mack était encore hier à Ulm, ainsi que l'archiduc Ferdinand. Il paraît que le maréchal Davout a occupé hier Œttingen.

MURAT.

(*En entier de la main de Murat*).

Le général Belliard au général Klein.

Au quartier général, à Amerdingen, le 14 vendémiaire an XIV
(6 octobre 1805).

Le prince désire savoir de suite si toute votre troupe est établie, si vous avez rencontré l'ennemi, quelle peut être sa force, si vous avez connaissance que M. le maréchal Soult soit à Nördlingen.

Ayez la bonté, mon cher Général, de prendre des renseignements sur Donauwörth, dont vous êtes très rapproché, de savoir si l'ennemi y est en forces avec de l'infanterie ou de la cavalerie, s'il se dispose à défendre ce poste, ou bien s'il a passé le Danube, s'il a brûlé les ponts.

On prévient le prince qu'il n'y a personne à Donauwörth. Si cela était vrai, l'intention de M. le maréchal est que vous partiez à minuit avec toute votre division pour vous en emparer. Alors vous établiriez votre artillerie sur le pont, vous défendriez le passage et vous feriez toutes les dispositions nécessaires pour tenir si vous êtes attaqué et pour donner le temps à l'infanterie de M. le maréchal Soult et au reste de la cavalerie d'arriver ; dans ce cas, mon cher Général, il faudrait bien vite prévenir le prince pour qu'il ordonne tout ce qui sera convenable. Au reste, le prince partira ce soir pour se rendre à votre quartier général, autant que je puisse le croire.

Belliard.

Le maréchal Berthier au maréchal Lannes.

Aalen, le 14 vendémiaire an xiv (6 octobre 1805).

L'Empereur ordonne à M. le maréchal Lannes de partir avec ses grenadiers et sa division de cavalerie pour se rendre en droite ligne à Donauwörth; il laissera la division Gazan et lui donnera l'ordre de prendre position à Aalen pour y rester toute la journée du 15 (*7 octobre*).

Le général Gazan fera filer tous les bagages et parcs de réserve de votre corps d'armée. Sa division prendra à Aalen une position très militaire, afin qu'elle soit à l'abri de toute surprise et qu'elle soit à même de bien recevoir l'ennemi qui pourrait se présenter en venant d'Ulm.

M. le maréchal Lannes préviendra le général Gazan que la division du général Baraguey-d'Hilliers, composée des dragons à pied, sera en position toute la journée du 15 à Heidenheim; il ordonnera au général Gazan de correspondre directement avec le général d'Hilliers.

Le général Gazan devra également correspondre avec moi et me fera connaître tous les détachements, convois, etc., qui auront passé à Aalen dans la journée du 15, afin que je sache si quelque chose est resté en arrière.

Si le général Gazan était menacé d'être attaqué et que l'ennemi se portât sur lui, il ne manquerait pas d'en instruire promptement l'état-major général à Nördlingen, afin qu'on lui envoie des ordres en conséquence.

Le maréchal Lannes préviendra le général Gazan que le général Bourcier, avec sa division, reste en position le 15 pour couvrir les débouchés d'Ulm. Le général Gazan devra se mettre en communication avec lui afin d'être prévenu des mouvements de l'ennemi.

Maréchal Berthier.

Le maréchal Lannes au maréchal Berthier.

Neresheim, le 14 vendémiaire an xiv (6 octobre 1805).

J'ai l'honneur de vous envoyer un de mes aides de camp qui prendra les ordres que vous voudrez bien lui donner pour le mouvement de demain.

La division de grenadiers est à Neresheim, où est mon quartier général, et aux villages environnants. Au reste, mon chef d'état-major vous fait passer l'état des villages où sont cantonnées les troupes formant la division Oudinot.

Le général Gazan a ordre de prendre position sur la route d'Ulm et d'arrêter l'ennemi dans le cas où il voudrait forcer le passage et venir sur nos flancs; son quartier général est à Aalen.

Je prie Votre Excellence de me faire savoir le temps que cette division doit rester à Aalen.

Recevez.....

LANNES.

Le général Compans au maréchal Berthier.

Neresheim, le 14 vendémiaire an xiv (6 octobre 1805).

La longueur et la rapidité de la marche d'aujourd'hui n'ont pas permis aux chefs d'état-major des divisions et armes de m'adresser leurs rapports d'hier. Je suis, conséquemment, dans l'impossibilité de vous faire parvenir le mien.

M. le maréchal commandant en chef me charge de faire connaître approximativement à Votre Excellence les cantonnements que les troupes occuperont cette nuit :

La cavalerie, à Ohmenheim ;

Les grenadiers, à Ebnath, Stetten, Mörtingerhöfen et Neresheim ;

L'artillerie de la division de grenadiers, à Ebnath et Stetten ;

La 2ᵉ division aux ordres du général Gazan, à Aalen, où elle prendra une position militaire conformément aux instructions que Votre Excellence a adressées aujourd'hui à M. le maréchal Lannes ;

Le parc d'artillerie du corps d'armée, à Aalen, d'où il repartira demain matin pour marcher à la suite de la division de grenadiers.

Compans.

5° CORPS D'ARMÉE.

Rapport du 14 au 15 vendémiaire an XIV (6-7 octobre 1805).

Donauwörth, le 15 vendémiaire an XIV (7 octobre 1805).

Le corps d'armée s'est mis en marche le 14, à 6 heures du matin, pour continuer sa route; il a pris les *cantonnements* suivants :

Cavalerie.

La division de cavalerie, à Ohmenheim, près Neresheim.

Division de grenadiers.

Brigade aux ordres du général Mortières, à Ebnath;
— — Ruffin, à Elchingen;
— — Dupas, à Neresheim.

Artillerie.

L'artillerie, à Stetten.

Sapeurs.

Les sapeurs, à Stetten.

Cette division, dans sa route d'Aalen à Ebnath, a rencontré de grandes difficultés. L'artillerie a eu la plus grande peine à les surmonter; elle n'y serait jamais parvenue sans le secours de 30 paires de bœufs, qui ont été requis dans les communes voisines.

2ᵉ division.

La 2ᵉ division s'est rendue le 14 (*6 octobre*) à Aalen, où elle a pris position, en conformité des ordres adressés par Votre Excellence à M. le maréchal commandant en chef.

Parc d'artillerie du corps d'armée.

Le parc d'artillerie, à Aalen.
Ayant ordre d'en partir le 15 (*7 octobre*) au matin, pour se

diriger sur Donauwörth, en prenant par Ebnath, Stetten, Neresheim et Nördlingen.

COMPANS.

Le général Compans au général Oudinot.

Aalen, le 14 vendémiaire an XIV (6 octobre 1805).

Monsieur le Général,

M. le maréchal commandant en chef vous charge de vous remettre de suite en marche avec les troupes que vous commandez, pour vous diriger sur Neresheim par Ebnath et Stetten, et de faire votre possible pour arriver ce soir à ce premier endroit; il espère que, dans le cas où toute la colonne ne pourrait y arriver, vous ferez de manière que ce qui restera en arrière s'en approche le plus possible.

Il vous invite à recommander au général Treilhard de fouiller soigneusement le pays qu'il est chargé d'éclairer; il est possible qu'il y trouvât des patrouilles ennemies égarées.

COMPANS.

Le général Compans au général Laplanche.

Ebnath, le 14 vendémiaire an XIV (6 octobre 1805).

M. le général de division Oudinot étant en avant avec la cavalerie, M. le maréchal commandant en chef me charge de vous adresser directement, Monsieur le Général, l'ordre de vous établir ici ce soir avec votre brigade, le parc des équipages des vivres reçoit le même ordre.

COMPANS.

Le général Compans au général Gazan.

Aalen, le 14 vendémiaire an XIV (6 octobre 1805).

Mon Général,

D'après les dispositions arrêtées par M. le maréchal Lannes, la division à vos ordres doit prendre position aujourd'hui à Aalen et y restera toute la journée de demain.

Vous ferez filer tous les bagages et le parc d'artillerie du corps d'armée sur Neresheim, en passant par Ebnath et Stetten, l'artillerie à cheval suivra le parc.

Votre division, mon Général, devra prendre à Aalen une position très militaire afin qu'elle soit à l'abri de toute surprise et à même de bien recevoir l'ennemi qui pourrait se présenter en venant d'Aalen.

M. le maréchal vous prévient que la division du général Baraguey-d'Hilliers, composée de dragons à pied, sera en position toute la journée du 15 à Heidenheim, et il vous ordonne de correspondre directement avec ce général et avec Son Excellence M. le maréchal Berthier, ministre de la guerre, major général de la Grande Armée, à qui vous ferez connaître tous les détachements et convois qui auront passé à Aalen dans la journée du 15, afin qu'il puisse savoir si quelque chose est resté en arrière.

Si vous étiez menacé d'être attaqué et que l'ennemi se portât sur vous, vous ne manqueriez pas d'en instruire promptement l'état-major général, à Nördlingen, afin qu'on vous envoie des ordres en conséquence.

M. le maréchal vous prévient que le général Bourcier, avec sa division de cavalerie, reste en position, le 15, pour couvrir les débouchés d'Ulm et que vous devez vous mettre promptement en communication avec lui afin d'être prévenu des mouvements de l'ennemi.

Vous verrez, avec le général Baraguey-d'Hilliers, si les circonstances permettent que vous vous mettiez en marche le 16 pour rejoindre le corps d'armée à Neresheim en suivant la route tracée pour le parc d'artillerie qui est celle que prennent la division de cavalerie et celle des grenadiers.

COMPANS.

Le général Compans au général Claparède.

Ebnath, le 14 vendémiaire an XIV (6 octobre 1805).

Le général de division Oudinot étant en avant avec la cavalerie, M. le maréchal commandant en chef me charge de vous donner directement l'ordre de vous porter ce soir **avec l'artillerie** et les sapeurs à Stetten, et de vous y établir.

COMPANS.

Le général Compans à l'adjudant-commandant Humbert.

Ebnath, le 14 vendémiaire an XIV (6 octobre 1805).

Monsieur l'Adjudant-commandant,

Monsieur le maréchal vous charge d'établir ici, ce soir, le parc des équipages des vivres que vous avez été chargé de diriger, et comme il sera tard quand vous y arriverez, vous vous y établirez aussi de votre personne.

COMPANS.

Le général Compans au général Foucher.

Aalen, le 14 vendémiaire an XIV (6 octobre 1805).

Mon cher Général,

M. le maréchal me charge d'ordonner au parc d'artillerie conduit par la compagnie d'artillerie à cheval de continuer sa route sur Neresheim, en passant par Ebnath et Stetten, et de suivre la marche de la division de grenadiers qui se dirige sur cette route. Le parc devra partir d'ici demain matin avec cette compagnie pour se rendre le soir à Neresheim, où il recevra de nouveaux ordres.

COMPANS.

Le général Compans à M. Humbert-Mallard, adjudant-commandant.

Aalen, le 14 vendémiaire an XIV (6 octobre 1805).

Monsieur l'Adjudant-commandant,

En suite des dispositions de M. le maréchal, vous resterez à Aalen, y réunirez le pain, le riz et généralement toutes les subsistances qui ont été requises par M. l'adjudant-commandant

Decou, et celles qui se trouveraient préparées ; vous le ferez suivre le convoi de biscuit du corps d'armée qui passera ici ce soir, et vous vous dirigerez avec tout ce convoi sur Neresheim, en passant par Ebnath et Stetten, ne le quittant pas un seul instant.

Monsieur le maréchal compte, Monsieur l'Adjudant-commandant, sur votre zèle pour remplir cette importante mission.

M. le maréchal désire que ce convoi parque ce soir au centre de la division de grenadiers qui cantonnera à Neresheim et villages environnants.

COMPANS.

Le maréchal Berthier au maréchal Bessières.

Aalen, le 14 vendémiaire an xiv (6 octobre 1805).

Monsieur le Maréchal,

La Garde impériale continuera sa marche sur Nördlingen, passant par Unterkochen, Waldhausen, Bopfingen et Nördlingen.

Vous êtes le maître, Monsieur le Maréchal, de faire coucher la troupe où vous jugerez convenable, en arrivant cependant le plus tôt possible.

Maréchal BERTHIER.

Le maréchal Berthier au général Hulin,
commandant les grenadiers à pied.

Lauchheim, le 14 vendémiaire an xiv (6 octobre 1805).

Faites en sorte d'arriver demain à Nördlingen. Vous avez une forte journée, mais il est possible de la faire. Faites rafraîchir votre brigade à Lauchheim et partez-en de suite. Prenez un guide à Aalen. J'enverrai au-devant de vous de Nördlingen pour vous faire connaître votre cantonnement. Faites-moi connaître ce que vous avez pu faire pour vos subsistances. Je ferai en sorte que vous ayez du pain en arrivant.

Le régiment de la Garde royale escortera le parc d'artillerie ; par conséquent, vous n'emmènerez pas d'artillerie avec vous. Elle vous prendra à Nördlingen.

BESSIÈRES.

*Bulletin historique de la marche de la division
de la Garde impériale.*

Le 14 vendémiaire an XIV (6 octobre 1805).

Elle parcourut un pays de montagnes, des chemins affreux et presque impraticables, entra en Souabe et poussa jusqu'à Bopfingen (11 lieues). Cantonnements à Bopfingen, Essingen, Ober et Unter-Rombach, Wasseralfingen, Reichenbach et Forst (1).

Général ROUSSEL.

Le maréchal Soult à l'Empereur.

Ellwangen, le 14 vendémiaire an XIV (6 octobre 1805),
à 5 heures du matin.

Sire,

Le général Vandamme me rend compte à l'instant que l'ennemi se retire avec précipitation sur Donauwörth. Les découvertes, qui étaient parties hier au soir de l'avant-garde de la 2e division, ont poussé jusqu'à Nördlingen et sont entrées dans cette ville; elles ont même pu s'assurer qu'un parti de 300 à 400 uhlans et autant de hussards de Liechtenstein couvraient sa marche.

D'après cet avis, je ne doute plus que les ennemis de Votre Majesté n'aient entièrement repassé le Danube; j'envoie ordre au général Vandamme de pousser aujourd'hui son avant-garde jusqu'à Donauwörth, et de s'emparer du pont sur la Wörniz en avant de cette ville et même de celui du Danube, ou au moins d'empêcher qu'il ne soit entièrement détruit, dans le cas où l'ennemi voudrait le faire.

Il fera en même temps reconnaître toutes les barques, radeaux ou trains de bois qu'il y aurait tant dans la Wörniz que sur le Danube, pour les réunir au point qui lui sera indiqué, et veiller à leur conservation.

---

(1) L'Empereur arriva vers 9 heures du matin à Aalen, en repartit quelques heures après, et arriva vers 3 ou 4 heures à Nördlingen. (Voir ci-après la lettre au maréchal Soult.)

Le 26e régiment de chasseurs à cheval protégera ce mouvement, et le restant de la division, ainsi que celle du général Legrand, suivra l'avant-garde, où je serai moi-même rendu avant qu'elle arrive à Nördlingen.

La précipitation avec laquelle l'ennemi se retire me détermine à faire avancer également sur Nördlingen la division du général Saint-Hilaire, qui est à Abstgmünd, et, en prenant cette disposition, je crois non seulement remplir les intentions de Votre Majesté, mais même saisir l'esprit de la dépêche dont elle m'a honoré le 12 de ce mois (*4 octobre*).

Si la 1re division restait aujourd'hui à Abstgmünd, elle se trouverait une marche en arrière du restant du corps d'armée, et ne pourrait se remettre en ligne de quelques jours ; elle me paraît d'ailleurs avoir rempli son objet à Abstgmünd.

Je reçois à l'instant (il est 5 heures du matin) une dépêche de Son Excellence le Ministre de la guerre, qui me fait connaître les intentions de Votre Majesté ; je m'y conformerai en tout son contenu : les troupes vont se mettre en marche, et je compte que ce soir les avant-gardes des 1re et 2e divisions réunies seront devant Donauwörth, peut-être même dans la ville, où certainement j'aurai pu sauver quelques débris du pont, si l'ennemi a cherché à le détruire.

Je n'ai encore aucunes nouvelles de l'équipage de pont, auquel j'ai envoyé ordre d'avancer ; mais je compte qu'il arrivera dans la nuit prochaine à Nördlingen, car j'ai fait assurer sur sa route des relais, pour en opérer avec célérité le transport.

J'ai l'honneur.....

SOULT.

Le maréchal Soult au général Vandamme, à Rohlingen.

Ellwangen, le 14 vendémiaire an XIV (6 octobre 1805).

Je viens de recevoir votre rapport de cette nuit.

Je vous invite, Monsieur le Général, à donner ordre au général Candras de diriger l'avant-garde de votre division de Nördlingen directement sur Donauwörth, et de s'emparer, s'il est possible, de cette dernière ville, ainsi que des ponts sur la Wörniz et sur le Danube qui en dépendent, ou du moins de faire tout son possible pour en sauver les débris, dans le cas où l'ennemi aurait cherché à les détruire.

Prescrivez-lui aussi de faire réunir toutes les barques, radeaux et trains de bois qui seraient tant sur le Danube que sur la Wörniz, pour nous en servir, soit pour passer des troupes sur la rive opposée, soit pour établir des ponts, soit pour en faire.

Je désire qu'aujourd'hui votre division prenne position le plus près possible de Donauwörth.

Dans peu d'heures, je serai avec vous.

J'ai l'honneur..... SOULT.

P.-S. — Vous trouverez ci-joint une réquisition pour Nördlingen, que je vous prie de faire parvenir.

L'Empereur au maréchal Soult.

Quartier impérial, à Aalen, le 14 vendémiaire an XIV
(6 octobre 1805).

Mon Cousin, je reçois votre lettre à mon arrivée à Aalen. Le prince Murat est en grande marche avec toutes les divisions de dragons pour se rendre de Neresheim à Donauwörth; il y sera ce soir, ou demain matin à la pointe du jour. Du moment que mes pontons seront arrivés, dirigez-les sur Donauwörth au pont de Harbourg, à deux lieues de Donauwörth, et faites reconnaître la route qui devrait les conduire au delà de l'embouchure du Lech, du côté de Bertoldsheim. Mon intention est de jeter mes ponts de bateaux au delà de l'embouchure du Lech, afin de tourner cette position; mais, si je puis surprendre le pont de Donauwörth, cela ne m'empêchera pas d'en profiter sur-le-champ. Le maréchal Davout va sans doute chercher à s'emparer du pont de Neubourg. Faites reconnaître la meilleure position, entre l'embouchure du Lech et Neubourg, où on pourrait tenter le passage. Je pars dans une heure pour Nördlingen, où je serai à trois ou quatre heures après midi; ne manquez pas de m'y envoyer des nouvelles.

NAPOLÉON (1).

(1) *Correspondance de Napoléon*, n° 9346.

Le maréchal Soult au général Vandamme.

Le 14 vendémiaire an xiv (6 octobre 1805).

Monsieur le Général,

Veuillez donner des ordres pour que la division que vous commandez prenne position en arrière de Möttingen, la gauche vers l'Eger et la droite se prolongeant sur les hauteurs en arrière de Balgheim.

Vous pousserez votre avant-garde aussi près que possible de Donauwörth, et s'il se peut, vous vous emparerez ce soir de cette ville, ainsi que je vous l'ai dit par mon dernier ordre.

Si la troupe était trop fatiguée, et qu'elle ne puisse arriver après que vous auriez protégé le mouvement du maréchal Davout sur Harbourg, vous ordonneriez à l'avant-garde de prendre poste à Ebermergen, sur la Wörniz, en gardant les routes qui conduisent par les deux rives de la rivière à Donauwörth.

Sur le rapport que vous me ferez du mouvement de l'ennemi, je vous enverrai de suite de nouveaux ordres.

Je vous prie de ne pas négliger de vous emparer de tous les ponts, barques, trains de bois et radeaux qui sont sur la Wörniz, et si vous pouvez pousser jusqu'à Donauwörth, de prendre ceux qui sont sur le Danube, ou d'empêcher que l'ennemi ne les détruise entièrement.

Je mets sous vos ordres, pour le mouvement, le général Margaron, et je lui prescris de se rendre de suite, avec le 26° régiment de chasseurs à cheval et l'artillerie légère, en arrière de Möttingen pour y rafraîchir et attendre les ordres que vous lui enverrez.

Je vous préviens que Sa Majesté l'Empereur et Roi arrive ce soir à Nördlingen.

J'ai l'honneur.....

SOULT.

Le maréchal Soult au maréchal Berthier.

Nördlingen, le 15 vendémiaire an xiv (7 octobre 1805).

J'ai l'honneur de rendre compte à Votre Excellence des mouvements que les divisions du corps d'armée ont faits dans la journée du 14.

La 1re division s'est portée d'Abstgmund sur Bopfingen ; elle a pris position sur une hauteur en arrière et à gauche d'Hohleim.

La 2e division s'est portée en avant de Nördlingen et a pris position en arrière de Möttingen ; son avant-garde a immédiatement occupé Harbourg et Ebermergen et pendant la nuit s'est emparée de Donauwörth, d'où l'ennemi venait de se retirer en coupant le pont qu'il avait sur le Danube.

La 3e division s'est portée également sur Nördlingen et a pris position en avant et à droite de la ville.

Le parc d'artillerie du corps d'armée est établi en arrière de Nördlingen.

La 4e division est arrivée à Ellwangen et sera rendue aujourd'hui de très bonne heure à Nördlingen.

J'ai renforcé l'avant-garde de la 2e division du 26e régiment de chasseurs et de l'artillerie légère.

En ce moment, toutes les divisions du corps d'armée se préparent à partir pour se diriger sur Donauwörth, où elles doivent recevoir de nouveaux ordres.

J'ai l'honneur..... SOULT.

Le général Salligny au Général commandant l'artillerie.

Le 14 vendémiaire an XIV (6 octobre 1805).

Mon cher Général,

M. le maréchal tient tellement à l'arrivée de l'équipage de pont venant du grand parc, qu'il préférerait laisser en arrière quelques voitures du parc de l'armée que de ne pas le voir arriver.

J'ai demandé des chevaux ici et sur la route de Nördlingen ; mais s'ils n'arrivaient pas exactement, il faudrait, mon cher Général, aller jusqu'à désatteler quelques caissons pour faire arriver au moins 6 bateaux.

SALLIGNY.

Le général Salligny aux Colonels des régiments de cavalerie.

Le 14 vendémiaire an XIV (6 octobre 1805).

Le maréchal commandant en chef est indigné de la conduite que tient la cavalerie en général ; elle se livre à des excès qui ne que peuvent l'affliger vivement ; partout on se plaint d'échanges et de vols de chevaux ; des chasseurs ont été jusqu'à en prendre dans les écuries des officiers généraux et celles des employés d'administration de l'armée. Enfin, malgré l'ordre que M. le maréchal avait donné d'envoyer tous les chevaux réclamés, surtout ceux du pays d'OEhringen, il n'en a été renvoyé aucun. M. le maréchal réitère l'ordre formel de faire reconduire sur-le-champ tous les chevaux échangés ou volés. Il défend expressément qu'à l'avenir on fasse aucun échange. Il recommande aux colonels de veiller plus soigneusement à maintenir l'ordre et la discipline dans leurs corps, et il les rend personnellement responsables des excès qui se commettraient à l'avenir.

Il prescrit aux chefs de corps de lui rendre compte de l'inexécution de cet ordre et de lui adresser les reçus des chevaux en les prévenant qu'il a l'état de ceux qui ont été enlevés.

SALLIGNY.

Le général Salligny au général Suchet, commandant la 4ᵉ division.

Le 14 vendémiaire an XIV (6 octobre 1805).

Mon cher Général,

M. le maréchal vous invite à faire l'impossible pour nous envoyer des subsistances ; je joins ici la note des réquisitions qui ont été frappées à Ellwangen et sur la route ; veuillez bien employer tous les moyens pour en faire rentrer quelque chose, car nous sommes dans le plus pressant besoin.

Ellwangen a été requis pour 60,000 rations de toutes espèces : pain, viande et eau-de-vie ; cette ville n'a presque rien fourni. Baldan, dont Zöbing fait partie, 20,000 rations, 500 pintes d'eau-de-vie.

Vraiment, mon cher Général, si vous pouviez nous tirer quelque chose de ces réquisitions, vous nous sauveriez d'un grand embarras.

SALLIGNY.

Le maréchal Davout à l'Empereur.

Mönchsroth, le 14 vendémiaire an XIV (6 octobre 1805).

Sire,

J'ai l'honneur d'adresser à Votre Majesté le rapport que je lui ai annoncé hier et qui a toutes les couleurs de la vérité.

Des déserteurs autrichiens, que j'ai fait questionner, faisaient partie d'un de ces régiments qui, le 9 vendémiaire (*1er octobre*), se sont mis en marche de Wettenhausen pour Burgau.

Deux jours auparavant 2 régiments d'infanterie à 4 bataillons, dont un doit être l'Archiduc-Rainer, ont fait le même mouvement.

L'avant-garde a pris position hier, 13 (*5 octobre*), à Œttingen ; elle en partira aujourd'hui, à 10 heures, pour se porter sur Harbourg et s'emparer du pont. Le reste du 3e corps de la Grande Armée sera rendu à Œttingen ce soir vers les 5 heures.

La journée a été extrêmement forte hier ; la division de grosse cavalerie du général Nansouty n'est arrivée que vers les 11 heures du soir.

Mes approvisionnements de biscuit sont encore à deux marches de moi ; j'éprouverai, sous le rapport des subsistances, bien des contrariétés que je chercherai à surmonter.

Suivant les nouvelles que je recevrai de l'ennemi, je passerai la Wörniz pour aller au secours du maréchal Bernadotte ; je préviendrai le maréchal Soult de ce mouvement, conformément aux ordres de Votre Majesté.

J'ai eu l'honneur de faire part à Votre Majesté de mes craintes en voyant entrer le général Dumas dans le grand quartier général : c'est qu'il me fasse retirer, par le ministre, des officiers de l'état-major ; elles viennent de se réaliser. Le ministre de la guerre donne l'ordre de lui envoyer l'adjudant-commandant Romeuf, que j'employais très utilement pour faire les reconnaissances des chemins. Je ne suis point riche en officiers d'état-major, et certainement cet officier sera plus utile ici qu'au grand quartier général. Je supplie Votre Majesté de daigner remplir la promesse qu'Elle a bien voulu me faire, qui était de l'empêcher.

J'ai l'honneur.....

Davout.

Note sur les mouvements que fait l'ennemi aux deux bords du Danube.

Dinkelsbühl, le 14 vendémiaire an XIV (6 octobre 1805).

Par une lettre d'hier au soir, j'ai eu l'honneur de donner à Votre Excellence un abrégé de ce que l'un de mes gens, que j'attendais aujourd'hui à Crailsheim, m'a rapporté, savoir : que l'ennemi s'est retiré en arrière de Harbourg et sur Lauingen.

Les renseignements que j'ai eus hier avant minuit confirment encore non seulement le susdit, mais ils sont de nature à me convaincre que les généraux autrichiens commencent déjà à perdre la tête.

A peine que le général Mack fut rendu à Lindau pour examiner de quelles fortifications cette place pourrait avoir besoin, il partit de suite pour Ulm, tant pour presser le général Dedowich occupé au Michelsberg, que pour appeler Kienmayer par des circonstances majeures nécessaires à la rive droite du Danube.

Il lui donna ordre de se rendre de suite à Lauingen, de là à Neresheim et Donauwörth, où le fameux prince Jean, de Hohenlinden, reparut aussi.

Il mettait à sa disposition 8 régiments d'infanterie et 3 régiments de cavalerie, en lui assurant le renfort nécessaire.

Kienmayer arriva à Lauingen vers les premiers jours du mois d'octobre.

Il y a mis en réquisition le nécessaire pour les troupes qu'il avait sous ses ordres, et les expédia sur-le-champ dans le Ries vers Kesselthal, vers Neresheim et Harbourg. Cette expédition ordonnée, Mack part pour Augsbourg, y donne contre-ordre à Kienmayer, en lui commandant de se rendre de suite à Rain, Oberhausen et Neubourg, pour y passer le Danube, où il est arrivé aujourd'hui, en laissant une division de son corps à la rive gauche, qui marche vers Rennertshofen, sur même hauteur de son corps d'armée, laissé à la rive droite; ce corps est estimé à 28,800 hommes, dont 24,000 en infanterie et 4,800 en cavalerie.

Une division de cavalerie qui passa la première s'est portée vers Eischstädt pour éclairer le pays d'où le général ennemi attend l'arrivée du corps commandé par le maréchal de camp Bernadotte. Ces troupes pousseront jusqu'à Neumarkt, vers le haut Palatinat.

Toutes celles qui furent encore disponibles dans la Bavière ont été mises à la disposition de Kienmayer, le 3e bataillon du régiment de Riese, ainsi que deux régiments de grosse cavalerie, lui passer (sic) pour servir de réserve.

Après ces dispositions faites, le général Mack est parti pour prendre les mesures nécessaires à assurer les frontières de la Bohême que l'ennemi croit menacées par le corps d'armée sous les ordres du maréchal Bernadotte.

L'Empereur a passé à Salzbourg se rendant à Vienne, où l'on a rehaussé les contributions en y ajoutant une somme proportionnée pour subventions de guerre.

Etat des troupes à la disposition de Kienmayer.

5 régiments valaques; Manfredini; Riese; Archiduc-Louis; Froon; Schwarzenberg (uhlans); Blankenstein (hussards); Liechtenstein (dragons); cuirassiers d'Archiduc-Frantz et d'Albert; depuis dix jours répartis dans l'Autriche antérieure.

P.-S. — Il serait possible qu'en place de quelques régiments ici portés, s'en trouveront des autres, savoir : Jellachich ou Wenzel Colloredo, car ceux-là doivent être répartis dans le canton de Burgau.

H. CHUSTOVE.

Le maréchal Davout au maréchal Berthier.

Mönchsroth, le 14 vendémiaire an XIV (6 octobre 1805).

Monsieur le Maréchal,

Je n'ai pu regarder comme officiel l'ordre d'envoyer à votre état-major l'adjudant-commandant Romeuf. Celui que vous avez dû m'expédier ne m'était pas parvenu. Le général Dumas m'a bien fait part que vous l'aviez donné. Cet officier général, qui connait l'état-major de ce corps d'armée, eût dû vous représenter que j'avais peu de bons officiers d'état-major et que de me retirer l'adjudant-commandant Romeuf c'était nuire au service. Enfin, avec son patelinage ordinaire, il s'est fait donner cet officier, qui certes ne sera pas aussi utile au service de Sa Majesté qu'il l'eût été ici. J'ai cru devoir le réclamer à Sa Majesté qui, dans le temps, m'a promis de veiller à ce que le général Dumas ne m'enlevât pas les personnes qui lui conviendraient.

L'avant-garde, ainsi que j'ai eu l'honneur de vous en rendre compte, a pris position à Œttingen : ce corps d'armée qui s'est réuni en entier ici, y compris la division du général Nansouty, se met en marche aujourd'hui 14 (*6 octobre*), pour occuper la position que quitte l'avant-garde, en se portant sur Harbourg.

Je vais me trouver embarrassé pour les subsistances; le général batave Dumonceau a empêché l'exécution d'une réquisition de pain que j'avais frappée sur ma gauche. On m'a enlevé 40,000 rations de pain que j'avais fait lever sur ma route.

Les approvisionnements de biscuit que j'avais fait faire à Worms, Mannheim et Heidelberg sont à deux jours de marche. Je chercherai à lever tous les obstacles par des distributions de farine, s'il est nécessaire; enfin, je ferai pour le mieux pour être en mesure de me porter au secours du maréchal Bernadotte contre qui, suivant toute apparence, marche un corps assez considérable.

J'ai l'honneur de faire observer à Votre Excellence que le parc de réserve, qui consiste en quelques caissons de munitions de bouches à feu et d'infanterie, ayant fait de très grandes journées dans de mauvais chemins, a beaucoup de chevaux blessés, et que l'on est obligé d'y employer des bœufs.

Nous avons aussi beaucoup de caissons vides et nous pourrons être dans la nécessité de faire remplacer les munitions avariées. Je prie Votre Excellence de me faire connaître où est le parc général. Ces réclamations ont été faites par le général Sorbier et par le directeur du parc de ce corps d'armée, mais il n'ont point encore obtenu aucune réponse.

Davout.

3ᵉ CORPS D'ARMÉE:

Ordre pour le 14 vendémiaire.

Au quartier général d'Œttingen, le 14 vendémiaire an XIV
(6 octobre 1805).

La 1ʳᵉ division s'établira à une lieue et demie en avant d'Œttingen. Le 17ᵉ régiment de cette division sera établi à une lieue en avant au village de Holzkirchen, sur la route d'Harbourg. Les 2ᵉ et 3ᵉ divisions s'établiront sur les hauteurs en avant des bois et derrière Œttingen, dans les différents emplacements indiqués aux officiers d'état-major de ces divisions.

La division de cavalerie du général Nansouty enverra une de ses brigades à la droite de la division du général Bisson, poussera des postes et ordonnera des reconnaissances pour communiquer avec les troupes du maréchal Soult qui doivent être à Nördlingen.

Les deux autres brigades s'appuieront aux villages où était la cavalerie du général Vialannes, à trois quarts de lieue d'Œttingen.

L'artillerie attachée à chaque division suivra leur mouvement.

Le parc de réserve et celui de l'armée et autres convois seront établis dans le champ en arrière d'Œttingen qui a été désigné au général Sorbier. Des réquisitions de subsistances et de fourrages ont été frappées. J'ai lieu d'espérer de la bonne volonté des habitants qu'elles arriveront aujourd'hui et qu'il pourra être fait une distribution de plusieurs jours à l'armée.

L'heure des distributions sera ultérieurement indiquée. Les généraux préviendront les troupes que des désordres commis dans des villages voisins mettraient les paysans en fuite et empêcheraient l'exécution des réquisitions.

Le quartier général est établi à Œttingen. L'avant-garde marche sur Harbourg.

Le Maréchal,

Davout.

Le maréchal Davout à l'Empereur.

Œttingen, le 14 vendémiaire an xiv (6 octobre 1805).

J'ai eu l'honneur d'adresser ce matin à Votre Majesté, par un de mes aides de camp, un rapport sur les mouvements de l'ennemi qui, depuis quelques jours, a fait porter en avant de Neubourg un corps de troupe assez considérable ; plus je m'approche de l'ennemi, plus j'acquiers la preuve de la vraisemblance de ce mouvement. Ce soir j'attends des nouvelles ; en attendant je rends compte à votre Majesté de la position du 3⁰ corps d'armée.

L'avant-garde est en marche sur Harbourg, qu'elle occupera cette nuit sans opposition. Le reste du 3⁰ corps d'armée, y compris la division de cavalerie du général Nansouty, couvre les hauteurs d'Œttingen.

Un parti du général Marmont est arrivé ici. Ce général était hier soir à Feuchtwangen ; il est ce soir à Wassertrüdingen.

Un des partis que j'ai envoyés au maréchal Bernadotte vient de rentrer. Hier ce général était à Detmansdorf, à une lieue en avant d'Anspach. Aujourd'hui il a dû arriver à Gunzenhauzen. Il paraît que ses avants-postes ont poussé aujourd'hui jusqu'à Pappenheim. Une lettre de cet endroit, arrivée ici il y a une heure, l'annonce.

Ne sachant point si mon aide de camp pourra trouver aujourd'hui le quartier général de Votre Majesté, j'ai l'honneur de lui envoyer un double de ce rapport. J'y joins une note des on-dit du pays.

La désertion paraît conséquente.

J'ai reçu l'ordre du Ministre de me porter demain sur Monheim, soit dans l'hypothèse où l'ennemi n'aurait point pris position à Nördlingen, soit pour secourir le maréchal Bernadotte, si le cas se présente, soit pour, dans le cas où l'ennemi se serait replié derrière le Danube, placer demain des postes sur cette rivière, depuis Neubourg jusqu'à l'embouchure du Lech, et enfin, de chercher à surprendre le pont de Neubourg ou tout autre passage ; j'exécuterai demain, à la pointe du jour, ces ordres.

J'envoie à Votre Majesté le double de ma lettre de ce matin.

Davout.

Ordre de marche du 15 vendémiaire (7 octobre).

Au quartier général, à Œttingen, le 14 vendémiaire an xiv
(6 octobre 1805).

L'avant-garde partira de suite de la position qu'elle occupe et se portera à Kloster-Kaisersheim, d'où elle détachera 200 hommes d'infanterie sur Graisbach, qui longeront la rive gauche du Danube et s'empareront de tous les bacs, bateaux et nacelles qui s'y trouvent ; le restant de l'avant-garde partant de Kloster-Kaisersheim se dirigera sur Rennertshofen, où elle prendra position. Le général Eppler ne négligera rien pour pour surprendre et s'emparer du pont de Neubourg. On en jettera un de bateaux ou de radeaux sur le Danube en faisant usage de toutes les ressources locales. Si cette opération avait un succès complet, le 17ᵉ régiment de ligne en serait prévenu et suivrait le mouvement de l'avant-garde en se portant sur la rive droite du Danube, mouvement qui serait suivi par tout le corps d'armée.

Le 17ᵉ régiment de ligne passera la Wörniz à Fessenheim et se portera à Tagmersheim en passant par Wemding et Monheim. Ce corps prendra position sur la route d'Eichstädt et poussera des postes avancés. Ce régiment sera suivi de 100 chevaux fournis par la brigade du général Vialannes. Ce détachement de cavalerie est destiné à établir des postes de communication entre ce régiment et l'avant-garde, à faire éclairer la route d'Eichstädt. Le gros de ce détachement restera réuni près du 17ᵉ.

La 1ʳᵉ division partira de suite pour se rendre à Monheim, où elle prendra position, la gauche à cette ville, et la droite se prolongeant vers Gofsheim.

Cette division suivra la route de Donauwörth jusqu'à Fessenheim, où elle passera la Wörniz. Elle se dirigera sur Monheim, en passant par Wending.

Les 2ᵉ et 3ᵉ divisions partiront de suite, se porteront sur Monheim, et iront prendre position à Monheim ; la droite de la 2ᵉ division appuyant à cette ville, et la gauche se prolongeant vers Wittesheim. La 3ᵉ division appuiera sa droite à la gauche de la 2ᵉ. Ces divisions pousseront des reconnaissances sur l'Altmühl, ainsi que sur la route d'Eichstädt, et feront reconnaître les troupes du général Marmont, qui doivent prendre position à Pappenheim.

La division de grosse cavalerie se portera également sur Monheim, et prendra position en seconde ligne, en arrière de cette ville.

Si le général Eppler surprenait le passage du Danube, il en ferait prévenir le 17e régiment, qui marcherait de suite pour exécuter le passage et se joindre à l'avant-garde. Le général Bisson serait également prévenu et marcherait pour soutenir le général Eppler.

Les parcs d'artillerie suivront leurs divisions respectives, mais toutes les voitures d'équipages s'arrêteront en arrière de Wemding et ne continueront leur marche qu'après que le mouvement général des divisions aura été exécuté et que les troupes auront dépassé ce dernier point.

L'ordonnateur partagera entre les 2e et 3e divisions le pain et la viande qui existent ici. Il sera mis à sa disposition deux régiments de cavalerie pour faire exécuter militairement, tant en ville que dans les environs, les réquisitions de subsistances et de voitures. Il y en aura de préparées pour transporter sans délai à Monheim le biscuit, aussitôt qu'il sera arrivé, et tout ce qu'on pourra réunir en subsistances.

Les deux régiments de cavalerie mis à la disposition de l'ordonnateur rejoindront ce soir leur division à Monheim.

Le quartier général est établi aujourd'hui à Monheim.

Le Général, Chef de l'état-major général,

Daultanne.

3e CORPS D'ARMÉE.

Journée du 14 vendémiaire (6 octobre 1805).

Quartier général : OEttingen.

Avant-garde. -- Se porte sur Harbourg et Hoppingen. Elle observe Donauwörth.

1re division. — Quartier général : Münningen. On marche sur trois colonnes : La 1re division suit la grande route d'OEttingen et prend position en avant de cette ville et du village de

Münningen, gardant le pont de la Wörniz et faisant face au Danube.

2ᵉ division. — Quartier général : Dornstatt. Sur les hauteurs, en arrière d'Œttingen, adossée au bois, et ayant son front couvert par la Wörniz (1).

3ᵉ division (2). — En deuxième ligne avec la 2ᵉ division, à laquelle elle appuie sa droite.

Cavalerie légère. — Marche sur Harbourg et prend position à Hoppingen. Elle envoie de forts partis sur la route de Nördlingen.

---

(1) *Journal de marche de la division Friant.*

Le 14 vendémiaire an xiv (6 *octobre* 1805).

Le dimanche 14 (6 *octobre*), à midi, par un très grand brouillard, nous quittons nos bivouacs et allons, avec la 3ᵉ division, en établir de nouveaux sur la crête des hauteurs boisées qui, près d'Œttingen, terminent la superbe plaine de Nördlingen, célèbre par la bataille de 1634.

La 2ᵉ division s'établit sur les crêtes du revers droit du vallon de la Wörniz; sa gauche, à Dornstatt, assez gros village, où le général fixa son quartier général, son centre, à Éhingen, et sa droite, à Œttingen; il y a des ponts en bois sur la Wörniz à Dornstatt, Lochenbach, Éhingen et Œttingen.

La 3ᵉ division appuie sa gauche à notre droite et à la petite ville d'Œttingen; sa droite, à Wechingen, et son centre, à Münningen, gros village à l'embranchement de la route de Nördlingen; elle envoie le 17ᵉ de ligne à Holzkirchen, sur le chemin de Harbourg; elle garde tous les ponts de la Wörniz sur son front.

On envoya une brigade de cavalerie à Pföfflingen, pour communiquer avec le 4ᵉ corps, présumé à Nördlingen.

Notre avant-garde marche sur Harbourg.

On marche par des chemins de traverse généralement mauvais et dans les bois; ils seraient presque impraticables par les temps de pluie, particulièrement en quittant Mönchsroth; près de ce bourg, ils sont faits en rondins mal entretenus et dangereux pour les chevaux.

(2) Rapport du général Petit au général Gudin : « La brigade a quitté son bivouac en avant de Dinkelsbühl, pour venir bivouaquer en arrière d'Œttingen. Les colonels demandent que le sel soit distribué à la troupe. Deux officiers du 12ᵉ régiment, condamnés aux arrêts pour quatre jours, pour avoir quitté leurs compagnies pendant la marche ».

Grosse cavalerie. — Est divisée en deux brigades. La première marche en tête de la 1re division; elle flanque la droite de cette division dans son bivouac de Münningen.

La deuxième marche à la suite de la 2e division. Elle bivouaque en troisième ligne, à trois quarts de lieues en arrière de Œttingen.

Parc. — Le parc marche à la suite de la 1re division.

3e CORPS D'ARMÉE.

Ordre du jour.

Au quartier général, à Œttingen, le 14 vendémiaire an XIV
(6 octobre 1805).

L'ordonnateur en chef fera remettre dans la journée et partagera entre les divisions les effets d'ambulance qui viennent de lui arriver, et les partagera de la manière suivante : un cinquième pour l'avant garde et un cinquième à chacune des autres divisions, y compris celle de cavalerie. Les bagages de l'armée seront réduits, pour le moment présent, aux suivants :

Chaque général de division : 1 voiture, soit caisson ou autre attelage quelconque, pour lui et son état-major, 1 voiture pour les généraux de brigade.

3 voitures par régiment, y compris celle du colonel et ses officiers.

Pour l'ordonnateur en chef et ses officiers, 3 voitures, qu'il répartira comme il le jugera convenable.

Pour le quartier général du maréchal commandant en chef, 2 voitures; pour l'état-major général, 2 voitures.

Toutes les autres voitures, suivant les divisions, devront être laissées en dépôt à Œttingen.

Les chevaux de paysan seront réunis et renvoyés au général Sorbier, pour renforcer ses attelages; il en donnera reçu.

Toute espèce de voiture qui suivrait l'armée, contradictoirement à cet ordre, serait brisée et jetée dans les fossés.

Cet ordre aura son exécution dans la journée.

Le Maréchal,

(*De la main du maréchal.*) DAVOUT.

Le général Daultanne au général Gudin.

Œttingen, le 14 vendémiaire an XIV (6 octobre 1805).

Mon cher Général,

M. le maréchal vous invite à envoyer de suite, près de lui, un officier d'état-major, ou pris dans la ligne, lequel sera remplacé par un autre, dès qu'il vous aura transmis ses ordres. Cette mesure aura lieu journellement, de sorte qu'il y aura toujours auprès de M. le maréchal un officier de chaque division.

J'ai l'honneur de vous saluer.

(*A. G.*) DAULTANNE.

Le maréchal Davout au maréchal Berthier.

Nördlingen, le 14 vendémiaire an XIV (6 octobre 1805).

Monsieur le Maréchal,

J'ai l'honneur de rendre compte à Votre Excellence que j'ai reçu ses ordres. Aujourd'hui le corps d'armée est réuni à Œttingen, ainsi que la division de grosse cavalerie aux ordres du général Nansouty.

Ce soir, l'avant-garde, commandée par le général Eppler, s'est portée sur Harbourg, dont elle doit prendre possession. Ayant acquis la certitude que l'ennemi ne se trouve point en avant de Nördlingen, demain le corps d'armée marchera sur Monheim.

Un parti que j'avais envoyé pour communiquer avec l'armée du maréchal Bernadotte vient de rentrer, et me rapporte que ses troupes étaient hier à deux ou trois lieues en avant d'Anspach ; il se trouve aujourd'hui à Günzenhausen ; ses partis ont même déjà paru à Pappenheim.

J'ai communiqué aujourd'hui avec le général Marmont, qui est à Wassertrüdingen.

Tous les rapports s'accordent à annoncer que les ennemis ont évacué Donauwörth ; ils se retirent sur Neubourg et Ingolstadt, par la rive droite du Danube.

DAVOUT.

L'avant-garde est arrivée ce soir à Harbourg, où elle a rencontré des troupes du maréchal Soult. Elle en partira demain; elle se portera sur le Danube, depuis l'embouchure du Lech jusqu'à Neubourg. (*Au crayon.*)

Le général Marmont au maréchal Berthier.

Wassertrüdingen, le 14 vendémiaire an xiv (6 octobre 1805).

J'ai l'honneur de vous rendre compte que le corps d'armée à mes ordres est arrivé ici aujourd'hui. Mes troupes sont bivouaquées en avant et en arrière de Wassertrüdingen. Elles sont d'une gaîté extraordinaire et éprouvent un grand contentement d'approcher de l'ennemi.

Mes troupes ont vécu aujourd'hui avec du biscuit qui vient de m'arriver de Würtzbourg. Il a été distribué à raison d'une demi-ration par homme. Le pays prussien, malgré les plus belles promesses, ne nous a pas ou presque pas fourni du pain. J'ai fait donner en sus une livre de pommes de terre à chaque soldat. Je serai demain à Treuchtlingen. S'il m'est possible, j'irai une lieue plus loin, à Pappenheim, afin de sortir du territoire prussien et de trouver plus de ressources pour vivre.

L'espoir que vous nous donnez de voir dans peu de jours Sa Majesté est pour nous un grand motif de bonheur.

Je prie Votre Excellence, etc...

MARMONT.

Le maréchal Berthier au général Marmont.

Nördlingen, le 14 vendémiaire an xiv (6 octobre 1805),
à 8 heures du soir.

Général,

L'Empereur m'ordonne de vous prévenir qu'il vient d'arriver à Nördlingen, où il a établi son quartier général. On passera vraisemblablement le Danube ce soir ou demain, et tout donne à croire que l'armée ennemie est entièrement tournée L'Empereur ordonne que vous approchiez du Danube le plus rapidement possible, entre Donauwörth et Ingolstadt. Donnez-moi de vos nouvelles dans la nuit.

Prévenez le maréchal Bernadotte de votre mouvement.

BERTHIER.

(*De la main du maréchal Berthier.*)

Le général Marmont au maréchal Berthier.

Wassertrüdingen, le 14 vendémiaire an XIV (6 octobre 1805).

Je reçois dans l'instant votre lettre d'aujourd'hui, écrite à 8 heures du soir. Ainsi que j'ai eu l'honneur de vous en prévenir par ma dépêche de ce jour, mes troupes partiront deux heures avant le jour pour se rendre à Pappenheim. Elles continueront leur route pour s'approcher du Danube, ainsi que vous m'en donnez l'ordre; ne s'arrêteront que le temps indispensablement nécessaire et marcheront avec le plus de rapidité possible.

La division batave et la réserve d'artillerie sont écrasées de fatigue par une journée extrêmement forte qu'elles ont faite aujourd'hui. Ainsi, les deux divisions françaises les précéderont, mais elles les suivront de près.

Je prie Votre Excellence, etc...

MARMONT.

1er CORPS D'ARMÉE.

Marche du 14 vendémiaire (6 octobre 1805).

L'armée électorale se dirigera sur Spalstadt, où elle s'établira toujours dans le même ordre et avec les mêmes précautions qu'à Schwabach. Le général de Wrède enverra des partis jusqu'à Hilpolstein et jusqu'à Heydeck.

L'armée française partira le même jour, toujours à six heures du matin, pour aller s'établir à Günzenhausen. Le général Kellermann se placera à une demi-lieue de Weissembourg. Le général Drouet communiquera par des patrouilles avec l'armée bavaroise, et réciproquement.

Journal du corps bavarois.

Le corps bavarois marcha à Spalt, et l'avant-garde fut placée à une demi-lieue en avant, à Grossweingarten; elle patrouilla jusqu'à Hilpolstein et Heydeck.

Le maréchal Berthier au maréchal Bernadotte.

Nördlingen, le 14 vendémiaire an XIV (6 octobre 1805),
à 8 heures du soir.

L'Empereur vient d'arriver à Nördlingen. On passera vraisemblablement le Danube aujourd'hui ou demain; tout donne à espérer que l'armée ennemie est tournée et que nous serons derrière le Lech avant elle. Approchez-vous le plus rapidement que vous pourrez du Danube, entre Ingolstadt et Neubourg. On a surtout besoin de l'armée bavaroise, pour la jeter sur-le-champ dans la Bavière.

Maréchal Berthier.

Le maréchal Bernadotte au maréchal Davout.

Günzenhausen, le 14 vendémiaire an XIV (6 octobre 1805).

Monsieur le Maréchal,

J'ai reçu de vos nouvelles par un officier du 2ᵉ chasseurs, que le commandant de votre avant-garde a envoyé ici. Je vous remercie, de nouveau, de votre attention; je reconnais bien là un bon camarade; je ne manquerai pas de vous informer exactement des mouvements des troupes à mes ordres; je suis aujourd'hui à Günzenhausen; mon avant-garde est à Weissembourg, avec le premier corps d'armée. Le corps des Bavarois y sera aussi, à l'exception de trois régiments, qui étaient trop éloignés pour pouvoir être rendus aussi promptement au point de réunion; ils sont en marche et nous auront rejoint sous quelques jours.

Les dernières nouvelles que j'ai de l'ennemi portent que toutes les troupes qu'il avait en deçà du Danube, et qui se montaient à environ 15,000 hommes, ont repassé ce fleuve ; il ne reste de ce côté qu'un petit nombre de uhlans qui parcourent le pays et se retirent à notre approche ; il nous est venu quelques déserteurs qui nous ont dit que l'ennemi était tout à fait découragé.

Recevez, etc...

BERNADOTTE.

Le général Éblé à M. Hurlaux.

Dettmansdorf, le 11 vendémiaire an xiv (6 octobre 1805).

Monsieur,

Vous avez bien fait de suivre la route du quartier général, mais vous auriez dû arrêter le parc sur la route et non vous retirer sur le côté.

Continuez votre marche sur Anspach, dont vous traverserez les faubourgs sans permettre que personne entre dans la ville, et vous vous arrêterez à Friesdorf (1), qui se trouve à deux lieues d'Anspach, sur la route de Günzenhausen.

Demain 15 (*7 octobre*), vous continuerez votre route sur Günzenhausen, où vous trouverez de nouveaux ordres, dans le cas où je ne vous en ferais pas passer avant que vous n'y fussiez.

ÉBLÉ.

Le général Éblé à M. Lepin, chef d'escadron.

Dettmansdorf, le 14 vendémiaire an xiv (6 octobre 1805).

Monsieur,

En conséquence de l'ordre que je joins ici, vous vous rendrez sur-le-champ et en poste à Würtzbourg, où vous ferez déposer, à couvert s'il est possible, l'équipage de pont commandé par M. Wallart, et qui était resté à Windecken.

---

(1) Une lettre ultérieure indique indique Merckendorf au lieu de Friesdorf.

Pour obtenir un local convenable, vous vous adresserez au général Marmont, et si celui qu'il accordera n'est pas suffisant pour loger les haquets et bateaux à couvert, faites en sorte d'en obtenir au moins un pour les cordages et agrès.

M. Wallart tirera reçu du tout et le remettra au garde du grand parc d'artillerie.

Dans le cas où M. Wallart serait parti de Würtzbourg, où il doit être arrivé le 12 de ce mois, et qu'il se dirigeât sur l'armée avec le susdit équipage, vous lui donnerez ordre de rétrograder sur Würtzbourg et exécuterez les dispositions ci-après; cette opération terminée, vous prescrirez à M. Wallart de rejoindre l'armée avec le détachement de pontonniers auxiliaires qu'il a à ses ordres, en suivant la route ci-jointe, donnée par le chef de l'état-major général. (La feuille de route porte en itinéraire les lieux suivants : 10, Buthard; 11, Wenkeren; 12, Rothenbourg; 13, Feuchtwang; 14, Wenertreiden; 15, Treuchtingen; 16, Pappenheim, Eichstädt, où ce détachement rejoindra l'armée.)

ÉBLÉ.

Le général Éblé à M. Laurent, chef d'escadron.

Dettmansdorf, le 13 vendémiaire an XIV (6 octobre 1805).

Monsieur,

J'ai l'honneur de vous prévenir qu'il vous sera remis, aujourd'hui, des soldats de la division commandée par le général Rivaud, pour conduire les chevaux d'artillerie. Vous en prendrez le nombre nécessaire pour compléter ce qui vous manque et le répartirez dans les compagnies du train qui sont sous vos ordres; ce qui pourra rester, suivra votre parc, jusqu'à ce que je vous les fasse demander.

ÉBLÉ.

Le général Éblé à M. Lepin, chef d'escadron d'artillerie.

Günzenhausen, le 14 vendémiaire an xiv (6 octobre 1805).

Monsieur,

Je vous préviens que l'intention de M. le maréchal Bernadotte est de faire venir à l'armée l'équipage de pont que je vous ai chargé de remettre dans les magasins de l'artillerie à Würtzbourg.

J'ai pensé que le moyen le plus sûr et le plus célère pour le faire arriver était de passer un marché avec un entrepreneur qui se chargerait de le rendre à sa destination moyennant une somme convenue.

M. le maréchal écrit à M. Otto à ce sujet; allez chez ce Ministre, indiquez-lui le nombre de chevaux nécessaires ou à peu près, car ceci regardera particulièrement l'entrepreneur.

En arrêtant les conditions du marché, vous arrêterez que le susdit sera rendu de Würtzbourg à Weissembourg, entre Günzenhausen et Eichstädt, en tant de jours (le moins possible) pour la somme de..... tous frais compris, tant pour les hommes que pour les chevaux.

Que si, arrivé à Weissembourg, on garde les chevaux plus longtemps, il sera payé pour chaque jour et pour la totalité des chevaux une somme de...., conducteurs ou charretiers compris.

Que dans le cas où les chevaux de l'entrepreneur ne seraient pas dans le cas de faire le service, il en sera pris, partout où il s'en trouvera, à ses dépens.

Que la retenue qui devra être exercée sur lui à ce sujet sera prise sur la somme qui lui sera due.

Que pour toutes les journées dont la distance parcourue sera de plus de neuf lieues, il lui sera payé, en sus du prix ordinaire, un franc pour chaque cheval, conducteurs et charretiers compris.

Le détachement commandé par M. Wallart devant accompagner l'équipage de pont, cette clause sera stipulée dans le marché.

Vous prierez M. Otto de régler les époques et la manière dont se feront les payements.

L'entrepreneur ou un de ses préposés restera constamment avec l'équipage.

Dans le cas où l'équipage de pont ne serait pas arrivé à Würtzbourg, ce serait une preuve qu'il aurait été dirigé sur Mayence ; en ce cas, vous reviendriez.

Si le marché se passe pour le transport du susdit équipage, vous m'en rapporterez une copie signée par les parties contractantes.

Laissez à M. Wallart des fonds suffisants pour faire graisser et réparer les voitures dans la route.

ÉBLÉ.

Le général Éblé à M. le colonel Navalet.

Günzenhausen, le 14 vendémiaire an XIV (6 octobre 1805).

Monsieur,

Si, comme je l'espère, vous arrivez ce soir à Schwabheim, vous en partirez demain le plus tôt possible, pour continuer votre route sur le quartier général, en passant par les faubourgs d'Anspach et défendant, sous les peines les plus sévères, à qui que ce soit de vos subordonnés, d'entrer dans la ville.

Quoi qu'il arrive, il faut que demain vous ayez dépassé Anspach, et vous vous rapprocherez du quartier général autant qu'il vous sera possible ; je ne vous fixe pas le lieu, choisissez le plus convenable, et pour la distance que les chevaux ont à parcourir, et pour que les subsistances ne leur manquent pas.

De ce gîte, vous partirez le lendemain, en vous dirigeant sur Günzenhausen, où je laisserai une ordonnance qui vous remettra de nouveaux ordres.

Recommandez à l'employé chargé d'assurer le service des subsistances de ne rien négliger pour qu'elles ne manquent pas.

M. Cottin, qui vous remettra cette lettre, vous remettra aussi 50 frédérics, qui vous serviront à louer des chevaux pour remplacer ceux que la fatigue empêcherait d'atteler ; ne ménagez pas la dépense à cet égard, jusqu'à ce que vous ayez laissé

Anspach derrière vous. Demandez-en partout, même ceux de la poste, et payez. Quoique vous ayez peu de loisir, ne négligez pas de faire graisser les voitures.

Éblé.

Le général Andréossy à M. Petiet.

Gmünd, le 14 vendémiaire an XIV (6 octobre 1805).

Monsieur l'Intendant général,

Je vous préviens que l'Électeur de Wurtemberg fournit deux bataillons de chasseurs de quatre compagnies de 120 hommes chacune, qui doivent partir aujourd'hui 14 de Schörndorf et suivre par Gmünd, Aalen et Nördlingen, où ils doivent arriver, s'il est possible, le 16, ou, au plus tard, le 17. Ils sont commandés par le capitaine Beaumain, et doivent recevoir de nouveaux ordres lorsqu'ils auront rejoint l'armée.

Andréossy.

Le maréchal Berthier à M. le chef de bataillon Blein.

M. Blein fera traduire le discours de Sa Majesté au Sénat dans sa séance du 1er vendémiaire, la proclamation aux armées françaises, ainsi que la proclamation à l'armée bavaroise ; il les fera imprimer dans les deux langues de manière que toutes ces pièces puissent être placardées demain matin au nombre de 4,000 exemplaires.

Berthier.

(*Cet ordre doit être du 14 vendémiaire (6 octobre), la proclamation aux Bavarois ayant été mise à l'ordre du jour le lendemain 15 vendémiaire.*)

TABLE DES MATIÈRES

TROISIÈME PARTIE.

Du Rhin au Danube.

	Pages.
Introduction	3
Chapitre I. Marches dans l'intérieur	69
— II. Aile gauche de l'armée. 1er et 2e corps; Bavarois	105
— III. Renseignements (28 août-19 septembre)	169
— IV. L'ennemi en Bavière (18 août-23 septembre)	233
— V. L'Empereur à Strasbourg	331
— VI. Murat et Lannes dans la Forêt-Noire	391
— VII. Le 6e corps du Rhin au Neckar	455
— VIII. Le 4e corps du Rhin au Neckar	495
— IX. Le 3e corps du Rhin au Neckar	551
— X. 2 octobre	613
— XI. 3 octobre	661
— XII. 4 octobre	721
— XIII. 5 octobre	779
— XIV. 6 octobre	843

CROQUIS.

Du Rhin au Neckar.
Du Neckar au Danube.
Projets successifs de l'Empereur.
Emplacements de la Grande Armée le 2 octobre.
— — 3 —
— — 4 —
— — 5 —
— — 6 —

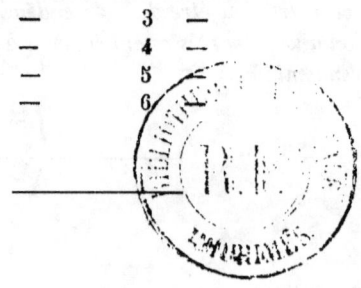

PARIS. — IMPRIMERIE R. CHAPELOT ET Cⁱᵉ, 2, RUE CHRISTINE.

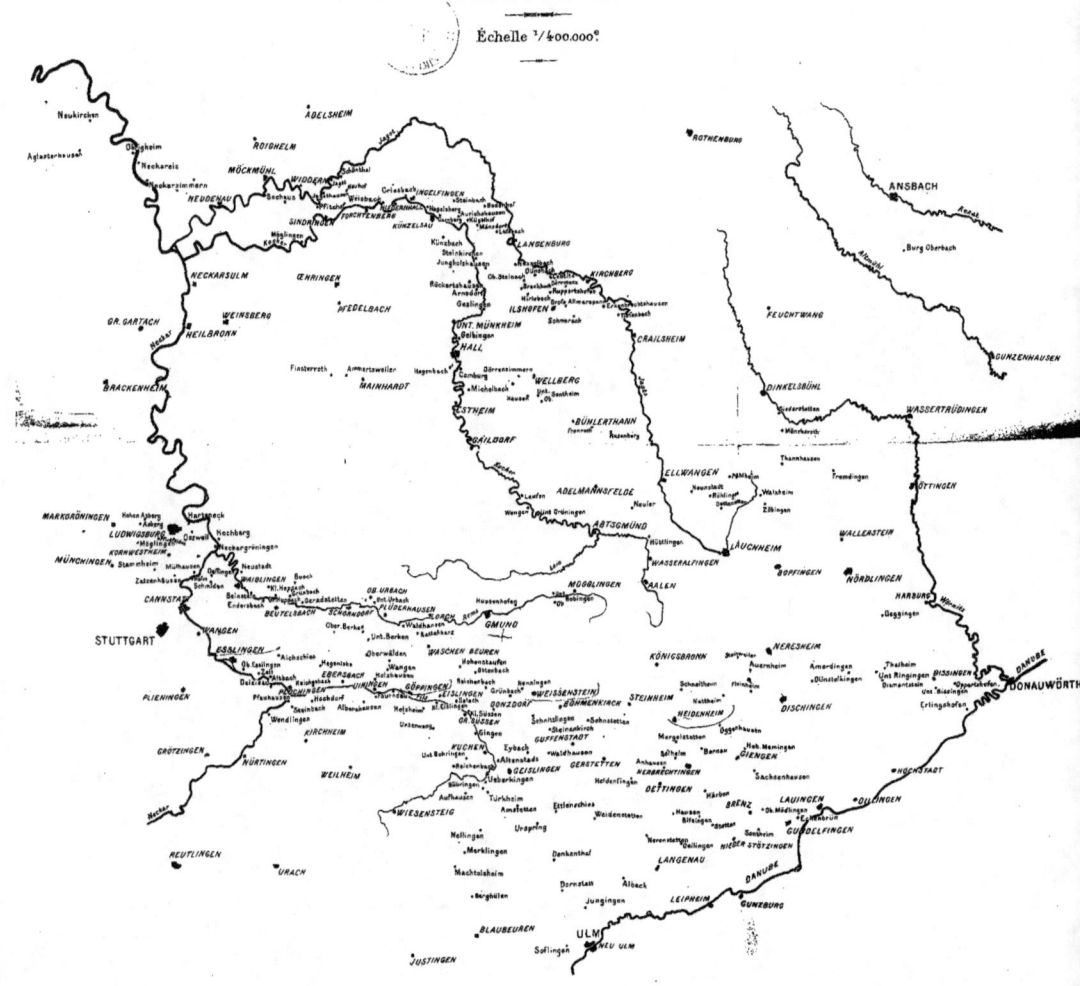

1805

STATIONNEMENTS DE LA GRANDE ARMÉE
Entre le Neckar et le Danube

SIGNES CONVENTIONNELS EMPLOYÉS SUR LES CALQUES

 Cantonnements.
 Bivouacs { Cavalerie.
           { Infanterie.
 ★ Logement de l'Empereur et grand quartier général.
 1ᵉʳ C. 1ᵉʳ corps d'armée.
 D₁ 1ʳᵉ division de dragons.
 Dp Dragons à pied.
 C₁ 1ʳᵉ division de grosse cavalerie.
 P ou GP Grand parc.

N.B. — Les emplacements sont portés sur les calques ci-joints. On a indiqué, pour chaque jour, ceux de la soirée.

Échelle approximative : 1/400.000ᵐ

1805

PROJETS SUCCESSIFS DE L'EMPEREUR
Pour la Marche du Rhin au Danube

MISSION DE SAVARY (28 AOUT).

ORDRE DU 17 SEPTEMBRE.

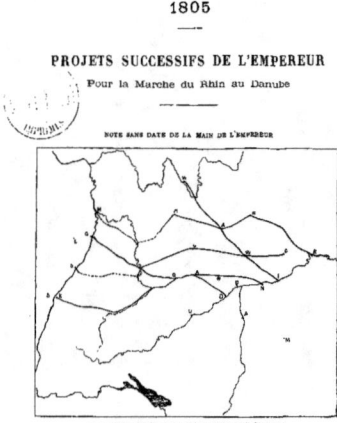
NOTE SANS DATE DE LA MAIN DE L'EMPEREUR

ORDRE DU 20 SEPTEMBRE.

MOUVEMENT EXÉCUTÉ DU 25 SEPTEMBRE AU 6 OCTOBRE.

Échelle des croquis : $\frac{1}{3.000.000^e}$

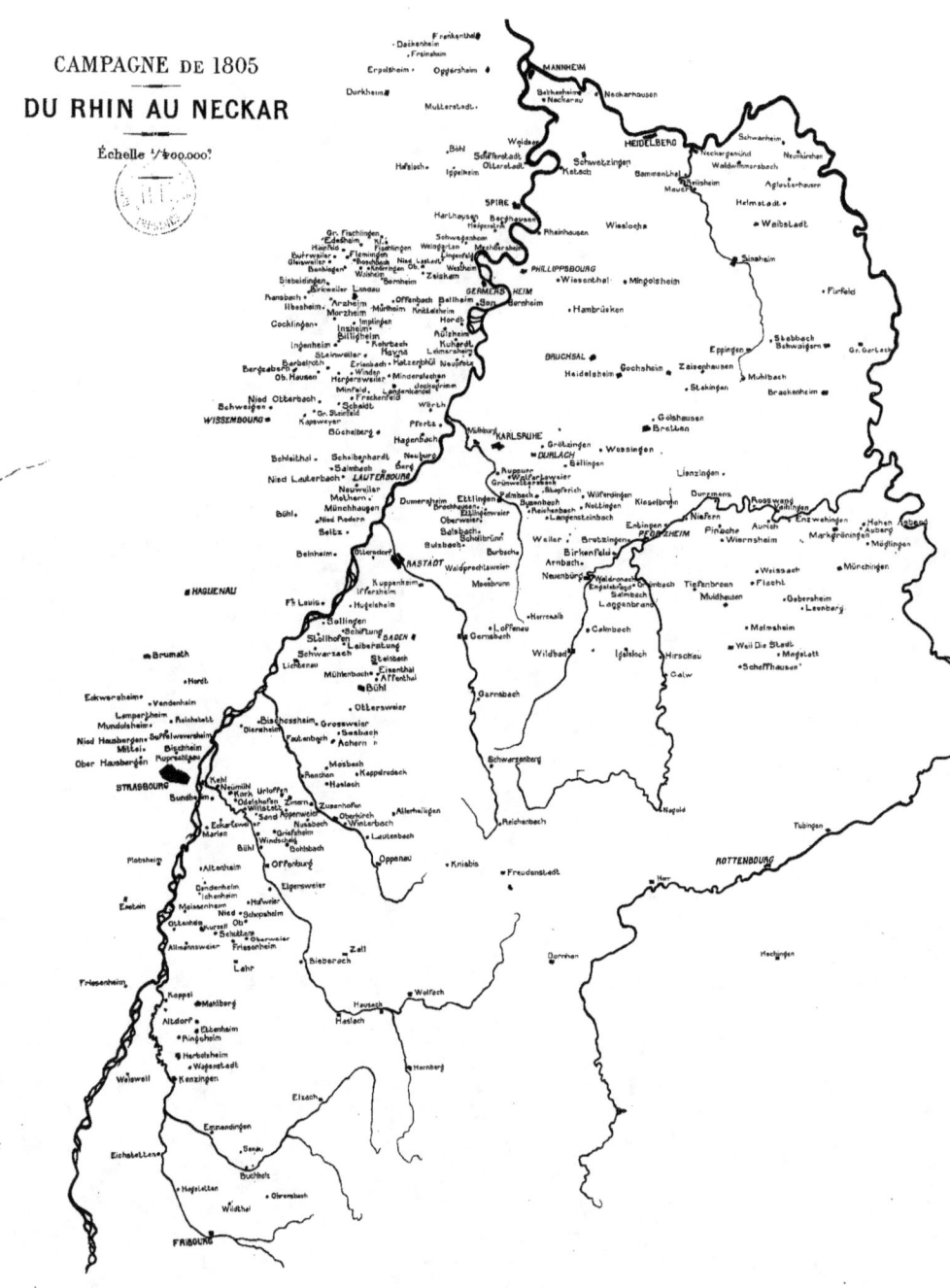

4692

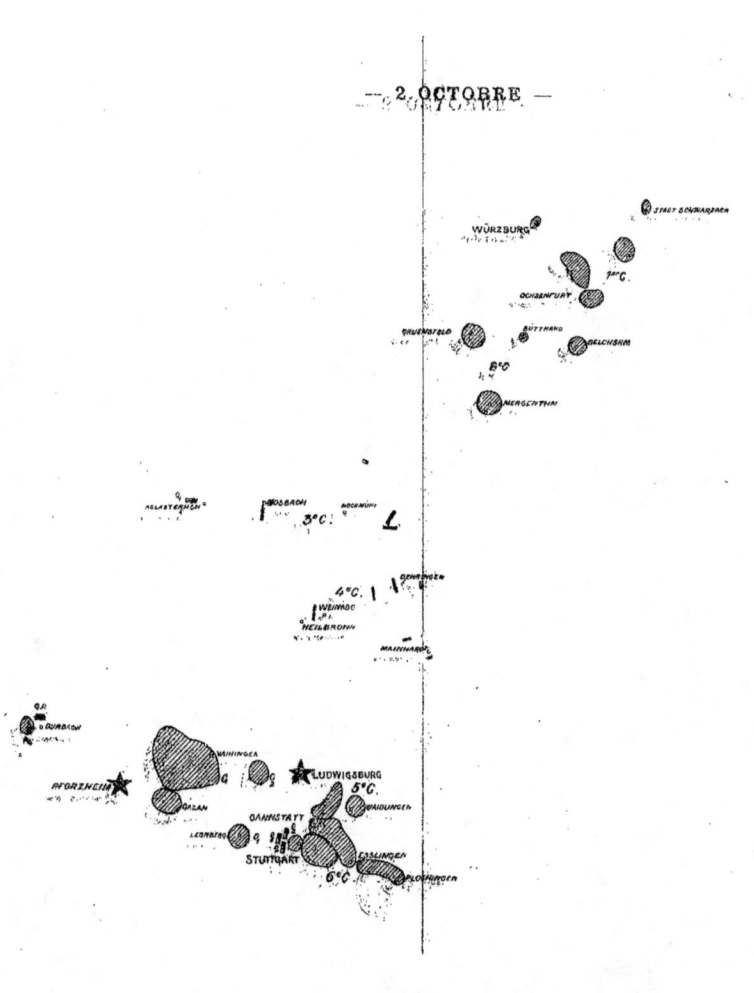

— 2 OCTOBRE —

— 3 OCTOBRE —

— 4 OCTOBRE —

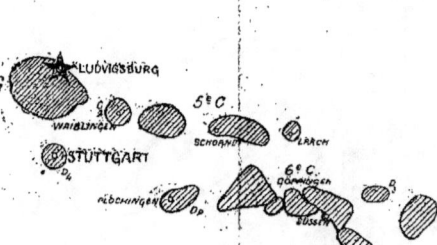

— 5 OCTOBRE —

— 6 OCTOBRE —

www.ingramcontent.com/pod-product-compliance
Lightning Source LLC
Chambersburg PA
CBHW070852300426
44113CB00008B/807